Friedrich Albrecht Graf zu Eulenburg

Ost-Asien 1860 bis 1862

in Briefen des Grafen Fritz zu Eulenburg

Verlag
der
Wissenschaften

Friedrich Albrecht Graf zu Eulenburg

Ost-Asien 1860 bis 1862

in Briefen des Grafen Fritz zu Eulenburg

ISBN/EAN: 9783957009173

Auflage: 1

Erscheinungsjahr: 2016

Erscheinungsort: Norderstedt, Deutschland

Hergestellt in Europa, USA, Kanada, Australien, Japan
Verlag der Wissenschaften in Hansebooks GmbH, Norderstedt

Cover: Foto ©Wolfgang Pfensig / pixelio.de

Ost=Asien

1860—1862

in Briefen des

Grafen Fritz zu Eulenburg,

Königlich Preußischen Gesandten,
betraut mit außerordentlicher Mission nach China, Japan und Siam.

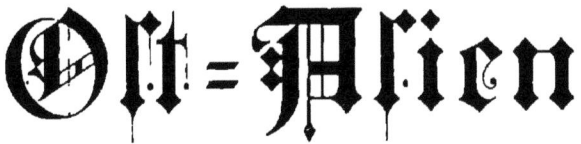

Herausgegeben

von

Graf Philipp zu Eulenburg-Hertefeld,

Kaiserlich Deutschem Botschafter.

Mit einem Bildnisse in Lichtdruck und einem Facsimile der Handschrift.

Berlin 1900.

Ernst Siegfried Mittler und Sohn

Königliche Hofbuchhandlung

Kochstraße 68—71.

Vorwort.

Friedrich Albrecht Graf zu Eulenburg wurde als ältester Sohn des Grafen Friedrich Leopold, Herrn auf Perknifen in Ostpreußen, Rittmeister a. D. und Ritter des Eisernen Kreuzes, und der Amalie v. Kleist aus dem Hause Dahmen-Perknifen am 29. Juni 1815 zu Königsberg in Preußen geboren. Er verlor seine Mutter bereits im Jahre 1830, seinen Vater 1845. Nachdem er in Königsberg und Berlin studirt hatte, trat er am 1. Dezember 1835 in den Staatsdienst, arbeitete als Auskultator in Frankfurt a. O., als Referendarius in Koblenz und Münster und als Assessor in Köln und Oppeln. Im Jahre 1844 begann er seine Laufbahn in der Verwaltung als Regierungsassessor in Oppeln. Später war er in gleicher Eigenschaft in Merseburg thätig und wurde 1848 als Hülfsarbeiter in das Finanzministerium und 1849 in das Ministerium des Innern berufen. Er trat jedoch 1852 in den diplomatischen Dienst über und wurde zunächst zum Generalkonsul in Antwerpen ernannt, sodann in gleicher Eigenschaft 1858 nach Warschau versetzt. Im Oktober 1859 trat er als Königlicher Gesandter an die Spitze der nach den asiatischen Gewässern bestimmten preußischen Expedition, um Freundschafts-, Handels- und Schiffahrtsverträge mit Japan, China und Siam abzuschließen. Trotz der großen Schwierigkeiten kam der Vertrag mit Japan bereits am 24. Januar 1861 sowie der mit China am 2. September 1861 zu Stande. Die Umsicht und Thatkraft, die Graf Friedrich Eulenburg bei dieser Gelegenheit gezeigt hatte, veranlaßte bei der Bildung des Ministeriums Bismarck seine Ernennung zum Minister des Innern (8. Dezember 1862). Mit Energie und Unerschrockenheit unterstützte er Herrn v. Bismarck in dessen Kämpfen mit dem Abgeordnetenhause.

„Die Reden und Aeußerungen des Grafen Friedrich Eulenburg aus jener langen und wechselvollen Zeit, aus den Tagen des Konfliktes, ebenso wie aus der Zeit der Versöhnung und des späteren Schaffens, geben im Großen und Ganzen Zeugniß von einer Gleichmäßigkeit und Stetigkeit der Auffassungen und des politischen Strebens, deren Er- kenntniß für die richtige Beurtheilung der inneren Entwickelung Preußens von großer Bedeutung ist."*)

Die Organisation der 1864 und 1866 an Preußen gefallenen Provinzen ebnete ihm den Boden für die Ausführung einer umfassenden Verwaltungsreform in den älteren Provinzen. Der leitende Gedanke seines Reformplanes war, der inneren Organisation durch Ausgestaltung der Selbstverwaltung der Gemeinden, Kreise und Provinzen und Ein- führung von Verwaltungsgerichten eine konservative Grundlage zu geben.

Nachdem die 1872 zum Gesetz erhobene Kreisordnung sich in der Ausführung schnell bewährt hatte, wurde 1875 die Reorganisation für die östlichen Provinzen durch eine neue Provinzialordnung und die Einrichtung von Verwaltungsgerichten ergänzt. Da aber gerieth die Weiterführung des Werkes ins Stocken. Der Ausdehnung der Selbst- verwaltung auf die westlichen Provinzen stellten sich Bedenken entgegen, daher versuchte der Minister zunächst, die Verwaltungsreform der östlichen Provinzen durch den Erlaß einer Städteordnung weiter zu führen. Da er sich jedoch in der weiteren Ausführung seiner Pläne fortdauernd gehemmt sah, nahm er nach längeren unfruchtbaren Ver- handlungen mit dem Landtage am 30. März 1878 seine Entlassung. Er starb am 2. Juni 1881 zu Schöneberg bei Berlin.

Die vorstehenden Daten zeigen uns den Verfasser der „Briefe aus Ostasien" in knappen Umrissen, soweit er der Geschichte unseres Vater- landes angehört: als politische Persönlichkeit.

*) Zehn Jahre innere Politik 1862 bis 1872. Reden des Ministers des Innern Grafen zu Eulenburg. Berlin. R. v. Decker. 1872. Vorwort.

Seine menschliche Persönlichkeit aber tritt uns in lebhaften Farben aus den Reisebriefen entgegen, die, ursprünglich durchaus nicht für die Oeffentlichkeit bestimmt, nur den nächsten Angehörigen und Freunden ein getreues Bild der Schicksale und Erlebnisse geben sollten, die ihn während seiner schwierigen Mission in Ostasien bewegten. Sie sind unter dem Eindrucke der Tagesereignisse entstanden und werden hier genau in der Form wiedergegeben, wie der Verfasser sie mit seiner präzisen, klaren Handschrift — ohne jemals eine Korrektur daran vorzunehmen — niederschrieb. Der Herausgeber glaubte den Reiz der Unmittelbarkeit dieser Briefe wahren zu sollen und hat aus diesem Grunde vielleicht mehr Persönliches in den als Tagebuch verfaßten Briefen bestehen lassen, als bei ähnlichen Publikationen üblich sein mag.

Das Interesse, welches nach Erschließung von Kiautschou das deutsche Volk Ostasien zuwendet, bewog den Herausgeber, die Briefe, trotz ihres intimen Charakters, der Oeffentlichkeit zu übergeben. Denn die ersten Bestrebungen der preußischen Regierung unter den Auspizien des großen Kaisers — damals Prinzregent von Preußen —, im fernen Osten deutschem Handel und deutscher Industrie ein Absatzgebiet zu eröffnen sowie die preußische Flagge und den preußischen Namen an fernen Gestaden in eindrucksvoller Weise zu zeigen, gewinnen für die Geschichte des Vaterlandes eine erhöhte Bedeutung, nachdem die weit ausblickende Politik Kaiser Wilhelms II. ostasiatische Kolonisation und ostasiatischen Handel zu einem Schlagwort in eines jeden Deutschen Munde machte.

Die lebensvollen und frischen Schilderungen aus der Feder des ersten bedeutenden Vorkämpfers deutscher Interessen in Ostasien werden jedem Deutschen, der dem Aufblühen unseres Handels im Weltverkehr mit Aufmerksamkeit folgt, ein lebhaftes Interesse abgewinnen, wie auch die unter dem unmittelbaren Eindruck des Tages niedergeschriebene Darstellung der ersten offiziellen Entfaltung der preußischen Flagge in den europäischer Kultur fast noch verschlossenen Gebieten und die Schilderung der Schicksale des bescheidenen, kleinen preußischen Geschwaders, dem Leser ein lebendiges und anschauliches Bild von der Verfassung unserer Flotte in ihren ersten Anfängen geben.

Der Herausgeber verbindet mit der Publikation der vorliegenden Briefe den Wunsch, der menschlichen Persönlichkeit des Grafen Fritz Eulenburg eine Erinnerung zu weihen. Diese eigenartig anziehende, so bedeutende Persönlichkeit gehört kaum mehr unserer Generation an. Sie hat sich jedoch einem Jeden unauslöschlich eingeprägt, der, wie der Herausgeber, das Glück hatte, ihr nahe zu stehen; aber sie hat auch Jedem einen tiefen Eindruck hinterlassen, der dem Grafen Fritz Eulenburg nur vorübergehend begegnete und in seine leuchtenden dunklen Augen blicken durfte, die eben so sehr seinen hohen Geist und seinen hellen Verstand wiederspiegelten, als sie die lebensfrische Heiterkeit und Herzenswärme seines Wesens verriethen. Dazu bezauberte seine Redeweise. Die eigenthümlich starke Betonung des wesentlichen Wortes, die Klarheit und Präzision des Ausdruckes und die Gabe, in vollendeter Form die Gedanken heiter zu wenden, machten ihn zu einem fast unvergleichlichen Gesellschafter, der sich die Herzen unwillkürlich eroberte. War er deshalb der vielbegehrte Gast, der auch seinem heißgeliebten König und Herrn manche Wolke von der Stirn zu zaubern verstand und in trüben wie in guten Tagen den Verkehr und insonderheit das Mittagsmahl zu einer wahren Erholung zu gestalten vermochte, so war er auch durch seine Persönlichkeit wie kein Anderer dazu berufen, in Zeiten der Konflikte versöhnend und ausgleichend einzugreifen.

Die menschliche Persönlichkeit ergänzte in seltener Vollendung die politische. In der größten Zeit unseres deutschen Vaterlandes (1862 bis 1878) an einer der höchsten Stellen des Staates stehend, fand diese Persönlichkeit den Rahmen, dessen sie würdig war.

Ein besseres Zeugniß aber, als der Versuch einer Schilderung, wird für die Wesenheit des Grafen Fritz Eulenburg ein kurzer Brief ablegen, den er in späteren Jahren an einen Freund richtete. Derselbe lautet:

„Berlin, den 26. Dezember 1876. Ihr Brief vom Weihnachtsabend mit dem wunderhübschen, mich in hohem Grade erfreuenden Geschenke, hat mich in ganz eigenthümlich weiche Stimmung versetzt. Heute ist der Geburtstag meines seligen Vaters; heute ist der 66. Jahrestag der Hochzeit des alten General-Feldmarschalls v. Wrangel. Ich habe mit Botho und Therese Eulenburg bei den uralten Leuten dinirt. Ich selbst, 62 Jahre alt, richte meine Blicke nach vorwärts nur noch in dem Gedanken: welche Freunde sind Dir nach so langem, bewegtem Leben geblieben, welche Freunde werden Dir über das Grab hinaus bleiben? Ich bin bei dem Gedanken daran immer sehr kalt und sachlich gewesen, so warm meine Sehnsucht auch war, bei möglichst vielen Personen in wirklich gutem Andenken zu bleiben. Deshalb reduzirt sich die Zahl Derjenigen, auf die ich rechnen kann, auf äußerst wenige. Und doch, ich gestehe es aufrichtig, in dieser Zahl haben Sie sich immer befunden, und die freundlichen, herzlichen Worte, die Sie mir am Weihnachtsabende gesendet haben, bestärken mich darin. Sie haben immer mehr Genugthuung darin gefunden, Andere glücklich zu machen, als selbst glücklich zu sein. Oder, wenn das falsch ausgedrückt ist, nur darin Ihr Glück gefunden, Andere glücklich zu machen. Wollen Sie mir glauben, daß wir uns in dieser Stimmung wiederfinden? Unser Leben ist ja in der Art der Bewegung nicht mit einander zu vergleichen. Aber der Grundton bleibt derselbe. Bei allem guten Humor — Ringen und ewiges Ringen! und als Preis nicht Anerkennung und Bewunderung, sondern Gewinnung treuer Herzen! Genugthuung nur in dem Gefühle, von seinen Herzen erkannt zu sein! So stehe ich zu Ihnen, so bleiben Sie zu mir: Sie glauben nicht, wie wohl mir das thut. — Ihr treuester Fritz Eulenburg."

Wien, im Dezember 1899.

Graf Philipp Eulenburg.

Inhaltsverzeichniß.

Einleitung.

Zum Verständniß der nachfolgenden Briefe bezüglich der amtlichen Aufgaben des Verfassers verweisen wir auf das umfangreiche, im Auftrage der Staatsregierung veröffentlichte Werk: „Die preußische Expedition nach Ostasien." Berlin 1864 bei R. v. Decker.

Aus den vorliegenden Briefen geht wohl der amtliche, mühevolle Gang der unendlich schwierigen Verhandlungen mit den ostasiatischen Mächten hervor, nicht aber der Inhalt der Verhandlungen. Die Darstellung der amtlichen Seite der Expedition ist in dem genannten offiziellen Werke niedergelegt und werden daher Diejenigen, welche den Wunsch haben sollten, den amtlichen und wissenschaftlichen Inhalt der Expedition kennen zu lernen, hierin eine vollkommene Ergänzung der Privatbriefe des Gesandten finden. Diese aber sind dem großen deutschen Publikum gewidmet, welches daraus Anregung und Belehrung in einer anziehenden und Jedermann verständlichen Form finden wird.

Hervorzuheben bliebe an dieser Stelle die Schwierigkeit, die für den Gesandten darin bestand, daß er nicht in der Lage war, mit jenen Machtmitteln seine Aufgabe unterstützen zu können, welche den Großmächten England und Frankreich zu Gebote standen.

Frankreich und England hatten mit den Kanonen ihrer Kriegsschiffe und Truppen jene Verträge erzwungen, die Preußen im Jahre 1860 bis 1862 nur durch Geschicklichkeit seines Gesandten und sein glänzendes, eindrucksvolles Auftreten erreichen konnte. Eine Entfaltung von kriegerischen Machtmitteln hätte unter Umständen zu bedentlichen Konsequenzen für die in ihren Anfängen befindliche preußische Flotte und damit für das Ansehen Preußens in jenen Weltgegenden führen können.

Was die Motive für die unter großem Kostenaufwand und mit einem bedeutenden Personal an Fachmännern aller Art ausgerüstete Expedition betrifft, so vermögen wir hier nichts Treffenderes zu sagen, als was in der Einleitung zu dem oben genannten offiziellen Werke: „Die preußische Expedition nach Ostasien" niedergelegt ist.

Aber auch für die Reisebriefe des Grafen Fritz Eulenburg mag der Inhalt dieser Einleitung als solche gelten und hier in der Wiederholung ihren Platz finden:

„Das Bedürfniß einer eigenen diplomatischen Vertretung in den ostasiatischen Reichen bestand für Preußen und · die Zollvereinsstaaten seit langer Zeit. Schon im Jahre 1843 wurde die Aufmerksamkeit der königlichen Regierung auf die für den deutschen Handel in Ostasien zu erwartenden Vortheile geleitet und der Vorschlag zur Gründung einer großen Handelssozietät gemacht, die ihre Niederlage in Singapore hätte, mit der Aussicht, die direkten Operationen auch auf China auszudehnen, sobald auf diplomatischem Wege der preußischen Flagge in den geöffneten Häfen dieses Reiches dieselben Rechte zugesichert wären wie der britischen. Der Antrag, eine imposante Ambassade nach Ostasien zu senden, war damals nicht zeitgemäß. Im Jahre 1844 liefen nach den englischen Schiffahrtsregistern nur ein preußisches, ein Hamburger und ein Bremer Schiff in Wampoa, den Hafen von Kanton, ein, und selbst 1846 kamen nur ein Bremer und ein Hamburger Schiff mit Ladungen aus Liverpool und Hongkong nach dem damals aufblühenden Hafen Shanghai. Die deutsche Schiffahrt begann erst einigen Aufschwung in den indischen und chinesischen Meeren zu nehmen, als im Jahre 1848 durch einen Akt der königlich großbritannischen Regierung alle fremden Schiffe den englischen für die Ein- und Ausfuhr von und nach den ostindischen Häfen — außer bei Befrachtung mit Salz und Opium -- gleichgestellt wurden. Das Bedürfniß nach eigenen diplomatischen Vertretern mit richterlicher Befugniß machte sich seit der Zeit bei den in China verkehrenden Deutschen mehr und mehr fühlbar. Die Geschäftsverbindungen nahmen nach den Berichten ausgesendeter Handelsagenten in großem Maßstabe zu, aber der Mangel eigener Jurisdiktion versetzte die Unterthanen traktatloser Mächte in China in eine sehr unvortheilhafte Lage; ihre Stellung drohte bei dem schnell wachsenden Verkehr unhaltbar zu werden.

Das Jahr der großen Weltausstellung in London, 1851, und die folgenden bezeichnen einen Umschwung in den Verhältnissen des Welthandels. Ueberall tauchten liberalere Grundsätze auf; die internationalen Beziehungen wurden lebhafter, und der Unternehmungsgeist brach sich Bahn nach allen Seiten. Der zunehmende Verbrauch chinesischer Erzeugnisse, die rasche Entwickelung der Niederlassungen in Australien und an der Westküste Nordamerikas, die Unternehmungen der Walfischjäger und Pelzjäger, die von der niederländischen Regierung angenommene liberale Kolonialpolitik, die Eröffnung einer anscheinend unerschöpflichen Quelle von Reiszufuhren aus Hinterindien, der durch Uebervölkerung und politische Umwälzungen gesteigerte Auswanderungsdrang der Chinesen gaben damals den Küstenländern des Stillen Ozeans eine kommerzielle Bedeutung, an die noch wenige Jahrzehnte vorher nicht gedacht werden durfte. In der westlichen Welt erweckten die Fortschritte der Humanität und Bildung, die starke Zunahme der Bevölkerung und der aufblühende Wohlstand immer lebhafter das Bedürfniß nach Kraftäußerung und Ausbreitung im Raume. Der allgemeine Verkehr der Nationen und der freie Austausch ihrer Erzeugnisse wurden zur Nothwendigkeit. Im Süden von China hatten die Engländer festen Fuß gefaßt: sie zwangen die Mandschu-Herrscher, ihrer alten Politik zu entsagen, und errangen sich trotz dem heftigsten Widerstreben der Mandarinenregierung theils auf friedlichem, theils auf kriegerischem Wege allmählich die Stellung, zu der die civilisirten Völker des Westens durch ihre Macht und überlegene Bildung berechtigt sind. Von Norden her schob Rußland seine Kolonien und Militärposten immer weiter vor und erlangte die Abtretung ausgedehnter und für die Beherrschung des nördlichen Stillen Meeres sehr günstig gelegener Landstriche. In Japan, das sich seit 200 Jahren allem Verkehr mit fremden Nationen verschlossen hatte, brachen 1854 Amerika und Rußland die Bahn; gleich darauf schlossen auch England, Frankreich und Holland dort Freundschafts- und Schiffahrtsverträge. In kurzen Jahren fiel eine Schranke nach der anderen, und schon 1858 erlangten alle in Ostasien vertretenen Mächte unter dem Einfluß der englisch-französischen Siege in China Handelstraktate, die mehrere Häfen des entlegenen Inselreiches dem freien Geschäftsverkehr dieser Nationen öffneten und ihnen das Recht der diplomatischen Vertretung und des ausgedehntesten Schutzes ihrer Unterthanen in allen rechtmäßigen Ansprüchen gesitteter Völker verliehen.

Der Handel und die Rhederei der norddeutschen Staaten machten in diesen Jahren ohne den Rückhalt eigener internationaler Verträge

und ohne die Vorführung einer eigenen schutzbereiten Marine be=
deutende Fortschritte. Es lag damals noch nicht in der Handelspolitik
der ostasiatischen Staaten, nachdem sie ihre Häfen fremden Schiffen
und Waaren einmal geöffnet hatten, zwischen der Nationalität der
Schiffe und der Herkunft der Waaren zu unterscheiden, und solchen
europäischen Staaten gegenüber, mit welchen sie keine Verträge ab=
geschlossen, andere Grundsätze geltend zu machen, als wozu sie dem
einen oder dem anderen gegenüber sich hatten bereit finden lassen.
Aber selbst in Fällen, wo es auf Anrufen gesandtschaftlichen oder kon=
sularen Schutzes ankam, der nicht füglich anders als auf Grund völker=
rechtlicher Verträge in Anspruch genommen werden kann, brachte es in
den ersten Jahren des Verkehrs die Solidarität der europäischen
Interessen mit sich, daß die Repräsentanten der Vertragsmächte sich
gern und aus eigenem Antriebe der Unterthanen anderer Staaten an=
nahmen. Bei dem gesteigerten Verkehr hingegen stellten sich Uebel=
stände heraus, die für beide Theile immer fühlbarer wurden. Die
Fortschritte des deutschen Handels und namentlich der deutschen
Rhederei mußten mit der Zeit die Eifersucht der anderen Nationen
erwecken, die Solidarität der Interessen mit der gesteigerten Kon=
kurrenz aufhören. Die Deutschen nahmen nur eine geduldete Stellung
ein und waren niemals sicher, ihre Rechte geltend machen zu können.
Auf der anderen Seite klagten die Vertreter der Vertragsmächte laut
und wiederholt darüber, daß die in den geöffneten Häfen verkehrenden
Deutschen keinerlei Jurisdiktion unterworfen und für ihre Handlungen
keiner vorgesetzten Behörde verantwortlich wären.

Es lag vor Allem in der Natur der Sache, daß diejenigen Vor=
theile, welche unser Handel, unsere Schiffahrt und Industrie sich
mittelbar aus den Berechtigungen anderer Nationen herleiteten, zu
unsicher erschienen, um der Gegenstand einer ausgedehnten, soliden
Spekulation werden zu können, und daß die neu erschlossenen Märkte
erst dann als uns zuständig gelten könnten, wenn ihre Benutzung
unter dem anerkannten Schutze der eigenen Regierung stände. Unsere
Rhederei bewegte sich schon seit längerer Zeit nicht mehr ausschließlich
in dem früher herkömmlichen engen Kreise von Unternehmungen,
machte vielmehr seit Jahren erfolgreiche Anstrengungen, auch jene ent=
legenen Welttheile in den Bereich ihrer Operationen zu ziehen. Sie
konnte das allerdings nur in der Voraussetzung thun, daß die Re=
gierung nicht säumen werde, ihr schützend zur Seite zu treten, da ja
auch die Handelsschiffe anderer maritimen Nationen des Beistandes

ihrer Regierungen nicht entbehren können. Das Bewußtsein, daß es der Stellung Preußens nicht angemessen sei, seine Unternehmungen unter dem Schutze fremder Nationalitäten, ihrer Gesandten und Kriegs= flotten auszuführen, war auch bei unseren in Ostasien ansässigen Landsleuten wach geworden, und die vielfachen Anregungen von da zum Abschluß von Handels= und Schiffahrtsverträgen ließen deutlich er= kennen, daß der Handelsstand in jenen Gegenden nationales Selbst= gefühl genug besaß, um das Auftreten der vaterländischen Regierung neben den Unternehmungen anderer Staaten als ein Bedürfniß zu empfinden.

Auf diesen Wahrnehmungen und Thatsachen fußend, glaubte die preußische Regierung mit der Anbahnung vertragsmäßiger Beziehungen zu den ostasiatischen Reichen nicht länger zögern zu dürfen und be= schloß eine handelspolitische Mission dahin zu entsenden, deren Zweck wäre, von den Regierungen jener Länder ähnliche Zugeständnisse zu erlangen, wie solche den übrigen westlichen Nationen gemacht worden waren. Geleitet von königlichen Kriegsschiffen, welche dabei erwünschte Gelegenheit fänden, die preußische Kriegsflagge in fernen Gegenden zu zeigen und ihre Führer und Mannschaften mit Erfahrungen zu be= reichern, sollte die Mission sich nach Japan, China und Siam begeben, das Terrain in wissenschaftlicher und kommerzieller Beziehung erforschen und den Abschluß von Freundschafts=, Handels= und Schiffahrts= verträgen herbeizuführen suchen.

Am 9. August 1859 wurde der Plan über die abzuschließenden Verträge, das Personal der Gesandtschaft und ihr beizugebender Fach= männer, über die Stärke und Ausrüstung des Geschwaders, die mit zugebenden Waarenproben und Geschenke, die Kosten und die von den Hansestädten beantragte Betheiligung an den Verträgen entworfen. Dieser Plan wurde Allerhöchsten Orts zur Bestätigung vorgelegt und mittelst Kabinets=Ordre vom 15. August 1859 genehmigt. Der Le= gationsrath Graf Friedrich zu Eulenburg wurde unter Ernennung zum Außerordentlichen Gesandten und Bevollmächtigten Minister bei den Höfen von China, Japan und Siam an die Spitze der Expedition ge= stellt. Seine Vollmachten wurden zugleich für die inzwischen davon in Kenntniß gesetzten und zur Einsendung von Waarenmustern auf= geforderten Zollvereins=Staaten, für die Großherzogthümer Mecklenburg Schwerin und Mecklenburg=Strelitz und für die drei Hansestädte Bremen, Hamburg und Lübeck ausgefertigt, welche in die mit den ost= asiatischen Reichen abzuschließenden Verträge aufgenommen zu werden

wünschten. Der Graf zu Eulenburg wurde zugleich mit Ausarbeitung
der für diese Mission nothwendigen Instruktionen, der Beschaffung von
Geschenken und den übrigen für die schleunige Entsendung des Geschwaders zu treffenden Vorbereitungen und Maßnahmen beauftragt,
welche die Allerhöchste Genehmigung erhielten. Dem preußischen Landtage wurde der Plan und Kostenanschlag des Unternehmens im März
1860 vorgelegt: beide Häuser bewilligten die für die Expedition er-
forderlichen außerordentlichen Mittel.

Das Expeditionsgeschwader sollte ursprünglich aus drei Schiffen,
der Dampfkorvette „Arcona", der Segelfregatte „Thetis" und dem
Kriegsschooner „Frauenlob" bestehen: diesen wurde noch das ausdrücklich
für diesen Zweck in Hamburg angekaufte Klipper-Fregattschiff „Elbe"
hinzugefügt, welches einen großen Theil der Geschenke und Waarenproben, ferner Proviant und Kohlenvorräthe an Bord nahm. Auf der
„Elbe" wurde auch die in Hamburg erstandene Dampfbarkasse „Vesta"
eingeschifft, welche zum Schleppen der Boote in heißen Gegenden und
zur Vermittelung des Verkehrs der Kriegsschiffe untereinander und mit
der Gesandtschaft dienen sollte.

Das Personal der Expedition bestand, soweit dasselbe nicht der
Königlichen Marine angehörte, aus:

dem Gesandten Grafen Friedrich zu Eulenburg:

dem Legationssekretär Pieschel (gest. als Legationsrath in Berlin);
den Gesandtschaftsattachés:

> v. Brandt (jetzt Kaiserl. Wirkl. Geh. Rath und Gesandter z. D.
> in Weimar):

> v. Bunsen (bis 1877 Generalkonsul in Alexandria, lebte dann in
> Berlin und Heidelberg, wo er 1892 starb):

> Grafen August zu Eulenburg, Lieutenant im 1. Garde-Regiment
> zu Fuß (jetzt Ober-Hof- und Hausmarschall Seiner Majestät
> des Kaisers und Königs):

den Naturforschern:

> Regierungsrath Wichura für Botanik (gest. 1866 zu Berlin):

> Dr. v. Martens für Zoologie (jetzt Geh. Regierungsrath, außer-
> ordentlicher Professor an der Universität Berlin und Direktor
> am Museum für Naturkunde daselbst):

> Dr. Freiherr v. Richthofen für Geologie (jetzt Geh. Regierungsrath,
> ordentlicher Professor an der Universität Berlin, Mitglied der
> Akademie der Wissenschaften):

dem landwirthschaftlichen Sachverständigen Dr. Maron (gest.);

dem Arzte Dr. Lucius (jetzt Frhr. Lucius von Ballhausen, in
aktiver Staatsminister);

dem Maler A. Berg (gest. als Direktor des Schlesischen Provinzial-
museums in Breslau);

dem Zeichner W. Heine (gest. 5. Oktober 1885 in Lößnitz bei Dresden);

dem Photographen Bismark (nachmals Dolmetscher b. d. Kaiserl. Gesandtschaft in Peking; gest. als Kaiserl. Konsul in Amoy, Anfang 1880);

dem botanischen Gärtner Schottmüller (gest.);

den preußischen Kaufleuten Grube (gest.), Jakob (gest.) und
Kommerzienrath Wolff (letzterer lebt noch am Rhein);

dem Bevollmächtigten der sächs. Handelskammer, Kaufm. Spieß (gest.).

Von dem genannten Civilpersonal schifften sich der Legationssekretär Pieschel, der Regierungsrath Wichura, Dr. v. Martens, die
Kaufleute Jakob und Grube und der Gärtner Schottmüller auf der
„Thetis", Dr. Maron und der Photograph Bismark auf der „Elbe"
ein, während der Gesandte und die übrigen Expeditionsmitglieder sich
auf dem Ueberlandwege über Suez und Ceylon nach Singapore begaben.

Die Dampfkorvette „Arcona"   von 2320 Tonnen - ist auf der
königlichen Werft zu Danzig in den Jahren 1856 bis 1858 gebaut.
Ihre Armirung bestand während der ostasiatischen Expedition aus einem
36-Pfünder 1. Klasse, sechs 68-Pfündern und zwanzig 36-Pfündern
2. Klasse, die Bemannung mit Einschluß des Stabes aus 319 Köpfen.

Die Segelfregatte „Thetis" - von 1533 Tonnen — ist 1846 in
Plymouth gebaut und durch Kauf in den Besitz der preußischen Regierung
übergegangen. Ihre Armirung bestand aus zweiunddreißig 30-Pfündern
und sechs 68-Pfündern, Stab und Bemannung aus 333 Köpfen.

Der Schooner „Frauenlob" — von 95 Tonnen — war in den Jahren
1853 und 1854 aus den Mitteln der Stiftung „Frauengabe" gebaut, seine
Armirung ein 30-Pfünder, die Equipage mit dem Stabe 41 Mann stark.

Das in Hamburg gebaute Transportschiff „Elbe" wurde mit sechs
6-Pfündern armirt; Stab und Mannschaft betrugen 47 Köpfe.

Der zum Chef des ostasiatischen Geschwaders ernannte Kapitän zur
See, Sundewall, welchem für die Dauer der Expedition der Rang eines
Kommodore verliehen wurde, hißte seinen Stander auf der „Arcona".
Das Kommando der „Thetis" erhielt der Kapitän zur See Jachmann,
das des „Frauenlob" der Lieutenant zur See 1. Klasse Reye, das der
„Elbe" der Lieutenant zu See 1. Klasse Werner.

An Bord des Expeditionsgeschwaders waren folgende Offiziere ꝛc.
kommandirt:

b*

Lfde. Nr.	Dienstgrad	Name	Spätere Stellung	Gestorben

A. Dampfkorvette „Arcona":

Lfde. Nr.	Dienstgrad	Name	Spätere Stellung	Gestorben
1.	Kommandant: Kapitän zur See	Sundewall	Kontreadmiral a. D.	27.10.81
2.	Lieutenant zur See 1. Kl.	Schelle	Korvettenkapitän als Kommandant S. M. S. „Niobe"	24. 9.67
3.	do.	Struben	Kapitän zur See a. D.	24. 2.84
4.	Lieutenant zur See 2. Kl.	Graf v. Monts	Vizeadmiral und kommandirender Admiral	19. 1.89
5.	do.	Butterlin	Kapitänlieutenant z. D.	5. 6.76
6.	do.	Freiherr v. Schleinitz	Vizeadmiral a. D.	—
7.	do.	Krause	Kapitänlieutenant	4.11.68
8.	Fähnrich zur See	Knorr	Admiral und kommandirender Admiral z. D.	-
9.	do.	Kühne	Kontreadmiral a. D.	—
10.	do.	Donner*)	Kapitän zur See z. D.	--
11.	do.	Zirzow	Kontreadmiral z. D.	—
12.	Seekadett	Graf v. Hacke	Kontreadmiral a. D.	29. 4.97
13.	do.	Graf v. Schack	do.	1. 2.92
14.	do.	Zembsch	Kapitän zur See z. D., Ministerresident in Lima	
15.	do.	v. Eisendecher	Wirklicher Geheimer Rath, Kontreadmiral à la suite der Marine, außerordentlicher Gesandter, bevollmächtigter Minister in Karlsruhe	-
16.	do.	v. Werner	Kontreadmiral a. D.	...
17.	do.	Rohr v. Hallerstein	Korvettenkapitän z. D.	.
18.	do.	v. Krackewitz	Kapitänlieutenant a. D.	—
19.	do.	v. Nostitz	Kapitän zur See, als Kommandant S. M. S. „Stosch"	5. 8.85
20.	do.	Goeler	Lieutenant zur See	19. 4.66
21.	do.	Lüdeke	Lieutenant zur See a. D.	
22.	do.	v. Lindequist	Korvettenkapitän a. D.	22. 4.95
23.	do.	Riel	Korvettenkapitän z. D.	
24.	do.	Kupfer	Kapitän zur See, Kommandant S. M. S. „Freya"	18. 6.81
25.	Sekondlieutenant vom Seebataillon	Freiherr v. Imhoff	Sekondlieutenant	25. 8.65
26.	Stabsarzt	Dr. Stephani	Ober-Stabs- und Regimentsarzt im Magdeburger Dragoner-Regiment Nr. 6	...

*) Geheimer Regierungsrath im Reichsamt des Innern.

Lfde. Nr.	Dienstgrad	Name	Spätere Stellung	Gestorben
27.	Assistenzarzt	Dr. Wenzel	Generalarzt 1. Kl. z. D. mit dem Range als Konter-admiral	—
28.	Einj. Freiw. Arzt.	Dr. Möster	Stabsarzt a. D.	—
29.	Prediger	Kreuher*)	Marine-Hülfsprediger	

B. Segelfregatte „Thetis":

1.	Kommandant: Korvettenkapitän	Jachmann	Vizeadmiral z. D.	21. 10. 87
2.	Lieutenant zur See 1. Kl.	Kinderling	do.	13. 6. 95
3.	Lieutenant zur See 2. Kl.	Berger	do.	1. 10. 98
4.	do.	Nürnberger	Korvettenkapitän a. D.	6. 7. 90
5.	do.	Mac Lean	Kontreadmiral a. D.	6. 11. 84
6.	do.	Krausnick	Korvettenkapitän z. D.	13. 5. 78
7.	Fähnrich zur See	Freiherr v. Reibnitz	Vizeadmiral z. D.	
8.	do.	Jung	Kapitän zur See z. D.	—
9.	do.	v. Lobo	Fähnrich zur See	20. 5. 63
10.	do.	Behrend**)	do.	
11.	do.	Kloo**)	do.	
12.	Seekadett	Mellin***)		
13.	do.	Ditmar	Kapitän zur See z. D.	
14.	do.	Deinhard	Vizeadmiral und Chef der Marinestation der Nordsee	4. 10. 92
15.	do.	Schleuther	Korvettenkapitän a. D., Landrath in Meisenheim	
16.	do.	v. Ayckbusch	Kontreadmiral z. D.	29. 11. 96
17.	do.	v. Rabenau	Kapitänlieutenant a. D.	14. 6. 80
18.	do.	Schlörke	Seekadett	26. 4. 61
19.	do.	Hollmann	Admiral z. D., à la suite des Seeoffiziertorps, Staatssekretär des Reichs-Marine-Amts a. D.	
20.	do.	Heusner	Vizeadmiral z. D., Staatssekretär des Reichs-Marine-Amts a. D.	27. 2. 91

*) 1863 ausgeschieden.
**) Mit „Frauenlob" verschollen.
***) 9. 10. 62 entlassen.

Lfd. Nr.	Dienstgrad	Name	Spätere Stellung	Gestorben
21.	Seekadett	Matthesen	Kapitän zur See a. D.	29. 11. 82
22.	do.	Graf v. Pfeil I.	Kapitänlieutenant a. D.	—
23.	do.	v. Treuenfeld	Kapitän zur See z. D.	
24.	do.	v. Hippel	Kapitän zur See a. D.	
25.	do.	Valois	Vizeadmiral z. D.	
26.	Sekondlieutenant vom Seebataillon	Schöntant	Sekondlieutenant	1862
27.	Stabsarzt	Dr. Johowich	Stabsarzt	2. 8. 66
28.	Assistenzarzt	Dr. Höpfner	Generalarzt 2. Kl. a. D.	—
29.	do.	Dr. Eitner	3. Niederschles. Infanterie-Regiment Nr. 54.	

C. Schooner „Frauenlob"*):

1.	Kommandant: Lieutenant zur See 1. Kl.	Hetzte		
2.	Fähnrich zur See	Francke		
3.	do.	Freiherr v. der Horst		
4.	Assistenzarzt	Dr. Weidehase		

D. Transportschiff „Elbe":

1.	Kommandant: Lieutenant zur See 1. Kl.	Werner	Vizeadmiral a. D.	—
2.	Lieutenant zur See 2. Kl.	Berendt	Lieutenant zur See 1. Kl.	5. 5. 73
3.	Assistenzarzt	Dr. Friedel	Ober-Stabsarzt 1. Kl. im Garde-Regiment z. F.	

„Thetis" und „Frauenlob" verließen schon am 25. Oktober 1859 die Rhede von Danzig. Die Ausrüstung der „Arcona", welche gleich nach den Probefahrten auf Erlaß des königlichen Oberkommandos vom 17. Oktober am 23. desselben Monats zu Danzig in Dienst gestellt wurde, machte große Schwierigkeiten und konnte nur langsam von

*) Untergegangen.

statten geben, da die zu dieser Jahreszeit auf der Danziger Rhede
wehenden Winde die Kommunikation mit dem Lande sehr erschwerten.
Häufig konnten die Boote nicht an Bord zurückkehren; die Bordinge
lagen oft tagelang unweit des Schiffes vor Anker, ehe das Wetter er=
laubte, sie längsseit zu holen. Ebenso hindernd waren die eintretenden
Fröste, infolge deren die Kommunikation auf der Weichsel aufhörte, die
Ausrüstungsgegenstände per Achse von Danzig nach Neufahrwasser ge=
bracht und hier in Boote umgeladen werden mußten. Die Zimmer=
mannsarbeiten erlitten gleichfalls viele Unterbrechungen, da die an
Bord geschickten Arbeiter einmal seekrank waren und ein anderes Mal
vor Kälte nicht arbeiten konnten. Die Ausrüstung wurde unter Leitung
des Kapitäns Sundewall, welcher das Kommando gleich nach der
Indienststellung übernommen hatte, nach Möglichkeit gefördert; Anfang
Dezember war die „Arcona" seeklar und trat am 11. desselben Monats
die Reise nach England an.

„Thetis" und „Frauenlob" trafen am 12. November 1859 auf der
Rhede von Spithead ein. Sie lagen dort, auf Befehle wartend, bis
zum 15. März 1860. „Arcona" hatte in der Nordsee einen Sturm
von der äußersten Heftigkeit zu bestehen und erlitt bedeutende Havarien.
Sie kam am 26. Dezember 1859 auf der Rhede von Margate und
am 10. Januar 1860 vor Southampton an, wo erhebliche Reparaturen
vorgenommen und die Einrichtung des Schiffes vervollständigt wurde.
— „Thetis" und „Frauenlob" verließen die englische Küste am
15. März und ankerten am 30. auf der Rhede von Funchal (Madeira),
gingen von da am 12. April wieder in See und trafen am 18. Mai
in Rio de Janeiro ein. — „Arcona" verließ am 8. April Southampton
und am 12. Spithead, lief am 19. Madeira und am 23. April Santa=
Cruz auf Teneriffa an und erreichte Rio de Janeiro am 24. Mai.
Von da stachen die drei Schiffe am 5. Juni in See. Im südatlantischen
Ocean erhielt „Frauenlob" vom Flaggschiff den Befehl, die Reise nach
Singapore allein fortzusetzen, während „Arcona" und „Thetis" bis
zur Sunda=Straße zusammen segelten. Dort setzte „Arcona" bei ein=
tretender Windstille unter Dampf die Reise fort, berührte am 23. Juli
Anyer auf Java und ging am 26. desselben Monats vor Singapore
zu Anker. „Thetis" erreichte Anyer am Abend des 24. Juli und
ankerte am 30. vor Singapore, wo am 5. August auch „Frauenlob"
eintraf.

Singapore war der letzte von „Frauenlob" berührte Hafen; der
Schooner ging am 13. August von da mit „Arcona" zugleich in See

und sollte mit derselben bis Jeddo segeln. In der Nacht zum 2. September riß beim plötzlichen Ausbruche eines Sturmes die Trosse, an welcher das Flaggschiff, unter Dampf, den Schooner in der Windstille schleppte: bei Tagesanbruch war er schon außer Sicht. „Arcona" selbst gerieth bei dem furchtbaren Orkan in große Gefahr; von „Frauenlob" und seiner braven Bemannung ist trotz allen Nachforschungen nie wieder eine Spur entdeckt worden.

Die „Elbe" wurde am 8. Januar 1860 zu Hamburg in Dienst gestellt und ging am 7. März in See. Sie traf am 10. desselben Monats vor Spithead und am 19. in Southampton ein, lichtete am 5. April wieder die Anker und segelte, Madeira und Lancerote berührend, nach Santa Cruz auf Teneriffa, verließ diesen Hafen am 8. Mai und erreichte am 1. August Anjer, am 7. August die Rhede von Singapore.

Sämmtliche Schiffe hatten in verschiedenen Breiten der Meere südlich vom Kap der guten Hoffnung schwere und anhaltende Stürme zu bestehen, in welchen sich die junge Mannschaft vortrefflich bewährte und einen erheblichen Grad von Uebung und Gewandtheit erlangte.

Seine volle Gestaltung gewann das Unternehmen erst in Singapore, wo der Gesandte und die anderen über Land gereisten Mitglieder am 2. August 1860 eintrafen.

Die Briefe des Grafen Fritz Eulenburg sind an seinen einzigen Bruder, den Grafen Philipp Eulenburg und dessen Familie gerichtet.

Graf Philipp Conrad zu Eulenburg, geboren 24. April 1820 zu Königsberg, war bei Beginn des Jahres 1860 Premierlieutenant im 3. Kürassier-Regiment und Adjutant des General-Feldmarschalls Grafen v. Wrangel. Er wurde während der Abwesenheit seines Bruders in Ostasien in demselben Jahre zum Rittmeister in dem neu formirten 3. Garde-Ulanen-Regiment ernannt (Rauen bezw. Potsdam). Graf Philipp Conrad starb als königlicher Kammerherr und Oberstlieutenant a. D. zu Berlin am 5. März 1889, nachdem er im Jahre 1867 die seiner Gattin zugefallenen Freiherr v. Hertefeldschen Fideicommiß güter Liebenberg rc. übernommen hatte.

Er war seit 1846 vermählt mit Alexandrine Freiin v. Rothkirch-Panthen (geb. 1824). Seine Kinder sind Graf Philipp, geboren 1847, jetzt kaiserlicher Botschafter am Hofe zu Wien, Gräfin Ada, geboren 1848, vermählt 1868 mit dem Grafen Kalnein-Kilgis und 1893 verstorben, und Graf Friedrich, geboren 1850, jetzt königl. Major a. D. und Herr auf Wulkow und Gühlen.

Die in den Briefen vielgenannten Schwestern der Gräfin Alexandrine sind Baronin Elise Diller, nahe verwandt mit dem österreichischen General-Feldmarschall Baron Heß, den Graf Fritz bei Beginn und Schluß seiner ostasiatischen Expedition in Wien aufsuchte, Baronin Clara Esebeck, Gattin des damaligen Hauptmanns im 2. Garde-Regiment Freiherrn Karl von Esebeck († im Kriege 1866) und Baronesse Toni v. Rothkirch, später vermählt mit dem französischen Grafen v. Montault.

Zwischen dem Vater der Gräfin Alexandrine, Freiherrn Friedrich v. Rothkirch-Panthen auf Schön-Ellguth und Pristelwitz in Schlesien (geb. 1794, † 1873) und dem Vater des Verfassers der Briefe, dem Grafen Friedrich Leopold Eulenburg, bestand alte kameradschaftliche Freundschaft aus den Zeiten der Befreiungskriege. Und zwar hatten Beide in demselben Regiment als junge Offiziere gefochten, das der spätere General-Feldmarschall Graf Wrangel führte. Der greise Feldmarschall stand aus diesem Grunde in einem väterlich-freundschaftlichen Verhältniß zu den Kindern seiner beiden alten Waffengefährten, die er, obgleich vor lange vergangenen Zeiten ihr Vorgesetzter, dennoch überlebte. Die greise Feldmarschallin aber, die als Frau des einstigen Regimentskommandeurs das älteste Söhnchen des Lieutenants Grafen Friedrich Leopold Eulenburg im Jahre 1815 als Pathin über die Taufe gehalten hatte, sah dieses Kind, welches 47 Jahre später Minister des Innern geworden war, noch lange Jahre in dieser Eigenschaft als geehrten Gast in ihrem Hause.

I. Die Hinfahrt.

An Bord des Oesterreichischen Lloyd-Dampfers   Mittwoch, den 23. Mai 1860,
„Impératrice" im Hafen von Ancona.   Nachmittag 2 Uhr.

Gestern Nachmittag um 4 Uhr habe ich mich in Begleitung von August*) und von Herrn v. Richthofen in Triest eingeschifft. Es donnerte und blitzte, als wir an Bord des Dampfers traten, aber das Meer war ruhig und blieb es auch die ganze Nacht. Etwa fünf bis sechs Offiziere und gegen 300 Freiwillige, Deutsche, Belgier und Irländer, welche in die päpstliche und neapolitanische Armee eintreten wollten, bevölkerten die Kabinen und das Deck. Bis spät in die Nacht war das Leben auf dem Schiffe sehr laut, und als ich mich endlich auf mein sehr hartes Lager in meiner kleinen heißen Kabine zurückgezogen hatte, konnte ich noch lange wegen des Trampelns über meinem Kopfe und des Gläserklingens und Geschwätzes neben mir nicht einschlafen.

Heute Morgen war ich schon vor 6 Uhr, mit etwas durch das harte Bett verrenkten Gliedern, wieder auf den Beinen. Der Morgen und das Meer waren köstlich: wir hatten Ancona gerade vor uns und warfen um 7 Uhr Anker. Nachdem diejenigen Leute, welche in die päpstliche Armee eintreten wollten, in Booten ans Land geschafft waren, begab ich mich mit meinen Begleitern selbst in die Stadt, wo Richthofen bald einen Baron König, früher österreichischen und jetzt päpstlichen Offizier, entdeckte, der uns in Stadt und Festungswerken umher, namentlich aber auf das höchst gelegene Fort hart am Meere führte, von wo wir über dieses, die Stadt und die kahle Umgegend eine echt italienische Aussicht hatten. Um 10 Uhr waren wir wieder an Bord

*) Graf August zu Eulenburg. Siehe Einleitung.

unseres Schiffes und frühstückten mit dem Baron König und einem
allerliebsten jungen Mann, einem Fürsten Odescalchi, der mit uns
in Ancona angekommen und nun schon als Lieutenant eingekleidet war.
Baron König schnurrte gehörig: er behauptete, im letzten italienischen
Kriege viermal blessirt zu sein, erzählte, daß man in Ancona nur mit
Pistolen bewaffnet ausgehen könne, rapportirte, daß Lamoricière bereits
siebzehn Freiwillige wegen Insubordination habe erschießen lassen u. s. w.
Odescalchi ging mit dem komischsten Gesichte von der Welt auf all
dies ein, beklagte die heillose Idee, sich zum päpstlichen Soldaten
gemacht zu haben, und war in allen seinen Bemerkungen und Repliken
bezaubernd liebenswürdig und possierlich.

Jetzt sitze ich mit August und Richthofen im Eßsalon des Schiffes
und schreibe. Oben auf Deck ist es sehr warm. Das Schiff macht
auch nicht die geringste Bewegung, und erst um 4 Uhr Nachmittag soll
es weiter gehen. Auf dem Hinterdeck sind noch viele Leute, die erst
im Neapolitanischen an Land gehen werden; unter ihnen müssen Tiroler
sein, denn es wird sehr hübsch tirolerisch gesungen. Paul*) hatte
gestern, als er das Schiff bestieg und das Meer vor sich sah, allen
Muth verloren. Heute, nach der ruhigen Fahrt, ist er beherzter; ich
hatte ihn nach der Stadt mitgenommen. Das erste Mal fiel er auf
die Nase, als er ins Boot stieg; nachher, in einer Kapuzinerkirche, wo
er mir in großer Aufregung eine beichtende Dame zeigen wollte, trat
er ungeschickt rückwärts gegen eine Altarstufe und fiel mit Gepolter
auf seine Kehrseite. Zu guter Letzt mußte er eine Masse riesengroßer
Orangen schleppen, die wir auf dem Markte gekauft hatten.

Rhede von Molfetta.   Donnerstag, den 24. Mai.

Gestern kam nichts Besonderes mehr vor. Die Nacht war ziemlich unangenehm, denn obwohl das Schiff fast gar keine Bewegung machte,
so klapperten doch die Wände der Kabine so, daß ich nur sehr schlecht
und wenig geschlafen habe und um 6 Uhr wieder auf den Beinen war.
So des Morgens aus dem heißen Schiff aufs Deck zu steigen und
in der kühlen Morgenluft aufs blaue Meer und nach der italienischen
Küste zu schauen, in deren Nähe wir von Ancona ab geblieben sind,
ist wirklich ein köstlicher Genuß. Heute wurden wir von etwa einem
Dutzend Delphine verfolgt, die pfeilschnell neben dem Schiffe her-
schwammen und große Sprünge in die Luft machten. — Unser

---

*) Kammerdiener des Grafen Fritz zu Eulenburg.

materielles Leben auf dem Schiffe iſt folgendes: Morgens gleich nach
dem Aufſtehen ſchwarzer Kaffee; um 10 Uhr Frühſtück mit Maccaroni
oder fett gekochtem Reis, Schinken, Braten mit Gemüſe, rothem Ungar=
wein, Thee, nochmals Kaffee; um 4 Uhr Diner, mit hübſchen Blumen,
Aepfeln, Kirſchen, Orangen decorirt; gegen 9 Uhr Thee. Ich habe
mir den Fauteuil, den ich mitgenommen habe, aufs Deck ſetzen laſſen,
ſitze in der Zeit zwiſchen den Mahlzeiten ausgeſtreckt in demſelben, leſe,
rauche, ſchwatze und ſteige nur dann in den Salon hinunter, wenn ich
ſchreiben will. Heute ſind oben auf dem Schiffe nur 18 Grad Wärme,
unten 25 Grad. Daher kommt es, daß man vom Schreiben ſehr müde
wird, und daher kommt es wieder, daß ich gar nicht ſicher bin, ob
dieſe Regelmäßigkeit und Ausführlichkeit, deren ich mich bisher befleißigt
habe, lange anhalten wird. Jedenfalls will ich verſuchen, ſo ausdauernd
als möglich zu ſein.

Hier in Molfetta (Königreich Neapel) ſind wir heute Mittag
zwiſchen 12 und 1 Uhr angelangt, haben uns vor Anker gelegt und
den Reſt der Freiwilligen ausgeſchifft. Die neapolitaniſchen Boote
und ihre Führer ſahen nicht ſehr maleriſch aus, machten aber mit
Schwatzen, Schimpfen und Betteln einen unbändigen Lärm. —

Seit fünf Minuten iſt das Boot wieder in der Fahrt begriffen,
und der Tiſch zittert ſo, daß ich nur mit Mühe ſchreiben kann. Heute
Abend ſollen wir nach Brindiſi, Sonnabend ganz früh nach Korfu
kommen. Vielleicht kann ich den Brief von Brindiſi abſchicken. In
dieſem Falle tauſend Grüße und Küſſe von Eurem - - Fritz.

An Bord des Lloyd=Dampfers „Impératrice“   Freitag, den 25. Mai 1860.
im Hafen von Brindiſi (Königreich Neapel).

Geſtern Abend um 9 Uhr liefen wir in den hieſigen Hafen ein, bei
köſtlichem Mondſchein und ſpiegelglattem Meere. Ich ging früh
zu Bett, um mir einmal eine Güte zu thun, und habe denn auch bis
um 7 Uhr morgens geſchlafen. Um 8 Uhr ſchiffte ich mich mit meinen
Begleitern auf einer Barke ein, um Brindiſi zu beſehen, welches, außer
einer antiken Säule, zwar keine Merkwürdigkeiten, aber ein echtes Bild
kleiner italieniſcher Städte bietet. Da Fremde hier eine Seltenheit
ſind, ſo folgte uns überall ein Schwarm von Jungen und Bettlern.
Am meiſten erfreuten uns die dicht an der Stadt gelegenen Gärten
mit Feigen= und Mandelbäumen, deren Früchte noch grün, und mit
Citronen= oder, wie es hier heißt, Limonenbäumen, deren Früchte faſt
reif waren. Die Hecken der Gärten bildeten gewaltige Aloës, und

besät war die nächste Umgegend mit Ruinen von Festungswerken und Klöstern, überwachsen mit allerlei Schlingpflanzen, die man bei uns nur in Gewächshäusern sieht.

Korfu, Sonnabend, den 26. Mai 1860.

Gestern um 3 Uhr nachmittags setzten wir uns wieder in Bewegung und nahmen unsere Richtung nach Korfu zu. Das Meer war fortdauernd ganz ruhig, und gegen Abend amüsirten uns wieder ein Dutzend Delphine, die uns so lange folgten, als ihr Athem aushielt. Als wir heute Morgen um 6 Uhr aufstanden, lagen wir vor Korfu, zwischen der Stadt und einer in der Mitte des Hafens stark befestigten Insel, rings umher die herrlichsten Berge, der Hafen voll von Kriegs- und anderen Schiffen. Man konnte nichts Malerischeres sehen. Unser Schiff war von Barken umgeben, die Hühner, Puten, Schafe, Hasen, Gemüse, Orangen und, was mich am meisten reizte, die schönsten Walderdbeeren brachten. Ich schickte August ans Land, um den preußischen Konsul von unserer Ankunft zu benachrichtigen, und nachdem dies geschehen, gingen wir mit allem unserem Gepäck in zwei Booten ihm nach. Es war Markttag: die engen Straßen wimmelten von Menschen, namentlich von Griechen in der Nationaltracht und mit ausdrucksvollen Gesichtern. Mitten in der Stadt wurden wir noch einmal von einem Zollbeamten festgehalten, der Bescheinigungen verlangte, die wir nicht hatten. Dabei waren wir dicht von Neugierigen umringt und konnten uns endlich nur mit Mühe den Weg zum Gasthofe St. George bahnen, dessen Aeußeres so wenig empfehlend ist, daß Paul Anstand nahm, dasselbe zu betreten. Allein das Innere ist reinlich und hübsch: wir haben einen Salon, umgeben von Schlafstuben, und das zweite Frühstück, welches wir um 10 Uhr eingenommen haben, war vortrefflich. Eine Stunde später gingen wir dem englischen Lord-Oberkommissär der Jonischen Inseln, Sir Henry Storks, einen Besuch machen. Derselbe empfing uns sehr liebenswürdig und hat uns zu morgen 8 Uhr zum Diner eingeladen. Das Gouvernementshaus, in welchem er wohnt, ist von einem Garten umgeben, der seiner Lage und Aussicht wegen berühmt ist. In demselben wachsen Palmen, japanische Mispelbäume mit reifen Früchten, die wie gelbe Pflaumen aussehen, und Alles, was man sich Blühendes denken kann. Besonders schön aber sahen die Akazienbäume aus, an deren Stämmen bis weit in die Aeste hinein sich in voller Blüthe stehende Rosen gerankt hatten. Man kann sich nichts Zarteres denken, und ich bin überzeugt, man könnte das bei uns nachmachen. — Das Gelärm und Geschrei heute, als es zum Be-

zahlen der Leute kam, die unser Gepäck vom Schiffe nach dem Gast=
hofe transportirt hatten, war großartig. Richthofen sprach ebenso
fertig italienisch mit ihnen als August englisch. Ich zog mich in vor=
nehmer Ruhe in meine Gemächer zurück, um von diesen Kleinlichkeiten
des Lebens nicht berührt zu werden. Hinterher stellte sich aber heraus,
daß die Kleinlichkeit doch nicht klein und die Berührung mit derselben
nicht zu vermeiden war. Der Scherz kostete 28 Schilling oder 9 Thaler
10 Silbergroschen!! —

Um 3 Uhr gingen wir nach der Esplanade, wo, zur Nachfeier
des Geburtstags der Königin, Vergnügungen für die Soldaten,
namentlich Wettrennen zu Fuß, stattfanden, mit und ohne Hindernisse.
Auch Offiziere liefen mit, und einer derselben gewann sogar den
Hauptpreis. Die Ordner der Festlichkeiten hatten durch unseren Lohn=
diener erfahren, wer wir wären, und kamen sofort sehr höflich uns
einladen, unter das für die Damen bestimmte Zelt zu treten. Diese
Damen waren meistens Frauen englischer Offiziere, doch waren auch
einige Griechinnen darunter. Wir warteten das Ende der Sache nicht
ganz ab, sondern fuhren um 5 Uhr nach einem etwa ³/₄ Meilen von
der Stadt Korfu gelegenen Punkte, welcher den Namen „Batterie von
einer Kanone" führt, obwohl daselbst weder Batterie noch Kanone zu
sehen ist. Ein für alle Mal will ich schon hier sagen, daß ich mich in
meinen Briefen an Euch jeder detaillirten Schilderung von Gegenden
enthalten werde. Ich habe immer gefunden, daß man sich aus solchen
Schilderungen doch kein Bild machen kann, dieselben den Leser viel=
mehr ermüden und dem Schreiber unfruchtbare Mühe machen. Des=
halb sei nur mit zwei Worten bemerkt, daß der erwähnte Punkt eine
von hohen Bergen umgebene Meeresbucht ist, in deren Mitte ein
Felseninselchen liegt, gerade groß genug, um ein ganz grün bewachsenes
und von Cypressen umgebenes Klösterchen zu tragen. Die Sage nennt
dieses Inselchen das versteinerte Schiff des Ulysses (die Insel Korfu
ist das alte Corcyra), und wenn Philipp Sohn*) schon so weit ist, die
Odyssee in der Uebersetzung gelesen zu haben, so wird er Euch erklären
können, wie das zusammenhängt. Ich bin kein großer Enthusiast, aber
ich muß doch sagen, daß ich ganz entzückt war; und meine Entzückung
löst sich immer in die tiefe Sehnsucht auf, Euch bei mir zu haben und
mit Euch die Freude theilen zu können. Das macht wehmüthig.

Wir fuhren später noch nach einer anderen schönen Stelle, wo
man die hohen Gebirge Albaniens sich gegenüber und einen schönen Blick

*) Graf Philipp zu Eulenburg. Siehe Einleitung am Schluß.

auf Stadt und Hafen Korfu hat. Dort warteten wir, bis die Sonne
unterging und die Schneegipfel der Berge röthete. Beiläufig bemerkt,
geht die Sonne hier schon viel früher unter als bei uns, die Dämme-
rung ist sehr kurz und die Nacht sehr dunkel.

Um 8 Uhr dinirten wir vortrefflich in unserem Hotel, machten
abends noch einen Spaziergang auf der Esplanade, wo die Statue
eines Schulenburg steht, der sich im Dienste der Republik Venedig
ausgezeichnet hat, und krochen dann, ziemlich müde, in unsere Betten.
Das meinige ist zweischläferig und etwa einen Magdeburger
Morgen groß.

Sonntag, den 27. Mai 1860.

Pfingstfest! Wir erhoben uns um 6 Uhr und fuhren um 7 Uhr,
einen Lohndiener auf dem Bock und Paul bei uns im Wagen, nach
Palaeo Castrizza (zu deutsch: altes Lager) etwa 3 1/2 Meilen von Korfu
und auf der entgegengesetzten Seite der Insel gelegen, so daß der Weg
dahin quer über dieselbe führt. Auf dieser ganzen Tour fährt man
unausgesetzt durch Oelbaumwälder, zwischen denen zahlreiche Orangen-
und Feigenbäume sowie Cypressen stehen. Darunter weiden lang-
wollige Schafe, braune Ziegen, Rindvieh, Esel, Pferde. Weinfelder
sieht man hie und da, auch die prosaische Kartoffel, aber Getreidefelder
fast gar nicht. Hafer war schon gemäht und die Gerste der Reife
nahe. In der Nähe der Dörfer findet man viel Kaktus, Granatbäume
und Bäume mit unbekanntem Laub. Wenn wir den Lohndiener, mit
welchem Richthofen die Konversation italienisch führt, fragen, wie ein
solcher Baum heiße, so antwortet er in der Regel nur: „Es ist ein
Baum, der keine Früchte trägt.“ Was also nicht Früchte trägt, darum
bekümmern sich die Leute nicht. Alles dreht sich um die Olivenkultur.
Das Getreide wird eingeführt.

Gegen 10 Uhr kamen wir an den Ort unserer Bestimmung.
Auf einem hohen in das Meer hineinspringenden Felsen liegt ein
Kloster: rechts und links schöne Buchten, vor uns das unabsehbare,
tiefblaue (ionische) Meer. Erst nahmen wir ein Bad, wegen der Steine
etwas unbequem, dann packten wir die Eß- und Trinkwaaren aus, die
wir mitgenommen hatten, und verschmähten den saueren Wein und
die in Oel gekochten Eier, welche einer der Mönche uns brachte. Als
er in seinem schwarzen Kostüm, mit hoher Mütze und langem Barte,
erschien, nahm Paul ehrerbietig die Mütze ab, brach aber in ein höchst
verwundertes „Hurrjeh!“ aus, als er hörte, daß es nur der Koch des
Klosters war. Später kam der Prior uns begrüßen, mit dem ich eine

aus dem Deutschen ins Italienische, aus dem Italienischen ins Griechische und so wieder rückwärts gedolmetschte Unterhaltung führte. Um 1 Uhr begaben wir uns auf den Rückweg, in der Hitze alle ein wenig nickend, und froh, uns um 4 Uhr wieder in unserem Hotel zu befinden. Wir waren ziemlich vielen Landleuten in griechischen Kostümen begegnet, meistens zu Pferde, aber alle, Männer und Frauen, von der Seite sitzend, und die Pferde statt des Zaumes einen Strick im Maul oder um die Nase.

Um 8 Uhr dinirten wir beim Lord-Oberkommissär, etwa fünfzehn Personen. Ich hatte auf einer Seite neben mir eine Miß Arrington, Tochter eines auf der Insel wohnenden englischen Rentiers, die langweiligste Person von der Welt, deren an sich piepende Stimme durch Schnupfen noch verfeinert und fast unverständlich gemacht worden war. Sie hatte eine schwarze Robe und einen weißen, an den Seiten aufgenommenen Ueberwurf sowie weiße Taille an! Das sollte Trauer bedeuten. —

Um 11 Uhr zogen wir uns zurück, machten noch einen Spaziergang und kamen um 12 Uhr nach Hause. Morgen will ich einmal recht ausschlafen. Ehe ich's vergesse, will ich doch noch sagen, daß wir die hiesigen köstlichen Orangen immer noch mit Blättern an den Stengeln bekommen. Das giebt einem so ein Gefühl der Sicherheit, daß man nicht betrogen wird, wie August bemerkt.

Montag, den 28. Mai 1860, 1 Uhr.

Heute habe ich bis nach 8 Uhr geschlafen. Gegen 12 Uhr kam ein Dampfschiff aus Triest und brachte Bunsen mit, außerdem Depeschen für mich aus Berlin. Ich fange schon sehr an, mich nach Nachrichten von Euch und nach Zeitungen zu sehnen. — Heute giebt's viel zu schreiben. Abends werden wir in der Artilleriekaserne der Engländer diniren. Oberst und Offiziere des Regiments haben uns eingeladen. Morgen Vormittag geht's weiter nach Alexandria, wo ich den 1. Juni anzukommen gedenke. Lebt wohl, denkt an mich und behaltet mich so lieb, als ich Euch habe. — Fritz.

Alexandria, Sonnabend, den 2. Juni 1860.

Da bin ich nun in Afrika. Zuvörderst will ich Euch erzählen, wie ich hingekommen bin.

Am 29. Mai mittags, etwa um 3 Uhr, fuhren wir mit dem Lloyd-Dampfer „Amerika" von Korfu ab. Das Schiff war viel größer als dasjenige, welches uns von Triest nach Korfu geführt

hatte: Passagiere waren außer uns nur noch vier, ein englischer
Militär mit seiner Frau, ein Grieche und ein Italiener; wir konnten
uns also nach Bequemlichkeit ausbreiten. Das Meer war ganz ruhig
und die Luft köstlich; gleichwohl fing das Schiff, als wir gegen Abend
zwischen der albanischen Küste und den Inseln Paxo und Antipaxo
durchfuhren, an, zu schwanken. Paul verschwand. August bezahlte
dem Meere seinen ersten Tribut, und auch mir war so unheimlich zu
Muth, daß ich bald zu Bett ging. Das allseitige Mißbehagen dauerte
auch die Hälfte des folgenden Tages noch fort, nachdem wir in der
Nacht bei Santa Maura vorbei, zwischen Ithaka und Kephalonia durch=
und an Zante vorübergefahren waren. Den ganzen Tag über sahen
wir die griechische Küste, zuletzt das Kap Matapan, die südlichste Spitze
Europas. Erst gegen Abend wagte ich es, wieder eine Cigarre zu
rauchen. Des gleich nach Sonnenuntergang eintretenden heftigen
Thaues wegen mußten wir früh hinunter, und schon um 9 Uhr legte
ich mich zu Bett.

Am 31. Mai war ich völlig wieder restaurirt. Wir sahen den
ganzen Tag über kein Land und kein Schiff. Das Meer war ruhig,
nur mit ganz kleinen Wellchen bedeckt, die ihm das Ansehen von blauem,
genarbtem Leder gaben.

Gestern, den 1. Juni, um 12 Uhr mittags, kam die afrikanische
Küste in Sicht, zuerst der Leuchtthurm von Alexandria, dann der
Palast des Vizekönigs, der Hafen, die Pompejus=Säule. Den merkwürdigsten Eindruck machte die lange, gelbe Sandküste rechts, also
westlich von Alexandria, scharf abstechend gegen das tiefblaue Meer
und fast verschwimmend mit dem gegen den Horizont hin röthlichen
Himmel. Kaum hatten wir im Hafen Anker geworfen, so wurden wir
von einer Unzahl buntbemannter Boote umgeben. Türken, Araber,
Europäer in allen Farben und allen Kostümen, Alles schreiend und
gestikulirend, formirten ein wunderhübsches Bild, welches für uns
glücklicherweise die beruhigende Seite bot, daß wir in einem schönen
großen Fahrzeuge den preußischen Generalkonsul König mit seinem
Kanzler, einem Herrn v. Herford, in einem anderen Boote Herrn
v. Brandt und Heine entdeckten. Das Gepäck und die damit ver-
bundene Schererei meinen Herren Attachés und dem vor Verwunderung und Arbeit schweißtriefenden Paul überlassend, fuhr ich mit dem
Generalkonsul König ans Land, wo uns sein Wagen erwartete, der
uns durch einen Theil der alten Stadt nach dem europäischen Viertel
führte, wo ich im Hotel de l'Europe abstieg.

Die ersten Eindrücke, die ich beim Durchfahren durch die Stadt empfing, waren höchst eigenthümlich und sehr amüsant. Die un gepflasterten Straßen wimmeln von Wagen, Eseln, Kameelen, Fuß gängern. Die Wagen sind nach europäischer Art gebaut und bespannt, alle Kutscher in türkischer und arabischer Tracht, die Fiakerkutscher mit olivenfarbigen nackten Beinen und Armen: auf den Eseln sitzen Reiter aller Art, sie gehen einen starken Paß. Alle Welt bedient sich ihrer: sind es Miethsesel, so läuft der nacktbeinige Eigenthümer hinterher; die Esel sind sämmtlich rasirt und sehen viel munterer aus als die unsrigen, viele sind weiß. Kameele sieht man zu Hunderten, mit Kohlen, mit Wasserschläuchen, mit Waaren, mit allem Möglichen beladen. Und Pferde habe ich gesehen, zum Verlieben. Gestern Nachmittag ritt ein englischer Junge von etwa 14 Jahren einen arabischen Schimmel, hinter ihm ein Araber auf einem eben solchen, beide im Galopp; man konnte nichts Hübscheres sehen. Und nun erst die Fußgänger: weiße, ganz schwarze, braune, olivenfarbige in allen denkbaren Trachten, von der ganz gewöhnlichen europäischen, dem runden schwarzen Hute und dem Tuchüberrock bis zu der nur durch ein blaues oder weißes Hemde verhüllten Nacktheit: die arabischen Frauen, deren man nur sehr wenig sieht, mit weiß bewickelten Gesichtern, so daß nur die Augen zum Vorschein kommen: die europäischen Frauen wie bei uns, nur mit etwas weniger Krinoline. Man wird am Anfange ganz schwindelig von all den Farben, dem Getreibe, dem Geschrei.

Nachdem ich mich gestern umgezogen und gereinigt, ging ich zu König, der eine prachtvolle, von schönem Garten umgebene Wohnung hat. Der Oleander ist gerade in Blüthe und wächst hier in einer Ueppigkeit, wie ich ihn nie gesehen. König hatte eben die Post ge öffnet: ein Brief nach dem anderen wurde nachgesehen: da waren Depeschen für mich aus Berlin, Briefe an alle meine Begleiter, nur an mich nichts von Euch. Ich kann Euch nicht sagen, wie traurig ich war. — Denkt nur, daß ich jetzt schon 500 deutsche Meilen von Euch entfernt bin und nach Nachrichten von Euch lechze.

Von der Hitze haben wir bisher gar nicht zu leiden gehabt. Vom Meere aus weht erfrischender Wind, und in den Mittagsstunden geht man nicht aus. In der Nacht schläft man unter einem Moskito netze, welches die Zudringlichkeit der Mücken, aber nicht diejenige der Flöhe verhindert, die gleich in fröhlichen Sprüngen mich begrüßen kamen und namentlich meinen linken Arm sehr schmackhaft gefunden haben müssen, denn ich war heute Morgen wie tätowirt.

Nachdem ich bis 12 Uhr geschrieben, habe ich mit König einem Herrn D'Anastasie, einem Griechen, Besuch gemacht, der eine der angesehensten Persönlichkeiten hierselbst sein soll. Mittag werden wir bei König essen; morgen will mich der Vizekönig empfangen. —

Gott sei mit Euch! Tausend Grüße an Alle, die sich meiner erinnern. — Fritz.

Alexandria, Sonntag, den 3. Juni 1860.

Gestern dinirten wir beim Generalkonsul König. Seine Frau ist eine geborene v. Gerstorff, aus der Gegend von Görlitz. — Ueber Tisch erzählte sie mir manches Interessante von einigen Festen, die die Gemahlin des Vizekönigs, eine Circassierin, den Damen der Gesellschaft gegeben habe. Dieselben dauern von 10 Uhr abends bis 7 Uhr früh, und einen Hauptbestandtheil bildet dabei die Vorführung von geschmückten Sklavinnen, die so viele Edelsteine an sich haben, daß man sieht, es werde ihnen schwer, die Last zu tragen. Als besonders eigenthümlich bezeichnete sie die Mode, kleine, sehr glänzende Edelsteine an vielen Stellen des Fußteppichs zu befestigen, so daß man immer in Versuchung ist, sie aufzuheben, weil man glaubt, daß sie verloren sind.

Nach Tisch fuhren wir in drei Wagen aus der Stadt und längs dem Kanal spazieren, welcher Alexandria mit dem Nil verbindet. Der ganze Weg ist mit hübschen Villen bebaut, die von Blumengärten umgeben sind, hin und wieder ist ein Palmenwäldchen. Es begegneten uns ziemlich viele Wagen und Reiter. — Noch spät gingen wir bei klarstem Mondschein und angenehmer Kühle auf dem Frankenplatz spazieren. Dies Vergnügen hat mir aber eine unangenehme Nacht und heute einen unangenehmen Tag bereitet. Denn mein gewöhnliches Uebel, welches sich schon gestern eingestellt hatte, verschlimmerte sich und ließ mich so wenig schlafen, daß ich die ganze Nacht damit zugebracht habe, mich über das Nachtwächtergeschrei und Hundegebell zu ärgern. In der ganzen Gegend nämlich, in der ich wohne, hat fast jedes Haus einen Privatnachtwächter und dieser einen Privathund. Alle Stunden nun schreit einer dieser Wächter oder vielleicht der Präsident der Nachtwächter das Wort „Wachet" mit furchtbar lauter und langgedehnter Stimme, und alle Nachtwächter antworten in derselben Art. Die Privathunde geben durch furchtbares Bellen zu verstehen, daß sie auch munter sind, und die wilden Hunde, die den ganzen Tag über in den Straßen umherliegen und erst abends mobil werden, mischen ihr Geheul in das ihrer civilisirten Brüder. So giebt es einen Teufelslärm, den zu verschlafen man sehr gesund und sehr müde sein muß.

So unwohl ich mich nun auch heute Morgen fühlte, so ging ich doch um 10 Uhr in die protestantische Kirche. Dieselbe ist, glaube ich, eine weiß angestrichene Wagenremise: rechts und links, so daß ein Gang in der Mitte frei bleibt, stehen sehr bequeme Bänke, im Hintergrunde, quer vor, ein erhöhter Tisch, den Altar darstellend, links ein Acolodicon, die Orgel ersetzend, und rechts ein Katheder als Kanzel. Es wurde aus dem Gesangbuch der Berliner französischen Gemeinde ein Lied gesungen, dann französisch gepredigt und für den König von Preußen, als Wohlthäter der Kirche, gebetet. Die Zuhörerschaft bestand aus etwa zwanzig Personen, und das Ganze erinnerte sehr an die ersten Zusammenkünfte der Christen. — Was meine Herren Begleiter vorgenommen haben, weiß ich nicht recht, ich habe sie mir etwas vom Leibe gehalten, um Ruhe zu haben. Meine Gedanken waren viel bei Euch und schweiften in der nächsten Zukunft umher. —

Kairo, den 8. Juni 1860.

Seit fünf Tagen bin ich nicht zum Schreiben gekommen, ich will aber versuchen, das Versäumte nachzuholen.

Am 4. Juni, morgens 9 Uhr, kam der Generalkonsul König, mich zu einem Besuche beim Vizekönig von Aegypten, Saïd Pascha, abholen. Da derselbe nicht gern Fremde sieht, so nahm ich nicht meine sämmtlichen Begleiter, sondern nur August und Herrn v. Bunsen mit. Der Vizekönig hatte uns eigentlich auf ein etwa eine Stunde von Alexandria gelegenes Landhaus von ihm beschieden, am Thore der Stadt aber fanden wir Jemand, der uns sagte, er werde uns in dem näher gelegenen Gabari empfangen. Es ist dies ein von seinem Vater Mehmed Ali erbautes und mit schönen Gärten umgeben gewesenes Landhaus. Die Gärten hat der Vizekönig aber zum großen Theile abhauen und in Exerzirplätze umwandeln lassen, die mit eisernen Pflöcken gepflastert sind. Als wir vorgefahren waren, kam ein sogenannter Ceremonienmeister, begrüßte uns auf mohammedanische Art, führte uns hinein und bat uns, einen Augenblick zu warten. Die mohammedanische Art zu grüßen ist, daß man mit der rechten Hand erst eine Bewegung nach der Erde und dann, in Absätzen, nach der Stirn zu macht, d. h. ich nehme den Staub von deinen Füßen und lege ihn auf Herz, Mund und Stirn. Der Vizekönig erschien bald, in weißer Jacke, weißen Pluderhosen, rothen Pantoffeln, rothem Fez auf dem Kopf, sein Bauch

und seine Hände sind dick, sein rechtes Auge halb blind, sein ganzes
Aeußere gemein. Er setzte sich in einem europäisch möblirten Zimmer
auf ein Sopha, wir auf Stühle vor ihm. In geläufigem Französisch
sprach er fast immerzu, wie ein reich gewordener Bierbrauer, mit dem
Refrain: „ich kann's ja haben, ich bin reich genug dazu", ließ daneben
aber doch manche Kenntnisse durchblicken, die uns überraschten. Es
wurden uns lange Pfeifen, sehr guter Tabak und köstlicher Kaffee ohne
Zucker gebracht, die Pfeifen und die Einsätze der Tassen reich mit
Brillanten besetzt. Die Sache dauerte ziemlich lange, und da er uns
nicht entließ, so empfahl ich mich endlich. Bei der Rückfahrt besahen
wir die sehr hübsche sogenannte Pompejus-Säule, und nachdem ich mein
übriges Gefolge abgeholt, fuhr ich zum Minister der Auswärtigen
Angelegenheiten, Sherif-Pascha, der einen Theil des vizeköniglichen
Palastes Ras-et-Tin bewohnt und uns in einem blauen Salon empfing,
der eine Aussicht auf Meer, Hafen und Stadt gewährt, wie es deren
vielleicht wenige in der Welt giebt. Auch hier genossen wir, mit unter=
geschlagenen Beinen auf den sehr bequemen, rings um den Salon
gehenden Diwans sitzend, Pfeifen und Kaffee und besahen dann den
Palast, an dessen Innerem nichts zu sehen ist. Demnächst begaben
wir uns in die Fliednersche Diakonissenanstalt, wo wir vier sehr
zufriedene Schwestern, eine ganz junge aus Elbing, fanden und uns
an ihrem ruhigen und doch freudigen Wesen wahrhaft erfrischten. Um
3 Uhr aß ich en famille bei König, nach Tisch gingen wir, einen
Obelisken, genannt „die Nadel der Kleopatra", ansehen, und von 8 Uhr
an war ich zu Hause, weil alle Welt mich vor der hier vorzugsweise
feuchten Abendluft warnte.

Dienstag, den 5., morgens 8 Uhr, setzte ich mich mit meinem
ganzen Gefolge auf Esel. Wir haben nun Alle Sonnenhüte, wie den,
den ich mir aus England hatte kommen lassen: ich einen weißen mit
blauem, graziös herumgewundenen Schleier, die Anderen gelbe Hüte
mit grünem Schleier. Ein paar Kerle laufen voran, um uns Platz
zu machen, die Andern folgen uns, auch Herr Paul reitet stolz seinen
Esel. Alles sitzt ohne Bügel, weil die Esel zuweilen Purzelbäume
machen und es dann unangenehm ist, wenn man nicht gleich auf die
Füße zu stehen kommt. Wir begegnen Eseln und Kameelen in solchen
Unmassen, daß es schwierig ist, sich durchzuwinden: als wir endlich im
Freien sind, reiten wir längs dem Meeresufer nach den alten Kata=
komben, die man die Bäder der Kleopatra nennt, dann nach Mex,
einem Landhause des Vizekönigs, von wo aus man eine bezaubernde

Aussicht auf das Meer und das an der Spitze einer Landzunge gelegene Fort Marabout hat. Die Lichteffekte sind außerordentlich schön. Wieder nach der Stadt zurückgekehrt, durchreiten wir noch einige enge Straßen, um den Schmutz des ägyptischen Lebens recht in der Nähe zu sehen, und müde von Staub und Sonne schlafe ich ein paar Stunden. Um 7½ Uhr dinire ich mit allen meinen Begleitern bei Herrn D'Anastasie, demselben, dem wir vor einigen Tagen unseren Besuch gemacht hatten. Alles, was Küche und Keller in Europa Gutes bieten, fanden wir auch hier, namentlich aber Früchte aus allen Ländern und Zonen, frische Feigen, Bananen, Mangots aus Indien und, was uns am meisten wohlthut, vortreffliches Eis in Massen und mehrmals während des Diners. Nach Tisch rauchten wir unseren Tschibuk, einige Herren musizirten recht hübsch, und nach einem Mondscheinspaziergange legte ich mich um 11 Uhr zu Bett.

Es ist jetzt, wo ich schreibe, 11½ Uhr abends; ich sitze dicht neben einem offenen Balkon, die Nachtluft hat vollen Zutritt zu meiner Stube, und doch zeigt der Thermometer 22 Grad Réaumur. In dem Park vor meinem Hotel haben bis jetzt mehrere Musikkorps, meistens zu gleicher Zeit, gespielt, eine wahre Höllenmusik; nun aber sind sie, mit Ausnahme eines deutschen Musikkorps, welches prächtige Polkas spielt, verstummt. Links von mir ist eben der Mond zwischen Palmen=bäumen und Minarets aufgegangen, und aus einer benachbarten Moschee hört man arabische, fromme Gesänge. Wäret Ihr doch hier! Es ist wirklich schön, aber ich kann es nicht recht genießen: mir graut so vor China. In einer Stunde wollen wir uns in den Wagen setzen, um nach der Wüste zu fahren. Esel zum demnächstigen Weiterreiten sind vorausgeschickt. Morgen Abend denken wir wieder zurück zu sein. Leider ist Herr v. Brandt, der uns zum Führer dienen sollte, so un=wohl geworden, daß er nicht mit kann.

Kairo, Sonntag, den 10. Juni 1860.

Mittwoch, den 6. Juni, morgens 9 Uhr, fuhren wir auf der Eisen bahn von Alexandria nach Kairo ab. Generalkonsul König be=gleitete uns. Zwar war es warm, denn wir hatten im Wagen 29 Grad, allein es war luftig und deshalb erträglich. Bei Kafr eg Zaiat passirten wir das erste Mal den Nil und blieben daselbst ¾ Stunden, während welcher wir frühstückten. Ich saß dabei neben Herrn v. Lesseps, dem bekannten Isthmus=Durchstecher, und machte seine Be=kanntschaft. Dann ging's weiter über das Nil=Delta bis wir bei Benba el Asl den andern Nil=Arm passirten. Bald nach 4 Uhr kamen

wir in Kairo an. Unbeschreiblich war das Gewühl und Geschrei auf
dem Eisenbahnhofe, aber wir fürchten uns nicht mehr davor, hauen
den zu unbequem Werdenden einen tüchtigen Jagdhieb über und fahren
nach dem Hotel d'Orient, wo im ersten Stock ein hübscher großer
Salon und außerdem Schlafstuben für uns in Bereitschaft gesetzt sind.
Vor der meinigen ist ein Balkon. Die Aussicht haben wir auf einen
unmittelbar gegenüberliegenden Park, Esbekieh genannt. Um 8 Uhr
dinirten wir in unserem Salon zu acht Personen. Ich habe nämlich
jetzt Brandt, Bunsen, August, Richthofen und einen Kaufmann Spieß,*)
einen sehr angenehmen jungen Mann, bei mir. Außerdem hatte ich
König und den Beamten des hiesigen preußischen Vizekonsulates
Rheintaler eingeladen. Heine ist bereits voraus nach Ceylon gereist.
Abends gingen wir in der Esbekieh spazieren. Denke Dir eine Straße,
auf deren einer Seite Häuser, auf der andern Seite ein Wäldchen von
Akazien, wilden Feigenbäumen u. s. w. stehen. Längs des Wäldchens
läuft ein breiter, von der Straße abgesonderter Weg, besetzt mit
Buden, in welchen man Erfrischungen, namentlich aber Kaffee bekommen
kann, und erleuchtet durch Bündel von Kienholz, welches in eisernen
Körben brennt, die laternenartig aufgestellt sind. Von hundert zu
hundert Schritt sitzt ein Musikkorps, türkisch, arabisch, ägyptisch oder
wie es sonst heißt, immer aber ganz ohne Harmonie und mit viel
Pauken spielend, auch so placirt, daß man nirgends einen Platz finden
kann, wo man nicht zwei Korps zu gleicher Zeit hört. Gerade vor
unserem Hotel sitzt europäische Musik mit lieblichen Polkas und
italienischen Opernklängen. Zuweilen hört man drei Takte davon,
dann fällt aber die türkische Musik unbarmherzig darüber her und
begleitet Edgardos Schwanengesang mit Pauken und Trompeten. Nun
gut! In dieser Esbekieh gingen wir spazieren, wurden von den
arabischen Musikanten, wenn wir in tiefer Verachtung vor ihnen stehen
blieben, eingeladen, Platz zu nehmen, um uns ihre Katzenmusik gemüthlich anzuhören, und wurden auch wohl mit einer Extravorstellung
beehrt, indem man uns Gesangstücke aufführte, die, so weinerlich sie
klangen, uns doch zu Ausbrüchen von Lachen und schneller Flucht ver-
anlaßten. Ich muß mich ein wenig erholen und etwas hinlegen. Die
Hitze und die grellen Farben greifen die Augen so an, daß mir von
Zeit zu Zeit ganz schwindelig wird. Es ist jetzt 3½ Uhr. Alle
Fenster sind geschlossen, die Jalousien heruntergelassen; wir haben
trotzdem in der Stube 23 Grad. Die Thüren sind alle offen: so höre

*) Siehe Einleitung.

ich, daß in der Stube auf der andern Seite des Salons meine Herren
über Staatsschulden sprechen und disputiren. —

5 Uhr.

Fliegen und Mücken, von letzteren namentlich eine ganz kleine
Sorte, lassen einem keine Ruhe. Meine Hände und namentlich meine
Fingergelenke sind so zerstochen und geschwollen, daß ich sie kaum
biegen und daß ich meine Ringe nicht mehr abziehen kann. Unter den
Moskito-Vorhang sich zu legen ist zu heiß, man ist gleich wie gebadet.
Am besten ist, seine ganze Kraft zusammen zu nehmen, wach und auf-
recht zu bleiben. Das will ich denn auch thun und weiter berichten.

Donnerstag, den 7. Juni, setzten wir uns um 7 Uhr morgens
zu Esel und ritten nach der Citadelle, quer durch einen großen Theil
der Stadt. Das war nun ganz wunderhübsch und sehr interessant.
Die Straßen sind eng, entweder wirklich bedeckt, oder dadurch, daß
jedes höhere Stockwerk immer etwas mehr vorgebaut ist und die
obersten Stockwerke der beiden Häuserreihen so nahe zusammen kommen,
daß man sich aus denselben bequem die Hände reichen kann, wenigstens
so gut wie bedeckt. Das Geschoß zur ebenen Erde ist der Laden; darin
sitzt, wie in einem Käfig (denn größer ist das Ding nicht), der Ver-
käufer mitten unter seinen Waaren, mit untergeschlagenen Beinen, und
raucht. Auf der Straße kribbelt und wibbelt es, und wenn man einem
beladenen Kameel oder gar einem Wagen begegnet, so muß man sich
in Acht nehmen, nicht gequetscht zu werden. Der Kawaß, d. h. der
Polizeibeamte des Konsulates, reitet mit Säbel und Tambourmajor-
stock voraus und macht Platz. So kommen wir auf die Citadelle, auf
welcher die Moschee Mehemed Alis steht, ein köstliches Bauwerk; was
aber viel köstlicher ist, das ist die Aussicht auf die Stadt mit ihren
Moscheen und Minarets, auf das Nil-Thal, auf die wie mit einem
Lineal vom Nil-Thale abgegrenzte Wüste und auf die Pyramiden,
deren wir dreizehn bis fünfzehn zählten, darunter die größten die
existiren, die von Gizeh. In der Stadt besahen wir nachher noch die
Hassan-Moschee und die Tailoon-Moschee, woran man nicht gehindert
wird, wenn man nur Pantoffeln über die Stiefel zieht. Heiß und
bestaubt, wie wir waren, wollten wir ein türkisches Dampfbad nehmen.
Dasjenige aber, auf welches wir einen Anlauf nahmen, entwickelte
schon in den ersten beiden Räumen so penetrante Transpirations-
gerüche, daß wir entsetzt flohen und uns in die Zinkwannen eines hier
etablirten Franzosen stürzten. In unser Hotel zurückgekehrt, frühstückten und schliefen wir. Erst nachmittags um 5 Uhr setzten wir

uns wieder zu Esel und ritten nach dem Schlosse Schubra. Dasselbe gehört dem Prinzen Halim-Pascha und liegt etwa eine Meile von der Stadt. Der Weg dahin besteht in einer breiten Allee von wilden Feigenbäumen (Sykomoren) und ist, obgleich entsetzlich staubig, doch durch den Baumschatten vor der Sonne geschützt. Die Hauptsache in Schubra ist der sehr üppige Garten, in dem ich auch nicht einen einzigen europäischen Baum als Silberpappeln gefunden habe, und in der Mitte desselben ein großes, viereckiges Gebäude, welches ein mit schönem, frischem Wasser gefülltes Bassin umgiebt. In diesem Bassin pflegte Mehmed-Ali, welchem das Schloß früher gehörte, seine Sklavinnen baden und sich dann in einem Nachen unter ihnen herumfahren zu lassen. Wir saßen lange in der erfrischenden Kühle und ritten dann abends zurück. Als wir an die Eisenbahn kamen, war dieselbe eines hin- und herfahrenden Zuges wegen etwa eine Viertelstunde gesperrt. Nie habe ich ein bunteres berittenes Publikum gesehen als dasjenige, welches sich während dieser Zeit zu beiden Seiten der Barrieren sammelte. Pferde, Esel und Kameele mit Reitern von allen Nationen und Farben drängte sich in dicken Haufen, und kaum war der Weg wieder frei, so jagte Alles auseinander, eine Staubwolke entwickelnd, die des Tempelhofer Feldes mehr als würdig war. Sehr schöne Pferde habe ich noch nicht gesehen, wohl aber wunderschöne Vollblutesel, die mit 100 bis 120 Guineen bezahlt werden, sehr elegant aussehen, unbändige Strapazen aushalten können und einen sehr schnellen und bequemen Paß gehen. König dinirte wieder bei uns, und wir waren sehr heiter. Unsere Mahlzeiten sind so vertheilt, daß wir nach dem Aufstehen Kaffee und Thee trinken, um 12 Uhr ein warmes Dejeuner und um 8 Uhr unser Diner einnehmen. Wenn nur die heißen, flohumkränzten Nächte nicht wären!

Freitag, den 8. Juni, morgens 9 Uhr, fuhren wir, mit einem Empfehlungsbriefe des Vizekönigs versehen, nach dessen ägyptischem Museum, in welchem Alles niedergelegt wird, was bei den auf Kosten des Vizekönigs veranstalteten Ausgrabungen gefunden wird. Diesen Ausgrabungen und diesem Museum steht ein Franzose, Herr Mariette, vor, der früher für Rechnung der französischen Regierung ägyptischen Alterthümern nachgeforscht hatte, seit etwa zwei Jahren in den Dienst des Vizekönigs getreten ist und nun ein gutes Geschäft dadurch macht, daß er, was er findet, theils dem Vizekönig, theils nach Paris ausliefert. Das Museum enthält eben nur Gegenstände, die seit zwei Jahren gefunden sind, darunter aber äußerst interessante Statuen und kleinere Gegenstände. Das Hübscheste ist ein vollständiger goldener emaillirter Frauenschmuck, den man vor wenigen Monaten in der Gegend von Theben an der einbalsamirten Leiche einer Königin gefunden hat. Der Tod derselben muß nach den Inschriften 1800 Jahre vor Christi Geburt stattgefunden haben; trotzdem ist es ein Faktum, daß die Leiche, nachdem man sie ausgegraben und ihres Schmuckes entkleidet hatte, angefangen hat, zu riechen, so daß die Leute sie in den Nil geworfen haben. Um 2 Uhr fuhren wir nach einem Derwisch-Kloster. Es war nämlich Freitag, der Feiertag der Muselmänner, und die Derwische machten ihre, in furchtbaren, mit ewiger brüllender Wiederholung derselben Worte bestehenden Religionsübungen. Die Hauptsache dabei ist ein wohl tausendmal wiederholtes Bücken des Kopfes zur Erde, was mit der größten Heftigkeit vorgenommen und, wenn die Kräfte nachzulassen scheinen, durch Pauken und Pfeifen wieder encouragirt wird. Den Leuten steigt dabei natürlich das Blut so ins Gehirn, daß einige ganz außer sich gerathen, und das Ganze gewährt einen so ängstigenden Anblick, daß man erst wieder anfängt freien Athem zu schöpfen, wenn man die Moschee hinter sich hat. Abends dinirten König und der Referendar Rheintaler bei uns.

Sonnabend, den 9. Juni, morgens 2 Uhr, fuhren ein vierspänniger und ein zweispänniger Wagen bei uns vor. In ersteren setze ich mich mit dem Generalkonsul König, Bunsen und August. Auf dem Bocke sitzt der Kutscher in weißem Hemde, weißen Hosen und mit der rothen Mütze, Tarbusch genannt, neben ihm der Kawaß mit Säbel und Stab. Im zweiten Wagen nehmen Richthofen und Spieß Platz, auf dem Bocke neben dem Kutscher sitzt Paul. Vor den Wagen laufen ein paar barfüßige, wunderhübsch gebaute Leute, die weiten Aermel auf dem Rücken zusammengebunden. So fahren wir bei Mondschein quer durch die Stadt, die wahrhaft gespenstisch aussieht, und kaum haben wir dieselbe verlassen, so kommen wir auf ein unabsehbares Sandfeld, wo keine Wagenspur mehr zu erkennen ist. Nach zweistündiger Fahrt, während welcher die Läufer immer zu Fuß gewesen und mehrmals, wenn wir uns zwischen Steinen festgefahren, den Wagen herausgehoben hatten, kommen wir an den Nil. Der Tag fängt an zu grauen. Wir lassen uns übersetzen und finden auf dem linken Nil-Ufer unsere Esel, auf welche wir uns selbst und unsere Vorräthe placiren.. Und nun machen wir einen Ritt, den ich nie vergessen werde. Die aufgehende Sonne ließ die beiden großen Pyramiden von Gizeh, welche wir rechts sahen, in ganz rosarothem Lichte erscheinen.

Links hatten wir den Nil, dahinter das Mokattam-Gebirge. Der Weg führte auf einem Damm — denn wir sind in demjenigen Terrain, welches bei hohem Stande des Nils überschwemmt wird — durch einen Wald von Dattelpalmen, welche, da die Sonne noch niedrig steht, einigen Schatten gewährten. Die Luft war frisch und so rein und fein, daß man sie mit Lust athmete. Unsere Esel marschirten, daß es eine Freude war. Die Dörfer, bei denen wir vorbeikamen, gewährten einen freundlichen Anblick, obwohl die Häuser alle von Lehm gebaut und anscheinend ohne Dächer sind. Scheunen haben die Leute nicht: alles Getreide, Weizen und Gerste, welches sämmtlich jetzt bereits geerntet ist, liegt in Haufen im Freien. Um diese Haufen herum fahren die Bauern (Fellahs) in Schlitten, die mit zwei Ochsen bespannt sind. Die Schlitten laufen auf metallenen Rädern und sind so konstruirt wie die Schlittschuhe, auf denen der Tänzer Herr Ebel im Propheten seine Kunststücke macht. Sie dreschen und zerschneiden das Stroh zu gleicher Zeit. Kameele, Esel, braune Ziegen, Büffel und Kühe sind in jedem Dorfe zahlreich zu sehen. Nach etwa zweistündigem Ritt kommen wir nach dem Dorfe Mit-Rahineh, dem Ort, wo früher Memphis gestanden hat. Im Freien breiten wir unsere Plaids aus, filtriren das schmutzige Wasser, das man uns bringt, kochen Kaffee und besehen den auf der Nase liegenden steinernen Koloß des Königs Ramses II. Dann reiten wir weiter durch Felder, die wie Felder von türkischem Weizen aussehen. Es ist aber eine Art Gries, deren Staude große Aehnlichkeit mit türkischem Weizen hat, nur daß sie viel höher ist. Die Stauden überragen unsere Köpfe um mehrere Fuß und werden täglich künstlich bewässert. Plötzlich gelangt man aus diesen Feldern in die Wüste. Es ist die Libysche Wüste, vom fruchtbarsten Terrain scharf wie nach dem Lineal abgeschnitten, hügelig, so daß der Horizont nur klein ist, und steinig sandig, so daß die Esel nicht eben gar tief eintreten. Ein erfrischender, aber ein wenig Sand mit sich führender Wind weht uns von derselben entgegen, und um unsere Augen vor diesem Sande und der starken Blendung zu schützen, lassen wir unsere Schleier herab. Zuerst geht es nun nach einem kürzlich entdeckten Grabe. Da Sakarah der nächste Ort ist, so heißt es das Grab von Sakarah. Es ist oben theils offen, theils bedeckt, besteht aus mehreren Gemächern, deren Wände mit einer Art Stuck bedeckt sind, und auf diesem Stuck befinden sich unzählige eingravirte Bilder und Hieroglyphen, welche die ganzen Besitzthümer des Verstorbenen, ihn selbst und seine Frau, die immer hinter ihm kniet und eines seiner Beine umfaßt hält, darstellen. Da sieht man ein Schiff auf dem Nil fahren, mit demselben Segel und denselben Ruderern wie heute. Im Nil selbst schwimmen Fische, Krotodile, Hippopotamen, Alles, was heute noch existirt. Ferner sieht man säen, ernten, dreschen, Alles mit genau denselben Instrumenten, die heute noch in Anwendung kommen. Man sieht einen Ochsen binden, schlachten, zerschneiden, die Lenden desselben in den Bratofen schieben. Man sieht Weiber zur Stadt geben mit Gemüse, Eiern, Geflügel u. s. w., kurz, es fehlt nichts, was zum Betriebe einer großen Landwirthschaft gehört, und Alles erinnert aufs Lebhafteste an das, was man hier täglich vor Augen hat. Von diesem Menschengrabe aus wenden wir uns zu den Apis-Gräbern, dem sogenannten Serapeon. Ihr wißt, daß die alten Aegypter den Stier Apis göttlich verehrten. Wenn ein solcher Stier starb, so wurde er einbalsamirt und begraben. Das Verdienst des Herrn Mariette*) ist es nun, infolge fleißigen Studiums der alten Schriftsteller, namentlich Strabos, der die Richtung angiebt, in der die Gräber liegen sollten, dieselben wirklich entdeckt zu haben. Denkt Euch nun sehr lange unterirdische Gänge, etwa wie die Docks in London, nur höher und an den Seiten dieser Gänge etwa von fünfzig zu fünfzig Schritt Nischen. In diesen Nischen stehen die Särge der Stiere, große, steinerne Sarkophage mit Deckel, etwa zwölf Fuß lang und elf Fuß hoch. 36 solcher Sarkophage sind zu sehen, Mariette behauptet aber, er wisse schon von 64 derselben. Sie sind leer; schon Cambyses soll den Inhalt haben herausnehmen und zerstören lassen. Man begreift nicht, wie diese Steinmassen haben fortgeschafft und placirt werden können. In den unterirdischen Gängen ist ewig, Winter und Sommer, eine Temperatur von 21 Grad Wärme. Uns kam es kühl vor, so daß Einige die Rockkragen in die Höhe schlugen.

Nun ging es ans Frühstück, welches wir in dem bedeckten Vorhofe eines von Herrn Mariette dort erbauten hölzernen Hauses einnahmen; Hammel-, Hühner-, Gänsebraten und Bordeaux wurden aufgetischt, was wir Alles aus Kairo mitgenommen hatten, aber der Wein war lauwarm und der Appetit gering. Nach dem Frühstück verfielen wir in ein Schläfchen; aber welches Erwachen! Es war gegen 1 Uhr mittags, die Sonne stand senkrecht über unseren Köpfen, das Haus warf nach keiner Seite hin Schatten, und das Thermometer zeigte in

---

*) Mariette Bey, Aegyptologe, ein geborener Franzose, Begründer des weltbekannten Museums zu Kairo.

unserem bedeckten Vorhofe 28 Grad. Dabei hatte der Wüstenwind nachgelassen. Um dieser fast unerträglichen Situation zu entrinnen, beschlossen wir, uns zu Esel zu setzen und den Rückweg anzutreten. Das war denn nun etwas strapaziös, aber nach zweistündigem Ritt waren wir wieder am Nil, setzten uns in unsere Wagen und kamen müde und matt, namentlich aber von Hitze und Durst gequält, um 6 Uhr nach Kairo zurück. Jetzt waren die Straßen dicht gedrängt voll Menschen, die durch unsere vierspännige Equipage ein klein wenig zur Neugierde veranlaßt wurden, was ihnen sonst nicht leicht passirt. Unsere Läufer (sie heißen hier Saïs), welche auch den ganzen Rückweg wieder im Trabe zu Fuß gemacht hatten, schrieen auf Arabisch in einem fort: rechts! links! Platz da! weg ihr Esel! gebt auf eure Beine Acht! u. s. w. Wir waren so müde, daß wir nur wenig aßen. Paul wurde, wie ich Dir schon schrieb, ernstlich krank. Um 10 Uhr lagen wir alle in unseren Betten.

Heute, Sonntag, den 10. Juni, haben wir uns dafür gründlich ausgeruht. Zwar habe ich, wie Ihr seht, fleißig geschrieben, aber ich bin vor 5 Uhr, wo ich ins Bad ritt, nicht ausgegangen. Wir haben 23 Grad in der geschützten Stube. Die Esbekijeh wimmelt heute von Leuten, auch ein Dutzend Krinolinen bewegen sich unter der Arabermasse. Der Generalkonsul König ist des Morgens nach Alexandria zurückgefahren. Zu Tisch hatte ich den Doktor Reil und Herrn Rheintaler eingeladen, und bis gegen 12 Uhr haben wir noch in der Esbekijeh gesessen, wo ich von einem Perser drei persische Bleifederetuis gekauft habe, die ich den Kindern schicken will.

Kairo, Montag, den 11. Juni 1860.

Donnerwetter! heute ist es heiß. In meiner sorgfältig kühl gehaltenen Stube habe ich 24 Grad, im Salon nebenan sind 26 Grad, im Hofe des Hotels 28 Grad im Schatten. Meine Hände thun mir nicht mehr so weh, seitdem ich sie viel mit Citronensaft wasche, und Paul ist wieder auf den Beinen, obwohl noch schwach und appetitlos. Die Ereignisse des Tages waren folgende: Gegen 10 Uhr setzten wir uns zu Esel und ritten in die Stadt; erst zu einem Photographen, einem Berliner. Ich habe einige Photographien und Stereoskopbilder ausgesucht und werde sie Euch mit nächster Gelegenheit schicken. — Von da ritten wir in den Bazar, d. h. in denjenigen Stadttheil, in welchem vorzüglich die Kaufläden sind. Das Gewühl in den engen Straßen ist so groß, daß ich immer nur auf meinen Esel und mich aufpassen mußte und den Gegenständen in den Läden wenig Aufmerksamkeit schenken konnte. Dabei war es so heiß, daß wir bald wieder nach Hause eilten und einen zweiten Besuch der Gegend für den Nachmittag beschlossen. Im Hotel ließ ich mir die Rechnung für die fünf Tage geben, die ich bis jetzt hier im Gasthofe gelebt hatte. Sie betrug, da ich den großen Salon und die Gäste bezahle, die wir uns eingeladen hatten, 80 Reichsthaler. Nach dem Frühstück, das wir um 1 Uhr einnahmen, packte ich ein paar Spieluhren aus und ließ sie musiziren. Wie erinnerte mich das an die Kinder, von denen mich nun vier Wochen Zeit und über 500 Meilen trennen!

Gott gebe, daß es Euch allen gut geht, ich sehne mich unbeschreiblich nach Nachrichten von Euch!

Nachmittag um 5 Uhr ritt ich mit Brandt, August und Richthofen wieder nach dem Bazar, von dem wir einen großen Theil zu Fuß durchgingen. In einem Laden handelte ich auf einen kleinen weißen gestickten Shawl, er war mir aber zu theuer. Als die Sonne untergegangen war — und dies geschieht hier jetzt um $6^3/_4$ Uhr — setzte ich mich vor eine Bude in der Esbekijeh und trank deliciösen Kaffee. Um 8 Uhr dinirten wir, ich hatte dazu den Dragoman des hiesigen Konsulates, einen Herrn Michel, und den Referendarius Rheintaler eingeladen. In Gesprächen verging die Zeit bis 11 Uhr. — Ich sitze bei offener Balkonthüre und schreibe und denke mit herzlichster Innigkeit an Euch.

Kairo, Mittwoch, den 13. Juni 1860.

Gestern lag nichts Besonderes vor, als daß ich dem Polizeipräfekten von Kairo mit Brandt und August einen Besuch gemacht habe. Wir fanden ihn im Polizeigebäude in voller Thätigkeit, von Parteien umgeben; als wir ankamen, ließ er dieselben sofort abtreten, regalirte uns mit Kaffee und Pfeifen, und ich führte durch Vermittelung des Dragomans eine sehr gemüthliche Konversation mit ihm.

Heute in der Nacht um 1 Uhr haben wir uns zu Esel gesetzt und sind, bei köstlicher Luft, mit Laternen vor und neben uns, zunächst nach Alt-Kairo geritten, wo wir uns über den Nil setzen ließen. Sehr possirlich ist das Hineinspringen der Esel in die Barke, denn Bretter zum Hineingehen werden ihnen nicht gelegt. An der Stelle, wo wir den Nil überschritten, liegt die Insel Roda, an welcher Moses von Pharaos Tochter gefunden wurde. Auf der anderen Seite des Flusses ritten wir noch zwei Stunden, bis wir mit der Morgendämmerung an die Pyramiden von Gizeh, die größten Aegyptens, kamen. Am

Fuße dieser Pyramiden liegen zwei Beduinendörfer, deren Bewohner das Recht haben, die Fremden beim Besteigen und Besichtigen der Pyramiden zu führen, zugleich aber dafür verantwortlich sind, daß ihnen kein Unglück zustößt. Sobald wir uns nun den Dörfern näherten, wurde es lebhaft. Theils stürzten die Kerle aus den Häusern, theils erhoben sie sich von den Feldern, wo sie, in kleinen Haufen zusammen= liegend, geschlafen hatten, und machten eins, zwei, drei ihre Toilette, die in weiter nichts als einem langen weißen baumwollenen Hemde, weißer Mütze und einem umgeworfenen Burnus besteht. In kürzester Frist hatten wir mehr als dreißig um uns, die uns bis an den Fuß der Pyramiden folgten, von denen eben drei Schakale hinwegschlichen. Ich habe mir immer eingebildet, die Pyramiden seien von Backsteinen gebaut. Dem ist aber nicht so: sie bestehen aus gewaltigen, regelmäßig aufgeschichteten Quadern, und wenn man sie besteigt, muß man von einem Quaderstein auf den anderen klettern oder springen, denn, um es mit Schritten abzumachen, sind die Dinger zu hoch. An jeder Hand kriegt einen ein Beduine zu packen, der sich das Hemd fest um die Lenden gewunden hat, um freie Beine zu haben. Sie steigen voraus und ziehen einen nach, immer in Sprüngen und mit solcher Hast, daß einem schon auf dem Viertel der Tour der Athem vergangen ist. So geht es 450 Fuß in die Höhe; dabei singen die Kerle fortwährend, mit dem ewig sich wiederholenden Refrain: „Wirst du mir auch einen Backschisch (eine Gabe) geben?" „Wie hoch wird dein Backschisch sein?" „Gieb mir lieber gleich einen Backschisch" u. s. w. Es ist wirklich zuletzt zum Verzweifeln. Als wir auf der Hälfte der größten Pyramide waren, ging die Sonne auf und beleuchtete die Wüste ganz goldig. Es war wunderschön. Das Heruntersteigen ist noch beschwerlicher als das Hinaufsteigen, denn es geschieht in fortwährenden Sprüngen, die die Beinmuskeln so angreifen, daß man zittert. Von dem Besehen des Innern der Pyramiden hatte ich so viel Abschreckendes gehört, daß ich es mir schenkte, und ich hatte recht daran gethan, denn als die Anderen, roth wie die Krebse und mit glotzenden Augen wieder heraus= kamen, erschöpften sie sich in Betheuerungen, einen solchen Gang nie wieder machen zu wollen. Sie waren bergab, bergauf auf schlüpfrigen Pfaden gezogen worden und hatten nichts gesehen. Nachdem wir uns Kaffee gekocht und ihn genossen, setzten wir uns wieder zu Esel, besahen die sogenannten Gräberfelder vor den Pyramiden und die Sphinx, von der nur Kopf und Rücken frei liegt. Dann ging's zurück nach Kairo. Als wir an den Nil kamen, wo es von Volk aller Art wim=

melte, das übergesetzt werden wollte, sahen wir unter Anderem ein
Kameel, das sich sträubte, ins Wasser zu gehen. Als der Führer es
zu prügeln anfing, legte es sich unter Brüllen hin. Der Führer,
wüthend, nahm große spitze Steine, schlug ihm damit auf den Kopf,
stellte sich dann in einige Entfernung und warf solche Steine mit
voller Kraft auf Kopf und Brust des Thieres. Aber es rührte sich
nicht, sondern sperrte nur das Maul weit auf und brüllte. Was
daraus geworden ist, konnte ich nicht sehen, denn wir entfernten uns
zu weit vom Ufer.

Als ich bald nach 10 Uhr morgens wieder in meinem Quartier
angelangt war, fand ich zu meiner größten Freude Deinen Brief vom
23. Mai mit der Nachricht, daß Du nach Rauen versetzt bist. Wie
wird es nun aber mit Alexandrinen und den Kindern? Schreibt nur
bald und ausführlich.

Herr v. Bunsen, der bei näherer Bekanntschaft sehr gewinnt, und
Paul sind beide nach der Rückkehr von den Pyramiden krank geworden.
Letzterer hat, wie der Arzt mir sagt, einen Anfall von Sonnenstich.
Es ist scheußlich, statt bedient zu werden, zu bedienen: aber ich will
nicht ungeduldig werden, nur fürchte ich, daß der Kerl überhaupt nicht
der stärkste ist, und daß er bei jeder Fatigue auf der Nase liegen wird.
Man muß sich tüchtig zusammennehmen, das merke ich an mir selbst,
denn seit ich in Afrika bin, bin ich eigentlich noch keinen Augenblick
so recht à mon aise gewesen. Heute Nachmittag habe ich einen langen
Schlaf gethan, zum Diner abends hatte ich den Dr. Reil und Rheintaler eingeladen. Jetzt ist es 12 Uhr. Die Schweißperlen stehen
mir auf den Händen. Ich will die Balkonthüre zumachen und in mein
heißes Bett kriechen. Es ist graulich.

Kairo, Donnerstag, den 14. Juni 1860.

Heute morgen habe ich mit Brandt und August dem Gouverneur von
Kairo, Emin Pascha, einen Besuch gemacht, der aber nichts Interessantes bot, als daß wir in eine Gesellschaft von lauter Paschas geriethen, die sich zu einem Konseil versammelten. Wir waren hingefahren
und fuhren beim Rückwege noch durch die Stadt, was immer sehr
amüsant ist, denn durch eine dichtgedrängte Menge durchzutraben, die
zum Theil auf der Erde sitzt und die Füße nur gerade soweit zurück-
zieht, daß die Räder einen Zoll bei den Zehen vorbeigehen, ist nerven-
erregend. Ich fuhr wieder zu dem Mann mit dem weißen Shawl,
setzte mich zu ihm in seinen Käfig und handelte eine halbe Stunde,

konnte aber nicht einig mit ihm werden. Dann taufte ich einen Burnus für Alexandrine, den ich sie bitte als Geburtstagsgeschenk von mir anzunehmen. Wenn er auch nicht schön ist, so ist er doch echt und gut gemeint. Paul liegt noch immer danieder und ist recht krank. Das ist um so fataler, als ich in drei Tagen fort muß, um mich nach Ceylon einzuschiffen. Morgen früh muß auch dieser Brief fort. Ich nehme deshalb wieder, und diesmal wohl auf längere Zeit, von Euch Abschied, denn vor sechs Wochen ist es unmöglich, daß ein neuer Brief von mir in Euren Händen ist. Denkt an mich und behaltet mich lieb, grüßt Alle, die sich meiner erinnern, vor Allen aber die Ellguther, Eiebecks und Wrangels. Gott sei mit Euch, so wie ich hoffe, daß er mit mir sein wird. Von ganzem Herzen Euer — Fritz.

Suez, Dienstag, den 19. Juni 1860.

Deinen Brief aus Potsdam, liebster Philipp, vom 2. d. Mt. habe ich am 17. d. M. in Kairo erhalten. — Gestern sind wir hierher gefahren und morgen werden wir das Dampfschiff „Nemesis" besteigen, um nach Ceylon zu gehen. Der Gasthof, in dem wir wohnen, liegt ziemlich nahe am Meere, das zwar das Rothe heißt, aber wundervoll blau ist. Hier ungefähr hat Moses die Juden durchs Meer geführt, und hier ist der sie verfolgende Pharao ertrunken. Mir gegenüber liegt die Halbinsel des Sinai, in der Mitte von einem röthlichen Gebirge durchzogen. So weit das Auge reicht, kein Baum, nichts als Meer und Sand. So fuhren wir gestern auf der Eisenbahn vier Stunden lang durch die Wüste. Hier in Suez giebt es nicht einmal trinkbares Wasser; solches kommt per Eisenbahn viermal täglich von Kairo und schmeckt denn auch danach. Dabei haben wir in den kühl gehaltenen Stuben 25 Grad. Man wird schlaff und noch kleinmüthiger, als man schon von Natur ist.

So wenig dieser Brief enthält, so habe ich ihn doch abschicken wollen, da er die lange Zeit, bis Ihr Nachricht von mir aus Ceylon erhalten werdet, unterbrechen wird. Bis jetzt sind für die Fahrt dahin außer uns nur 48 Passagiere angemeldet, während in kühleren Jahreszeiten jedesmal etwa 200 die Tour zu machen pflegen. So wird es hoffentlich nicht so heiß auf dem Schiffe werden.

August ist charmant und voll kleiner Aufmerksamkeiten, ich freue mich sehr, daß ich ihn mitgenommen habe. Morgen ist Alexandrinens Geburtstag. Ich werde in herzlichster Liebe an Euch denken.

Und nun grüße mir die Kinder so recht innig. Ich hoffe, die

Münzsammlung, die inzwischen wohl angekommen sein wird, wird Fili Spaß machen. Lebt herzlich wohl; ich bin wie immer der Eurige — Fritz.

Eben baden vor mir im Meere zwei Neger. Sie werden sich doch nicht weiß waschen. Unter meinem Fenster liegen drei Kameele, die abgeladen werden und dabei in einem fort grunzen, als ob ihnen das größte Unrecht geschähe. In Alexandria sah ich deren neulich über 500 auf einem Fleck, sie gehörten dem Vizekönig.

<table>
<tr><td>An Bord des Schraubendampfers
„Nemesis".</td><td>Donnerstag, den 21. Juni 1860,
10 Uhr vormittags.</td></tr>
</table>

Gestern Nachmittag um 4 Uhr wurden wir endlich aus Suez erlöst, wo zuletzt noch ein so heißer Samum blies, daß man glaubte, sich in der Nähe einer Dampfmaschine zu befinden. Die inzwischen aus Europa angekommenen Schiffe hatten etwa noch fünfzig Passagiere gebracht. Mit ihnen begaben wir uns auf einen kleinen Dampfer, der uns an Bord des Schraubendampfers „Nemesis", eines Schiffes von 2400 Tonnen mit einer Maschine von 600 Pferdekräften, führte. Bei der geringen Anzahl der Passagiere, deren im Herbst und Frühjahr sich in der Regel 200 bis 250 auf einem solchen Schiffe befinden, konnten wir leidlich gut untergebracht werden. Ich bewohne mit August eine Kabine (etwa ein Drittel so groß als Abas Stube, in der im Nothfalle vier Personen schlafen müssen) zu zweien. Unsere Betten sind übereinander, ich schlafe unten, August oben. Es ist Alles reinlich, und Ungeziefer habe ich diese Nacht nicht bemerkt. Schon sehr früh wurde ich durch den Lärm des Reinmachens und Scheuerns in der großen Kabine und auf dem Deck geweckt. Um 6 Uhr trat ein Kellner ein und brachte eine Tasse Thee. Das ist das Signal zum Aufstehen. Leicht angezogen schlüpfe ich in eine Badekammer und nehme ein köstliches, kaltes Seebad. Desgleichen thun fast alle männlichen Passagiere, und viele davon gehen nachher mit bloßen Füßen auf dem Deck spazieren. Nun stecke ich mir eine Cigarre an und examinire, umherwandelnd, das Vorderdeck, denn auf dem Hinterdeck (Quarterdeck) darf nicht geraucht werden. Erst besehe ich mir die Hühner, Gänse und Enten, die zu Hunderten in ihren Ställen längs dem Borde aufgestellt sind. Dann freue ich mich über die Schweine, Hammel und Ziegen, statte demnächst den sechs Zebukühen einen Besuch ab, die mit ihren Kälberchen dastehen und die Gesellschaft mit Milch versorgen, finde endlich vereinsamt auch einen hübschen Brummen stehen, den aber seine Lage verstimmt zu haben scheint, denn er beißt nach mir. Daneben sehe ich die Schiffsmannschaft, die meistens aus Indiern besteht, in Gruppen auf der Erde sitzen und Reis mit Curry (das ist ein pfefferartig schmeckendes Gemüse) mit den Fingern essen. Der Wind bläst so frisch und günstig, daß auf den großen drei Masten alle Segel aufgezogen werden, und stolz fahren wir zwischen Afrika und Asien einher, deren Küsten wir zu beiden Seiten sehen.

Um 9 Uhr geht's zum Frühstück. Die Gesellschaft bietet nichts Bemerkenswerthes dar als zwei indische Prinzen, Feroze Shah und Gholam Mahmmed, beide dunkelbraun, der eine etwa zwanzig Jahre alt, leidend aussehend und mit wunderschönen Augen. Sie kommen beide aus England. Außerdem befindet sich unter den Passagieren eine bildhübsche Engländerin mit Vater, Bruder und zahlreichen Cour= machern. Alles Uebrige ist beef, nur ein Holländer ist noch da, der sehr bat, ihm doch eine Kabine mit seiner 73 jährigen Mutter zusammen zu geben. Das Frühstück besteht aus warmem und kaltem Fleisch, Eiern, gutem Bordeaux, Thee, Eingemachtem, Alles durcheinander= stehend und zur beliebigen Auswahl. Hinter je drei bis vier Passagieren steht ein Kellner und wartet auf Befehle. Das giebt nun ein Durch= einander vom Teufel und eine Unruhe, die einem den Appetit verdirbt. Ueber den Tischen befinden sich große Fächer, die von Indiern, die mit einer Schnur in der Hand auf der Erde sitzen, fortwährend hin und her bewegt werden, so daß man in einem sehr angenehmen Zug= winde sich befindet.

Jetzt, wo ich schreibe, befinden wir uns unterm 27. Breitengrade, mitten unter den Inseln zwischen der ägyptischen Küste und dem Kap Mohammed auf der südlichsten Spitze der Sinaï=Halbinsel. Nun noch zwei Grade weiter, dann sind wir am Wendekreis des Krebses, also in der heißen Zone. Ich will doch nicht vergessen, zu sagen, daß gestern, an Bord der „Nemesis", von mir und August die Gesundheit Alexandrinens, zwar nicht in Champagner, aber in größter Herzlichkeit, getrunken worden ist.

Freitag, den 22. Juni, morgens 11 Uhr.

Erst will ich in der Beschreibung des gestrigen Tages fortfahren; sie wird wohl auf alle die Tage passen, die ich noch an Bord des Schiffes zuzubringen habe.

Um 1 Uhr mittags gab es Frühstück, bestehend aus gutem Käse, großen Wassermelonen und kleinen, schlechten und unsaftigen Früchten jeder Art. Ich werde mir diese Mahlzeit künftig schenken. Nachher wurde ich so müde, daß ich eine Stunde schlief. Der Nordwind, der bisher sehr erfrischend geblasen hatte, ließ nach, und es wurde sehr heiß. Um 4 Uhr war Diner, ganz infam, Alles kalt und hart. Es kommt dies wohl daher, weil das Fleisch sich nicht hält und wir daher lauter frisch geschlachtete Geschöpfe essen. Gestern Nachmittag war ich sehr malgré moi Zeuge davon, wie einem Schweine ein Messer in den Hals gestochen wurde. Die Luft kühlte sich abends fast gar nicht ab. Ich war in einem Zustande der Auflösung und mußte mich mehrmals umziehen, doch habe ich nachher ziemlich gut geschlafen, nachdem ich erst auf eine fingerlange, mit gespenstischer Eile laufende, Schwabe Jagd gemacht hatte, die an meiner Bettwand ihr Wesen trieb.

Noch muß ich Einiges berichtigen und zusetzen.

Der Mann, den ich für den Vater der hübschen Engländerin hielt, ist ihr Ehemann, vier Monate mit ihr verheirathet und sie jetzt nach Indien führend. Er kam heute früh auf mich los, redete mich an, und es entspann sich eine englische Konversation, die mehr durch Zeichen als durch Worte geführt wurde. Wäre ich nur erst so weit, auch mit seiner Frau die Zeichensprache zu sprechen.

Ferner sind nicht zwei, sondern drei indische Prinzen an Bord, Sohn, Großsohn und Urenkel von Tippo Saïb. Sie sind in England gewesen, um sich ihre Pension erhöhen zu lassen, und dabei hat sich der Urenkel eine Krankheit geholt, die mir sehr nach Schwindsucht aussieht. Tag und Nacht liegt er angekleidet auf einem weißen Lager ausgestreckt, auf Deck. Seine feinen Züge und schönen Augen haben einen ungemein rührenden Ausdruck.

Heute morgen habe ich wieder ein Seebad in der Wanne genommen. Dann habe ich das Deck inspizirt. Es war Waschtag für die indischen Matrosen. Sie seiften sich von oben bis unten ab, und ich muß sagen, es war ein wahrer Genuß, ihre feinen und runden Glieder zu sehen. Freilich arbeitet ein englischer Matrose so viel als drei solcher Kerle. Das braune Pferd, welches wir mitführen, befindet sich im Zustande fortdauernder Transpiration. Es ist in Southampton eingeschifft und geht nach Hongkong als Wettrenner für einen dort lebenden Kaufmann. Der Transport kostet 200 Pfund Sterling oder etwa 1300 Reichsthaler.

Vor etwa einer Stunde haben wir den Wendekreis passirt. Das Meer, das uns rings umgiebt, ohne daß wir irgendwo eine Spur von Land sehen, ist ziemlich wellig, und seine herrliche Bläue kontrastirt wunderschön mit den weißschäumigen Köpfen der Wogen. Glücklicherweise ist unser Schiff so groß und schwer, daß es nur sehr wenig

schwankt und daß bisher noch Niemand von den Passagieren einen An=
fall von Seekrankheit bekommen hat.

Nachmittags 3 Uhr.

Heute, um 12 Uhr mittags, ließ ich August sich einen Augenblick
in die Sonne stellen; er warf gerade unter sich einen Schatten, so
groß wie ein Teller: wir haben die Sonne also gerade im Scheitel.
Es ist sehr heiß; Gott sei dank, daß ich einen Lehnstuhl mitgenommen
habe: auf ihm ausgestreckt, liege ich am kühlsten Fleckchen, das ich
entdecken kann, und schwitze und träume: schlafen kann man nicht; dazu
ist es zu heiß.

Sonnabend, den 23. Juni 1860.

Gestern, um 9 Uhr abends, hatten wir auf dem Deck noch
25 Grad, und ich war wieder wie aufgelöst. Ich glaube, es kam
daher, daß ich die Dummheit begangen hatte, ein Glas englisches Ale
zu trinken. Man muß seinen Durst nur mit Wasser und etwas Wein
darin löschen.

Wir haben 214 Laskaren (indische Matrosen) an Bord, die die
Schiffsarbeit besorgen. Die schöne Engländerin ist so halb und halb
seekrank und fast gar nicht sichtbar.

Sonntag, den 24. Juni 1860.

Als ich gestern die letzten Worte geschrieben hatte, fing das Schiff an
zu rollen, weil der Wind, den wir im Rücken gehabt hatten, plötzlich
nach der Seite umgesprungen war. Das Schreiben wurde unmöglich;
ich ging in meine Kabine und legte mich hin. Kaum hatte ich dies
aber gethan, so kam ein Kerl hinein und schloß und verschraubte die
Fenster, so daß sich sofort eine Hitze entwickelte, die zur wirklichen
Qual wurde. Ich erinnere mich in meinem Leben nicht, so transpirirt
zu haben; aufzustehen und auf Deck zu gehen schien mir unmöglich,
von solcher Mattigkeit war ich befallen. Erst als ich um 4 Uhr zum
Essen läuten hörte, nahm ich alle meine Kraft zusammen, rappelte
mich auf und setzte mich wenigstens zu Tisch, obwohl ich nichts essen
konnte. Paul, der dumme Kerl, war natürlich wieder unsichtbar ge=
worden, und bis jetzt habe ich nichts von ihm gesehen.

Heute morgen, um 10 Uhr, befanden wir uns unter 16½ Grad
nördlicher Breite. Kein Lüftchen rührt sich, das Meer ist nur leicht
gekräuselt, und wir haben unter dem Zelt auf Deck 28 Grad Wärme.

Um 10 Uhr war Parade der ganzen Schiffsmannschaft in schnee=
weißen, baumwollenen Jacken und Hosen und weiß und rothen, turban=

ähnlichen Kopfbedeckungen. Dann rief eine Glocke feierlich zum englischen Gottesdienst. Bänke und Stühle wurden wie in der Kirche
aufgestellt, und der Kapitän verlas, vor einem mit der Nationalflagge
bedeckten Pulte, Gebete und Bibelstellen. So mitten auf dem feierlich
stillen Meere hatte dieser Gottesdienst etwas sehr Erhebendes, und
gerade seine Einfachheit brachte uns Alle Dem näher, in dessen Hand
unser Leben und das Gelingen unserer Aufgabe liegt.

Nachmittags fuhren wir dicht an der Insel Djebel Tair, auf
welcher ein Vulkan steht, vorbei. Der Untergang der Sonne ändert in
der Temperatur fast nichts. Wir hatten um 9 Uhr abends 27 Grad.
Es ist wirklich um toll zu werden. Von dem Schwitzen habe ich
bereits einen Ausschlag, namentlich auf dem Kopfe, der, wenn ich mich
hinlege, das Gefühl hervorbringt, als würden mir alle Haare nach
innen getrieben, also das Gefühl des Stechens mit tausend Nadeln.
Man schläft nicht eine halbe Stunde hintereinander, und wenn ich das
heiße und nasse Kopfkissen umdrehe, so finde ich, daß es auf der andern
Seite ebenso heiß und naß ist.

Montag, den 25. Juni 1860.

Diese Nacht war der Hitze wegen gräßlich. Alles japste des Morgens,
auch die welche auf Deck geschlafen hatten, und man zieht an
Kleidungsstücken nur das Allerunentbehrlichste an. Der Himmel ist
bewölkt, aber er kann sich nicht zum Regnen entschließen: die Leute
behaupten auch, das sei recht gut, denn bei Regen sei die Schwüle noch
größer. Auf dem Schiff ist ein Matrose, der als Taucher nach Point
de Galle geht. Dort ist nämlich das Schiff, auf welchem Lord Elgin
sich befunden hat, gescheitert, und Lord Elgin hat alle seine Sachen,
namentlich auch seine wichtigen Papiere, eingebüßt. Dieser Taucher
soll nun hingehen und suchen, was noch herauszufischen ist. Die Herren
hatten herausgebracht, daß er ein Berliner ist: ich ließ mich daher in
ein Gespräch mit ihm ein und fragte ihn, wie er hieße. Robinson,
antwortete er. Nein, lieber Freund, sagte ich, in Berlin heißt Niemand
Robinson. Nun ja, erwiderte er, eigentlich heiße ich auch Schulze und
bin Mohrenstraße Nr. 2, dicht am Wilhelmsplatz, geboren, aber seit
meinem zehnten Jahre bin ich von Berlin fort und heiße Robinson.

Diese Nacht haben wir sehr gefährliche Stellen passirt und sind
äußerst langsam und vorsichtig gefahren. Wir sollen nun die nächste
Nacht oder morgen ganz früh nach Aden kommen, wo wir zehn
Stunden bleiben werden, um Kohlen zu nehmen. Ich will versuchen,

diesen Brief in Aden zur Post zu geben. Von da nach Point de Galle haben wir noch zehn Tage zu fahren. Es ist scheußlich.

Hoffentlich geht es Euch Allen gut. Seid aufs Herzlichste von mir gegrüßt, und denkt nur halb so viel an mich als ich an Euch denke.

Von ganzem Herzen der Eurige — Fritz.

Point de Galle auf Ceylon, Sonntag, den 8. Juli 1860.

Da sitze ich nun auf der berühmten Insel Ceylon, etwa 1300 Meilen von Euch entfernt, 6 Grad vom Aequator. Eigentlich, und wenn ich als Tourist reiste, sollte ich nun nicht Worte finden können, um Euch dies Paradies der Erde u. s. w. u. s. w. zu schildern. Allein ich bin der Weltumsegler wider Willen, sehe Alles mit sehr nüchternen Augen und habe bisher an Entzückungen noch nicht, wohl aber an vielen anderen Dingen gelitten, die mich immer zu dem Ausruf hinrissen: „Das ist Schleinitz schon ganz recht, warum hat er mich weggeschickt, der ich so gern bei Muttern geblieben wäre!"

Am 25. Juni begegneten wir auf dem Rothen Meere einem Dampfer, der nach Suez ging. Als er etwa eine halbe Stunde von uns war, hieß es, man könne demselben Briefe mitgeben. In aller Eile siegelte ich also meinen Brief Nr. V zu und schickte ihn auf das andere Schiff. Hoffentlich ist er in Deine Hände gekommen.

In der Nacht warfen wir im Hafen von Aden Anker und nahmen den ganzen Tag Kohlen ein. Die Hitze war grausam, der Kohlenstaub und Schmutz auf dem Schiffe so gräßlich, daß wir ans Land flüchteten, wo wir in einem sogenannten Gasthause uns in den Zugwind legten und warmes Sodawasser tranken, das nach dem Kork schmeckte. August fuhr bis nach der eine Meile weit gelegenen Stadt Aden, mir war es zu heiß, ich begnügte mich, ein paar Mal durch das am Strande gelegene, von Somalis bewohnte Dorf zu gehen und die wirklich schönen Einwohner zu bewundern. Sie sind dunkelbraune Afrikaner, die dahin übergesiedelt sind, wundervoll gebaut; nur das Innere der Hand und die Fußsohlen sind fast weiß. Scharen von Jungen umlagerten uns den ganzen Tag und boxten sich für Geld; im Meere schwammen sie stundenlang wie die Fische.

In der Nacht vom 26. zum 27. Juni fuhren wir weiter. Nun sind wir im Indischen Ozean, und lange Wellen machen, daß unser Schiff rollt. Sofort fängt es an, auch in mir zu rollen. Ich ziehe mich in meine Kabine zurück, die ich halb naß finde, weil ein paar Wellen hineingeschlagen haben. Man kommt und schließt die

Luken: sofort entwickelt sich eine erdrückende Hitze, ich will fliehen, aber ich kann nicht mehr. Ich muß mich platt auf den Rücken legen, und so liege ich drei Tage und drei Nächte, in denen ich aber hinreichende Zeit habe, darüber nachzudenken, wie unbeschreiblich scheußlich das Leben zuweilen sein kann. Auch mein Geburtstag findet mich auf dem Rücken, der mir zuletzt so wehe thut, als ob ich wochenlang krank gelegen habe. August gratulirt mir: ist das nicht Ironie? Weil unermüdliche Fliegen sich mir fortwährend auf Nase, Hände und Füße setzen, muß ich immerfort fächeln und kann bei Tage nicht schlafen. Weil ein Kind mit dem Keuchhusten und ein anderes furchtbares Balg, welches aus Ungezogenheit stundenlang brüllt, in meiner Nähe schlafen, kann ich des Nachts nicht ruhen. Von 4 Uhr morgens an machen die gräßlichsten Kellner, die je ein Schiff bedient haben, 25 an der Zahl, mit Scheuern, Tellerwaschen, Messer- und Gabelklappern, Thürenwerfen, Singen und Pfeifen einen solchen Lärm, daß man in eine wahre Berserkerwuth geräth. Und nun gar, wenn die Mahlzeiten aufgetragen werden, und der edle Speisegeruch eindringt, daß man sich Nase und Kehle zuhalten muß, um nicht vor Ekel zu vergehen. Kurz, mein Philippchen, Du verstehst mich. Mir gegenüber wohnte eine Schottländerin, der auch übel und heiß war: sie lag, bei offener Kabinenthür, zwei Schritte von mir im Bette und machte alle Stunde einmal den Versuch, aufzustehen, indem sie ihre unbekleideten Beine aus dem Bette steckte und eine sitzende Stellung einnahm. Ueber diese hinaus kam sie aber nicht: sie saß so ein Viertelstündchen, lächelte wehmüthig zu mir hinüber und verfiel wieder in ihre liegende Stellung. Dennoch gelang es ihr, sich 24 Stunden früher aufzurappeln als ich. Ich sah sie, wie sie sich vom Kellner schnüren ließ, denn die Schiffskammerfrau war auf der Reise nach Suez am Sonnenstich gestorben. Diesmal lächelte sie mir triumphirend zu. Ihr Schicksal fing an, mich zu interessiren. Ich erfuhr, daß ihr Bräutigam vor acht Jahren nach Ceylon gegangen war und ihr jetzt geschrieben hatte, sie möge kommen, er habe sich genug Vermögen erworben, um sie zu heirathen. Und siehe da! Als wir in Point de Galle angelangt waren, kam der Bräutigam an, fuhr mit ihr ans Land, direkt in die Kirche, ließ sich trauen und verschwand im Innern des Landes.

Nach dreitägigem Kampfe hatte ich überwunden. Das ziemlich starke Schaukeln machte mir nichts mehr, aber der Appetit war so vollständig weg, daß ich durchaus nichts essen konnte. Vom 30. Juni bis zum 4. Juli habe ich bloß von Thee, die Tage vorher von gar nichts gelebt. Endlich nach fünfzehntägiger Fahrt von Suez und nach neuntägiger von Aden, während welcher letzteren wir auch nicht einem einzigen Schiffe begegnet waren, erscholl der Ruf „Land", und wir sahen den 5. Juli, vormittags 10 Uhr, einen Streifen, der Ceylon bedeutete. Um 2 Uhr fuhren wir in den gefährlichen Hafen, in welchem bei ruhigem Meere die Wellen häuserhoch umherspritzen, so ist er mit Felsen und Klippen umgeben. Das Schiff, auf welchem vor sechs Wochen Lord Elgin und Baron Gros gescheitert sind, liegt auf dem Meeresgrunde, nur die Spitzen der Masten gucken hervor. Ich war zu krank und schwach, um mich an dem schönen Anblick des bis in das Meer hineinwachsenden schönen Palmenwaldes und der malerischen Lage von Point de Galle überhaupt erfreuen zu können. Ich sehnte mich nur nach festem Boden, Ruhe und Alleinsein. Deshalb lehnte ich auch das Anerbieten der englischen Gouvernementsbeamten, in einem der Regierung gehörigen Gebäude, dem sogenannten Queens House, mein Quartier aufzuschlagen, ab und ging in den Gasthof „Lorettes Hotel", ein Titel, der hier nicht die Pariser Bedeutung hat. Jetzt bin ich wieder auf den Beinen, obwohl ich immer noch nicht recht schlafen und essen kann. Aber das kann ich schon seit Alexandria nicht.

Hiermit schließe ich heute, da ich morgen früh ins Innere der Insel will. Ehe ich von hier weiterreise, schreibe ich noch. Wie mag es Euch gehen? Seid Alle tausendmal gegrüßt und geküßt. — Die Luft ist hier köstlich, alle Nacht ein Regenschauer, man schläft bei offenen Thüren und Fenstern unbedeckt. Bettdecken giebt es gar nicht.

Von ganzem Herzen der Eurige — Fritz.

Candy auf Ceylon, Donnerstag, den 12. Juli 1860.

Ich schreibe Euch aus einem wirklichen Paradiese. Im Gouvernements-hause zu Candy sitze ich mit der Aussicht auf eine Reihe köstlich bewaldeter Hügel und Berge und schlürfe eine Luft, die nach einem eben vorübergegangenen Regenschauer, kühl und fein wie unsere schönste Bergluft, das Athmen zu einem wahren Genusse macht. Hier ist es wirklich schön, und tausend- und abertausendmal wünsche ich Euch herbei; wie würde Alexandrine schwelgen in diesem unvergleichlichen Reichthum der schönsten malerischen Vegetation, und wie wollte ich, vereint mit Euch, mich an Allem doppelt erfreuen.

Montag, den 9. d. M., morgens um 5 Uhr, fuhr in Point de Galle ein Postwägelchen vor die Thüre meines Hotels, in welchem ich, beiläufig gesagt, 2 Pfund Sterling, d. h. 13 Thaler 10 Silbergroschen,

täglich für das bloße Logis hatte bezahlen müssen. In dieses, mit
einem Baldachin bedeckte, sonst aber ganz offene Wägelchen setzte ich
mich mit August, Richthofen, Herrn Spieß und Paul. — Glücklicher=
weise haben wir jetzt einen Leibarzt bei uns, einen Dr. Lucius, der
kürzlich den Feldzug in Marokko mitgemacht hat und, von Thatendurst
gedrängt, sich nach China begiebt. Sein sehnlicher Wunsch ist es, bei
uns bleiben zu können, und ich will versuchen, ob es mir gelingt, ihm
diesen Wunsch zu erfüllen. Er ist ein angenehmer, gebildeter Mensch
und wird zunächst mit uns nach Singapore fahren. Dieser Lucius,
Heine und Brandt saßen in einem zweiten Postwägelein, während
Bunsen krank zurückblieb, und nun ging's nach Colombo, dem Sitze
der englischen Regierung, nördlich von Point de Galle, am westlichen
Ufer der Insel. Nie habe ich solche Pferdekomödie gesehen als die,
welche nun auf der sechzehn Meilen langen Fahrt aufgeführt wurde.
In Ceylon werden gar keine Pferde gezogen. Alles Lastfuhrwerk ist
mit Ochsen, das leichtere Fuhrwerk mit Kühen bespannt, die ganz
famos traben. Wer also Pferde braucht, muß sie sich von auswärts
kommen lassen, und dies geschieht meistens vom Kap der guten Hoff=
nung und von Australien. Die Pferde nun, die die Post hat, sind zu
Schanden gefahren, aber meistentheils steckt sehr edles Blut in ihnen,
und wenn sie einmal im Gange sind, leisten sie Außerordentliches.
Allein, sie in den Gang zu bringen, das ist der schwierige Punkt. Von
Point de Galle bis nach Colombo fuhr uns ein und derselbe englische
Kutscher, der eben nur kutschirt und sich um Aus= und Anspannen
nicht bekümmert. Sobald man nun an der Station ankommt, und
die von weißem Schaum triefenden Pferde abgespannt sind, erscheinen
zwei andere, gebremst, von mehreren Eingeborenen geführt, und
meistens beim Anspannen schon so schlagend oder beißend, daß man
sich nur mit Lebensgefahr ihnen nähern kann. Anziehen thun sie nie.
Der Wagen muß von Menschen etwa fünfzig Schritte geschoben werden;
dann auf einmal springen sie ins Geschirr, und nun geht's im Galopp,
bergauf immer in der Karriere, fort bis zur nächsten Station, wobei
der Kutscher, wenn es recht toll geht, sich ganz vorbiegt und mit den
Armen die Bewegung eines Jockeys macht. Auf den Wagentritt springt
einer der nackten Kerle, die geholfen haben anspannen, und sobald
einem ein Ochsenwagen begegnet, oder man eine Brücke oder sonst
etwas Aehnliches zu passiren hat, springt er hinunter an die Pferde
und hilft ihnen die Direktion geben, die der Kutscher mit bloßem Lenken

nicht erzwingen kann. Man gewöhnt sich bald an diese Fahrerei und erfreut sich an der Schnelligkeit, mit der man einherfliegt.

Der Weg ist wunderhübsch, auf der einen Seite meistens das Meer, auf der anderen dicke Kokospalmen- und Bananenwälder, viele singhalesische Dörfer und große Frequenz auf der Straße. Einmal begegnen wir auch der Fußbriefpost, einem Kerl in vollem Trabe mit einer stark läutenden Glocke, die er namentlich der Bären wegen mit sich führt, welche hier in großer Anzahl vorhanden sein und sich zuweilen auf den Weg setzen sollen, um einzelne Wanderer zu erwarten und sie nach ihrer Art zu begrüßen. Nachdem wir in Bentotte gefrühstückt und in der Nähe von Calturo eine Prozession gelbgekleideter buddhistischer Priester gesehen hatten, kamen wir um 4 Uhr nachmittags in Colombo an. Ich stieg in einem vor der Stadt gelegenen, mit einer Seite hart an das Meer stoßenden Hotel ab, wo nur noch Platz für mich, August und Paul war. Auch Heine behielt ich bei mir, um mir in Abwesenheit von Bunsen als englischer Dolmetscher zu dienen. Zwischen dem Hotel und der Stadt liegt ein großer freier Platz. Hier begann um 6 Uhr die Promenade zu Fuß, zu Pferde und zu Wagen, auch exerzirten Truppen. Wir sahen uns das mit an bis 7 Uhr, wo es hier schon ganz dunkel ist, aßen dann und legten uns auf unsere harten Betten.

Es scheint, daß sich meine Glieder mit der Zeit an diese Härte gewöhnen werden und ebenso an die offenen Fenster bei Nacht, von denen ich diesmal eins ganz nahe an meinem Bette hatte. Denn als ich Dienstag (den 10.) erwachte, hatte ich endlich einmal das Gefühl, gut geschlafen zu haben. Ich fuhr vormittags mit August und Heine erst zum Gouverneur von Ceylon, General Lockyer, der uns aber nicht annahm und nicht annehmen konnte, weil er, an Dysenterie leidend, auf den Tod lag. Dann machten wir noch einige offizielle Besuche und fuhren auch in die Stadt, die weiter nichts als ein Fort ist, in der aber eine Sache einen prächtigen Eindruck machte, nämlich lange Alleen von großen und schattigen Bäumen, die über und über mit rothen und gelben tulpenartigen Blüthen bedeckt waren. Es sind nicht Tulpenbäume, aber ihren wahren Namen habe ich vergessen. Gegen 5 Uhr nachmittags kam ein englischer Oberarzt, Dr. Kelaart, mir einen Besuch machen, und bat um die Erlaubniß, mich in seinem offenen Wagen ein wenig in der Umgegend umherfahren zu dürfen; ich nahm dies Anerbieten an, August und Heine folgten in einem zweiten Wagen, und wir machten nun eine Spazierfahrt durch Zimmtplantagen und köstliche Gärten mit Landhäusern, die äußerst belohnend war. Kirchen giebt es hier in großer Anzahl, in allen Stilen und für alle möglichen Glaubensbekenntnisse und Nationen: englische, holländische, portugiesische, buddhistische, Hindutempel, eine Moschee und ich weiß nicht, was noch Alles. Sie sind an den Festtagen stets gefüllt, und als ich dem Doktor meine Anerkennung und Bewunderung dieses frommen Sinnes der Einwohner ausdrückte, meinte er, es komme doch wohl mehr davon her, daß sie gar keine Theater oder anderen öffentlichen Vergnügungsorte hätten. Das Bedürfniß, sich zu sehen und Toiletten zu zeigen, mache sich daher in der Kirche Luft. Zu guter Letzt sahen wir noch etwas recht Amüsantes, nämlich Elephanten, die in einer königlichen Werkstatt arbeiteten. Es waren ihrer drei, von denen namentlich einer, ein gewaltiger Kerl mit gelbem, schwarzgeflecktem Kopfe und ungeheuer langen Zähnen, sich auszeichnete. Er nahm die Balken, die er tragen sollte, mit dem Rüssel auf und trug sie auf den Zähnen, während die anderen, die keine Zähne hatten, auch das Tragen mit dem Rüssel besorgten. Ein junger Elephant, etwa so groß als ein Kalb, arbeitete noch nicht, sondern wurde erst angelernt. Aus Dankbarkeit lud ich mir abends den Doktor zu Tisch ein und ging früh zu Bett.

Mittwoch, den 11., stand ich bereits um 3½ Uhr auf und fuhr um 5 Uhr mit der Post nach Candy, wieder etwa sechzehn Meilen von Colombo, wofür die Person 2½ Pfund Sterling, d. h. 16 Thaler 20 Silbergroschen bezahlen muß. Wir biegen nun vom Meere rechts, d. h. östlich, ab und gehen in das Innere des Landes. Der Charakter desselben verändert sich am Anfange nur insofern, als wir mehr Reis= felder sehen: nach und nach aber und namentlich in dem Maße, als wir steigen, wird die Kokospalme seltener und durch andere Baum= gattungen ersetzt. Nach etwa sechsstündiger Fahrt kommen wir in ein Hügel=, dann in ein Gebirgsland und in die Kaffeeplantagen. Ein Gebirgspaß, etwa zwei Meilen vor Candy, ist entzückend schön; neben einzelnen kahlen Felsen erheben sich auf steilen Wänden die schönsten schlanken Bäume, behängt mit Rankengewächsen aller Art und unter= mischt mit den herrlichsten blühenden Sträuchern. Gegen 5 Uhr nach= mittags endlich kamen wir nach Candy, der alten Königsstadt der Singhalesen. Ich erhielt sofort die Meldung, daß das Gouvernements= haus zu meiner Verfügung stehe und ich dringend eingeladen sei, mit allen meinen Begleitern von demselben Besitz zu nehmen. Diesmal machte ich von dem Anerbieten Gebrauch und wohl mir, daß ich es

3*

that, denn so wie hier habe ich in meinem Leben noch nicht gewohnt und werde auch wohl nicht wieder so wohnen. Als ich vorfuhr, empfing mich ein englischer Oberst mit ein paar Offizieren und übergab mir das Haus, groß wie ein Palast, mit den schönsten hohen und luftigen Räumen, höchst komfortabel möblirt und inmitten eines Gartens gelegen, von dem man nur sagen kann: „O du Garten!" Alles blüht, Sträucher und Bäume, von denen auch nicht ein einziger in Europa vorkommt. Der schöne, recht frische Rasen giebt dem unsrigen nichts nach. Große Laubholzbäume und Bogengänge von Passionsblumen gewähren Schatten, und ringsumher ruht das Auge auf köstlich bewaldeten Hügeln, mit hübschen Villen bedeckt und von fernliegenden hohen Bergen überragt. Paul meinte, es wäre gerade so wie bei Pourtales in Glumbowitz. Das klingt sehr komisch, allein in solchen Vergleichungen mag doch das Wahre liegen, daß, wer sich nicht mit dem Detail der Natur hierselbst beschäftigt und darauf seine Aufmerksamkeit richtet, ebenso hübsche und schönere Punkte bei uns findet. Was hier hauptsächlich zur Be= wunderung zwingt, ist das Reichhaltige, Fremdartige und Prächtige des Einzelnen. Der bewaldete Hügel, aus einiger Entfernung gesehen, macht eben keinen besonderen Eindruck. Kommt man aber nahe hinan, sieht man, daß seine Decke aus zwanzig und dreißig verschiedenen Arten von Bäumen, Sträuchern, Schlingpflanzen, Farren und ich weiß nicht was noch sonst Allem besteht, dann merkt man, daß man in den Tropen ist, und daß die Natur hier eine Kraft entwickelt, die wir bei uns nicht kennen.

Sobald ich mich eingerichtet hatte, ging ich zu dem an einem Ende des Gartens wohnenden Gouvernementsagenten (Regierungspräsi= denten) Mr. Braybrooke, einem Manne von einigen vierzig Jahren, mit den schönsten, klugen und treuen Augen, die man sehen kann, und von außerordentlicher einfacher und natürlicher Liebenswürdigkeit. Er sagte mir, er habe die Priester und Häuptlinge eines benachbarten Buddhisten= tempels aufgefordert, sich mir zu Ehren heute Abend in vollem Schmuck zu werfen und uns die Schätze des Tempels zu zeigen. Wir begaben uns daher dorthin und besahen die großen, mit Edelsteinen bedeckten, becherartig eines über das andere gesetzten Gefäße, in deren letztem der Zahn des Buddha, das größte Heiligthum für 500 Millionen Buddhisten, aufbewahrt wird. Den Zahn selbst bekamen wir aber nicht zu sehen. Sehr komisch nahm es sich aus, daß inmitten der heiligen Räume und Schätze und der ganzen versammelten buddhisti= schen Priester= und Beamtenschaft Mr. Braybrooke, der sehr gut mit

ihnen steht, sich benähm als sei er zu Hause. Er nahm den Hut nicht
ab, langte sich, was er uns zeigen wollte, und war überhaupt so ungenirt wie Jemand, der sich von alten Bekannten in ihrer Stube
Kuriositäten zeigen läßt. Während der ganzen Zeit, die wir im
Tempel verbrachten, spielte eine alte bronzene Spieluhr fortwährend
dasselbe Stück, in welchem vier oder fünf Töne fehlten, so daß man
also die Melodie gar nicht mehr heraushören konnte.

Wir dinirten abends sämmtlich bei Braybroote, der noch ein
halbes Dutzend Leute aus Candy eingeladen hatte. Ich saß neben ihm
und dem Oberst Weare, der mich heute empfangen hatte. Beide
sprachen kein Wort deutsch oder französisch. Gezwungen mußte ich die
Konversation also englisch machen.

Heute Morgen sah ich mich in der Umgebung meines Palastes
näher um und machte mit August und Berg einen prächtigen Spaziergang. Ich weiß nicht, ob ich Euch schon schrieb, daß Letzterer seit Wochen
hier ist und zeichnet. Um 10 Uhr frühstückten wir bei Braybroote,
dann war ich in meinen prächtigen Räumen. Von Zeit zu Zeit fiel
ein gewaltiger Regenguß. Wir sind nämlich hier in der Regenzeit,
welche die Singhalesen, trotzdem, daß gerade jetzt die Sonne ihre
Strahlen am senkrechtesten wirft, den Winter nennen. Es ist die
kühlere Jahreszeit, und da die Regen dies Jahr ausnahmsweise selten
sind und man über Trockenheit klagt, so sind wir besonders glücklich
daran: wir leiden weder von der Hitze noch vom Regen. Gleichwohl
kann man von 11 bis 4 Uhr nicht gut ausgehen: es ist doch zu warm.
Von 6 Uhr an aber wird es köstlich.

Um 5 Uhr fuhr ich mit Richthofen und Berg nach dem botanischen
Garten, der alle nur denkbaren tropischen Gewächse enthält. Der sehr
liebenswürdige Direktor des Gartens führte uns selbst umher und
band mir einen Strauß von Kaffee, Thee, Zimmt, Vanille, englisch
Gewürz und wenigstens noch einem halben Dutzend anderer Gewürze.
Was gäbe ich darum, könnte ich Euch denselben schicken! Er stellt besser
als jedes Lehrbuch und jede Abbildung die Gegenstände dar, die so oft
durch unsere Kehle wandern, ohne daß wir uns über ihren Ursprung
Rechenschaft zu geben wissen. Abends war wieder großes Diner bei
Braybroote, und in der stockdunkeln Nacht saßen wir auf seiner
Veranda, schwatzten und sangen. Die Engländer sind hier, wie überall,
auf deutsche Lieder ganz versessen und wissen sich vor Vergnügen nicht
zu lassen, wenn ein Chorgesang angestimmt wird. —

Candy auf Ceylon, Montag, den 16. Juli 1860.

Ich bin von einem charmanten Ausfluge zurück und will Euch den selben beschreiben. Zuerst muß ich aber erwähnen, daß ich um ein sehr interessantes Schauspiel gekommen bin. Schon in Point de Galle hatte man uns erzählt, daß Mitte dieses Monats ein Elephantenfang, ein sogenannter Kraal, stattfinden würde. Ich ließ daher überall umherschreiben, um nähere Erkundigungen einzuziehen, und man sagte mir noch in Colombo, daß der Kraal in der Gegend von Kornegalle, nördlich von Candy, wahrscheinlich am 15. d. M. stattfinden werde. Unsere Freude war groß, allein hier angekommen, erfuhren wir zu unserem großen Leidwesen, daß ein Theil der seit Wochen zusammen-getriebenen Elephanten ausgebrochen sei, und der Kraal daher ver-schoben werden müsse. August und Brandt waren ganz außer sich. Sie hofften, wenn sie sich nach jener Gegend begäben, vielleicht einen Elephanten zu schießen oder doch wenigstens welche zu sehen, und so habe ich ihnen denn die Erlaubniß gegeben mit Dr. Lucius dorthin zu reiten und ihr Glück zu versuchen. Am Freitag sind sie fort und wollen morgen auf der Straße von hier nach Colombo wieder mit mir zusammentreffen. Ich bin neugierig, was sie ausgerichtet haben werden. Inzwischen habe ich mit Berg und Richthofen eine Tour ins Gebirge gemacht.

Freitag, den 13., setzte ich mich mit ihnen in eine Americaine, die einen Sitz zu zwei Personen vorn und einen solchen hinten, dos à dos mit dem vordern hat. Auch Paul nahm ich mit. Der Malabar, der das Pferd besorgt — der Wagen ist einspännig — läuft nebenher, entweder das Pferd am Gebiß anfassend oder sich an der linken Deichsel haltend. Auf der ganzen Tour sind Relais für uns gelegt, und alle zwei Meilen erhalten wir ein oder im Gebirge zwei frische Pferde, eins vor das andere gespannt. Wir fahren immer zwischen Hügeln her, erst durch Reisfelder, die theils in Aehren stehen, theils von Büffeln vor Pflügen zur Saat vorbereitet werden. Die Büffel gehen bis über den Leib im weichen Erdreich und haben, wie es scheint, entsetzlich schwere Arbeit. Reis sieht wie Hafer aus und hat sehr lange Rispen; er wird zweimal im Jahre gebaut. Von einer gewissen Höhe an hören die Reisfelder auf, und die Kaffeeplantagen beginnen, die an den Bergrücken wie Weinberge angelegt sind, aber ein frischeres und volleres Ansehen als Letztere haben, da sich der Kaffeebaum mehr ausbreitet. Schon um 4 Uhr treffen wir in Pußdave ein, wo in dem dortigen sogenannten Rasthause Diner und Nachtquartier für uns bestellt ist. Kaum sind wir angekommen, so erscheinen zwei Gebrüder Worms, deutsche Juden, alte Junggesellen von 55 bis 60 Jahren, Besitzer der größten Kaffeepflanzungen in der Umgegend. Sie bitten uns, sie zu besuchen, und wir folgen dieser Einladung sogleich, indem wir zu Fuß etwa ¼ Meile zu ihnen gehen. Nachdem wir in den Kaffeebergen umhergewandelt und uns Alles hatten erklären lassen, gingen wir in ihre Wohnung. Denkt Euch ein einstöckiges, aus vier Zimmern bestehendes Haus (hier Bungalo genannt) mit Stroh gedeckt, d. h. mit strohartigen Blättern. Die Stuben haben keine Decken, sondern man sieht in die Spitze des Daches: in einem Zimmer wird gegessen, dann hat jeder Bruder ein Schlafzimmer, und im vierten Zimmer stehen zwei Geldkasten, zwischen denen ein wüthender Bulldogg angebunden ist. Das ist der Palast dieser sehr reichen Leute, der erst von einem Zirkel von wenigstens zwölf Hunden, die alle in der Nacht losgelassen werden, und dann von einem kleinen botanischen Garten umgeben ist. Wir trinken vortrefflichen Kaffee in der Gesellschaft von unzähligen Katzen, die theils auf den freigebliebenen Stühlen, theils auf den Lehnen unserer Stühle, auf unseren Knieen oder auf dem Tische sitzen. Die Gebrüder Worms nennen mich und Richthofen immer „Herr Graf", Berg fertigen sie mit dem Titel „mein Freund" ab. Seiner Zeit ist der Prinz Waldemar bei ihnen gewesen. Sie erzählen viel von ihm und fügen immer hinzu, „es war ein sehr ordentlicher Mann!" Gegen 7 Uhr sind wir wieder im Rasthause, wo unser Diner auf uns wartet. Eine Fledermaus fliegt um die Schüsseln, und die Temperatur ist nur 16 Grad.

Sonnabend, den 14., morgens gegen 7 Uhr, fahren wir weiter und zwar zunächst wieder zu den Gebrüdern Worms, bei denen uns der Weg vorüberführt und bei denen wir Kaffee trinken. Ein paar englische Meilen weit haben wir, indem wir immerfort ein wenig steigen, links prächtig bewaldete Berge mit zahlreich hinabströmenden Quellen, rechts sich in die Tiefe senkende Kaffeeplantagen, die bis hart an den Weg stoßen und von diesem durch allerliebste, kurz gehaltene Rosenhecken getrennt sind. Bei Rembodde bewundern wir einen präch= tigen Wasserfall und fangen von da an, die Berge im Zickzack in die Höhe zu fahren. Ein Aneroid, das Richthofen bei sich führt, läßt uns immer genau berechnen, wie hoch wir sind. Bei 5000 Fuß Höhe hören die Kaffeeplantagen auf. Die Vegetation bleibt dicht und un= gemein üppig, aber die Bäume sind moosig und knorrig, und der Thermometer fängt bedeutend an zu sinken. Auf dem höchsten Punkte,

6700 Fuß, also wohl tausend Fuß höher als die Koppe, haben wir nur zehn Grad. Von da steigen wir wieder 200 Fuß herab und sind nun an dem Endpunkt unseres Ausfluges, in Newera Ellia, dem Sommeraufenthalte der Engländer. Durch Branbrootes Güte finden wir auch hier im Rasthause Quartier und namentlich Kaminfeuer für uns bestellt, an das wir um so mehr flüchten, als auf der letzten halben Meile ein tüchtiger Regen über uns hergefallen ist. Der Malaie, der das Pferd führt, bekommt einen Fieberanfall, setzt sich hin und weint. Nachdem der Regen nachgelassen hat, besehen wir uns den Ort, der aus lauter einzelnen, mit Gärten umgebenen Landhäuschen besteht. Jetzt ist er verödet, weil es zu kalt ist. Die Fläche, auf der er liegt, gleicht einer ostpreußischen Palwe, nur mit dem Unterschiede, daß sie, statt mit Kaddicksträuchern mit Rhododendronbäumen von einigen zwanzig Fuß Höhe bedeckt ist, die knorrig und mit wenig Laub, dafür aber mit den schönsten, dunkelrothen Blüthen bedeckt sind. Auch stehen hin und wieder solche Aloës, wie neulich eine im Gewächshause in Wicken geblüht hat. Die Zäune der Gärten bestehen meistens aus Datura mit unzähligen glockenartigen weißen Blüthen. Berg setzt sich trotz der Kälte im Freien hin und zeichnet Bäume. Ich versuche mir mit Richthofen einen Weg in dem benachbarten Urwalde zu bahnen. Wir kommen jedoch nicht weiter hinein als etwa hundert Schritt. Plötzlich schwebt mir etwas vorüber wie ein schwer fliegender Vogel und noch etwas und noch etwas: ich dringe noch ein wenig vor, und siehe da, es sind ziemlich große Affen, die sich von einem Baume zum anderen schwingen. — Ich habe noch einen Besuch von einem englischen Distriktsbeamten, Herrn Temple, dinire dann mit meinen Begleitern und lege mich zu Bett, mit dem wahren Genuß, mehrere wollene Decken über mich zu ziehen.

Sonntag, den 15., nachdem ich mich in eiskaltem Wasser gewaschen, fahren wir wieder nach Candy zurück und zwar diesmal, da es bergab geht, in einer Tour. Als wir abfahren sind nur neun Grad Wärme, dieselbe nimmt aber mit jeden hundert Fuß, die wir hinunter steigen, zu, und ein schöner Sonnenschein läßt uns die Gegend heute in neuem Lichte erscheinen. Der Malaie hat das Pferd beim Bergabfahren so fest im Zügel gefaßt und hält es so zurück, daß der arme Gaul, dem der Wagen auf die Hacken läuft, vor Angst nicht weiß, wo er hin soll, und wir nicht von der Stelle kommen. Der königliche Gesandte, welcher Leine und Peitsche in der Hand hält, wird ungeduldig. Da alle Ermahnungen an den Kerl nichts helfen, haut der königliche Gesandte demselben endlich einen wohlgezielten Hieb über den nackten

Rücken. Erschreckt springt der Malaie zurück und läßt das Pferd los. Diesen Moment benutzt der königliche Gesandte, er versetzt dem Pferde ebenfalls einen Hieb, entflieht dem Malaien, führt mit geschickter Hand das Fuhrwerk in vollem Trabe die Berge hinunter und langt auf der Station ohne Malaien an. Die Kunde von der Fahrkunst des Gesandten verbreitet sich mit Blitzesschnelle, und alle Pferdeführer bis Candy begnügen sich damit, die Deichsel anzufassen. Bei den Gebrüdern Worms sprechen wir wieder ein, um ein vortreffliches Frühstück zu verzehren. Etwas theuer muß die Bewirthschaftung einer Kaffeeplantage doch sein. Sie beschäftigen täglich 1200 Arbeiter, von denen jeder mindestens fünf Silbergroschen täglich erhält. Außerdem halten sie, bloß des Düngers wegen, 300 Stück Vieh, das sie sonst gar nicht verwerthen können, denn Milch giebt dasselbe fast gar nicht, und Fleisch essen die Leute nicht.

Als ich gegen 7 Uhr abends wieder in Candy angekommen war, fand ich Bunsen daselbst vor. Wir dinirten bei Braybroote. Heute haben wir unser großes Frühstück einmal in unserer eigenen Wohnung eingenommen. In diesen Queens oder Government Houses sind nämlich Leute, die einem alles Essen besorgen, wenn man ihnen das nöthige Geld giebt, um die Einkäufe zu machen. Es ist dann, als ob man seine eigene Wirthschaft hat. Als ich nach dem Frühstück in den Garten ging, sah ich den ersten Skorpion; er war aber todt, und große, weiße Ameisen waren damit beschäftigt, ihn fortzuschaffen. Um 5 Uhr fuhr ich nach einer Brücke, an welcher Elephanten arbeiteten, indem sie namentlich große Steine herbeischafften und mit Zuhülfenahme von Vorderbein, Rüssel und Stirn zurechtlegten. Endlich dinirten wir abends in großer Gesellschaft beim Obristlieutenant Weare. Ich saß neben ihm und Braybroote der höchst anziehende Geschichten von seinen Elephantenjagden erzählte. Er hat deren selbst über 200 geschossen. Als wir um 11 Uhr aus der hell erleuchteten Veranda in die stockdunkle Nacht hinaustraten um uns nach Hause zu begeben, brachte mir die zurückbleibende englische Gesellschaft ein Hoch und rief mir ein nicht enden wollendes hipp, hipp, hurrah! nach.

Point de Galle, Freitag, den 20. Juli 1860.

Ich bin wieder hier, nachdem ich auf demselben Wege von Candy zurückgekehrt bin, auf welchem ich hingegangen war. August hat Elephanten im Freien gesehen und ist bis an sie herangekommen, hat aber nicht schießen dürfen. Alles ist wohl. Vor zwei Tagen ist ein

Schiff mit Eis aus Amerika hier angekommen. Infolgedessen haben wir jeden Mittag eine Quantität sehr guten, kalten Sektes zu uns genommen, der mir im hiesigen Klima viel besser schmeckt und bekommt als zu Hause.

Jetzt wird nun stündlich das Schiff erwartet, welches uns nach Singapore fahren soll. Wir wissen schon, daß es „Ganges" heißt und ein Räderdampfboot ist. Mir graut vor der Reise, die gewöhnlich acht bis neun Tage dauert. Wenn Alles gut geht, muß ich in den letzten Tagen des Monats in Singapore sein. Werde ich unsere Schiffe daselbst finden? Bisher habe ich gar nichts von ihnen gehört.

Zu gleicher Zeit mit dem Schiffe, welches uns weiter fahren soll, wird dasjenige erwartet, welches mir hoffentlich gute Nachrichten von Euch bringen wird. Schreibe nur immer recht detaillirt oder bitte Alexandrine, daß sie schreibt. Ich denke Eurer und der Kinder täglich und stündlich mit herzlichster Liebe.

Und nun lebt wohl! Es ist 6 Uhr, aber schon so dunkel, daß ich beim Schreiben nicht recht mehr sehen kann. Um 7½ Uhr werde ich bei Herrn Sonnentalb mit den Offizieren des englischen Kriegsdampfers „Cyclops" diniren.

Lebt wohl und vergeßt mich nicht. — Fritz.

Point de Galle, Sonnabend, den 21. Juli 1860.

Das Schiff, welches uns nach Singapore führen soll, ist glücklicher= weise noch nicht da, so werden wir also noch eine Nacht ungeschaukelt schlafen können.

Gestern machte mir der Kapitän Putten vom englischen Kriegs= dampfer „Cyclops" einen Besuch, ich konnte ihn aber nicht empfangen, da ich gerade im Bade saß. Heute aber habe ich ihm an Bord seines Schiffes einen Gegenbesuch gemacht und bekam, als ich wegfuhr, einen Salut von fünfzehn Schüssen, den ersten, der mir während der Reise zu Theil geworden ist. Zur Belohnung habe ich den Kapitän und vier Offiziere vom Schiff zu heute Abend um 7 Uhr zum Diner ein= geladen. — Fritz.

An Bord des Räderdampfbootes „Ganges", am   Sonntag, den 29. Juli 1860.
nördlichen Eingange der Straße von Malakka.

Das Schiff ist bei Weitem kleiner als die „Nemesis" und hat eine so entsetzlich starke Ladung an Opium und barem Gelde, daß es tief, tiefer als es sollte, und äußerst langsam geht. Wir haben

etwa für fünf Millionen Thaler Werth an Bord, über 2000 Kisten
bares Geld und 1780 Kisten Opium, von denen jede 150 Pfund
Sterling kostet. Einige von meinen Begleitern behaupten, und ich
glaube, sie haben nicht ganz Unrecht, daß das Opium auf unsere Nerven
wirkt. Denn trotzdem daß Keiner von uns seekrank ist, sind wir so
abgespannt, daß wir am liebsten den ganzen Tag schlafen oder wenigstens
träumen. Das Essen ist, wenn möglich, noch schlechter als auf der
„Nemesis"; wenn die Glocke zu einer Mahlzeit läutet, fühle ich meinen
Magen vor Angst zittern; in vier Tagen bin ich so mager geworden,
daß mir Alles schlottert. Nein, so ein Aufenthalt auf dieser Art
Dampfschiffen ist wirklich scheußlich tout ce qu'il y a de plus abomi-
nable, und ich habe mir geschworen, lieber die Reise um die Welt zu
machen, als mich des entwürdigenden Reisemittels der Peninsular and
Oriental Steam navigation Company-Dampfboote jemals wieder zu
bedienen. Leider fürchte ich nur, ich werde dem Schwur untreu werden.
Die Erinnerung an das erlittene Ungemach wird sich abschwächen und
gegen die Sehnsucht, schnell nach Hause zu kommen, nicht stichhalten.
— Als ich heute Morgen auf Deck kam, sah ich Land, einen runden,
ganz bewachsenen Berg: es ist die Insel Pulo Rondo an der Nord-
spitze von Sumatra, und nun kommen wir in die Straße von Malakka.
Das Meer ist ruhiger geworden. Plötzlich aber sehen wir eine schwarze
Wolke über die Insel Rondo und die nach und nach dahinter erschei-
nenden Berge von Sumatra sich lagern. Auf Deck giebt sich eine
Bewegung kund, ein paar Segel werden ein= und ein paar wasserdichte
Regenmäntel angezogen. Nun geht's los, denke ich, und siehe da,
zwischen uns und dem Festlande erhebt sich eine Wasserhose, gleich
nachher wird das Meer ganz bleich und glatt, nur am fernen Horizont,
in der Gegend der schwarzen Wolke, sieht man sehr hohe Wellen.
Werden sie näher kommen? nein, nur ein tüchtiger Regenschauer, und
Alles ist wieder vorbei. Als Abwechselung hatte ich mich auf etwas
Sturm gefreut, allein es ist wohl besser, daß es so vorübergegangen
ist: denn erstlich geht das Schiff gar zu tief, zweitens ist die Maschine
schon so alt, daß sie nach dieser Reise nach England gebracht werden
soll, um erneuert zu werden. Man kann nicht mehr ordentlich heizen,
aus Furcht, daß die Kessel springen werden. So ist es doch besser,
wir kommen nicht in den Fall, an Schiff oder Maschine besondere
Anmuthungen stellen zu müssen. Heute um 11 Uhr morgens haben
wir wieder Gottesdienst gehabt, im Uebrigen ist nichts vorgefallen.
Wenn man aus der Kajüte emporsteigt, so stehen gleich links am Ein-

gange derselben auf dem Deck ein Fauteuil mit braunledernen Kissen und acht Rohrstühle von Stroh oder Holz: es ist dieses das Nest der Gesandtschaft. Hier wird geschwatzt, geraucht, gelesen, geschlummert, hier kann Jeder nach seiner Façon selig werden, vorausgesetzt, daß er fleißig die ihm aufgegebenen Arbeiten macht und sich in die allgemeinen Regeln des Anstandes und der Ehrerbietung vor seinem Vorgesetzten fügt. Diese schien mir der sächsische Kaufmann Herr Spieß denn doch außer Augen zu lassen, als er nicht nur Tag über, sondern auch bei Tisch in rother Mütze, hell chokoladenfarbenem Rock, gelblichen Bein-kleidern, blauen Strümpfen und gelben Pantoffeln erschien! Ich er-theilte ihm eine väterliche Ermahnung, worauf er nun immer in Stiefeln, schwarzlackirter Mütze, gelb getippeltem Rocke und chokoladenfarbigen Beinkleidern erscheint. Ich werde ihm in meinem Stabe die Funktionen des Obergewandmeisters zutheilen.

Dienstag, den 31. Juli 1860.

Es war heute ein charmanter Tag. Als ich morgens 7 Uhr auf Deck kam, befanden wir uns zwischen dem Festlande der Halbinsel Malakka und der den Engländern gehörigen Insel Pulo Pinang. Rechts und links sah man köstlich bewaldete Berge, bald erscheinen auf der Insel auch hübsche Landhäuser, endlich Stadt und Hafen Pinang, in welchem wir um 8 Uhr Anker warfen. Sofort erscheint der Hafenkommissär an Bord, fragt nach meinen Befehlen und ladet mich seitens des Gouverneurs der Insel, Herrn Lewes, ein, an Land zu kommen. Um 9 Uhr setze ich mich mit meinen Attachés in ein Boot, finde am Ufer eine Kompagnie eines Eingeborenen-Regiments als Ehrenwache aufgestellt und werde vom Donner der Kanonen des Forts empfangen. Der kommandirende Offizier führt mich in einen, Palankin genannten, mit einem kleinen Scheckhengst bespannten Wagen zu Herrn Lewes, wo wir mit ihm, seiner Frau und seinen vier Töchtern schwatzen. Dann fahren wir eine gute halbe Meile in die Insel hinein, durch wundervollen Wald von Palmen, Muskatnußbäumen, Betelpfefferpflanzungen ꝛc. sowie durch malaiisch-chinesische Dörfer. Die Chinesen, die zahlreich hier wohnen, um Geld zu verdienen und um dann wieder nach ihrem Vaterlande zurückzu-kehren, machen einen durchaus günstigen Eindruck auf uns; es sind starke Leute, alle beschäftigt und nicht so faul wie die Singhalesen und Malaien, außerdem in ihrer Gesichtsbildung durchaus nicht so un-angenehm, wie man sie sich in der Regel vorstellt. Der Endpunkt

unseres Ausfluges ist ein sehr hübscher Wasserfall, zu dessen schönstem
Punkte man jedoch leider nur zu Fuß und steigend gelangen kann.
Ich sage leider, weil ich einen Moment hatte, wo ich der Auflösung
nahe war, so heiß war es. Bald nach 12 Uhr waren wir wieder bei
Herrn Lewes, wo wir ein zweites Frühstück, hier im Osten überall
Tiffin genannt, einnahmen. Die Hauptsache dabei waren die köstlichen
Früchte, welche Mangustin heißen. Sie sahen aus wie große braun-
rothe Mohnköpfe, fassen sich aber, wenn sie reif sind, weich an. Man
bricht die dicke weiche Schale ab und findet in der Mitte eine wie
eine kleine Orange gebildete Frucht, die Orangen-, Pfirsich- und Aepfel-
geschmack in sich vereinigt und so leicht und wenig sättigend ist, daß
man sie dutzendweise essen kann. Wir haben davon große Körbe voll
mit aufs Schiff genommen. Andere sehr gute Früchte sind die
Rambotan. Sie sehen aus wie mit lauter Stacheln besetzte rothe
Pflaumen. Schneidet man die Schale auf, so findet man in der Mitte
eine Masse, genau so aussehend und sich anfühlend wie das Innere
eines Kibitzeies. Das Centrum bildet ein Kern. Auch diese Frucht
ist vortrefflich. Ganz scheußlich aber ist der melonenartig aussehende
Durian, der von vielen Leuten hier als große Delikatesse angesehen
werden soll. Diese Frucht riecht wie alter Limburger Käse; als sie
aufgesetzt wurde, hielten sich die Damen alle die Schnupftücher vor
die Nase. Mir wurde vom Kosten derselben ganz schwach, und ich
mußte, um den Geschmack loszuwerden, noch ein halbes Dutzend
Mangustins essen. Gegen 2 Uhr geleitete mich der Gouverneur wieder
an den Hafen. Statt der Kompagnie war diesmal die ganze Polizei-
mannschaft in Parade aufgestellt, alle Schiffe hatten geflaggt, und der
Donner der Kanonen geleitete uns zurück an Bord unseres Dampfers,
wo es nicht wenig zur Erhöhung unserer frohen Stimmung beitrug,
daß wir hörten, soeben sei ein Schiff von Singapore einpassirt und
habe die Nachricht gebracht, daß die „Arcona" am 26. daselbst eingetroffen, die „Thetis" in der Sunda-Straße gesehen worden sei. So
werden wir denn also in wenigen Tagen unser schwimmendes Vaterland finden, und ich kann Dir sagen, unsere Herzen sprangen vor
Freude.

1. August 1860.

Die Ereignisse des Tages waren folgende: Um 11 Uhr platzte ein
tropischer Regen über uns los von einer Dichtigkeit, wie man es
bei uns doch nur selten sieht. Die ganze Schiffsmannschaft, Malaien
und Chinesen, wuschen sich ihre Höschen und Jäckchen auf dem Leibe,

und es war ein Gelause, als wenn bei uns die Köchinnen geschwinde
die Eimer unter die Rinnen setzen. Um 12 Uhr wurde beim Tiffin
einer von den vier Körben Mangustins, die wir uns gestern besorgt
hatten, auf den Tisch gesetzt, und ihr aus vielen hundert Früchten be-
stehender Inhalt verschwand unglaublich schnell. Es ist wirklich unendlich schade, daß man diese Frucht nicht versenden kann, aber sie hält
sich nicht drei Tage. Als um 1 Uhr die gewöhnlichen Messungen der
Schiffsoffiziere vollendet waren, erfuhren wir aus denselben, daß wir
wahrscheinlich morgen Mittag in Singapore ankommen würden. Nun
beschäftigt sich Alles mit Anfertigung einer großen preußischen Flagge,
zu der ich in aller Eile gestern noch das Zeug kaufen ließ. Vormittag
über ist sie zusammengenäht worden, jetzt malt Berg einen stolzen Adler
darauf, und die ganze Schiffsgesellschaft steht umher und amüsirt sich.

Singapore, den 3. August 1860.

Gestern Morgen wurde uns gesagt, etwa um 4 Uhr nachmittags
würden wir in Singapore ankommen; auch wurde um 5 Uhr
unsere preußische Flagge auf den Hauptmast gehißt, aber erst um
6 Uhr, also mit Sonnenuntergang, kamen wir an den Leuchtthurm,
der über Erwarten weit von der Stadt entfernt ist. Eine halbe Stunde
später, und es ist ganz dunkel; wir sitzen Alle ganz vorn auf dem
Schiffe und strengen unsere Augen und Gläser an,   nichts zu sehen
als unzählige Inseln. Eine Stunde später geht der Vollmond auf;
werden sie von der „Arcona" aus unsere Flagge erkennen können?
Endlich werden von unserem Schiffe zwei schöne Raketen mit Leucht-
kugeln losgelassen, ganz in der Ferne antwortet das Blitzen eines
Schusses und ein bengalisches Feuer, dort ist der Hafen. Um 8½ Uhr
endlich kommen wir in die Nähe von Schiffen. »Das muß die „Arcona",
das muß die „Thetis" sein! — nein, das ist ein Räderdampfboot!
nein, so sieht die „Arcona" nicht aus!« — so hört man von allen
Seiten rufen. Auf einmal steht die Maschine still, der Anker prasselt
hinunter, und in nächster Nähe hören wir ein Musikkorps spielen:
„Ich bin ein Preuße, kennt ihr meine Farben!" „Hurrah!" schreien
wir Preußen. In wenigen Minuten waren zwanzig, dreißig Boote
um unser Schiff versammelt, eine englische Uniform nach der anderen,
ein bekanntes Gesicht nach dem anderen steigt die Schiffstreppe herauf,
um uns zu begrüßen, vor Allen auch Sundewall, Jachmann und
Pieschel.*) Man ladet mich ein, sofort an Land zu gehen, ich lehne es

*) Siehe Vorwort.

aber ab, bleibe die Nacht noch an Bord und bestimme die Stunde meiner Ausschiffung auf den anderen Morgen um 9 Uhr.

Heute morgen um 9 Uhr erscheint zuerst der Adjutant des Gouverneurs mit zwei Booten, der preußische Konsul mit einem Boote, und außerdem kommen drei Boote von „Arcona" und „Thetis", in einem derselben Heinrich,*) der mir nach alter Weise, zur großen Verwunderung der Kellner und sonstigen Bummler auf dem Schiffe, die Hand küßt und sehr wohl auf ist. Nun setze ich mich mit meiner ganzen Suite ein und gehe an Land. Daselbst steht eine Kompagnie vom 40. Eingeborenen=Madras=Regiment mit braunen Gesichtern, rothen Röcken, weißen Beinkleidern und bloßen, nur mit Sandalen bekleideten Füßen als Ehrenwache mit der Regimentsmusik, die „God save the Queen" oder, was dasselbe ist: „Heil Dir im Siegerkranz" spielt. Außerdem erwarten mich der Stab des Gouverneurs und der Oberrichter, von denen geleitet ich durch die Truppen nach einem Wagen schreite, der mich nach einem für mich und mein Gefolge gemietheten prächtigen, hart am Meere gelegenen private family house führt. Bis 3 Uhr habe ich Visiten von der ganzen Welt gehabt, dann habe ich berichtet und geschrieben, weil morgen früh die Post nach Europa abgeht, und um 6½ Uhr ist großes Diner von achtzehn Personen bei mir gewesen.

Der Vollmond erleuchtet den spiegelglatten Hafen mit seinen Hunderten von Schiffen aufs Prachtvollste. Alle Zimmer oben und unten in meinem Hause sind hell, chinesische und malaiische Diener gehen auf den Matten, mit welchen der Fußboden überall bedeckt ist, leise aber geschäftig umher, und aus allen Ecken hört man das Knallen von Pfropfen von Sodawasser, mit welchem sich meine Herren die bei Tische etwas heiß gewordenen Kehlen erfrischen.

Nun sage ich Euch ganz im Vertrauen: ich habe einen Entschluß gefaßt, den kein Mensch weiß, auch nicht wissen soll, ehe er ausgeführt ist. Ich gehe am 11. d. M. von hier direkt nach Japan: sagt's keinem Menschen. Man soll mich in China vermuthen.

Ihr bekommt noch einen Brief von mir von hier aus. Behaltet mich lieb und denkt nur halb so viel an mich, als ich an Euch denke. Lebt wohl, betet für mich, denn noch dieser Monat muß die Entscheidung bringen, ob die Hauptsache meiner Mission gelingt oder nicht.

Tausend Küsse an die Kinder. Von Herzen der Eurige — Fritz.

---

*) Zweiter Diener des Gesandten; vorher viele Jahre im Dienste des Grafen Philipp Eulenburg.

Heute morgen um 11 Uhr holte mich der preußische Konsul Schreiber ab, um dem Gouverneur von Singapore, dessen Namen ich vor der Hand noch nicht habe behalten können, einen Besuch abzustatten. Ich nahm Piejchel und meine drei Attachés mit. Die Europäer wohnen hier alle außerhalb der Stadt, jeder auf einem Hügelchen, in hübschen, luftigen Häusern, von Gärten umgeben. Glasfenster giebt es nirgends, nur was wir Jalousien nennen; die frische Luft hat Tag und Nacht und das ganze Jahr hindurch Eingang in Wohn- und Schlafstuben, denn hier ist auch keine Spur von Winter. Alle Tage regnet es ein- oder zweimal; das Klima ist wundervoll.

Wir fanden den Gouverneur und seine Frau. Er hat den indischen Krieg als Militär mitgemacht, in der ersten Schlacht sein linkes Bein verloren und in einer späteren eine schwere Verwundung am linken Arme erhalten. Zur Heilung derselben hat man ihm soviel Kalomel gegeben, daß ihm davon alle Zähne ausgefallen sind. Kaum bin ich wieder zu Hause, so erscheint der Adjutant des Gouverneurs, kündigt mir dessen Gegenbesuch für Montag an und ladet mich zu Dienstag zu ihm zum Essen ein. Außerdem empfange ich die Besuche des Oberrichters der Insel, Sir Richard Causland, und des amerikanischen Konsuls, Mr. Sullivan. Der französische Konsul, Mr. Cochet, schickt mir seinen Chancelier und läßt sich durch Krankheit entschuldigen.

Nach 5 Uhr abends holt mich der Konsul Schreiber zu einer Spazierfahrt ab. Das hügelige Land ist recht hübsch, ohne sehr malerisch zu sein. Etwa vier englische Meilen vor der Stadt sagt mir Konsul Schreiber plötzlich: „An dieser Stelle ist vor nicht gar zu langer Zeit ein Wagen, in welchem vier Chinesen saßen, von einem Tiger angefallen worden, der einen davon weggeschleppt hat." Nicht übel! Ich machte sofort bemerklich, daß es doch schon etwas spät und geratener sei, umzukehren, was auch geschah. Die Tiger scheinen hier wirklich zu frech zu sein. In diesem Jahre sind bereits gegen 300 Fälle festgestellt, wo Menschen, namentlich Chinesen, von Tigern zerrissen sind.

Heute morgen zwischen 5 und 6 Uhr gab es ein Gewitter und einen Regen, wie ich solche selten erlebt habe. Namentlich gab es einen Blitz und Schlag, der alle Thüren aufsprengte und meine sämmtlichen Herren auf die Beine brachte, die nur nach ihren chinesischen Dienern riefen. Jeder von ihnen hat jetzt nämlich einen Chinesen, mit vorn ganz kahl geschnittenem Haupte, dafür aber hinten mit einem Zopfe, der ihnen bis an die Kniekehlen hängt. Die Kerle sind außerordentlich brauchbar und gefallen uns sehr. Bei Tische hat Jeder seinen Chinesen hinter sich stehen, der ihn bedient und sich um die Andern nicht kümmert. Ich allein werde von den Chinesen Paul und Heinrich bedient, die zugleich die Aufsicht über den Wein führen.

Es ist heute Gottesdienst auf der „Thetis" gewesen, ich habe demselben aber nicht beiwohnen können. Der hanseatische Konsul, Herr Mooyer, besucht mich und erzählt mir, daß der Blitz seine Flaggenstange zerschmettert habe, wobei er die interessante Mittheilung macht, daß hier der Blitz niemals zündet. Später habe ich erfahren, daß diese interessante Bemerkung nicht wahr ist. Um 5 Uhr machte ich mit Brandt und August einen Spaziergang in die sogenannte chinesische Stadt. Wir gingen in einige chinesische Tempel, die uns mit großer Bereitwilligkeit gezeigt wurden, machten die Bekanntschaft von mehreren Göttern und Teufeln, wunderten uns aber am meisten über die in ihrer Bedeutung uns unklar gebliebenen Ceremonie in einem dieser Tempel, wo vier Chinesen aßen, andere rauchten und mitten unter ihnen ein Feuerwerk abgebrannt wurde, das entsetzlich prasselte und den ganzen Raum mit dickem Pulverdampfe füllte. Abends, als wir bei Tische saßen, kam die Meldung, daß der Schooner „Frauenlob" in Sicht sei. Ungeheurer Jubel.

Montag, den 6. August 1860.

Der heutige Tag war angreifend, denn von 10 Uhr an hatte ich ununterbrochen Visiten bis 1 Uhr. Erst kam der Gouverneur, Oberst Cavenagh, dann der Brigadier, Regimentskommandeur, ein ganzer Schwarm von Konsuln, Kaufleuten und Beamten. Dann setzte ich mich mit meinem Attaché du jour, der heute Herr v. Bunsen ist, in den Wagen und fuhr Gegenvisiten machen. Sehr müde von dieser Tour zurückgekehrt, laufen die Mitglieder der Expedition mir die Thür ein: Jeder hat Wünsche, Jeder hat Bedenken. Endlich, als Herr Kommerzienrath Wolf mir anfängt, Weisungen zu geben, was ich zu thun hätte, reißt mir die Geduld; ich werde so furchtbar grob, daß ich hoffe, dieser Herr wird auf ewige Zeiten wissen, wie er mit mir daran ist. Abends sind wir zum Diner beim Konsul Schreiber, bei welchem ich neben ihm und der Frau seines Kompagnons, Madame Mooyer, einer recht hübschen Frau, sitze. Denke Dir, die armen verheiratheten Damen hier sind alle gezwungen, ihre Kinder, wenn dieselben sieben Jahre alt sind, nach Europa zu schicken. Thun sie das nicht, so fangen die Kinder in diesem Alter an, furchtbar zu wachsen, bleiben dann aber auf einmal im Wachsthum stehen und werden schwindsüchtig. Nach Tisch wurde Whist gespielt und zwar umsonst; hier wird Whist niemals um Geld gespielt: hübsches Vergnügen! Es ist sehr heiß, und während des Spiels steht der königliche Konsul mit einem Fächer neben dem könig lichen Gesandten und verschafft ihm respektvoll Luft.

Dienstag, den 7. August 1860.

Morgens, um 11 Uhr, versammeln sich Sundewall, Jachmann, einige Offiziere von der Marine und viele Herren von meinem Gefolge, im Ganzen etwa sechzehn Personen, bei mir, um dem so= genannten Tumängung, Sultan von Johore, von dessen Vater die Engländer die Insel erworben haben, einen Besuch zu machen. Wir fahren dahin etwa eine gute halbe Stunde, werden von zweien seiner Söhne unten an der Treppe empfangen und in sein nach hiesigem europäischem Geschmacke gebautes Haus geführt, wo er uns oben be grüßt. Er trägt ein Tuch um den Kopf gewunden, eine weiße Kasimir= jacke mit wundervollen Brillantknöpfen, herrliche Brillantringe an den Fingern, weite baumwollene Beinkleider, nackte Füße in reich gestickten Sandalen steckend. An der linken Seite trägt er einen enormen, köst= lich gearbeiteten Dolch in hölzerner Scheide, in der Stube fliegen eine Menge kleiner Schwalben umher, die in der Nebenstube ihre Nester bauen: es sind indianische Vogelnester. Die Unterhaltung macht sich durch Vermittelung des Herrn Mooyer, da der Tumängung nur malaiisch spricht. Nachdem er uns mehrere Stücke seiner prachtvollen Waffensammlung gezeigt, führt er uns nach einem anderen, erst neuer= dings von ihm erbauten Hause, wo wir ein sehr gutes Dejeuner servirt finden und kalten Sett trinken. Ich schalte hier die Bemerkung ein, daß ich binnen der wenigen Monate, die ich in den heißen Gegenden bin, meine Natur verändert zu haben scheine. Kein Wein schmeckt mir so gut als Sett. Das wird theuer werden.

Nach dem Dejeuner, bei welchem ich die Gesundheit des Gastgebers ausgebracht hatte, bat ich ihn, mir seine Pferde zu zeigen. Er ließ fünf oder sechs Gäule, lauter australische, sehr gute aber nicht hübsche Pferde, vorführen. Wir nahmen herzlichen Abschied von ihm, besahen noch einige Hafenanlagen und bekamen während unserer Rückkehr die Nachricht, daß eben auch unser viertes Schiff, „Elbe", einpassirt sei. So sind wir denn an grand complet. Zu Hause angelangt, machte ich der Wirthin des Gasthauses, in dem wir wohnen, Gräfin so und so, jetzt Madame Esperanza genannt, einen Besuch. Sie ist eine Spanierin, ihr Mann hat sein Vermögen verloren, und sie hat sich entschlossen ein Gasthaus zu etabliren. Während sie, noch sehr gut aussehend, in den besten Formen die Konversation macht, unterschreibt sie Küchenzettel und Rechnungen und ertheilt Befehle an die Intendanten.

Abends ist Diner beim Gouverneur. Vor dem Hause steht eine Ehrenwache: die Leute präsentiren und die Tambours schlagen als der königliche Gesandte vorfährt. Der königliche Gesandte quält sich während des Diners furchtbar, um englische Unterhaltung zu machen, die Musik der „Arcona" spielt dabei vaterländische Weisen aus dem Tannhäuser. Nach Tisch singt Herr v. Bunsen zum Piano, begleitet von einer Cousine, der Miß Cavenagh, die frappant wie Frau v. Arnim-Kröchlendorf*) aussieht. Als wir um 11 Uhr nach Hause fahren, ist der ganze Weg von sogenannten leuchtenden Fliegen illuminirt, die zu Tausenden in den Büschen umherschwärmen.

Mittwoch, den 8. August 1860.

Heute habe ich meinen ersten Besuch auf der „Arcona" gemacht. Nachdem ich vom Tumängung und seinem Sohne einen Gegenbesuch gehabt, begab ich mich mit sämmtlichen Mitgliedern der Expedition, also mit einem Gefolge von sechzehn Personen, Alles in großer Uniform, Paul und Heinrich in Gala, nach dem Meeresstrande, wo vier Boote der „Arcona" auf uns warteten. Sie liegt so weit hinaus, daß wir etwa eine halbe Stunde fahren mußten. Als ich an Bord stieg, fand ich das Offizierkorps des ganzen Geschwaders, sämmtliche Beamte und die Mannschaft der „Arcona" in Parade aufgestellt. Die Marinesoldaten präsentirten, und Sundewall stellte mir die Offiziere und Beamten vor. Kaum war dies beendet, so drehte ich rasch um, stellte mich in die Mitte der Herren und hielt ihnen eine Ansprache, die mit einem wirklich donnernden und begeisterten Hoch auf den König und den Regenten schloß. Dann nahm ich Revue über die Mannschaften ab, und die Feierlichkeit der Installation war damit beendet. Eine halbe Stunde später erschienen der Gouverneur mit seinen Damen, der Tumängung mit einem seiner Söhne, Herr und Madame Meoner, der Konsul Schreiber und noch einige andere Herren, die ich eingeladen hatte. Ich führte dieselben erst in meine Kajüte, wo sie mit Sekt bewirthet wurden, dann nahmen sie auf dem Deck Platz, wo die Musik ihnen

*) Schwester des Fürsten Bismarck.

4*

etwas vorspielte. Alles gelang sehr gut. Bei der Rückkehr aus Land ging das Kanonieren los. Erst gab die „Thetis" dem Gouverneur seinen Salut, diesen erwiderte das englische Kriegsschiff „Assaye"; ich erhielt meinen Salut von der „Arcona". Um 3 Uhr bin ich wieder in meinem Hotel. Abends habe ich ein Diner von achtzehn Personen bei mir und um 10 Uhr gehe ich zu Bett.

Donnerstag, den 9. August 1860.

Heute stand ich schon um 5½ Uhr auf. Um 6 Uhr kam Konsul Schreiber mit seinem Wagen, und in seiner Begleitung sowie in der Begleitung einiger von meinen Herren fuhr ich nach einem Fort, welches neu gebaut wird und die Stadt beherrschen soll. Von den kommandirenden Offizieren, die mich an mehreren Stellen des Weges schon erwarteten, aufs Freundlichste empfangen, besah ich mir Alles mit Interesse, genoß aber namentlich eine wunderhübsche Aussicht auf Stadt, Meer und Insel, die von Wagen, Reitern und Fußgängern belebt war, weil die Stunden von 5 bis 7 Uhr des Morgens diejenigen sind, in welchen die hier wohnenden Europäer ihre Promenaden machen. Von da ging's zur Besichtigung des höchst merkwürdigen Zuchthauses, in welchem 2500 Gefangene, meistens aus der indischen Präsidentschaft Madras, sich befinden. Sie sind in sechs Klassen getheilt. Die sechste geht in Ketten, die erste kann frei auf der Insel umhergehen und arbeiten oder sich vermiethen. Alle Aufseher werden aus den Gefangenen selbst genommen, und oft gehen zwei Aufseher mit einer Abtheilung Gefangener auf vierzehn Tage ins Innere der Insel, um Straßen zu bauen; der Fall, daß einer entläuft, ist äußerst selten. Die Indier sind nämlich von den die Insel bewohnenden Malaien und Chinesen gehaßt oder verachtet; entläuft einer, so wird er von den Inselbewohnern gleich aufgegriffen und wieder eingeliefert. Besonderes Interesse erregten einige im Zuchthause arbeitende Indierinnen, die bildhübsch waren. Auf die Frage, was sie verbrochen, antwortete man uns, es seien Kindesmörderinnen. Auch zeigte man uns einen Mann, der aus Eifersucht seine Frau in Stücke geschnitten hatte. —

Freitag, den 10. August 1860.

Heute bin ich recht leidend gewesen, habe mich dabei vor Besuchen und Arbeiten nicht retten können. Ich lege soviel, als ich kann, auf die Schultern Anderer, aber eine Menge Dinge muß ich selbst machen, wenn ich will, daß sie so werden, wie ich wünsche. Ich habe

des Abends Diner bei mir gehabt, zu welchem ich einige Engländer
und einige Konsuln eingeladen hatte. Es kostet Alles fürchterliches
Geld, aber, wie gesagt, das ist Schleinitzen schon ganz recht!

Sonnabend, den 11. August 1860.

Heute bin ich wieder so weit, daß ich habe Besuche machen können.
Zu Begleitung von Bunsen fuhr ich zum Gouverneur, ihm
Adieu sagen, dann zu Madame Mooyer, dann zum Resident, Councillor
Kapitän Man, dann zum Regimentskommandeur Major Harvey. Er
kommandirt ein Regiment Indier aus der Präsidentschaft Madras.
Das Regiment hat zehn Kompagnien, jede zu hundert Mann. Europäische
Offiziere sind dabei nur sechs. Seit dem indischen Aufstande scheint
man diesen Regimentern doch nicht mehr ganz zu trauen. Alle Abend
müssen sie ihre Waffen abgeben, die in einem eigenen Hause aufbewahrt
werden.

Die „Thetis" soll morgen segeln. Pieschel befindet sich auf derselben. Er und der Kapitän Jachmann wissen allein, daß es nach
Japan geht, alle Uebrigen bilden sich ein, sie fahren nach China. Sobald die „Arcona" fertig ist, folge ich nach. Das ist nun die gefähr-
lichste Fahrt, die wir zu machen haben. Gott gebe seinen Segen dazu
und zu dem Entschluß, den ich gefaßt habe, direkt nach Japan zu gehen.
Es kann sehr faul enden. Aber ich denke, der liebe Gott wird uns
nicht im Stiche lassen, er hat uns bisher so wunderbar beschützt.

Sonntag, den 12. August 1860.

Als ich heute Morgen aufstand, verließ die „Thetis" gerade mit
vollen Segeln den Hafen. „Elbe" ist so beschädigt, daß sie in
den Dock gehen und neu mit Kupfer beschlagen werden muß. „Arcona"
wird morgen früh fertig sein, und morgen abend denke ich abzusegeln.
Den Schooner „Frauenlob" behalten wir bei uns, um ihn vor See-
räubern zu schützen.

Heute oder morgen soll die Post aus Europa kommen; wie ersehne
ich sie, aber wenn sie morgen nicht kommt, so kann ich nicht länger
warten; wollen wir nicht muthwillig in die Stürme kommen, so ist
keine Zeit zu verlieren.

Dieser Brief muß fort. Gott befohlen! Ich grüße Euch und die
Kinder tausendmal und habe guten Muth. Von Herzen und wie
immer Euer — Fritz.

An Bord Sr. Majestät Korvette „Arcona".   Donnerstag, den 16. August 1860.

Am Montag, den 13. d. M., morgens 11 Uhr, begab ich mich an Bord der „Arcona", nachdem ich für zehn Tage in meinem Gasthause eine Rechnung von 570 Reichsthalern bezahlt hatte. Wiederum war am Ufer eine Ehrenwache mit Musik aufgestellt, die höheren Beamten und Offiziere hatten sich eingefunden, und als ich ins Boot gestiegen war, riefen sie mir ein dreimaliges, donnerndes hipp, hipp, hurrah! nach. Dazu donnerten die Kanonen des Forts und der „Arcona". —

Um 2 Uhr dampften wir los und verließen die Rhede von Singapore. Sundewall war viel auf Deck, da die Fahrt wegen vieler kleiner Inseln und Riffe gefährlich ist. Nach ein paar Stunden hatten wir den Schooner eingeholt und nahmen ihn in Schlepptau. Das Meer war ganz ruhig, und wir konnten uns mit unserer Einrichtung beschäftigen. Meine Kabine ist sehr hübsch und geräumig. — Die Schiffsschraube ist gerade unter mir, inkommodirt mich aber gar nicht. August wohnt mit Brandt zusammen und ißt mit mir, während alle übrigen Herren an der Offiziersmesse theilnehmen. Um 8 Uhr frühstücke ich Thee, Fleisch und Ananas, deren wir über hundert Stück, das Stück zu zwei Silbergroschen, von Singapore mitgenommen haben. Sie hängen mit Bananen und Mangustins in unserem Eßzimmer, auch haben wir noch Eis. Um 4 Uhr wird dinirt, dann auf Deck promenirt, abends eine Partie Whist gespielt, um 10 Uhr zu Bett gegangen. Geraucht wird nur in den Kabinen und zu gewissen Stunden in der Batterie, auf Deck nicht. —

Dienstag, den 14., morgens 8 Uhr, wurde das Feuer in der Maschine ausgelöscht, die Schraube ausgehoben und der Schooner abgehängt oder, wie der Seemannsausdruck ist, „losgeschmissen". Beide Schiffe segelten nun und regelten ihren Gang derart, daß sie sich nie aus dem Gesichte verloren. Wenn die Meldung kommt: „der Schooner sackt". (d. h. er bleibt zurück), so werden an der „Arcona" die Segel vermindert. Es war so ruhig, daß von einer Bewegung auf dem Schiffe auch nicht das Mindeste zu spüren war.

Mittwoch, den 15., war es womöglich noch stiller, das Meer wirklich spiegelglatt. Auf Deck wurde exerzirt; ich hörte lauter bekannte Signale und glaubte mich auf der Hasenhaide. Mittags gab ich das erste Diner zu zwölf Personen. Da aber der arme Kerl, der Sundewall, so schlecht gestellt ist, daß er wirklich Niemand einladen kann, es auf der anderen Seite aber doch peinlich für ihn ist, wenn ich allein immer repräsentire, so lasse ich die Einladungen in seinem und meinem Namen ergehen und werde dies, mit Ausnahme besonderer Gelegenheiten, auch künftig so halten. Das Essen bei dem Diner war wirklich, ohne zu schmeicheln, scheußlich, was theils an Sundewalls schlechten Konserven, theils an dem versoffenen Koch liegen mag. Aber der Wein, den ich mir habe aus Bordeaux kommen lassen, ist wundervoll, und so gelang es mir denn, die Gesellschaft in angeheiterte Stimmung zu versetzen. Die Musik spielte sehr hübsch. Sie spielt übrigens alle Tage, wenn und so lange ich und Sundewall diniren. Für gewöhnlich sind wir vier oder fünf zu Tisch. Sundewall, sein Schwager (ein schwedischer Baron Bennet), ich, August und mein Attaché du jour.

Heute Morgen wurde ich vom Einsetzen der Schraube geweckt. Der Wind hatte so nachgelassen, daß mit Segeln nicht mehr fortzukommen war. Der Schooner wurde herausignalisirt und wieder ins Schlepptau genommen. Er geht dann so nahe hinter der „Arcona" her, daß ich aus meinem Kajütenfenster alles sehen kann, was auf ihm passirt. Es fand eine Musterung der Mannschaft statt, der ich beiwohnte. Im Meere kommen große, gelbe Streifen vor, die von Pflanzenstoffen gebildet werden, auch sehen wir eine Menge Schlangen, etwa einen Fuß lang, vorbeitreiben, was sehr wunderbar ist, da wir weit von allem Lande entfernt sind. Es ist sehr warm, abends um 10 Uhr 24½ Grad Réaumur. Wenn ich schreibe, so muß ich immer zwischen das Papier, worauf ich schreibe, und die Hände anderes dickes Papier legen, sonst würde die Schrift verlaufen, so stark transpirirt man an den Händen.

Freitag, den 17. August 1860.

Heute morgen promenirte ich von 7 bis 8 Uhr in der Batterie und setzte mich dann zum Frühstück. Auf der „Arcona" und auf „Frauenlob" wird im Feuer exerzirt, so daß meine Kajüte ganz voll Pulverdampf war. Um 12 Uhr hörte das Dampfen wieder auf, und der Schooner wurde abgehängt. Abends war der Sternenhimmel sehr schön. Er ist ein völlig anderer als bei uns. Erst morgen werden wir den Polarstern wieder zu sehen bekommen, der unseren Augen lange entrückt war.

Sonnabend, den 18. August 1860.

Der Wind ist etwas frischer und die See etwas bewegter geworden. Wir fahren 1½ deutsche Meilen die Stunde: auf diese Art werden wir aber drei Wochen brauchen, um nach Japan zu kommen.

Morgens sahen wir ein paar Inseln aus dem Meere hervorragen und eine Zeit lang, ganz in weiter Ferne, links von uns das Festland von Cochinchina. Meine Begleiter, die recht gut logirt sind und sich mit den Offizieren gut vertragen, schwimmen in Seligkeit über die hübsche Fahrt. Mir geht es aber wie Eulenspiegel: ich kann nicht recht zum Genuß kommen, weil ich weiß, es wird so nicht bleiben. Wir kommen jetzt in die Region der Taifuns, der gefährlichsten Stürme auf der Welt, die gerade Ende August anzufangen pflegen. Sie müssen schlimm sein, denn Sundewall, der sonst ein muthiger Seemann ist, hat einen gewaltigen Respekt vor ihnen.

Sonntag, den 19. August 1860.

Heute morgen, um 10 Uhr, war Gottesdienst in der Batterie, alle Offiziere und Leute in Paradeanzug, wir im Frack. Die Lieder werden von der Musik begleitet, die auch bei der Liturgie mitwirkt. — Um 4 Uhr hatte ich zum Diner bei mir: Lieutenant Nürnberger, Graf Monts, v. Imhoff, Fähnrich Donner, Kadett v. Eisendecher,*) Assessor Schmidtke (der Intendanturbeamte), Maler Heine, Kaufmann Spieß.

Heute ist es endlich unter den Offizieren und meinen Herren bekannt geworden, daß wir direkt nach Japan gehen: sie jubeln darüber. Bis 9 Uhr war ich auf Deck, dann spielte ich etwas Whist und legte mich gegen 11 Uhr zu Bett.

Montag, den 20. August 1860.

Die Nacht war wieder entsetzlich warm. Heute weht eine sehr frische Brise, so daß wir neun englische Seemeilen, also 2¼ deutsche Meilen in der Stunde segeln. — Heute Nacht werden wir über die Macclesfield-Bank gehen.

Mittwoch, den 22. August 1860.

Morgens sitze ich am Fenster und lese, als ich plötzlich sehr schnell über das Deck laufen höre. Unwillkürlich sehe ich zum Fenster hinaus, und ein eiskalter Schreck durchfährt meine Glieder, ein Matrose ist ins Meer gefallen; er schwimmt dicht an meinem Fenster, und zwei Rettungsbojen, die man ihm zugeworfen hat, vor ihm, aber doch in solcher Distanz, daß ich der Ueberzeugung war, er würde sie nicht erreichen. Ich stürze auf Deck und sehe, daß Alles, was in solchen Fällen geschehen muß, mit größtmöglicher Schnelligkeit ausgeführt wird. In einem Nu ist das Signal, „ein Mann über Bord", auf dem Schooner gegeben. „Arcona" und Schooner reißen die Segel ein

---

*) Jetzt preußischer Gesandter am Hofe zu Karlsruhe.

und drehen beide Schiffe bei: jedes setzt ein Boot aus, und mit An
strengung der äußersten Kraft rudern dieselben nach der Gegend zu,
die man ihnen vom Maste der Schiffe aus signalisirt, denn nur von
einem sehr erhöhten Punkte aus sind Schwimmer und Bojen noch zu
sehen. Wir athmen kaum. Die Boote sind schon auf ziemlich nahe
Distanz an den Schwimmer heran, da hören wir den Ruf: „Nun ver
schwindet er!" Und so war's. Die Bestürzung war groß und all=
gemein: bei dem ruhigen Wetter und da der Matrose ein guter
Schwimmer war, hatte man anfangs nicht daran gezweifelt, daß man
ihn retten werde: sein plötzliches Verschwinden gab der Vermuthung
Raum, daß ein Haifisch ihn erfaßt und heruntergezogen habe. Traurig
kehrten die Boote mit dem Hute des Verunglückten zurück, traurig
ging Alles wieder an seine Arbeit; ich ließ die Einladungen absagen,
die ich für heute Mittag hatte ergehen lassen, und es erscholl heute
keine Musik. Das war die Todtenfeier des armen Teufels.

Donnerstag, den 23. August 1860.

Mir war heute sehr unwohl. Ich hatte die Nacht theils vor
Ohrenschmerzen, theils vor Hitze fast gar nicht geschlafen und
war so schwach, daß ich mich kaum auf den Beinen halten konnte. Ich
glaube, ich habe mir dadurch Schaden gethan, daß ich seit drei Wochen
zu viel gearbeitet habe. Man kann sich bei dieser Wärme durchaus
nichts zumuthen, und jede Anstrengung rächt sich. Trotzdem, daß ich
am liebsten den ganzen Tag auf dem Rücken gelegen hätte, mußte
heute das gestern abgesagte Diner stattfinden mit Lieutenant Schelle
und Struben und Krause, Fähndrich Zirzow, Kadett Graf Schack und
Werner, Dr. Wenzel, Baron Richthofen, Brandt ꝛc. Der Wind
fing gegen Abend an sehr schwach zu werden, und dieser Umstand
wurde benutzt, um nach einem Hai zu angeln, der uns folgte, und der
wahrscheinlich gestern den armen Kerl unter Wasser gezogen hatte.
Der Hai biß auch wirklich an und wurde unter großem Jubel bis
oben auf den Rand der Brüstung des Schiffes gezogen. Da machte
er aber eine heftige Anstrengung loszukommen; der starke eiserne
Haken bog sich gerade, und plump! lag der Hai wieder im Wasser.
Zahnschmerzen wird er die Nacht über doch wohl behalten.

Da das Wetter zu still wurde, machten wir Dampf, fuhren dicht
an den Schooner heran und nahmen ihn ins Schlepptau. Bei herr
lichem Mondschein und ganz ruhiger See nahmen sich all die Manöver,
die gemacht wurden, wunderhübsch aus.

Freitag, den 24. August 1860.

Mir ist heute etwas besser als gestern, aber doch lange noch nicht wohl. Vormittags bricht ein Bolzen an der Maschine: diese muß, so lange als die Reparatur des Bolzens erfordert, angehalten werden, und während dieser Zeit liegt das Schiff ganz ruhig. Sofort wird wieder nach Haifischen geangelt, und heute sind wir (vielleicht weil es gerade der Tag des Stralauer Fischzuges ist) glücklicher. Drei ziemlich große Kerle werden in die Höhe gezogen, und in der Weise getödtet, daß man ihnen den Schwanz abhackt. Auf den Haien saßen immer kleine Fische, welche sich an ihnen festgesogen hatten. Nach Tisch, als wir schon wieder in voller Fahrt waren, trieben eine Menge Gegenstände vorbei, in denen man Bretter, verbranntes Holz, versiegelte Flaschen ꝛc. erkennen wollte. Es wurden zwei Boote der „Arcona" und eins vom Schooner ausgesetzt um danach zu fischen. August stieg in eins der ersteren; man brachte aber nichts von alledem zurück, was man gesehen zu haben glaubte, sondern nur einige Stücke Holz, einige merkwürdige Nüsse und etwas, was wie Kinderspielzeug aussah: ein Klumpen Holz mit einem schlanken Rohr darauf, welches hineingesteckt und mit starken Grashalmen, gleich Tauen von Masten an dem Klumpen befestigt war. Abends auf Deck war es sehr schön: der halbe Mond strahlte in ungewöhnlicher Helligkeit.

Sonnabend, den 25. August 1860.

In der Nacht war es sehr heiß gewesen. Als ich um 7 Uhr morgens auf Deck kam, lag, etwa auf achtzehn Meilen, die südlichste Spitze der Insel Formosa vor uns. Wir fahren östlich bei derselben vorbei und kommen einige Zeit später zur Insel Botol-Tabajo, auf welcher wir mit Fernrohren, Ansiedelungen und einzelne Menschen unterscheiden können. Unsere Absicht war es, zwischen Tabajo und einer ganz kleinen, östlich davon liegenden Insel durchzufahren. Auf einmal aber entdecken wir, mitten zwischen den beiden Inseln, von einer zur anderen sich herüberziehend, eine-weiße Brandung, die ganz so aussieht als ob sie von einem Riff herrührt, obgleich auf den Seekarten ein solches an dieser Stelle nicht verzeichnet ist. Der Sicherheit wegen drehen wir um und fahren westlich um die Insel Tabajo herum. Abends sehen wir wieder sehr hohe Berge der Insel Formosa. Wir sind jetzt im Stillen Meere und werden östlich von den Liu-Kiu-Inseln direkt auf die Bai von Jeddo zusteuern. Die Wellen sind ziemlich hoch, aber ungeheuer lang. In diesem Zustande heißen sie „Dünungen". —

Da ich vor Ohrenschmerzen, Hitze und Grübeleien gar nicht mehr schlafen kann und deshalb anfange, ganz herunterzukommen, so habe ich es diese Nacht einmal versucht, mich in eine Hängematte zu legen, weil behauptet wurde, dieselbe sei kühler. Allein das Ungewohnte und das Schwankende der Matte hat mich kaum ein Auge schließen lassen, und da auch die Wellen wieder noch höher geworden sind, so fühle ich mich außerordentlich unheimlich und muß mir ordentlich Gewalt an thun, um 10 Uhr dem Gottesdienst beizuwohnen, bei welchem ein hübsches Gebet für den vor einigen Tagen Ertrunkenen gesprochen wird.   Gegen Abend sieht man eine Insel mit einem submarinen, rauchenden Vulkan in ihrer Nähe. Heute haben wir den Wendekreis passirt und befinden uns nun wieder in der gemäßigten Zone. Da der Wind kräftiger wird, so hören wir auf zu dampfen und fahren wieder mit Segeln. Um 10 Uhr abends jagt ein tüchtiger Regen uns vom Verdeck in unsere Kammern und Betten.

Die sogenannten Dünungen werden immer länger und größer: sie kommen dem Winde entgegen, und man vermuthet daher, daß in der Entfernung von einigen hundert Seemeilen ein starker Sturm stattgefunden haben muß. Mit Lesen und Schreiben geht's heute gar nicht.

Heute haben wir noch mehr See als gestern. Das Tau, welches das Steuerruder bewegt, reißt, und ich bekomme in meine Kabine eine Vorrichtung, die so lange arbeiten soll, bis das Tau wieder hergestellt ist. Diese Vorrichtung macht gewaltigen Lärm, und ich werde sie wohl nicht wieder los werden, da sie zugleich eine Verstärkungsmaschine für das Steuerruder ist. Das Schiff rollt, macht aber zehn Meilen (2½ deutsche Meilen) in der Stunde. Mir ist schlecht zu Muth. Mittags fallen die Gläser um, und das Tischtuch sieht wie ein Schlachtfeld aus. Einmal, wie das Schiff stark überholt, greift August nach zwei Gläsern Wein: in demselben Augenblick kippt sein Stuhl: um nicht zu fallen, springt er auf und rennt nun, wider Willen, mit zwei Gläsern in der Hand, eilig nach der Kanonenpforte, wo er am Geschütz erst wieder zum Stehen kommt. Das ist Alles recht amüsant, aber der Zustand, in dem man sich befindet, ist scheußlich, und wenn die Seeleute dann dazu noch immer sagen: „J, das ist ja gar nichts,

das Schiff liegt ganz ruhig!", so möchte man vor Wuth einem eins
verabreichen.

Wir sind heute unterm 26. Breitengrade, und es fängt wirklich
an des Abends etwas kühler zu werden, so daß man nicht gleich mit
Schweiß übergossen ist, wenn man ein paar Mal auf dem Deck auf
und nieder geht.

Donnerstag, den 30. August 1860.

Glücklicherweise beruhigte sich gegen 10 Uhr morgens das Meer
vollständig, der Wind ließ nach, und wir machten Dampf. Zuerst
fuhren wir an eine Brigg, die schon die ganze Nacht in Sicht gewesen
war und heute Morgen, der Aufforderung ungeachtet, ihre Flagge nicht
gezeigt hatte. Als wir ihr auf den Leib kamen, legte sie bei und hißte
die englische Flagge; auch erklärte ihr Kapitän, daß er von China
nach Australien gehe. Die Sache hatte aber sehr viel Verdächtiges,
und obgleich wir uns mit der ertheilten Auskunft begnügten, so blieben
doch die Meisten überzeugt, daß wir es mit einem Seeräuber zu thun
gehabt hätten.

Den Schooner, der in den letzten Tagen wie ein Ball auf den
Wellen getanzt hatte, dafür aber auch sehr schnell gefahren war, haben
wir wieder in Schlepptau genommen. Mittags hatte ich Diner bei
mir, und abends war ich auf Deck. Die Abende sind jetzt wirklich
köstlich: es ist eine Temperatur, bei welcher man sich in dünnen
Sommerkleidern wahrhaft wohl fühlt. Dabei scheint der Vollmond in
blendender Klarheit, und hübsche, mehrstimmige Gesänge, welche die
jungen Herren erschallen lassen, machen einen für einige Zeit vergessen,
daß man sich auf dem Stillen Meere und nicht auf dem Schloßteich
befindet. Wie mag es Euch ergehen! Es ist zu traurig, daß ich in
Singapore keine Briefe von Euch erhalten habe: Erinnere nur die
Kinder daran, daß sie zuweilen an den Onkel Fritz in der Ferne
denken.

Montag, den 3. September 1860.

Der gestrige Tag war ereignißreich. Ich will es Euch kurz erzählen.
Um 4 Uhr morgens wachte ich davon auf, daß meine Hängematte ungewöhnlich starke Bewegungen machte, und bald darauf trat
August, ganz angezogen, herein und sagte mir, daß es so stark wehe,
daß der Kapitän und die ganze Mannschaft auf Deck seien. Weil mir
von dem starken Schwanken etwas schlecht zu Muth war, so blieb ich
noch liegen, allein um 6 Uhr wurde mir die Sache doch zu arg. Alles,

was in meiner Kabine nicht festgebunden war, stürzte hinunter und
übereinander, und ich selbst purzelte, als ich aus der Hängematte stieg,
gehörig auf die Nase. Man brachte die Nachricht, daß das Barometer
erschreckend schnell falle, und wir bekamen die Gewißheit, daß ein
Taifun, d. h. einer der in diesen Gewässern einheimischen, gefährlichen
Zirkelstürme, im Anzuge sei. Um 8 Uhr war er da. Obgleich alle
Luken und Kanonenpforten eng geschlossen waren, schossen Ströme von
Wasser in die Batterie und in meine Kabine. Ich konnte mich nicht
auf den Beinen halten, ebensowenig Heinrich; wir mußten Alles
schwimmen lassen, was schwamm. Unterdessen war die Lage draußen
dadurch kritisch geworden, daß die ungeheure Gewalt des Sturmes uns
dem Lande zutrieb und das Schiff dem Ruder nicht folgen wollte.
Drei große Segel zerrissen hintereinander. Die Spitzen der Masten,
Stücke Holz von dreißig Fuß Länge, flogen ab wie Pfeile; zwei schöne
Boote an der Seite des Schiffes verschwanden auf Nimmerwiedersehen,
es kamen Seen über das ganze Schiff, daß einem Hören und Sehen
verging, und schon war Alles in Bereitschaft gesetzt, um den Kreuzmast
zu kappen und dadurch die Möglichkeit des Wendens des Schiffes
herbeizuführen, als dasselbe endlich, unter Zuhülfenahme des Dampfes,
zu gehorchen anfing. Nun war die Hauptgefahr beseitigt, d. h. wir
fuhren vom Lande weg, allein ein paar Stunden lang wirthschaftete
der Sturm noch furchtbar mit uns herum, bis wir, so etwa zwischen
12 und 1 Uhr mittags, denselben loswurden und nur noch mit der
hohen See zu kämpfen hatten. Die „Arcona" hat sich gut bewährt,
aber Alles ist lose und wackelt. Den ganzen Nachmittag waren Hunderte
von Händen beschäftigt, zu befestigen, zu dichten, zu schrauben, zu nageln.
Um 4 Uhr, als wir aßen, war es wieder so weit ruhig, daß die Musik
zur Tafel spielen konnte; aber gegen Abend sah es wieder bedenklich
aus. Der Himmel verfinsterte sich, das Meer ging höher, und es
konnten keine Beobachtungen gemacht werden, wo wir uns wohl mög=
licherweise befinden möchten.

Jetzt, wo ich schreibe (12 Uhr mittags), ist mit vieler Mühe aus=
gerechnet worden, daß wir uns etwa einen Grad südlich vom Kap Jdsu,
der Spitze der Bai von Jeddo, befinden. Wir haben nur noch für
1½ Tag Kohlen, müssen daher mit Segel fahren und kommen so
langsam vorwärts, daß wir Kap Jdsu heute bei Tage nicht mehr
erreichen werden. Das ist sehr fatal. Die Jahreszeit ist so, daß wir
jeden Augenblick wieder einen Sturm auf dem Halse haben können,
der uns von Neuem zwingt, uns vom Lande zu entfernen, und auf

dieje Weije können wir gezwungen jein, noch wer weiß wie lange an
den japanijchen Küjten umherzuirren.

Meine Begleiter jind gejtern alle tapfer gewejen, namentlich auch
Augujt, den ich täglich lieber gewinne, und der mir ganz unentbehrlich
geworden ijt. — Ich jelbjt habe während der ganzen Epijode meine
Kabine nicht verlajjen, in welcher ich, da jeder Verjuch zum Aufjtehen
aus äußerlichen und innerlichen Gründen mißglückte, auf dem Sopha
auf dem Rücken lag. Trotzdem, daß ich volljtändig von der Gefahr
unterrichtet war, habe ich doch keinen Augenblick wirkliche Furcht gehabt, aber jehr unheimlich war mir zu Muth: ich mußte ein paarmal
auf meine eigene Hand lachen, daß ich jo dumm hatte jein können,
mich aufs Meer jchicken zu lajjen. Der Kapitän und alle Offiziere
jind darüber einig, daß, wenn wir noch ein paar Stunden länger der
Gewalt des Taifuns ausgejetzt geblieben wären, wir die Majten verloren hätten und damit die Exijtenz des Schiffes im höchjten Grade
bedroht gewejen wäre. Was mag nur aus dem armen Schooner geworden jein? Gleich als die See, in der Nacht von vorgejtern zu
gejtern, anfing, hoch zu gehen, riß das Tau, durch welches er mit uns
zujammenhing: eine halbe Stunde jpäter war er außer Sicht, und
natürlich haben wir keine Ahnung, wo er geblieben ijt.

Die Mannjchaft hat jich ganz vortrefflich benommen. Es jind
alles ganz junge Leute, aber jo rechte driftige Preußen: thun nichts,
was ihnen nicht befohlen ijt, thun aber auch Alles, was ihnen befohlen
ijt. Nicht ein einziger hat in den gefährlichjten Momenten verweigert,
in die höchjten Majtjpitzen zu gehen, obgleich die Gewalt des Sturmes
jo hejtig war, daß mehrere Leute buchjtäblich nackt heruntergekommen
jind, nachdem der Wind ihnen Jacke, Hoje und Hemd vom Leibe ge-
rijjen hatte. Viele gehen mit dicken Beulen an den Köpfen und ab-
gejchundenen Beinen umher, aber eine gefährliche Verwundung ijt nicht
vorgekommen. Gott hat jeine jchützende Hand über uns gehalten.

II. Japan.

Gestern Abend, mit einbrechender Dunkelheit, bekamen wir von allen Seiten Land in Sicht. Wir fuhren ganz langsam und legten zuletzt sogar bei, um möglichst auf einer Stelle zu bleiben. Heute morgen war Alles schon sehr früh auf den Beinen. Wir fuhren zwischen Kap Idsu und einer Felsengruppe in den Golf von Jeddo. Es regnete, aber gegen 8 Uhr klärte es sich auf, und nun hatten wir den mehr als 12 000 Fuß hohen Vulkan Fusinoyama in wunderbarer Schönheit links, die Insel Oshima und den auf ihr befindlichen Vulkan rechts von uns. Himmel, Wolken und Luft erinnerten auf eine Weise ans Vaterland, daß mir ganz weich zu Muthe wurde, und auch die ganze Gebirgsbildung hat, mit Ausnahme des Fusinoyama, etwas so Anheimelndes, daß wir nicht satt werden konnten, unsere Ferngläser nach dem Ufer zu richten. Vielleicht kommen wir heute Abend noch nach Jeddo. Einstweilen habe ich mit Sundewall so viel zu besprechen und zu ordnen, daß ich das Schreiben unterbrechen muß.

Um 6¾ Uhr abends haben wir vor Jeddo Anker geworfen. Ohne Lootsen, bloß auf die Seekarten angewiesen, fuhren wir sehr vorsichtig, aber Sundewall ist ein geschickter Kutscher. Er hat uns bis auf den äußersten Punkt geführt, bis zu welchem ein Schiff, das, wie die „Arcona", 21 Fuß im Wasser liegt, vordringen kann, und so befinden wir uns denn auf einer Entfernung von etwa einer deutschen Meile vor der Stadt Jeddo, die wir mit bloßem Auge nur undeutlich sehen und von der wir morgen mit dem Fernrohr mehr zu unterscheiden hoffen. Mir war doch eigenthümlich zu Muthe, als der Anker hinunterrasselte. Großer Gefahr sind wir glücklich entronnen, und am Zielpunkt unserer Reise sind wir angelangt. Nun geht meine Arbeit an. Wird sie gelingen? — Um 9 Uhr war Zapfenstreich, und die Musik blies: „Nun danket Alle Gott!" Ich wäre dabei gern auf die Kniee gesunken.

Noch ganz spät kam ein japanisches Boot, um sich zu erkundigen, wer wir wären. Die Leute wurden nicht an Bord gelassen, es wurde ihnen aber eine preußische Flagge gezeigt und das Wort „Prussia" gesagt. Darauf ruderten sie gleich fort, und man hörte, wie sie immer „Prussia", „Prussia" wiederholten, um es nicht zu vergessen. Auch schickte der französische Geschäftsträger, Mr. Duchesne de Bellecourt, Jemand zu uns, um uns seine Dienste anzubieten.

Die Stadt muß eine enorme Ausdehnung längs des Meeres haben. Wir sahen eine ungeheuer lange Reihe von sehr hellen Lichtern. Kommen sie aus den Häusern oder ist es Straßenbeleuchtung? Wir können es nicht unterscheiden.

Mittwoch, den 5. September 1860.

Schon um 7 Uhr morgens schickte mir der amerikanische Minister= resident Mr. Townsend Harris seinen Dolmetscher Herrn Heusken mit einem sehr verbindlichen Schreiben, womit er mir denselben während der ganzen Dauer meines Aufenthaltes in Jeddo zur Dis= position stellt. Von diesem Herrn Heusken hatte ich bereits früher als von einem sehr geschickten und zuverlässigen Manne gehört. Wie groß war aber meine Freude, als ich die Entdeckung machte, daß er auch die Eigenschaft besitzt, recht gut deutsch zu sprechen. Ich acceptirte Herrn Harris' Anerbieten natürlich mit Freuden. Eine Stunde später kam der Dolmetscher der französischen Gesandtschaft, ein Jesuit Abbé Girard, um ebenfalls seine Dienste anzubieten, und endlich erschien auch Bellecourt selbst, um mich persönlich zu begrüßen. Er hatte große Aktenstöße in einem köstlichen lackirten Kasten mitgebracht und las mir, während mehrerer Stunden, die ganze Korrespondenz vor, die er mit der japanischen Regierung gehabt hatte, so daß, als die Herren sich endlich um 3 Uhr entfernt hatten und Herrn de Bellecourt ein Salut von 11 Schuß nachgefeuert war, ich mich ganz ermattet aufs Sopha werfen mußte, um etwas zu Kräften zu kommen. Gegen Sonnen= untergang setzte ich mich mit dem Kommodore in seine Gigg und fuhr dem Lande zu: es wurde aber zu dunkel, und es erhob sich ein so scharfer Wind, daß wir nicht bis ans Land gelangten, welches wir uns wenigstens etwas mehr in der Nähe besehen wollten.

Ich hatte heute morgen an die beiden japanischen Minister der auswärtigen Angelegenheiten geschrieben, ihnen meine Ankunft angezeigt und sie ersucht, ein passendes Lokal für mich in Jeddo in Bereitschaft zu halten. Etwa um 8 Uhr abends kam ein sogenannter Vizegouverneur mit Dolmetscher und Gefolge an Bord, um zu sagen, daß Alles bereit sei, und ich landen könne. Ich empfing ihn nicht selbst, sondern ließ ihn durch die Attachés und durch Lieutenant Nürnberger, der holländisch spricht, empfangen und mit Goldwasser bewirthen, ihnen dabei auch sagen, daß diese mündliche Antwort mir nicht genüge, ich vielmehr eine schriftliche erwartete. Die Leute sind ganz gemüthlich gewesen und haben Anstalten gemacht, sehr lange zu bleiben. Nach dem Zapfenstreich wurden sie aber bedeutet, daß von 9 Uhr an kein Fremder mehr auf dem Schiffe bleiben könne, und so sind sie dann abgezogen.

Donnerstag, den 6. September 1860.

Schon ganz früh kam Herr Heusken, mit dem ich tausend Sachen zu besprechen hatte, und den ich daher bis Sonnenuntergang bei mir behielt. Während wir bei Tische saßen, kam die schriftliche Antwort der Minister, daß meiner Ausschiffung nichts im Wege stehe und ein Haus in dem Stadttheile Akabane für mich in Bereitschaft gesetzt sei. Die Antwort war japanisch und holländisch. Ich habe das Original bei mir behalten, und wenn wir uns noch einmal wiedersehen, wird es Dir doch Freude machen, unsern Namen in japanischer Schrift zu schauen. Ich ergötzte mich sehr an frischen Schneidebohnen und sauren Trauben, die Heusken uns mitgebracht hatte, die Pfirsiche aber waren ungenießbar. Sie werden hier niemals reif, während der Weinstock wild wächst. Meine Ausschiffung habe ich auf übermorgen festgesetzt. Abends habe ich etwas Whist gespielt. Wir haben immer noch 23 Grad Réaumur.

Freitag, den 7. September 1860.

Das Wetter ist heute schlecht, trotzdem wird aber auf Deck tüchtig Parademarsch geübt, um morgen in Jeddo mit Würde aufzutreten. Da der Schooner noch immer nicht kommt, so fangen doch auch die Offiziere an, seinetwegen besorgt zu werden.

Jeddo, Sonnabend, den 8. September 1860.

Heute hat unser Einzug in Jeddo stattgefunden. Es regnete morgens so stark, daß wir bis 12 Uhr, wo der Himmel sich ein wenig aufklärte, mit der Ausschiffung warten mußten. Voran fuhr ein

japanisches Boot, um uns den Weg zu zeigen. Dann kamen sechs
Boote der „Arcona", alle mit Kanonen armirt und mit Seesoldaten
und Matrosen bemannt. Sie waren so rangirt, daß wir uns in
Kreuzesform dem Landungsplatze näherten. Ich wartete so lange, bis
Alles ausgestiegen war, und setzte dann zuletzt den Fuß ans Land.
Nun setzten wir uns in Marsch, voraus das Musikkorps, das Preußen=
lied spielend, dann vierzig Seesoldaten, dann ich, den Kommodore zu
meiner Linken, und mein Gefolge hinter mir, wir Alle zu Pferde.
Den Schluß machten etwa achtzig Matrosen. Unser Weg führte uns
durch eine sehr lange, entsetzlich aufgeweichte Straße gerade nach dem
für mich bestimmten Hause. Neben dem Zuge gingen Polizisten, welche
mit Stöcken auf die Erde stießen, an deren oberem Ende eiserne Ringe
waren, die klingelten. Das Gedränge war nicht so groß, als ich ver=
muthet hatte, wahrscheinlich des schlechten Wetters und des Schmutzes
wegen, doch traten alle Leute vor ihre Häuser, um uns zu besehen.
Ich selbst war der Gegenstand sehr geringer Aufmerksamkeit, die See=
soldaten mit ihren Helmen und Gewehren schossen den Vogel ab. Der
Eindruck, den die Stadt auf uns machte, war durchaus verschieden von
dem, den wir erwartet hatten; wir hatten uns auf etwas Großartiges
gespitzt und fanden etwas sehr Aermliches, wenigstens nach unseren
Begriffen. Einstöckige hölzerne Häuser, nackte röthliche Männer, hübsche
weiße Mädchen, alle wie Marie Taglioni*) aussehend. Nach halbstündigem
Marsche kamen wir vor unserer Wohnung im Stadttheile Akabane an.
Die Thorflügel öffneten sich, und die ganze Mannschaft trat in den
Hof, worauf sich das Thor wieder schloß. Mein Palais ist ein sehr
langes einstöckiges hölzernes Haus; Wände und Fenster bestehen aus
hölzernen Wänden, die alle zum Verschieben sind. An Stelle der
Scheiben befindet sich Oelpapier, das zwar nicht durchsichtig ist, durch
welches aber das Licht sehr gut eindringt. Um das ganze Haus läuft
eine Veranda, dann kommt Rasen, dann ein schwarzer hölzerner Zaun,
der uns zu förmlichen Gefangenen macht. Der Fußboden besteht aus
sehr schönen, weichen Matten von Reisstroh, auch haben wir Bettstellen,
Tische und in einem großen Salon vierzehn Stühle gefunden. Im
Uebrigen haben wir unsere Möbel vom Schiffe mitgenommen nebst
Koch, Küchengeräth, Eßgeschirr, Gläsern ꝛc. ꝛc. Zuerst wurde unter
Tusch und Präsentiren des Gewehrs die preußische Flagge an einer
im Hofe befindlichen Stange aufgehißt, dann ließen sich drei Gouver=

*) Königliche Ballettänzerin; spätere Fürstin Windischgrätz.

neure des auswärtigen Ministeriums ansagen und erschienen mit zahlreichem Gefolge, um mich namens der Regierung zu bewillkommnen.
Einer derselben heißt Sa Kai Oti no cami, der andere Hori Oribeh
no cami, der dritte ist der offizielle Spion dieser beiden; seinen Namen
weiß ich nicht. Begleitet waren sie vom Dolmetscher Morinama Takitsiro.
Ich hatte Heusken bei mir. Die Konversation drehte sich um gleichgültige Gegenstände, ich stellte ihnen mein Gefolge und die Offiziere der
Marine vor, sie schenkten mir einen aberliebsten japanischen Kasten mit
Süßigkeiten. Die Visite dauerte lange, indem wir uns feierlich auf
zwei Reihen Stühle gegenübersaßen, rauchten und Thee tranken. Sa Kai
Oti no cami hat die Gewohnheit, oft und auf die ungenirteste Weise
aufzustoßen: es fehlte nicht viel, daß die Herren von meiner Begleitung
mehrmals laut auflachten. Als die Kerle endlich weg waren, installirten
wir uns, dinirten um 7 Uhr und waren, wie das nach solchen Ereig-
nissen nicht anders sein kann, in ziemlich aufgeregter Stimmung. Ich
habe heute nicht mehr Zeit, Dir die Details meiner häuslichen Einrichtung mitzutheilen. Nur das kann ich sagen: es ist ein förmliches
Biwak, und eine gute Hausfrau würde unsere Wirthschaft mit Schaudern
ansehen. Ich habe acht Civilbegleiter, zwei Bedienten, einen Koch, einen
Kochsmaat, einen Chinesen, einen Malaien, sechs Ordonnanzen. Außerdem
werde ich abwechselnd immer vier Offiziere von den Schiffen einladen.
Das ganze Haus wimmelt von Japanern, die sich neugierig in allen
Räumen umsehen und morgen en masse werden hinausgeworfen
werden. Am Ausgange des Hauses ist ein Polizeibureau etablirt, das
Alles notirt, was aus- und eingeht. Niemand kann auf die Straße,
ohne von einem Jakunin, d. h. einem mit zwei Schwertern bewaffneten
japanischen Soldaten, begleitet zu sein.

Sonntag, den 9. September 1860.

Heute weht wiederum ein furchtbarer Taifun. Der Wind rast von
allen Seiten, der Regen peitscht gegen die Papierfensterscheiben,
die Schindeln der Dächer fliegen umher, und es wird einem angst und
bange, wenn man an unsere Schiffe denkt, die noch unterwegs sind.
An Ausgehen war nicht zu denken; aber das Ereigniß des Tages war
ein japanisches Diner, welches uns die Regierung schickte. Während wir um 6 Uhr bei unserem Diner saßen, wurde dasselbe im
großen Salon auf drei Tischen servirt. Ein kleiner Tisch obenan war
für mich bestimmt, ein zweiter für den Kommodore und noch eine
Person, der dritte große für den Rest. Jeder hatte ganz gleichmäßig

5*

wenigstens zwanzig Speisen in kleinen, allerliebsten, lackirten Schälchen vor sich, dazu zwei weiße Stäbchen als Gabel und Messer, und als Getränk servirte man Safki, ein warmes aus Reis gebrautes Zeug, das abscheulich schmeckt. Es bedarf wohl kaum der Erwähnung, daß die Gerichte für unseren Geschmack eigentlich alle ungenießbar waren. Das verhinderte aber nicht, daß wir von Allem kosteten, und daß das Ganze höchst amüsant war.

Jeddo, Montag, den 10. September 1860.

Heute morgen kam ein Boot von der „Arcona", und erzählten die Offiziere, welche es brachte, daß der gestrige Sturm auf dem Schiffe viel Arbeit gegeben hätte. Die großen Barkassen, die bei der Fahrt auf dem Schiffe selbst stehen, im Hafen aber ins Wasser hinuntergelassen werden, waren so voll Wasser geschlagen, daß sie nur mit Mühe hatten vom Untergange gerettet werden können. Eins von den armirten Booten war umgeschlagen, und das Geschütz ins Wasser gefallen. Da der Grund schlammig ist, so wird es wohl versinken, ehe man's herausbekommt.

Da wir heute den schönsten warmen Sonnenschein hatten, so waren unsere Höfe ganz mit feuchten Kleidern, verschimmelten Stiefeln und allen solchen Gegenständen bedeckt, die der Austrocknung bedurften. Um 11 Uhr setzte ich mich mit Sundewall und meinen drei Attachés zu Pferde, um Visiten zu machen. Die Pferde sind kleine, schmutzige Gäule, die alle beim Aufsitzen schlagen; die Zügel sind lange Streifen von baumwollenem Zeug; die Sättel haben die Form der sogenannten deutschen Sättel und sind sehr unbequem; das Schlimmste aber sind die Steigbügel, bestehend in starken, hölzernen Pantoffeln an so unbequemen breiten und harten Riemen, daß man sich die Schienbeine abschindet, man mag sich setzen, wie man will. Uns voran ritt ein Jakunin (ein Mann mit zwei Schwertern, zur Soldatenkaste gehörig) und nebenher liefen die Kerle, die zu den Pferden gehörten. Zuerst ritten wir zum amerikanischen Ministerresidenten Townsend Harris, dann zum französischen Geschäftsträger de Bellecourt, der auf einem köstlichen Punkte am Meere wohnt. Unser Weg führt uns durch Stadttheile, die ebenso aussehen als die lange Straße, die wir bei unserer Ankunft passirten. Die Leute treten vorn an ihre Häuser, um uns anzusehen, sind aber ganz ruhig und machen keine Art von Demonstration. Um 2½ Uhr sind wir wieder zu Hause, und um 3 Uhr erscheinen die drei Gouverneurs des auswärtigen Ministeriums bei mir, um mir zu sagen, daß der Minister der auswärtigen Angelegenheiten mich künftigen

Freitag empfangen werde. Heute habe ich ihnen Champagner vorsetzen lassen, französischen und Rheinwein-Champagner. Der dicke, aufstoßende Gouverneur zog den Rheinwein-Champagner vor, die andern den französischen. Die Unterhaltung wurde sehr gemüthlich, namentlich, nachdem ich ihnen gesagt hatte, daß das beste Mittel gegen Cholera, vor welcher sie gewaltige Furcht haben, darin bestehe, daß man den Magen immer so voll Wein habe, daß das Cholera bringende Insekt nicht eindringen könne. Sehr zufrieden, um eine Entschuldigung zu haben, sprachen sie der Flasche tüchtig zu und sagten sich nach zweistündigem Besuche auf künftigen Donnerstag zum Diner bei mir an. Um 5 Uhr setzte ich mich mit meinen Attachés wieder zu Pferde, und, geführt von dem Dolmetscher Heusken, machten wir nun einen zweistündigen Ritt, theilweise in scharfem Trabe, in dem ungeheuren, aristo kratischen Stadttheile, welcher das Schloß des Taikun umgiebt, und in welchem die reichen und mächtigen Prinzen des Landes, die Daimios, wohnen. Ihre Paläste bestehen aus großen viereckigen Gehöften; rund umher wohnen ihre Diener und Leibgarden, oft bis zu 5000 in einem Palaste; in der Mitte wohnen sie selbst. Da alle diese Paläste gleichförmig gebaut sind und sich meistens nur durch die verschiedene Architektur der Thorwege unterscheiden, so sind die breiten Straßen dieses Viertels entsetzlich langweilig. Von einem Hügel aus, der mitten in der Stadt liegt, und welchen man auf steinernen Treppen ersteigt, hat man eine großartige Aussicht auf Stadt und Meer. Schön ist dieselbe nicht, aber großartig und merkwürdig, weil nichts von Thürmen, nichts von hervorragenden Gebäuden zu sehen ist, sondern das Auge bis an den Horizont hin nur über eine Masse von fast gleich hohen Häusern hinschweift.

Ganz zerschlagen kam ich um 7 Uhr nach Hause, wo ich dinirte und mich dann bald zu Bett begab. Ich schlafe unter einem grünen Moskitonetz, welches mich ruhig schlafen läßt, während mehrere Herren an Gesicht und Händen aufs Furchtbarste zerstochen und aufgeschwollen sind.

Dienstag, den 11. September 1860.

Heute morgen füllte sich das ganze Haus mit Kaufleuten, die Lackwaaren, Schnitzwaaren und Porzellan zu verkaufen hatten. Ich selbst hatte so viel zu schreiben, daß ich mich nicht viel mit denselben abgeben konnte; aber auch ein oberflächlicher Blick genügte, um sich zu überzeugen, daß die Sachen meist ganz deliciös waren, und meine Herren haben bereits hübsche Summen ausgegeben. Zuletzt wurde mir der Lärm im Hause zu groß, und ich ließ die ganze Bande hinauswerfen. Ich hatte einen Besuch vom amerikanischen Ministerresidenten Mr. Harris. Dieser Mann und sein Dolmetscher Heusken sind mir außerordentlich nützlich und überhäufen mich außerdem mit wahren Liebesdiensten. Auch Bellecourt, der mich etwas später besuchte, ist äußerst dienstfertig, aber mehr in französischer Manier, d. h. nicht so praktisch. Gestern schickte mir Harris Tausend Stück Cigarren und ein Faß Butter, Letzteres eine Sache, die man hier gar nicht haben kann, sondern sich von Kanagawa kommen lassen muß. Heute haben mir Harris und Bellecourt jeder einen europäischen Sattel geschickt. —

Um 4½ Uhr setzte ich mich zu Pferde, geführt von Heusken und gefolgt von zehn Herren. Wir ritten in die Umgebung der Stadt, die ganz wunderhübsch ist und lebhaft an das preußische Oberland erinnert. Reis= und Gemüsefelder, abwechselnd mit Wäldchen und Buschwerk, einzelne Häuser und Tempel, umgeben von hübschen, eingezäunten Gärten, die Bevölkerung überall stehenbleibend, um uns zu sehen, aber jedenfalls an den Anblick von Europäern schon gewöhnt. Bei dem herrlichen Abend war es ein köstlicher Ritt. Unsere Wache bestand heute aus sieben Jakunins, die hinter uns hertrabten oder uns Platz machten. Gegen 7 Uhr waren wir wieder zurück, dinirten und gingen dann, sehr müde, bald zu Bett.

Noch immer ist nichts vom Schooner zu hören, und auch „Thetis" ist noch nicht angekommen, obwohl sie, der Berechnung nach, schon da sein könnte. Mir ist sehr bange um die Schiffe, aber ich muß mich von aller Verantwortung freisprechen, da ich, als ich in Singapore den Wunsch aussprach, direkt nach Japan zu gehen, die Kapitäns beschworen habe, mir zu sagen, ob es auch nicht unvernünftig sei, die Fahrt gerade in dieser Jahreszeit zu machen, und Sundewall sowohl als Jachmann mich versicherten, daß gar keine außergewöhnliche Gefahr zu besorgen sei.

Mittwoch, den 12. September 1860.

Heute Vormittag um 11¾ Uhr hatten wir ein Erdbeben. Unser ganzes hölzernes Haus wackelte, und aus allen Ecken hörte ich ganz vergnügt rufen: „Ein Erdbeben, ein Erdbeben!" Es war auch wirklich mehr komisch als ängstlich, und Erschütterungen dieser Art sollen hier etwas ganz Gewöhnliches sein. Es regnete viel, und ich arbeitete viel. Um 4 Uhr setzte ich mich zu Pferde, heute auf einen kleinen sehr schmalen Gelben, der aber gut ging. Ich habe Brandt zum Oberstallmeister, Bunsen zum Oberküchenmeister, August zum Privatsekretär und Kommandanten der Leibwache ernannt. Außerdem hat für die diplomatischen Arbeiten Jeder einen Tag du jour bei mir. Wir ritten heute durch die wegen ihrer Theehäuser berühmte Vorstadt Sinagawa, bei mehreren Palästen des Prinzen von Sazuma vorbei, in deren Höfen und Gärten seine eigenen Truppen im Feuer exerzirten. Wir konnten nur das Schießen hören und leider die Truppen selbst nicht sehen. Unserer Kavalkade voran laufen die Stallknechte (Bettos) nackt, nur die Hüften umwunden, Rücken und Arme herrlich blau mit Gesichtern, Schnörkeln und allem Möglichen tätowirt. Sie schreien, um Platz zu machen, fortwährend „hei, hei!" und sind immer voran, selbst wenn wir eine halbe Stunde lang scharf traben. Hinter uns reiten die Jakunins mit zwei Schwertern.

Donnerstag, den 13. September 1860.

Den kleinen Gelben von gestern habe ich gekauft für 88 Itzebu gleich 44 Thaler. Für Betto und Futter für das Pferd bezahle ich 20 Itzebu = 10 Thaler monatlich. So glaube ich besser wegzukommen, als wenn ich, wie bisher, 3 Itzebu täglich Miethe bezahle. Das Debut aber, das ich heute mit dem Pferdchen machte, war nicht glücklich. Wir waren nämlich schon um 8 Uhr ausgeritten und hatten an einem hübschen See, etwa eine deutsche Meile von der Gesandtschaft, Thee getrunken. Beim Nachhausereiten fanden wir auf einem ziemlich schmalen Wege, der auf einer Seite durch eine Hecke, von der andern durch einen ziemlich tiefen Graben begrenzt war, ein Pferd, welches mit langem Strauchwerk beladen war. Gerade als ich an demselben hart vorbeireiten wollte, drehte es sich um und fegte mich mit dem Strauchwerk derart vom Wege hinunter, daß ich mit sammt meinem Gelben in den Graben geworfen wurde und zwar so, daß die Beine des Pferdes nach oben gekehrt waren und ich mit meinem linken Bein unter dem Pferde lag. Als geschickter Mann hielt ich dem Gaul mit aller Gewalt den Kopf nieder, weil er mir, bei der ersten Anstrengung aufzuspringen, unfehlbar mindestens das Bein zerbrochen hätte. Dann, als die Andern herbeigekommen waren, ließ ich den Sattel abschnallen und mich gewaltsam sammt Sattel unter dem Pferde hervorziehen. Mir war doch wohl, als ich mein Bein frei hatte, und als nach vielen Bemühungen endlich auch mein Gaul wieder flott war, ritt ich, von oben bis unten mit Schmutz bedeckt, vergnügt nach Hause.

Um 5 Uhr dinirten die drei Gouverneurs und der japanische

Dolmetscher bei mir. Der Spaß war himmlisch. Gleich von Anfang schlürften sie die Suppe mit solchem Geräusch, daß wir die größte Mühe hatten, nicht in lautes Gelächter auszubrechen; dann notirten sie sich den deutschen Namen jeder Speise und nahmen von Allem etwas mit. Rindfleisch, Schinken, Confituren wickelten sie in Papier ein, das sie eigens dazu mitgebracht hatten, und steckten es in ihre weiten Aermel. Der Gouverneur Sa Kai Oti no cami stieß dabei von Zeit zu Zeit so furchtbar auf, daß die Gläser zitterten, und die Herren tranken eine solche Unmasse Champagner, daß ich froh war, als sie sich endlich um 9 Uhr entfernten, ohne daß es zu einer Explosion gekommen war.

Freitag, den 14. September 1860.

Heute morgen ist „Thetis" angekommen: aber vom armen Schooner ist immer noch nichts zu hören. Ich kann Euch nicht sagen, wie sehr mir die Sache zu Herzen geht. Leutnant Ratzke, der ihn kommandirt, war ein ausgezeichneter Offizier. Er hat eine ganz junge, wie man sagt hübsche und liebenswürdige Frau. Alle Offiziere stimmen darin überein, daß es ein Unsinn gewesen ist, ein so kleines Fahrzeug zu einer solchen Reise zu bestimmen. Sowie die See ein wenig hoch geht, ist es fortwährend unter Wasser: die Leute sind gar nicht trocken geworden: das ist ja eine unnöthige Grausamkeit.

Ich habe heute einem der auswärtigen Minister (der andere ist krank) Besuch gemacht. Um 1 Uhr setzte sich der Zug in Bewegung. Voran die preußische Flagge, von Matrosen getragen und einigen Seesoldaten eskortirt, dann ich in einem Norimon, d. h. einer Art Sänfte, in der man aber liegt, und die von vier Trägern an einem Balken getragen wird, der über das Dach der Sänfte hin befestigt ist. Neben dem Norimon gingen Heinrich und Paul. Dann kam mein ganzes Gefolge theils in Norimons, theils zu Pferde, und umgeben war der Zug von zahlreichen Jakunins und von Leuten, die Regenschirme, Sonnenschirme und Kasten trugen. Ich muß die dummen Kerls alle bezahlen, weil behauptet wird, daß es unmöglich sei, ohne Kasten bei solchen Gelegenheiten zu erscheinen. Es dauerte wohl eine Stunde, ehe wir beim Minister ankamen. Ich stellte ihm erst die zwölf Herren vor, die ich mitgenommen hatte. Dann zogen sich dieselben zurück, und ich blieb nur mit dem Dolmetscher und dem Attaché du jour, Bunsen. Von gleichgültigen Gegenständen ausgehend, wurde das Gespräch ernster und ernster und dauerte drei Stunden. Der Minister erklärte, es sei der Regierung von Japan ganz unmöglich, einen Vertrag mit Preußen zu machen: die öffentliche Meinung sei zu sehr dagegen. Ich erklärte ihm schließlich, ich werde nicht eher weg= gehen, als bis ich einen Vertrag hätte. Das Resultat war, daß der Minister versprach, die Sache aufs Neue dem Taikun vortragen zu wollen, und daß er mir Antwort schicken werde.

Beim Rückwege setzte ich mich zu Pferde und kam sehr müde um 6 Uhr nach Hause, wo ich eine furchtbare Wirthschaft fand: Herren von der „Thetis", die ohne meine Zustimmung an Land gekommen waren und nicht mehr an Bord zurückkonnten, weil der Wind zu stark wehte. Matrosen, denen es ebenso ging und die seit 6 Uhr morgens nichts gegessen hatten: Alles wollte seinen Hunger stillen und eine Schlafstelle finden. Sie sind auch mit wenig Broten und wenig Fischen gesättigt worden; ich will aber morgen dem Schiffskomman= danten einen Lesebrief schreiben.

Ich bin heute verstimmt: nichts ging nach Wunsch; aber ich denke auf Regen wird Sonnenschein folgen.

Sonnabend, den 15. September 1860.

Heute morgen kam Kapitän Jachmann von der „Thetis" an Land. Wenn ich einen Tag etwas mehr Zeit habe, will ich Dir doch näher beschreiben, wie wir hier wohnen und leben. Alles geht auf meine Kosten, und zu den Sorgen meiner diplomatischen Aufgabe kommt noch die schweißtreibende Angst wegen der Geldfrage. Bekomme ich einen Vertrag fertig, so wird auch wegen des Geldes nicht gar zu viel Schwierigkeit erhoben werden. Wenn aber nicht, wie dann?

Der amerikanische Ministerresident hatte uns heute zum Frühstück eingeladen. Dieses Frühstück war ein vortreffliches Diner, so gut, wie ich es seit Monaten nicht gegessen hatte. Nach Tisch setzten wir uns in eine Veranda und sahen die Vorstellungen von japanischen Jongleurs mit an. Sie machten allerliebste Sachen, namentlich eine, die an Grazie Alles übertrifft, was ich in der Art bisher gesehen habe. Der Künstler macht nämlich aus Papier zwei kleine Schmetterlinge. Er wirft sie in die Luft und dirigirt sie nun mit einem Fächer. In der linken Hand hat er einen Blumenstrauß, und nun macht er, durch den Luftzug des Fächers, daß die Schmetterlinge sich auf die Blumen setzen, von einer zur anderen fliegen, sich hoch erheben, wieder hinunterkommen, endlich gefangen werden. Man kann nichts Natürlicheres und Hübscheres sehen. — Um 4 Uhr setzten wir uns zu Pferde und machten wieder einen köstlichen Ritt. Ich habe den Gelben an Bunsen verkauft und dafür einen Rappen getauft, dick wie ein Kasten, mit vier prächtigen Beinen, ein wahrer Doppelpony. Die Pferde werden mit gekochten Bohnen gefüttert, die sie warm fressen.

Sonntag, den 16. September 1860.

Heute morgen, um 9 Uhr, fuhr ich nach der „Arcona" hinaus. Ich habe ein wunderhübsches Boot, eine sogenannte Pinnasse, mit meinem Wappen, von zwölf tüchtigen Matrosen gerudert. Aber trotz des guten Wetters und der guten Ruderer brauchte ich fünf Viertelstunden zur Ueberfahrt. Erst wohnte ich dem Gottesdienste bei, dann empfing ich die in Kanagawa ansässigen deutschen Kaufleute, die, so lange wir keinen Vertrag haben, nicht nach Jeddo kommen können, und denen ich auf ihre Bitte ein Rendez-vous auf dem Schiffe gegeben hatte. Um 6 Uhr war ich wieder an Land, dinirte und ging früh zu Bett. Aus China sind Nachrichten eingetroffen, daß die Alliirten die Forts am Eingange des Peiho genommen haben. Vielleicht jagt das der japanischen Regierung einen kleinen Schreck ein und macht sie nachgiebiger gegen uns. Ich quäle mich innerlich sehr ab und verliere das Haar so, daß ich bald ein Kahlkopf sein werde.

Montag, den 17. September 1860.

Heute hatten wir ein charmantes Diner bei Bellecourt. Man versammelt sich immer sehr früh, wir z. B. schon um 12 Uhr, um vor der Dunkelheit wieder zu Hause zu sein, denn abends auszugehen soll theils unanständig, theils gefährlich sein. Ich schrieb Euch schon neulich, daß Bellecourts Wohnung so hübsch am Meere liegt. Heute hatte er das Zimmer, in welchem wir aßen, mit wunderhübschen Blumengewinden dekorirt, und durch dieselben sah man über das Meer hin gerade auf „Arcona" und „Thetis". - - -

Eine regelmäßige Postschifffahrt von hier giebt es nicht. Man giebt die Briefe gelegentlich mit; nun höre ich, daß ein Schiff von Kanagawa nach Hongkong etwa den 25. abgehen soll. Ihm will ich Briefe und Depeschen anvertrauen; von Euch werde ich aber noch lange, lange keine Nachricht haben.

Dienstag, den 18. September 1860.

Heute hat es den ganzen Tag über geregnet. Ich bin um 12 Uhr zum amerikanischen Ministerresidenten geritten, um Geschäftliches mit ihm zu besprechen, und habe um 2 Uhr die Gouverneurs empfangen, welche vom Minister geschickt waren, um mir nochmals Alles das zu wiederholen, was er selbst mir neulich gesagt hatte. Zu größerer

Sicherheit haben sie noch Alles Japanisch aufgeschrieben und mir ein großes Schriftstück überreicht. Nun fange ich an ungeduldig zu werden. Ich habe ihnen gesagt, daß wenn ich nicht noch in dieser Woche bessere Antwort bekomme, ich anfangen würde, einen anderen Ton anzuschlagen. (Ich möchte selbst wohl wissen, welchen?) Heute haben die Kerle noch Rheinwein-Champagner und Sardinen bekommen. Bringen sie das nächste Mal nicht bessere Botschaft, so wird nichts mehr verabreicht.

Die Hausordnung, die ich im Gesandtschaftshotel habe anschlagen lassen, lautet in ihren Hauptpunkten dahin:

1. Um 10 Uhr wird gefrühstückt und um 6 Uhr dinirt. Auf Einzelne kann nicht gewartet und für Einzelne kann nichts aufbewahrt werden.

2. In den Gängen wird möglichst leise gegangen und in den Zimmern nicht zu laut gesprochen. Namentlich wird um möglichste Ruhe während der Nacht und bis 7 Uhr morgens gebeten.

3. Mit den Kaufleuten, welche täglich kommen um ihre Waaren zu zeigen, wird nur im Vorhofe und nicht länger als bis 1 Uhr nach= mittags verhandelt.

4. Die Pferde, deren man sich zu bedienen gedenkt, werden immer schon den Tag zuvor bei Herrn v. Brandt bestellt und an demselben Tage, wo man sich ihrer bedient hat, an Herrn v. Brandt bezahlt.

5. Sämmtliche Herren sind, was Wohnung und Nahrung an= betrifft, Gäste des Gesandten. Diejenigen Herren aber, welche nicht speziell vom Gesandten an seinen Tisch eingeladen sind, werden ersucht, für ihren Weinbedarf selbst zu sorgen.

Jedbo, Mittwoch, den 19. September 1860.

Heute hat es den ganzen Tag unausgesetzt geregnet, so daß an Aus= reiten nicht zu denken war. Wir haben fleißig gearbeitet, und namentlich ich habe so viel geschrieben, daß ich fast einen Krampf in der Hand habe. Trotz des schlechten Wetters hatten wir zwanzig Grad Wärme.

Mit diesem Briefe nehme ich wieder auf lange Zeit Abschied von Euch. Das Schiff, welches ihn mitnehmen soll, geht nach Hongkong. Zu dieser Reise wird es mindestens drei Wochen brauchen. Von Hongkong nach Singapore rechne ich vierzehn Tage, von Singapore nach Berlin fünf Wochen. So kann der Brief vor Anfang oder Mitte Dezember füglich nicht in Euren Händen sein. Gott gebe nur, daß er überhaupt bis zu Euch gelangt. Seid tausend und tausendmal ge=

grüßt. Uebermorgen ist Adas*) Geburtstag: da werde ich ihr zu Ehren
ein großes Fest geben. Adieu! — Wenn ich denke, daß ich mich geistig
und körperlich schon so viel abgequält und dennoch bisher noch nicht
das Mindeste erreicht habe, so könnte ich wirklich verzweifeln. Ich
beneide die Herren meiner Umgebung: sie genießen das Neue und
Interessante in ganzer Fülle und mit frischem, unbesorgtem Sinne,
während ich seit vier Monaten auch nicht eine halbe Stunde gehabt
habe, in der ich dazu gekommen wäre, mich voll irgend einem Genusse
hinzugeben.

Lebt wohl — und umarmt die Kinder in meinem Namen. — Fritz.

Jeddo, den 20. September 1860.

Diese Nacht habe ich mir ordentlich den Plaid über die Ohren gezogen, denn wir hatten nur sechzehn Grad, und es regnete in
Strömen. Bis 3 Uhr nachmittags hatte der Regen fortgedauert, und
ich habe diese Zeit benutzt, um fleißig zu arbeiten. Als es endlich nachließ, setzte ich mich mit Herrn Heusken, August und Bunsen zu Pferde.
Wir ritten durch eine unendlich lange Straße mit lauter zweistöckigen,
hölzernen Häusern, in welcher hauptsächlich Kaufleute wohnen. In
einem Seidenbazar, der so eingerichtet ist wie das Gersonsche Lokal,
nur daß man keine Waaren sieht, denn diese werden erst hervorgeholt,
wenn man sie fordert, stiegen wir ab, wurden in den zweiten Stock
geführt, setzten uns, tranken Thee und rauchten, während man auf der
Erde vor uns die Rollen Seidenzeug ausbreitete. Alle Seide ist
façonnirt und in so kleinen Stücken gearbeitet, daß dasselbe zu einem
europäischen Damenkleide nicht hinreicht. Ein zweites Stück von derselben Farbe und demselben Muster zu finden, ist aber fast unmöglich.
So kam es nicht zum Kaufen. Als wir wieder zu Pferde stiegen,
fanden wir vor dem Hause die Leute Kopf an Kopf stehen, um uns
herauskommen zu sehen. Einer der Polizisten machte ein Zeichen mit
seinem Fächer, worauf sie sich so eilig zurückzogen, daß mehrere in den
Schmutz fielen und getreten wurden. Wir ritten dann über eine Brücke,
welche die Centralbrücke von Jeddo heißt, und von der aus alle Ent-
fernungen gemessen werden wie in Berlin vom Obelisken auf dem
Dönhoffsplatz. Später führte uns unser Weg bei der Universität
vorbei, wo Vorlesungen über die Lehre des Confucius gehalten werden.
Die Stadt ist doch ungeheuer groß; wir sind von der Universität aus

*) Gräfin Ada Eulenburg, Nichte des Grafen Fritz. Siehe am Schluß
der Einleitung.

eine Stunde lang scharf getrabt, ehe wir wieder nach Hause kamen. Jetzt habe ich die Einrichtung getroffen, daß sämmtliche Herren, die das Hotel bewohnen, sich um 8 Uhr abends in meinem großen Salon zum Thee versammeln. Da erzählt dann Jeder seine Erlebnisse des Tages.

Freitag, den 21. September 1860.

Etwa um 2 Uhr erschienen ganz unvermuthet die Gouverneure und kohlten dasselbe Zeug wieder, was ich schon zum Ueberdruß gehört hatte. Mir riß die Geduld: ich erklärte ihnen, daß, so lieb mir ihr persönlicher Besuch immer sein werde, ich doch von Geschäften nicht mehr mit ihnen sprechen könne, bevor sie nicht gehörige Vollmachten hätten, um mit mir über einen Vertrag in Verhandlung zu treten. Ich bäte sie, dem Minister zu sagen, daß ich ihn um eine neue Zusammenkunft ersuchte. Die Herren schienen wesentlich erleichtert durch diese Erklärung, sagten, ich möchte nicht übelnehmen, daß sie mir immer unangenehme Botschaften überbringen müßten, und wurden nun, wo die Unterhaltung wieder gesellig wurde, sehr gemüthlich. Unsere Namen sprechen sie mit der größten Klarheit aus; mir gaben sie ein Alter von 38 Jahren. Ich war froh, daß ich die Kerle endlich los war: sie fangen an mich zu ennuyiren. Abends habe ich Ada zu Ehren ein Diner gegeben; ihre Photographie wurde herumgezeigt, damit die Herren wußten, wem die Gesundheit galt, die wir in Champagner getrunken haben. Möge es ihr gut gehen und möge sie zuweilen an den Onkel Fritz denken, der sie so herzlich lieb hat.

Sonnabend, den 22. September 1860.

Heute haben wir wieder das wundervollste Wetter, aber der mir zunächst gelegene politische Horizont scheint sich zu verfinstern. Der amerikanische Ministerresident war bei mir; er, der bisher mir immer Muth gemacht und gemeint hatte, der Widerstand der Japaner sei nur ein formeller, fängt doch nun auch an, irre zu werden, und räth mir für den Fall, daß kein Vertrag zu Stande kommen sollte, allerhand Demarchen an. Das ist ein schlimmes Zeichen. Aber ich will den Muth deshalb doch nicht sinken lassen: ich habe ja noch ein paar Wochen vor mir, die ich, der Stürme wegen, so wie so hier bleiben muß. Vielleicht tritt mit Gottes Hülfe noch eine günstigere Chance ein.

Abends bin ich mit Bunsen spazierengeritten. Als ich zurückkam, fand ich Kapitän Jachmann in großer Aufregung. Er war mit dem

Intendanturassessor Sachse ebenfalls ausgeritten gewesen und unterwegs von einem sogenannten Daimio-Offizier, einem prinzlichen Soldaten mit zwei Schwertern, derart attackirt worden, daß er sich, da er nicht bewaffnet war, in ein Haus hatte zurückziehen müssen. Ich werde die Sache dem japanischen Ministerium gegenüber natürlich gehörig aus- zubeuten suchen.

August und Brandt sind mit Herrn Heusken nach Jokohama, etwa vier Meilen von hier, geritten. Es ist dies ein den Europäern geöffneter Hafen.

Sonntag, den 23. September 1860.

Es ist köstliches Wetter, fast zu warm: 22 Grad Réaumur im Schatten. Vormittag kam Sundewall auf ein paar Stunden an Land und hatte tausend Klagen über die Tracasserien der Japaner, die ihm keine ordentlichen Lebensmittel verschaffen. Infolge des Ge- nusses von schlechtem Wasser, welches ihm geliefert worden, ist die Brechruhr auf dem Schiffe ausgebrochen. Ich selbst habe oft die größten Schwierigkeiten, mir etwas zu essen zu verschaffen. Der japanischen Regierung ist es offenbar unangenehm, daß wir nicht weg- gehen wollen. Sie besiehlt den Kaufleuten, die uns die Lebensmittel liefern, enorm hohe Preise zu verlangen, und wenn man ihnen ihre Rechnung nicht voll bezahlen will, so erklären sie ganz einfach, sie würden nichts mehr bringen. Davon, daß man in die Stadt schicken könnte, um einkaufen zu lassen, ist nicht die Rede: die Leute würden einem gar nichts verkaufen. Alles muß durch die Regierung und durch ihre sogenannten Offiziere gehen, von denen jeder gewinnen will. Ich sage Euch, es ist manchmal um sich schwarz zu ärgern. Kein Tag vergeht, wo ich nicht, außer den tausend Sachen, die mir durch den Kopf gehen, auch noch mit ärgerlichen Wirthschaftssachen mich abgeben muß. Dazu kommt dann die Angst wegen des vielen Geldes, das man ausgiebt, die immer steigende Wahrscheinlichkeit, daß aus dem Vertrage nichts wird, die Wuth über Taktlosigkeiten von Offizieren oder Civilpersonen, die mich in unangenehme Situationen bringen: kurz, das Leben, das ich führe, ist wahrlich nichts weniger als beneidens- werth, und ich verstehe sehr gut, warum mir der Schädel so kahl wird. Die einzige Erholung, die ich habe, sind meine Spazierritte auf meinem kleinen, speckfetten Rapphengst, den ich jetzt etwas in Training bringe. Auch heute ritt ich wieder von 4 bis 6 Uhr bei dem schönsten Abend durch Felder und Dörfer und suchte das Leid zu vergessen, das mich

in meinem gefängnißartigen Hotel immer wieder wie ein Alp befällt.
Alles dringt in mich, ich solle mich bei meinen Spazierritten bewaffnen.
Ich thue es aber aus vielen Gründen nicht.

Montag, den 24. September 1860.

Heute morgen ritt ich allein, d. h. nur von zwei Jakunins begleitet,
zum amerikanischen Ministerresidenten, um Einiges mit ihm zu
besprechen. Als ich nach Hause kam fand ich August und Brandt, die
aus Jokohama und Kanagawa zurückgekehrt waren und sich dort vortrefflich amüsirt hatten. Gegen 4 Uhr erschienen die Gouverneure, um
mich zu benachrichtigen, daß der Minister der auswärtigen Angelegen
heiten mich am 4. Ottober empfangen werde. Damit war das Amt
liche beendigt, und es ging gleich zur Privatkonversation, unter Genuß
von Sett, Pfeifen und Cigarren. Ich sagte ihnen, daß ich viel Gelehrte
mit mir hätte und daß ich sehr wünschte, dieselben fänden Gelegenheit,
mit japanischen Gelehrten in nähere Verbindung zu treten. Die
Gouverneure meinten aber, das sei unmöglich, wirkliche Gelehrte gäbe
es gar nicht in Japan, nur Liebhaber von Wissenschaften; diese wohnten
nicht in Jeddo, sondern zerstreut über das ganze Land: man würde sie
nicht ausfindig machen können. Meine Frage, ob sie jemals etwas von
Humboldt gehört hätten, verneinten sie, lernten aber gleich den Namen
aussprechen und schrieben ihn auf. Es kam auch ein Pferdegespräch
aufs Tapet. Sie erzählten, daß sie auch ritten, aber nur in ihren
Gärten und wenn Feuer wäre. Auf meine Frage, was der Preis
eines guten Reitpferdes in Jeddo sei, erwiderten sie, das lasse sich gar
nicht bestimmen: wenn Jemandem ein Pferd gefiele und er wolle es
haben, so bezahle er jeden Preis, den man ihm abfordere. Von 5 bis
6 Uhr machte ich noch einen Spazierritt in die Stadt und kam dabei
in Straßen, in welchen Europäer noch ziemlich unbekannte Größen sein
müssen, denn der Zudrang war ungewöhnlich groß.

Dienstag, den 25. September 1860.

Ich habe immer vier Herren von den Schiffen als Gäste bei mir. Heute
befindet sich unter ihnen ein Fähnrich v. Reibnitz, der bis Singapore
auf dem Schooner war. Dort bat ich Sundewall, ihn auf die „Thetis"
zu versetzen, da er holländisch spricht und ich gern Jemand, der dieser
Sprache mächtig wäre, an Pieschels Seite setzen wollte, für den Fall,
daß die „Thetis" eher in Japan anläme als die „Arcona". Dieser
Umstand hat Herrn v. Reibnitz das Leben gerettet, und er betrachtet
mich als Retter.

Abends machten wir wieder einen prächtigen Spazierritt: erst durch Felder, Dörfer und Gebüsch bis nach einem Theehause, wo wir etwas ausruhten und wo man uns unter Anderem gesalzene Pflaumen, ein wahrhaft scheußliches Essen, vorsetzte. Dann ging es durch einen mir noch unbekannten Stadttheil zurück, wo wieder Alles zusammenlief, um uns zu sehen, und namentlich die Kinder großen Lärm erhoben. Das japanische Wort, das sie uns oft zuriefen, bedeutet: „Verrückter Chinese!" Recht schmeichelhaft. Es war 6½ Uhr und schon ganz dunkel, als wir nach Hause kamen. Straßenbeleuchtung giebt es nicht, aber die Häuser sind, so lange sie offen sind, mit großen Papier= laternen erleuchtet, und die Leute in den Straßen tragen meistens auch Papierlaternen.

Jeddo, Mittwoch, den 26. September 1860.

Heute morgen ritt ich zu Bellecourt, um mit ihm Geschäftliches zu besprechen. Die Schlingels, die Jakunins, saßen noch nicht zu Pferde, als ich schon fertig zum Abreiten war, und die Thorwächter verweigerten das Aufmachen des Thores, indem sie behaupteten, ich dürfe ohne die Jakunins nicht hinaus. Nun ließ ich zwar das Thor gleich gewaltsam durch Seesoldaten aufmachen, das Gefühl des Gefangen= und Bewachtseins ist aber doch höchst fatal, und ich fange an, häufiger als es mir sonst passirt, in gereizte Stimmung zu gerathen. Das beste Mittel, mich abzukühlen, besteht darin, daß ich zu Bellecourt reite. Denn dieser ist in einer solchen überschwänglichen Wuth über denselben Gegenstand, daß er komisch wird und kalmirend auf mich wirkt. Neulich besuchte er mich in folgendem Kostüm: Chokoladenfarbige Beinkleider, lange Jacke von blauem Flanell mit blanken Dienstknöpfen, rothe französische Mütze, umgeschnallten Schleppsäbel und geladenen Revolver im Säbelgehäng. Ich hätte ihn gleich photographiren lassen, wenn meine Photographen überhaupt etwas fertig bringen könnten. — Heute Abend haben wir wieder einen herrlichen Ritt gemacht. Einige Herren von der „Arcona", welche zum ersten Mal an Land waren und zum ersten Mal auf japanischem Sattel saßen, waren vom Ritt so zer= schlagen, daß sie kaum vom Pferde steigen konnten. Während des Rittes aber waren die armen Kerle, die nun seit Monaten in dem übermäßig nassen Schiff gesessen und nichts gesehen hatten, so entzückt von Luft und Land, daß sie von Zeit zu Zeit laut aufjauchzten; es war ordent= lich rührend.

Freitag, den 28. September 1860.

Wir haben heute eine wundervolle aber sehr angreifende Partie gemacht. Um 8½ Uhr setzten wir uns, siebzehn Herren und drei Diener, zu Pferde, um nach einem sehr hübsch gelegenen, berühmten Orte, Ohfchi, zu reiten. Dieser liegt gerade an dem unserem Stadt= theile entgegengesetzten Ende der Stadt, und wir brauchten fast drei Stunden um in ziemlich scharfem Ritte hinzukommen. Unterwegs sprachen wir bei einem Kunstgärtner an, der in unzähligen kleinen Töpfchen unzählige kleine Pflänzchen und Bäumchen hatte. Doch standen in seinem Garten auch einige sehr schöne ausgewachsene Exemplare der Kryptomeria Japonica, eines äußerst netten, cypressenähnlichen Baumes, der nur in Japan vorkommt. Ein junges Mädchen, welches uns Thee reichte und bei jeder Ansprache allerliebst erröthete, nahm in aller Geschwindigkeit das Herz meiner jungen Herren so gefangen, daß ich große Mühe hatte, sie fortzubringen. Das Wiederaufsteigen zu Pferde war eine wahre Komödie. Außer den oben erwähnten zwanzig Reitern befanden sich in unserer Gesellschaft noch zehn Jakunins. Wir reiten alle Hengste, von denen wenigstens zehn schlagen und beißen. Wenn es nun ans Aufsitzen geht, beginnt ein Schreien, Drängen und Schlagen, daß man seines Lebens nicht sicher ist. Um 11 Uhr kamen wir in Ohfchi an, Heine zu Fuß; er hatte sein Pferd, das ihn nicht tragen konnte, unterwegs liegen lassen müssen. Als wir in das Theehaus eintraten, fanden wir in einer offenen Halle ein herrliches Frühstück servirt, welches ich ganz früh hatte hinausschicken lassen. Zu unseren Füßen rauschte ein hübsches Flüßchen, gegenüber war ein herrlich be= wachsener Abhang; ich dachte, ich säße etwa an der Guber in Prassen.*) Die Wirthin des Theehauses mit vier jungen Damen, die alle auf Nacken und Brust weiß geschminkt waren, bewegten sich sehr unbefangen unter uns, und noch unbefangener waren zwei junge Damen des Nachbarhauses, die sich plötzlich im Flusse badeten und sich mit unend= licher Naivetät den Blicken der Europäer aussetzten. Nach dem Früh= stück machten wir einen Spaziergang, geleitet vom Ortsvorsteher, der uns vorausging und sich bei dieser Tour mit allen seinen Orts= angehörigen höflich betnixte, denn anders kann man die japanischen Verbeugungen nicht nennen. Zwei Japaner, die sich kennen und sich begegnen, bleiben stehen, betnixen sich und bleiben dann während der ersten Sekunden ihrer Konversation auf ein Haar in derselben Stellung, wie Müller und Schulze im „Kladderadatsch" abgebildet sind.

---

*) Alter Besitz der Grafen Eulenburg in Ostpreußen.

Erst gingen wir auf einen Hügel, von dem aus man eine ziemlich weite und sehr hübsche Aussicht ins Land hat. Hier hat früher ein Schloß des Taikun gestanden, weshalb man auch heute noch nicht auf den Hügel reiten, sondern ihn nur zu Fuß besteigen darf. Jährlich geht der Taikun einmal hierher, um die Falkenjagd zu exerciren. Dann trieben wir uns zwischen Hecken und Gemüsefeldern umher, bis es Zeit war aufzubrechen: es war etwa 2 Uhr. Wir ritten um die Stadt nach dem ältesten Tempel von Jeddo. Der Weg war so schmal, daß wir nur Einer hinter dem Anderen reiten konnten, und unsere lange Reihe, wenn sie sich schlangenähnlich durch die Reisfelder wand, sah wirklich sehr eigenthümlich aus. Einige der Herren purzelten auch von den schmalen Brückchen hinunter in die Gräben, aber glücklicherweise ohne sich Schaden zu thun. Nach zweistündigem Ritt, während dessen es sehr heiß geworden war, kamen wir bei dem Tempel an. Derselbe ist einem buddhistischen Gott Kannon geweiht, von sehr eigenthümlicher Holzkonstruktion und von einer ganzen Stadt von Verkaufsbuden, Theehäusern, Kunstkabinetten ꝛc. umgeben. Die Menschenmenge, die bei dem Tempel versammelt war und nun sich zusammendrängte, um uns zu sehen, war so groß, daß die Polizei uns Platz machen mußte. Erst gingen wir in den Tempel selbst, in welchem wir nichts aufgefallen ist, als daß anstatt wie bei uns biblische Gestalten in den Kirchen zu sehen sein pflegen, hier Bilder aufgehängt waren, welche die hübschesten und berühmtesten Kurtisanen von Jeddo darstellen. Dann verfügten wir uns in ein Theehaus, um durch Thee ohne Zucker und Weintrauben die etwas erschlafften Lebensgeister wieder aufzufrischen, und endlich machten wir uns an den Besuch einiger Buden und Vorstellungen. In einer derselben fanden wir lauter Scheußlichkeiten. wie Ermordete, Hingerichtete ꝛc., aus Holz fabrizirt in der Art wie unsere Wachsfiguren, in einer anderen aber waren häusliche und Ehestandsscenen dargestellt, die große Heiterkeit bei uns erregten. Um von hier aus nach Hause zu gelangen, bedienten wir uns zuvörderst vier großer Boote, in welchen wir auf dem Flusse Okawa bis in die Bai von Jeddo hinabglitten: dann fuhren wir in der Bai, dem Ufer entlang, nach dem Landungsplatze und sahen dabei die äußeren Umrisse eines großen Gartens des Taikun, in welchem jeder Baum zurechtgestutzt war, und in welchen der Taikun einmal im Jahre gehen darf. Am Landungsplatz fanden wir unsere Pferde, die wir dorthin vorausgeschickt hatten, und um 6½ Uhr waren wir zu Hause. Es war eine angreifende, aber sehr hübsche Partie.

Gestern ging ich zu Harris zu Fuß. Erst wollten mir die Wächter an meinem Hause das Thor nicht aufmachen, weil ich die Jakunins nicht benachrichtigt hatte, daß ich ausgehen würde; ich rief mir daher ein paar Seesoldaten und ließ das Thor gewaltsam öffnen. Dann auf der Straße traten mehrmals zweischwertige Männer mit einer gewissen frechen Manier an mich heran, um mich mit ihren Blicken zu messen, aber ohne mir etwas anzuhaben. Ein solcher Zustand, einerseits der Gefangenschaft, andererseits der fortwährenden Gefahr, insultirt zu werden, ist doch auf die Länge scheußlich, und ich verdenke es den Europäern, die gezwungen sind, hier zu leben, nicht, wenn sie trotz aller Schönheit der Natur und mancher Annehmlichkeit nervös werden und sich nach Erlösung sehnen.

Obgleich es des Morgens schon manchmal frisch ist, so sind die Tage doch wunderschön, und wir haben mittags noch immer 21 Grad im Schatten. Um mir den Kopfschmerz zu vertreiben, habe ich heute einen tüchtigen Ritt von etwa dreieinhalb Meilen gemacht, bei dem mich Heusken, August und Pieschel begleiteten. Die beiden Letzteren haben nun auch eigene Pferde, August einen allerliebsten kleinen, braunen Hengst, der nur etwas schwach ist, Pieschel einen Rapphengst, der furchtbar schlägt.

Da hier in Jeddo kein Rindfleisch zu bekommen ist, wir aber hier im Hause täglich dreißig Pfund davon brauchen, so werden jetzt lebendige Ochsen in Kanagawa gekauft, auf „Thetis" oder „Arcona" geschlachtet, und wir erhalten davon unsern Theil. Leider ist vor einigen Tagen ein Ochse auf der „Arcona" infolge des Genusses blähender Speisen geplatzt und hat über Bord geworfen werden müssen. Das Fleisch ist immer so hart, daß man vom Kauen den Kinnbackenkrampf bekommt. Ich lebe daher meistens von Gemüse, namentlich Schneidebohnen, und Weintrauben, die mit jedem Tage besser werden, und deren ich eine Anzahl vertilge.

Heute Morgen hatte ich einen langen Besuch von Bellecourt, wieder im kriegerischen Kostüm. Er ist so von Wuth gegen die Jakunins und gegen das hiesige Ueberwachungssystem erfüllt, daß er von nichts Anderem spricht, und daß er auf den Punkt verrückt werden kann. Zwischen 3 und 4 Uhr ritt ich mit einigen meiner Herren unter Führung von Heusken einen sehr weiten Weg durch die Stadt über den Fluß Okava, nach einem Tempel, genannt der Tempel der

500 Bilder go biaku lakan. Derselbe hat mit seinen Nebengebäuden einmal arg von einem Erdbeben gelitten, ist aber stehen geblieben und steht nun so, wie das Erdbeben ihn zugerichtet hat: krumm und schief, äußerst merkwürdig anzuschauen. Im Innern stehen 500 Buddha= Bilder von vergoldetem Holze, einige davon merkwürdig gut gearbeitet. Nachdem wir Alles besehen, gehen wir zu den Priestern Thee trinken, und Hunderte von Menschen drängen bis in das Haus nach, um uns zu besehen. Sie lachen manches Mal, ohne daß wir die Ursache er= rathen können, laut auf. Wir müssen ihnen wohl eben so komisch vor= kommen, als einem Berliner Straßenjungen ein japanisches Fräulein erscheinen würde. Als wir nach Hause ritten, fing es schon an, dunkel zu werden; die Arbeiter kamen von der Arbeit, und es wimmelte von Menschen, unter denen man sich vorsichtig durchwinden mußte. Die Kinder auf der Straße schrieen nach Herzenslust Tohdjien backa: Verrückter Chinese!

Dienstag, den 2. Oktober 1860.

Heute habe ich wieder eine Konferenz mit den Ministern gehabt. Ich nahm nur den Dolmetscher Heusken, Pieschel und August mit. Wir setzten uns in Norimons, und ein Detachement von fünfzehn Seesoldaten ging uns voran. Die Konferenz dauerte wieder sehr lange, war angreifend und führte doch zu nichts. Die Kerle sind ungeheuer hartnäckig, doch haben sie heute einen Schritt vorwärts gemacht; sie behaupteten zwar, einen Vertrag könnten sie unmöglich machen, aber ein schriftliches Versprechen wollten sie mir geben, daß sie künftig einen Vertrag mit uns machen wollten. Ich habe das natürlich abgelehnt und, um Zeit zu gewinnen, ihnen gesagt, ich würde ihnen nun einmal weitläufig über den Gegenstand schreiben. Sie möchten das lesen, und dann könnten wir wieder eine Konferenz haben. Darauf sind sie ein= gegangen. Inzwischen werde ich nun meine letzten Minen durch Ver= mittelung der anderen Gesandten springen lassen. Wenn das aber auch nichts hilft, dann ist mein Latein so ziemlich am Ende.

Freitag, den 5. Oktober 1860.

Gestern feierte ich den Geburtstag von Augusts Mutter durch ein Diner, zu welchem ich Bellecourt und den Abbé Girard geladen hatte. Wir waren ganz heiter. Aber mitten in der Heiterkeit über= kommt mich dann das Bewußtsein meiner Lage: fünf Monate von Hause weg, ein Schiff verloren, Unmassen von Geld ausgegeben und gar nichts ausgerichtet! Es ist wirklich zum Verzweifeln.

Heute habe ich die Bekanntschaft des englischen Gesandten Mr. Rutherford Alcock gemacht, zu dem ich mich trotz des Regens in einem Norimon tragen ließ. Er hat mir nicht übel gefallen; ich werde einen von seinen drei japanischen Köchen übernehmen, da mein Engländer sich sehr oft besäuft, dann die Leute in der Küche prügelt, sich zum Schlafen hinlegt und nicht kocht.

Diese Nacht ist eins von meinen Schweinen aus seinem Stalle und in die Stube gelaufen, wo die Schiffsjungen schlafen, die in der Küche mithelfen. Dort hat es einige Zeit gelegen, bis die Jungen es entdeckt und mit Hallo hinausgeschmissen haben. Eine Stunde später kam ein Hahn in Bergs Stube und setzte sich auf sein Bett. Von dem Gegacker wachten wir zum zweiten Mal Alle auf, und Alles schimpfte nach Herzenslust. Die Wirthschaft in unserem Hause ist wirklich göttlich. Ich ernähre jetzt täglich 27 Personen.

Eben höre ich, daß morgen ein Schiff von Kanagawa nach Shanghai abgeht. Ich gebe ihm diesen Brief mit. Vom „Schooner" noch immer keine Nachricht, wohl aber hört man von außerordentlich viel Verlusten während der Taifune vom 2. und 9. September. Ich erwarte mit Sehnsucht Nachrichten aus Europa, namentlich von Euch: in vierzehn Tagen etwa denke ich, sie zu haben. Gott schütze Euch und lasse es Euch besser gehen als mir, denn meine Lage ist wirklich nicht beneidenswerth.

Von Herzen Euer treuer Bruder — Fritz.

Jeddo, Sonnabend, den 6. Oktober 1860.

Gegen 2 Uhr fand wieder einmal ein Erdbeben statt, welches dieses Mal fast eine Minute dauerte, aber auch wieder nichts sehr Aengstliches hatte. Das ganze Haus krachte, ich ging hinaus ins Freie, und fühlte die Schwankung selbst auf dem Erdboden. — Ich ließ die Musik von der „Arcona" zu meinem Diner spielen, dem ein Attaché der englischen Gesandtschaft, Mr. Gower, beiwohnte. Nach Tisch ließ ich das ganze Personal meines Hauses zusammenkommen, Jeder bekam ein Glas Wein in die Hand, und nun brachte ich ein Hoch auf die neugeborene Prinzeß Friedrich Wilhelm*) und auf ihre Eltern aus, da die Geburt der Ersteren in den heute morgen angekommenen englischen Zeitungen stand. Tusch, Geschrei und Gläserklang machten die papiernen Fensterscheiben erschüttern.

*) Prinzessin Charlotte, geb. 24. Juli 1860, verm. 18. Februar 1878 mit dem Erbprinzen Bernhard von Sachsen-Meiningen.

Mittwoch, den 10. Oktober.

Ich habe ein paar ganz wunderschöne Tage verlebt und will sie Euch erzählen.

Etwa drei Meilen von Jeddo, am Meere, liegt der Ort Kanagawa. Ihr werdet ihn auf der Karte nicht finden, er ist aber einer von denjenigen Orten, welche durch die Verträge dem Verkehr mit den Fremden geöffnet sind. Es wohnen dortselbst mehrere Konsuln, und der französische Geschäftsträger de Bellecourt, der hier ein Absteige‑quartier hat, hatte mich eingeladen, ihn daselbst zu besuchen. Dieser Einladung folgend, setzte ich mich Sonntag, den 7. d. M., morgens 10 Uhr zu Pferde, begleitet von Pieschel, Brandt, Bunsen, August, Berg, Heusken und 7 bis 8 Jakunins. Man muß unendlich weit durch die Stadt reiten, bis man ins Freie kommt. Unser erster Aufenthalt war das sogenannte Pflaumenhaus in Omori, wo die Damen des Hauses, die uns nun schon kennen, an der Gartenthür standen, um uns zu empfangen, und uns dann mit Thee, Gebäck und Weintrauben er‑frischten, wofür sie nicht nur bezahlt, sondern auch mit Knöpfen und Nadeln beschenkt wurden. Von da trabten wir weiter bis an den Fluß Logo, über welchen wir uns auf Fähren übersetzen lassen mußten. Gegen 2 Uhr kamen wir in Kanagawa an. Ich stieg bei Bellecourt ab, ein paar meiner Herren wurden vom englischen Konsul Vyse, andere vom portugiesischen Konsul Loreiro, noch andere vom hollän‑dischen Konsul van Poelsbroek aufgenommen. Bellecourts Absteige‑quartier ist auch ein Tempel, klein aber niedlich, lauter lackirte Möbel, und als besonderer Luxus Glasscheiben statt Papierscheiben. Nachdem ich mich installirt hatte, fuhren wir nach Jokohama hinüber. — Die Bai ist ganz wunderschön, das Wetter war herrlich und das Meer ganz ruhig. Wie schon erwähnt, ist in den Verträgen gesagt, daß Kanagawa ein dem Handel mit den Fremden offener Hafen sein solle, und daß die Plätze, wo Fremde sich ansiedeln dürfen, von den General‑konsuln in Gemeinschaft mit den japanischen Behörden ausgesucht und bestimmt werden sollten. Als nun der Termin herankam, an welchem die Verträge ausgeführt werden sollten, fand sich, daß die Japaner in aller Geschwindigkeit Wohnhäuser und Magazine für Fremde an der anderen Seite der Bai und entfernt von der großen Straße in Jokohama errichtet hatten, und die Kaufleute, denen es darum zu thun war, schnell unterzukommen, installirten sich in Jokohama trotz allen Protestirens der Konsuln, die sehr wohl sahen, daß die Japaner nichts beabsichtigten, als das Wohnen der Europäer unter den Japanern zu

verbindern und erstere vollständig abzusondern. Diese Absonderung
ist nun noch dadurch vervollständigt, daß um ganz Jokohama ein
wenigstens 25 Fuß tiefer, ungeheurer Graben gezogen wird, der, wie
die Japaner behaupten, nur ein Sicherheitshafen werden soll, in der
That aber dazu dienen wird, die europäische Kolonie nach Belieben
abzusperren. Das Leben und Treiben in Jokohama ist so, wie ich
mir denke, daß es zur Zeit in San Francisco oder sonst in einer
Goldgrubengegend gewesen ist, wo man in der Eile Städte gegründet
hat. Man sieht nichts als ungeheure Bäume, brennende Holzstumpfe,
hölzerne Häuschen, in der Eile errichtete Schuppen, dazwischen Waaren-
ballen, Japaner, europäische Matrosen, Chinesen, europäische, freche
Kaufleute zu Pferde: Alles ein höchst unheimlicher Anblick. Eine breite,
hübsche Straße enthält nichts als japanische Waarenmagazine, in denen
Lack-, Porzellan-, Bronze- und Seidenwaaren ausgestellt sind, sehr
hübsch, aber sehr theuer, und in den Preisen so schwankend, daß man
ganz konfus wird. Kommen einmal ein paar Fremde oder gar ein
Kriegsschiff an, so steigen die Preise gleich ums Dreifache. Meistens
steckt die Regierung hinter alledem. Sie macht die Preise und pro-
fitirt davon. Ein englischer Major Fonblanc ist seit dem Beginn des
chinesischen Krieges in Kanagawa und Jokohama, um Pferde für die
englische Armee zu kaufen und dieselben nach China zu schicken. Vor
etwa drei Wochen erhielt er den Befehl, die Ankäufe einzustellen und
die Pferde, die er bereits zum Durchschnittssatze von 30 Dollar
pro Stück gekauft hatte, wieder zu verkaufen. Er findet einen japanischen Kaufmann, der ihm die paar hundert Pferde, die er noch auf
dem Halse hat, zum Preise von 10 Dollar pro Stück abkaufen will,
und er wird mit ihm handelseinig. Tags darauf kommt ein Regie-
rungsbeamter und kündigt ihm an, daß die Regierung die Pferde kaufen
wolle, aber nur zum Preise von 5 Dollar pro Stück. Fonblanc
lehnt das natürlich ab und sagt, er habe schon verkauft. Da kommt
aber in höchster Angst der japanische Kaufmann zu ihm, erzählt ihm,
daß ihm bei strengster Strafe von der Regierung verboten sei, die
Kaufsumme zu bezahlen, und Fonblanc, der keinen anderen Käufer
mehr finden kann, ist gezwungen, den Preis der Regierung von
5 Dollar anzunehmen.

Doch um auf die besagten Hammel zurückzukommen, so wollte ich
sagen, daß, als Bellecourt und ich uns Jokohama gehörig angesehen
hatten, wir in einem Boote wieder nach Kanagawa zurückfuhren und
bei ihm dinirten. Gegen 10 Uhr erschien der englische Konsul, Kapitän

Bose, mit August und Brandt, die bei ihm wohnten, und schlug vor, nochmals nach Jokohama hinüberzufahren, um dasselbe bei Nacht zu besehen. —

Den anderen Morgen (Montag, den 8.) schlief ich bis 10 Uhr und empfing dann die Besuche der fremden Konsuln. Gegen Mittag begab ich mich mit Bellecourt wieder nach Jokohama, diesmal aber zu Pferde auf einem wunderhübschen Landwege. Wir trieben uns so lange in den Magazinen umher, daß es schon stockdunkel war, als wir zurückkehrten, und daß unsere Bettos mit Laternen vor den Pferden herlaufen mußten, um uns den Weg zu zeigen. Um 8 Uhr abends dinirten wir beim englischen Konsul Bose, zu welchem auch der englische Gesandte Mr. Alcock aus Jeddo gekommen war. Als wir uns zu Tisch setzten, fehlten August und Brandt. Sie waren der „Arcona“ entgegengefahren, die heute vor Kanagawa erwartet wurde, und im Laufe des Diners kamen sie auch wirklich mit Sundewall und mit der Musik an, die zum großen Ergötzen der Tischgäste ihre Weisen spielte. Es war 12 Uhr, als wir uns empfahlen. Ein paar Dutzend Leute mit schönen, großen, bunten Laternen erwarteten uns auf Anordnung des amerikanischen Konsuls, Herrn Dorr, an der Thür. Die Musik setzte sich an die Spitze des Zuges, die Laternen gingen an den Seiten des Zuges, und mit klingendem Spiele zogen wir durch die sonst todtenstille Stadt bis zu Bellecourts Wohnung. Dieser ruhte nicht eher, als bis die ganze Gesellschaft sich entschlossen hatte, noch etwas Sett bei ihm zu trinken, und nun bat Mr. Dorr himmelhoch, auch ihn noch, in seinem köstlich auf einer Anhöhe gelegenen Tempel mit einem Besuche zu beehren. Inzwischen hatte die ganze Bevölkerung Kanagawas, durch die Musik geweckt, ihre Betten verlassen und sich vor Bellecourts Wohnung versammelt. Der Zug zu Dorr, immer Musique en tête, mußte sich seinen Weg ordentlich bahnen, und das Setttrinken wurde fortgesetzt bis 2 Uhr. Nun ging's nach dem Meeresstrande, um Sundewall das Geleit zu geben, der nach der „Arcona“ zurückfuhr. Die Nacht war himmlisch: die Musikanten waren so berauscht, daß sie kaum stehen konnten. Als sie endlich in ihrem Boote saßen, bliesen sie trotzdem noch die hübschesten Sachen, und erst als das Boot sich so weit entfernt hatte, daß die Klänge der Musik nicht mehr deutlich zu unterscheiden waren, verließen wir den Meeresstrand und begaben uns zur Ruhe. Die ganze Episode war wirklich reizend.

Dienstag, den 9. Oktober, machte ich, nachdem ich bis 10 Uhr in

meinem herrlich lackirten Bette geschlafen, den Konsuln Gegenbesuche
und ritt dann nach Jeddo zurück. Im Theehause zu Kawasaki, dicht
am Flusse Logo, wurde Halt gemacht, um Thee und Trauben zu
genießen und Bellecourt zu erwarten, der erst später von Kanagawa
weggeritten war. Sieben oder acht Mädchen, von denen zwei sehr
hübsch waren, saßen auf dem Erdboden umher und schälten Birnen
und präsentirten uns Thee, während wir auf ganz kleinen Stühlchen
saßen und durch Vermittelung von Heusken, der etwas japanisch spricht,
uns mit ihnen unterhielten. Als Bellecourt angekommen war, traten
wir den Weiterritt an. Wir waren unserer neun, von ebensovielen
Jakunins begleitet. Um das langweilige Reiten durch die ewig lange
Vorstadt Sinagawa zu vermeiden, schlugen wir einen Seitenweg durch
Reisfelder ein. Die Fußsteige, auf denen man reiten, und die kleinen
Brückchen und Quergräben, die man passiren muß, machen es nothwendig, daß man sehr aufpaßt, und selbst wenn man das thut, ist man
alle Augenblicke einem Fehltritte des Pferdes ausgesetzt. Erst fiel heute
Bunsen in ein Reisfeld, ich in einen Sumpf, dann fiel Heusken, der
sehr gut reitet, in einen Graben, daß ihm und dem Pferde das Wasser
über dem Kopfe zusammenschlug. Als wir in unser gefängnißartiges
Hotel einritten, war uns zu Muthe wie Schuljungen, die von den
Ferien wieder nach der Stadt zurückkommen.

Jeddo, Donnerstag, den 11. Oktober 1860.

Heute Morgen war Bellecourt bei mir und erzählte mir den Verlauf der Unterredung, die er gestern mit dem Minister gehabt
hatte. Zu meinem wahren Schreck hörte ich aus seinem Munde, daß
er eine Menge Dinge berührt und gesagt hatte, deren Besprechung
durchaus noch nicht an der Zeit ist und meinem Feldzugsplan nur
schaden kann. — Ich bin den ganzen Tag sehr verstimmt gewesen.
Es regnete, stürmte und war so warm dabei, daß ich das Gefühl
hatte, als ob wieder ein Taifun im Anzuge sei. Ohne auszugehen,
arbeitete ich fleißig bis 6 Uhr, wo ich dinirte. Als wir eben vom
Tisch aufstehen wollten, ertönte die Feuerglocke, und von unserm Hofe
aus sahen wir den Himmel nach einer Seite zu ganz roth. Die
Lust, ein Feuer in Jeddo aus der Nähe mit anzusehen, war zu groß.
Trotz der Protestationen des Kapitäns Jachmann, der es für un-
verantwortlich hielt, sich bei Nacht den Schwertern der Japaner auszusetzen, machte ich mich mit vielen meiner jungen Herren auf und
ging zu Fuß der Richtung nach, von wo der Feuerschein kam. Die

Jakunins waren ganz außer sich. Da aber all ihr Widerspruch nichts half, so bewaffneten sie sich in größter Eile mit Laternen, und führten uns nun so geschickt, daß wir von einem erhabenen Punkte aus das sehr entfernte, aber sehr schnell um sich fressende, große Feuer sehen konnten. Es soll in der Nähe des Kahnontempels gewesen sein, von dem ich Euch neulich einmal schrieb. —

Freitag, den 12. Oktober 1860.

Gestern Abend hatte der oberste in meinem Hause stationirte Jakunin angezeigt, der Prinz von Mito sei gestorben: es werde acht=tägige Trauer für ihn stattfinden und namentlich während dieser acht Tage keine Musik in Jeddo gemacht werden; die Minister würden mir das auch noch amtlich zu wissen thun. Heute ist mir der Herr Ober=Jakunin wiedergekommen und hat verkündet, eine amt liche Bekanntmachung der Minister an mich werde nicht erfolgen, da dieselben gehört hätten, daß ich das Faktum schon erfahren habe. Das ist echt japanisch umständlich. Der Prinz von Mito ist derjenige Daimio, welcher vor einigen Monaten den Regenten hat ermorden lassen. Anfangs hieß es, derselbe befinde sich seitdem in einem festen Schloß seiner Provinz; dann hieß es, er sei in Jeddo, und die Re=gierung habe ihm verziehen. Nun wird sein Tod verkündet. Gewiß ist er schon wochenlang todt, wahrscheinlich vergiftet oder sonst er mordet; aber die Wahrheit zu erfahren, auch ob er hier oder in seiner Provinz gestorben ist, ist unmöglich. —

Das gestrige Feuer hat die drei größten Theater Jeddos zerstört. Ich bin hier noch in keinem Theater gewesen, werde auch wohl nicht hineinkommen, da dieselben gar nicht darauf eingerichtet sind, irgend anständiges Publikum aufzunehmen. Der anständige Japaner geht niemals ins Theater, daher sollen dieselben auch ganz jämmerlich sein. —

Sonnabend, den 13. Oktober 1860.

Heute Vormittag habe ich fleißig gearbeitet und von 4 bis 6 bei herrlichem Wetter einen Spazierritt gemacht. — Um 7 Uhr war Diner bei mir, an welchem alle mein Hotel bewohnenden Herren und außerdem ein paar Attachés von der englischen Gesandt=schaft theilnahmen.

Heute erfährt man, daß der Prinz von Mito sich vor ungefähr vierzehn Tagen auf kaiserlichen Befehl hat den Harakiri machen, d. h. sich hat den Bauch aufschlitzen müssen. Das geschieht jetzt so, daß Der jenige, der sterben will oder soll, seine Familie um sich versammelt

und seinen besten Freund mit gezogenem Schwerte neben sich stellt.
Dann öffnet er sein Gewand, macht einen leichten Einschnitt in den
Bauch, und in demselben Augenblicke schlägt ihm sein Freund mit
einem Hiebe den Kopf ab. Es ist doch hübsch, daß die Regierung dem
Prinzen besiehlt, sich zu tödten und dann noch Trauer für ihn ansagt.
Am ersten Tage der Trauer durfte auch nicht gehämmert und kein
Nagel eingeschlagen werden. —

Sonntag, den 14. Oktober 1860.

Es war köstliches Wetter, morgens nur dreizehn Grad, aber mittags
zwanzig Grad, die Luft war so rein, so frisch und so durchsichtig.
Dadurch verlockt, hatten sich die meisten meiner Hausbewohner nach
dem Frühstück zu Pferde gesetzt und waren nach ziemlich entfernten
Punkten geritten, um zu zeichnen, zu photographiren, einzutauschen und
sich zu amüsiren. Nur August und Bunsen waren zurückgeblieben, und
es traten ein paar Stunden sonntäglicher Ruhe ein, wie ich deren lange
nicht genossen hatte. Euer Quartier in Berlin mit allem seinen Klingeln,
Thürenwerfen, Besuchen, Kindergelaufe rc. bot eine wahrhaft klösterliche
Stille im Vergleich zu dem Tumult, der mich täglich und stündlich
umgiebt, und ich gerathe zuweilen in helle Verzweiflung, wenn ich
inmitten dieses Höllenlärms Depeschen schreiben oder diplomatische
Noten schmieden muß.

Um 3 Uhr erschien Heusken, und mit ihm, August und Bunsen
ritt ich nach einem etwa 1½ Meile entfernten Orte Ikegami. Der
Weg dahin ist wunderschön. Da die ganze Umgegend von Jeddo mit
Hügeln besetzt ist, so hat man in der Regel nirgends eine Aussicht,
die weiter ginge als eine Viertelmeile. Auf diesem Wege kommt man
aber auf einen Höhepunkt, von dem man auf einer Seite das mit unzähligen Segeln von Fischerbooten bedeckte Meer, auf der anderen
Seite das Gebirge mit dem köstlichen Fusinoyama sehen kann. Aber
auch der übrige Weg ist wunderhübsch: fortwährende Abwechselung der
herrlichsten Baumgruppen, selbst kleiner Wäldchen mit zierlichen Feldern
von Reis, Eierpflanze, Karotten, weißen Rüben aller Art, Ingwer,
Buchweizen, Baumwolle rc., die Erde immer kohlschwarz, wie die
schönste Gartenerde, und die Felder mit einer Sorgfalt gehalten und
bepflanzt, als ob man bei einem Gemüsegärtner wäre. Dazwischen
nun ziehen sich Fußwege und kleine zur Bewässerung der Reisfelder
dienende Kanäle durch, über welche nur ein oder zwei breite Steine
als Brücke gelegt sind. Auf diesen Fußwegen traben wir, immer
einer hinter dem andern, und gefolgt von einem Schwanz von Ja-

tuning, munter weg. Wenn wir an ein einzeln gelegenes Haus, oder
an ein Dorf kommen, so fangen die Hunde an zu bellen, was sie
sonst nie thun, oder die Kinder schreien Tohdschi, Tohdschi (Chinesen
oder Fremde), und sofort läuft die ganze Familie zusammen, um uns
passiren zu sehen. Als wir in Itegami angekommen waren, stiegen
wir in einem Theehause ab, das gerade über einem auf der Höhe gelegenen Tempel und dazu gehörigem Kloster sich befindet. Die Pforte
zu der breiten, steinernen Treppe, die hinaufführt, war geschlossen, und
die Mönche wollten nicht öffnen. Es wurden daher einige Jakunins
zur Verhandlung mit denselben ausgeschickt. Jede Verhandlung unter
Japanern dauert lange, die gegenwärtige nahm etwa eine Stunde
weg. Während der Zeit amüsirte ich mich, die Kinder, Frauen und
Mädchen, die in großen Massen herbeigekommen waren, um uns zu
besehen, mit Knöpfen zu beschenken, die, da sie im Lande gar nicht
gemacht werden, als etwas sehr Merkwürdiges gelten und großen
Jubel erregten. Im Theehause tranken wir, wie gewöhnlich, aus
kleinen Täßchen ohne Untertasse bittern Thee ohne Zucker und über-
ließen die Schale Eier den Jakunins. Diese hatten endlich die Verhandlungen beendigt und uns von dem Bonzen die Erlaubniß verschafft, gegen Erlegung eines Itzebus den Tempel zu besehen. Von
Hunderten von Kindern gefolgt, stiegen wir hinauf, genossen eine
prächtige Aussicht und fanden den Tempel mit seinen Nebengebäuden,
Pagoden, Glockenhäusern und Gräbern schöner als irgend einen, den
wir bisher gesehen hatten. Am Haupttempel vorn hängen mehrere
Glocken in der Form von halboffenen Muscheln, auf welche mit
einem daranhängenden Stricke geschlagen wird, um sie tönen zu
machen. Alle Kinder, die uns gefolgt waren, gaben sich diesem Vergnügen hin und machten großes Geläute, ohne daß sie von einem
Küster oder Gendarmen daran verhindert worden wären. Darüber
ging die Sonne unter, und es war Zeit, sich auf den Rückweg zu begeben. Bunsens eigenes Pferd ist krank, er hat heute ein anderes gemiethet, einen ganz mageren Fuchshengst, der ein solcher Liebhaber
vom Schlagen ist, daß er sich mitten im Trabe nach seinem Neben-
manne umdreht, demselben ein paar tüchtige Lagen versetzt und dann
weitertrabt. Diesmal begab er sich sofort ans Schlagen, ehe Bunsen
fest im Sattel saß. Der Reiter kam auf den Hals zu sitzen und
nahm, während der Gaul zwölf bis fünfzehn Mal hintereinander aus-
feuerte, eine so komische Stellung an, daß die versammelte Menge in
ein schallendes Gelächter ausbrach. Es war stockdunkel, als wir nach

Hause kamen. Beim Umbiegen um eine Straßenecke fiel einer unserer Jakunins mit dem Pferde in eine tiefe, gemauerte, mit fließendem Wasser gefüllte Straßenrinne. Ich hörte den Kerl bloß plumpsen, erfuhr aber nachher, daß, obgleich der Sturz sehr gefährlich gewesen, er doch ohne wesentliche Verletzung davongekommen ist.

Montag, den 15. Oktober 1860.

Ich habe einmal wieder einen Frühstücksbesuch von den japanischen Gouverneurs gehabt. Sie hatten sich vorher ansagen lassen, erschienen um 11, frühstückten mit uns um 12 und gingen um 3 Uhr wieder ab. Ich hatte jedem nach dem Frühstück ein Tischchen mit kleinen Geschenken aufgebaut und dadurch die überaus heitere Laune derselben noch erhöht. Wenn Ihr einer Unterhaltung mit diesen Leuten beiwohnen und sie dabei so beobachten könntet, ihr würdet Euch köstlich amüsiren, und alle meine Attachés sind immer mit Bleistift und Papier bewaffnet, um die Auskunft aufzuzeichnen, die sie ertheilen, oder die naiven Aeußerungen zu vermerken, die sie thun. Heute sagte ich zu Oribeh no cami, er werde sich, wenn ich weg sei, doch noch zuweilen meiner erinnern. „Nein, erinnern werde ich mich Ihrer nicht", antwortete er, „denn das würde voraussetzen, daß ich Sie zeitweise vergäße. Aber denken werde ich immer an Sie!" Ist das nicht charmant? Als ich Sa Kai no cami fragte, wie viel Kinder er habe, fing er an, an den Fingern zu zählen und wieder zu zählen und bekam endlich die Zahl Dreizehn heraus. Später fand sich, daß er sich verrechnet hatte, und daß die Zahl seiner Kinder nur zwölf betrug von zwei Frauen. Sein ältester Sohn, vierzehn Jahre alt, ist, wie er sagte, der Freund und tägliche Umgang des fünfzehn Jahre alten Taikun.

Die folgenden Zeilen bitte ich Alexandrine nicht zu lesen.

Nach dem Frühstück fühlten die Gouverneure, einer nach dem andern, das Bedürfniß, einen Theil des Champagners wieder los zu werden, den sie reichlich genossen hatten. Sie begaben sich daher nach einem, am Ende meines großen Saales befindlichen, dazu eingerichteten Orte, steckten aber immer vorher das große Schwert wieder an, welches sie abgelegt gehabt hatten. Das kleine legen sie gar nicht ab. Als ich den japanischen Dolmetscher fragte, welchen Sinn es habe, daß sie sich zur Verrichtung ihrer Bedürfnisse so scharf bewaffneten, sagte er, daß sie das ihrer Sicherheit und ihrem Stande schuldig seien. Denn einestheils könnte auf dem gewissen Orte sich ein Mörder vervorgen halten, anderntheils könne während der Aktion ein Erdbeben stattfinden, dann würden sie schnell das Haus verlassen und sich den Leuten draußen zeigen müssen. Das dürften sie aber nicht, ohne mit zwei Schwertern bewaffnet zu sein.

In dieser Weise haben die Leute uns sehr amüsirt, und ich war um so besserer Laune, als ich an ihrem ungezwungenen Wesen zu bemerken glaubte, daß der Wind auch oben etwas günstiger für uns weht. In Bezug auf Geldwechseln, Einrichtungen in meinem Hause, Lieferungen an die Schiffe ꝛc. haben sie eine Menge Konzessionen gemacht, die sie uns noch vor acht Tagen verweigerten.

Abends ritten wir spazieren und kamen diesmal noch ärger in die Dunkelheit hinein als gestern. Brandt stürzte, daß er weit vom Pferde wegflog. Er reitet wie ein Schneider, bildet sich aber natürlich ein, ausgezeichneter Kavallerist zu sein. Glücklicherweise hat er keinen Schaden genommen. Abends hatte ich sämmtliche Herren und die Offiziere der „Thetis“, die sich bei mir befinden, zum Diner bei mir. Wir tranken ein stilles Glas zum Gedächtniß des Königs. Wer weiß, ob er nicht schon todt ist!

Dienstag, den 16. Oktober 1860.

Das Wetter war prachtvoll. Da ich eine Einladung von Jachmann hatte, heute auf der „Thetis“ bei ihm zu frühstücken, so begab ich mich mit Heusken, Pieschel und meinen drei Attachés gegen 11 Uhr zu Fuß nach dem Landungsplatze, wo wir Boote der „Thetis“ fanden, die uns in etwa einstündiger Fahrt an Bord des Schiffes brachten. Nachdem Offiziere und Mannschaften mir vorgestellt worden waren, und ich mir die Räume des schönen Schiffes angesehen hatte, setzten wir uns zur Tafel und frühstückten vortrefflich. Dann promenirten wir auf Deck: das Meer war ganz glatt und von Tausenden von Fischerbooten bedeckt, zwischen denen unzählige Seemöwen umherflogen und umherschwammen, um ihren Theil am Fischzuge zu haben. Nach 4 Uhr fuhren wir wieder zurück, von Jachmann und allen Booten der „Thetis“ geleitet, die in einem heißen Wettkampfe dem Ufer zueilten. Daselbst angelangt, fanden wir unsere Pferde und machten noch einen Spazierritt in die Stadt. —

Mittwoch, den 17. Oktober 1860.

Heute habe ich auch noch einen Theil meiner Zeit damit hingebracht, das Auspacken ein paar großer Globen, die ich als Geschenke von Berlin mitgenommen hatte, zu überwachen. Dieselben sind wunderschön und sehr gut erhalten. Ich will sie versuchsweise dem p. Taikun schenken. Die anderen Sachen bekommt er nicht eher, als bis ich einen Vertrag habe, und kriege ich einen solchen nicht, so kriegt er auch nichts.

Von unserem armen Schooner ist noch immer nichts zu hören: er ist ohne allen Zweifel mit Mann und Maus untergegangen. Jetzt sammeln sich erst die Nachrichten über die Ravagen, die der Taikun vom 2. September angerichtet hat. Zwei englische Transportschiffe sind in demselben untergegangen, sieben andere sind entmastet. Es ist doch eine wahre Wonne, zur See zu fahren. Das Schiff „Elbe" ist auch noch nicht angekommen: wir fürchten aber nichts für dasselbe, da es Ordre hatte, unter Umständen nach Hongkong zu gehen. Viel leicht liegt es dort. — Ich schicke diesen Brief ab, er bringt Euch tausend und tausend Grüße.

Dem Feldmarschall und seiner Familie empfehle ich mich auf das Angelegentlichste.

Ganz der Eure — Fritz.

Jeddo, Donnerstag, den 18. Oktober 1860.

Zur Feier des Geburtstages des Prinzen Friedrich Wilhelm fand heute ein Dejeuner bei mir statt, an welchem der amerikanische Ministerresident und mehrere Herren der englischen Gesandtschaft sowie mein ganzes Haus theilnahmen. Ein hübsches Quartett, das Jachmann mir von der „Thetis" geschickt hatte, sang dazu. Es war recht nett und allgemeine Heiterkeit wie immer, wenn bei Eulenburgs Gesellschaft ist. Ich weiß nicht, wie es kommt, aber meine Stimmung ist seit einigen Tagen besser: mir ist so, als ob alle die Manöver, die ich mache, doch noch, wenn auch nicht von einem großen, so doch von irgend einem Erfolge gekrönt sein werden: aber ich kann mich arg täuschen, und die Verstimmung wird dann um so größer sein.

Ich habe heute auf dem Globus gemessen, wie weit ich von Euch entfernt bin, in ganz gerader Linie über 1200 Meilen.

Um 4 Uhr setzten wir uns zu Pferde und machten wieder einen hübschen Ritt. Als wir nach der Stadt zurückkehrten, fanden wir in unserem Stadtviertel die Straßen von Menschen und Laternen wimmelnd, es ist Jahrmarkt, ganz so wie bei uns, kleine Buden oder Krämer, die auf der Erde sitzen und ihre Waaren oder Backwerk und Süßig= keiten auf einem Tuche vor sich ausgebreitet haben.

Gestern war köstliches Wetter, mittags 22 Grad. Die Kapitäne Sundewall und Jachmann waren bei mir an Land und hatten tausend Dinge zu fragen. Die Klagen, daß sie sich langweilen und gern bald wieder zu Hause sein möchten, worin namentlich Jachmann stark ist, sind wirklich nicht zum Aushalten. Du kannst Dir denken, wie ungeduldig ich schon selbst darüber bin, daß ich bisher noch kein Resultat erreicht habe; nun muß noch einer kommen und immer fragen: „Ja, kommen wir denn nicht bald los?" — „Werde ich noch lange dies verdammte langweilige Leben führen müssen?" ꝛc. Es gehört wirklich eine himmlische Geduld dazu, um das mit anzuhören, ohne grob zu werden.

Heute haben wir einen sehr weiten Ritt durch die Stadt gemacht nach dem zweiten Mausoleum der Taikune. Das erste ist ganz in unserer Nachbarschaft. Beide liegen auf einem Hügel, sind von zahlreichen Tempeln und Priesterwohnungen sowie von köstlichen Baumpartien umgeben und nehmen mit Allem, was dazu gehört, einen Flächenraum ein, auf dem bequem eine deutsche Stadt von 12000 Einwohnern stehen könnte. Unser Weg führte uns erst zwischen Daimio-Palästen durch, unter andern bei dem sehr stattlichen des Prinzen von Ateh vorbei. Fast in allen exerzirten Daimio-Soldaten, liefen aber, als sie das Getrappel unserer Pferde und das Geschrei unserer Bettos hörten, an die Thüren und boten sich nun unseren Augen im Exerzirschmuck, d. h. in Panzern von Bambus und mit Schwertern von Bambus, mit welchen sie ihre Fechtübungen machen. Dann kamen wir an den Schloßgräben vorbei, die jetzt von wilden Enten wimmeln, und durch Stadttheile, durch welche selten Fremde kommen müssen, denn das Halloh war groß, Alles stürzte aus den Häusern, um uns anzustaunen, und helles Gelächter begleitete uns straßenweise. Wir müssen ihnen doch gerade so komisch vorkommen, wie Japaner uns in Berlin erscheinen würden. Mir selbst mache ich immer den Eindruck, als wären wir Mitglieder einer Kunstreitergesellschaft, die, wie das früher der Fall war, durch die Straßen reiten, um sich zu präsentiren und das Publikum anzulocken. Zurück ritten wir durch die große Straße Otori, die gar nicht endet und hauptsächlich gegen Abend von Menschen wimmelt. Alles geht im bloßen Kopfe, denn der Japaner schützt sich nur gegen die Sonne durch einen gewaltig breiten Strohhut oder gegen den Regen durch einen papiernen Regenschirm. Wenn die Sonne nicht scheint, oder wenn es nicht regnet, promenirt er sein Zöpfchen ganz

unbedeckt. So lebendig und anziehend das Bild der großen Volks=
menge auch ist, so hat das Reiten durch dieselbe, namentlich gegen
Abend, doch immer sein Unheimliches. Um 4 Uhr ist Essenszeit der
Leute: da berauschen sich denn viele an Saki, der ihnen den Muth
giebt, den Pferden nicht aus dem Wege zu gehen oder auch wohl
drohend an das Schwert zu fassen. Es kann doch leicht einmal passiren,
daß es zum wirklichen Ziehen des Schwertes kommt, und ein Hieb
mit diesen haarscharfen Schwertern könnte einem doch mindestens ein
Glied kosten.

Montag, den 22. October 1860.

Gestern regnete es den ganzen Tag über, und dieser Umstand wurde
benutzt, um sehr fleißig zu schreiben. Jachmann hat auf der
„Thetis" eine Ziege, die ich ihm freigestellt hatte, zu mir bringen zu
lassen, weil ich dachte, sie würde sich an dem Rasen, der unser Haus
umgiebt, ergötzen. Nun findet sich aber, daß sie das Gras verschmäht,
dagegen mit großem Appetit papierne Fensterscheiben frißt. Sie hat
bereits gewaltige Verwüstungen an unserem Hause angerichtet.

Heute ist ein großer Festtag der Japaner, der neunte Tag des
neunten Monats. Wir merken wenig davon. Nur begegneten wir,
als wir Nachmittag ritten, einigen Betrunkenen. Es ist draußen noch
wunderschön grün, und man merkt an der Vegetation wenig vom
Herbst. Das liegt zum großen Theile daran, daß die meisten Hölzer,
die man hier sieht, auch im Winter die Blätter nicht verlieren, wie
z. B. die zahlreichen Arten von Kiefern und Cypressen, die immergrüne
Eiche, der Kamelienbaum rc.

Mittwoch, den 24. Oktober 1860.

Gestern hatten wir den ganzen Tag über nur 13 Grad. Ich be=
suchte den englischen Gesandten und ritt zu ihm auf dem kürzesten
Wege, d. h. durch die Vorstadt Sinagawa, begegnete daselbst aber so
vielen betrunkenen Daimio=Offizieren zu Fuß und zu Pferde, daß mir
ganz unheimlich wurde. Die Kerle reiten entweder gerade auf einen
zu oder bleiben stehen, wenn sie uns begegnen. Sind sie gutmüthig,
so lachen sie uns aus und verhöhnen uns, sind sie bösartig, so sehen
sie einen mit grimmigen Blicken an und fassen aus Schwert. Denke
Dir eine Stadt, in der mindestens 100 000 Leute (einige behaupten
300 000) stets mit zwei haarscharfen Schwertern bewaffnet sind. Die
Polizei ist ganz ohnmächtig, spionirt nur, greift aber nie im Augenblick
ein. Die Jakunins, die uns begleiten, bleiben gleich zurück, sowie wir
uns einer Situation nähern, die bedenklich werden kann. Man ist

also ganz auf sich selbst angewiesen, und ich werde doch anfangen, meine Lenden mit dem Revolver zu gürten. Nach der Visite bei Alcock machte ich noch auf sehr schlüpfrigen Wegen einen Spazierritt, wobei ein Jakunin, dessen Pferd in ein Loch in einer Brücke trat und hinfiel, eine prächtige Lerche über den Hals des Pferdes schoß. Bei den Wegen, auf denen wir täglich umherjagen, müßten wir Alle schon längst das Genick gebrochen haben, wenn unsere Pferde nicht so sicher gingen.

Heute hatten wir des Morgens 12 Grad, des Mittags 16 Grad bei herrlichem Sonnenschein. Wir werden aber doch anfangen müssen, Kohlenbecken zu kaufen. Nachmittag erbot sich ein Jakunin, uns nach einem Orte zu führen, den wir noch nicht kannten, und so ritten wir denn unter seiner Leitung nach Junisso, einem sehr hübsch gelegenen Theehause mit Wasserfall, schöner Vegetation ꝛc. Es tritt nun die Saison der Lachse ein, von denen wir abends einen deliciösen verspeisten, auch sind die Trauben immer noch in Massen zu haben und werden wo möglich jeden Tag süßer. Man sagt uns, nächstens würden auch die Orangen reif werden. Aepfel giebt es in Japan nicht, und Birnen sind, wie ich Dir, glaube ich, schon schrieb, roh nicht genießbar, gekocht aber sehr gut.

Mein Haushalt ist nachgerade auf 32 Personen täglich angewachsen, nicht gerechnet diejenigen, die so ab- und zugehen und doch frühstücken oder diniren wollen. Es kostet mich rasendes Geld, und dabei gehen die diplomatischen Geschäfte sehr schwach vorwärts.

Donnerstag, den 25. Oktober 1860.

Den ganzen Tag über haben wir nur 11 Grad Wärme gehabt, und es war nun in unseren Papierstuben ohne Heizung nicht länger auszuhalten. Wir kauften daher kupferne Kohlenbecken, die, mit glühenden Holzkohlen gefüllt, in die Stube gesetzt werden. Das ist die hiesige Heizung. Gegen 3 Uhr war Feuerlärm, d. h. man hört eine Unzahl heller Glocken tönen, die durch die ganze Stadt hin neben kleinen Wächtertribünen angebracht sind, welch Letztere ein klein wenig über die ganz gleich hohen Häuser hervorragen. Mit dem Heizen soll auch die Saison der Brände beginnen, und in der stillen Ahnung, daß es einem von den 32 Bewohnern meines Hotels gelingen wird, dasselbe durch Unvorsichtigkeit in Brand zu stecken, habe ich bereits Anordnungen getroffen, welche meiner Sachen zuerst gerettet werden sollen.

Da das Wetter zu unfreundlich war, um einen Ritt ins Freie zu machen, so ritten wir nach dem Tempel Rio goku, in dessen Nähe

Vorstellungen gegeben werden. In eine große hölzerne Bude geführt, sahen wir auf einer Bühne eine etwa vierzig Fuß hohe, sehr dicke Figur aus Holz und Papier sitzen, deren Bauch sich im Laufe der Vorstellung öffnete, um theils wirkliche Menschen, theils sehr gut und sehr komisch gearbeitete Marionetten sehen zu lassen. In einem Nu war die ganze Bude dicht voll Menschen, die sich auf die Matten setzten, ihr Pfeifchen anzündeten und mit viel größerer Neugierde uns, als die Vorstellung ansahen. Der Hauptjubel brach aus, als Marionetten erschienen, welche Europäer darstellten. Wir mußten herzlich lachen, weil sie sehr komisch waren, und unser Lachen war das Signal zu einem förmlichen Sturm des Vergnügens. Als wir aus der Bude wieder hinaustraten, war vor derselben eine so dichte Menschenmenge versammelt, daß unsere Jakunins und Polizeileute mit klingelnden Stäben uns den Weg zu unseren Pferden und dann noch einige Straßen weit bahnen mußten. Auf dem Rückwege begegneten wir einer Menge Leute, die vom Feuer kamen. Sie hatten, je nach der Löschkompagnie, zu der sie gehörten, blaue, grüne, gelbe, rothe sehr phantastische Gewänder an. Die Hauptleute tragen bei einer solchen Gelegenheit eine förmliche stählerne Rüstung, stählernen Helm mit schön gestickter Helmdecke 2c. Andere tragen Kostüme ganz aus Wachspapier gemacht.

Abends gab ich ein kleines Diner zu Ehren des holländischen Konsuls in Kanagawa, derselbe nennt sich de Graeff van Poelsbroek.

Freitag, den 26. Oktober 1860.

Ich warte seit vierzehn Tagen, daß der Minister mich zu einer neuen Konferenz einladen soll. Da dies aber bis gestern nicht geschehen ist, so ließ ich die Gouverneurs bitten, sie möchten mich doch einmal wieder besuchen, weil ich hoffte, ich würde von ihnen erfahren, wie die Sachen stehen. Heute um zwei Uhr erschienen nun die Gouverneurs, sehr gemüthlich und sehr gesprächig, aber von Geschäften sprachen sie kein Wort, und da, wie ich die Erfahrung gemacht habe, es hier viel besser ist, den Anschein völliger Indifferenz anzunehmen, so fragte ich auch gar nicht, ob der Minister gedächte, mich bald wieder zu sehen: ich bin überzeugt, daß sie ihm diese Indifferenz berichten werden, und daß er nun nächstens etwas von sich wird hören lassen. Im Uebrigen war das Gespräch mit den Gouverneurs, die drei Büchsen Sardinen aufaßen, viel Champagner tranken und mehrere Stücke geräucherter Zunge in die Tasche steckten, lebhaft und zuweilen recht interessant.

7*

Es ist zu amüsant, wie sie sich drehen und winden, wenn man sie um Aufschluß über irgend welche Verhältnisse im Lande bittet: so heute, wo ich sie um Jagdverhältnisse und um religiöse Verhältnisse befragte. Sie stecken dann die Hände in die Beinkleidertaschen, ziehen die Augenbrauen in die Höhe und nehmen eine gewichtige Miene an, besinnen sich aber keinen Augenblick auf die Antwort, sondern sprechen munter los, widersprechen sich aber im Laufe einer halben Stunde zehnmal und lügen wie gedruckt. Hinter ihnen sitzen immer, selbst beim freundschaftlichsten Besuche, drei bis vier Kerle, welche nachschreiben. Ich übergab ihnen heute den Erd- und den Himmelsglobus als Geschenke für den Taikun, und sie schienen sehr erfreut darüber, waren auch auf Ersterem ziemlich gut orientirt, erklärten aber, vom Zweiten nichts zu verstehen. Ich müßte ganze Bogen schreiben, wollte ich Euch ausführlich unser Gespräch mittheilen; aber Einiges davon will ich Euch doch erzählen. Ich fragte sie, zu welcher Religion sie sich bekennten, ob sie Buddhisten oder Anhänger der Sinto-Religion wären. Sie sagten, sie seien Buddhisten, wenigstens wollten sie als solche sterben und nach dem Tode als Buddhisten behandelt werden, obwohl sie zuweilen auch Sinto-Tempel besuchten. Sie glaubten, daß ihre Seele, so wie sie vom Himmel gekommen sei, um in den Leib zu fahren, so auch, wenn dieser Leib gestorben sei, zum Himmel zurückkehren würde. Die Seelen der Bösen „schwankten“, bevor sie in den Himmel kämen, an eine Hölle aber glaubte Niemand, denn auch die Bösen glaubten ja, nichts Böses zu thun, und hofften deshalb auch in den Himmel zu kommen. Auf meine Frage, zu welcher Religion sich der geistliche Kaiser (Mikado) bekenne, sagten sie, zu keiner; denn er sei selbst Gott und bete nur seine Vorfahren an. Dies ist auch ganz konsequent, da die Japaner überhaupt ihren Ursprung von den Göttern ableiten, und der erste Mikado der Sohn des letzten Gottes war. Wenn Jemand stirbt, so trauern sie um ihn nicht in schwarzer, sondern in weißer Farbe, zum Zeichen, daß seine Seele verklärt ist.

Ich sagte ihnen, ich möchte so gern einmal auf die Jagd gehen, sie möchten mir doch angeben, wie ich das anzufangen hätte. Prinz Sa Kai antwortete mir, das könne er gut begreifen, denn er möchte auch gern auf die Jagd gehen, allein da seien so viele „Aber“. Als ich sie nun näher nach den Jagdverhältnissen fragte, drehten und wanden sie sich wie die Aale, und widersprachen sich dabei hundertmal. Das Ganze scheint aber darauf hinauszukommen, daß der Grundherr die Jagdgerechtigkeit hat, und da alles Land nur entweder dem Taikun

oder den 350 Daimios gehört, so sind auch diese die alleinigen Jagd-
berechtigten. Sie überlassen ihr Recht aber an einige Pächter, die
dasselbe dann, solange sie eben das Land in Pacht haben, von Vater
auf Sohn vererben, und die neben dem Recht auch die Pflicht haben
zu jagen, d. h. Hirsche und wilde Schweine abzuschießen, die namentlich
in den Gebirgsgegenden zuweilen großen Schaden anrichten sollen.

Ich schenkte jedem der drei Gouverneurs eine große Bernstein-
perlenschnur, und sagte, sie möchten dieselben ihrer Frau geben. „Dann
muß ich ihrer vier haben", sagte Sa Mai, „denn ich habe vier Frauen":
und Prinz Oribeh sagte: „Ich werde die Schnur meinem »alten Fell«
mitbringen." Damit meinte er seine alte, siebzigjährige Mutter. —

Montag, den 29. Oktober 1860.

In den letzten drei Tagen hat sich nichts Besonderes ereignet, als
daß ich erfahren habe, die japanischen Minister seien in großer
Unruhe und hätten den amerikanischen Ministerresidenten bitten lassen,
sie zu besuchen, um über sehr wichtige Angelegenheiten mit ihm zu
sprechen. Das können keine andern als die meinigen sein; übermorgen
wird die Konferenz sein. Es gehört wirklich eine himmlische Geduld
dazu, um diese langsame Abwickelung der Verhandlungen durchzumachen,
ohne nervös zu werden, zumal wenn man sicher sein kann, daß alle
Welt glaubt, die Schuld liege bloß an meiner Ungeschicklichkeit. Aber
welche Mittel soll ich anwenden, um die Japaner gefügiger zu machen?
Ich kann doch nur durch Zeit und Ueberredung auf sie wirken, denn
daß ich Jeddo nicht bombardiren werde, wissen sie recht gut, zumal mit
so einer Flotte. Der Schooner ist verloren, die „Elbe" hat nach kost-
baren Reparaturen nur bis Hongkong kommen können, die „Arcona"
hat einen Leck und muß wieder einmal ihre sämmtlichen Geschütze auspacken; die „Thetis" hat sich bisher gut gehalten, aber ihr Kommandant
ennuirt sich und schimpft, daß wir hier so lange liegen, und Alles
kommt zu mir und klagt mir die Ohren voll. — Heine kriegt nichts
mit seinem Photographiren fertig und ist darüber übellaunig. Der
Geologe läßt den Kopf hängen, weil er nicht in die Berge kann.
Heinrich zerschlägt mir ganz gemüthlich alle Teller und Gläser, die ich
hier gar nicht wieder kaufen kann, da Teller und Gläser überhaupt
nicht zu haben sind, und die Kosten meiner Haushaltung fangen an
unangenehm zu werden. Kurz — es gehört eine himmlische Geduld
dazu. —

Dienstag, den 30. Oktober 1860.

Heute war mir und den Meinigen zu Ehren Dejeuner beim englischen Gesandten, und nachdem wir vom Tisch aufgestanden
waren, besahen wir einen interessanten Daimio-Kirchhof mit steinernen
Monumenten. An mehreren Stellen desselben stehen auf einer Art
Altar vier bis fünf steinerne Figuren, die Säckchen um den Hals gebunden haben, welche bis oben voll kleiner Steinchen sind. Diese
Figuren sind Bilder von Göttern, die als Schutzgötter der Kinder,
und namentlich auch der verstorbenen Kinder angesehen werden, von
welchen Letzteren geglaubt wird, daß sie am Meeresstrande spielen.
Mütter, die Kinder verloren haben, opfern diesen Göttern wohl-
riechende Kerzen und werfen ein Steinchen in den Sack. Fällt bei
einem Erdbeben dies Steinchen hinaus, so geht es ihren verstorbenen
Kindern schlecht, bleibt es aber liegen, so geht es denselben gut.

Einer der Attachés der Gesandtschaft, Mr. Gower, wohnt in
einem kleinen Tempel auf einem Hügel, von dem man die Aussicht
auf das Meer hat, und von dem wir „Arcona" und „Thetis" sehen
konnten. Den Altar des Tempels hat er als Tisch zum Aufsetzen von
hübschen Gegenständen benutzt; man hat ihm auch gleich beim Beziehen
des Tempels erklärt, er könne den Altar gebrauchen, zu was er wolle,
nur möge er keine Schuhe hinaufsetzen. —

Donnerstag, den 1. November 1860.

Der amerikanische Ministerresident hat gestern eine Konferenz mit
den japanischen Ministern gehabt, von der ich mir große Erfolge für mich versprach. Statt dessen aber haben dieselben aufs Neue
erklärt, daß es ihnen unmöglich sei, einen Vertrag mit mir zu machen.
Ihr könnt Euch denken, daß mich das in keine sehr angenehme Stimmung
versetzt hat, allein ich habe in meinem Leben doch schon eine solche Masse
trüber Erfahrungen gemacht, daß ich beim Fehlschlagen von Hoffnungen
in keine leidenschaftlichen Ausbrüche gerathe. Ich bin ein paar Stunden
verstimmt und damit basta. Vorwürfe habe ich mir nicht zu machen,
und ultra posse nemo obligatur. —

Heute fuhr ich nach der „Arcona" hinaus, um an Bord etwas
unter meinen Sachen zu kramen. Ich fand Alles, was von Leder ist,
mit dickem Schimmel bedeckt, und überzeugte mich, daß die Hälfte alles
vortrefflichen Tischweines, den ich an Bord der „Arcona" hatte, schon
ausgetrunken ist. Der übrige ist auf dem Schiffe „Elbe", was ich

wahrscheinlich hier in Japan gar nicht zu sehen kriege. Ich werde mir daher für schweres Geld schlechtes Zeug in Jokohama kaufen müssen.

Ein amerikanischer Kriegsdampfer von sechzehn Kanonen ist heute angekommen. Er will den 6. d. M. nach Hongkong gehen. Das wird also wieder eine Briefgelegenheit sein.

Sonnabend, den 3. November 1860.

Die Post muß heute fertig sein. Lebt wohl! ich bin mit Herz und Seele der Eurige — Fritz.

Jeddo, Montag, den 5. November 1860.
Morgens 11°, mittags 17° Réaumur.

Unser Leben wird nachgerade so einförmig, daß es kaum lohnt, ein Tagebuch zu halten. Durch diese Einförmigkeit wird die Ungeduld noch gesteigert, welche durch den langsamen Fortgang der Geschäfte erzeugt wird. Rechnet dazu die bisher unbefriedigte Sehnsucht nach Nachricht von Euch, und Ihr werdet verstehen können, in was für einem unheimlichen Zustande ich mich befinde. Allein ich darf mir von dieser Stimmung nichts merken lassen, um meine Umgebung nicht zu decouragiren, und deshalb höre ich oft sagen: „Nein, welche bewundernswürdige Laune haben Sie doch!" —

Bunsen ist mir recht krank geworden: der arme Junge hat sich durch den Aerger bei Besorgung der häuslichen Geschäfte so aufgerieben, daß er in einen ängstlichen Zustand von Erregtheit verfallen ist und Dr. Lucius eine Zeit lang fürchtete, er würde das Nervenfieber bekommen. Diese Gefahr scheint doch nun glücklicherweise beseitigt.

Ich werde anfangen, jeden Tag die Temperatur in Graden Réaumur zu vermerken; da könnt Ihr Vergleichungen zwischen dem Klima von Berlin und dem von Jeddo anstellen. —

Dienstag, den 6. November 1860.
Morgens 10°, mittags 13°.

Es war heute Vormittag, weil es heftig wehte, bitter kalt. Der Wind bläst durch alle Thürspalten, und die Kohlenbecken müssen fortwährend neu gefüllt werden, um nur eine einigermaßen erträgliche Temperatur zu erhalten. Seit mehreren Tagen ist Herr Heusken, mein sonst täglicher Gast und Begleiter, nicht bei uns gewesen, weil er die amerikanischen Seeoffiziere chaperonniren mußte. Heute stellte er sich wieder ein, und wir machten einen hübschen Spazierritt. Einige Herren von meiner Begleitung hatten heute, bei einem Ausfluge nach

der Vorstadt Sinagawa, dicht an der Landstraße, an einem Baume
einen frisch abgeschlagenen Kopf eines Menschen gesehen, bei welchem
eine Schildwache gestanden hat. Das ist hier so die Manier. Der
Kopf bleibt, je nach dem Verbrechen, das der Enthauptete begangen
hat, ein, zwei oder drei Tage ausgestellt. Wenn keine Freunde oder
Verwandte kommen, um den Kopf dann zu beerdigen, so wird er den
Hunden vorgeworfen. Uebermorgen früh, sagt man uns, werden
wieder drei Leute hingerichtet. Es steht dann neben jedem ein Scharfrichter mit dem Schwerte, und die Köpfe fliegen alle zu gleicher Zeit
vom Rumpfe. Todesstrafe steht hier auf einer sehr großen Anzahl von
Verbrechen. Ein Diener z. B., der seinen Herrn bestiehlt, wird un-
erbittlich hingerichtet.

Mittwoch, den 7. November 1860.
Morgens 9°, mittags 18°.

Heute morgen ist der erste Lieutenant von der „Thetis", Kinderling,
zum ersten Mal, seit wir hier sind, an Land gekommen und hat
sich für ein paar Tage bei mir installirt. Ein paar andere Offiziere
von der „Thetis", die auch noch nicht hier gewesen sind, werden sich
auch gar nicht sehen lassen. Sie sitzen den ganzen Tag an Bord. Es
ist doch eine kolossale Idee, vor Jeddo gelegen und es nicht der Mühe
werth gehalten zu haben, einen Fuß in die Stadt zu setzen.

Hensken brachte heute den amerikanischen Vizekonsul aus Hakodate,
einen Herrn Rice, mit, einen wunderschönen Mann von sechs Fuß
zwei Zoll. Erst machten wir einen Spazierritt um das Schloß, wobei
wir uns köstlich über zwei englische Hühnerhunde des Attachés Gower
amüsirten, die mitgelaufen waren und nicht nur die Aufmerksamkeit
der Bevölkerung in hohem Grade in Anspruch nahmen, sondern sich
auch durch sämmtliche Hunde der Stadt, die in großen Massen vorhanden sind, durchbeißen mußten und es mit großer Bravour thaten.
Abends gab ich, dem Herrn Rice zu Ehren, ein improvisirtes Diner,
bei welchem wir recht heiter waren. Wenn ich nur erst einen Vertrag
hätte, Philippchen, dann wollte ich aufathmen.

Donnerstag, den 8. November 1860.
Morgens 8°, mittags 18°.

Wir haben heute eine herrliche Partie gemacht. Hensken und der
Vizekonsul Rice kamen uns um 10½ Uhr abholen. Es war
morgens frisch, wurde aber im Laufe des Tages wunderschön warm.
Erst ritten wir zu demselben Gärtner, bei welchem wir am 28. Sep-

tember gewesen waren und in dessen Garten jetzt eine schöne Astern
Flora zu sehen ist. Die Tochter des Hauses zog wiederum die
Aufmerksamkeit meiner jungen Begleiter in hohem Grade auf sich und
wurde mit einer Schnur von Bernsteinperlen beschenkt. Dann ritten
wir weiter nach Ohschi, wo wir ebenfalls am 28. September gewesen
waren. Die rothe Färbung der Ahornbäume und das helle Sonnen=
licht ließen uns den Ort heute noch hübscher erscheinen als damals.
Wir fanden daselbst unsere Photographen, die bereits fleißig gearbeitet
hatten. Unter Anderem hatten sie einen Falkonier des Kaisers mit
einem Falken auf der Hand getroffen und ihn gebeten, sich photo=
graphiren zu lassen. Für seine Person war der Mann sofort bereit
gewesen, zu sitzen, den Falken aber auf der Hand zu behalten hatte er
verweigert, da derselbe kaiserliches Eigenthum sei. Erst als die Jakunins
ein Zeugniß ausgestellt hatten, daß das Bild für einen hohen preußischen
Beamten bestimmt sei, hat er auch das Photographiren des Falken ge=
stattet. Der englische Gesandte mit seinen Attachés traf auch zufällig
ein: wir frühstückten Thee und harte Eier, welche die jungen Damen
des Theehauses mit ihren wirklich hübschen Händen von der Schale
befreiten und dann herumreichten. In der Sonne konnte man nicht
sitzen, so warm war es.

Beim Zurückreiten wollten wir noch einen anderen Garten in der
Stadt besuchen, fanden ihn aber anfänglich nicht, ritten kreuz und quer
und kamen dabei in Stadttheile, wo die Leute wieder wie verrückt
herbeiliefen, um uns zu sehen. Endlich kamen wir bei dem lange ge=
suchten Garten an, der uns reichlich für die gehabte Mühe entschädigte.
Er hat eine Niederungs= und eine Bergpartie. Von letzterer aus hat
man eine ganz köstliche Aussicht auf einen hügeligen mit wundervollen
Baumpartien durchzogenen Stadttheil, während unten kleine, künstlich
gegrabene, längliche Fischteiche sich befinden, in denen man gegen Be=
zahlung fischen kann. Kaum ein Plätzchen um dieselben war frei. Ganz
dicht nebeneinander saßen zweischwertige Männer auf der Hucke und
angelten mit unerschütterlicher Ruhe und ohne ein Wort miteinander
zu sprechen. Man bezahlt, je nach dem Teich, in welchem man fischen
will, weil der eine mit größeren, der andere mit kleineren Fischen
besetzt ist. Es giebt welche, an denen der ganze Nachmittag nur einen
Silbergroschen kostet. Miethet man alle Teiche zusammen für einen
ganzen Tag, so bezahlt man vier Itebus d. h. zwei Reichsthaler. Was
man fängt, kann man mitnehmen.

Die Regierung benachrichtigt mich, daß an Stelle des einen auf eine andere Stelle versetzten Gouverneurs, von dem ich Euch neulich, glaube ich, schrieb, ein anderer, Namens Mizogutsi Sannti no cami, zum Gouverneur der auswärtigen Angelegenheiten ernannt worden sei und künftig mit mir verhandeln werde. Verhandeln, das heißt so viel als Champagner trinken, denn zum wirklichen Verhandeln lassen es ja die Schurken immer noch nicht kommen.

Gegen Abend kam Kapitän Jachmann und brachte die Musik mit, die auf meine Bitte während der Abwesenheit der „Arcona“ in Joko= hama, an Bord der „Thetis“ geblieben ist. Rechten Genuß hat man nicht mehr davon, denn die Herren Musici sind verloddert und haben sich bedeutend verschlechtert. Jachmann mit seinem Klagen über Lange= weile könnte mich zur Verzweiflung bringen, wenn ich überhaupt zur Verzweiflung zu bringen wäre.

Die größte Neuigkeit des Tages ist, daß das immense Dampfschiff „Niagara“ aus New-York angekommen ist und die japanischen Gesandten, die in Amerika gewesen sind, mitgebracht hat. Wenn dieselben dort sehr überwältigende Eindrücke der Macht der Amerikaner empfangen haben, so kann das auf den Fortgang meiner Geschäfte günstig wirken: ich fürchte aber, sie haben unter den Yankees keinen großen Geschmack für westliche Civilisation bekommen.

Ich habe ein Frühstück in Junisso gegeben, welches von köstlichem Wetter begünstigt war. Dazu eingeladen hatte ich außer meiner ganzen Gesellschaft Mr. Harris und Heusten und außerdem den englischen Gesandten und seine Attachés. Leider ließen Harris und Heusten, weil ein Schwarm amerikanischer Offiziere von der „Niagara“ an Land gekommen war, im letzten Augenblick absagen. Wie die Jakunins es manchmal machen, daß sie einem plötzlich irgend ein Vorhaben zu vereiteln suchen, so machten sie es auch heute. Für diejenigen Herren, die keine eigenen Pferde haben, müssen immer Miethspferde bestellt werden. Heute Morgen erklärten nun die Jakunins auf einmal, heute seien keine Pferde zu bekommen. Glücklicherweise lassen wir uns durch solche Erklärungen nicht mehr abschrecken; es wurden sofort Anstalten getroffen, um die Pferde ohne Vermittelung der Jakunins zu beschaffen, und als dieselben sahen, daß wir Ernst machten, erklärten sie, es sei ihnen endlich doch gelungen, Pferde aufzutreiben. Alcock und seine Attachés holten uns um 11 Uhr ab; Brandt bestieg ein Pferd, das er noch nicht kannte und wurde gleich so hinunter geworfen, daß es krachte; aber er hat sich keinen Schaden gethan und ritt auf einem anderen Pferde mit. Nach einer Stunde Weges durch herrliche Bäume und Hecken und bei hübschen Häuschen vorbei, langten wir in Junisso an. Dort fanden wir einen im Freien hübsch gedeckten Tisch, da ich Koch, Leute und Geschirr vorausgeschickt hatte, und unsere Musik empfing uns mit der englischen Nationalhymne. Das Frühstück schmeckte nach dem Ritt und in der warmen Sonne prächtig. Hunderte von Menschen, die aus der Nachbarschaft herbeigeeilt waren, umstanden uns in ehrfurchtsvoller Entfernung, indem der Ortsvorsteher durch Bind-faden, den er an Bäume gebunden hatte, angedeutet, wie weit sie vordringen könnten. Diese leichte Barriere genügte, um sie zurückzu-halten. Meine jungen Leute sprachen den Getränken tüchtig zu, und als wir uns vom Tisch erhoben hatten, holten sie die Priester des benachbarten Tempels herbei und gaben denselben so viel Goldwasser zu trinken, daß die armen Bonzen ganz trieselig wurden. Wir machten noch einen hübschen Spaziergang in die immer noch nicht geschnittenen Reisfelder und setzten uns dann wieder zu Pferde, um auf einem anderen Wege nach der Stadt zurückzukehren. Als wir von Alcock Abschied nahmen, paßte der englische Attaché Gower, ein allerliebster Junge, nicht auf, ritt eine, vor einem Wachthause stehende, große, hölzerne Laterne an, warf dieselbe um und fiel dabei selbst vom Pferde. Durch das Geräusch erschreckt, drehten sich mehrere Pferde um, darunter auch das von August, der zu gleicher Zeit mit dem Kopf an das Dach eines Hauses stieß und ebenfalls herunterpurzelte. So lagen zwei Attachés auf der Erde, unter schallendem Gelächter der Japaner, die vor ihren Häusern standen. Um 4 Uhr war ich wieder in meiner Behausung und las neu angekommene Zeitungen aus Shanghai, welche den Einzug der Alliirten in Peking melden, zugleich aber von dem infolge von Mißhandlungen stattgehabten Tode des englischen Attachés v. Norman sprechen, der ein guter Bekannter von Botho Eulenburg gewesen sein soll.

Die Kaufleute, die ich mitgenommen und auf die „Elbe" placirt hatte, haben mir faktisch den Gehorsam aufgesagt. Sie haben nach Briefen, die sie mir von Hongkong aus schreiben, sich auf Dampfschiffe gesetzt und fahren nach ihrem eigenen Gutdünken in der Welt umher. Tant mieux: Ich weise ihnen keinen Groschen Geld mehr an. Wir wollen denn doch sehen, wer es länger aushält.

Bitter kalt. Ich habe mir dicke Winterkleider angezogen. Mit
Kapitän Jachmann, Pieschel, August und Brandt fuhr ich nach
der „Thetis" hinaus, wo die Offiziere uns zum Frühstück eingeladen
hatten. Die Sache war mäßig. Um 4 Uhr fuhren wir zurück, theils
segelnd, theils rudernd, und kamen erst spät an Land, von dem die
„Thetis" in einer Entfernung von eineinhalb deutschen Meilen liegt.
Köstlich aber war der Untergang der Sonne hinter dem Fusinoyama.
Abends war wieder gewaltiger Feuerlärm. Ich notire gar nicht mehr,
wie oft Feuerlärm ist. Es vergeht kein Tag und namentlich auch keine
Nacht, wo wir nicht die Feuerglocken hören. Nachdem Schweine,
Hühner und Ziegen bereits zu wiederholten Malen unser Haus unsicher
gemacht und in Gängen und Stuben umhergelaufen sind, ist es heute
auch einem Pferde, das sich losgerissen hatte, gelungen, einzudringen.
Ich dachte, die ganze Bude sollte über den Haufen fallen.

Nach vierwöchentlichem Warten habe ich heute endlich eine Antwort
der japanischen Minister auf meine Note vom 12. Oktober erhalten, aber welche! Nicht rühr an! Sie wollen nicht und sagen, das
„berühmte Preußen" werde doch wohl so vernünftig sein, ihnen keinen
Vertrag abzwingen zu wollen, wenn sie nun einmal nicht Lust hätten,
einen zu machen. Ist das nicht, um Muth und Geduld zu verlieren?
Ich bin heute sehr schlechter Laune gewesen, hoffe aber, die Stimmung
wird morgen besser sein, wenn ich gut geschlafen habe.

Ich ritt ein paar Stunden spazieren und dinirte dann en très
petit comité, um mich vom Trubel der letzten Tage zu erholen.

Die „Niagara" hat für 30 000 Dollars Geschenke für den Taikun
mitgebracht, namentlich Kanonen und darunter ein elfzölliges gezogenes
Geschütz. Ein Artillerieoffizier hat Auftrag, die Japaner im Gebrauche desselben zu unterrichten. Nicht übel. Vielleicht benutzen sie
es, um uns damit zu begrüßen. Die japanische Regierung hat dem
Kapitän und den Offizieren der „Niagara" sagen lassen, es stehe ein
Tempel zu ihrer Aufnahme bereit, und sie würden Alles, was sie be-
dürften, Unterhalt, Pferde rc., umsonst bekommen. Allein der erste
praktische Versuch dieser Gastfreundschaft ist schlecht ausgefallen. Es hat
sich gefunden, daß die Küche in dem Tempel noch nicht in Ordnung
gewesen ist, und die Offiziere haben daher den ersten Tag ihres

hiesigen Aufenthaltes von Eiern leben müssen. Außerdem ist ihnen auf
ihre Bitte um täglich zwanzig Pferde geantwortet worden, man be-
daure, aber mehr als zehn seien nicht aufzutreiben. Am meisten enttäuscht finden sich die Offiziere aber dadurch, daß die japanischen Gesandten, so lange sie noch an Bord waren, ihnen versprochen hatten,
sie sollten in Jeddo von sehr hübschen Mädchen bedient werden. Zu
ihrem Tempel angekommen, haben sie jedoch nichts als Jakunins vor
gefunden, und ihre Bitte um Einlösung des Versprechens der Gesandten
ist mit Hohngelächter beantwortet worden.

Dienstag, den 13. November 1860.
Morgens 8°, mittags 14°.

Da ich den 13. Mai von Berlin abgereist bin, so bin ich heute sechs
Monate von Hause weg. Sechs Monate! und noch gar nichts
geleistet als einige Pflanzen und Fische gesammelt! Es ist wirklich
Unglück.

Um 12 Uhr kam der Gouverneur Mizogutsi Sanuki no cami
zu mir, um sich zu präsentiren. Er scheint nicht übel, ist aber bei
Weitem nicht ein so komischer Kerl als Sa Kai, den er ersetzt hat; auch
trinkt er nicht so flott wie dieser. Unsere Unterredung über allerhand
Gegenstände dauerte etwa zwei Stunden. Kaum war er weg, so fing
es an zu regnen und pladderte den ganzen Tag über nach Herzenslust.
Ich benutzte das, um fleißig zu arbeiten.

Mittwoch, den 14. November 1860.
Morgens 10°, mittags 17°.

Dem gestrigen Regen ist der köstlichste Sonnenschein gefolgt. Zwischen
11 und 12 Uhr ist es so warm, daß man es in der Sonne kaum
aushalten kann. Ein paar Stunden später aber kühlt es sich bedeutend
ab, und der Barometer fällt so rapide (in einer Stunde zwei Linien),
daß wir besorgen, es wird ein Erdbeben kommen. Ich hatte Vormittag
einen Besuch von Mr. Harris, vom Kapitän der „Niagara", Mr. Makeans
und vom Colonel Ripley, welcher die Japaner im Gebrauch der ihnen
neuerdings geschenkten Kanonen unterrichten soll. Die beiden Letzteren
sind alte Herren, die mir sehr wohl gefielen. Sie erzählten eine kleine
Geschichte, die mich amüsirt hat. Als im Anfange dieses Jahres, ich
glaube im Februar, die japanischen Gesandten nach Amerika und zwar
nach San Francisco gingen, war der amerikanische Dampfer, welcher
die Gesandten an Bord hatte, von einem japanischen Dampfer begleitet,
d. h. von einem Dampfer, der zwar in Europa gebaut war, aber den

Japanern gehört und einen japanischen Kapitän und lauter japanische Besatzung hatte. Als die Schiffe in San Francisko angekommen waren, begaben sich sehr viele der dortigen Einwohner an Bord, um sich die Japaner zu besehen. Der japanische Kapitän ließ das geschehen und hatte nur verboten, daß Frauen an Bord kämen. Ein paar Französinnen aber haben sich Männerkleider angezogen und sind so erschienen. Der Kapitän hat sie auch für Männer gehalten und freundlich empfangen. Als er ihnen aber die Hand gegeben hat, hat er gemerkt, daß es Frauen waren. Er hat keine Silbe gesagt, sie auf dem Schiffe umhergeführt und beim Abschiede jeder ein Päckchen zum Geschenk überreicht. Als sie es öffnen, finden sie darin hübsche Haarnadeln.

Donnerstag, den 15. November 1860.
Morgens 8°, mittags 17°.

Es ist wieder außerordentlich schönes Wetter. Nachdem ich Vormittag fleißig gearbeitet hatte, ritt ich zu Harris und machte ihm und den beiden amerikanischen Offizieren meinen Gegenbesuch. Die japanische Regierung fährt trotz aller Versprechungen fort, geizig gegen die Amerikaner zu sein. Erst nachdem Letztere grob geworden sind, hat man Lebensmittel an Bord gesendet. Uns geht es noch viel schlimmer. Alles, was die Schiffe brauchen, müssen sie sich per Boot aus Jokohama kommen lassen. Hunderte und Hunderte von Fischerkähnen ziehen täglich vor ihren Augen den reichsten Fang aus dem Wasser, aber an unsere Schiffe dürfen sie auch nicht einen Fisch verkaufen. Und so ist's und bleibt's trotz aller Remonstrationen. Diese japanischen gouvernementalen Schichten sind wirklich Kanaillen.

Was den Anblick der Landschaft jetzt so sehr lieblich macht, sind die köstlich rothen Ahornbäume und Büsche, die überall hervorgucken und herrlich gegen das dunkle Grün der Nadelhölzer und immergrünen Eichen abstechen. Auch die eben grün werdenden Weizenfelder gewähren einen wunderhübschen Anblick. Aller Weizen ist gepflanzt und steht in Büschelchen, deren jedes ein paar Zoll vom anderen entfernt ist, sehr vergnügt auf dem kohlschwarzen Erdboden, der bis vor vierzehn Tagen alles mögliche Gemüse getragen hat. Wird der Weizen größer, so wird er verpflanzt und im Juni geerntet. Roggen kennen die Leute hier nicht.

Als wir nach Hause kamen, war es 5 Uhr vorbei und recht kühl. Das verhinderte aber einen etwa zehnjährigen Jungen, der in einem Badehause gebadet hatte und von dem heißen Wasser krebsroth aussah, nicht, ganz nackt ein Ende vor uns herzulaufen. Die Badehäuser sind eine eigenthümliche Einrichtung. Es giebt deren in jeder Straße. Unten sind die Baderäume für Männer und Frauen hier in Jeddo durch eine Wand von hölzernen Staketen getrennt, in anderen Städten aber ineinander laufend. Nach der Straße zu sind auch nur Stakete, so daß, wenn man nahe herantritt, man Alles sehen kann, was darin passirt. Fremde läßt man aber nicht herantreten. Im zweiten Stock befindet sich ein Raum zum Abkühlen und Theetrinken; er ist nach der Straße zu ganz offen, und die Männer, die gebadet haben, nehmen ihren Thee daselbst ganz nackt. Wir reiten niemals an einem solchen Hause vorbei, ohne daß eine Anzahl splinternackter Leute an die Balustrade dieses oberen Stockes tritt, um uns zu bewundern.

Freitag, den 16. November 1860.
Morgens 9°, mittags 18°.

Ich lasse jetzt einige elektromagnetische Telegraphen auspacken, um vielleicht dadurch das Herz der Japaner zu rühren. Harris und die amerikanischen Offiziere sind heute auf einem Diner beim Minister der auswärtigen Angelegenheiten, der zu mir geschickt hat und mich hat bitten lassen, ihm zu diesem Zwecke einige Tische zu borgen. Es scheint, daß die Kammern zur Ausstattung des Ministeriums der auswärtigen Angelegenheiten keine übermäßigen Fonds bewilligt haben. Bei meinem Ritte nahm ich heute Wichura mit, um mir die Namen einiger Bäume und Pflanzen zu nennen. Die herbstliche Färbung des Laubes wird immer schöner, und Feld und Wald bieten einen wahrhaft prachtvollen Anblick. Dabei die schöne, milde Luft: es ist wirklich entzückend, aber was hilft das Alles ohne Vertrag!

Ich habe eine kleine Quantität Samen von allen möglichen Gemüsen und sonstigen Pflanzen eingekauft, die ich mit nächster Post nach Berlin senden werde, damit sie noch so zeitig ankommen, daß sie im Frühjahr gepflanzt werden können. Am besten werde ich sie wohl an Baron Hertefeld adressiren, der sie gleich in Berlin in Empfang nehmen und dann an seinen Gärtner schicken kann.

Jeddo, Sonnabend, den 17. November 1860.
Morgens 9°, mittags 20°.

Gestern ist auf der „Thetis" ein Mann an der Ruhr gestorben. Das ist der erste Mann, den sie verloren hat.

Sonntag, den 18. November 1860.
Morgens 9°, mittags 17°.

Im August v. J. sind in Jokohama ein russischer Seeoffizier und
ein Matrose meuchlings ermordet worden. Man hat die Thäter
nie entdeckt, wahrscheinlich, weil man sie nicht hat entdecken wollen;
auch haben die Russen sich außer Stande gesehen, eine eklatante Rache
zu nehmen. Sie haben es aber wenigstens dahin gebracht, daß der Gouverneur von Jokohama damals vor dem Kapitän des Schiffes, zu
welchem die Ermordeten gehörten, Abbitte thun und daß die japanische
Regierung sich verpflichten mußte, den Ermordeten ein Denkmal zu
setzen und für ewige Zeiten zu unterhalten. Dies Denkmal ist jetzt
fertig geworden und soll morgen eingeweiht werden. Ich habe meine
Zustimmung dazu gegeben, daß das Musikkorps und die Schiffs-
mannschaften dabei mitwirken, ferner sollen meine drei Attachés der
Feierlichkeit beiwohnen, und endlich habe ich sämmtliche Photographen
hingeschickt, um womöglich ein Bild von einem Momente der Feierlichkeit zu nehmen, damit dasselbe demnächst an die russische Regierung
geschickt werden kann.

Durch die Abwesenheit der Photographen und Brandts, die heute
Morgen nach Jokohama geritten sind, ist es stiller im Hause geworden, und man genießt ein paar Stunden sonntäglicher Ruhe. Um
3 Uhr setzte ich mich zu Pferde mit Pieschel, der einen scheußlichen,
schwarzen Gaul reitet, nicht von der Stelle kann und für einen
Legationssekretär eine sehr komische Rolle spielt. Er heißt allgemein
„der alte Herr" oder „die Tante". Seine Hauptbeschäftigung
besteht im Einkaufen von schönen Lack- und anderen Sachen, von denen
er schon eine ganze Schiffsladung zusammengekauft hat. Wohl ihm,
daß er Geld genug dazu hat. Ich ritt mit ihm nach einem Punkte,
der den Namen „Der kleine Fusinoyama" führt, und fand dort Berg
zeichnend und Wichura botanisirend. Beide sind charmante Leute.
Sie schlossen sich uns an, und wir machten nun zusammen bis zur
Dunkelheit einen wunderhübschen Ritt, bei dem ich die Genugthuung
hatte, zu führen und mich trotz aller verschlungenen Wege auch nicht
ein einziges Mal zu irren. Mein Rapphengst hält sich gut; zwar
kann er, wenn er aus dem Stalle kommt, kaum ein Bein vors andere
setzen, sobald er aber ein Bißchen im Gange ist, hat er vortreffliche
Gangarten, und trotzdem, daß ich ihn täglich zwei bis drei Stunden
so scharf reite, daß Dir, mein gutes Philippchen, die Haare zu Berge
stehen würden, wenn ich Aehnliches mit Deiner Rappstute thäte, so ist
er dennoch dick und fett und versagt nicht einen Augenblick.

Montag, den 19. November 1860.
Morgens 11°, mittags 20°.

Heute früh ist auch August nach Jokohama geritten, begünstigt vom köstlichsten Wetter. Ich habe fleißig gearbeitet, nur hin und wieder durch den Besuch von einigen japanischen Händlern unterbrochen, die ihre Anwesenheit im Hause mir dadurch kundgeben, daß sie vor meine Kammer kommen und einen Bückling bis auf die Erde machen oder sich hinknieen und mit der Stirn die Erde berühren. Die Kerle sind wirklich liebenswürdig. Von Zeit zu Zeit bringen sie vortrefflichen Kuchen zum Geschenk. Auf jedem Geschenke, das man erhält, liegt zierlich in Papier eingewickelt ein Streifchen Fischhaut. Das bedeutet: „Erinnere Dich an die Einfachheit Deiner Vorfahren, die nur von Fischen lebten, und laß Dich durch das hübsche Geschenk nicht zum Luxus hinreißen". In der Begleitung jedes Händlers sind immer ein paar Jungen von zehn bis zwölf Jahren, die aus- und einpacken. Es sind die wohlerzogensten Jungen, die man sehen kann, mit den besten Manieren und den gutmüthigsten Gesichtern. Was überhaupt rührend ist, ist die Art, wie die Japaner mit ihren Kindern umgehen. Sie schlagen sie nie, deshalb hört man auch nie ein Kind schreien, außer wenn es etwa fällt und sich wehe thut, oder aus Furcht, wenn wir mit gewaltigem Klabaster angetrabt kommen. Ganz kleine Kinder tragen die Mütter in einem Tuch auf dem Rücken, so daß bloß das Köpfchen hinausguckt oder, wenn das Kind schläft, hinaushängt. Später tragen sie sie auf dem Arm, dann aber laufen die Kinder bald auf ihren hölzernen Stelzschuhen, mit einem Zöpfchen hinten und einem anderen auf der Stirn; sind sie Kinder eines Samlei, d. h. eines zur adeligen Soldatenkaste gehörigen Mannes, so tragen sie schon von vier bis fünf Jahren an ein Schwert in der Schärpe. Der Zopf vorn auf der Stirn bleibt den Frauen immer, den Männern nur bis zum 15. oder 16. Jahre stehen. Dann wird er abgeschnitten und der Vorderkopf bis zum Scheitel hin rasirt, so daß die Frisur aussieht, als wenn sich Jemand, wie der kranke König, das Haar von hinten und von den Seiten zusammengekämmt hätte. Wo es nun zusammenkommt, wird aus demselben ein Zöpfchen, wie ein dünnes Würstchen gedreht, sehr fest, mit Stangenpomade eingeschmiert und ganz nach vorn übergelegt. Sobald der Mann bloß dies Zöpfchen, und nicht mehr das auf der Stirn, trägt, darf er nicht mehr unangemeldet in die Frauengemächer kommen.

Der Spazierritt, den ich heute mit Heusken und Richthofen machte, war nicht lang, aber wunderhübsch. Zu meinem Leben habe ich so köstliche Herbstfärbungen des Laubes und der Landschaft nicht gesehen als hier: man kann sich gar nicht satt daran sehen. Aber merkwürdig ist es, daß einem, auch wenn man stundenlang durch Gebüsch reitet, niemals Wild aufstößt, obgleich das Terrain wie für Fasanen gemacht ist und man viel von dem Fasanenreichthum Japans sprechen hört. Neulich brachte jemand drei kleine, jämmerliche Fasänchen zum Verkauf und verlangte für das Stück 3 Itzebus, d. h. 1 Thaler 15 Silbergroschen. Nur Enten und Gänse sieht man in Unmassen und überall, erstere auf allen Teichen und Gräben, letztere besonders in den Reisfeldern.

Ich hatte heute alle Herren, die sich hier befinden, zur Feier des Namenstages der Königin zum Diner geladen. Ich zählte die Häupter meiner Lieben, und sieh! es fanden sich nur sieben. Mit Schwatzen und Whistspielen wurde es heute spät. Es war fast 12 Uhr als ich ins Bett kam.

Dienstag, den 20. November 1860.
Morgens 10⁰, mittags 12⁰.

Heute war es kühl, und mir war nicht wohl. Deshalb bin ich gar nicht ausgegangen. Gestern Abend hat es beim englischen Gesandten gebrannt, man ist der Sache aber noch beizeiten Herr geworden. Um während des Tumults das Haus vor Diebstahl zu bewahren, sind gleich vor jedes Zimmer Jakunins, mit Revolvern bewaffnet, getreten, und überhaupt sollen sich die Japaner, geführt von zwei allerliebsten, frischen Kerls, den Attachés Jower und Macdonald, sehr gut benommen haben. Nachmittags um 4 Uhr kamen August und Brandt von ihrer Exkursion nach Jokohama zurück, wo sie der Einweihung des russischen Denkmals beigewohnt haben. Vom herrlichsten Wetter begünstigt, ist Alles recht gut gegangen. Unsere Marinesoldaten und Matrosen haben propper ausgesehen, der Schiffsgeistliche Kreyher hat gesprochen, und auch der französische Geschäftsträger de Bellecourt hat sich losgelassen. Zufällig ist auch nicht ein einziger Russe hier oder in Jokohama anwesend. Trotz des Ernstes der Feierlichkeit hat Alles lachen müssen, als Bellecourt in großer Uniform angekommen ist und hinter sich nach japanischer Sitte lackirte Kasten hat tragen lassen.

Der große amerikanische Dampfer „Niagara" geht übermorgen von hier nach Hongkong und wird Depeschen und Briefe von mir mitnehmen. Das Schiff, welches mir Nachrichten von Euch bringen soll, wird nun täglich erwartet.

Wenn Ihr diesen Brief bekommt, so nehmt einmal Eure Kinder beim Kopfe und küßt sie tüchtig ab und sagt ihnen, die Küsse kommen vom Onkel Fritz.

Mittwoch, den 21. November 1860.
Morgens 10°, mittags 11°.

Vormittag regnete es tüchtig. Wenn es regnet, so setzen sich eine Unzahl von Raben auf den schwarzen Bretterzaun, der unser Haus umgiebt, und krächzen auf unausstehliche Weise. Wenn man nur schießen dürfte, so könnte man sie zu Dutzenden auf die Distanzen von wenigen Schritten erlegen. Als es mit Regnen nachgelassen hatte, setzte ich mich zu Pferde und machte, von August und drei Jakunins geleitet, einen Spazierritt. Es lag heute so ein Herbstduft über der Landschaft, und die Färbung derselben wird mit jedem Tage wundervoller. Ueber mir liegt schon seit langer Zeit ein melancholischer Herbstduft: werde ich Euch jemals wiedersehen? Und wie? Werde ich Euch alle frisch und gesund finden an Herz und Körper? Werde ich mit Schmach beladen zurückkehren, oder wird es mir gelingen, meine wirklich furchtbar schwierige Aufgabe zu lösen? Nun, es steht Alles in Gottes Hand. Sage dem Feldmarschall, wenn Du ihn siehst, daß das Andenken an ihn und seine Lehren mir schon oft neuen Muth gegeben hat: ich will tapfer bleiben und den Anderen mit gutem Bei= spiel vorangehen.

Und so muß ich denn abermals einen Brief an Euch schließen, ohne Euch sagen zu können, daß ich Nachrichten von Euch empfangen habe. Lebt wohl und denkt an mich nur einen hundertsten Theil so oft, als ich an Euch. — Fritz.

Montag, den 26. November 1860.
Morgens 7°, mittags 7°.

Der Winter ist gekommen. In dieser Nacht hat es gefroren. Zu= gleich aber gab es gegen 12 Uhr, als wir Alle im Bette lagen, einen Erdstoß, daß wieder das ganze Haus wackelte. Das innerhalb der letzten Tage stattgefundene rapide Abfallen der Blätter von den= jenigen Bäumen, welche überhaupt das Laub verlieren, hat der Schön= heit der Gegend keinen Abbruch gethan. Im Gegentheil. Von vielen unserer Reitwege, die an beiden Seiten mit dichtem Gebüsch eingefaßt sind, hat man jetzt eine Aussicht ins Land, und es eröffnen sich Blicke auf Felder, Hügel und immergrüne Baumgruppen, die wundervoll sind.

8*

Dazu die schöne frische Luft und ein munterer Ritt: was will man mehr? Könnte man hier auf dem Lande, unter diesem guten Volke und in dieser köstlichen Natur leben, man könnte wirklich glücklich sein, und so scheinen mir denn auch, während ich so durch die Fluren streiche, alle Schwierigkeiten gering und alle Sorgen eingebildet. Kehre ich aber in die Stadt zurück und begegne den mürrischen oder angetrunkenen Gesichtern der Daimio-Offiziere, oder öffnet sich gar erst knarrend das Thor meines Gefängnisses, dann fällt wieder die ganze Last meiner unerfüllten und ich fürchte fast unerfüllbaren Aufgabe über mich her, und ängstigende Träume lassen mir selbst in der Nacht keine Ruhe. Früher, so lange ich noch auf dem Meere umherfuhr, träumte ich immer, ich sei noch in Berlin, und wenn ich erwachte, hätte ich geschwinde den Kopf wieder unter die Bettdecke stecken und weiter schlafen mögen, um mich nicht von der graulichen Wirklichkeit des Aufenthaltes auf einem Schiffe und den großen, mir bevorstehenden Strapazen und Schwierigkeiten zu überzeugen. Jetzt träume ich auch immer noch, ich sei in Berlin, aber nachdem ich meine Reise gemacht und keinen Vertrag erlangt habe. Ich schäme mich dann im Traume so gewaltig vor Jedem, mit dem ich spreche, und habe ein so beängstigendes Gefühl auf der Brust, daß ich, wenn ich erwache und mich in meinem Bette in Japan finde, vor Vergnügen aufjubeln möchte. Es ist ja noch nicht aller Tage Abend, und der liebe Gott hilft vielleicht.

Heute morgen amüsirten wir uns sehr über den Lackfabrikanten Sjebbi. Er ist der erste Künstler seines Genre in Jeddo, somit in Japan und somit in der Welt. Die lackirten Arbeiten, die er liefert, sind wirklich wundervoll, und alle fünf bis sechs Tage erscheint er mit ein paar Dutzend Kisten und Kasten, um unsere Kauflust anzuregen oder auch wohl nur, um uns recht schöne Sachen zu zeigen: denn er ist sehr stolz auf seine Arbeiten und freut sich königlich, wenn man sie bewundert. Sein liebenswürdiges Wesen hat ihn so sehr zu unserm Freunde gemacht, daß er uns nie verläßt, ohne außer einer gehörigen Quantität Itzebus auch noch kleine Geschenke, als Knöpfe, Messer, Bernsteinperlen oder dergleichen mitzunehmen. Ich führte ihn heute an eine Stempelmaschine, die ich aus Berlin mitgebracht habe und die auf Papier das Wappen des Taikun druckt. Ich nahm ein Stück dickes, weißes Papier, druckte das Wappen darauf und gab es ihm. Erst sah er es mit großer Aufmerksamkeit an, dann plötzlich warf er es hastig in das Kohlenbecken, hielt sich den Mund zu und lief aus der Stube. Er hatte das kaiserliche Wappen erkannt, das er wahrscheinlich, seiner bürgerlichen Stellung nach, nicht anfassen darf. Bald darauf aber schien seine Neugierde über seine Loyalität die Oberhand ge wonnen zu haben. Er kam wieder hinein, schlich an die Maschine, nahm selbst einen Abdruck, steckte ihn in die Brustfalten seines Ge wandes und steckte sich zum Zeichen großer Zufriedenheit über seinen Besitz eine Pfeife an. Diese Pfeifen haben einen Kopf halb so groß als ein Fingerhut, und länger wie einige Minuten hält der Tabak nicht vor. Jeder Japaner, vom höchsten bis zum niedrigsten trägt ein solches Pfeifchen bei sich. Will man ganz fein sein, so stopft man den Kopf lose, zündet den Tabak an einer Kohle an, thut nur einen Zug, klopft die Pfeife wieder aus und hängt sie sich an den Gürtel. Dies Manöver wiederholt sich unaufhörlich, womöglich alle fünf bis zehn Minuten.

Dienstag, den 27. November 1860.
Morgens 6⁰, mittags 13⁰.

Tralallera! die Post ist da!

Mr. Alcock, der englische Gesandte, hat morgen eine Konferenz mit den japanischen Ministern, und um vor derselben Einiges · mit ihm zu besprechen, war ich gegen 3 Uhr zu ihm geritten, mit dem Auftrage an August und sonstige reitlustige Herren, mich in einer halben Stunde von ihm abzuholen. Das Wetter war so herrlich, daß Mr. Alcock und seine Attachés uns zu begleiten wünschten, und so ritten wir denn, mit Einschluß der uns begleitenden Jakunins, etwa zwanzig Mann hoch, nach einem Orte, den wir den Ententeich nennen. Es ist ein Teich mit einem Theehause und einem Tempel und mit unzähligen wilden Enten, die, da sie niemals belästigt werden, sich wie zahme Enten ge bärden, nur daß sie zuweilen von einem Platze auf den andern fliegen. Der Abend und der Rückritt waren köstlich. Hinter dem heute ganz klar daliegenden Jusinoyama war eben die Sonne untergegangen, wäh rend auf der gegenüberstehenden Seite bereits der Vollmond glänzend am Himmel stand und die köstliche Gegend wahrhaft zauberisch be leuchtete. Pieschel, August und Brandt waren zum Essen zu Heusken eingeladen, ich hatte alle übrigen Herren gebeten, bei mir zu essen. Eben hatten wir uns um sechs Uhr zu Tisch gesetzt, als ein schweres Packet hereingebracht wurde, das mittels Courier von Nagasaki ge kommen. Es war die Post! Der Ordnung wegen beschloß ich sie erst nach Tisch zu erbrechen, aber ich befand mich in solcher Aufregung, daß ich mich fast berauscht hätte. Kaum war der letzte harte Entenbissen verschlungen und das letzte Glas vortrefflichen Margaux geleert, als

das Aufschneiden des Packets, die Vertheilung der Briefe und ein so
eifriges Lesen losging, daß Niemand mehr vom Andern Notiz nahm. –
Es ist jetzt zwölf Uhr nachts, und ich sehe, daß mir Briefe von Euch
fehlen, doch darüber morgen.

Mittwoch, den 28. November 1860.

Morgens 7°, mittags 14°.

Einstweilen bin ich nur herzlich froh, zu wissen, daß Ihr Euch vor
vier Monaten alle gesund befunden habt, und ich danke Alexandrinen und den Kindern aufs Innigste für ihre Briefe und für das
liebevolle Andenken, welches sie mir darin aussprechen. —

Donnerstag, den 29. November 1860.

Morgens 5°, mittags 12°.

Habt tausend Dank für all die guten Wünsche, die Ihr mir sendet,
und seid überzeugt, daß ich in Gedanken fortwährend so mit
Euch beschäftigt bin, daß ich mir einbilde, ich mache die Expedition für
Euch. Für all die Noth und Sorge, die ich ausstehe, erbitte ich mir
vom lieben Gott nur das einzige Glück, mich noch einmal in Eure
Arme werfen zu können. Sollte mir das versagt sein, so ist es mir
ganz gleichgültig, ob ich zurückkehre oder nicht, und was aus mir wird.
Dankt auch tausendmal Wrangels und Rothkirchs für die Theilnahme,
die sie mir schenken: sie rührt mich tief, und ich werde sie nie vergessen.

Heute vormittag war ich beim englischen Gesandten, der gestern
eine Zusammenkunft mit den Ministern gehabt hat. Sie scheinen doch
endlich durch meine Halsstarrigkeit gelangweilt zu werden und fangen
an, einen andern Ton anzuschlagen. Sehr mal à propos kommen
aber einige unangenehme Vorfälle in Kanagawa und Jokohama. Ich
habe schon so oft von diesen beiden Orten gesprochen, ohne, glaube ich,
Euch jemals genau gesagt zu haben, wo sie liegen, und auf der Karte
werdet Ihr sie auch nicht finden. Kanagawa liegt am Golf von Jeddo,
drei deutsche Meilen etwa von Jeddo entfernt. Der Golf bildet vor
Kanagawa noch wieder einen Hafen. Auf der andern Seite dieses
Hafens, aber fast zusammenhängend mit Kanagawa liegt Jokohama,
wo alle fremden Kaufleute wohnen. Nur die Konsuln wohnen in
Kanagawa, und beide Orte sind durch die Verträge den Fremden geöffnet. Nach ihrer Abreise von hier ist die „Niagara", der amerikanische Dampfer, von welchem ich Euch schrieb, nach Jokohama gegangen und hat dort ein paar Tage vor Anker gelegen. Den Tag,
ehe das Schiff Japan verlassen wollte, sind etwa siebzehn Matrosen

davon an Land gegangen, haben sich viehisch betrunken und nun einen Skandal ohne Ende gemacht. Dem französischen Chargé d'Affaires haben sie auf der Straße die Cigarre aus dem Munde geschlagen, einen andern Franzosen beraubt und furchtbar gemißhandelt, japanische Häuser gestürmt, kurz einen Unfug getrieben, wie er eben nur von Amerikanern verübt werden kann. Den Tag darauf hat ein englischer Jude, welcher auf die Jagd gegangen ist, und welchen ein Jakunin hat arretiren wollen, diesem Letzteren zwei Revolverschüsse in den Arm gegeben, und die deutschen, dummen Bengels, die in Jokohama wohnen, ohne irgend ein Recht dazu zu haben, lassen es auch an allen möglichen Brutalitäten gegen die Japaner nicht fehlen. Du kannst Dir denken, in welche Wuth mich das versetzt; denn wie kann man es nach solchen Vorfällen der japanischen Regierung verargen, wenn sie mit den Fremden nichts zu thun haben will. Aber diese grünen Kaufmannsjungen machen, als ob ihnen die Welt gehört. Namentlich einer ist darunter — aus Hamburg, den ich gehörig auf dem Zuge habe. Wenn ich irgend kann, so brocke ich ihm eine ordentliche Suppe ein.

Freitag, den 30. November 1860.
Morgens 6°, mittags 12°.

Heute hat es einmal wieder den ganzen Tag über geregnet, und ich bin gar nicht ausgegangen. Um 3 Uhr kamen die Kapitäns Sundewall und Jachmann und des ersteren Schwager, Baron Bennet. Die „Arcona" ist länger als drei Wochen in Jokohama gewesen um einen Leck zu suchen und auszubessern. Sie hat ihn glücklicherweise gefunden, er ist dadurch entstanden, daß unsere ehrenwerthen Schiffsbaumeister eiserne Bolzen mit Kupfer in Verbindung gebracht haben. Nun frißt aber bekanntlich Kupfer das Eisen auf, und so ist es gekommen, daß von zwölf eisernen Bolzen zehn gänzlich verzehrt und zwei nur noch einen viertel Zoll lang existirten. Brachen diese beiden Endchen während des Taifuns vom 2. September, so wäre, wie mir Sundewall sagt, die „Arcona" innerhalb zehn Minuten verschwunden. Recht beruhigend!

Sonnabend, den 1. Dezember 1860.
Morgens 7°, mittags 10°.

Als ich heute Morgen aufgestanden war und in mein kleines Vorderstübchen trat, fand ich dasselbe mit Asternbouquets und Asterngewinden festlich dekorirt und auf dem Tische einen schönen, goldlackirten Rauchapparat, ein dito Schreibzeug und ein von Berg ganz köstlich gezeichnetes Gedenkblatt, welches in der Mitte die Inschrift trägt:

„Dem Grafen Friedrich zu Eulenburg widmen dies Zeichen der Verehrung seine Getreuen. C. Pieschel, v. Brandt, v. Bunsen, A. Eulenburg, M. Lucius, F. v. Richthofen, Wichura, A. Berg."

Ich stutzte einen Augenblick, weil ich nicht recht wußte, was es bedeuten sollte. Dann besann ich mich darauf: Ihr aber werdet es entfernt nicht ahnen. Am 1. Dezember 1835 wurde ich vom Präsidenten v. Zander vor dem Kollegium des Oberlandesgerichts in Königsberg als Auskultator vereidigt. Ich feierte also heute mein 25jähriges Jubiläum. Vor vielen Monaten hatte ich einmal, in Gegenwart einiger meiner Begleiter, meine Dienstzeit ausgerechnet: sie hatten es behalten und mir nun diese wirklich rührende Ueberraschung bereitet. Es regnete den ganzen Tag über, so daß ich nicht ausgehen konnte. Die jungen Herren hatten sich zusammengesetzt und frühstückten mit Champagner, sangen dabei auch ein Liedchen. Ich schwatzte mit Sundewall und Jachmann und traf mit ihnen für alle möglichen Eventualitäten alle möglichen Verabredungen. So kam 6 Uhr abends heran. Mit den schönen Astern hatte ich meine Empfangszimmer dekoriren und dieselben außerdem mit japanischen Laternen erleuchten lassen. Es sah sehr hübsch aus. Die ganze Gesellschaft und Heusken dinirten bei mir: wir waren sechzehn Personen, und ich kam mir als Jubilar viel mehr komisch als würdig vor. Jedenfalls bin ich wohl der erste preußische Beamte, der ein Jubiläum in Japan feiert. Als Pieschel mir heute Morgen gratulirte, sagte ich ihm, da sei nicht viel zu gratuliren: ein solches Fest zeige nur, daß man ein alter Kerl sei. „Nun, wenn man aber noch so rüstig ist", antwortete er. Philippchen! Ich muß mir schon sagen lassen, daß ich noch rüstig bin. Es ist scheußlich!

Die letzte Post hat auch Briefe für die Offiziere und Mannschaften von „Frauenlob" gebracht, die längst im kühlen Wassergrabe liegen. Es war zu traurig. Die arme Frau des Lieutenant Retzke! In diesen Tagen werdet Ihr wohl ungefähr die Nachricht von unserer Ankunft in Japan erhalten, sie wird keinen Brief bekommen und wohl ahnen, was der Grund ist.

Sonntag, den 2. Dezember 1860.
Morgens 10°, mittags 17°.

Der zweitägige Regen hat wieder dem köstlichsten Wetter Platz gemacht. Es ist ein paar Stunden am Tage so warm, daß ich bei offenen Thüren sitzen und schreiben kann. Sundewall und Jachmann kehren an Bord ihrer Schiffe zurück, begleitet von Heinrich, der neue Weinvorräthe an Land schaffen, und von August, der mir Bücher und

Akten holen soll. Eine kleine Quantität Bordeauxwein habe ich schon in Jokohama kaufen müssen, zum Preise von etwa einem Reichsthaler die Flasche. Er ist nicht geradezu schlecht, aber ein Bißchen säuerlich, und neben meinem Michaelsenschen Tischwein will er durchaus nicht munden. Glücklicherweise sind von Letzterem noch 500 Flaschen auf der „Elbe", die ja wohl in acht Tagen ankommen muß. Der wohlfeilste und beste Genuß, den man hier hat, sind die Manila-Cigarren in Form von Havanna-Cigarren. Sie sind vortrefflich und kosten etwa fünfzehn bis sechzehn Thaler das Tausend: ich rauche täglich zwölf bis fünfzehn. Seit vierzehn Tagen giebt es keine Trauben mehr. Die Früchte, welche unser Dessert bilden, sind kleine, recht appetitliche, aber ziemlich saure Orangen und Kakis, eine Frucht von der Form einer Quitte mit sehr weichem Fleisch, mir etwas zu weichlich.

Dienstag, den 4. Dezember 1860.

Gestern ist nichts Bemerkenswerthes vorgefallen. Aber heute habe ich einen amüsanten Besuch von den Gouverneurs gehabt. Sie kamen zu Zweien, Oribeh und Kurokawa: der dritte, Mizogutsi, ist zum Kommandanten der Leibwache des Taikun ernannt, und ich werde also mich mit der Ehre, ihn einmal gesehen zu haben, begnügen müssen. Mit verbindlichem Danke für die Globen, die ich geschenkt hatte, brachten sie als Gegengeschenk des Taikun an den Regenten zwei wunderhübsche Kohlenbecken und zwanzig Stück weißen und rothen Crêpe, von einer Schönheit, wie derselbe eben nur in Japan gemacht wird. Ich sehe die Prinzessin von Preußen bereits davon umwallt. Für mich per-sönlich brachten sie, als persönliches Geschenk ihrerseits, eine Menge Kleinigkeiten, die mich sehr amüsirten. Das Rührendste aber war, daß sie auch Brandt eine Aufmerksamkeit erwiesen. Ich schrieb Euch, denke ich, daß sie vor vielen Wochen bei einem Besuche, den sie mir machten, erzählten, das Werk des Generals v. Brandt: „Die Taktik der drei Waffen", sei auch in Japan bekannt, und daß sie sehr erfreut waren, den Sohn des Verfassers kennen zu lernen. Nun brachten sie Brandt eine japanische Uebersetzung des Buches mit. Die Unterhaltung war so lebhaft, als sie vermittelst Dolmetscher geführt werden kann: um 2 Uhr waren sie gekommen und um 5 Uhr, als es schon dunkel wurde, gingen sie weg.

Der durch zwei Pistolenschüsse am Arm verwundete Jakunin in Jokohama soll gestern gestorben sein: das ist sehr übel. Es ist hundert gegen eins zu wetten, daß aus Rache irgend ein Europäer ermordet werden wird.

Mittwoch, den 5. Dezember 1860.
Morgens 9°, mittags 14°.

Schon früh kam die Nachricht aus Kanagawa an, daß dort unser Transportschiff „Elbe" eingetroffen ist. Ich arbeitete und schrieb vormittags und ritt dann zu Mr. Harris, der morgen eine Konferenz mit den Ministern hat. Ich denke und hoffe zu Gott, dieselbe soll nun endlich ein günstiges Resultat für mich bringen. Den Ministern zu schreiben hilft gar nichts. Denn erstlich antworten sie niemals früher als vier Wochen, nachdem sie die Note erhalten haben, und zweitens quatschen sie fortwährend dasselbe Zeug. Man muß mit ihnen sprechen, und da sie es bisher möglichst vermieden haben, mit mir persönlich in Berührung zu kommen, so muß ich sie immer durch die anderen Gesandten bearbeiten lassen. So ist, trotzdem daß die Zahl der zwischen uns gewechselten Noten gering und die Zahl unserer Zusammenkünfte noch geringer gewesen ist, der indirekte Verkehr zwischen uns doch nie ins Stocken gerathen.

Wichura läßt heute eine Sammlung Pflanzensamen an das Ministerium abgeben. Ich benutze diese Gelegenheit um ein Kistchen Samen auch an Dich zu schicken. — Theile ihn zwischen Hertefeld und Rothkirch und sage ihnen, sie sollten die Hälfte immer im Garten, die andere Hälfte womöglich im kalten Gewächshause pflanzen und dann sehen, ob ein Tannenbaum oder eine Rübe daraus wächst.

Donnerstag, den 6. Dezember 1860.
Morgens 9°, mittags 11°.

Als ich heute, um 5½ Uhr abends, von meinem Spazierritte zurückkam, fand ich meinen Hof voll Norimons, Träger und Laternen. Es war der Zug von Mr. Harris, der heute eine Konferenz mit den japanischen Ministern gehabt hatte und selbst gekommen war, um mir die frohe Botschaft mitzubringen, daß dieselben sich endlich bereit erklärt haben, Bevollmächtigte zu ernennen um einen Vertrag mit Preußen abzuschließen. So hat denn also der alte Gott wieder einmal geholfen: mein Herz ist der innigsten Dankbarkeit voll.

Ich bat Harris, bei mir zu essen, und er acceptirte. Er trinkt nie Wein und ißt selten Fleisch; man muß ihn mit Reis und Curry füttern. Das hinderte aber nicht, daß wir ganz munter waren. Wenn ich mich mit Harris unterhalte, so spricht er englisch und ich französisch; das geht sehr gut.

Freitag, den 7. Dezember 1860.

Morgens war der Kommandant des Transportschiffes „Elbe", Lieutenant Werner, bei mir. Er erzählte unter Anderm, daß er auf der Insel Formosa ein Gefecht gehabt habe. Auf der Südspitze derselben ist er ans Land gegangen und plötzlich von Schüssen der Eingeborenen empfangen worden, wobei ein Herr v. Kleist einen Schuß in den Gürtel und einen in den Hemdkragen erhalten hat, ohne verwundet zu werden. Die Herren Preußen haben wieder geschossen und einen Formosaner erlegt. Dann haben sie noch vom Schiffe aus einige Kartätschen nach dem Dorfe geworfen, aus dem die Angreifer gekommen sind, und haben sehen können, wie die Einwohner mit Weib und Kind und Kühen eiligst die Flucht ergriffen haben.

Montag, den 10. Dezember 1860.

Da ich nöthig hatte, einige Leute in Kanagawa und Jokohama zu sprechen, dieselben aber nicht hinüberkommen lassen konnte und es außerdem vermeiden wollte, zu Lande nach Kanagawa zu gehen, weil ich dann bei Bellecourt hätte wohnen müssen, und dieser mich mit Geschichten von dem Attentate auf seinen gardien de pavillon zu Tode gelangweilt hätte, so ersuchte ich Kapitän Jachmann, mich auf die „Thetis" hinüber zu fahren, wo ich dann Alles an Bord dieses Schiffes abmachen konnte und nur einen kurzen Besuch an Land zu machen hatte.

Als ich Sonnabend, den 8., morgens 7 Uhr aufstand, waren nur drei Grad Wärme. Mit August und Heusken, den ich eingeladen hatte, die Partie mitzumachen, setzte ich mich um 9 Uhr in ein Boot und fuhr nach der „Thetis" hinaus. „Arcona" und „Elbe" lagen in geringer Entfernung davon, und die drei Schiffe sahen sehr stattlich aus. Das Wetter war prächtig. Sundewall, dem ich auf der „Arcona" einen kurzen Besuch abstattete, sagte mir, er wolle uns begleiten, und so segelten „Arcona" und „Thetis" nebeneinander, bis es nach einer halben Stunde so windstill wurde, daß Erstere Dampf aufmachte, und uns ins Schlepptau nahm. Nach etwa vierstündiger, sehr hübscher Fahrt kamen wir auf der Rhede von Jokohama an: wir dinirten sehr munter zusammen, und in einer Hängematte schlief ich sehr gut bis 5 Uhr morgens, wo der Signalschuß der „Arcona" mich weckte, und dann das Schlagen der Reveille und das gleich darauf beginnende Scheuern des Decks einen solchen Höllenlärm verursachte, daß an Schlaf nicht mehr zu denken war.

Sonntag, den 9., bald nach 8 Uhr, ließ ich mich an Land fahren. Das Meer war spiegelglatt und mit einem leichten, durchsichtigen Nebel bedeckt, der die Schiffe alle doppelt groß erscheinen ließ. Der schneebedeckte Fusinoyama war wundervoll roth von der Sonne beschienen, und es lag über der ganzen Natur sonntägliche Stille. In Kanagawa gelandet, machte ich Bellecourt einen Besuch und fuhr dann nach der „Arcona", auf welche ich in der Zwischenzeit meine Sachen hatte hinüberbringen lassen. Dort wohnte ich dem Gottesdienste bei, frühstückte und trat, nachdem ich alle die Personen empfangen hatte, die ich sprechen wollte, meine Rückreise nach Jeddo an. „Thetis" blieb auf Jokohama-Rhede. Es fing schon an zu dunkeln, als wir vor Jeddo ankamen, ich blieb deshalb die Nacht an Bord.

Montag, den 10., morgens fing es an, in Strömen zu regnen, und danach begann es so heftig zu wehen, daß an ein Hinüberfahren nach dem Lande nicht zu denken war. Erst um 3 Uhr legte sich der Wind ein wenig. Es wurde meine Pinnasse ausgesetzt, und nun ging die Fahrt unter Segel los. Einzelne Windstöße (Böen) legten das Boot zuweilen so auf die Seite, daß mir ganz unheimlich wurde, und die Wellen spritzten hinein, daß wir ganz naß waren. Zu Hause angekommen, war mir zu Muth, als hätte ich eine längere Seereise gemacht. Meine weißen, papiernen Gemächer mit ihrer frischen Luft kamen mir wie ein Palast vor, im Verhältniß zu den dunkeln, dampfigen Räumen des Schiffes, in denen ich leider bald wieder mein Hauptquartier werde aufschlagen müssen, und zwar für lange Zeit, da, wie ich höre, in Shanghai, wohin ich mich demnächst zu begeben gedenke, am Lande nicht unterzukommen sein wird, weil alle Wohnungen von englischen und französischen Truppen occupirt sind.

Dienstag, den 11. Dezember 1860.

Dem Hamburger, von dem ich Dir neulich schrieb, fängt es an, unheimlich zu werden. Er und noch fünf andere Gesellen seines Gelichters haben beschlossen, Japan in den nächsten Tagen zu verlassen. Glückliche Reise!

Mittwoch, den 12. Dezember 1860.

Es regnete den ganzen Tag. Die Gouverneurs hatten sich zu 12 Uhr ansagen lassen. Um 11½ Uhr aber ließen sie mich wissen, daß derjenige unter ihnen, der das Amt des Spions bekleidet, im Schlosse derart beschäftigt sei, daß er nicht zu mir kommen könne, und da sie ohne ihn nicht erscheinen dürften, so müßten sie ihren Besuch auf morgen verschieben. Ich hoffe, sie kommen mir ankündigen, daß sie vom Tai kun Vollmachten zum Vertragsabschluß erhalten haben.

Sundewall und sein Schwager, Baron Bennet, kamen heute an Land: ich habe sehr fleißig gearbeitet, um den Vertragsentwurf und alles Nöthige zu den Verhandlungen vorzubereiten. Gott gebe mir, daß die Sache nun endlich in Gang und nicht wieder etwas dazwischen kommt.

Alexandrineus und Deine Photographie hängen in meinem Stübchen und sehen mich ununterbrochen an; allein heute ist Alexandrine hinuntergepurzelt; ich hoffe, das hat nichts Anderes zu bedeuten, als daß der Drahtring schlecht war, an dem das Bild hing.

Donnerstag, den 13. Dezember 1860.

Heute hat endlich die Auswechselung der Vollmachten zwischen mir und den Gouverneurs stattgefunden. Um 2 Uhr erschienen die beiden alten Gouverneurs Hori Oribeh no cami und Kurokawa Satsju und ein neuer, Takomoto Dsuji no cami, in Begleitung von elf Beamten. Einer derselben trug eine in violetter Seide eingehüllte Schachtel, in der die Vollmacht des Taikun für die Gouverneure lag. Nach japanischer Sitte machten sie erst eine Menge Umstände, ehe sie mit der Vollmacht herausrückten. Sie behaupteten, das könne ja bleiben, bis wirklich ein Vertrag zu Stande gekommen sei. Um der Diskussion ein Ende zu machen, entfaltete ich meine Vollmacht, und da entschlossen sie sich, ein Gleiches auch mit der ihrigen zu thun. Als wir mit dem geschäftlichen Theile der Konferenz zu Ende waren, bewirthete ich sie wie gewöhnlich mit Sekt, Sardinen, kaltem Fleisch ꝛc. und fragte sie über alle möglichen Gegenstände, namentlich ihr Militärwesen, aus. Sie sind mit jeder Auskunft darüber sehr zurückhaltend, und mitten im Gespräch sagte Oribeh auf einmal: „Spielen die Kinder in Preußen auch mit Drachen, die sie fliegen lassen?" So wollte er das Militärgespräch abbrechen, ich antwortete ihm aber: „Ja, sie spielen auch mit Drachen, ihr Hauptvergnügen ist aber, Soldat zu spielen", und so habe ich sie beim Thema festgehalten. Sehr verwundert waren sie, als sie hörten, daß in Preußen Jedermann Soldat werden müsse. „Auch der Sohn eines Grafen?" fragten sie.

Jeddo, Freitag, den 14. Dezember 1860.

Das englische Kriegsschiff „Pioneer" ist aus Shanghai angekommen und hat mir Zeitungen bis zum 31. August, aber keine Briefe mitgebracht. Ich zerbreche mir den Kopf, woran das liegen kann.

Heute Vormittag kam von jedem der Schiffe „Arcona", „Thetis" und „Elbe" ein Boot an Land, und der Inhalt dieser Boote, Offiziere, Kadetten, Matrosen, trampelten im Hause umher, daß wahrhaft japanische Geduld dazu gehörte, um sie nicht alle hinauswerfen zu lassen. Auch hatte ich Besuch vom holländischen Generalkonsul de Wit, der bisher in Nagasaki gewohnt hat und jetzt seinen Wohnsitz hier aufschlagen will. Er scheint ein sehr angenehmer Mann zu sein.

Ich weiß nicht, ob ich Euch schrieb, daß ich am Sonntag, den 9. d. M., als ich nach der Rhede von Jokohama gefahren war, dort einen Kaufmann Harkort gesprochen hatte. Er ist ein Sachse, wohnt in Shanghai; er hat daselbst eins der größten Kaufmannshäuser. Daß er ein Sachse ist, schadet nichts, würde der Feldmarschall sagen, im Uebrigen ist er ein gebildeter und anständiger Mann, und deshalb erfüllte ich seinen sehnlichsten Wunsch, ihm zu erlauben, nach Jeddo herüberzukommen und bei mir zu wohnen. Seit gestern ist er hier einquartiert.

Mit ihm und mehreren Anderen machte ich heute einen schönen Spazierritt, während über den Verlauf des Diners und des Abends nichts Sonderliches zu vermerken ist.

Sonnabend, den 15. Dezember 1860.

Der heutige Tag war nach allen Richtungen hin sehr befriedigend. Um 11 Uhr vormittags setzte ich mich beim herrlichsten Wetter von der Welt mit meiner ganzen Gesellschaft zu Pferde und ritt nach der amerikanischen Gesandtschaft, um daselbst die Herren Harris und Heusken und außerdem den amerikanischen Konsul in Kanagawa, Herrn Dorr, abzuholen. Letzterer heißt überall „der General Dorr", ich glaube, weil er einmal Generalagent irgend einer Gesellschaft gewesen ist. Er ist ein seelenguter Kerl, säuft wie ein Schauspieler und hat ganz dicke Gichtbeine, was ihn aber nicht verhindert, morgens um 7 Uhr ein Glas Champagner mit bitterem Schnaps gemischt zu trinken. Mit diesen Herren vereint ging die Reise nun weiter nach dem Orte, von welchem ich Euch unter der Bezeichnung „Ententeich" schon mehrmals geschrieben habe. Eigentlich heißt er Sendschoko, besteht aus einem wunderhübschen Tempelchen, einigen Theehäusern und einem Teich, der so dicht von wilden Enten bedeckt ist, daß ich Aehnliches nie gesehen habe. Dorthin hatte ich meine Leute mit Frühstück vorausgeschickt, und als wir ankamen, fanden wir vor dem Tempel im Freien eine lange Tafel gedeckt, auf der die schönsten kalten Braten, namentlich

wilde Gänse, standen, und welche mit improvisirten Sitzen aller Art,
aufrecht gestellten Brettern, Tönnchen 2c. umgeben war. Wer keinen
Sitz der Art erlangen konnte, legte sich auf die Erde. Ein Dutzend
Jakunins in seidenen Staatskleidern saß auf ähnliche Weise in einiger
Entfernung. Nur Hunderte von Japanern standen umher, durch einen
von einem Baum zum anderen gezogenen Bindfaden in respektvoller
Entfernung gehalten. Beim kalten Braten, Eiern, Orangen, Sekt und
Goldwasser waren wir seelenvergnügt, und auch den Jakunins ließ ich
ein paar Flaschen Sekt verabreichen. Die Kerle sind zu komisch damit.
Sie machen nun schon, als ob sie dies Getränk genau kennen und
leiden nicht mehr, daß Heinrich die Flaschen aufmacht, sondern besorgen
dies selbst. Gleichwohl erschrecken sie jedesmal, wenn der Pfropfen
knallt, begießen sich stets ihre seidenen Kleider beim Eingießen der
ersten Gläser, halten dann ängstlich den Daumen auf die Flasche und
verwundern sich jedesmal des Todes, daß der hinausgesprungene
Pfropfen nicht wieder in die Flasche hineingehen will. Korkpfropfen
und Bouteillen kennen und machen die Japaner nicht, und ich glaube,
meine Leute machen mit leeren Flaschen, die sie verkaufen, gute Geschäfte.

Nach dem Frühstück promenirten wir in den wunderhübschen
Umgebungen des Ortes und setzten uns dann wieder zu Pferde, um
auf einem anderen und weiteren Wege, als wir gekommen waren, nach
Jeddo zurückzureiten. Die Jakunins hatten augenscheinlich zu viel getrunken, machten Manöver mit ihren Pferden, waren sehr laut und
possirlich. So ritten wir im Trabe durch ein Dorf und begegneten
gerade einer langen Reihe von Lastpferden, die alle mit langen,
hölzernen Gefäßen beladen waren, in welchen sich flüssiger Dünger der
schlimmsten Art befand. Da ging einem der Jakunins sein Pferd
durch; ich hörte das Klabastern und bog eben mein Pferd zur Seite,
um ihn vorbei zu lassen, als er mit solcher Heftigkeit gegen eins der
eben erwähnten Gefäße ritt, daß er mit sammt seinem Pferde lang
auf die Erde geworfen wurde, und der ganze Inhalt des Eimers sich
über seine seidenen Kleider ergoß. Der Kontrast zwischen der eben
noch so übermüthigen Laune des armen Kerls und der traurigen Figur,
die er spielte, als er hinkend und mit brauner Sauce begossen in das
nächste Theehaus humpelte, war so groß und so komisch, daß wir Alle
und namentlich auch die Jakunins in ein helles Gelächter ausbrachen.
Da Letztere riefen: „Jroschi! Jroschi!", was so viel bedeutet als
„all right", machten wir uns um so schleuniger auf den Weiterritt,
als unsere Geruchsnerven durch das Ereigniß auf sehr unangenehme

Weise in Anspruch genommen wurden. Herr Hartort stürzte noch einmal über den Hals seines Pferdes weg, als dieses in ein Loch trat und auf die Stirn fiel. Im Uebrigen ging aber Alles glücklich von Statten, und bald nach 4 Uhr waren wir wieder zu Hause. Und was fanden wir da? Die Post aus Preußen, darunter Alexandrinens Brief aus Liebenberg vom 19. September.

Sonntag, den 16. Dezember 1860.

Heute blies ein heftiger Wind aus Süden, d. h. von der Seite her, nach welcher unsere Zimmer liegen. Infolgedessen war im ganzen Hause unausstehlicher Zugwind, der mich um so mehr inkommodirte, als ich sehr viel zu thun hatte und deshalb nicht ausgehen konnte. Kapitän Jachmann, der gestern an Land gekommen war, zog es vor, auch heute noch hier zu bleiben und zum Diner behufs der Erwärmung einige Flaschen dieses überaus edlen Getränkes, mit welchem Herr Michaelsen in Bordeaux mich versehen hat, mit mir zu leeren. Ich glaube, der Wein war ein wenig schuld daran, daß ich über Tisch unverhältnißmäßig grob gegen meine Herren Bedienten wurde. Wenn von irgend etwas die Rede ist, das sie interessirt, so stehen beide mit offenem Maule da und überlassen die Tischgäste sich selbst. Nur wenn bei Tisch englisch oder französisch gesprochen wird, geht die Bedienung regelmäßig vor sich. Paul ist aufmerksam und sehr reinlich, aber er ist eine weiche Natur, auf dem Schiffe gar nicht zu brauchen, und ein Mann von klugen und schönen Redensarten. Nur eine Eigenschaft haben Beide, die über Vieles hinweg hilft: sie sind treu wie Gold und anscheinend an meine Person attachirt. Da kann man denn schon manches Andere übersehen. Heinrich scheint außerdem kaufmännisches Talent zu besitzen, denn neulich bin ich dahinter gekommen, daß er etwa 150 Schachteln sehr guten japanischen Zahnpulvers gekauft hat, um in Europa damit ein Geschäft zu machen.

Montag, den 17. Dezember 1860.
Morgens 5°, mittags 10°.

Um 2 Uhr setzte ich mich zu Pferde und ritt zum niederländischen Generalkonsul de Wit, um demselben einen Gegenbesuch zu machen. Dann ritt ich zum englischen Gesandten. Dieser nimmt in aller Gutmüthigkeit die Miene an, als ob ich ihm die günstigere Wendung meiner Verhandlungen mit der japanischen Regierung zu verdanken hätte. Er irrt sich, aber das schadet nichts; ich lasse ihn gern bei seinem Glauben. Die Sache steht einfach so: mir gebührt nur das

Verdienst, den Punkt gefunden zu haben, bei welchem die japanische Regierung faßbar war. Das Fassen selbst konnte ich nicht besorgen, das mußte seitens der anderen Gesandten geschehen. Am bereitwilligsten und geschicktesten war der Amerikaner; ihm verdanke ich den eigentlichen Erfolg. Aber auch dem Engländer muß ich sehr dankbar für den guten Willen sein, mit welchem er auf meine Wünsche eingegangen ist. Der Franzose ist zu sehr mit sich und der Geschichte seines gardien de pavillon beschäftigt, als daß er für irgend etwas Anderes Sinn oder Zeit hätte.

Mehrere meiner Herren kamen, mich verabredetermaßen von Alcock abholen. Mit ihnen machte ich noch einen hübschen, langen Spazierritt, bei welchem uns die beiden schönen, englischen Hühner= hunde von Mr. Gower begleiteten, die jeden Europäer wie ihren Freund betrachten und heute mehrere Fasanen aus den Gebüschen jagten.

Dienstag, den 18. Dezember 1860.
Morgens 6°, mittags 14°.

Das Wetter war wunderschön; in den Mittagsstunden saß ich bei offenen Thüren. Aus Jokohama kommt die Nachricht, daß da= selbst der englische Oberbefehlshaber der Truppen in China, Sir Hope Grant, eingetroffen ist und zwar mit seiner Frau und einigen Adjutanten. Er kommt bloß, um sich Japan anzusehen.

Mittwoch, den 19. Dezember 1860.

Bei unserem heutigen Spazierritt machten wir wieder einmal eine Entdeckungsreise, d. h. wir schlugen irgend einen der sich hundert= fach kreuzenden Wege, den wir noch nicht kannten, ein und kamen dabei auf ein ländliches Daimio=Etablissement, an dem wir uns gar nicht satt sehen konnten. Alles ist gepflanzt, Alles ist künstlich angelegt, aber mit so unendlichem Geschmack oder vielmehr mit solchem Gefühl für die Natur, daß man immer glaubt, Alles sei wild gewachsen, wie es da steht, und der Mensch habe nur Bäume weggenommen, um sich ein Haus zu bauen und ein Feld anzulegen. Was der Gegend nun wieder noch einen besonderen Reiz verleiht, ist, daß das junge Nadelholz der Kryptomeria sich röthet und von der Abendsonne beschienen die herr= lichsten Effekte hervorbringt. Und dabei sieht Alles so aus, als ob man in Deutschland wäre, nur niedlicher, heimlicher. Ich bin ganz verliebt in das Land; wie unendlich mehr spricht es mich an als Ceylon.

Donnerstag, den 20. Dezember 1860.

Ich bekam einen Brief von Lord Elgin aus Tientsin, worin er mir schreibt, es sei sehr unwahrscheinlich, daß ich in China etwas ausrichten würde: die Chinesen schienen ihm Lust zu haben, erst abzuwarten, wie die Ausführung der neuen Verträge sich gestalten würde. Das klingt anders als dasjenige, was er mir in diesem Frühjahr in Paris sagte, wo er meinte, ich möge nur zu gleicher Zeit mit ihm nach China kommen, dann garantire er mir den Abschluß eines Vertrages. Glücklicherweise habe ich bei den enormen Schwierigkeiten, die ich hier zu bekämpfen gehabt habe, so viel gelernt, daß es mir auf Lord Elgins Hülfe nicht mehr so viel ankommt als früher. Damit will ich nicht sagen, daß ich die Zuversicht hätte, in China zu reussiren; im Gegentheil, die Sachen stehen dort sehr übel. Man ist in Peking eingerückt, der Kaiser hat sich jenseits der chinesischen Mauer zurückgezogen und ein Bruder des Kaisers hat beim Friedensschluß den Alliirten alle möglichen Konzessionen gemacht. Allein, wie ich aus zahlreichen Briefen ersehe, die ich aus China empfange, hat auch nicht ein einziger der dort etablirten Kaufleute Vertrauen in den Bestand der Traktate und des durch sie begründeten Zustandes. Alle Welt hat das Gefühl, daß die chinesische Regierung entweder gar nicht Willens ist, zu halten, was sie versprochen, oder daß sie nicht stark genug dazu ist, da ihr Ansehen durch die letzten Niederlagen und die Entfernung des Kaisers bedeutend gelitten hat. Man ist also darauf gefaßt, daß neue Zerwürfnisse zwischen China und den Westmächten entstehen werden, und man weiß, daß die Engländer nicht die geringste Lust haben, nochmals Krieg zu machen. Es kostet zu viel Geld. Was aber dann? Diese Reflexionen macht Lord Elgin gewiß so gut als jeder Andere; er ist der Sache herzlich müde, bereitet sich zur Rückkehr nach Europa vor und scheert sich den Teufel darum, ob Preußen einen Vertrag mit China macht oder nicht. Statt eines solchen lauen Bundesgenossen ziehe ich vor, lieber gar keinen zu haben. Bekomme ich nur hier einen Vertrag, so ist die Hauptsache erreicht, dann will ich in China auf eigene Hand agiren: gelingt's nicht, so schadet es auch nicht, denn preußische Schiffe und preußische Unterthanen werden daselbst schon jetzt wie Engländer und Franzosen behandelt und haben, wenn kein Vertrag mit China zu Stande kommt, nicht viel zu verlieren. Hier steht die Sache anders: ein Angehöriger eines Staates, der keinen Vertrag mit Japan hat, wird gar nicht an Land gelassen und müßte ich ohne Vertrag von hier

abziehen, so würde Japan auf lange Zeit hin für Preußen verschlossen sein.

Sundewall schreibt mir aus Jokohama, daß der französische Kontreadmiral Page mit der Fregatte „Renommée" und der Korvette „Monge",
aus China kommend, daselbst zu Anker gegangen sei.

Bei meinem heutigen Spazierritte machte ich einen Sturz, der
gefährlich hätte werden können. Auf neuentdecktem Wege ritt ich vorweg auf einem Fußsteige, der längs eines Bergrückens hinführte. Derselbe wurde plötzlich so schmal und schlüpfrig, daß ich gern umgedreht
wäre, wenn das möglich gewesen wäre; als ich eben darüber nachdachte,
was zu thun sei, brach ein Stück Erde ab, mein Pferd fiel auf die
Seite und ich herunter, glücklicherweise nach der Bergseite zu. Hätte
ich einen englischen Vollblut geritten, der heftig gewesen wäre, so wäre
derselbe dabei unfehlbar den Berg herabgestürzt. Mein japanischer
Vollbluthengst war aber vernünftiger. Er ließ mir nicht nur die
Zeit, mich aus dem Sattel zu arbeiten und auf die Beine zu kommen,
sondern ließ sich auch selbst vernünftig helfen und kletterte wie eine
Ziege bis auf eine Stelle, wo er wieder festen Fuß hatte.

Freitag, den 21. Dezember 1860.

Vormittag hatte ich Besuch von Harris und vom holländischen
Generalkonsul de Wit, der uns heute bei unserem Spazierritte
begleitete. Ich glaube, ich schrieb Euch neulich einmal von den Excessen,
die in Jokohama vorgekommen waren, namentlich daß ein englischer
Jude, Namens Moß, auf Jakunins geschossen, die ihn hatten arretiren
wollen, und daß er einem derselben den Arm zerschmettert habe. Das
englische Konsulargericht hat nun das Urtheil über ihn gesprochen, ihn
zu drei Monaten Gefängniß, Ausweisung aus Japan und einer an
den Verwundeten zu zahlenden Geldbuße von tausend Dollars verurtheilt. Letzterer lebt noch, und es soll wirklich Hoffnung zu seiner
Wiederherstellung sein, obgleich alle europäischen Aerzte erklärten, es
sei unmöglich, ihn zu retten, wenn man ihm nicht den Arm abnehme,
eine Operation, die die japanischen Aerzte nicht haben vornehmen
wollen.

In diesen Tagen ist eine possirliche Geschichte passirt. Die Japaner
wundern sich sehr über unsere Zündnadelgewehre und sind sehr neugierig, die Konstruktion derselben kennen zu lernen. Nun kommt
neulich einer der im Hause stationirten Jakunins zu dem Unteroffizier,
den ich bei mir habe, und bittet ihn durch Zeichen, ihm die Griffe am

9*

Gewehr zu zeigen. Das thut dieser. Darauf fragt ihn der Jakunin,
ob er englisch verstehe, was der Unteroffizier verneint. Da sagt der
Jakunin ganz verständlich deutsch: „Kann ich das Gewehr einen Tag
aufbewahren?" Daraus ziehen nun einige meiner Herren gleich den
Schluß, daß wir von deutsch verstehenden Spionen umgeben sind.
Das glaube ich nun zwar nicht, aber wunderbar ist es, wie leicht und
gern die Japaner lernen. Die Diener im Hause und die Kaufleute,
die uns oft besuchen, können alle schon deutsch zählen und verstehen
Vieles, was wir ihnen auf deutsch sagen. Der Betto von August hat
namentlich an dem Worte „Schafskopf" Vergnügen gefunden und
titulirt alle seine Kommilitonen „Schafskopf".·

Sonnabend, den 22. Dezember 1860.

In der Nacht hat es gefroren, und den ganzen Tag über ist im
Schatten das Eis nicht aufgethaut. Gegen 12 Uhr empfing ich
die Gouverneure. Mein guter Oribeh soll krank sein, wer weiß, ob
es wahr ist. An seiner Stelle erschien, mit kaiserlicher Vollmacht
versehen, Murogati Awazi no cami, einer von den Gesandten, die in
Amerika gewesen sind. Er ist ein verständiger Mann, es verhandelt
sich gut mit ihm, und ich bin mit dem Resultat der heutigen Ver=
handlungen nicht unzufrieden. Die Hauptsache wird aber übermorgen
kommen, wo ich eine Zusammenkunft mit dem Minister habe.

Als die Gouverneure um 3 Uhr weggegangen waren, machte ich
bei köstlich frischem Wetter noch einen Spazierritt.

Ich bin immer noch unruhig und bilde mir ein, es werde noch
etwas dazwischen kommen, was den Gang der Verhandlungen stört.

Sonntag, den 23. Dezember 1860.

Morgens haben wir zwei Grad Kälte gehabt. Unter Bergs Leitung
werden meine Salons zum Weihnachtsfeste grün dekorirt, der
übrige Theil des Hauses wird gescheuert, und ich lasse einige Geschenke
für den Taikun auspacken. Das Alles verursacht natürlich wieder einen
Lärm, der starke Nerven verlangt, allein die meinigen haben sich wirklich
gestärkt, denn ich kann trotz aller Störungen schreiben und arbeiten.

Da der englische Gesandte Mr. Alcock mir sagen ließ, daß er
durch die Anwesenheit des kommandirenden Generals Sir Hope Grant
und seiner Frau verhindert sein werde, morgen den Weihnachtsabend
bei mir zuzubringen, jedoch mit dem General morgen früh zu mir
kommen werde, so spielte ich aus Höflichkeit das prévenir, ritt zu

ihm, machte die Bekanntschaft des Ueberwinders von China, konnte dessen Frau aber nicht sehen, da sie erkältet im Bette lag. Der General, der sich bereits früher im indischen Kriege ausgezeichnet hat, soll erst in den Vierzigern sein, sieht aber viel älter und kriegerisch gebräunt aus. Er hat mir versprochen, auch morgen zu mir zu kommen. —

Die Gruppen der Amazonensäulen, die ich noch mit Euch zusammen angesehen und ausgesucht hatte, sind unterwegs zerbrochen und können, da sie von Gußeisen sind, nicht reparirt werden. Die Verpackung war so schlecht, daß sie zerbrechen mußten. Es ist sehr schade, und ich ärgere mich über diese unverantwortliche Nachlässigkeit wüthend.

Montag, den 24. Dezember 1860.

Zu allem Lärm im Hause kommen heute Morgen noch zehn Seesoldaten, die ich mir bestellt hatte, zehn Matrosen, ein Lieutenant, ein Kadett; so wohnen heute 57 Personen bei mir.

Um 12 Uhr setzte ich mich in meinen Norimon, um mich zum Minister tragen zu lassen. Flagge und Seesoldaten voraus, Heusken, Pieschel, Brandt in Norimons hinter mir, etwa fünfzig Jakunins um uns her, so ging die Reise los.

Die Zusammenkunft mit dem Minister war unangenehm; erstens war es so kalt, daß man zitterte, denn in einem großen Saale, worin wir saßen, waren nur zwei Kohlenbecken: zweitens war der Minister so widerhaarig und kleinlich, daß ich mehrmals auf dem Punkt war, die Geduld zu verlieren und grob zu werden. Trotzdem, denke ich, wird der Vertrag zwischen Japan und Preußen zu Stande kommen, aber auch nur dieser, für die Theilnahme der Zollvereinsstaaten am Vertrage ist keine Aussicht.

Gegen 5 Uhr war ich wieder zu Hause und aß etwas früher als gewöhnlich mit sämmtlichen anwesenden Herren, achtzehn an der Zahl. Dann wurde die letzte Hand an die Dekoration der Salons gelegt, und die Lampen wurden angezündet. Ich habe kaum je in meinem Leben etwas Hübscheres gesehen, als den Wintergarten, den wir uns so geschaffen hatten. Zwischen drei Salons und einem längs desselben hinlaufenden Gange hatte ich alle Papierwände herausnehmen lassen, so daß ein großer, auf einzeln stehenden hölzernen Säulen ruhender Raum entstanden war. Alle diese Säulen waren aufs Reichste mit grünem Nadelholz umwunden und hatten Kapitäle von Palmenblättern erhalten. An den Decken waren Bambusbäume befestigt, die ihr spitzenartig feines Laub herabhängen ließen. Wunderhübsche rothe

Beeren waren wie Bouquets im Grünen vertheilt, und fünfzig bunte Laternen erleuchteten die Räume wirklich feenhaft. In der Mitte stand eine prachtvolle Kryptomeria als Weihnachtsbaum, reich mit Lichtern, Orangen und Zuckerwerk ausgeputzt. Ich sage Euch, es war köstlich. Kaum war Alles fertig, so hörte ich im Hofe: Achtung! Präsentirt das Gewehr! denn ich hatte angeordnet, daß General Grant so empfangen werden sollte; ich ging ihm entgegen: wie freudig war ich aber überrascht, als sich aus einem Norimon Lady Grant entwickelte, die trotz ihres Unwohlseins der Lust, den Weihnachtsabend bei uns zu verbringen, nicht hatte widerstehen können. Mit ihr kamen ihr Mann und zwei Adjutanten, Mr. Alcock und drei Attachés, etwas später auch der holländische Generalkonsul de Wit und der holländische Konsul van Poelsbroek. So war die Gesellschaft ziemlich zahlreich und Alles in der besten Laune. Meine sämmtlichen Herren und ich hatten in den letzten acht Tagen eine Menge Kleinigkeiten zu Geschenken zur Disposition gestellt, so daß wir über mehr als 200 Gegenstände verfügen konnten. Diese wurden verloost, es wurde vortrefflicher Punsch dazu getrunken, der kalte Fasan nebst Kartoffelsalat fand auch Zuspruch, und der erste Weihnachtsbaum, der je in Japan gebrannt hat, sah eine fröhliche Gesellschaft um sich versammelt, die freilich, so zufrieden sie auch augenblicklich war, doch ihre innersten Gedanken nach Hause, nach der Heimath und nach ihren Lieben gerichtet hatte.

Um 10 Uhr zog sich Lady Grant zurück. Wir Herren blieben bei Punsch und Cigarren noch bis nach 12 Uhr zusammen. Als Ihr Euch um den Weihnachtsbaum versammelt habt, habe ich schon lange geschlafen, denn da wir Euch hier um mehr als sieben Stunden in der Zeit voraus sind, so war es hier schon 5 Uhr des andern Morgens, als Ihr etwa um 8 Uhr die Thüren der Weihnachtsstube öffnetet. — Ich habe jedenfalls den Ruhm, den ersten Weihnachtsbaum aufgerichtet zu haben, der jemals in Japan gebrannt hat. Keine Nation außer uns kennt dies hübsche Institut, und auch die Engländer, die bereits im vorigen Jahre hier Weihnachten gefeiert haben, machen die Sache am ersten Feiertage mit Plumpudding und Roastbeef ab.

Dienstag, den 25. Dezember 1860.

Ich hatte zu dem gestrigen Feste einen Kamelienbaum bestellt, um ihn bei der Dekoration des Lokals zu verwenden. Man brachte mir auch einen sehr hübschen, ganz mit Blüthen bedeckten, aber er war zu hoch, ich konnte ihn in den Stuben nicht aufstellen. Da er noch die Wurzeln hatte, so habe ich ihn auf dem Hofe, gerade meinem Kämmerlein gegenüber, einpflanzen lassen. Dort blüht er nun lustig weiter, obwohl wir in den letzten Nächten ein bis zwei Grad Kälte gehabt haben.

Vor Jokohama sind englische Kriegsschiffe angekommen. Eins davon hat mir eine Post aus Europa mitgebracht, sehr freundliche und ermunternde Reskripte von Schleinitz vom 7. Oktober, aber keinen Brief von Euch.

Vormittag machte mir der General Sir Hope Grant mit zwei Adjutanten einen Besuch, und abends dinirten ich, Pieschel und meine drei Attachés bei Alcock. Wir saßen drei Stunden lang bei Tisch, mit eiskalten Füßen, eiskaltem sauren Bordeaux und etwa 25 schlechten Gerichten, darunter natürlich auch ein Plumpudding, der aber fast un= genießbar war. Dazu kam, daß ich, wahrscheinlich infolge der gestrigen Kälte in dem Zimmer des japanischen Ministers, ein steifes Genick bekommen habe, welches mich sehr schmerzte. So konnte ich es zuletzt vor Ungeduld bei Tische kaum mehr aushalten. Erst um 12 Uhr ritten wir nach Hause, Jakunins und Bettos mit Laternen voraus. Ich habe Laternen mit dem preußischen Adler und mit der japanischen Inschrift: „Preußischer Minister" machen lassen, die sehr hübsch aus= sehen und mir abends vorausgetragen werden.

Mittwoch, den 26. Dezember 1860.

Es war gestern verabredet, daß General Grant morgens zu mir kommen und sich photographiren lassen sollte. Dann wollten wir mit Lady Grant eine Partie zu Pferde nach Sendschoko (dem Ententeich) machen. Alle diese Projekte wurden zu Wasser oder viel= mehr zu Schnee. Denn um 11 Uhr vormittag fing es an zu schneien, und hat damit den ganzen Tag angehalten, so daß die Blüthen an meinem armen Kamelienbaum ganz weiß sind. Was will man mehr? Schnee, unendlicher Schmutz und ein steifes Genick am zweiten Weihnachtsfeiertage, das ist ja ganz wie in Berlin.

Donnerstag, den 27. Dezember 1860.

Als ich heute morgen hinaus sah, dampfte Alles von der Sonne, die auf den Schnee schien. Um 12 Uhr kamen der holländische Generalkonsul de Wit und der holländische Konsul van Poelsbroek, um bei mir zu frühstücken. Der Sekt war in Schnee gestellt und schmeckte vortrefflich. Während wir bei Tische saßen, hörten wir die Klänge

des französischen Musikkorps, welches an der Spitze eines Zuges marschirte, mit welchem H. v. Bellecourt und der Contreadmiral Page
sich zum Minister der auswärtigen Angelegenheiten begaben. So viel
Ehre thue ich dem Minister nicht an. Ich habe die Musik noch nie
mitgenommen, wenn ich zu einer Konferenz mit ihm gegangen bin,
spare mir das vielmehr für den Fall auf, daß der Taikun mir eine
Audienz geben sollte. Auch ziehe ich nie Uniform an, wenn ich zum
Minister gehe, sondern erscheine bei demselben im einfachen schwarzen
Frack.

Nach dem Frühstück setzten wir uns zu Pferde und machten einen
Ritt durch die Stadt, weil es draußen zu schmutzig war; aber auch
in der Stadt war es sehr kothig, und an manchen Stellen so glatt,
daß man Mühe hatte, die Pferde auf den Beinen zu erhalten. Die
Dächer waren zum Theil mit Schnee bedeckt, und das Ganze hatte
einen winterlichen Anstrich, aber die Luft war frühlingsartig, und die
Bäume waren herrlich grün.

Freitag, den 28. Dezember 1860.

Die wirklichen Vertragsverhandlungen haben nun endlich heute begonnen. Gegen 1 Uhr erschienen die Gouverneure und machten
sehr vergnügte Gesichter, als sie in den Saal traten, der immer noch
so hübsch dekorirt ist. Sie meinten, wir feierten unser Neujahrsfest.
Bei ihnen ist nämlich das Neujahrsfest, welches sie Mitte Februar
feiern, das größte im ganzen Jahre, und sie pflegen dann auch ihre
Häuser grün auszuschmücken.

Bei den Verhandlungen sind die Leute entsetzlich umständlich,
namentlich kostet es gewaltige Mühe irgend einen Satz oder selbst ein
Wort anders auszudrücken, als es in früheren Verträgen steht. Eine
Stunde lang haben sie sich heute auseinandersetzen lassen, wie das Verhältniß des Prinzregenten zum Könige sei, warum Letzterer, wenn er
so krank sei, nicht abdizirt habe, ob der Regent alle königlichen Rechte
ausübe, oder ob er sie mit dem Könige theile 2c.

Um 5 Uhr entfernten sie sich, um übermorgen wieder zu kommen.
Wir haben im Ganzen sieben Artikel durchgesprochen, ich bin aber nicht
sicher, daß sie nicht bei der nächsten Konferenz auf Alles wieder zurück
kommen, womit sie sich heute schon einverstanden erklärt hatten.

Da ich in etwa vierzehn Tagen hier fertig zu sein gedenke, so
muß ich nun anfangen, daran zu denken, was weiter? Ich habe zwar
schon brieflich einige Vorbereitungen für China getroffen, aber nun
will Einer hierhin, der Andere dorthin: der will nicht auf dies Schiff,

der Andere nicht auf jenes: Gott sei Dank, daß ich durch Ordre des Prinzen Diktator bin. Ich nehme alle Vor= und Rathschläge wohlwollend auf, und in der letzten Stunde sage ich: „So soll es sein, und damit basta."

Sonnabend, den 29. Dezember 1860.

„Arcona" und „Thetis" sind von Jokohama=Rhede wieder auf Jeddo-Rhede angekommen. Jachmann ist heute morgen an Bord der „Thetis" zurückgegangen, und statt seiner sind Sundewall, dessen Schwager Bennet und Lieutenant Werner, Kommandant des Transportschiffs „Elbe", bei mir eingerückt. Dazu Dr. Maron und noch einige andere Herren, so daß Alles bis auf den letzten Platz besetzt ist. Nachdem ich bis 3 Uhr fleißig gearbeitet, ritt ich spazieren, um mir den durch Kohlendampf erhitzten Kopf etwas freier zu machen. Die Luft war ganz frühjahrlich, aber die Reitwege waren theils mit Eis bedeckt, theils unergründlich schmutzig, so daß die Füße der Pferde nach allen Seiten umherfuhren, und ich jeden Augenblick darauf gefaßt war, auf die Nase zu fallen. Einem der Jakunins, der uns begleiten sollte, ging das Pferd gleich von unserm Hofe aus durch. Er schoß an mir vorbei, und ich habe ihn während des Rittes nicht wieder gesehen.

Beim Diner feierten wir Sundewalls Geburtstag und bauten demselben dann einen Geburtstagstisch auf. Er ist ein sehr liebenswürdiger Mensch, nur durch die unseligen Verhältnisse in unserer Admiralität so eingeschüchtert, daß er nicht sicher genug in seinem Wesen ist. Abends tranken wir Punsch und besahen einige von den Büchern, die ich zum Geschenk für den Taikun mitgenommen habe.

Wie wenig Bedürfnisse die Japaner haben, und wie wohlfeil das gewöhnliche Leben hier ist, davon muß ich Dir doch ein Beispiel geben. Wenn ein Samlei, d. h. ein zur Kriegerkaste gehöriger und zum Tragen von zwei Schwertern berechtigter Mann, keinen Dienst, sei es beim Taikun, sei es bei einem Daimio hat, so ist er sehr schlimm daran, denn ein Gewerbe darf er nicht treiben, und er hat dann fast gar kein Mittel, sich seinen Lebensunterhalt zu verdienen. Ein Samlei ohne Dienst heißt Lohnin, d. h. ungefähr soviel als Herumtreiber, und die meisten Verbrechen, die vorkommen, gehen von diesen Lohnins aus. Nun hat Herr Heusken den Sohn eines solchen Lohnins zu seinem Bedienten angenommen. Der Junge ist zehn Jahre alt, trägt bereits zwei Schwerter und ist so hübsch und so fein in seinem Wesen, daß alle Welt ihn gern hat, und daß ich ihn gestern habe photographiren

laſſen. An Lohn bekommt er von Hengſten monatlich 6 Jtzebus, d. h.
3 Thaler. Es hat ſich nun herausgeſtellt, daß er davon 3 Jtzebus
monatlich zu ſeiner Koſt und zum Friſiren ſeines Haars bedarf, die
übrigen 3 Jtzebus hat er ſeinen Eltern gegeben, und dieſe haben davon
gelebt. Könnte man wohl bei uns, in einer Reſidenz, für 1 Thaler
15 Silbergroſchen monatlich leben?

Sonntag, den 30. Dezember 1860.

Am 11 Uhr kamen die Gouverneure, um mit den Verhandlungen
fortzufahren. Sie erheben über jede Kleinigkeit Bedenken. Ich
thue dann, als ob mir ſehr viel daran liegt, gebe endlich nach und
ſage, wenn es zu einem für mich wirklich wichtigen Punkte kommt:
„Ich habe Ihnen nun bereits in den und den Punkten nachgegeben,
dafür kann ich wohl verlangen, daß Sie mir auch eine Konzeſſion
machen." Das hat ein paarmal durchgeſchlagen, und ich bin mit
dem heutigen Reſultat zufrieden. Um 3 Uhr war die Konferenz
zu Ende. Eine halbe Stunde ſpäter wälzte ſich ein Packet in die
Stube: Es war die Poſt aus Europa. Meine ganze Wonne, meine
Stärkung in den ſchwierigſten und angreifendſten Lagen iſt das Bewußt-
ſein des fortdauernden, innigen Zuſammenhanges mit Euch, und die
Hoffnung eines dereinſtigen Wiederſehens, ſei es hier oder dort.
Meiner innigſten und hingebendſten Liebe biſt Du und ſind Deine
Frau und Deine Kinder für alle Ewigkeit gewiß.

Heute Abend ſaßen wir ruhig bei Whiſt und L'hombre, als wir
plötzlich ein ſtarkes Lauſen im Hauſe und gleich darauf den Ruf
„Feuer" hörten. Es brannten in der Küche die Wand, an welcher der
Herd ſteht, und ein Theil des Daches. Ich ſprang mit einem Satze
nach meiner Kammer, packte meine Papiere zuſammen und ließ von
Paul meine beſten Sachen zuſammenraffen und in einen Kaſten werfen.
Unterdeſſen waren in einem Nu die Jakunins und meine Seeſoldaten
an Ort und Stelle. Brandt und Berg kletterten auf das Dach, die
Spritzerei ging los, und in zehn Minuten war man des Feuers Herr,
ſo daß ich mich wieder zum L'hombre ſetzen konnte. Ein wahres Glück,
daß wir noch Alle wach waren, als das Feuer bemerkt wurde, ſonſt
hätte die Sache ſehr übel werden können. Die ganze Nacht wird nun
gewirthſchaftet werden, um den Herd und die verkohlte Wand ein-
zureißen. Ich verſpreche mir alſo nicht viel Schlaf.

Montag, den 31. Dezember 1860.

Morgens kommt auch Kapitän Jachmann noch; nun ist das Haus über und über voll. Ich hatte so viel zu thun, daß ich keine Zeit gewann, um auszureiten. Die nöthige Bewegung machte ich mir dadurch, daß ich eine halbe Stunde auf dem Hofe promenirte. Bald nach 4 Uhr fand ein kurzer Erdstoß statt, und eine halbe Stunde später schrie man schon wieder „Feuer". Glücklicherweise war es nur blinder Lärm. Die Jakunins sind so in der Angst, daß sie in größter Besorgniß den Interimsherd umstehen, auf welchem ein nothdürftiges Mahl für uns bereitet wird. Nach Tisch arbeitete ich noch bis 10 Uhr, dann ging ich in den Saal, wo ich den Weihnachtsbaum wieder angesteckt und die ganze Gesellschaft versammelt fand. Eine große Bowle vortrefflichen Punsches dampfte im Buffetzimmer. Erst erschien ein ganzes Packet Briefe für Jeden von uns, in welchen allerliebste Neujahrswünsche lagen. Der Scherz war von Heine ausgegangen und amüsirte uns sehr. Dann wurde Mehl geschnitten, wobei das Herausholen des Jkebus, den wir oben auf den Mehlhaufen gelegt hatten, den zwei schönsten Mitgliedern der Expedition, den Herren Pieschel und von Martens, zufiel, die, mit Mehl geweißt, wirklich unübertrefflich aussahen. Später schritt man zu gymnastischen Uebungen, bis die Uhr des Commodore 12 zeigte und das Prosit Neujahr erscholl. Euch will ich dies erst morgen früh um 8 Uhr zurufen; denn als wir ins neue Jahr übergingen, hattet Ihr erst 4 Uhr Nachmittag.

Soweit hat der liebe Gott geholfen. Werde ich künftiges Jahr um diese Zeit wieder bei Euch sein? Werde ich Euch überhaupt jemals wiedersehen? Meine Brust ist bei solchen Gedanken wie zusammengeschnürt. Nun, wie Gott will!

Als das Gläserklingen aufgehört hatte, erscholl hinter den Papierwänden das schöne Lied: „Das ist der Tag des Herrn", ausgeführt von dem Quartett der „Thetis".

Ich nehme vom alten Jahre und von Euch zugleich Abschied. Möge das neue uns ein frohes Wiedersehen bringen.

Wie immer mit treuer und innigster Liebe Euer Bruder — Fritz.

Jeddo, Dienstag, den 1. Januar 1861.

Prosit Neujahr! rufe ich Euch aus vollem Herzen zu; möge der liebe Gott Euch vor Allem Gesundheit schenken, das Uebrige findet sich von selbst. Sundewall, Bennet und Jachmann gingen morgens nach ihren Schiffen zurück. Um 11 Uhr kam Herr v. Bellecourt und machte

mir eine Neujahrsvisite; kaum war er fort, so erschien eine Deputation
von der „Arcona", bestehend aus Offizieren, Unteroffizieren, Matrosen,
Schiffsjungen, um mich zu beglückwünschen. Ich gab ihnen zu früh=
stücken und Sekt zu trinken. Von den Offizieren der „Thetis" bekam
ich ein Gratulationsschreiben. Dann setzte ich mich mit Pieschel und
meinen Attachés zu Pferde, um meinerseits Visiten zu machen, erst
beim englischen Gesandten, dann beim Franzosen, dem Amerikaner,
dem Holländer. Das Wetter war so schön, namentlich war es in der
Sonne so prächtig warm, daß wir noch einen Spazierritt machten,
von dem wir um 4 Uhr zurückkehrten. Als wir dinirt hatten, ließen
sich plötzlich und ganz unerwartet die Gouverneure ansagen. Eine
viertel Stunde später traten sie mit sehr ernsten Mienen ein und
erzählten Folgendes:

500 Lohnins (was Lohnins sind, habe ich Euch neulich geschrieben)
haben ein Komplott gegen die Fremden gemacht. Sie wollen die euro=
päischen Etablissements in Jokohama sowie die Gesandtschaften in Jeddo
herunterbrennen und das Gesandtschaftspersonal ermorden. Die Re=
gierung hat, sobald sie Kenntniß von diesem Komplott erhalten, Alles
aufgeboten, um sich der Verschworenen zu bemächtigen, allein dies ist
ihr bisher nur mit wenigen gelungen; die meisten derselben sind ver=
kleidet und spähen nach der Gelegenheit, in den Gesandtschaftshotels
Feuer anzulegen und dabei ihre Pläne gegen das Gesandtschaftspersonal
auszuführen. Zur Sicherheit der Gesandtschaften wird es daher dienen,
wenn sie ihre jetzigen Wohnungen verlassen und in Gebäude ziehen,
welche innerhalb der Enceinte der Schloßbefestigungen liegen und von
der Regierung zur Disposition gestellt sind. Sollte ich dies nicht
wollen, so würde es für mich speziell am besten sein, wenn ich an
Bord der Kriegsschiffe mich begäbe, sie wollten dort hinkommen, um
die Vertragsverhandlungen mit mir fortzusetzen.

Mir war ein Stein vom Herzen, als ich diesen letzten Satz hörte,
denn ich glaubte sicher, der Refrain werde sein, daß es unter den ob=
waltenden Umständen unmöglich sei, die Verhandlungen weiter zu führen.
Was nun an der ganzen Sache sein mag, das mag Gott wissen, etwas
jedenfalls, gewiß aber wird die Sache übertrieben dargestellt, um mög=
licherweise den Fremden gegenüber Vortheil daraus zu ziehen. So
hatten z. B. die Gouverneure im Auftrage des Ministers schon vor
einiger Zeit dem englischen und amerikanischen Gesandten proponirt,
ob es nicht besser wäre, wenn alle Gesandtschaften zusammen in ein
einziges Haus zögen, sie könnten dann besser geschützt werden. Viel

leicht verfolgt die Regierung diesen Plan noch und sucht durch Ein-
schüchterung auf Erreichung desselben hinzuwirken. Vielleicht aber ist
sie wirklich besorgt, und es mag das Komplott mit irgend welchen
inneren Umsturzplänen in Verbindung stehen.

Ich erwiderte, daß ich der Regierung für ihre Fürsorge sehr
dankbar sei, aber vorziehen würde, in meinem Hotel zu bleiben. Es
genüge mir, zu wissen, daß die Regierung von dem Komplott unterrichtet sei, sie werde gewiß die Mittel finden, uns zu schützen, und ich
fühlte mich unter ihrer Protektion ganz sicher. Dabei blieb ich trotz
aller ihrer Remonstrationen. Ich bin doch neugierig, wie die Sache
sich entwickeln wird.

Mittwoch, den 2. Januar 1861.

Noch gestern Abend hat die Regierung Maßregeln getroffen, um
uns zu schützen. Die Wache von kaiserlichen Jakunins, die wir
immer schon hatten, ist bis auf 63 zweischwertige Männer gebracht.
Außerdem ist ein in unserer Nachbarschaft wohnender Daimio ersucht
worden, auch seine Soldaten zur Disposition zu stellen. Für diese ist
im Rücken unseres Hauses ein neues Wachtgebäude errichtet. In der
englischen und den anderen Gesandtschaften sind ebenfalls die Wachen
verstärkt und sogar mit Kanonen versehen. Das ist Alles recht schön
und gut, ich bin aber überzeugt, daß, im Falle entschlossene Kerle
wirklich einen Angriff auf uns machen, alle diese Jakunins nicht Stich
halten, sondern wir auf unsere eigene Vertheidigung angewiesen sein
werden.

Ich bekam heute die offizielle Nachricht von dem Tode Hori Oribeh
no camis, die mir wirklich nahe geht. In der Stadt läuft das Gerücht,
daß er sich den Bauch aufgeschnitten und, wie das die Sitte ist, sein
Haushofmeister ihm dabei den Kopf abgeschlagen habe. Niemand weiß
den Grund. Es scheint, daß er mit dem Staatsrath einen Disput
gehabt und auf eine an denselben gerichtete Vorstellung keine Antwort
erhalten hat. Das bedeutet dann so viel, als daß er seines Postens
enthoben ist. Oribeh hat, wie man sagt, diesen Affront nicht ertragen
können und ist zum Harakiri geschritten. Wie dem nun auch sein mag,
so bedauere ich seinen Tod sehr, er war ein liebenswürdiger, gescheiter
Mann, den ich lieb gewonnen hatte.

Die Gouverneure hatten gestern zwar gebeten, wir möchten so
wenig als möglich ausgehen. Ich ließ mich dadurch aber doch nicht
abhalten, meinen gewöhnlichen Spazierritt zu machen, bei welchem wir

heute von einer ganzen Schar von Jakunins begleitet waren. Abends kamen von Bord der „Arcona" Zündnadelgewehre, scharfe Patronen, Revolver, Raketen und etwa zehn Leute. Ich beauftragte August und Brandt, eine Disposition zu treffen, was im Falle eines Angriffes zu thun sei, Sammelplätze zu bestimmen ɔc. Dies Alles ist geschehen. In meiner Stube liegen zwölf japanische Schwerter, die ich hier gekauft habe, aber leider alle umwunden und bewickelt. Wenn die Loßnins kommen, muß ich ihnen sagen: „Entschuldigen Sie, meine Herren, erlauben Sie mir erst ein Schwert auszupacken, welches ich Ihnen durch den Leib zu rennen wünsche."

Donnerstag, den 3. Januar 1861.

Heute um 12 Uhr erschienen die Gouverneure, um in der Berathung des Vertrages weiter fortzufahren. Die Leute haben keine Ahnung von dem wirklichen Sinn und der Tragweite der Vertragsbestimmungen, sie streiten nur um Worte, aber so hartnäckig, daß es heute einmal 2½ Stunden bedurft hat, um sie von einer ganz unsinnigen Fassung eines Artikels, welche sie vorgeschlagen hatten, abzubringen. Der Dolmetscher Moriyama ist der Einzige, der etwas versteht, er ist aber ein verdammter Kerl, der mir fortwährende Schwierigkeiten macht. Trotz alledem haben wir die ganze Berathung heute beendigt; es ist aber vorauszusehen, daß japanischerseits noch nachträglich eine Menge Bedenken werden erhoben werden.

Lucius, der in Kanagawa gewesen ist, kommt von dort zurück und erzählt, daß er auf der ganzen Straße von dort nach Jeddo Patrouillen zu Fuß und zu Pferde begegnet ist. Die japanischen Diener, die ich im Hause habe, sind in der größten Angst; noch spät in der Nacht soll gestern einer der Gouverneure bei mir gewesen sein, um die Wachen zu inspiziren. Wenn man doch dahinter kommen könnte, was an der Sache eigentlich ist. Unser Freund Siebbi, der Lack= fabrikant, erzählte heute, es sei allgemein bekannt, daß eine Verschwörung von Loßnins entdeckt sei, einige davon seien auch schon gefangen und hingerichtet. Ich kann mich nicht von der Ueberzeugung trennen, daß die Sache sehr übertrieben dargestellt wird, und daß wir nichts zu fürchten haben. Gleichwohl fühle ich, daß die Vorsicht gebietet, die Sache nicht so leicht zu nehmen, und deshalb sind auch unter meinen Leuten Nachtwachen eingerichtet. Die einzige Besorgniß habe ich vor Feuer: es ist so sehr leicht, hier Jemand aus seiner Wohnung heraus= zuräuchern.

Freitag, den 4. Januar 1861.

Die Patrouillen und die geängstigten japanischen Diener sollen in der Nacht viel Lärm gemacht haben: ich habe nichts davon gehört, sondern habe geschlafen wie ein Sack. Ueberhaupt bin ich jetzt immer des Abends so müde, daß ich kaum die Augen aufhalten kann. Es ist, glaube ich, nach der monatelangen Aufregung, wo ich mich abängstigte und abmühte, einen Vertrag zu bekommen, nun eine Art Erschlaffung eingetreten.

Harris besuchte mich heute und brachte einen amerikanischen Missionar, den Rev. Mr. Brown, mit, der in Kanagawa wohnt. Dort wohnen mehrere verheirathete amerikanische Missionare. Da sie das Christenthum nicht lehren dürfen, vielmehr jeder Japaner, der Christ werden wollte, mit dem Tode bestraft werden würde, so begnügen sie sich vor der Hand damit, möglichst die Sprache zu lernen und, wie sie sagen, durch ihren Aufenthalt in Japan den Bewohnern ein Beispiel zu geben, was für ein glückliches Ding eine christliche Ehe ist.

Was ich vorausgesehen hatte, ist schon eingetroffen. Der Dolmetscher Moriyama ist heute hier gewesen und hat gegen mehrere Vertragsbestimmungen unter dem Vorwande, daß dieselben nicht klar gefaßt seien, Bedenken erhoben. Ich habe mich mit ihm natürlich gar nicht eingelassen, sondern Heusken und Bunsen haben mit ihm verhandelt. Ich habe so entsetzlich viel zu thun, daß ich auch heute wieder nicht zum Reiten gekommen bin und von dem Sitzen und der Kohlen= hitze einen ganz dicken Kopf habe.

Sonnabend, den 5. Januar 1861.

Heute habe ich wieder einmal einen Spazierritt gemacht. Auf den Gräben sahen wir zolldickes Eis liegen, und auf den Reisfeldern gehen Schaaren von wilden Gänsen so ungenirt spazieren, daß sie einen bis auf zehn Schritte herankommen lassen.

Sonntag, den 6. Januar 1861.

Es war morgens bitter kalt. Nachdem ich zunächst unendlich viel Korrespondenzen abgemacht hatte, kam gegen 1 Uhr Mr. Alcock zu mir und holte mich zu Harris ab, wo der Rev. Mr. Brown einen Gottesdienst abhielt. Nach demselben hielt ich mit Harris und Alcock eine Konferenz. Ersterer ist der Ansicht, die ganze Komplottgeschichte sei eine Komödie der Regierung, Letzterer dagegen ist nicht ohne Be= sorgniß. Ich persönlich glaube, daß allerdings irgend etwas Ernstes an der Geschichte ist, daß die Regierung die Sache aber ausbeuten will und sie daher gefährlicher darstellt, als sie ist. Zwei englische Kriegsschiffe, die jetzt vor Kanagawa liegen, sollten vor einigen Tagen abgehen, sind aber von Alcock zurückgehalten worden. Ich hatte die Absicht, „Thetis" nach Shanghai vorauszuschicken und hatte dieserhalb bereits die nöthigen Verabredungen mit Sundewall getroffen. Da aber Alcock die englischen Schiffe ausdrücklich in der Voraussetzung vor Kanagawa gelassen hat, daß „Arcona" und „Thetis" vor Jeddo liegen bleiben würden, so habe ich Sundewall gebeten, Letztere lieber nicht abgehen zu lassen, obwohl ich nicht weiß, wozu uns die Kriegsschiffe dienen sollen. Werden wir hier angegriffen, und gelingt es uns selbst, etwa durch eine Rakete ein Zeichen zu geben, daß wir in Gefahr sind, so muß es doch bei der großen Entfernung, in der die Schiffe liegen, so lange dauern, ehe dieselben uns Mannschaften zukommen lassen können, daß wir inzwischen entweder massakrirt oder Herren unserer Angreifer geworden sind. Nur das eine Gute hat die Anwesenheit der Kriegsschiffe, daß sie uns, wenn wir hier herausgeräuchert oder herausgeschlagen werden, als Zufluchtsort dienen können, vorausgesetzt, daß es uns gelingt, bis an den Landungsplatz zu kommen. Hoffentlich sind alle diese Vorsichtsmaßregeln und Ueberlegungen unnütz; man muß sie aber doch treffen, um sich nicht dem Vorwurf des Leichtsinns auszusetzen.

Als wir von Harris nach Hause ritten, war Glatteis, und abends regnete es in Strömen.

Montag, den 7. Januar 1861.

Der Morgen war ganz wundervoll: mein Thermometer ging um 1 Uhr bis auf 15 Grad in die Höhe. Moriyama kam schon wieder mit Bedenken und Wünschen. Ich ließ ihm sagen, wenn die Regierung noch etwas von mir wolle, so solle sie mir die Gouverneure schicken; es könne mir nicht in den Sinn kommen, mit einem Dolmetscher zu verhandeln.

Die zerbrochenen Amazonen-Gruppen hatte ich einem japanischen Arbeiter übergeben, den mir der Minister zu diesem Zwecke geschickt hatte. Eine davon ist heute zurückgekommen und vortrefflich reparirt. Die Leute sind sehr geschickt.

Dienstag, den 8. Januar 1861.

Um 2 Uhr erschienen die Gouverneure, verhandelten noch nachträglich über einige Punkte und erklärten dann, nun hätten sie durchaus nichts mehr zu sagen, und die Vertragsverhandlungen seien als definitiv beendigt anzusehen. Als ich sie fragte, was an dem Gerüchte sei, daß Oribeh sich den Bauch aufgeschnitten habe, behaupteten sie, dasselbe sei eine Lüge. Wenn ein hochgestellter Beamter sterbe, so würden, zumal wenn der Tod unerwartet erfolge, immer solche bös= willigen Gerüchte ausgesprengt. Ich zeigte ihnen einige Photographien von Berlin, unter anderen das Palais des Regenten und die Statue des alten Fritz, indem ich ihnen sagte, es sei das Standbild des größten Königs Preußens. „Was heißt größter König? Heißt das mächtigster König?" fragte Morinama. „Nein", sagte ich, „es heißt berühmtester". „Ah! dann ist es Friedrich der Große", sagten die Gouverneure im Chor. Weil es schon ziemlich spät war, als dieselben weggingen, und weil ich mich außerdem vor dem Schmutz fürchtete, ritt ich eine halbe Stunde auf einem großen Rasenplatze hinter dem Hause spazieren. Dabei sah ich, wie eine Wache von Daimio=Soldaten die Runde um das Haus machte. Es waren etwa zwölf Leute, alle mit bloßem Kopfe, mit zwei Schwertern und mit Perkussionsgewehren bewaffnet. Sie gingen im langsamen Gänsemarsch wie Soldaten auf der Bühne.

Die englische Fregatte „Impérieuse" geht morgen nach Hongkong und will Briefe mitnehmen. Ich gebe ihr diesen mit, obgleich die Zeit, seit Ihr meinen letzten Brief erhalten habt, nur kurz ist. Beunruhigt Euch nicht, wenn Ihr etwa übertriebene Nachrichten von hier in den Zeitungen leset. Ich bin fest überzeugt, daß wir nichts zu fürchten haben.

Tausend Grüße an Alle, namentlich aber an Phili, Ada und Fredi. Adieu! — Fritz.

In der Zeitung habe ich irgendwo gelesen, daß Fritz Wrangel*) gefährlich krank sei. Ist denn das wahr? Empfiehl mich dem Feld= marschall und der Familie Wrangel aufs Angelegentlichste.

Jeddo, Mittwoch, den 9. Januar 1861.

Morgen soll der englische Rear=Admiral Lewis Jonis auf der Fregatte „Impérieuse" nach Hongkong gehen und Depeschen und Briefe von mir mitnehmen. Ich war daher den ganzen Vormittag mit Schreiben und Siegeln beschäftigt. Nebenbei ließ ich den als Geschenk für den Taikun bestimmten, von Holz geschnitzten Rahmen auspacken, in welchem die Bistnitbilder aufgehängt werden, die ich mit Alexandrinen und Dir seiner Zeit in der Königlichen Porzellanmanufaktur aussuchte. Bilder und Rahmen sind gut erhalten. Ich stellte sie heute Abend in meinem noch immer grün dekorirten Saale auf und ließ sie von hinten erleuchten; es sah charmant aus. Auf die für den Taikun mitgenommenen

*) Einziger Sohn des Feldmarschalls.

Photographien von Berlin wollte ich durch den im Hause stationirten Dolmetscher japanisch schreiben lassen, was sie bedeuteten. Er weigerte sich aber aufs Bestimmteste, etwas darauf zu schreiben, da sie eben für den Taikun bestimmt seien, und ich habe mich mit einer Liste begnügen müssen, worauf die deutschen und nebenbei die japanischen Namen der dargestellten Bauwerke geschrieben sind. Um 3 Uhr ritt ich, mit großer Begleitung und beim herrlichsten Wetter, nach dem mitten in der Stadt gelegenen Tempel Miohdschien, von welchem aus man eine weite Aussicht über einen großen Theil der Stadt hat. Wegen der entsetzlichen Einförmigkeit der Gebäude ist diese Aussicht nichts weniger als schön, aber außerordentlich merkwürdig und charakteristisch, weshalb auch die Photographen ein recht gut gelungenes Panorama von diesem Tempel aus aufgenommen haben. Der Zudrang war wieder einmal sehr groß, Hunderte und Hunderte von Menschen umstanden uns, als wir bei dem Tempel den unvermeidlichen schwachen Thee schlürften, und der Jubel war groß, als ich an die Kinder Knöpfe und an die Jungfrauen Haarnadeln von Achat vertheilte.

Heute wird erzählt, daß die verschworenen Lohnins die Absicht gehabt hätten oder noch hätten, die Gesandten in ihren Betten zu überfallen, aber nicht zu tödten, sondern nur in Gefangenschaft zu führen.

Donnerstag, den 10. Januar 1861.

Da ich von mir selbst heute nichts Besonderes zu melden weiß, als daß ich fleißig gearbeitet und bei großem Schmutz von 3 bis 5 Uhr einen Spazierritt gemacht habe, so will ich Euch eine kleine Geschichte erzählen, die der Kadett v. Nostitz mir heute bei Tisch erzählt hat. Auf der „Arcona" ist den Tag vor Weihnachten ein Mann gestorben: man hat ihn gleich am anderen Morgen begraben, um an Bord das Weihnachtsfest feiern zu können, das sehr vergnügt mit Lotterie, bunten Laternen, Transparenten und Theatervorstellung begangen worden ist. Mitten in all dem Jubel hat ein Matrose angefangen, bitterlich zu weinen und hat, nach der Ursache gefragt, gesagt, daß er der Bräutigam der Schwester des Verstorbenen sei, und dieser Letztere sein bester Freund gewesen wäre. Wenn er nun so denke, daß, während an Bord Alles hell und fröhlich sei, sein Freund in der kalten Erde liege, so könne er sich der Thränen nicht erwehren und bäte mir, daß man ihm den anderen Tag ein paar Stunden Urlaub gebe, um an Land gehen und den Grabhügel etwas in Ordnung bringen zu können. Gerührt von dieser Freundschaft, thun sich sofort die Mannschaften zusammen, bringen durch Unterschrift 200 Thaler auf, lassen dem Verstorbenen ein hübsches Denkmal setzen und schicken den Rest nach Hause an die Hinterlassenen. Ist das nicht hübsch?

Freitag, den 11. Januar 1861.

Ich habe heute das Bild des Regenten in Generalsuniform auspacken lassen. Es sah entsetzlich schmutzig und verstaubt aus, aber Bergs Geschicklichkeit ist es gelungen, dasselbe sehr gut zu reinigen. Es sind nun alle für den Taikun bestimmten Geschenke in meinem Salon aufgestellt; ich warte nur noch auf ein Schreiben vom Minister Ando Tsusima no cami, worin er mir über einen gewissen Punkt eine bestimmte Zusage ertheilen soll; sobald dasselbe eingetroffen ist, will ich die Geschenke übergeben und den Vertrag zeichnen. Daß Letzterer nur mit Preußen und nicht mit den Zollvereinsstaaten geschlossen werden soll, hat sich heute definitiv entschieden. Meinem diplomatischen Talent macht das wenig Ehre, aber in der Sache selbst ist es sehr gut. Es war die höchste Zeit, daß Preußen einen Vertrag mit Japan machte, denn es war eben, als ich ankam, der Befehl an alle Deutschen, die in Jokohama wohnten, ergangen, das Land zu verlassen. Jetzt habe ich den Preußen das Recht erwirkt, zu bleiben; preußische Schiffe werden den sehr lebhaften Handel zwischen China und Japan betreiben können, aber auch nur preußische, nicht hannoversche, oldenburgische oder hamburgische! Deutsche, die sich in Japan niederlassen wollen, müssen Preußen werden oder sich wenigstens für solche ausgeben. Wer von Deutschland aus Waaren nach Japan verschiffen will, muß sich dazu preußischer Schiffe bedienen. So wird Deutschland hier für die nächsten zehn bis zwanzig Jahre nur durch die schwarz-weiße Flagge repräsentirt sein, und ich denke c'est précisément ce qu'il faut.

Sonnabend, den 12. Januar 1861.

Wenn Zeitungen aus Berlin für mich ankommen, so lese ich sie nicht von hinten, sondern ganz gehörig der Reihe nach, zumal ich die neuesten und wichtigsten politischen Nachrichten doch immer schon auf anderem Wege gehört habe. Jetzt bin ich beim 15. Oktober v. J. angekommen und werde deutsche Zeitungen in Japan wohl nicht mehr sehen, da ich nach Shanghai Ordre ertheilt habe, die für mich an kommenden Sendungen zurückzuhalten. —

Den ganzen Tag über war trübes und dabei kaltes Wetter. Von Zeit zu Zeit fiel Schnee, so daß ich auch heute wieder nicht ausging.

Dafür wurde sehr fleißig gearbeitet. Ich habe heute, seit meiner Abreise von Berlin, den 56. Bericht an den Minister erstattet.

Sonntag, den 13. Januar 1861.

In der Nacht bin ich zweimal von Erdbebenstößen aufgewacht, die das ganze Haus erzittern machten. Als ich morgens ins Freie schaute, war Alles mit zollhohem Schnee bedeckt, über welchem die köstlichste Sonne schien. Die grünen Bäume mit der Schneedecke sahen gar zu hübsch aus. Heine hatte vor meiner Stube einen schönen, großen Schneemann aufgebaut, im Laufe des Tages schmolz derselbe aber zusammen. Trotz des grundlosen Schmutzes machten wir einen Spazierritt, und zwar durch die Stadt. Wir wählten die breiten Daimiostraßen, in denen wir traben konnten, und begaben uns auf mehrere höhere Punkte, von denen man Aussichten auf die Stadt hat, die heute mit ihren beschneiten Dächern sehr hübsch aussieht. Die Japaner gehen auf der Straße fast immer mit Holzschuhen, d. h. mit Schuhen, welche aus einem Brettchen bestehen, worauf der Fuß ruht. Unter diesem horizontalen Brettchen befinden sich zwei vertikale, auf denen sie wie auf Stelzen gehen. Wenn es nun so schmutzig ist wie heute, so werden Schuhe mit besonders hohen Stelzen angelegt, auf denen sie förmlich balanciren müssen; sie sind dann meistens mit sehr langen, stangenartigen Stöcken bewaffnet, auf die sie sich stützen. Der wohlhabende Bürger und der zweischwertige Mann trägt jetzt ein schwarzseidenes Tuch künstlich und hübsch um den Kopf gewickelt. Der gemeine Mann geht vor wie nach baarhaupt und springt, auch bei dem jetzigen rauheren Wetter, in puris naturalibus aus seinem heißen Bade, um uns zu sehen, wenn wir vorbeireiten.

Die Erdbeben haben doch etwas Unheimliches. Am Anfange amüsirten sie mich. Jetzt aber, wo ich auch das stets dabei stattfindende Geräusch höre, denke ich immer daran, daß das Haus, eben so gut wie es wackelt, auch einmal einstürzen kann. Man sollte, wenn man Zeit genug hat, bei jedem Erdbeben schnell ins Freie springen.

Montag, den 14. Januar 1861.

Meine drei Salons waren durch Herausnahme der Zwischenwände heute zu einem einzigen vereinigt und, noch von Weihnachten her, grün dekorirt. Im Hintergrunde, in einer großen Nische, stand das Bild des Regenten; in der Mitte des Saales, damit man sie von allen Seiten ansehen konnte, die Amazonenstatuen: ganz dicht an der papiernen Außenwand stand der Schirm mit den Biskuitplatten, Ansichten von Berlin und der Rheingegend darstellend und ganz wunderhübsch aussehend; an der langen Wand gegenüber waren in gehöriger Entfernung zwei elektromagnetische Apparate aufgestellt, deren Scheiben ich mit japanischen Buchstaben habe beschreiben lassen, und an welchen sich seit mehreren Tagen zwei japanische Beamte üben, die ich mir vom Minister ausgebeten hatte, um sicher zu sein, daß Jemand da ist, der die Apparate zu gebrauchen versteht. Rings umher auf Tischen, hölzernen Divans und Stühlen lagen die schönen Bücher aufgeschlagen, und auf einem großen Tische an der schmäleren Wand, dem Regenten gegenüber, standen kalte Fasanen, Enten, Roastbeef, Reis mit Curry, Eier, warmes gedämpftes Rindfleisch mit Kartoffeln, gebratene Fische, sehr viel Bordeaux, sehr viel Sekt in Schnee und einige Buddeln Schnaps. Gegen 1 Uhr versammelte sich meine ganze Gesellschaft im Salon, und bald darauf erschienen Harris mit Heusken und Alcock mit sechs Dolmetschern, Sekretären und Attachés. Der Verlauf des Frühstücks war wie der jedes vergnügten Frühstücks. Erst komplimentirte man sich, besah bewundernd und lobhudelnd die Geschenke, aß dann etwas Fisch, trank ein Glas Bordeaux, fing an, auf die Fasanen und Enten einzuhauen, schlürfte Sekt mit großem Appetit, wurde lauter und lauter, bis die ganze junge Gesellschaft berauscht war und meine Telegraphen in Gefahr brachte. Auf allen Gesichtern stand großes Vergnügen geschrieben. Das ist dann der richtige Moment, um abzubrechen. Ich proponirte einen Spazierritt, und wir setzten uns zu Pferde, 17 Herren und 23 Jakunins. So waren wir 40 Reiter. Die Sonne schien prächtig klar und warm. Ich und Alcock ritten in ehrsamem Trabe voraus, die übrige Gesellschaft machte in ihrer Trunkenheit Unsinn, und der unergründliche Schmutz spritzte uns um die Ohren.

Jeddo, Dienstag, den 15. Januar 1861.

Das war ein schrecklicher Tag! Sie haben unseren treuen Gefährten und Freund Heusken ermordet.

Ich empfing mittags die Gouverneure. Dieselben hatten sich um 1 Uhr ansagen lassen, um die Geschenke für den Taikun in Empfang zu nehmen. Statt dessen kamen sie erst um 3 Uhr, was mich schon übler Laune machte, und statt sich auf die Geschenkübernahme zu beschränken, holten sie wieder den Vertrag hervor und sagten, sie hätten Auftrag vom Minister, noch einige Redaktionsänderungen zu beantragen.

Nun riß mir die Geduld, und ich wurde grob. Dies half, denn sie baten sehr um Entschuldigung und bestanden nicht weiter auf den Aenderungen, worauf dann die Uebergabe der Geschenke erfolgte. Da es 4½ Uhr war, als sie weggingen, so gab ich es auf, noch einen Spazierritt zu machen. Heusken aber, der mir gedolmetscht hatte, setzte sich zu Pferde, ritt ums Schloß und kam gegen 6 Uhr zurück, um, wie gewöhnlich, mit mir zu essen. Nach dem Essen, wo sich meine ganze Gesellschaft bei mir versammelt, pflegen wir bis gegen 8½ Uhr zu schwatzen. Dann zieht sich Heusken, der nicht spielt, in der Regel zurück, um nach Hause zu reiten, während wir uns an die Partie setzen. So war es auch heute. Um 10 Uhr bekam ich eine Botschaft von Harris, ich möchte eilig einen Arzt senden, Heusken sei auf dem Wege von mir nach der amerikanischen Gesandtschaft in den Leib gestochen worden. Eins, zwei, drei setzte sich Lucius zu Pferde, begleitet von August, Brandt, Berg, Richthofen, Heine, alle wohlbewaffnet. Um 12 Uhr kam Heine zurück und erzählte Folgendes: Heusken ist mit drei Jakunins, einer voran und zwei hinten, und dabei ein paar Bettos neben sich, von mir weggeritten. Etwa hundert Schritte von meinem Hause, auf einem freien Platze, ist er von sieben Kerlen attackirt worden. Dem vorreitenden Jakunin haben sie die Laterne ausgelöscht und das Pferd verwundet, die Bettos auf die Erde geworfen und Heusken eine mehrere Zoll lange Wunde im Unterleibe beigebracht, aus welcher ihm die Gedärme getreten sind. Sein Pferd, durch den ganzen Auftritt scheu gemacht, ist eine kurze Strecke mit ihm fort galoppirt, dann ist er vom Pferde gefallen. Einer der Jakunins hat eine Bahre geholt, die zwei anderen sind bei ihm geblieben. Dann hat man ihn nach Hause getragen. Lucius hat nun sofort die Wunde zugenäht und sonst die nöthigen Anstalten getroffen, den Zustand des Kranken aber für sehr bedenklich erklärt. So erzählte Heine. Eine Stunde später, etwa um 1 Uhr, erhielt ich die Nachricht, daß er verschieden sei. Der arme Junge! Er war etwa 28 Jahre alt, hatte Lust am Leben, war gebildet und gescheit, mit dem besten Herzen von der Welt: alle Welt hatte ihn lieb, wir liebten ihn zärtlich. Nun muß er so enden.

Ich bin sehr, sehr ergriffen, das könnt Ihr wohl denken. Acht Monate bin ich erst von Hause fort, und was habe ich schon Alles erlebt. Hätte ich nicht den festen Glauben, daß nichts geschieht, ohne daß Gott es so will, ich könnte in tiefe Niedergeschlagenheit verfallen. Der arme Junge!

Mittwoch, den 16. Januar 1861.

Ich hatte die Nacht wenig geschlafen und ließ mir gleich, sowie ich heute aufgestanden war, von Lucius die Verwundung beschreiben. Er sagte mir, er habe beim ersten Blick gesehen, daß dieselbe tödlich sei, denn die Gedärme seien durchschnitten gewesen, es sei daher als ein Glück für Heusken zu betrachten, daß er so schnell und schmerzlos gestorben sei, denn die Entzündung, der er unfehlbar in einigen Tagen erlegen sein würde, würde sehr schmerzhaft gewesen sein.

Nach dem Frühstück kam Alcock, um mit mir über die Schritte zu sprechen, welche der japanischen Regierung gegenüber zu thun seien. Dann ritt ich nach der amerikanischen Gesandtschaft und ging erst in Heustens Häuschen. Dasselbe schwamm von Blut, das Gesicht der Leiche hatte einen ungemein ruhigen Ausdruck. Mr. Harris fand ich in einem Zustande tiefster Traurigkeit. Fünf Jahre haben die Beiden zusammengelebt, eigentlich nur auf sich beschränkt. Niemals ist, wie Harris mir sagt, auch nur der leiseste Mißton zwischen ihnen aufgekommen, und die Lücke, die durch Heustens Tod für Harris eingetreten ist, ist unausfüllbar. Der arme Mann weinte bitterlich; ich glaube, er wird Alles daransetzen, um Jeddo und Japan sobald als möglich verlassen zu können.

Verzeiht, daß ich Euch diese Details von Leuten schreibe, die Ihr nicht kennt, und die Euch daher wenig interessiren. Aber uns sind diese Leute wirklich befreundet geworden, und unsere Erlebnisse in Japan sind mit der Erinnerung an Heusken so eng verknüpft, daß sie, so hübsch sie auch gewesen sein mögen, fortan den Stempel der Trauer tragen werden. Der Boden Jeddos brennt uns unter den Füßen.

Von Harris ritt ich zu Alcock, um nochmals mit ihm zu konferiren. Die Sonne schien so prachtvoll hell auf das Mordnest, daß es einen mit Ingrimm erfüllen konnte. Um 3 Uhr war ich wieder zu Hause und hatte unendlich viel zu schreiben und anzuordnen. Wie fehlte uns Heusken bei Tisch und des Abends. Die Franzosen sagen zwar, wenn ein alter Tischgenosse stirbt, on serre les chaises et l'on n'en parle plus. Bei uns wird es anders sein. Wir werden den armen Jungen in treuem Gedächtniß bewahren. In Holland lebt noch seine alte Mutter, deren einziger Sohn er ist, und die er nach Kräften unterstützte.

Donnerstag, den 17. Januar 1861.

Ich ritt heute zu Harris, um mit ihm Einiges wegen Heustens Begräbniß zu besprechen, machte dann einen Spazierritt ins Freie und verbrachte den Abend wie gewöhnlich. Das Gefühl, daß man wahrscheinlich niemals das Motiv zum Morde erfahren und noch weniger den Thäter entdecken wird, kann einen wirklich zur Wuth treiben. Alter Grundsatz in Jeddo ist es, daß es nicht rathsam ist, des Abends auszugehen, weil man riskirt, daß ein betrunkener Zweischwertiger im Vorübergehen einem zum Vergnügen den Kopf spaltet. Allein Heusten war so bekannt und selbst unter den Japanern so beliebt, daß er selbst und wir Alle glaubten, er habe nichts zu fürchten, und hundertmal hatte er den Weg von uns zu sich gemacht, ohne daß ihm das geringste Verdächtige aufgefallen wäre. Und nun wird ihm förmlich aufgelauert. Hängt das mit der Kohnin-Verschwörung zusammen? oder sind es Banditen, welche die That zu ihrem Vergnügen verübt haben, wie das hier wohl vorkommt, wo hingerichtete Verbrecher vor ihrem Tode bekannt haben, dreißig, vierzig und fünfzig Morde verübt zu haben, bloß aus Freude am Blutvergießen? oder endlich, kam es wieder einmal darauf an, einen Fremden zu töten, n'importe qui? und suchte man sich Heusten aus, weil er bei seinen abendlichen Ritten am leichtesten zu attrappiren war? Wer weiß es, und wer wird es jemals ergründen! Gewiß scheint zu sein, daß die ihn begleitenden Jakunins nach der That die Flucht ergriffen und den armen Verwundeten eine Stunde lang auf der Straße haben liegen lassen, wobei er so viel Blut verloren hat, daß die unmittelbare Ursache seines Todes Verblutung gewesen ist.

Freitag, den 18. Januar 1861.

Heustens Begräbniß war auf heute um 1 Uhr angesetzt. Morgens kam ein Sarg, den ich auf der „Thetis" für ihn hatte anfertigen lassen, da die Japaner Särge, in denen der Leichnam liegt, nicht an zufertigen verstehen. Die hiesigen Särge sind kleine viereckige Kasten, in denen die Leiche zusammengekauert sitzt. Um 12 Uhr erschienen Jachmann, viele Offiziere, Fähnriche und Kadetten und ein Kommando von vierzig Seesoldaten und Matrosen. Wir wollten eben aufbrechen, um uns nach der amerikanischen Gesandtschaft zu begeben, als Harris mir sagen ließ, die Gouverneure der auswärtigen Angelegenheiten seien bei ihm angekommen und hätten ihm mitgetheilt, daß die Regierung fürchte, es werde heute bei Gelegenheit des Begräbnisses ein Ueberfall auf die Gesandten stattfinden. Sie hätten daher gerathen, daß die

Gesandten lieber zu Hause bleiben möchten. Sehr angenehm berührte uns diese Nachricht natürlich nicht; Jachmann erklärte, daß er uns mit den wenigen Leuten, die er mitgebracht habe, nicht schützen könne, und war entschieden der Ansicht, daß der Rath der Gouverneure befolgt werden müsse; ich hatte aber das Gefühl, daß ich Harris mein Wort halten müsse und denselben nicht allein lassen dürfe, deshalb erklärte ich ganz bestimmt, daß ich mich nicht abhalten lassen würde, dem Leichen begängnisse beizuwohnen, und es wurden nun alle Maßregeln getroffen, um im Falle eines Angriffs Widerstand leisten zu können. Von den Seesoldaten, die mein Haus bewachen, gab ich noch zehn Mann zur Verstärkung unserer Eskorte, die nun aus fünfzig Mann bestand. Es wurde scharf geladen, Jeder von uns bewaffnete sich mit Säbel und Revolver, und nun begaben wir uns zu Fuß zu Harris, wobei wir über den Platz weg mußten, wo der arme Hensten ermordet worden ist.

In der amerikanischen Gesandtschaft erschienen bald darauf Alcock mit seinem Personal, Bellecourt in größter Aufregung, mehrere Konsuln aus Kanagawa. Den Zug nach dem Kirchhofe, d. h. nach dem Tempelgrunde, auf dem Hensten ruhen soll, eröffneten fünf Gouverneure der auswärtigen Angelegenheiten mit sehr zahlreichem Gefolge, dann kamen die preußische, englische, amerikanische, französische und holländische Flagge, eskortirt von Soldaten, dann die Musik der „Arcona", Jahnnius, der Sarg, mit der amerikanischen Flagge bedeckt, Harris und der holländische Generalkonsul de Wit als Hauptleidtragende, Alcock, Bellecourt und ich, die Konsuln, die Offiziere, Fähnriche und Kadetten von unseren Schiffen, an der Seite ging eine Chaine von Soldaten und Matrosen mit Zündnadelgewehren, und unterwegs schloß sich noch ein Kommando Seesoldaten von der holländischen Brigg „Cachelot", welches etwas zu spät angekommen war, unserem Zuge an. Alles war in gespannter Aufmerksamkeit und hatte die Hand an der Waffe. Es war dies um so nothwendiger, als wir durch dichtgedrängte Volksmassen gingen, aus welchen jeden Augenblick ein paar verwegene Kerle heraussprangen und uns mit ihren haarscharfen Schwertern den Kopf spalten konnten. Namentlich wenn wir an die Mündung einer Seitenstraße kamen, mußten wir auf unserer Hut sein, und das um so mehr, als die Regierung zu unserem Schutze anscheinend gar nichts gethan hatte. Auf dem Platze angelangt, wo das Grab für Hensten gegraben war, fanden wir die fünf Gouverneure auf einer drapirten Bühne stehend, und auf einer anderen Tribüne, unter einer Art Baldachin, saß ein japanischer Bonze mit den dienstthuenden Priestern. Die Ceremonie des Abbé Girard war nur kurz. Während der Sarg eingesenkt wurde, spielte die Musik das Lied „Jesus, meine Zuversicht". Wir warfen unserem Freunde Erde auf den Sarg und begaben uns auf den Rück= weg, eben als der Bonze anfing, auch seine Ceremonien zu machen, worüber einige der Herren sehr entrüstet waren, während ich darin nur einen Akt der Gutmüthigkeit des Priesters sehen konnte. Wir begleiteten im Zuge erst Harris nach Hause, dann ging's zu mir. Als ich mir den Revolver abschnallte, war mir doch zu Muth, als ob ich einer großen Gefahr glücklich entgangen sei, und die nervösen Kopf schmerzen, die ich abends hatte, bewiesen, daß ich mich in einer starken Spannung befunden hatte. Noch spät kam eine Botschaft des Ministers, worin er mich bat, wenn ich ausgehe oder ausreiten wollte, es immer schon den Tag zuvor dem Jakunin=Bureau sagen zu lassen, damit hinreichende Begleitung zu meiner Disposition gestellt werden könnte. Ich werde mich wohl hüten, dieser Aufforderung nachzukommen. Denn die Begleitung feiger Jakunins nützt zu gar nichts, und eine Benach- richtigung, daß ich zu der und der Stunde ausreiten würde, kann höchstens zum Fingerzeig für diejenigen dienen, die etwa die Absicht haben sollten, mir aufzulauern.

Sonnabend, den 19. Januar 1861.

Gleich nach dem Frühstück ritt ich zu Alcock, wohin verabredeter- maßen auch Harris, Bellecourt und de Wit kamen. Es wurde berathschlagt, was unter den gegenwärtigen Umständen zu thun sei. Alcock, Bellecourt und de Wit waren der Ansicht, daß keine Sicherheit mehr für die Gesandtschaften in Jeddo bestehe, daß sich dieselben daher nach Jokohama zurückziehen müßten. Sie hatten, um diesen Schritt zu motiviren, Noten an die japanische Regierung entworfen, die wie Kriegserklärungen klangen. Harris war der Ansicht, daß keine Gefahr vorhanden sei, und erklärte, daß er in Jeddo bleiben werde. Der Meinungsaustausch wurde zuweilen etwas heftig, doch erkannte man allseitig an, daß meine Lage eine exceptionelle sei, und ich mich nicht eher von Jeddo entfernen dürfe, als bis ich meinen Vertrag hätte. Ich spielte den Vermittler dahin, daß Alcock, Bellecourt und de Wit nach Jokohama gehen, aber ihre Noten mildern, Harris hier bleiben, aber eine sehr starke Note schreiben sollte, während auch ich mich verpflichtete, eine Note an die Minister zu richten, und zugleich erklärte, daß ich den Rückzug der drei genannten Diplomaten nach Jokohama für gerecht= fertigt ansähe.

Während der mehrstündigen Konferenz hatte es so geschneit, daß der Rücritt sehr beschwerlich war. Der Schnee backte unter den Hufen der Pferde, und man konnte nur im langsamsten Schritt reiten. Meine Leuten werden, solange ich noch hier bin, stets mit einem Revolver gegürtet sein, um dem etwaigen Meuchelmörder wenigstens eine Kugel der Rache nachsenden zu können.

Wir sind sämmtlich ein wenig nervös geworden. Der ewige Feuerlärm des Abends, den wir sonst nicht beachteten, regt uns auf. Ich ginge je eher, je lieber fort, aber die Japaner erklärten mit der größten Ruhe, daß sie mit den Abschriften der Verträge noch nicht fertig seien.

Sonntag, den 20. Januar 1861.

Ich hatte gestern an Sundewall geschrieben und ihn gebeten, mir, wenn es anginge, heute den Schiffsprediger Kreyher zur Abhaltung des Gottesdienstes nach meiner Residenz Akabane zu schicken. Heute wehte es jedoch so gewaltig, daß alle Papierwände klapperten, der Schnee wie beim schönsten preußischen Stühmwetter umherflog, und wir uns in der Stube gar nicht erwärmen konnten. Es war daher auf die Ankunft des Predigers nicht zu rechnen: trotzdem erschien er um 3 Uhr, naß und durchgefroren, nach einer nicht gefahrlosen Fahrt von der „Arcona" nach Jeddo, zu welcher er vier Stunden gebraucht hatte. Lieutenant v. Schleinitz*) und Kadett v. Lindequist, die ihn begleitet hatten, sowie die Matrosen waren ganz erstarrt. Nun wurde der Saal zu einem Betsaal umgeschaffen, vier Minister von der „Arcona" begleiteten unseren Gesang „Eine feste Burg ist unser Gott", und Kreyher hielt eine recht gute Predigt mit einem Gebete für den armen Heusken. Das ist jedenfalls der erste deutsche protestantische Gottesdienst, der in Jeddo abgehalten worden ist.

Montag, den 21. Januar 1861.

In der Nacht sind 4 Grad Kälte gewesen. Gleich nach dem Frühstück setze ich mich zu Pferde und reite, von Bunsen und Berg begleitet, zu Alcock, wo heute abermals eine Gesandtenkonferenz stattfand, an der aber Harris nicht theilnahm, weil derselbe eine Zusammenkunft mit den Ministern hatte. Dieselben haben ihm zur Begleitung auf dem Wege von der amerikanischen Gesandtschaft nach der Wohnung des Ministers achtzig Jakunins geschickt. Das klingt viel, aber im Falle eines ernstlichen Angriffs würden dieselben ihn auch nicht schützen.

*) Jetzt Admiral a. D.

Der Regent, welcher voriges Jahr ermordet wurde, hatte 120 Leute zu seiner Begleitung, und gleichwohl gelang es einem kleinen Häuflein entschlossener Kerle, diese ganze Bande in Verwirrung zu bringen und dem Regenten den Kopf gerade in dem Moment abzuschneiden, wo er aus dem Norimon steigen wollte. Eins weiß ich: Solange ich hier bin, setze ich mich in keinen Norimon mehr; sie können einen in einem solchen Kasten wie einen Vogel im Bauer erwürgen. Hoffentlich werde ich nicht mehr oft gezwungen sein, prozessionsweise durch die Stadt zu ziehen, denn der Minister hat mir geschrieben, daß es dem Taikun absolut unmöglich sei, mich zu empfangen, da der Audienzsaal noch nicht fertig sei. Dem Minister werde ich aber wohl noch einen Besuch machen müssen und werde das zu Pferde thun, damit ich mich wenigstens umsehen und nöthigenfalls wehren kann.

Alcock hatte ein Protokoll über die vorgestrige Konferenz aufgenommen, sehr gut, aber so schrecklich gründlich und ausführlich wie Alles, was dieser Mann schreibt. Das Lesen und Besprechen des Protokolls dauerte so lange, daß August und Brandt Angst bekommen hatten und mir nachgekommen waren.

Alcock hat sich eine Wache vom englischen Kriegsschiff „Encounter" kommen lassen, Bellecourt hat mich um eine Wache von den preußischen Schiffen gebeten, und ich habe deshalb an Sundewall geschrieben.

Es war 4 Uhr, als ich nach Hause kam, müde und angegriffen, als ob ich weiß Gott welche Strapaze durchgemacht hätte. Auf meine wiederholten Anfragen, ob denn die Abschriften des Vertrages nicht bald fertig seien, läßt mir die Regierung immer sagen, sie bäte sehr um Entschuldigung, aber infolge der letzten Ereignisse sei so viel zu thun, daß ihre Schreiber noch nicht hätten die Zeit finden können, die Abschriften zu beendigen. Ich bin doch neugierig, ob es wirklich noch zur Unterzeichnung des Vertrages kommen wird, oder ob die Regierung so perfide ist, derselben neue Schwierigkeiten in den Weg zu legen.

Der Lackfabrikant Tschobi, den ich lange nicht gesehen hatte, war heute morgen einmal wieder hier. Als er in mein Stübchen trat, verneigte er sich bis zur Erde, legte die Hand aufs Herz und sagte „Gensten" mit so trauriger Stimme und so bleichem Antlitz, daß ich ihm hätte um den Hals fallen mögen.

Dienstag, den 22. Januar 1861.

Morgens kommt Lieutenant v. Imhoff von der „Arcona" und bringt zehn Seesoldaten mit, die, gehörig mit scharfen Patronen und mit Provisionen für vier Tage ausgerüstet, nach der französischen

Gesandtschaft geführt werden. So steht denn der Vertreter der großen Nation unter preußischem Schutze. Das Wetter war trübe und kalt: ich war den ganzen Tag nicht auf der Straße, sondern schmiedete viel Depeschen.

Harris, der gestern eine Zusammenkunft mit dem Minister gehabt hat, läßt mir sagen, der Minister habe sich dahin geäußert, daß der preußische Vertrag noch im Laufe der Woche werde gezeichnet werden können. Ueber Henskens Mord ist derselbe sehr entrüstet gewesen und hat fest versprochen, es werde der Thäter entdeckt und bestraft werden. Aber die Justiz in Japan sei langsam, es könnten Wochen, Monate, ja Jahre darüber vergehen. Schöne Satisfaktion!

Noch spät am Abend ließen sich die Gouverneure zu morgen früh um 10 Uhr bei mir ansagen, mit der ausdrücklichen Bemerkung, daß es sich bei dem Besuche nicht um den Vertrag handle. Was werden sie wieder zu erzählen haben?

Mittwoch, den 23. Januar 1861.

Die Gouverneure erschienen bald nach 10 Uhr. Sie kündigten an, daß die Wachen in allen Gesandtschaften noch durch Soldaten von der Leibwache des Taikun verstärkt werden würden. Sie selbst wollten abwechselnd die Nacht in den Gesandtschaftshotels zubringen, und wenn wir ausgingen oder ausritten, würden seitens der Regierung noch besondere Vorsichtsmaßregeln getroffen werden. Den Leutchen ist unheimlich geworden, seit sie sehen, daß die Gesandtschaften ernste Schritte thun. Außerdem kündigten die Gouverneure an, daß sie morgen um 1 Uhr kommen wollten, um den Vertrag zu unterzeichnen. Ich erklärte ihnen, daß bevor ich mich zur Unterzeichnung des Vertrages entschließen könnte, ich ein schriftliches Versprechen des Ministers haben müßte, daß die Preußen, welche jetzt schon in Japan wohnen, nicht aus dem Lande gejagt würden, obwohl der Vertrag erst am 1. Januar 1863 in Wirksamkeit tritt. Der Minister hatte mir, bei meiner letzten Zusammenkunft mit ihm, ein solches Versprechen zugesagt, bis heute aber nichts darüber zukommen lassen. Aus der nun sich entspinnenden langen Unterhaltung ersah ich, daß der Minister sich dieser Verpflichtung entziehen wollte. Ich habe schon überhaupt wenig Geduld mehr, und bei dieser Gelegenheit ging sie mir ganz aus. Ich erklärte positiv, daß ein solches Benehmen mir treulos erschiene, und ich unter keiner Bedingung den Vertrag eher zeichnen würde, als bis das schriftliche Versprechen des Ministers in meinen Händen sei. Die Gouverneure sagten, sie wollten Alles, was ich geäußert hätte, dem Minister

getreulich rapportiren, und entfernten sich. Ein paar Stunden darauf
hatte ich das Versprechen. Es war offenbar schon fertig, als die Gouverneure bei mir gewesen waren, sie waren aber beauftragt, es wo
möglich dahin zu bringen, daß ich auf dem Versprechen nicht bestand.
Perfides Volk! Ich zitterte vor Freude und Besorgniß, als ich das
Schreiben in Händen hielt. Vor Freude, weil nun morgen, am Geburtstage Friedrichs des Großen, der Vertrag gezeichnet werden kann; vor
Besorgniß, weil ich denke, es kommt wieder noch etwas dazwischen,
was das Endresultat verzögert.

Donnerstag, den 24. Januar 1861.

Die Nacht war sehr unruhig gewesen. Erst konnte ich lange nicht
einschlafen, dann, als ich eben eingenickt war, erhob sich lebhafter
Feuerlärm, und außerdem war das Gelaufe und Gepolter der Seesoldaten, welche die Anwesenheit ihres Chefs, des Lieutenants v. Imhoff,
in besondere Unruhe versetzt hatte, so störend, daß ich froh war, als
der Tag anbrach, und ich aufstehen konnte. Der Gouverneur Maragati
hatte, wie ich hörte, die Nacht im Hause bei mir zugebracht, um über
uns zu wachen. Um 2 Uhr erschienen die Gouverneure, um den Vertrag zu zeichnen. Da derselbe in vier Exemplaren ausgefertigt, und
jedes Exemplar einmal deutsch, einmal japanisch und einmal holländisch
geschrieben ist, auch zu jedem Vertragsexemplare noch ein Handels-
regulativ gehört, welches besonders unterzeichnet werden mußte, so
mußten ich und jeder der drei Gouverneure unsere Namen 24 mal
schreiben, so daß die Ceremonie erst um 3½ Uhr beendet war. Auf
Tragbahren wurden darauf sehr schöne Stücke Seidenzeug hineingebracht,
Geschenke des Taikun für mich, für Pieschel, für meine drei Attachés,
für den Commodore und für Kapitän Jachmann. Ich beschenkte die
Gouverneure und den japanischen Dolmetscher mit Säbeln, Uhren,
Opernguckern, Bernstein ꝛc. und speiste sie mit wildem Schweinsbraten
und Sekt. Um 5 Uhr gingen sie weg, und ich trug meinen Vertrag
in mein Stübchen und drückte ihn an mein Herz wie ein schwer zur
Welt gekommenes Kind. Heute ist, soviel ich weiß, der Geburtstag
Friedrichs des Großen. Möge es ein gutes Omen sein. Im Uebrigen
ist es nun gleichgültig, was noch aus der Expedition wird. Mag noch
etwas mehr erreicht werden oder nicht, mögen wir ersaufen oder sonst
wie verderben, die Hauptaufgabe ist erfüllt und von Blamage ist nicht
mehr die Rede. Ich danke Gott auf den Knieen, daß er soweit geholfen hat!

Weil wir so spät gefrühstückt hatten, verlegte ich die Essensstunde heute von 6 auf 7 Uhr und lud alle Herren, die gerade hier sind, 12 an der Zahl, zum Diner ein. Wir hätten sehr fröhlich sein können, hätte nicht das Andenken an den armen Heußken, der so viel Antheil an dem Gelingen des Werkes gehabt hat, schwer auf uns gelastet. Als bei Sonnenuntergang die Flagge eingezogen wurde, flogen schwere Steine in den Hof, ohne daß die japanische Wache sich die Mühe gab, auf die Straße zu eilen und auf den Thäter zu fahnden. Da sieht man aufs Neue, was man an diesen Kerlen hat. Ich werde doch froh sein, wenn ich Jeddo im Rücken habe, und wenn Alles sich so macht, wie ich es mir ausgerechnet habe, so denke ich Montag, den 28. d. M., mich an Bord der „Arcona" zu begeben.

Freitag, den 25. Januar 1861.

Heute morgens war Harris bei mir, der arme Mann! Er kann nicht schlafen, sieht elend und verkümmert aus, und die Thränen treten ihm in die Augen, so oft der Name Heußken ausgesprochen wird. Später besuchten mich Alcock und Bellecourt, die beide morgen früh sich nach Jokohama einschiffen wollen. Letzterer ist von seiner preußischen Wache entzückt. Ich habe Sundewall heute gebeten, das Transportschiff „Elbe" morgen direkt von hier nach Shanghai zu senden, um meine Depeschen dorthin zu bringen, damit dieselben möglicherweise schon am 7. Februar mit der Post von dort nach Europa abgehen können. —

Und nun Gott befohlen. Ich sehne mich unendlich nach acht Tagen vollständiger Ruhe, aber nicht nach der Art Ruhe, wie sie mich nun auf dem Schiffe erwartet, mit „auf dem Rücken liegen" und angenehmer Magenstimmung.

Tausend Küsse an die Kinder und die besten, herzlichsten Grüße an Euch von Eurem treuen Bruder — Fritz.

Jeddo, Sonnabend, den 26. Januar 1861.

Es war heute ein entsetzliches Lärmen und Toben im Hause. Alle Welt packte, hämmerte, schrie deutsch und japanisch untereinander, dazu kam das Getrampel der Mannschaft von drei Booten, die Sundewall geschickt hatte, um nach und nach unsere Sachen abzuholen, und mitten in all dem Gewirre erschallten die schweren Schritte der Seesoldaten, die von Bellecourt zurückkamen und nun bei mir bleiben sollen, bis ich mich eingeschifft habe. Ich habe jetzt vierzig Seesoldaten im Hause, die sich heute damit amüsirt haben, auf einem großen, ein gezäunten Rasenplatze bei meiner Wohnung zu reiten. Sie hatten sich die Pferde von den Jakunins gemiethet, galoppirten mit seligen Gesichtern hin und her und fielen alle Augenblicke wie die Klötze herunter, so daß einige über und über mit Schmutz bedeckt waren. Das hinderte sie aber in ihrer Lust nicht.

Den Jakunins habe ich ein großes Vergnügen bereitet; ich fand nämlich unter den von den Kaufleuten mitgenommenen Waarenproben etwa fünfzehn Kavallerie- und Infanteriesäbel. Diese habe ich den Jakunins verehrt; ich glaubte nicht, daß dies Geschenk so großen Eindruck machen werde, aber selten habe ich frohere Gesichter gesehen, als die der Beschenkten. Sie konnten sich gar nicht zufrieden geben und verneigten sich, wo sie mich sahen, so tief, wie ich mich dessen von ihnen früher nie zu erfreuen gehabt habe.

Den ganzen Tag bin ich, trotz des außerordentlich schönen Wetters, zu Hause gewesen und habe Abschiedsdepeschen an die japanischen Minister und an die Gesandten geschmiedet.

Sonntag, den 27. Januar 1861.

Schon ganz früh waren die Gouverneure bei mir, um Abschied von mir zu nehmen. Sie waren dabei wirklich liebenswürdig, namentlich Muragati Awadsi no cami. Für den Regenten brachten sie, als Geschenk des Taikun, ein sehr schönes Schwert, einen hübschen lackirten Schrank und prachtvolles Seidenzeug und Sammet. Auch mir gaben sie, als Geschenk von sich, mehrere allerliebste Kleinigkeiten. Im Hause war der Lärm heute wo möglich noch größer als gestern. Ich entfloh ihm, indem ich zu Harris ritt. Da mich Keiner von den Meinigen begleitete, so wurde ich von einer ganzen Schar von Jakunins geleitet, die mich in die Mitte nahmen. Ich verlasse mich aber mehr auf meinen Revolver als auf diese zwar sehr gutmüthigen, aber auch sehr weichen Herren, in deren Mitte ich, glaube ich, lange todtgeschlagen sein könnte, bevor sie dazu gekommen wären, ihr Schwert zu entblößen.

Harris thut mir unendlich leid; er bleibt jetzt ganz allein in Jeddo zurück, da Bellecourt und Alcock sich vorgestern nach Jokohama zurückgezogen haben. Pieschel und meine Attachés kamen etwas später, um sich ebenfalls zu empfehlen. Als ich ihm endlich Adieu sagte, fiel mir der alte Mann laut weinend um den Hals. Obgleich es sein regnete und schneete, ritt ich doch noch nach Heuskens Grab. Uns war Allen sehr wehmüthig.

Weil heute Abend noch Tafelservice und Küchengeräth eingepackt werden soll, so genossen wir statt eines regulären Diners nur kalte

Sachen. Wie froh bin ich, daß ich nichts von meinem Tischzeug mit=
genommen, sondern mir unterwegs schlechtes Zeug gekauft habe, es ist
Alles in Grund und Boden verdorben und nur noch zu Wischtüchern
zu brauchen. Die Zahl der zerbrochenen Gläser, Tassen und Teller
geht ins Unglaubliche. Gestohlen sind mir namentlich Messer und
Gabeln, nach oberflächlicher Zählung allein zwanzig Messer. —
Nun, will's Gott, so ist dies die letzte Nacht in Jeddo.

An Bord der „Arcona", Rhede von Jeddo.   Montag, den 28. Januar 1861.

Da wäre ich denn wieder!
Wir waren früh aufgestanden, sahen aber zu unserem Schreck,
daß es in der Nacht gewaltig geschneet hatte und noch schneete und
wehte. Die Boote von der „Arcona", die wir schon ganz früh erwartet
hatten, kamen nicht. Ein Gouverneur der auswärtigen Angelegenheiten,
den ich bisher noch nicht gesehen hatte, Joriwi Etsisen no cami, kam,
mir einen langen Besuch zu machen. Er hatte zu meiner Sicherheit die
Nacht in meinem Hause zugebracht und war beauftragt, mir namens
der Regierung Lebewohl zu sagen. Da mein Wein schon eingepackt
war, so konnte ich ihm nichts vorsetzen als Cigarren, die er recht brav
rauchte. Das leere Haus sah wirklich graulich aus: zerrissene, beschmutzte
und verbrannte Matten, geplatzte Wände, durchstoßene Papierscheiben,
kurz, es war höchst unheimlich, und die Japaner werden es sich müssen
einige Izebus kosten lassen, um das Haus, das nur auf Strümpfe
berechnet war und Matrosenstiefel hat ertragen müssen, nur einiger=
maßen wieder aus seinem Kasernenzustande herauszubringen. Wir
litten bei dem langen Warten an Kälte und Hunger und suchten Beiden
durch Eierpunsch abzuhelfen. Endlich um 2 Uhr kamen die Boote.
Der Gouverneur machte mir wieder einen Besuch, die preußische
Flagge wurde eingezogen, und von vierzig Seesoldaten und meinem
nur noch geringen Stabe begleitet, ritt ich durch unsäglichen Schmutz
nach dem Landungsplatz. Was ist Alles geschehen, seit ich vor ungefähr
fünf Monaten auf demselben Wege einzog. Alle meine Jakunins zu
Fuß und zu Pferde waren mitgekommen und drängten sich, als ich
vom Pferde gestiegen war, um mich herum, mir Adieu zu sagen. Drei
große Boote lagen bereit, mein Gefolge und meine Sachen einzunehmen.
Seesoldaten und Matrosen standen in Linie aufmarschirt, flankirt von
japanischen Beamten, Bettos, Pferden und allem Möglichen. Ich stieg
mit Lieutenant v. Schleinitz allein in des Kommodores Gig, und kaum
war ich zehn Schritte vom Lande, so präsentirten die Truppen, und

es erscholl ein donnerndes: „Unser Gesandter soll leben hoch!" Die
guten Jungens, sie haben alle getreulich bei mir ausgehalten. Und
nun wurde ein Segel gesetzt, und wir flogen durch das schäumende
Meer, daß es eine Freude war. In einer halben Stunde war ich
an Bord der „Arcona", und eine halbe Stunde später kamen auch
alle übrigen Boote nach.

Ich kann Euch nicht sagen, wie unendlich wohl mir ist in meiner
angenehm warmen Kabine, mit hübschem, warmem Teppich und ge=
polsterten Stühlen, nachdem ich fünf Monate lang eigentlich Alles, was
Komfort heißt, entbehrt hatte. Dabei bin ich innerlich ruhig; der
schwerste Theil meiner Arbeit ist hoffentlich gethan, ich kann meine so
lange straff gewesenen Nerven einmal abspannen. —

III. Von Japan nach China.

Der Mensch denkt, Gott lenkt. Ich hoffte, gut zu schlafen und habe statt dessen eine sehr schlechte Nacht verbracht. Erstlich hatte ich mir gestern die linke Hand verstaucht, und dieselbe fing an, in der Nacht so zu schmerzen, daß ich alle fünf Minuten davon aufwachte. Dann kam um 5 Uhr der Kanonenschuß, der nicht sehr geeignet ist, den Morgenschlummer zu befördern, gleich darauf die Reveille, dann das Einsetzen der Schraube, dicht an meiner Kabine, dann über meinem Kopfe das Straßexerziren von Seesoldaten mit Getrampel und „Gewehrrr auf, Gewehrrr ab!" Kurz es blieb nichts übrig, als schon um 6 Uhr aufzustehen. Bald nachher setzte sich das Schiff in Bewegung, und wir dampften nach Jokohama, wo wir um 8½ Uhr ankamen und neben der „Thetis" zu Anker gingen. Das Wetter war ganz klar, der dick mit Schnee bedeckte Insinoyama, seine herrlichen Vorgebirge, alle weiß, und das mit dickem grünen Laube bedeckte Ufer, Alles von der Morgensonne beschienen, nahmen sich ganz prachtvoll aus, man konnte sich gar nicht satt daran sehen. Um 12 Uhr fuhr ich mit August an Land nach Jokohama. Dort haben sich jetzt alle Gesandten und Konsuln zusammengezogen. Alcock bewohnt ein neuerbautes Hotel, das ganz von englischen Soldaten umgeben und bewacht ist. — Ich besuchte von den Herren so viele als möglich und kehrte um 2 Uhr an Bord zurück. Erst schrieb ich, dann promenirte ich eine Stunde auf Deck und freute mich darüber, wieviel die Matrosen in der Zwischenzeit gelernt haben, die Segelmanöver gehen sehr flink von statten. Um 6 Uhr dinirten wir.

Ich habe jetzt eine andere Vertheilung der Passagiere vorgenommen, indem ich für die Fahrt von hier nach Shanghai Pieschel und Berg auf die „Arcona" genommen und Richthofen und Brandt auf die „Thetis" geschickt habe.

Mittwoch, den 30. Januar 1861.

Es regnete wie mit Eimern. Meine ganze Kabine stand voll Kisten und Kasten, die ich umpacken und wasserdicht machen mußte, in der Vorkajüte wurde gescheuert. So mußte ich Kapitän Gogh von der holländischen Brigg „Cachelot", der um 10 Uhr mit seinen Offizieren herüberkam, um mir einen Besuch zu machen, in der Kabine des Kommodore empfangen. Um 2 Uhr erschienen die Herren, die ich zu einem déjeuner dinatoire eingeladen hatte: Alcock, Bellecourt, de Wit (holländischer Generalkonsul), Kapitän Gogh, Loreiro (portugiesischer Konsul), Eusden (englischer Legationssekretär und Dolmetscher), Poelsbroek (holländischer Konsul), Sundewall, Jachmann, Schelle (erster Offizier von der „Arcona", Kinderling (erster Offizier von der „Thetis"), Schleinitz, Pieschel, Bunsen, Baron Bennet, August. Die Luken waren zugemacht und Lichte angesteckt. Essen und Wein waren gut, und es dauerte nicht lange, so wurde auch die Stimmung eine sehr gehobene, mit anderen Worten, so war Alles etwas angerauscht. Unsere Cigarren rauchten wir nach Tisch in der Batterie, die ich mit bunten Laternen hatte erleuchten lassen, und nach 5 Uhr nahmen wir von einander Abschied, Thränen in den Augen. Ich bin wirklich mit allen den Leuten auf einem vortrefflichen Fuße gewesen und habe Jeden in seiner Art sehr gern gehabt. — Abends tranken wir noch ein Gläschen Eierpunsch, und um 10 Uhr legte ich mich todmüde zu Bett.

Donnerstag, den 31. Januar 1861.

Das frühe Aufstehen wurde mir heute zwar schwer, aber es war unmöglich, länger als bis 6 Uhr zu schlafen, da der Lärm auf Deck zu groß war. Schon bald nach 7 Uhr ging ich hinaus; die Luft war frühjahrlich milde, und die Berge waren wieder ganz wundervoll beleuchtet. Gegen 9 Uhr ging die Reise los. Wir salutirten nicht, weil die Japaner keinen Salut wiedergeben.

An Bord der „Arcona" Montag, den 4. Februar 1861.

Soweit hatte ich neulich geschrieben, als die Bewegungen des Schiffes so stark wurden, daß ich das Weiterschreiben aufgeben mußte. Wir hatten starken und günstigen Wind, kamen aber unglücklicherweise doch nicht bei Tageslicht aus der Bai von Jeddo

heraus, sondern gerade an der gefährlichsten Stelle, am Ausgange
derselben, zwischen der Insel Osima und dem Festlande, überfielen uns
die Dunkelheit und ein heftiger Wind, der so schnell und plötzlich
wechselte und bald hier-, bald dortherblies, daß das Schiff sich einmal
ganz herumdrehte, und die Lage, wie ich an den Gesichtern der
Herren Seeleute sah, kritisch wurde. Wie wir aus derselben heraus=
gekommen sind, weiß ich nicht, denn ich mußte mich in meine Kabine
flüchten und nach gewohnter Manier auf den Rücken legen. Das
weiß ich aber, daß uns noch in derselben Nacht ein starker Sturm aus
Westen überfiel, und daß dieser Sturm drei Tage und drei Nächte
gedauert hat. Wir befinden uns jetzt, weit weg verschlagen, auf dem
schauerlichen, unbekannten, stillen Meere, beiläufig dem stürmischsten
Meere, das ich kenne. Auf ihm überfiel uns am 2. September v. J.
der gräßliche Taifun, der den Schooner verschlungen hat, und auf ihm
schweben wir jetzt, wahrscheinlich von gefährlichen Klippen umgeben, die
auf keiner Karte verzeichnet sind, weil diese Gegenden gar nicht befahren werden. „Thetis", die sich brav bei uns gehalten hat, hat, wie
wir sehen können, zwei Boote verloren. Uns ist der Klüverbaum ge=
brochen und eine Bramsaling, d. h. ein Mastkorb mit sammt einem
darauf befindlichen Matrosen herabgestürzt. Glücklicherweise hat
Letzterer sich im Tauwerk festgehalten, sonst wäre er rettungslos
über Bord gegangen. Meine Seekrankheit äußerte sich wieder in
gänzlicher Appetitlosigkeit und in der Unmöglichkeit, aufzustehen.
Liege ich auf dem Rücken, so befinde ich mich verhältnißmäßig wohl,
und zur Explosion kommt es gar nicht. Wie ich höre, ist aber die
halbe Schiffsmannschaft krank gewesen; sie ist zu lange aus der
Uebung, und die Doppelbewegung des Stampfens und Rollens dreht
auch den stärksten Magen um.

Heute bin ich zum ersten Male wieder aufgestanden und habe
mich mehrmals auf Deck begeben. Es steht noch sehr hohe See. Wir
kamen vormittags auf nackt aus dem Meere hervorstehende Felsen, die
anfangs als Schiffe signalisirt wurden. Gott sei Dank, daß sie uns
nicht bei Nacht in den Weg gekommen sind; wir haben keinen
Mondschein.

Ich will zunächst nach Nagasaki gehen, und Sundewall meinte,
als wir von Jokohama abfuhren, er würde acht Tage dazu brauchen; das
schien mir damals sehr viel; nun aber will ich froh sein, wenn wir
in zehn oder zwölf Tagen hinkommen.

An Bord der „Arcona".   Dienstag, den 5. Februar 1861.

Es ist ganz still geworden und wahre Frühlingsluft eingetreten, die ich mit Wonne einschlürfe; aber mit der Frühlingsluft hat sich eine unendliche Sehnsucht nach Hause eingestellt. Kaum ist eine harte Arbeit gethan, ein Sturm überstanden, so geht es an neue Aufgaben, an neue körperliche und geistige Prüfungen. Wäre ich jung, so könnten mich diese Erfahrungen und Anstrengungen kräftigen und reifen, und mich vielleicht zur Erfüllung späterer, wichtigerer Aufgaben heranbilden. Ich würde dann in der eigenthümlichen Schickung, daß gerade mir eine so schwierige und beschwerliche Mission zugefallen ist, einen Wink sehen, daß die Vorsehung etwas mit mir vor hat, und dieser Glaube würde mich ermuthigen und spornen. Aber jetzt kann ich keine andere Anschauung von meiner ganzen Lage gewinnen, als die, daß Gott sie mir geschickt hat, um unmittelbar und gründlich auf mich und meinen Seelenzustand zu wirken. Jahrzehnte hatte ich, aus eigener Verschuldung in aufreibender Unruhe, unter den schwierigsten Privatverhältnissen, von Undankbarkeit und wahrem Mißgeschick heimgesucht, immer mit der als Zielpunkt meiner Wünsche mir vorschwebenden Hoffnung hingebracht, endlich Ruhe zu finden, und unter Ruhe verstand ich eine möglichst sorgenfreie Lage in Eurer Nähe. Ich glaubte soviel erfahren, durchlebt und geduldet zu haben, daß mein Herz ziemlich weiß gewaschen, und es für den lieben Gott an der Zeit wäre, mich in Seelenruhestand zu versetzen. Statt dessen versetzt er mich nach Ostasien, macht mich zum Weltumsegler wider Willen, trennt mich auf Jahre und auf Tausende von Meilen von Euch, bringt mich in eine Lage der Aufregung, die das konträrste Gegentheil aller Ruhe ist, und läßt mir die Aussicht, dereinst, wenn ich noch einmal nach Hause kommen sollte, zum Geheimen Legationsrath ernannt und unter dem Namen des „Japaners" von allen Leuten geflohen zu werden, weil sie glauben werden, daß ich sie mit japanischen Geschichten unterhalten will. Was soll das nun für einen Sinn haben? Doch höchstens den, daß mein Herz wohl noch nicht so weiß gewesen sein muß, als ich mir einbildete, daß ich immer noch zuviel Werth auf mein Ich und auf das Treiben dieser Welt gelegt habe. So bin ich in die wirklich große Welt gestoßen, um mir selbst in meiner ganzen Kleinheit zu erscheinen. Als ich aus Europa fortging, war ich furchtsam, besorgt und ohne Vertrauen; das Alles bin ich nicht mehr, aber demüthig bin ich, unendlich demüthig, und daneben bin ich, wie gesagt, sehnsüchtig nach Euch, wie nach einer Geliebten. Ich stehe zuweilen allein und schaue so recht inbrünstig nach Westen. Wird es mir noch vergönnt sein, Euch jemals zu umarmen?

Mittwoch, den 6. Februar 1861.

Wir hatten gestern, weil das Meer ruhig war, „Thetis" ins Schlepptau genommen. In der Nacht hörte ich, daß Sundewall in der Nebenkabine die Meldung gemacht wurde, „Thetis" läuft auf. Mit einem Satze war ich aus meinem Bette, weil ich nicht anders dachte, als nun müßte gleich die vordere Spitze von „Thetis" in meiner Kabine erscheinen. Die Sache war aber nicht so schlimm, vielmehr bedeutete die Meldung nur, daß infolge von sich erhebenden Winden „Thetis" anfange, schneller zu fahren als „Arcona". Infolge davon wurde das Tau oder, wie es in der Schiffssprache heißt, die Troß, an welcher sie geschleppt wurde, losgeworfen, und beide Schiffe fuhren nun wieder neben einander.

Wir machen heute brillante Fahrt, bis über zehn Knoten, d. h. etwa 2½ deutsche Meilen in der Stunde; aber das Schiff rollt wieder gewaltig. Beim Essen verließ ich unwillkürlich meinen Stuhl und fiel unter ein Geschütz. Sundewall, der mich halten wollte, verrenkte sich einen Finger, August schoß fast in demselben Augenblicke eine Lerche mit seinem Stuhle, fiel unter die andere Seite des Geschützes, raffte sich gerade auf, als das Schiff in umgekehrter Richtung überholte, und lief nun unwillkürlich in höchster Schnelligkeit durch die ganze Vortajüte, in welcher das Stück spielte, um sich auf der anderen Seite auf den fleischigsten Theil seines Körpers zu setzen. Die Scene war zum Todtlachen. Aber das Lachen fängt mir schon wieder an zu vergehen. Ich werde mich ins Bett legen und über mich nachdenken.

Sonntag, den 10. Februar 1861.

Das waren wieder drei scheußliche Tage. Die See ging hoch, das Schiff rollte entsetzlich, und der Himmel war so bezogen, daß keine Messungen gemacht werden und wir nicht genau bestimmen konnten, wo wir waren. Mein Magen versagt alle Thätigkeit, ich kann gar nichts genießen; eine Tasse Bouillon quäle ich mir täglich hinunter, um doch nicht Hungers zu sterben.

Heute morgen hatte sich der Himmel aufgeklärt, der Wind war uns günstiger geworden, und es war hohes Land in Sicht. Kirche wurde nicht gehalten, weil auf dem Schiffe zu viel zu thun war.

Nach Tisch bekamen wir die Insel Tanegasima in Sicht, und Sunde=
wall will nicht um dieselbe herum, sondern zwischen ihr und dem
Kap Tschitschagoff, also durch die eigentliche Van Diemensstraße, gehen.
Als es dunkel wurde, gab man „Thetis" durch Nachtsignale, d. h.
durch Schüsse und Laternen, das Zeichen, daß die „Arcona" Dampf
aufmachen, und sie ins Schlepptau nehmen wolle. Das Manöver selbst
wurde bei Sternenlicht ausgeführt, und verursachte uns Badegästen
(wie wir Civilpersonen an Bord genannt werden) einige Emotion.
Wenn zwei so schwere Kasten, wie zwei Kriegsschiffe, nahe aneinander
gebracht werden, so hat man immer das Gefühl, daß sie zusammen=
stoßen, und dann Beide zu Grunde gehen müßten. Deshalb muß bei
solcher Gelegenheit mit äußerster Vorsicht verfahren werden, zumal,
wenn es so dunkel ist, wie heute.

Montag, den 11. Februar 1861.

Da das Sopha, auf welchem ich schlafe, so steht, daß ich mit dem
Kopfe gerade über der Schraube liege, und die durch dieselbe
hervorgebrachte zitternde Bewegung nichts weniger als schlafbefördernd
ist, so hatte ich mich diese Nacht in eine Hängematte gebettet, die ich
in der Vorkajüte aufhängen ließ. Ich hatte dadurch aber nichts ge=
wonnen, denn der Schrank in der Vorkajüte, in welchem Gläser und
Geschirr aller Art aufbewahrt sind, knarrt bei jeder Bewegung des
Schiffes so entsetzlich, daß an Schlafen kaum zu denken ist, und da
außerdem unaufhörlich Offiziere, Fähnriche und Kadetten durch die
Kajüte liefen, die dem Kommodore Meldungen zu machen hatten, so
war von Schlaf nicht viel die Rede. Schon vor 6 Uhr war ich auf
den Beinen. Wir kamen nun an Kap Tschitschagoff heran und gingen,
etwa um 10 Uhr morgens, an demselben vorbei. Die Gegend war
außerordentlich malerisch. Ueberall Vulkane, theils auf dem Festlande,
theils als einzelne aus dem Meere hervorragende Kegel. Der schönste
unter den Letzteren ist der stark rauchende Iwogasima. Leider war der
Himmel bezogen und die Temperatur wieder so heruntergegangen,
daß ich in meiner Kabine nur zwölf Grad hatte. Abends, noch ehe
wir die Van Diemensstraße ganz passirt hatten, wurde es stockdunkel;
dabei erhob sich so starker Wind, daß „Thetis" losgeworfen werden
mußte, worauf wir sie, trotz ihrer Laternen, sofort aus Sicht verloren.
Mit gespanntester Aufmerksamkeit wurde nach den Felsen ausgeschaut,
die sich hier noch aus dem Meere erhoben, bis wir endlich um 9 Uhr
abends das freie Meer gewonnen hatten und, zu unserer großen Be=

ruhigung, auch einen Moment die Laternen der „Thetis" zu sehen bekamen, und zwar vor uns. So war also auch sie schon im freien Meere.

Dienstag, den 12. Februar 1861.

Der starke Wind von gestern war in der Nacht zu einem wahren Sturm geworden, und zwar zu einem Sturm, der uns gerade entgegenblies. Es ist heute Filis Geburtstag, und ich habe ihm in Gedanken tausend gute Wünsche zugesendet. Auch ist heute Fastnacht, und es amüsirt sich gewiß in Europa Mancher königlich, während uns Weltumseglern wider Willen scheußlich zu Muthe ist.

An Bord der „Arcona". Freitag, den 15. Februar 1861.

Heute hat sich der Wind gelegt, wir haben Dampf gemacht und „Thetis" ins Schlepptau genommen; ich bin aufgestanden und habe ein wenig essen können. Am 13. waren es neun Monate, daß ich Berlin verlassen habe; was habe ich in der Zeit schon Alles erlebt. Wäre ich verheirathet, so könnte mir jetzt die Nachricht von der Geburt eines gesunden Knaben keine wesentliche Freude mehr machen.

Wenn es so ruhig bleibt, sagt mir Sundewall, und wir fortdampfen können, so können wir morgen Mittag in Nagasaki sein. Aber der Himmel ist grau, und 24 Stunden kann es auf diesen Gewässern nicht ruhig sein. So habe ich wenig Hoffnung.

Sonnabend, den 16. Februar 1861.

Was ich gestern gedacht hatte, traf ein. Ziemlich starker Nordost, also unserer Fahrt konträrer Wind, kam gegen Morgen auf, setzte das Meer in Bewegung und zwang uns, „Thetis" loszuwerfen, die wir eine Stunde darauf aus Sicht verloren. Wir selbst blieben unter Dampf. Gegen Abend wurde es ruhiger, wir bekamen Land und auch „Thetis" wieder in Sicht. Nun werden wir beidrehen und uns die Nacht so schaukeln lassen, weil es bei der Dunkelheit zu gefährlich ist, sich dem Lande zu nähern. Mein Magen ist auf eine Art angegriffen, daß ich es gar nicht sagen kann, aber ich hoffe, daß 24 Stunden Ruhe und Aufenthalt auf dem Lande ihn wieder in Ordnung bringen werden.

Sonntag, den 17. Februar 1861.

Um 7 Uhr morgens wurde mir gemeldet, daß die Gebirge von Nagasaki vor uns lägen. Ich stand gleich auf und genoß, nach achttägiger Dunkelheit einmal wieder einen Sonnenblick. Es kam ein

Lootje an Bord und führte uns in den Hafen von Nagasati, vielleicht
einen der schönsten und malerischsten in der Welt. Die Gebirge, von
denen er eingeschlossen ist, sind wundervoll geformt, kleine Buchten und
Inselchen sehen so aus, als wären sie von Gropius*) verfertigt. Ueberall
die fleißigste Kultur, die niedlichsten Häuschen, Tempelchen und allerhand Bauwerke bis zu der Höhe, wo nichts mehr wächst und wo die
kahlen Spitzen der Berge in den herrlichsten Linien eine über der
andern hervorragen. Land zu sehen und so schönes Land nach so
scheußlicher Fahrt ist ein wahrer Göttergenuß. Wir schleppten „Thetis"
in den Hafen, und sobald wir Anker geworfen hatten, bekamen wir
einen Salut von der russischen Fregatte „Swetlana", den wir erwiderten. Gleich darauf kam der Kapitän derselben, Butakoff, den ich
von meiner Fahrt auf der „Nemesis" von Suez nach Point de Galle
kannte, an Bord und besuchte mich und den Kommodore. Der russische
Geschwaderchef ist krank; es liegen im Ganzen vier russische Kriegsschiffe hier.

Später kam der holländische Konsul Metman und stellte mir seine
Wohnung zur Disposition, was ich aber ablehnte. Ich will auf dem
Schiffe bleiben. Um 12 Uhr fuhr ich mit Kapitän Jachmann und
August an Land: wir besahen uns erst das winzige Desima, in dem
die Holländer jahrhundertelang wie in einem Gefängnisse gelebt
haben, dann wandelten wir durch die Straßen Nagasafis, welche, als
großer Vorzug vor Jeddo, großentheils Trottoirs in der Mitte
haben, und bestiegen endlich einen am Berghange gelegenen Begräbnißplatz von ausnehmender Schönheit. Es giebt nichts Fried-
licheres als einen japanischen Begräbnißplatz und nun gar dieser mit
entzückender Aussicht auf die Stadt, den Hafen und das Meer. Die
Luft ist frühjahrlich, die Rapsfelder blühen, die Orangenbäume sind
voll Früchte. Es ist köstlich. Nachher gingen wir noch in einige
Porzellanläden, weil gerade in der Umgegend von Nagasati das beste
und meiste Porzellan fabrizirt wird, aber wir fanden wenig Hübsches,
es ist Alles so sehr schwer, mit Ausnahme des ganz dünnen, „Eier-
schale" genannt, welches man sich fürchtet anzufassen.

Sehr müde kehrte ich um 5 Uhr an Bord zurück und hatte um
6 Uhr ein Diner von zwölf Personen bei mir, zu welchem ich namentlich Metman und einen kleinen Buckligen, Annesley, den Neffen des
verstorbenen Brockhausen, der hier beim englischen Konsulate beschäftigt
ist, eingeladen hatte.

*) Bekannter Dekorationsmaler der königlichen Theater in Berlin.

An Bord der „Arcona“, Bai von Nagasaki.   Montag, den 18. Februar 1861.

Die Sonne schien morgens köstlich in die Fenster, es wehte aber ein kalter Nordwind. Ich hatte Besuche vom amerikanischen Konsul Walsh, vom portugiesischen Konsul Evans, vom englischen Konsul Morrison, vom holländischen Doktor Pompe van Meerdervoort, der für die Japaner eine Klinik eingerichtet hat, vom japanischen Doktor Matzmoto, Pompes Hauptschüler und künftigem Leibarzte des Taikun, und von mehreren anderen Herren. Da alle Konsuln salutirt wurden, so hatte das Schießen kein Ende, wohl aber fanden viele Fenster= scheiben im Schiffe ihr Ende. Gegen 2 Uhr fuhr ich mit dem Kom= modore und August an Land, machte einige Gegenbesuche und schnüffelte in einigen Läden umher. Alles, was man hier an Waaren sieht, hält mit dem, was wir in Jeddo gesehen hatten, keinen Vergleich aus. Um 5 Uhr hatte ich wieder Diner von zwölf Personen bei mir, unter Anderen Butakoff, Annesley, Walsh, Dr. Pompe. Letzterer ist ein äußerst unterrichteter und sehr angenehmer Mann. Durch seine nahe Verbindung mit Matzmoto erhält er Nachrichten und Aufschlüsse über japanische Zustände, wie vielleicht kein anderer Europäer. Unter Anderem erfuhr ich von ihm, daß während unserer Anwesenheit in Jeddo sich der 16jährige Taikun mit der 26jährigen Tochter des wirklichen, geist= lichen Kaisers (Mikado) vermählt hat. Von allen Fremden in Jeddo hat davon Niemand eine Ahnung gehabt.

Dienstag, den 19. Februar 1861.

Ich fuhr heute Vormittag nach der „Swetlana“ herüber und machte Butakoff meinen Gegenbesuch. Der an Bord derselben befindliche russische Geschwaderchef Likhatchoff ist noch immer krank, und ich konnte ihn nicht sehen, schickte ihm aber aus Höflichkeit meine Karte. Als ich wegfuhr, erhielt ich einen Salut von siebzehn Schüssen, welchen die „Thetis“ mit ebensoviel Schüssen erwiderte. Sie machten, vom schönsten Echo zurückgeworfen, die ganze Bai erdröhnen. Ich begab mich dem= nächst zum englischen Konsul Morrison und bestieg dort mit August, den ich mitgenommen hatte, und mit Annesley Pferde, um einige Visiten reitend abzumachen. Hätte ich aber im Voraus gewußt, was hier Reiten bedeutet, so würde ich wohl das Zufußgehen vorgezogen haben. Die Herren Konsuln wohnen nämlich alle in einzelnen, auf den Hügeln gelegenen Etablissements, und die Kommunikationen zwischen ihnen bestehen in steinernen Treppen. Diese Treppen nun reitet man hinauf und herunter, als ob man eine Vorstellung bei Renz gäbe.

Hinauf geht's so steil, daß man sich an den Mähnen festhalten muß,
um nicht hinunterzurutschen: herabreitend muß man sich mit aller
Gewalt hintenüberlegen, um dem Pferde nicht über den kurzen Hals
zu fallen. Gleich nach dem ersten Treppenritt der Art wäre ich un=
fehlbar abgestiegen, wäre mir nicht der kleine, bucklige Annesley mit so
mutigem Beispiele vorangegangen. Er ritt in halbem Trabe auf und
nieder, und ich überzeugte mich mit der Zeit, daß die Pferdchen diese
Sorte von Weg gewohnt sind und sicher gehen. Nur soviel steht fest,
treten sie beim Hinunterklettern mit einem Vorderbein fehl, so brechen
sie sich das Genick und der Reiter auch.

Der Weg, den uns Annesley, nachdem wir unsere Besuche ab=
gestattet, weiter ins Land hinein führte, war wundervoll und übertraf
Alles, was ich bisher in Japan gesehen hatte; ich war nur mit dem
Treppenreiten zu sehr beschäftigt, um ihn so recht gemütlich genießen
zu können. Obwohl den Fremden auch hier erst seit zwei Jahren
gestattet ist, die Stadt Nagasaki und deren Umgebung zu betreten, so
ist die Bevölkerung doch zutraulicher als in Jeddo, weil hier das
Jakuninswesen nicht existirt und man überall ohne Begleitung umher=
geht und reitet. Die Leute rufen einem nirgends Tohdschien zu,
sondern nur joka, joka, epi joka, was genau das bedeutet, was der
selige Vater so oft sagte: gut, gut, sehr gut! Sie scheinen sich also
sehr über uns zu amüsiren. Um 5 Uhr war ich wieder an Bord,
hatte zum Diner zehn Personen bei mir, unter Anderen den englischen
Konsul, einen Dr. Jenkins und Annesley, und war so müde, daß ich
mich schon um 9 Uhr zu Bett legte.

Mittwoch, den 20. Februar 1861.

Morgens hatte ich zahlreiche Besuche, unter Anderen vom Flaggen=
kapitän Puschkin von der „Swetlana", der mir ein äußerst ver=
bindliches Schreiben des Kommandanten Lithatschoff überbrachte, in
welchem mir derselbe das ganze russische Geschwader in den japanischen
und chinesischen Meeren zur Disposition stellte.

Sundewall hatte gestern dem japanischen Gouverneur von Naga=
saki, Otabé Suruga no cami, einen Besuch gemacht, und dieser kam
heute an Bord, um seinen Gegenbesuch abzustatten. Mit einer Unzahl
von Begleitern frühstückte er bei uns und zeigte sich als ein angenehmer
Mann. Ich bin aber dieser japanischen Beamten jetzt müde, wartete
daher sein Weggehen nicht ab, sondern begab mich unter dem Vor=
wande dringender Geschäfte an Land und bummelte ein paar Stunden

lang in der Stadt umher, namentlich an dem Flüßchen entlang, welches dieselbe durchströmt und dessen Ufer und Einfassungen überaus malerisch sind. Berg ist in wahrer Ekstase, er behauptet nicht Augen und nicht Hände genug zu haben. Auch die Photographen arbeiten fleißig.

Um 6 Uhr habe ich ein Diner von zwölf Personen bei mir: unter den Eingeladenen befinden sich der russische Major de Hytrovo (Adjutant des Gouverneurs von Ostsibirien, Grafen Murawiew), der gestern während meiner Abwesenheit an Bord gewesen war, um mir seitens der russischen Regierung zum Abschluß des Vertrages mit Japan zu gratuliren; ferner der portugiesische Konsul Evans, Herr Metman, Dr. Pompe, Butakoff, ein russischer Marinelieutenant v. Kremer ꝛc.

In den englischen Zeitungen, die uns zugekommen sind, steht der Tod des alten Bunsen. Sein Sohn, den ich bei mir habe, ist der Einzige, der nichts davon weiß, weil Jeder sich bemüht hat, die Zeitungen vor ihm zu verbergen, damit er die Trauerbotschaft lieber durch Briefe von seinen Verwandten als so beiläufig erhält. Der arme Junge dauert mich sehr; er ist so munter und genießt die Schönheiten Nagasakis in vollen Zügen, ohne zu ahnen, welcher Schmerz ihm bevorsteht.

An Bord der „Arcona",   Donnerstag, den 21. Februar 1861.
Bai von Nagasaki.

Heute haben uns der niederländische Konsul Metman und Dr. Pompe ein wundervolles Fest gegeben. Als ich um 10 Uhr morgens zu Ersterem nach Desima gefahren war, fand ich eine Gesellschaft von mindestens vierzig Personen bei ihm versammelt, meistens Offiziere von den Schiffen und meine sämmtlichen Begleiter. Wir gingen nun nach einem Orte, welcher Mogi heißt. Als die Holländer noch in Desima eingeschlossen waren, hatten sie nur zweimal im Jahre die Erlaubniß, einen Ausflug zu machen, und einer davon geschah dann nach Mogi. Der Weg dahin führt über die Berge, ist sehr schlecht, aber außerordentlich schön. Dabei waren wir vom herrlichsten Wetter begünstigt. Bald nach 12 Uhr kamen wir an. Mogi ist ein sehr großes Fischerdorf und liegt an einem köstlichen Meerbusen. Derselbe ist von einer Kette von Bergen eingeschlossen, deren höchster wohl 60 0 bis 8000 Fuß hoch sein kann. Das Meer war tiefblau, die Beleuchtung der Berge himmlisch. Der Bürgermeister des Ortes hatte sein Haus, das dicht am Meere liegt, für den heutigen Tag an Metman

abgetreten. Erst setzten wir uns in den Garten hin, schlürften die
herrliche Frühlingsluft und schauten uns so recht satt. Dann tranken
wir Kaffee und machten eine Promenade durch das Dorf nach einem
auf einem vorspringenden Felsen gelegenen Tempel mit unvergleichlich
schöner Aussicht. Nach unserer Rückkehr beschenkte ich die Familie des
Bürgermeisters, seine Mutter, Frau und Kinder, mit blanken Knöpfen,
die hier wie in Jeddo sehr beliebt sind und bei den Beschenkten so große
Freude erregten, daß die alte Mutter mich unter den Arm nahm und
zum großen Jubel der Gesellschaft im Garten herumführte. Demnächst
ging's zu Tisch, der in einer offenen, das Haus umgebenden Halle gedeckt war. Die Musik der „Arcona", welche wir mitgenommen hatten,
spielte, dicht umdrängt von der neugierigen Bevölkerung, während des
Essens und begleitete die unzähligen Toaste, die ausgebracht wurden,
mit den verschiedenen Nationalhymnen. Unvermerkt war die Gesellschaft
in einen Grad der Trunkenheit verfallen, wie ich solches seit langen
Jahren nicht gesehen hatte. Namentlich zeichneten sich ein Stabsarzt,
ein Flaggenlieutenant und einer von meinen Kaufleuten durch Berauscht-
heit aus. Während die Gesellschaft equilibristische Künste zu Fuß und
zu Pferde machte und in einer Weise lärmte, daß ich bereits anfing,
mich zu ärgern, zog mich Dr. Pompe bei Seite und erzählte mir, daß,
wie ihm der japanische Arzt Matzmoto verrathen, heute morgen Nachrichten aus Jeddo angekommen seien, wonach als Kaufleute verkleidete
Soldaten des Prinzen von Mito ein europäisches Kriegsschiff auf der
Rhede von Jeddo überfallen und von der Besatzung desselben zehn
Leute ermordet und mehr als zwanzig schwer verwundet hätten. Ihr
könnt Euch denken, wie mich diese Nachricht erschütterte. Ich veranlaßte den Konsul Wietman, sofort nach Nagasaki zurückzukehren, dort
zum Gouverneur zu eilen und möglichst zuverlässige Nachrichten von
demselben einzuziehen. Er setzte sich zu Pferde, um dies zu thun, wir
anderen folgten ihm zu Fuß. Die Sonne war bereits untergegangen,
aber herrlicher Mondschein erleuchtete unsern Pfad. Gegen 8 Uhr
kam ich an Bord der „Arcona" zurück, theilte Sundewall mit, was ich
aus Jeddo gehört hatte und war sehr glücklich, von ihm zu hören,
daß er keinen Augenblick Bedenken tragen würde, zum Schutze unserer
Freunde nach Jokohama und Jeddo zurückzukehren. Kapitän Jachmann
war natürlich diametral entgegengesetzter Ansicht; das schadet aber
nichts. Um 10 Uhr kam Wietman an Bord, erzählte, daß er beim
Gouverneur gewesen sei, von demselben aber keine Auskunft habe erhalten können, da der offizielle Spion des Gouverneurs bei der Unter-

haltung nicht gegenwärtig gewesen sei. Er war aber überzeugt, daß der Gouverneur etwas von der Sache wisse; vielleicht läßt sich morgen Näheres erfahren.

Freitag, den 22. Februar 1861.

Heute vormittag besuchte mich der durch sein Werk über Japan bekannte Herr v. Siebold in großer holländischer Oberstenuniform mit unzähligen Orden, den Preußischen Rothen Adler-Orden zweiter Klasse oben auf. Was ich bisher von ihm gehört hatte, war nicht sehr günstig, er gleicht aber so frappant Papa Rothkirch,*) daß ich mich sofort zu ihm hingezogen fühlte und seine etwas konfusen Auseinandersetzungen und eitelen Anspielungen mit großer Geduld anhörte. Nach ihm kam Metman, um mir zu sagen, daß er noch immer vom Gouverneur nichts Positives über die Ereignisse in Jeddo habe erfahren können. Gegen 1 Uhr, nachdem die Leiche eines gestern verstorbenen Unteroffiziers in ein Boot herabgelassen und nach dem russischen Begräbnißplatz geführt worden war, begab ich mich mit August an Land und zwar nach dem russischen Etablissement, um Hytrovo einen Gegenbesuch zu machen. Derselbe hat sich erst kürzlich verheirathet, ist noch im August v. J. in Berlin gewesen und bei dieser Gelegenheit dem Feldmarschall vorgestellt worden. Seine Frau ist recht niedlich. Ihre Position ist dadurch eigenthümlich, daß sie die einzige europäische Dame in ganz Nagasaki ist und ihr daher alle Männer zu Füßen liegen. Sie versprach mir, zu mir essen zu kommen, und hielt Wort. Ich hatte ein Diner von vierzehn Personen. Madame de Hytrovo saß zu meiner Rechten, amüsirte sich anscheinend königlich, war von der Musik entzückt und rauchte nach Tisch in der Batterie, die ich wieder hatte erleuchten lassen, an meinem Arme wandelnd, große Quantitäten Cigarren, die meine Attachés ihr aus japanischem Tabak bereitet hatten. Die Gäste entfernten sich erst spät bei herrlichem Mondschein, und Hytrovo that sein Möglichstes, um mich zu bewegen, durch Sibirien zurückzukehren. Wer weiß?

Sonnabend, den 23. Februar 1861.

Vormittag wollte ich schreiben, kam aber vor Besuchen nicht viel dazu. Ich erhielt solche namentlich vom Kommandanten des russischen Geschwaders, Lithatcheff, und von Siebold. Mit Letzterem traf ich später am Lande zusammen, um nach seiner Wohnung zu geben

*) Vater der Gräfin Alexandrine Eulenburg, Schwägerin des Grafen Fritz. Siehe Einleitung.

und zu sehen, wie er hier lebt. Siebold ist gestern 65 Jahre alt geworden; er ist mit einem Fräulein von Gagern verheirathet und hat fünf
Kinder. Seinen ältesten, fünfzehn Jahre alten Sohn hat er hier mit
sich, während seine Frau mit den andern vier Kindern in Europa
lebt. Es macht mir den Eindruck, als ob er selbst niemals mehr nach
Europa zurückkehren wird; er ist in Japan und in die Japaner verliebt und will sein Werk über sie hier vollenden. Ob er jemals dazu
kommen wird, ist mehr als zweifelhaft. Er hat noch enormes Material
zu verarbeiten, und bei einem Alter von 65 Jahren hat man nicht
mehr sehr viel Zeit zur Ausführung lang aussehender Projekte.

Siebolds Wohnung liegt an einem Ende der Stadt, so daß man,
um vom Landungsplatze aus zu derselben zu gelangen, die ganze Stadt
durchwandeln muß. Auf diesem Wege fragte mich Siebold, ob es mir
vielleicht Spaß machen würde, das Innere eines anständigen japanischen
Bürgerhauses zu sehen, und als ich dies natürlich bejahte, führte er
mich zu einem der neun Bürgermeister von Nagasaki, Godo Ssama,
d. h. Herrn Godo, der krank auf ein paar auf die Erde gelegten
Matratzen lag und, obgleich erst in den dreißiger Jahren, doch entsetzlich
verlebt aussah. Er freute sich ungemein über unsern Besuch und ließ
einen Tisch hineinbringen, auf welchem uns in aller Eile vortrefflicher,
gekochter Fisch, gekochter Hase mit Gemüse, hübsche Süßigkeiten, Bier,
Bordeaux, eine halbe Flasche ungenießbarer Champagner und Nipon
Satti (japanischer Schnaps) vorgesetzt wurden. Sein alter Sekretär
(der eigentliche Geschäftsführende, denn die Bürgermeisterstellen sind
erblich), die Damen, die er im Hause hatte, und einige seiner Diener
saßen alle hockend umher und sahen uns zu. Nach einstündigem
Aufenthalte gingen wir weiter nach Siebolds Wohnung. Es ist dies
ein sehr hübsches japanisches Häuschen, hinter welchem sich ein bewaldeter Hügel erhebt, von welchem aus man nach allen Seiten eine
wunderhübsche, gemüthliche Aussicht hat. Inwendig sieht es gelehrt
unordentlich aus; umgeben ist es von einem kleinen botanischen Garten,
und auf dem Hügel springen zahme rehartige Hirsche umher. Ich
wäre gern länger geblieben, allein die Sonne fing an zu sinken.
Siebold gab mir noch ein Stück Weges das Geleit und nahm dann,
Thränen in den Augen, Abschied von mir. Auf dem langen Wege
durch die Stadt, den ich allein zurücklegte, war ich fortwährend von
Dutzenden von Kindern umgeben, die um Butang Kaschi, d. h. um
blanke Knöpfe, baten. Da ich mit einer ziemlichen Anzahl derselben
versehen war, so konnte ich viele Kinder glücklich machen; sie wurden

dann auch so zutraulich, daß sie mir in die Taschen faßten oder mich bei der Hand nahmen, zur großen Freude der erwachsenen Japaner, die vor ihre Häuser traten, um dies Schauspiel mit anzusehen.

Heute aß ich einmal wieder allein mit August und Sundewall, hatte aber nach Tisch wieder noch eine Menge Besuche. Morgen soll es nun weiter nach Shanghai gehen. Ich kann Euch nicht sagen, welches Grauen ich vor dem Meere habe. Gott befohlen — Fritz.

An Bord Sr. Majestät Schiff „Arcona". Sonntag, den 24. Februar 1861.

Morgens um 8 Uhr verließen wir die Bai von Nagasaki. Wir hatten Dampf aufgemacht und schleppten die „Thetis" hinaus. Gegen den gewöhnlichen Seemannsgebrauch, aber aus großer Höflichkeit grüßte uns die russische Fregatte „Swetlana" zum Abschied mit siebzehn Schuß. Da wir nicht darauf gefaßt gewesen waren, so mußten unsere Geschütze erst geladen werden, und das nahm etwa zehn Minuten Zeit weg, innerhalb welcher wir an den engsten Theil der Bucht gekommen waren. Als hier unsere siebzehn Schüsse donnerten, war das Echo wirklich kolossal, und es war, als ob die Berge dröhnten.

Das Zusammenfahren von „Arcona" und „Thetis" ist langweilig, weil ein Schiff das andere genirt: gleichwohl glaubt der Prinz-Admiral, daß von solchem Zusammensegeln das Wohl und die Leistungsfähigkeit unserer Flotte abhängt, und Sundewall hält sich verpflichtet, dasselbe so oft als möglich eintreten zu lassen. Diesmal gelang es mir trotzdem, ihn zu bereden, von diesem Prinzip abzugehen; sobald wir aus der Bai waren, warfen wir „Thetis" los, gingen allein unter Dampf weiter und verloren sie bald aus Sicht. Das Schiff machte, der starken Dünnungen wegen, unangenehme Bewegungen, dabei regnete es sehr heftig. Um 11 Uhr war Gottesdienst. —

Montag, den 25. Februar 1861.

Es war des Morgens schön hell, bald aber bezog sich der Himmel wieder, und es kam so frischer Wind auf, daß wir die Schraube ausheben konnten und unter Segel bis zu zehn Meilen machten. Ich war eine Stunde auf Deck und sah einen Schooner, der uns begegnete. —

An Bord Sr. Majestät Schiff „Arcona". Dienstag, den 26. Februar 1861.

Auch heute machten wir wieder sehr gute Fahrt und bekamen schon ziemlich früh am Tage eine von den Inseln vor der Mündung des Jangtsekiang in Sicht. Plötzlich aber wurde das Wetter ganz dick;

es fing an hohe See zu geben, und wir mußten, um nicht zwischen
die gefährlichen Inseln und Klippen zu kommen, das freie Meer zu
gewinnen suchen, d. h. umdrehen. Nun war es mit meiner Stand-
haftigkeit zu Ende, ich mußte mich hinlegen und konnte nichts essen,
dabei hatte ich Ohrenschmerzen.

Mittwoch, den 27. Februar 1861.

Heute suchten wir wieder auf den Punkt zu kommen, auf welchem
wir gestern schon gewesen waren. Die Bewegungen des Schiffes
waren so heftig, daß wieder Alles drunter und drüber fiel, und dabei
ist es so kalt, daß ich in meiner Kabine nur zehn Grad habe. Solche
Zustände sind wirklich scheußlich, und wer nichts Aehnliches durchgemacht
hat, kann sich keinen Begriff davon machen.

Donnerstag, den 28. Februar 1861.

In der Nacht war solch ein Lärm auf dem Schiffe gewesen, daß ich
fast gar nicht hatte schlafen können. Es freute mich nur, daß ich
unter dem verschiedenen Gepolter auch dasjenige heraushören konnte,
welches durch das Einsetzen der Schraube verursacht wird; denn dies
bewies, daß es stiller geworden war und daß man die Schraube zu
brauchen beabsichtigte. Ich stand schon früh auf, ging auf Deck, sah
„Thetis" und eine große Menge Inseln. Etwa um 10 Uhr kam ein
englischer Lootse an Bord, einen andern sehr wohlhäbig aussehenden
chinesischen Lootsen schickten wir der „Thetis". Der Jangtsekiang, der
größte Strom Chinas und der drittgrößte der Welt, ist so breit, daß
man weit hinauf beide Ufer nicht zu gleicher Zeit sehen kann und daß
ich mir lange Zeit einbildete, wir wären noch im Meere, als wir uns
schon längst im Flusse befanden. Shanghai, wo wir hin wollen, liegt
am Wusung-Flusse, der sich in den Jangtsekiang ergießt. Mit 11 Meilen
Fahrt ging's bis zur Mündung des Wusung; hier, behauptete der
Lootse, müßten wir Anker werfen und eine Stunde liegen bleiben, um
die Fluth noch höher steigen zu lassen, weil wir nur beim höchsten
Wasserstand in den Wusung einlaufen könnten. Auf das Kommando
des Lootsen rasselte also der Anker herunter; sofort aber wurde auch
gemeldet, daß die Ankerkette gerissen sei; nun fiel der zweite Anker
und hielt auch. Da rief Sunderwall, neben dem ich auf der Kommandobrücke stand: „Was ist das? das Schiff dreht sich nicht, wie
es soll! Ich glaube wahrhaftig, wir sind auf Grund!" Und so war
es, der Lootse hatte uns auf eine Sandbank gesetzt. Ich machte mir
anfänglich von der Gefährlichkeit oder Ungefährlichkeit unserer Lage
keinen klaren Begriff; mir war doch aber nicht sehr angenehm zu

Muth, als Sundewall eine halbe Stunde später zu mir kam und mir
sagte, der Lootse habe ihm mitgetheilt, daß das Wasser bei der Ebbe
auf dieser Stelle bis auf neun Fuß falle. Sei das wahr, so sei es
unvermeidlich, daß das Schiff sich ganz und gar auf eine Seite lege,
und möglich, daß es ganz umfalle. Es wurde nun zunächst ein Offizier
nach den französischen und englischen Kriegsschiffen geschickt, die wir im
Wusung liegen sahen, um Hülfe zu holen. Alle Boote wurden zu
Wasser gebracht und Stützen für das Schiff vorbereitet, von den
Masten aber so viel als möglich abgenommen. Das Schiff sah wie
ein Wrack aus. Unterdessen packte ich meine werthvollsten Sachen und
Stripturen zusammen, band, was ich nicht hätte mitnehmen können, so
fest als möglich und erwartete nun mit klopfendem Herzen das Abnehmen des Wassers und die Lage, welche das Schiff infolgedessen annehmen würde. Um 5 Uhr fängt es an sich ein wenig nach steuerbord
(rechts) überzulegen, allein bald zeigt es sich, daß es tief im Schlamm
sitzen und durch denselben aufrecht gehalten werden muß, denn der
Neigungswinkel war gering und vergrößerte sich nicht. Da aber der
niedrigste Wasserstand erst um 11 Uhr abends eintrat, so blieb bis
dahin Alles in größter Spannung, und obwohl ein englisches Dampfboot erschien und sich zu unserer Sicherheit ganz in unserer Nähe vor
Anker legte, um uns im Nothfalle zur Zufluchtsstätte zu dienen, so
blieb bis 5 Uhr morgens doch Alles in den Kleidern, weil man erst
dann die Ueberzeugung gewann, daß das Schiff wirklich stehen bleiben
werde.

Freitag, den 1. März 1861.

Um 5 Uhr morgens trat August zu mir in die Kabine und meldete
mir, daß ein kleiner französischer Dampfer angekommen sei und
sich mir zur Disposition gestellt habe. Ich selbst machte von demselben
vorderhand keinen Gebrauch, aber ich schickte August, Bunßen (dem ich
vorher die Nachricht von dem Tode seines Vaters mitgetheilt hatte),
Berg und einige Andere auf demselben nach Shanghai, um allerlei Erkundigungen einzuziehen. Inmitten allen Trubels ist heut in der Nacht
der Verwalter der „Arcona", Peters, am Schlagflusse gestorben: die
Leute behaupten infolge von Angst, Andere sprechen von Suff. Es kam
nun darauf an, das Schiff zu erleichtern, um dasselbe beim Eintreten
des hohen Wassers womöglich wieder flott zu machen. Deshalb wurden
Geschütze und Munition auf zwei kleine Dampfer geladen, die sich zu
beiden Seiten der „Arcona" gelegt hatten, und binnen weniger Stunden
war das Schiff um 1600 Centner leichter. Um 2 Uhr kam die schöne

englische Fregatte „Chesapeate" und legte sich mit großer Selbstver=
leugnung und unter steter Gefahr, selbst zu stranden, dicht vor uns,
um uns vermittelst ungeheurer Taue an sich heranzuwinden. Sobald
das Wasser hoch genug war, d. h. gegen 3 Uhr, begann die gemein=
schaftliche Arbeit. Die Schraube der „Arcona" arbeitete mit voller
Kraft, die beiden kleinen Dampfschiffe, die auf beiden Seiten an der
„Arcona" befestigt waren, desgleichen, die „Chesapeake" zog. Andert=
halb Stunden dauerte dies Gearbeite, ohne daß sich etwas rückte, noch
rührte. Endlich um 4 Uhr 20 Minuten ist eine Bewegung am Schiffe
bemerkbar, und ein paar Minuten später ist es flott, aber nicht, ohne
daß wieder noch eine Menge Mißgeschick mit den Ankern passirt. Wären
wir heute nicht losgekommen, so hätten wir bis zum nächsten Neumond,
also vierzehn Tage lang auf derselben Stelle liegen bleiben müssen.

Abends kam August aus Shanghai zurück und brachte die Post
mit, auch einen Brief von Dir, eine Antwort auf meine ersten Briefe
aus Jeddo. Gott sei Dank, daß es Euch Allen gut geht. Ich ging
mit den Briefen und unendlicher Sehnsucht nach Hause zu Bett.

                                        Sonnabend, den 2. März 1861.

Morgens fuhren wir mit der Fluth in den Wusung=Fluß und den=
selben ein Ende hinauf bis zu einer Stelle, wo französische und
englische Kriegsschiffe lagen. Hier wollen wir bleiben, bis unsere Anker
und Ketten wieder aufgefischt sind, und dann wollen wir weiter nach
Shanghai hinaufgehen. Ich hatte Besuche vom französischen Marine=
offizier Alfred Porge, der den kleinen, mir zur Disposition gestellten
Dampfer „Fenelon" kommandirt, vom englischen Kapitän Corbett von
der Schraubenkorvette „Scout", vom französischen Kapitän Durand
St. Amand von der Korvette „La Nièvre", vom Lieutenant Werner
von unserem Transportschiff „Elbe", welches am 8. v. Mts., gerade noch
zwei Stunden vor Abgang der Post, in Shanghai angekommen ist. Ich
arbeitete demnächst sehr fleißig, weil ich eine Post fertig machen mußte,
und ging nur von Zeit zu Zeit auf Deck, um frische Luft zu schöpfen
und mich durch Auf= und Abgehen zu erwärmen, weil es bitter kalt
ist. Mittags aß ein englischer Marineoffizier bei uns, der den kleinen
englischen Dampfer kommandirte, welcher die „Arcona" zu erleichtern
und loszumachen geholfen hatte. Er war auf diesem kleinen Schiffe
um das Kap gekommen, und ich glaubte, er wäre ein eingefleischter
Seemann, bis er plötzlich sagte: „Derjenige, der Seemann wird, wenn
er noch irgend eine Aussicht hat, sich auf dem Lande redlich zu er=
nähren, muß doch verrückt sein!" O, wie sprichst du mir aus der
Seele, Mann!

Sonntag, den 3. März 1861.

Den ganzen Tag über regnet es, die Luft ist so dick, daß man kaum das Ufer sehen kann, und kalt ist es, daß einem die Zähne klappern. Der Ofen in der Vorkajüte heizt schlecht, und die Kohlen becken, die ich aus Jeddo mitgenommen habe, kann man nur hin und wieder anwenden, da sie zu leicht Kopfschmerzen verursachen.

Morgens wurde die Leiche des verstorbenen Verwalters Peters auf ein Dampfschiff gesetzt und, von der Musik und dem Prediger be gleitet, nach Shanghai gebracht. „Thetis" kommt an und wirft in unserer Nähe Anker. Um 11 Uhr erscheint der preußische Konsular= agent Overweg, ein echter Westfale, und stellt sich mir vor. Ich habe eine lange Unterredung mit ihm. Später kommt ein Kommis eines Herrn Probst und bringt mir ein Schreiben des Letzteren, worin der= selbe mich einladet, in Shanghai bei ihm zu wohnen. Diese Einladung muß ich annehmen, weil die zwei Gasthöfe, die daselbst existiren, äußerst schlecht und so voll sind, daß man in ihnen nicht mehr unterkommen kann. Es ist ganz gang und gäbe, daß man, wenn man nach Shanghai kommt, die Gastfreundschaft der daselbst wohnenden Europäer in An= spruch nimmt. Pieschel kommt von der „Thetis" herüber und stellt mir seinen in der französischen Armee und zwar unter den Spahis dienenden Vetter vor, welcher ein guter Sachse ist und Jäger heißt, unter den Franzosen aber den Namen Caid Osman führt und sich durch Tapferkeit so ausgezeichnet hat, daß man in der französischen Armee sprichwörtlich sagt: il est brave comme Caid Osman. Jetzt ist er Adjutant des Generals Montauban, des Oberbefehlshabers der französischen Truppen in China, und obgleich er fünfzig Jahre alt ist und schöne Orden trägt, so ist er doch immer noch Lieutenant, weil er sich bisher nicht hat als Franzose naturalisiren lassen wollen. Die Herren frühstückten alle bei mir, und als sie weg waren, ging ich eine Stunde auf dem Deck spazieren, welches mit einem großen Zelte gegen den Regen überzogen ist. Einer der verlorenen Anker nebst Kette ist, wie gemeldet wird, bereits wieder aufgefischt.

Bis spät in die Nacht hinein überlegte ich mit Sundewall, wie unsere fernere Reise einzurichten sein wird. Schon im Dezember v. J. hatte ich an Mr. Bruce, den englischen Gesandten in China, geschrieben und ihn gebeten, mir nach Shanghai Nachrichten über den Stand der Angelegenheiten zu schicken und mir zu sagen, ob er es für möglich halte, die Vertragsverhandlungen hier zu beginnen, oder ob er glaube, daß ich nach Tientsin resp. Peking hinaufgehen müsse. Der ehrenwerthe

Herr hat mir nicht geantwortet. Ich bin also ganz ohne Direktion und kann hier absolut nichts thun. Die Frage ist nun: Soll ich ohne Weiteres nach Tientsin hinaufgehen, oder soll ich erst mich nach Siam begeben und erst im Herbst nach China zurückkommen? Es sprechen ebenso gute Gründe für das Eine wie für das Andere. Vorderhand glaube ich fast, ich werde mich entschließen müssen, erst nach Siam zu gehen, so sehr mir auch vor dem Gedanken, dann wieder umzukehren und aufs Neue weiter östlich zu gehen, graut.

Montag, den 4. März 1861.

Auch heute war das Wetter wieder abscheulich. Ich arbeitete theils schreibend, theils diktirend. Um 5 Uhr kam Pieschel, der in Shanghai gewesen war, von dort zurück und brachte die eben angelangte Post mit. Sie enthielt natürlich keine Briefe von Philipp's, wohl aber die Nachricht vom Tode des Königs. Sofort wurden Mannschaften und Offiziere auf dem Deck versammelt, um dem König Wilhelm den Eid der Treue zu leisten. Jeder treue Unterthan wird doch von eigenthümlich wehmüthigem Gefühl ergriffen, wenn er hört: „der König ist todt"; mag dieser Tod auch, wie diesmal, die Erlösung von langen Leiden und lange erwartet sein.

Dienstag, den 5. März 1861.

Wir hatten wieder Regen und Kälte. Um 7½ Uhr morgens begann der Trauersalut für den hochseligen König. „Arcona" und „Thetis" feuerten jede in Zwischenräumen von fünf Minuten 66 Schuß, so daß im Ganzen 132 Schuß gegeben wurden. Um 12 Uhr war der Trauersalut beendigt. Wir begaben uns Alle in großer Uniform auf Deck, und nun erschallte der Königssalut von 33 Schuß, währenddessen wir dem König Wilhelm ein dreimaliges Hurrah brachten. Die französische Korvette „Nièvre", welche in unserer Nähe ankerte, hißte die preußische Flagge und gab ebenfalls einen Salut von 33 Schuß. Den ganzen Tag über wehten die großen Toppflaggen. Abends hatte ich zum Diner französische Marineoffiziere und andere Gäste bei mir.

Mittwoch, den 6. März 1861.

Endlich habe ich einmal recht gut geschlafen und selbst den Kanonenschuß nicht gehört, der, sobald wir vor Anker liegen, immer um 5 Uhr morgens abgefeuert wird. Ich arbeitete und schrieb nach Kräften, um Alles für die morgen nach Europa abgehende Post fertig zu machen, und schickte dann die kleine Dampfbarkasse nach Shanghai, um die Briefe zur Post zu besorgen. Nachdem ich, von Bunsen begleitet, dem Kapitän der „Nièvre" einen Gegenbesuch gemacht hatte, fuhr ich an Land, wo ich Sundewall und Pieschel bereits auf dem Deiche promenirend fand, der sich längs dem Flusse hinzieht. Es war klarer Himmel bei so kaltem Nordwinde, daß heute morgen Eis auf Deck gelegen hat. Vom Deiche gingen wir in das Land hinunter, immer auf schmalen Dämmen, die sich durch Reis= und Getreidefelder hinziehen. Die Reisfelder sind noch nicht besät; auf den Getreide= feldern steht handhoher Weizen. Einen ganz merkwürdigen Anblick gewähren die Gräber oder vielmehr Särge, die überall und so weit man sehen kann, auf den Feldern umherstehen. Die Chinesen setzen ihre Todten in einem sehr solide konstruirten, in der Form dem unsrigen ähnlichen Sarge auf ihr Feld und lassen diesen Sarg ent= weder ganz unbedeckt stehen oder übermauern ihn oder überschütten ihn hoch mit Erde. Auf diese Art wird das ganze Land zum Kirchhofe. Die Unmasse dieser Särge oder Gräber macht den Eindruck, als müßte dadurch außerordentlich viel Land verloren gehen; vielleicht aber gleicht sich die Sache dadurch aus, daß, wo die Särge mit Erde überschüttet sind, viel Gras wächst, welches als Weideplatz für Ziegen benutzt wird. Was wir an Chinesen begegnen, sieht zwar etwas schmutzig aus, aber sie sind wohlgestaltet, warm angezogen und haben viel vernünftigere Gesichter, als man ihnen solche nach den Bildern, die man von ihnen gesehen hat, zutraut. Einige junge Männer und junge Mädchen, die uns begegneten und die wir in den Häusern sahen, in welche wir ein= traten, waren wirklich hübsch; leider haben die Mädchen alle ver= stümmelte Füße, auf denen sie wie auf Stelzen gehen. Die Kinder umgaben uns sehr zutraulich, zeigten uns den Weg und bettelten nicht. Die Häuser sind von ungebrannten bläulichen Lehmziegeln gebaut: alle Wände sind doppelt und haben in der Mitte eine Luftschicht. Sie sehen meistens ärmlich und verfallen aus. Auch einen Tempel besahen wir und kamen gegen Abend, etwas müde von der ungewohnten Promenade, wieder an Bord der „Arcona" zurück. Caid Osman dinirte bei mir und erzählte sehr interessant von dem Einzuge der Alliirten in Peking und von der Plünderung des kaiserlichen Sommerpalastes. Die französischen Soldaten haben dabei wirkliche Schätze an goldenen Ge= räthen und Edelsteinen erbeutet, und man ist so übermüthig gewesen, daß man eine Nacht den Pferden die herrlichsten Seidenstoffe als Streu untergebreitet hat.

IV. China.

Shanghai, Donnerstag, den 7. März 1861.

Heute hat meine Ueberfiedelung nach Shanghai stattgefunden. Ich fuhr mit meinen Attachés und mit Sundewall von der „Arcona" an Bord eines kleinen Dampfers, welchen die Franzosen mir geschickt hatten. Derselbe brachte uns in etwa einer Stunde nach Shanghai. Außerhalb der chinesischen Stadt liegt die europäische Anfiedelung, eingetheilt in das französische, englische und amerikanische Settlement. Die Häuser und die zahlreichen im Fluffe ankernden Kriegs- und Handelsschiffe machten einen so europäischen Eindruck, daß mir ganz wehmüthig wurde. Mein erster Gang war zum preußischen Konsular-Agenten Overweg und seiner Frau, einer mageren blonden Engländerin mit sehr ausgebildeter Nase. Dann ging ich zum Kaufmann Probst, einem Preußen, der mir sein Haus angeboten hatte, und installirte mich bei ihm mit Pieschel, Brandt und August. Ich scheine sehr gut angekommen zu sein, denn meine Zimmer sind komfortabel, mit Teppichen und gutheizenden Kaminen, und Herr Probst selbst scheint ein angenehmer Mann zu sein. Um mich bei den Franzosen für ihre Höflichteit zu bedanken, setzte ich mich mit Sundewall in ein Boot und fuhr nach dem Schiffe „La Forte", wo wir dem französischen Viceadmiral Protet einen Besuch machten. Dann fuhren wir nach dem englischen Schiffe „Scout", um uns bei Kapitän Corbett für die uns von den Engländern geleistete Hülfe zu bedanken. Als ich nach Hause zurückgekehrt war, besuchte mich Jäger (Caid Osman) und ging mit mir, Sundewall, Jachmann und mehreren Anderen zum General Montauban, in welchem ich einen sehr liebenswürdigen, gescheiten und besonnenen Mann kennen lernte. Sein Sohn, ein junger, bildhübscher Mensch, der kürzlich Eskabronchef geworden ist, soll bei der

Plünderung des Sommerpalaſtes bei Peking (Gold, Edelſteine und Kunſtſachen im ungefähren Werthe von 40 000 Pfund Sterling in die Taſche geſteckt haben. Demnächſt begaben wir uns in die chineſiſche Stadt, namentlich in das augenblicklich den Franzoſen zur Kaſerne dienende ſogenannte „Theehaus". Es iſt dies ein Komplex der ſonder= barſten Gebäude, künſtlichen hohen Felſen, Teiche, Brücken ꝛc., der gewiß niemals ſchön ausgeſehen hat, jetzt aber, wo die Franzoſen darin ge= hauſt und die Bäume abgeſchlagen haben, den Eindruck eines ver- fallenen Labyrinth macht.

Nach einem Spaziergange längs des Fluſſes, bei welchem wir das lange entbehrte Schauſpiel europäiſcher Reiter auf guten engliſchen, perſiſchen oder auſtraliſchen Pferden ſowie den Anblick europäiſcher Frauen genoſſen, kam ich mit Sonnenuntergang nach Hauſe, dinirte bei unſerem Wirthe und ging bald nach 10 Uhr ſehr müde in mein unendlich breites, aber leider ſehr hartes Bett.

Freitag, den 8. März 1861.

Der heutige Tag war etwas angreifend. Der Morgen verging mit dem Empfange unzähliger Beſuche und führte das Reſultat herbei, daß ich infolge der Unterredungen und wiederholter Reflexionen zu dem Entſchluß kam, den früher gefaßten Plan, von hier zunächſt nach Siam zu gehen, aufzugeben und ſtatt deſſen auf der „Arcona" direkt nach Tientſin mich zu begeben, „Thetis" aber mit den Natur= forſchern nach den Philippinen zu ſchicken. Ich hatte mir in den letzten Tagen über das, was vernünftiger Weiſe zu thun ſei, dergeſtalt den Kopf zerbrochen, daß mir ganz leicht zu Muthe wurde, als ich endlich einen feſten Entſchluß gefaßt hatte. Und um ihn auch wirklich zu einem unwiderruflichen zu machen, traf ich auch gleich Anſtalten, um vor= bereitender Weiſe denſelben in Ausführung zu bringen. Ich hörte nämlich, daß ein franzöſiſcher Dampfer morgen nach dem Peiho gehen ſolle, und bat den franzöſiſchen Kontreadmiral, ob er mir wohl auf demſelben einen Platz für einen Courier geben könne. Als dieſe Bitte gewährt war, eröffnete ich Brandt, daß er ſich fertig halten müſſe, morgen nach Tientſin abzugehen, ſchrieb an den Prinzen Kung, den Bruder des Kaiſers von China, einen Brief, in welchem ich mich für den Anfang künftigen Monats in Tientſin reſp. Peking anſagte, ſchmiedete Schreiben an die dortigen Geſandtſchaften, that die nöthigen Schritte zur Erlangung eines Dolmetſchers, der leider hier nicht zu haben iſt, ſondern den ich mir aus Macao verſchrieben habe, und ſetzte

überhaupt den alten Pieschel und die Herren Attachés so in Trab, daß
es eine Freude war. Um 6 Uhr fand mir zu Ehren ein großes
Diner beim General Montauban statt. Erst um 10½ Uhr kam ich
von demselben nach Hause und arbeitete mit einem Herrn noch bis tief
in die Nacht hinein, um die Depeschen fertig zu bekommen.

Sonnabend, den 9. März 1861.

Heute Morgen um 5 Uhr ist Brandt nach dem Norden des himmlischen Reiches und Caïd Osman nach Hongkong abgefahren, von
wo er direkt nach Europa gehen will. Er beabsichtigt, Dich in Rauen
zu besuchen, und ich wünsche sehr, daß er diese Absicht ausführt, denn
es würde Dich doch freuen, Jemand zu sprechen, der mich hier gesehen
hat, und außerdem würdest Du in ihm einen prächtigen Kerl finden.
Lade ihn zu Tisch ein und laß Dir von ihm seine afrikanischen und
chinesischen Erlebnisse erzählen.

Wenn ich irgend eine Disposition getroffen habe, so ist immer
einer der Kapitäne damit unzufrieden. Diesmal läßt Sundewall den
Kopf hängen, während Jachmann sehr vergnügt ist, daß er nach Süden
gehen soll. Ich bin gutmüthig genug, den Herren die Gründe, warum
ich dies oder das für nothwendig erachte, weitläufig und bis zum
Ueberdruß auseinanderzusetzen; aber jeden Tag geht das Klagen von
Neuem los und bringt einen endlich in gelinde Wuth. Wenn es nicht
durchaus sein müßte, so ginge ich auch lieber erst nach einem Hafen,
wo die „Arcona" gedockt werden könnte. Denn leck ist sie immerfort,
und welchen Schaden sie an ihrem Leibe während der 24 Stunden genommen haben mag, wo sie auf der Sandbank gesessen hat, kann
Niemand wissen. Aber Sundewall behauptet, sie sei zur Noth noch
seefähig, und diesem Ausspruch muß ich mich unterwerfen, sollte ich
darüber auch Salzwasser schlucken müssen.

Auch heute stand die Thür wieder nicht still infolge der unzähligen
Besuche, die ich bekam.

Shanghai, Sonntag, den 10. März 1861.

Nachdem ich morgens gearbeitet, ging ich gegen 1 Uhr zu Overweg,
wo ich mit ihm und seiner Frau frühstückte oder, wie man hier
wieder sagt, den Tiffin nahm. Nachher machten wir einen Spaziergang in die chinesische Stadt. Diese liegt oberhalb der europäischen,
ist von einer hohen, starken Mauer umgeben, schließt sich aber nicht
hart an den Fluß an, sondern bleibt, wie fast alle chinesischen Städte,
etwas von demselben ab. Wenn die Rebellen eine Stadt nehmen, so

ist immer das Erste, was sie thun, daß sie dieselbe durch ein Stafet mit dem Flusse fortifikatorisch in Verbindung setzen.

Die Straßen Shanghais sind ganz enge und erinnern an Kairo. Sie sind übermäßig schmutzig und müssen in der Glühhitze des hiesigen Sommers wahrhaft pestilenzialische Düfte verbreiten. Man sieht kein Pferd, keinen Ochsen in den Straßen. Wer nicht zu Fuß gehen will, läßt sich in einer Sänfte tragen, deren Stangen den Trägern auf den Schultern liegen, so daß die Sänfte ganz hoch in der Luft schwebt, und man, wenn einer der Träger ausgleitet, wie aus einem zweiten Stock herausstürzen muß. Jeder, der etwas trägt, schreit fortwährend „Ha, ha!" Die meisten Chinesen tragen kurze, bis auf die halbe Lende gehende Pelze, wer keinen solchen hat, wattirte Röcke; auf dem Kopfe einen schwarzen, von allen Seiten in die Höhe gekrämpten, niedrigen Filzhut, fast ebenso, wie ich einen habe, und unter diesem Hute hängt hinten bis über die Waden hinaus ein Zopf, der meistens nur zur Hälfte aus natürlichem Haar besteht, während das letzte Ende geflochtene Seide ist. Hat ein Chinese Trauer, so durchflicht er seinen Zopf mit weißer Seide.

Wir traten in ein Opium-Rauchkabinet sehr niedriger Sorte, in welchem es äußerst übel roch und greulich schmutzig aussah. Zwei oder drei Kerle lagen auf Bänken und rauchten, es war aber Niemand da, der sich in opiumseligem Zustand befand. Das Opium wird in klebrigem Zustande in den Kopf der schmirgligen Pfeife geschmiert und an einer stinkigen Oellampe brennend erhalten. Es ist ein höchst degoutantes Vergnügen.

Auf unserer weiteren Promenade traten wir in einige Porzellan-läden, ohne jedoch irgend etwas Hübsches zu finden. Gleichwohl werde ich mir hier ein Service kaufen müssen, denn von hundert und einigen zwanzig Tellern, welche das an Bord der „Arcona" befindliche tönig-liche Service enthielt, sind bei den verschiedenen Stürmen und namentlich bei der Wirthschaft in Atabane (in Jeddo) über neunzig zerschlagen.

Vor dem Polizeigebäude, an welchem wir vorübergingen, saßen hinter einem eisernen Gitter vier Sträflinge, welche ein viereckiges Brett um den Hals hatten, das sie verhinderte, die Hände zum Munde zu führen: gleichwohl rauchten sie Pfeifen in einer, so weit als das Brett es zuließ, liegenden Stellung. Wir traten in das Gebäude ein, um wo möglich einen Blick in die Gefängnisse zu werfen, konnten aber nicht dazu gelangen, eins derselben zu sehen. Dagegen begegneten uns, als wir wieder weggehen wollten, sieben arme Sünder, die zum

Verhöre geführt wurden, Gestalten, an denen nichts als Haut und
Knochen war, und die wirklich Abscheu erregend aussahen. Wir drehten
um, und folgten ihnen, trotz aller Abweisungen der chinesischen
Polizeidiener, um womöglich dem Verhöre beizuwohnen. Allein ins
Allerheiligste konnten wir doch nicht vordringen, und ich war eigentlich
recht froh darüber, denn die zum Verhöre herbeigebrachten Peitschen
und Marterwerkzeuge machten mir schon eine Gänsehaut, und ich
suchte eiligst wieder die Straße zu gewinnen. Grausam und gefühllos
sind die Chinesen, wie vielleicht kein Volk auf der Erde.

Auf der Straße stehen überall kleine, transportable Küchen, aus
welchen die ärmste Klasse, die Kulis, sich nähren. Die Chinesen sind
aber solche Spielratten, daß ein armer Kerl, der vor Hunger nicht
mehr aus noch ein weiß und endlich 2 Cash verdient hat, um sich
dafür eine Mahlzeit zu kaufen, doch meistens der Lust nicht widerstehen kann, mit dem Inhaber der Garküche zu spielen, d. h. ob er die
2 Cash verliert und nichts kriegt oder ob er eine Mahlzeit für
4 Cash bekommt.

Es ist bitter kalt, und die Luft macht so müde; man möchte am
liebsten immer schlafen.

Montag, den 11. März 1861.

Unter den Visiten, die ich heute empfing, interessirte mich die des
Mr. Lay, eines in China geborenen Engländers, der lange Zeit
Lord Elgin als Dolmetscher gedient hat und die chinesischen Verhältnisse sehr gut kennt. Er ist augenblicklich Inspektor des hiesigen
chinesischen Zollhauses mit einem Gehalte von 6000 Pfund Sterling
und hat dieser Tage von Peking aus das Anerbieten bekommen,
Generalinspektor aller chinesischen Zollämter zu werden. Er hat es
aber abgelehnt und geht in Zeit von vier Wochen nach England, weil
er überzeugt ist, daß die jetzige Dynastie sich nicht halten kann, und
daß über kurz oder lang in China Alles drunter und drüber gehen wird.

Nachdem ich einige Gegenvisiten abgestattet, machte ich, bei ziemlich
warmem Wetter, einen Spaziergang nach dem Rennplatz. Die hiesigen
Engländer und Deutschen sind nämlich wüthende Reiter; fast alle haben
Reitpferde, und zwar sehr gute. Ich sah heute neun Pferde führen:
englische, australische und persische, lauter Bilder von Pferden; sie gehörten alle einem einzigen Herrn. Bei den Rennen, die, glaube ich,
im April stattfinden, reiten stets die Herren selbst.

Nicht weit vom Rennplatze entfernt liegt ein gewaltig großes
Todtenhaus, welches der Ningpo-Gilde, d. h. den hier ansässigen Kauf-

leuten aus der chinesischen Stadt Ningpo, gehört. Sie setzten darin
ihre Todten bei, bis vor Beginn des letzten Krieges englische Truppen
hierher kamen, wo nun das Todtenhaus ausgeräumt und zu einer
Kaserne für die Sikhs (indische Truppen) umgewandelt wurde, die auch
jetzt noch darin hausen. Es sind schöne große Leute, die sich vortrefflich geschlagen haben sollen; namentlich aber soll die Sikhskavallerie,
von der ich vielleicht in Tientsin etwas zu sehen bekomme, ausgezeichnet
sein. In der Mitte des Gebäudes erhebt sich ein hölzerner Thurm,
der als Wachtthurm gegen die Rebellen dient. Wir bestiegen ihn und
hatten eine ziemlich weite Aussicht auf der einen Seite über das mit
Särgen bedeckte flache Land, auf der andern über die chinesische und
europäische Stadt.

Beim Nachhausegehen kamen wir bei einem chinesischen Jongleur
vorbei, der, mit Ausnahme eines Tuches um die Lenden, ganz nackt
war und vor einem zahlreichen Zuschauerkreise seine Kunststücke machte.
Als er unser ansichtig wurde, machte er uns Platz, indem er mit seinem
Zopfe wie mit einer Peitsche knallte und die Leute damit auseinandertrieb.
Dann sagte er: Jetzt werde ich ein Kunststück machen, das nur Mandarinen
zu sehen bekommen und das allein einen Dollar werth ist. Ich warf
ihm einen Dollar hin. Nun nahm er einen glatten Kieselstein, so
groß als das Innere einer Hand, und verschluckte ihn. Man konnte
den Stein ganz deutlich die Gurgel hinunterspazieren sehen, worauf
der Kerl nach einer Stelle da, wo die Rippen aufhören, zeigte, um
anzudeuten, daß der Stein jetzt da säße. Hierauf nahm er ein Schwert
mit einer breiten, stumpfen, etwa 1½ Fuß langen Klinge und steckte
sich dasselbe in den Hals, so daß nur der Griff aus dem Munde blieb.
Das währte gut zehn Minuten. Dann zog er das Schwert heraus,
welches, wie wir uns überzeugten, wirklich eine feste Klinge und nicht
etwa eine zum Zusammenschieben hatte, und begann nun seine Anstrengungen, um den Stein los zu werden, indem er sich bückte und
bog und drückte, ohne einen Augenblick die Hände an den Mund zu
bringen. Nach ein paar Minuten flog ihm der Stein wie eine Kugel
aus dem Munde, in Begleitung einer guten Portion von weißem
Gischt..

Abends beim Diner habe ich mir von dem Seideninspektor des Herrn
Probst eine lange, sehr interessante Vorlesung über Seidenzucht halten
lassen, nachdem ich schon am Tage in den Magazinen umhergelaufen
war und mir unzählige Ballen Rohseide angesehen hatte. Es ist die
appetitlichste Waare, die man sich denken kann.

Gestern sind „Arcona" und „Thetis" nach Shanghai herauf
gekommen. Ich machte mehrere Besuche, unter anderen bei einer
liebenswürdigen Engländerin Miß Man, und empfing den Gegenbesuch
des Generals Montauban und seiner Adjutanten. Es war endlich
mal Frühlingswetter. Abends dinirte ich bei Overweg, schlecht und
enge sitzend, hatte aber glücklicherweise den englischen Konsul John
Meadows neben mir, der ein sehr interessantes Buch über die chinesischen
Rebellen geschrieben hat, und von dem ich viel Belehrendes erfuhr.

Der Tag verging wie gewöhnlich, nur daß mein liebenswürdiger
Wirth, Herr Probst, mir zu Ehren mehrere hier wohnende
Deutsche zum Diner eingeladen hatte, in denen ich zu meiner Freude
recht gebildete Leute kennen lernte. Es wird erzählt, daß man in
einer Entfernung von einer deutschen Meile brennende Dörfer sehen
kann: die Rebellen machen also wieder einen kleinen Streifzug: so
lange europäische Truppen hier liegen, fürchtet man sich nicht vor
ihnen; man ist aber überzeugt, daß, falls diese zurückgezogen werden
sollten, die Rebellen sich innerhalb 24 Stunden der Stadt bemächtigen
würden.

Wir machten heute einen Spaziergang nach dem sogenannten Bubbling
well. Was ist das für ein trübseliges Land: flach, baumlos, mit
armseligen Hütten und unzähligen Särgen und Gräbern bedeckt, die,
wenigstens hier in der Umgegend, mindestens $\frac{1}{2}$ des Bodens einnehmen. Alles verfällt, Niemand legt die Hand an eine Reparatur,
weil morgen die Rebellen kommen und Alles wieder zerstören können.
Der ganze Fluß wimmelt von Kähnen, auf welchen Vertriebene
wohnen, und im amerikanischen Settlement sieht man Hunderte von
Strohhütten, in welchen im tiefsten Elend Geflüchtete mit Weib und
Kind und mit Särgen hausen, die sie als ihr Theuerstes mitgenommen
haben. Meadows erzählte mir und mehrere von meinen Herren, die
sich vielfach in der Stadt umhergetrieben haben, bestätigen aus eigener
Anschauung, daß viele Familien ihre Todten in sehr soliden, gut verschlossenen Särgen jahrelang in ihren Stuben aufbewahren. Meadows
war in einem Hause gewesen, wo der Sarg des Großvaters, natürlich
mit dessen Leichnam darin, als Eßtisch diente.

In Bezug auf Agrikultur habe ich heute gelernt, daß man hier Pferde- oder Saubohnen wie bei uns Lupine baut. Man läßt sie stehen, bis sie anfangen zu tragen, pflückt die ersten reifen Bohnen und pflügt die Pflanzen dann unter, worauf der Acker mit Baumwolle bestellt wird. Zum Zerbröckeln des sehr harten lehmigen Bodens haben die Leute ein eigenthümliches Instrument, aussehend wie eine Egge, aber nicht mit Zähnen, sondern mit Messern versehen, die den Boden zerschneiden. Es ist eine Kuh davorgespannt, die das Instrument zieht; der Bauer steht auf demselben, um es zu beschweren, und hält sich am Schwanz der Kuh fest. —

Dienstag, den 19. März 1861.

Endlich war es einmal schönes Wetter, welches ich, nachdem den ganzen Vormittag die Thür wieder nicht stillgestanden hatte, dazu benutzte, einige Gegenvisiten und einen Spaziergang am Wasser zu machen. Gegen Abend kam ein Dampfschiff aus Hongkong an, welches Briefe aus Europa brachte, aber keine für mich. Vielleicht kommen sie mit einem andern Dampfschiff an, welches morgen erwartet wird; vielleicht aber diesmal auch gar nicht, da ich soviel Ordres und Kontreordres nach Hongkong gegeben habe, daß ich es den Leuten nicht verdenken kann, wenn sie konfus geworden sind.

Um Dir einen Begriff vom Reichthum der hiesigen Leute zu machen, erzähle ich Dir nur, daß das hiesige Haus Dent (Engländer) ein prachtvolles, sehr schnell laufendes Dampfboot besitzt, welches keinen andern Zweck hat, als die europäische Post, sobald sie in Hongkong angekommen ist, 24 Stunden früher hierher zu befördern, als sie mit den gewöhnlichen Steamern hier anzukommen pflegt. Dadurch, daß das Haus Dent seine Nachrichten auf diese Art 24 Stunden früher bekommt als die übrigen Leute, wird es in den Stand gesetzt, die durch die Konjunkturen gebotenen Operationen vorweg zu machen, und gewinnt soviel, daß die enormen Kosten der Anschaffung und Unterhaltung des Dampfers reichlich gedeckt werden. —

Mittwoch, den 20. März 1861.

Uebermorgen, am Geburtstage des Königs, beabsichtige ich an Bord der „Arcona" ein Diner von 24 Personen zu geben. Bei der gründlichen Revision des Eßgeschirrs hat sich aber ergeben, daß gar nicht genug Teller, Messer und Gabeln ꝛc. vorhanden sind. Ich bin deshalb genöthigt gewesen, für 60 Thaler ein chinesisches Service und für 155 Thaler Messer und Gabeln zu kaufen. Nachdem ich bis 2 Uhr

gearbeitet, ging ich, dem französischen Konsul Edan Besuch machen.
Dieser wiegt, wie man sagt, 244 Pfund und ist höchst possirlich.

Der Himmel ist bezogen, und es ist windig.

Auch der zweite Postdampfer ist abends um 7 Uhr angekommen,
hat aber keine Post für mich mitgebracht. Es ist mir dies um so unangenehmer, als ich erfahre, daß der König in seiner Thronrede Anspielungen auf bevorstehende Verwickelungen mit Dänemark gemacht
hat, und es doch sehr möglich wäre, daß diese Situation Einfluß auf
die Instruktionen hätte, die man sich veranlaßt finden könnte, den
Schiffskommandanten und vielleicht auch mir zu geben. Es ist nur
gut, daß ich so wie so vor Anfang April nicht von hier loskommen
kann, und daß mir also Zeit bleibt, eine zweite Post abzuwarten.

                          Shanghai, Freitag, den 22. März 1861.

Heute haben wir Königs Geburtstag gefeiert. Es war ganz prachtvolles Wetter. Um 11 Uhr kam ich an Bord der „Arcona" an
und wohnte dem Gottesdienst bei. Alles Militär und die Besatzung
im Paradeanzuge brachten um 12 Uhr dem Könige ein dreifaches
Hurrah, und unmittelbar darauf gaben die Schiffe den Salut von
33 Schuß, währenddessen ich und meine Leute schützend an den in der
Vorkajüte aufgestellten Weinflaschen standen, die zur Feier des Tages
geleert werden sollten, aber alle in Gefahr schwebten, von der Er-
schütterung zu zerbrechen. Es gelang uns wirklich, sie zu retten, dagegen klingelten die Fensterscheiben, daß es eine Freude war. Wenn
die Schiffe so bunt geflaggt haben wie heute, wo sie dann über und
über, von einem Ende zum andern und bis ins Wasser hinein mit
Flaggen bedeckt sind, so sehen sie wunderschön aus. Heute waren
ihrem Beispiele sämmtliche europäische Schiffe, Kriegs- und Handelsschiffe, gefolgt und der Fluß bot im schönen hellen Sonnenschein einen
wirklich ganz prächtigen Anblick dar.

Ich hatte zum Frühstück, um 2 Uhr, 24 Personen an Bord der
„Arcona" eingeladen, darunter den General Montauban mit seinem
Adjutanten, den Kontreadmiral Protet, die Konsuln von England,
Frankreich, Hannover, Hamburg, Preußen ꝛc. Die Sache dauerte bis
gegen 6 Uhr und ging gut von statten: General Montauban brachte
die Gesundheit des Königs aus, ich die Gesundheit des Kaisers Napoleon,
Sundewall die Gesundheit der Königin von England. Zuletzt konnte
sich der englische Kapitän Corbett, der augenblicklich Höchstkommandirende
in den hiesigen Gewässern, nicht enthalten, auch noch meine Gesundheit

mit dem Wunsche des Gelingens meiner ferneren Aufgaben zu trinken. Ich war während des Dejeuners in großer Uniform gewesen; sobald die Gäste weg waren, zog ich mich wieder um und fuhr in meiner neu angestrichenen Pinasse, geschleppt von der kleinen Dampfbarkasse, nach der Stadt zurück, wo ich in die „Harmonie" ging und eine Partie Billard à la Poule spielte. Dann machte ich noch bei schönstem Mondschein mit dem Konsul Overweg einen Spaziergang auf dem Rennplatz und ging um 10 Uhr tobmüde zu Bett.

Mit der letzten Post sind hier die Zeitungen aus Preußen bis zum 15. Januar eingegangen. Ich lese sie gewissenhaft durch und ärgere mich zuweilen, so daß ich auf eigene Hand ganz roth im Gesicht werde. Sollte man wirklich die Thorheit begehen, im gegenwärtigen Augenblicke einen Krieg mit Dänemark zu beginnen? Ich kann es mir nicht denken.

Sonnabend, den 23. März 1861.

Köstliches Wetter, so warm, daß ich Thüren und Fenster öffne und die Feuer in den Kaminen ausgehen lasse. Vorgestern Nacht soll es noch gefroren haben, heute muß man dicke Kopfbedeckungen aufsetzen, um nicht den Sonnenstich zu bekommen.

Während wir beim Tiffin saßen, hörten wir plötzlich ein furchtbares Geprassel. Es war ein chinesisches Haus in der Nachbarschaft, welches eingestürzt war, glücklicherweise ohne Jemand unter seinen Trümmern zu begraben. Als wir hingegangen waren, um uns die Sache anzusehen, fanden wir die bisherigen Bewohner desselben beschäftigt, unter Lachen und Scherzen ein paar Matten und ein paar alte Möbel unter dem Schutt hervorzuziehen. Bis 5 Uhr war ich genöthigt, Visiten zu empfangen und Gegenvisiten zu machen, dann ging ich auf den sogenannten Bunt, d. h. den Quai, wo unsere Musik spielte und große Promenade stattfand. Die Damen hatten vortreffliche Toiletten, einige waren zu Pferde, andere in Tragsesseln, andere zu Fuß. Abends dinirte ich bei Herrn Mau und seiner Frau, einem englischen Kaufmann. Es sind sehr liebenswürdige Leute, namentlich ist sie eine feingebildete, charmante Frau. —

Sonntag, den 24. März 1861.

Gegen 3 Uhr fuhr ich, nachdem ich den ganzen Vormittag gearbeitet hatte, nach der „Arcona" hinaus, um dort Einiges zu besorgen. Der Steward von Sundewall, der die Einkäufe für das Diner am Freitag besorgt hatte, überreichte mir einige Rechnungen, die geeignet waren, ein recht belehrendes, aber etwas düsteres Bild von den hiesigen Preisverhältnissen zu gewähren. Ich citire nur zwei Pasteten, die in der Stadt gemacht waren, recht gut schmeckten, aber durchaus keinen Anspruch auf etwas Außergewöhnliches machen konnten. Auf der Rechnung figuriren sie mit 24 Taels d. h. 48 Thalern!! Die ungeheure Theuerkeit hierselbst liegt zum Theil an dem chinesischen Münzwesen, welches darin besteht, daß sie keine Münzen haben. Es wird nach Taels gerechnet. Tael aber ist keine Münze, sondern bedeutet ein gewisses Silbergewicht, etwa so schwer wie zwei Thaler. Sind größere Summen zu bezahlen, so geschieht dies durch Silberklumpen, die in der Form eines Schubes gegossen sind und auf welchen das Gewicht und die Feinheit des Silbers vermerkt sind. Silberklumpen, die gerade nur einen Tael werth sind, kommen sehr selten vor, eine kleinere Silbermünze aber giebt es gar nicht, sondern nun geht es gleich auf den Cash herunter, eine kleine, in der Mitte durchbohrte Eisen- oder Kupfermünze, von der etwa 2000 auf den Tael gehen. Hier in Shanghai und in den Häfen, welche dem europäischen Handel geöffnet sind, cirkuliren auch Dollars, die hier einen Werth von etwa 1 Thaler 20 Silbergroschen haben. Will aber ein Europäer, sei es von einem Chinesen, sei es von einem anderen Europäer, etwas kaufen, so ist ein Dollar das Minimum, das ihm abgefordert wird. Um nun aber doch nicht für jede Kleinigkeit oder jeden noch so geringen Dienst einen Dollar auszugeben, so hat man zu einer Art Papiergeld Zuflucht genommen. Jeder Europäer hat nämlich in seinem Hause einen chinesischen Comprador, der alle Einkäufe und Besorgungen für das Haus macht. Da derselbe, wenn er auf den Markt geht, nicht ein paar tausend Cash mitnehmen kann, da er zum Tragen derselben mehrere Leute brauchen würde, so stellt er Bons aus, lautend auf 50, 100, 200 2c. Cash und mit seinem und des europäischen Hauses, in welchem er dient, Namen bezeichnet. Diese Bons cirkuliren eine Zeit lang und werden dann bei dem Comprador oder der Kasse des europäischen Hauses zur Einlösung präsentirt. Ich habe mir eine ganze Portion solcher Bons vom Comprador meines gütigen Hauswirths getauft und bezahle kleine Trinkgelder und dergleichen immer mit diesen papiernen Anweisungen.

Nachdem ich meine Angelegenheiten auf der „Arcona" in Ordnung gebracht, fuhr ich noch nach der „Elbe" hinüber, um die Lokalitäten auf derselben in Augenschein zu nehmen. Sie sind enge, und ich kann es den Leuten nicht verdenken, wenn sie sich gegen das Wohnen auf der

„Elbe“ sträuben. Jetzt habe ich den jungen Müller hinbeordert, der bisher auf der „Thetis“ gewesen ist. —

Montag, den 25. März 1861.

Es hat angefangen zu regnen, und man muß darauf gefaßt sein, daß das einige Tage anhalten wird. Morgen soll „Thetis“ nach Hongkong gehen, deshalb bin ich den ganzen Tag mit Schreiben von Instruktionen und mit Rücksprachen beschäftigt. Pieschel wird die Spezialexpedition der „Thetis“ leiten. Abends war ich auf einem großen, mir zu Ehren gegebenen Diner bei einem deutschen Kaufmann Traut mann. Des Regens wegen mußte ich mich in einer chinesischen Sänfte hintragen lassen.

Mittwoch, den 27. März 1861.

Der Regen hat nachgelassen, aber der Himmel ist bezogen und es ist naßkalt: mein Schnupfen ist immer noch so stark, daß ich meine Schnupftücher täglich zu halben Dutzenden verbrauche. Bald werden sie alle in Lumpen sein. Denn da auch hier die beliebte Manier besteht, die Wäsche mit Steinen zu klopfen, so ist es mir schon mehrmals passirt, daß wenn ich bei Tisch oder bei einer Visite ein reines Taschentuch herausgezogen und dasselbe benutzt habe, ich, unter großer Heiterkeit der Anwesenden mit der Nase durch ein Loch gefahren bin. Mit dem Wetter ist es jetzt hier so, wie etwa zu Ende April vorigen Jahres in Berlin, wo wir auch nach jedem Regen immer sagten: „Nun wird's warm werden, nun wird's grün werden!“ und es wurde weder warm noch grün. Ich beklage mich darüber aber nicht; Hitze wird es dieses Jahr noch genug auszustehen geben, je später ich hinein komme, desto besser. —

„Thetis“ ist heute nach Hongkong unter Segel gegangen.

Donnerstag, den 28. März 1861.

Heute vormittag kam Sundewall, der durch den zurückkehrenden Lootsen der „Thetis“ Nachricht von ihr erhalten hatte, und er zählte mir, daß sie, ehe sie ins hohe Meer gekommen, zweimal auf Grund gewesen sei. Wenn bei solcher Gelegenheit ein Schiff auch gerade keinen Leck bekommt, so ist es doch sehr möglich, daß Kupfer platten dabei abreißen, und das ist in diesen Gewässern sehr gefährlich, weil das bloßgelegte Holz sofort von Würmern angefressen wird, die hier so zahlreich und kräftig sind, daß sie in ein paar Monaten sich durch und durch fressen und das Schiff leck machen. Kapitän Jachmann

13*

hat daher angefragt, ob er nicht gleich nach Java in ein Dock gehen
soll, und Sundewall hat nun nachträglich für die „Arcona" solche
Angst bekommen, daß er behauptet, er werde mich zwar noch nach
Tientsin führen können, dann müsse er mich aber im Stiche lassen und
gleich nach Hongkong in Dock gehen. Recht hübsche Aussichten. Jede
Unterhaltung mit Sundewall ist dann nebenbei noch mit Klagen über
sein Offizierkorps, über Geldangelegenheiten, über die Ueberfüllung des
Schiffes mit Passagieren und über tausend andere Dinge gespickt, die
ich schon tausend Mal gehört habe, und zu deren Abhülfe ich doch
nichts thun kann. Schon entsetzlich ermüdet durch diese Konversation,
hatte ich gleich darauf noch einen freundlichen Besuch von Herrn Heine,
der hinter meinem Rücken Vorstellungen über zu ergreifende Maßregeln an den Prinzen Adalbert und an das Ministerium gerichtet hat.
Der Prinz sowohl als das Ministerium sind gentil genug gewesen, ihm
gar nicht darauf zu antworten, sondern die Vorstellungen mir zu
schicken, und heute habe ich Veranlassung genommen, Herrn Heine
meine Meinung in Ausdrücken zu sagen, die ihn wohl für die Zukunft
vorsichtiger machen werden.

Bei sehr schönem Wetter machte ich einige Besuche und einen
langen Spaziergang am Wasser. Alle Sträucher sind in den letzten
paar Tagen grün geworden, und die Magnolias blühen in großer
Pracht.

Abends aß ich beim Konsul Overweg, wo bei Tische nur englisch
gesprochen wurde.

Das Gespräch kam heute auch auf das Opiumrauchen, und Jemand
behauptete, dasselbe sei ein geringeres und weniger schädliches Laster
als das Branntweinsaufen. Dem widersprach mein Nachbar, Mr. Lay,
der frühere Dolmetscher Lord Elgins und jetzige General-Zolldirektor
in chinesischen Diensten. Er erzählte, daß Jemand, der sechs Monate
lang Opium geraucht hat, nicht mehr davon lassen kann, daß er
enervirt wird wie niemals ein Trunkenbold, und daß seine Heilung
unmöglich ist, weil er sterben würde, wenn man ihm das Opium ent-
zöge. Man begegnet zuweilen Gesichtern auf der Straße, die so aussehen, als gehörten sie einer Leiche an. Das sind diese inkurabeln
Opiumraucher.

Freitag (Charfreitag), den 29. März 1861.

Zu Ostern ist nach meiner Erinnerung immer schlechtes Wetter; so
war es auch heute: dunkelgrau bezogener Himmel mit heftigem
Winde, der gegen Abend nachließ, um tüchtigem Regen Platz zu machen.

Der Schiffsprediger Kreyher, der Vormittag schon an Bord des Schiffes gepredigt hatte, hielt um 3 Uhr noch einmal Gottesdienst in der hiesigen amerikanischen Kirche. Ich wohnte demselben mit August und Bunsen bei. Leider ist unser Prediger aber bei allen guten Eigenschaften, die er sonst haben mag, so entsetzlich subaltern in seiner Auffassung und Sprache, daß es fast unmöglich ist, bei seinen Vorträgen andächtig zu sein. Bei gespanntester Aufmerksamkeit ist es mir meistens nicht vergönnt gewesen, zu entdecken, was der Mann eigentlich hat erklären oder beweisen wollen, obwohl seine Predigt regelmäßig in Theil 1, 2 und 3 eingetheilt ist. Er erinnert mich immer an den ehemaligen Pastor in Schönbruch, von dem ich einmal eine Predigt hörte: erster Theil: warum? zweiter Theil: weshalb?

Sonnabend, den 30. März 1861.

Hier ist das Frühjahr doch wirklich noch unangenehmer als bei uns. Wind, Regen, Kälte und dazwischen doch wieder so warme Sonnenblicke, daß der Pflanzensaft sich nicht mehr halten läßt, sondern Blätter treibt. Alle Tage wird es grüner, ohne daß man rechte Freude daran hat.

Nachdem bis gegen 5 Uhr die Thür bei mir wieder nicht still gestanden, ging ich, um frische Luft zu schöpfen, nach dem Quai und traf dort General Montauban, mit dem ich eine Stunde promenirte. Er ist sehr amüsant und schimpft wie alle Franzosen auf die Engländer, während diese ihrerseits keine Gelegenheit versäumten, sich mißliebig über die Franzosen zu äußern, immer mit dem Refrain: „Wir wissen gar nicht, was die Kerle eigentlich hier wollen!"

Abends war Diner bei einem Herrn Heinsen, Konsul für Hamburg, von dem wir erst spät bei strömendem Regen nach Hause kamen. Heute hatte ich einen größeren und bequemeren chaire, der von vier Leuten getragen wurde. Der Schmutz ist, sobald es ein paar Stunden geregnet hat, unsäglich.

Sonntag (Ostern), den 31. März 1861.

Ich schlief bis 10 Uhr und ging gleich nach dem Tiffin ein wenig spazieren, kehrte aber bald wieder zurück, da die Temperatur zu unangenehm ist. Es wehte sehr heftig; dabei ist es unheimlich warm und blendet so entsetzlich, daß einem die Augen thränen. Heute habe ich wieder eingeheizt, weil infolge des Sturmes der Zug in den Zimmern so groß ist, daß mir trotz verschlossener Thüren und Fenstern

die Papiere auf dem Schreibtisch umherflogen. Abends aßen wir zu
Hause mit dem englischen Kapitän Corbett.   Ich bin bange, daß
„Thetis" in dem Sturm Schaden leidet.

Ich muß Euch doch ein Beispiel von chinesischer Justiz erzählen.
Vor ein paar Wochen macht ein Chinese, der als ganz ordentlicher
Mann bekannt ist, etwas an einem Revolver zurecht, den er gekauft
hat. Ein guter Freund, der ihn alle Tage besucht, sitzt bei ihm in der
Stube. Plötzlich geht der Revolver, der, ohne daß der Mann es weiß,
geladen ist, los, die Kugel trifft den Freund und streckt ihn todt zu
Boden. Da nach chinesischem Gesetze Blut nur mit Blut gesühnt
werden kann, so flieht der arme Teufel, dem das Unglück passirt ist,
eiligst aus der Stadt und verbirgt sich. Die Justiz aber bemächtigt
sich seiner beiden Frauen und seiner Kinder und martert dieselben aufs
Greulichste. Dies kommt dem Mann zu Ohren: er kehrt zurück,
stellt sich, und ein paar Stunden darauf haut man ihm den Kopf ab.

Montag (Ostermontag), den 1. April 1861.

Nachdem ich den Vormittag über so fleißig gearbeitet hatte, daß ich
endlich einmal das Gefühl hatte, etwas vor mich gebracht zu
haben, empfing ich gegen 4 Uhr den Besuch des englischen Vizeadmirals
Sir James Hope, welcher gestern von einer Expedition zurückgekehrt
ist, die er den Jangtsekiang hinauf gemacht hat. Er ist der Oberbefehlshaber der in den hiesigen Gewässern stationirten englischen Flotte,
erlitt vor zwei Jahren an den Taku Forts die Niederlage gegen die
Chinesen und ist dabei durch ein Stück einer von einer Kanonenkugel
zersprengten Kette heftig am Bein verwundet worden. Selten habe
ich einen Mann mit schönerem und wohlwollenderem Gesichte gesehen.
Er will nächstens auch nach Tientsin hinaufgehen und hat mir versprochen, mir ein kleines Dampfschiff zur Befahrung des Peiho zur
Disposition zu stellen.

Von 4 bis 6 Uhr promenirte ich bei sehr schönem Wetter am
Wasser mit General Montauban. Ich fühlte immer eine besondere
Sympathie zu diesem Manne, ohne mir Rechenschaft geben zu können,
worauf dieselbe basirte. Heute habe ich es entdeckt. Er hat eine lebhafte Aehnlichkeit mit dem seligen Vater nicht nur im Gesicht, sondern
namentlich auch im Ausdruck, wenn er spricht, und in seinen Manieren.
Ich könnte dem Manne immer die Hand küssen, so sehr ruft er mir
das Aeußere des Vaters ins Gedächtniß zurück.

Abends hatten wir einen Ball bei Herrn und Madame Overweg.

Von unseren Offizieren nahmen nur zwei oder drei an demselben theil, die anderen hatten irgend etwas übel genommen und waren nicht gekommen. Das ist so das richtige Genre. Der Ball fand im Lokale der Harmonie statt, und dies Lokal besteht aus einem großen Zimmer, in welchem getanzt wurde, einem Billardzimmer, in welchem die Musik spielte und die Mäntel lagen, und in einem Lesezimmer, in welchem soupirt wurde. Etwa zwölf Damen waren da, lauter verheirathete Frauen, darunter eine, genannt Madam Marshal, eine sehr hübsche Person, deren Mann bereits seit zwei Jahren in Japan lebt, und die ganz geeignet ist, um ihr die Cour zu machen. Bewacht wird sie von einem Herrn, der entweder ihr Bruder oder der Bruder ihres Mannes oder ein Dragoner-Offizier ist. Montauban nennt ihn immer le dragon. Derselbe wacht mit Argusaugen und bringt August, den jungen Montauban und die ganze Zahl der jungen Leute, die ihr die Schleppe abtreten, zur Verzweiflung. Ich muß mich in das ganze Bewußtsein meines Alters und meiner Würde einhüllen, um nicht auch hinterher zu laufen. Denn so kokett wie sie ist, hat sie wirklich ganz besondere Reize. Um 11 Uhr zog ich mich zurück, während, wie ich höre, sechzehn Tänze getanzt worden sind und die Sache bis 2 Uhr morgens gedauert hat. Als ich wegging, sah ich einige Chinesen, die in den Tanzsaal hineinschielten und auf deren Gesichtern die tiefste Verachtung für dies Vergnügen zu lesen war, das unnöthig ermüdet und gar nichts einbringt.

Dienstag, den 2. April 1861.

Ich benutzte das außerordentlich schöne Wetter, um Sir James Hope, der an Bord des Dampfschiffes „Coromandel" wohnt, meinen Gegenbesuch zu machen und dann nach der „Arcona" zu fahren, wo ich Einiges zu besorgen hatte. Das Schiff ist neu gemalt und Alles so blitz und blank, daß es eine Freude ist, aber wenn ich in meine Kabine trete und mir die Schiffsluft aus derselben entgegenschlägt, so überfällt mich immer ein wahrer Schauder vor dem, was mir noch bevorsteht. Als ich gegen 4 Uhr wieder an Land kam, stach die Sonne noch entsetzlich: ich begab mich daher noch auf eine Stunde nach Hause und ging erst um 5 Uhr auf den Bunt. In dieser Stunde war die stechende Hitze in ziemlich kühles, windiges Wetter umgeschlagen, so daß mir doppelte Röcke nicht zu warm waren. Mit General Montauban promenirte ich bis gegen 7 Uhr, wo ich mich zum Essen nach Hause begab, nachdem ich noch den Dampfer hatte ankommen sehen, der die europäische

Post bringt. Um 9 Uhr abends erhielt ich Alexandrinens Brief vom 23. Januar und die Briefe der Kinder. Ich habe dieselben erst einmal durchgelesen und werde darauf antworten, sobald ich sie so recht durchstudirt habe. Wenn Ihr wüßtet, welche unaussprechliche Freude mir Nachrichten von Euch machen und namentlich so hübsche, intime über Euer Leben und Treiben, wie Alexandrinens Brief sie diesmal enthält. Ihr würdet mir sicherlich regelmäßiger schreiben.

Shanghai, Mittwoch, den 3. April 1861.

Heute morgen meldete sich bei mir der Dolmetscher, den ich engagirt habe. Er ist ein Portugiese Namens Jose Martinho Marques, Vater von zwölf Kindern, spricht ziemlich gut englisch und französisch und ist gestern von Macao, wo er wohnt, mit dem Dampfschiff angekommen. Ich habe ihm gleich Beschäftigung gegeben, indem ich ihn den Vertragsentwurf, den ich gemacht habe, übersetzen lasse.

Obgleich es trübe und windig war, ging ich doch zwischen 5 und 7 Uhr auf dem Bunt spazieren, wo unsere Musik spielte. Abends dinirte ich bei dem portugiesischen Konsul Mr. Webb, einem Engländer, der der hiesige Vertreter des reichsten englischen Hauses in China, des Hauses Dent, ist. Sein französischer Koch hatte seine Sache gut gemacht, und sein Bordeaux war auch nicht übel.

Um 11½ Uhr begab ich mich von Herrn Webb zu einem Herrn Antropus, einem hier etablirten jungen, unverheiratheten Kaufmann, der einen Ball gab. Da ich selbst vorhabe, in den nächsten Tagen ein déjeuner dansant auf der „Arcona" zu geben, so ließ ich mich mehreren Damen vorstellen, deren Beine ich einladen will. Ich höre beiläufig, daß man in England einen sogenannten Tanzmesser erfunden hat, eine Maschine, an welcher man sehen kann, wieviel Schritte man getanzt hat. Man steckt sie in die Westentasche, und die Bewegung jedes Sprunges, den man macht, martirt sich durch einen Zeiger. Ein ordentlicher Tänzer soll, wie man auf diese Weise ausgemessen hat, 5 bis 6 englische Meilen in einem Abend tanzen, also etwa 1 bis 1¼ deutsche Meilen.

Freitag, den 5. April 1861.

Gestern regnete es den ganzen Tag wie mit Eimern, und ich wäre am liebsten ganz und gar zu Hause geblieben, hätte mich nicht die Höflichkeit gezwungen, mich noch gegen 11 Uhr abends in einen chaire zu setzen und mich nach der englischen Kaserne tragen zu laffen, wo die Artillerie- und Ingenieuroffiziere in einem großen und recht hübsch dekorirten Lokale einen Ball gaben. Wahrscheinlich sehr zum Aerger der Damen wurde wie gewöhnlich, wenn ich eintrete, die Tanzmusik unterbrochen, um für einen Augenblick der preußischen Nationalhymne Platz zu machen. Ich schüttelte dann den Wirthen die Hand, sagte ein paar Damen etwas Angenehmes, natürlich immer dasselbe, da der Reichthum an englischen Redensarten bei mir nicht groß ist, und verzog mich nach einer halben Stunde.

Heute morgen habe ich Briefe von Brandt aus Tientsin bekommen. Der englische und französische Gesandte lassen mir sagen, ich möchte ja nicht heraufkommen, ich würde nichts ausrichten. Sehr möglich, aber ich muß es doch auf den Versuch ankommen lassen und werde in den nächsten acht Tagen mein Vorhaben, nach Tientsin zu gehen, aus- führen.

Morgen geht die Post ab, und ich muß deshalb schließen, weil ich noch alle Hände voll zu thun habe, um dem Ministerium zu be- richten. Den Kindern werde ich nächstens schreiben, einstweilen danke ich Fredi sehr für die Uebersendung der niedlichen Photographien. Daß Ada eine Eulenburgische Nase bekommt, schadet nichts: es sind die schönsten Nasen, die ich kenne, und ich hoffe, Ada wird sie dereinst mit Würden tragen. —

Was für Pläne habt Ihr denn für diesen Sommer? oder sehen die Dinge in Europa wirklich so bedenklich aus, daß es nicht an der Zeit erscheint, Pläne zu machen?

Lebt wohl, seid tausendfach gegrüßt und behaltet mich lieb. — Fritz.

Shanghai, Montag, den 8. April 1861.

Heute um 11 Uhr, vormittags, fuhr ich nach der „Arcona" hinaus, um daselbst für das Fest, das ich morgen geben will, die nöthigen Anordnungen zu treffen. — Als ich gegen 3 Uhr wieder in meiner Wohnung angelangt war, hatte ich einen Besuch von Mr. Parkes, der Euch vielleicht aus den Zeitungen bekannt geworden sein wird. Er war während des letzten Krieges in China Dolmetscher bei Lord Elgin, wurde von den Chinesen gefangen genommen, ist aber mit dem Leben davongekommen und hat die merkwürdigsten Dinge von der Welt erlebt. Jetzt ist er eben von einer Expedition zurück- gekommen, welche die Engländer den großen Fluß (Yangtsekiang) hinauf in die von den Rebellen besetzten Distrikte gemacht haben, um dieselben zu bewegen, den Handel in das Innere des Landes nicht zu

hindern. Dies haben die Rebellen zwar versprochen, im Uebrigen aber
machen alle Diejenigen, welche ihnen nahe gekommen sind, die schauer-
lichste Beschreibung von ihrem Thun und Treiben. Sie können nur
zerstören und verwüsten, aber nicht aufbauen oder organisiren. Wo
sie hausen, ist jede Arbeit, jede nützliche Beschäftigung todt. In Nanking, wo einer ihrer Hauptkönige residirt, haben sie die ganze Bevölkerung, die nach Millionen zählte, hinausgetrieben. Der König
läßt sich nicht sehen, er ist von 500 Weibern umgeben, aus denen er
sich eine Leibgarde gebildet hat. Neuerdings haben sie auch den berühmten Porzellanthurm zerstört, und ich bin so glücklich gewesen, ein
Stück davon zu bekommen. Eine Zeit lang haben die Engländer sich
dem Glauben hingegeben, die Rebellen seien eigentlich Christen, seien
das eigentliche, lebenskräftige Element der chinesischen Nation, und
würden binnen Kurzem eine neue Dynastie gründen. Diese Hoffnung
scheint vollständig irrig zu sein. Nur aus der unglaublichen Schlaffheit der Chinesen erklärt es sich, daß die Rebellen noch nicht vernichtet
sind: bei dieser Schlaffheit aber ist es leicht möglich, daß der gegenwärtige, unbeschreiblich gräßliche Zustand noch zehn oder zwanzig Jahre
dauert.

Abends dinirte ich bei einem Herrn Cunningham und seiner Frau,
Amerikanern. Er ist schwedischer Konsul. Unter den Gästen befand
sich der oberste der hiesigen amerikanischen Missionare, der seine Absicht
aussprach, nach Amerika zurückzukehren, weil infolge der dortigen
Ereignisse die Geldbeiträge nicht mehr so reichlich fließen, daß er sein
Leben mit dem bisherigen Komfort fortsetzen kann. In Nanking befindet sich auch ein Missionar Namens Roberts, der früher einmal
einem der Rebellenchefs Unterricht ertheilt hat. Sehr gegen seine Erwartung hat er eine äußerst kühle Aufnahme gefunden, doch hat man
ihn für würdig gehalten, ihm einstweilen vier Frauen zu geben.

Dienstag, den 9. April 1861.

Um 11 Uhr morgens fuhr ich bei schönem, warmem Wetter nach
der „Arcona" hinaus und fand das Quarterdeck zu einem
wirklich prächtigen Salon umgeschaffen. Vom Hauptmast bis zum
äußersten hinteren Ende des Schiffes war ein sehr hohes Zelt aufgeschlagen, welches inwendig mit Flaggen und mit Grün dekorirt war
und einen wahrhaft großartigen Eindruck machte. Eine Treppe hinunter, in der Batterie, war die linke Seite freigehalten, um den Anblick
eines Kriegsschiffes zu gewähren: man wandelte daselbst längs vierzehn

schweren Geschützen zwischen Gewehren, Säbeln, Kugeln ꝛc., auch bei
Hühnern, Schweinen und Enten vorbei, nach der Küche. Die rechte
Seite der Batterie war in einen Saal umgewandelt, in welchem ein
reiches Buffet stand. Ein anderes Buffet befand sich in der Vorkajüte.
Meine und des Kommodores Kabinen waren so komfortabel als möglich
gemacht, und eine Kabine der Herren von meiner Begleitung war zu
einem Toilettenzimmer für Damen hergerichtet. Um 2 Uhr fing die
Gesellschaft an sich zu versammeln. Mehr wie zwölf Damen war es
nicht möglich gewesen zu bekommen. Herren waren aber leichter zu
haben gewesen, und mit den Offizieren des Schiffes belief sich die
Anzahl der Gäste auf etwa 120. Erst spielte unsere Musik und die
Musik des 101. französischen Infanterie-Regiments, die ich mir erbeten
hatte, einige Konzertstücke oben im großen Salon, während deren eine
Promenade der ganzen Gesellschaft stattfand. Dann ging man hin
unter in die Batterie und in die Vorkajüte, um zu frühstücken. Dem
General Montauban arrangirte ich eine Partie Whist, die Uebrigen
blieben bei den Buffets oder gingen hinauf, wo nun getanzt wurde,
leider nicht mit der Lebhaftigkeit, als es der Fall gewesen sein würde,
wenn wir es mit deutschen oder französischen Damen zu thun gehabt
hätten. Eine der Engländerinnen hatte nämlich entdeckt, daß der Tanz-
boden nicht ganz horizontal sei, sondern sich in der Richtung auf das
Hintertheil des Schiffes etwas erhebe, und daß daher das Auge eines
mehr nach der Mitte zu sitzenden Forschers unter den, wie sie behauptete, zu kurzen Morgenkleidern Schönheiten entdecken könne, die
ihm verhüllt bleiben müßten. In einem Punkte irrte sich diese Dame
gewiß: Schönheiten zu entdecken wäre unmöglich gewesen, auch wenn sie auf
der Kommandobrücke getanzt hätten: allein die Parole schien ausgegeben zu sein, und nach den ersten Walzern und Polkas erklärten
Alle, nur noch Quadrillen und Lanciers, und auch diese nur auf dem
mittleren Theile des Schiffes tanzen zu können. Das benahm denn
der Sache viel an ihrer Lustigkeit. Kaum aber hatten so gegen 5 Uhr
die Damen das Schiff verlassen, so brach die verhaltene Tanzwuth der
Offiziere, Kadetten und aller Derjenigen aus, denen der Wein in
Kopf und Beine gefahren war. Es wurde eine Polonaise aufgespielt,
zu der sich sofort wenigstens dreißig Paare, lauter Herren, formirten.
Aus der Polonaise wurden Polkas, Walzer, Quadrillen, Alles unter
ungeheurer Heiterkeit. Das Fest hatte erst ein Ende, als es so stockdunkel geworden war, daß man sich gegenseitig anrannte, ohne sich
zu erkennen.

Ich fuhr wieder an Land, nachdem mir Heinrich noch so etwas von sechzig Flaschen Champagner und einigen achtzig Flaschen anderem Wein, die man ausgetrunken, zugeflüstert hatte, und da mein Wirth, Herr Probst, sich ebenfalls ein kleines Zöpfchen angerauscht hatte, so setzten wir abends beim Diner die Sache fort und waren bis 12 Uhr, wo wir zu Bett gingen, sehr redselig.

Mittwoch, den 10. April 1861.

General Montauban hatte mir sagen lassen, der Vizekönig der Provinz werde heute chinesische Truppen vor ihm exerziren lassen, ob ich Lust hätte, das mit anzusehen. Der Vizekönig ist ein sehr vornehmer Mann; ich hatte mich schon mehrmals bei den Engländern erkundigt, ob sie glaubten, daß es nothwendig und zweckmäßig sei, daß ich demselben eine Visite mache; sie waren aber der Ansicht gewesen, daß es besser sei, sich mit keinem Provinzialbeamten in Berührung zu setzen, und ich war bisher dieser Ansicht gefolgt, obwohl es meinem Gefühl widerstrebte, so unhöflich zu sein. Jetzt überwog die Neugier, und obwohl ich wußte, daß ich bei dem Truppenexerzitium den Vizekönig treffen würde, so ging ich doch hin. Die Sache fand mitten in der chinesischen Stadt in einem umzäunten Raume statt. Sobald sich die Thore vor uns geöffnet hatten, schritten wir durch eine Chaine von Soldaten und Fahnenträgern bis zu einem Zelte, aus welchem uns der Vizekönig entgegenkam. Das Zelt war lang und schmal, mit dem schmalen, offenen Ende den Truppen zugekehrt; wir nahmen zu beiden Seiten eines langen, schmalen Tisches Platz, und nun kam ein chinesischer General mit einer Fahne, kniete vor dem Zelt nieder und meldete, daß die Sache losgehen würde. Die Soldaten, an denen ich eine Uniform nicht herauserkennen konnte — so verschieden und so schmutzig sahen sie aus — machten zunächst einen Vorbeimarsch in Sektionen. Die beiden ersten Sektionen bestanden aus den Trägern der großen Luntenflinten, die so schwer sind, daß zum Transportiren derselben immer zwei Mann erforderlich sind; einer trägt den Kolben und der andere die Mündung des Laufes auf der rechten Schulter. Die übrigen Sektionen führten kleine entsetzlich unvollkommene Luntenflinten. Nachdem der Vorbeimarsch vorüber war, stellten sich die Träger der großen Gewehre mit einigen Schritten Intervall dem Eingange des Zeltes gegenüber auf und schossen dieselben mit ziemlicher Präzision mehrere Male hintereinander ab. Die anderen Sektionen lösten sich auf und eröffneten ein verhältnißmäßig schnelles

Tirailleurfeuer mit Durchtreten der Glieder. Plötzlich erschien eine große Abtheilung mit Schildern versehener Leute, welche nach vielem Durcheinanderlaufen die Schilder so zusammensetzten, daß das daraus konstruirte Gebäude das Ansehen einer großen, aufrechtstehenden Schildkröte hatte. Hinter dieser Schildkröte hervor erschienen nun rasch aufeinanderfolgend immer zwei Leute, welche unter lebhaftem Kriegsgeschrei der Uebrigen Einzelkämpfe aufführten. Einer war immer mit einem Schilde, der Andere mit einer Lanze oder zwei kleinen Schwertern oder mit einer Art Dreschflegeln bewaffnet. Letzterer drang heftig auf ersteren ein, dieser aber parirte mit seinem Schilde oder machte einen Satz, daß der Andere ihm unter den Beinen weg hieb, oder kugelte sich auf der Erde und tauchte hinter seinem Gegner wieder auf, genau so, wie man diese Kämpfe zuweilen auf dem Theater sieht, nur mit etwas mehr Geschicklichkeit. Unterdessen war uns im Zelte erst Thee gereicht worden, in welchem die Blätter und Zweige lagen und der nach nichts weniger als nach Thee nach unseren Begriffen schmeckte. Darauf folgte ein Frühstück von Orangen und eingemachten Früchten, kleinen Kuchen und Pasteten, Alles so zubereitet, daß man die Finger daran sehen konnte, die die Sachen präparirt hatten, und deshalb sehr unappetitlich. Das Geschirr, auf dem die Sachen servirt wurden, war äußerst armselig; die Gläser, in welche theils saurer Champagner, theils warmer Reiswein gegossen wurde, waren schmutzig und aus zehn verschiedenen Arten Gläsern zusammengestoppelt. Nach dem Dejeuner kam wieder Thee, diesmal stark und braun gezogen, und den Beschluß machte Mandelmilch. Ich war herzlich froh, als der Scherz zu Ende war, der in seiner Totalität und in seinen Einzelheiten nur den Eindruck großer Jämmerlichkeit zurückließ. Die Franzosen aber, immer höflich, fanden alle Eß- und Trinkwaaren sehr gut, aßen von den Pasteten und Geschichten so viel, daß mir vom bloßen Zusehen übel wurde, und überhäuften den Vizekönig mit Komplimenten über die schönen Exerzitien der Truppen.

Abends war ein Ball, den das Offizierkorps des hier liegenden englischen Sikhs-Regiments gab. Konsul Overweg hatte seiner Frau nicht erlauben wollen, denselben zu besuchen, da sie in der letzten Zeit zu viel getanzt habe. Sie hatte sich gestern an mich mit der Bitte gewendet, ich möchte ihren Mann doch bereden, sie auf den Ball gehen zu lassen. Um dieser Bitte nachzukommen, sagte ich Overweg, ich sei mit seiner Frau zu heute zu einem Tanze engagirt. Daraufhin ertheilte er die gewünschte Erlaubniß: ich Aermster aber fiel als Opfer

meiner Galanterie und mußte einen Walzer tanzen, bei welchem
Mrs. Overweg mir immer auf die Füße trat und mir ganz schwindlig
wurde.

Das Transportschiff „Elbe" ist gestern nach Nagasati gegangen,
um dort Kohlen für die „Arcona" zu nehmen und dann sich am Peiho
mit uns zu vereinigen.

Donnerstag, den 11. April 1861.

Heute ist die „Arcona" den Fluß hinuntergegangen bis über die
Barre, weil sie dieselbe nur bei so hoher Fluth, als jetzt beim
Neumond ist, passiren kann. Ich will nur noch die nächste Post ab-
warten, um mich an Bord zu begeben und meine Reise nach dem
Norden anzutreten.

August ist heute vom Pferde gepurzelt und, wie ich glaube, recht
tüchtig, denn alle Glieder thun ihm weh, und er sieht ganz bleich aus.
Das schuldige Thier ist ein großer australischer Brauner, unserem
Wirth, dem Herrn Probst gehörig, mit furchtbaren Bewegungen und
diffizilem Maul. Ich dankte immer höflich, wenn er mir angeboten
wurde.

Freitag, den 12. April 1861.

Um 2 Uhr setzte ich mich in eine große Sänfte und ließ mich von
acht in Grün und Roth gekleideten Chinesen in die Stadt zum
Vizekönig tragen, dem ich einen Besuch machen wollte. Hinter mir
folgten die Sänften vom Dolmetscher Marques, von Bunsen, Berg
und Lucius, jede von vier Leuten getragen. August mußte zu Hause
bleiben, weil sein Rücken ihm noch zu wehe that. Der Weg durch die
engen Straßen der Stadt, die für acht Träger nicht eingerichtet sind,
war sehr beschwerlich. Alle Augenblicke hielt der Zug still, während
furchtbar geschrieen wurde, um Platz zu machen, oder auch die Sänfte
legte sich so auf die Seite, daß ich umzukippen fürchtete, weil die eine
Seite der Träger über Schutt- und Schmutzhaufen wegklettern mußte,
oder endlich ein Tragband riß und ich mit heftigem Stoß auf der
Erde festsaß. Als ich endlich das Haus oder, wie man hier sagt, den
Jamun des Vizekönigs erreicht hatte, kam mir dieser in Begleitung des
Tautai, d. h. des Gouverneurs der Stadt Shanghai, bis an die äußerste
Thür des Hofes entgegen und geleitete mich in den Empfangsalon,
der nach einer Seite zu offen war und die Aussicht auf einen
schmutzigen Hof bot, auf der anderen eine mit einem rothen Tuche
belegte hölzerne Bank enthielt, auf die ich mich, nach der Sitte des

Landes zur Linken des Vizekönigs setzte, der im Uebrigen so un=
beschreiblich ärmlich aussah, wie so etwas eben nur in China der Fall
sein kann. Welcher Unterschied gegen Japan! Die Unterhaltung drehte
sich erst um allgemeine Gegenstände, aber mit viel weniger Lebhaftig
keit, als es in Japan zu geschehen pflegte. Dies lag daran, daß theils
der Vizekönig ein aufgedunsener, breitspurig seiender oder scheinen
wollender Chinese ist, der von seinem eigenen Lande entweder nichts
weiß oder nichts wissen will, theils daran, daß die Verständigung
in chinesischer Sprache doch auch dem geübten Dolmetscher sehr schwer
wird, indem die geringste Nüance in der Aussprache der Vokale den
Wörtern ganz verschiedene Bedeutungen giebt. Der Vizekönig fragte
mich, was eigentlich der Zweck meiner Reise nach China sei, und als
ich ihm sagte, der König von Preußen habe mich abgeschickt, um einen
Vertrag zu schließen, sagte er: „Warum denn immer Verträge? Ver=
träge führen ja stets zu Kriegen." Nach einer halbstündigen Unter
haltung mußten wir uns zum Frühstück setzen, das ebenso komponirt
und ebenso unappetitlich war, als das vorgestern eingenommene. Wir
behielten während der ganzen Zeit die Hüte auf. Der Vizekönig hat
auf dem seinigen eine rosarothe Kugel (Knopf genannt) ohne alles
Abzeichen, und eine Pfauenfeder. Dieser Knopf ist das Zeichen eines
Mandarins erster Klasse. Der Tautai trug denselben Knopf, nur daß
auf demselben das Zeichen „langes Leben" eingravirt war. Dieser
Knopf ist das Abzeichen eines Mandarins zweiter Klasse, während die
Pfauenfeder, die auch der Tautai trug, ein Zeichen der kaiserlichen
Gnade, eine Decoration ist. Um 4 Uhr war ich wieder zu Hause.

Sonnabend, den 13. April 1861.

Es war unangenehm kühl, und die Kaminfeuer thaten gute Dienste.
Um 5 Uhr dinirte ich beim General Montauban mit dem
chinesischen Vizekönig (er heißt Sineh Chwang) und dem Tautai. Der
General war für die Leute die Liebenswürdigkeit selbst und gab sich
alle Mühe, sie à leur aise zu setzen. Das schien ihm denn auch zu
gelingen, denn sie lebten europäisch und chinesisch zugleich, aßen Süßig
keiten beim Gemüse, tranken abwechselnd Thee und Champagner,
rauchten und stießen auf, daß es eine Freude war. Mich amüsiren die
Kerle aber nicht mehr, ich habe sie in Japan komischer und doch zu
gleich viel feiner gesehen.

Da heute der Geburtstag des Feldmarschalls war, so bat ich
Montauban, mit mir auf seine Gesundheit zu trinken. Auch die Chinesen

wurden mit dem Ereigniß bekannt gemacht und mußten mittrinken. Das mußt Du dem Feldmarschall erzählen, Philippchen: es wird ihn amüsiren, und er wird zugleich daraus ersehen, daß auch im fernen China Herzen für ihn schlagen.

Montag, den 15. April 1861.

Um 2 Uhr hatte ich eine Gegenvisite vom Vizekönig und vom Tantai. Die Sänfte des Ersteren war von vielen Beamten begleitet, die auf der Straße laut schrieen, um das Herannahen des hohen Mandarins anzuzeigen. Voran gingen mehrere Scharfrichter in rothen, spitzen Mützen, gräßlich aussehende Kerle mit ledernen Peitschen in der Hand und zerlumpt wie das ganze Gefolge. Ich setzte den Herren ein Frühstück vor und war froh, als sie wieder weg waren.

Mittwoch, den 17. April 1861.

Heute machten wir bei ganz wundervollem Wetter eine sehr hübsche Landpartie. Etwa 1½ deutsche Meilen von hier liegt nämlich eine berühmte Pagode. Nach dieser fuhren wir zu Wasser in einem bedeckten chinesischen Boote und kamen etwa um 4 Uhr nachmittags bei derselben an. Die Pagode hat sechs Etagen, ist zwar wie Alles in China verfallen, hält aber doch noch so zusammen, daß man sie besteigen kann. Von oben hat man die Aussicht auf den breiten mit unzähligen Segeln bedeckten Wusung-Fluß, auf die Stadt Shanghai, auf in der Entfernung sich erhebende Hügel und auf ein weites, gerade jetzt im köstlichsten Grün prangendes flaches Land. Die häßlichen Gräber sind alle grün bewachsen und stören nicht mehr; Hunderte und Tausende von Pfirsichbäumen, auf denen die berühmten Shanghai-Pfirsiche wachsen, stehen in voller Blüthe. Die Gerste steht in Aehren, und die blühenden Pferdebohnen erfüllen die ganze Gegend mit ihrem Duft. Vor vier Wochen sah das Alles öde und grau aus, und nach sechs Wochen, sobald die Felder gemäht und die Sonne das Grün verbrannt haben wird, wird die langweilige Einförmigkeit der Gegend auch wieder zum Vorschein kommen. Vor der Hand aber ist es hübsch, sehr hübsch, so etwa, wie im Monat Juni auch bei uns jede Gegend hübsch ist.

Von der Pagode gingen wir zu Fuß nach Sikabeh, einer von Jesuiten, und zwar französischen Jesuiten, gegründeten und gehaltenen Erziehungsanstalt für chinesische Kinder. Es ist dies ein sehr merkwürdiges und höchst interessantes Institut. Die Jesuiten, welche alle als Chinesen gekleidet sind, nehmen in diese Anstalt zunächst die Kinder

chinesischer Christen auf, um sie in den chinesischen Klassikern unter=
richten zu lassen. Wenn es der Platz gestattet, nehmen sie aber auch
nichtchristliche Kinder auf und machen es nicht zur Bedingung, daß sich
dieselben bekehren lassen. Das Bekehren und das Lehren der fran=
zösischen Sprache betreiben sie nur ganz beiläufig und nie wider den
Willen des zu Belehrenden, erreichen aber auf diese Weise tausendmal
mehr als die hölzernen amerikanischen und deutschen protestantischen
Missionare, die gar keine Erfolge erzielen, als daß sie von den schlauen
Chinesen ausgebeutet werden. Wir fanden in der Anstalt 96 Zöglinge,
lauter frisch und höchst vergnügt aussehende Jungen, die alle aus ihren
chinesischen Büchern laut lernten, so daß in den Sälen, in welchen sie
saßen, ein gewaltiges Getöse war. Sobald wir aber eintraten, war
auf ein gegebenes Zeichen Alles ruhig, die Jungen standen auf und
machten, alle zu gleicher Zeit, eine chinesische Verbeugung. Ihre Schlaf=
säle, ganz mit kleinen Himmelbetten besetzt, sind das Hübscheste und
Heimlichste, was man sehen kann. Die Kirche ist geräumig und ge=
schmackvoll, die Gärten gut gehalten, und die Jesuiten sind wirklich
liebenswürdige Leute. Sie behaupteten, daß sie die Seelsorge für etwa
60 000 chinesische Christen besorgten.

Es wurde uns schwer, uns zum Weggehen zu entschließen, auch
brachen wir erst auf, als es schon anfing dunkel zu werden, und da
wir den Rückweg nach Shanghai bei Mondschein zu Fuß machten,
wozu wir etwa zwei Stunden brauchten, so kamen wir erst um 9 Uhr
wieder nach Hause. Das Diner schmeckte dann recht gut, und nach
demselben plauderten wir noch bis 1 Uhr morgens.

Donnerstag, den 18. April 1861.

Heute war der erste Tag der Shanghai=Wettrennen, und um 2 Uhr
begab ich mich bei ganz herrlichem Wetter, welches mich veranlaßte,
die Winterkleider mit Frühlingskleidern zu vertauschen, nach dem Renn=
platz. An demselben steht ein steinernes Haus von zwei Etagen, die
überall mit offenen Galerien umgeben sind, und welches eigens erbaut
ist, um bei den Rennen als Tribüne zu dienen. Auf den Galerien
saßen die fünfzehn bis zwanzig Damen, welche Shanghai zählt, in
schönster frischer Toilette, umstanden von Männern oder Courmachern,
Letztere theils in Civil, theils in Uniform. Außerdem war das Haus
vollgepfropft von englischen und französischen Offizieren von der In=
fanterie und von der Marine, und auch der Tautai, der chinesische
Gouverneur der Stadt, erschien in großem, aber lumpigem Aufzuge

um unter den Damen Platz zu nehmen, ein bisher unerhörtes Ereigniß. Längs der Bahn standen nicht nur französische, englische und indische Soldaten in ihren bunten Kostümen, sondern auch Tausende und Abertausende von Chinesen, die dem Schauspiel von Anfang bis zu Ende beiwohnten. Es gab sieben Rennen: für Ponies, für arabische Pferde, für Reitpferde, für trainirte Pferde, alles Mögliche. Nur Herren ritten, aber in Jockeykostüm. Man konnte wieder einmal recht deutlich sehen, daß die Engländer geborene Sportsmen sind, denn obgleich die ganze Sache von Kaufleuten und Commis arrangirt und ausgeführt war, so ging sie doch vortrefflich. Einige von den Herren ritten wirklich ausgezeichnet, und die Pferde, namentlich die australischen und arabischen, waren zum Theil wunderschön. Auch die chinesische Demimonde fehlte nicht, nur daß sie, statt bei uns in Wagen, hier in Sänften saß und sich von diesen aus die Sache mit ansah.

Die Post geht ab, und ich muß schließen. Hoffentlich bekommt Ihr mit dem Briefe zugleich eine Rolle, auf welche einige Zeichnungen und Aquarelle aufgewickelt sind, die Berg die Güte gehabt hat, auf meine Bitte für Alexandrine anzufertigen.

Tausend Grüße von Eurem treuen Bruder — Fritz.

Shanghai, Sonnabend, den 20. April 1861.

Gestern war der zweite Renntag. Ich hatte so viel zu thun, daß ich erst um 4 Uhr auf den Rennplatz gehen konnte; ich sah doch aber noch ein paar hübsche Sachen, namentlich einen braunen Hengst Blue Ruin, der, als die Pferde zum Abreiten gewendet wurden, nicht wenden wollte, sondern gleich los- und abging, ohne daß sein Reiter ihn halten konnte, so daß er das Rennen rechts herum machte, während die Anderen links herum liefen.

Heute habe ich Abschiedsbesuche gemacht und auch dem alten Montauban Adieu gesagt. Er hat mit der letzten Post eine ganze Ladung Orden und seine Ernennung zum Senateur bekommen. Ich denke, das Letztere ist ihm nicht das Unliebste, denn es ist eine hübsche Revenue damit verbunden.

Wusung-Fluß, an Bord der „Arcona".   Montag, den 22. April 1861.

Gestern habe ich noch Abschiedsbesuche gemacht und gepackt, und heute bin ich an Bord gegangen, nachdem ich morgens zu meiner großen Freude noch Mr. Alcock, den englischen Gesandten in Japan, gesehen hatte, der von Jeddo herübergekommen ist, um in Geschäften nach Hongkong zu gehen. Er hat mir natürlich viel erzählen müssen. Ihr erinnert Euch, daß ein paar Tage, ehe ich Jeddo verließ, der französische und englische Gesandte sich infolge der Ermordung von Heusken nach Jokohama zurückgezogen hatten, daß sie aber nicht ohne Besorgniß waren, auf welche Art sie mit Ehren wieder nach Jeddo zurückkommen würden. Anfangs hat die japanische Regierung auch wirklich nur ziemlich laue Schritte gethan, um sie zur Rückkehr zu bewegen. Da sind die Gesandten aber auf eine sehr schlaue Idee gekommen: sie haben der Regierung sagen lassen, sie hätten sich vorgenommen, eine längere Reise ins Innere des Landes zu machen, auf welcher sie einige Monate zuzubringen gedächten. Das hat gewirkt. Sofort sind Mitglieder des Staatsraths nach Jokohama gekommen und haben erklärt, der Taikun habe ihnen befohlen, Alles zu thun, um die Gesandten zur Rückkehr zu bewegen. Diese haben nun eine ganze Reihe von Bedingungen gestellt, unter anderen, daß sie von den bisherigen feigen und unhöflichen Jakunins befreit und ihnen dafür tapfere und höfliche Leute aus der Leibgarde des Taikun zur Bewachung ihrer Wohnungen und zur Begleitung auf der Straße gegeben würden, daß gehörig besetzte Wachthäuser in der Stadt errichtet und energische Maßregeln aller Art getroffen würden, um die Fremden zu schützen ꝛc., endlich daß bei ihrer Rückkehr nach Jeddo Gouverneure der auswärtigen Angelegenheiten sie am Ufer empfangen müßten und daß, sobald sie ihre Flaggen wieder hißten, von den japanischen Forts ein Salut von 21 Schuß gefeuert werden müsse. Dieser letzte Punkt hat das meiste Widerstreben hervorgerufen, endlich aber ist Alles bewilligt worden, und die Gesandten sitzen wieder in Jeddo. Heusken's Mörder sind aber noch nicht entdeckt, und auf Natal, den gardien de pavillon der französischen Gesandtschaft, den Bellecourt dummer Weise hat zurückkommen lassen, ist, als derselbe in seiner Stube mit Bettmachen beschäftigt gewesen ist, aus nächster Nähe geschossen worden. Daß derselbe sich zufällig in dem Augenblicke gerade gebückt hat, hat ihm das Leben gerettet.

Um 2 Uhr ging ich an Bord eines kleinen, französischen Dampfschiffes, welches der Kontreadmiral Protet mir zur Disposition gestellt hatte. Als ich daselbst angekommen war, erschien er selbst noch, um mir Adieu zu sagen. Die Leute sind wirklich sehr höflich, und hier habe ich von einem bevorstehenden Kriege zwischen Frankreich und Preußen nichts gemerkt, im Gegentheil, die Franzosen weisen jeden

Gedanken daran ab und räsonniren entsetzlich über das, was in Italien vorgeht.

Unter der Bagage, die ich mitnehme, befindet sich auch eine große Sänfte und rothe und grüne Kostüme für acht chinesische Sänftenträger. Nach sehr schneller, kaum eine Stunde dauernder Fahrt auf dem Wusung-Flusse kamen wir nach dem Orte Wusung, wo die „Arcona" lag: ich habe einen holländischen Missionar mitgenommen, der mich um freie Ueberfahrt nach Tientsin gebeten hatte; auch ist ein russischer Seeoffizier mitgekommen, der für das im Peiho liegende russische Kanonenboot den Befehl überbringt, sich ganz zu meiner Verfügung zu halten.

Zum Diner hatte ich den französischen-Offizier eingeladen, der das kleine Dampfboot kommandirt. Morgen geht's nun wieder in See. Werden wir denn endlich mal eine vernünftige Fahrt machen? Wenn Alles gut geht, müssen wir in vier bis fünf Tagen an der Peiho-Mündung sein.

Im Gelben Meere, an Bord der „Arcona".   Dienstag, den 23. April 1861.

Bald nach 8 Uhr morgens wurde der Anker gelichtet, und die Reise ging los. Um uns bei den Franzosen zu bedanken, wurde zuerst die französische Nationalhymne geblasen, dann, als wir bei der russischen Fregatte „Swetlana" vorbei kamen, die russische Hymne. Auf der „Swetlana" war alle Mannschaft auf Deck angetreten und nahm, als wir vorüberfuhren, die Mützen ab. Ein Ende weiter war der Fluß so mit großen chinesischen Dschunken bedeckt, daß wir mit genauer Noth Platz fanden, um dazwischen durchzukommen; einer Dschunke fuhren wir auch glücklich einen Mast weg, der mit großem Geprassel über Bord stürzte, ohne daß es uns irgend wehe that. Nachdem wir mit großer Vorsicht und diesmal unter der Leitung eines besseren Lootsen aus dem Wusung in den Jangtsekiang und diesen herunter gefahren waren und uns dann noch zwischen Inseln und Untiefen hindurchgewunden hatten, verließ uns der Lootse um 3 Uhr, und wir waren nun im freien Meere. Die Hitze der letzten Tage hatte einer nebeligen, durchdringenden Kälte Platz gemacht, und ich mußte wieder Winterkleider anziehen. In meiner Kabine, wo es viel wärmer war als draußen, hatte ich nur 14 Grad Réaumur. Es dauerte nicht lange, so fing das Schiff an zu schwanken: durch vieles Auf- und Niedergehen auf Deck hielt ich mich, August aber wurde schwach und mußte vom Tisch aufstehen. Gegen Abend wurde der uns günstige Wind so kräftig, daß wir neun Knoten machten und die Schraube ausgehoben werden mußte, weil sie hinter der Geschwindigkeit des Schiffes zurückblieb.

Mittwoch, den 24. April 1861. (Philipps Geburtstag.)

Ganz früh war die Schraube wieder eingesetzt worden, und wir blieben den ganzen Tag unter Dampf. Die Bewegungen des Schiffes waren stärker als gestern, da ich mir aber fest vorgenommen hatte, den Geburtstag meines alten 41jährigen Bruders zu feiern, so nahm ich mich tüchtig zusammen und ließ keine Schwachheit aufkommen. Ihr wißt, daß ich heute mit meinen Gedanken, wenn es möglich ist, noch mehr und noch inniger bei Euch gewesen bin als gewöhnlich. Möge Gott, mein liebster Philipp, Dir und den Deinigen nur Gesundheit schenken, und möge er es mir vergönnen, Deinen nächsten Geburtstag wieder mit Dir verleben zu können. Zum Diner hatte ich mir so viel Personen eingeladen, als der Tisch fassen konnte, und wenn ich nach der Quantität Champagner urtheilen soll, die vertilgt worden ist, so haben es die Leute mit Deiner Gesundheit ehrlich gemeint.

Donnerstag, den 25. April 1861.

Das Erste, was ich morgens erblicke, als ich zum Fenster meiner Kabine hinaussehe, ist ein armer schwimmender Fasan. Er ist aus einer der Pforten hinausgeflogen und muß nun diese Unvorsichtigkeit mit einem nassen Tode büßen. Der Himmel ist ganz blau, aber es ist recht frisch. Wir machen durchschnittlich sieben Meilen die Stunde, und auf dem Schiffe herrscht große Thätigkeit. In der Vorkajüte wird ein Graf Schack, der Sohn von dem schlesischen, den Alexandrine kennt, zum Fähnrich examinirt. Er ist nicht ganz so häßlich als sein Vater und soll manche Kenntnisse haben. Mit seinem praktischen Sinn muß es aber nicht weit her sein. Denn neulich, als er die Wache gehabt hat und ein Mann über Bord gefallen ist, hat er, anstatt sogleich alles Nöthige zur Rettung desselben anzuordnen, dem wachthabenden Offizier ganz steif gemeldet: „Ein Mann über Bord!"

In der Batterie wird an den Geschützen exerzirt, oben exerziren Seesoldaten und Matrosen mit Zündnadelgewehren. Einige Unteroffiziere lassen sich in seemännischen Berechnungen unterrichten, und Alles ist fleißig, nur nicht das Personal der königlichen Gesandtschaft, welches zu große Schwäche im Magen verspürt, um arbeiten zu können. Nach und nach raumt der Wind etwas, d. h. er kommt mehr von hinten; das Meer und die Bewegungen des Schiffes werden ruhiger, und die Fahrt wird schneller. Ein Bißchen langweilig sind jetzt die gewöhn-

lichen Diners: Sundewall ißt sehr langsam, spricht sehr langsam und
kramt den kleinen Schatz seiner Geschichten nun zum hundertsten Male
aus; sein Schwager, Baron Bennet, ißt schnell und viel, spricht aber
gar nicht. Der Dolmetscher Marques ist etwas taub, spricht französisch
und englisch nur mit Mühe und besitzt keinerlei Gabe der Unterhaltung.
Stumm wie ein Fisch ist der russische Offizier, dessen Namen ich bisher
noch nicht habe behalten können. Rechnet nun dazu, daß der Tischwein,
den ich in Shanghai gekauft habe, wie sich jetzt herausstellt, nicht
Bordeaux-, sondern wahrscheinlich Rhonewein ist, dem man nicht
ordentlich zusprechen kann, sondern den man mit Wasser genießen muß,
so werdet Ihr Euch vorstellen können, daß ich zuweilen müde werde
die Konversation allein zu machen, und sehnlich wünsche, Aba säße mit
uns zu Tisch und erzählte mit ihrem Schwabbelmäulchen Geschichten.

Das Meer ist sehr belebt von chinesischen Dschunken, deren ich
heute einmal zu gleicher Zeit zwanzig gezählt habe. Abends ging der
Vollmond in außerordentlicher Pracht auf. Ich promenirte bis 10 Uhr
auf Deck und ging dann zu Bett.

Freitag, den 26. April 1861.

Morgens 5 Uhr haben wir Kap Schantung passirt und sind nun in
der Bai von Petschili. Es ist köstliches, frisches und klares Wetter.
Da vor einiger Zeit durch das Springen einer Röhre Wasser in den
Raum gekommen ist, wo die Granaten aufbewahrt werden,. so werden
einige Granaten probirt. Sie platzen nicht; es scheint aber daran zu
liegen, daß die Zünder für die Elevation, mit der sie geworfen werden,
zu lang sind.

Um 3 Uhr warfen wir in der Bai von Tschifu Anker zwischen
zwei französischen Kriegsschiffen. Ich ließ mir sofort mein Boot zurecht-
machen und ruderte mit mehreren Herren meiner Begleitung an Land.
Die Bucht ist ganz von kahlen aber recht hübsch geformten Bergen eingeschlossen, und hinter einem Vorsprunge, auf welchem ein altes chinesisches
Festungswerk steht, liegt ein Städtchen, nach welchem wir unsere Schritte
lenkten. Dasselbe besteht meistentheils aus steinernen Häusern, sieht
viel reinlicher als Shanghai aus und dient auch schon einigen Europäern zum Wohnplatz. Beim Schlendern durch die Straßen blieben
wir eine Zeit lang vor einem Theater stehen — es war so ein Sommer-
theater — und hörten die Aufführung einer Oper mit an, die in der
Handlung an die Gluck'schen Opern, in der Musik denjenigen Auf-
führungen glich, welche die Katzen zuweilen zu veranstalten pflegen.

Todmüde von dem ungewohnten Gange setzte ich mich um 6 Uhr
wieder ins Boot und kam mit Sonnenuntergang an Bord der „Arcona"
zurück, wo ich ein Diner von vierzehn Personen gab. Diese vierzehn
Personen repräsentirten sieben verschiedene Nationalitäten; es waren
darunter 2 Schweden (Sundewall und Bennet), 2 Franzosen (Fregatten=
kapitän de Kersauson und sein Flaggenlieutenant), 1 Portugiese (Mar=
ques), 1 Holländer (der Missionar Kloekers), 1 Russe (der Lieutenant
Martianowitsch) 1 Amerikaner (Herr Heine!) und das Uebrige waren
Preußen.

Sonnabend, den 27. April 1861.

Morgens früh salutirt ein ziemlich entfernt liegendes englisches
Schiff den Kommodore, und dieser erwidert den Salut. Dann
salutirt auch die französische Fregatte „Andromaque", deren Kapitän
ich gestern bei mir zu Tische hatte, mit neunzehn Schuß und bekommt
von uns neunzehn Schuß zurück. Der Donner der Kanonen rauschte
minutenlang in den Bergen, und der Pulverdampf blieb wie eine feste
Wolke über dem Wasser stehen. Zwischen 9 und 10 Uhr wurde der
Anker gehoben. Um die Leute beim Drehen des Gongspills, auf welches
die Ankerkette aufgewunden wird, im Tritte zu erhalten, begleitet die
Musik diese Arbeit immer mit einem Marsche. Heute spielte sie „Ach,
ich bin so müde, ach, ich bin so matt", und ach, wie berlinisch wurde
mir dabei zu Muth. Nach und nach bezog sich der Himmel, und es
wurde kalt, so daß ich in der Kabine nur zwölf Grad hatte, aber das
Meer war glücklicherweise ganz glatt, und wir dampften lustig vor=
wärts. Gegen 4 Uhr begegneten wir einem englischen Kriegsschiffe,
welches ein Kanonenboot im Schlepptau hatte. Als es näher heran=
kam, erkannten wir in demselben die englische Fregatte „Scout", mit
welcher wir in Shanghai viel in Verkehr gewesen waren, und da sie
die Admiralsflagge führte, so sahen wir daraus, daß der Admiral Sir
James Hope an Bord war. Für diesen hatte ich Briefe mit: die
Maschine wurde also gestoppt und ein Boot ausgesetzt um die Briefe
hinüberzubringen. Zugleich wurde der Admiral mit fünfzehn Schuß
salutirt. Als die „Scout" den Salut wiedergab, sah sie prachtvoll
aus. Sie hatte alle Segel gesetzt und nahm sich, von Pulverdampf
umgeben, wie eine stolze Frau in welliger Krinoline aus.

Gegen Abend wurde es nebelig und stockdunkel. Da wir aber
freies Meer vor uns haben und ruhig unsern Kurs fortsteuern können,
so hat das nichts zu bedeuten.

Morgens war bei klarem, aber kalten Wetter Musterung der Mannschaft auf Deck, nach welcher Sundewall das Schiff in seinen Räumen besichtigte. Auf seinen Wunsch begleitete ich ihn dabei, kroch in allen Winkeln umher und stieß mir einmal über das andere furchtbar den Kopf. Um 10½ Uhr fand unbändig langweiliger Gottesdienst statt.

Gegen 3 Uhr verfinsterte sich der Horizont und nach und nach der ganze Himmel durch eine gelbe Staubwolke, die uns so mit Staub überschüttete, daß wir aussahen, als hätten wir eine Eisenbahnfahrt gemacht. Wo der Staub herkommt, mag Gott wissen; man behauptet, er komme aus den Sumpfflächen zwischen Tientsin und Peking, die oben austrockneten und abgeweht würden. Die Sonne, die sonst bei solchen Verfinsterungen des Himmels wie eine blutrothe Scheibe auszusehen pflegt, war ganz blau und warf einen Silberschein auf das Meer, der wie Mondbeleuchtung aussah. Das Land, welches wir schon in Sicht gehabt hatten, verloren wir wieder aus den Augen, und um sicher zu sein, gingen wir um 4 Uhr zu Anker. Bald nachher klärte es sich etwas auf, und wir konnten das russische Kanonenboot „Rasbornick" sehen, welches Likhatchoff mir zur Disposition gestellt hatte. Der Lieutenant Graf Monts*) fuhr nach demselben hinüber, um mit dem Kommandanten Rücksprache zu nehmen. Um 6 Uhr hatte ich ein Diner von zwölf Personen bei mir. Während desselben fing es sehr heftig an zu wehen, und abends war das Meerleuchten so wunderschön, wie ich mich nicht erinnere, es je gesehen zu haben. Aber Monts ist noch nicht zurück, und wir sind nicht ohne Besorgniß um ihn.

Montag, den 29. April 1861.

Morgens ganz früh kommt Monts zurück: er ist nach vergeblichen und lebensgefährlichen Versuchen, die er gestern Abend noch gemacht hat, um die „Arcona" zu erreichen, doch gezwungen gewesen, die Nacht auf dem „Rasbovnick" zuzubringen. Gegen 11 Uhr kommt der Kommandant dieses Schiffes, Rosenberg, mir einen Besuch machen. Er ist ein sehr gut aussehender und angenehmer Mann, hat aber den Fehler, nur Russisch zu sprechen, wobei Lieutenant Martianowitsch als Dolmetscher fungiren muß. Kapitän Rosenberg erzählte mir, daß sein Schiff so tief geht, daß er nur alle vierzehn Tage bei den höchsten

*) Geboren 1832, gestorben 1889 als kommandirender Admiral.

Fluthen die Barre des Peiho passiren kann, und daß er außerdem keine Kohlen mehr hat. So mußte ich also auf die Benutzung des „Rasbornick" verzichten, und der arme Monts mußte sich gleich wieder in ein Boot setzen, um nach den Takuforts zu fahren, bei welchen englische und französische Kanonenboote liegen, von denen ich nun eins zu erlangen suchen muß. Mit dem Fernrohr kann ich die Taku-Forts ziemlich deutlich unterscheiden, sie schützen die Mündung des Peiho und liegen in gerader Linie, etwa 2 bis 2½ deutsche Meilen von uns entfernt. Um 7 Uhr, als wir schon abgegessen hatten, kam Monts zurück und brachte Brandt mit, der seit acht Tagen Tientsin verlassen, sich an die Peiho-Mündung begeben und von dort nach uns ausgeschaut hatte. Ich freute mich sehr, ihn wiederzusehen, zumal er Alles, was ich ihm aufgetragen, sehr ordentlich und gut besorgt hat. Er brachte mir einen Brief vom Prinzen Kung, dem Bruder des Kaisers Hien-Fung, mit, welcher also lautet:

„Der Prinz Chosche Kung Tsing Wang, auf höchsten Befehl der großen Tsing-Dynastie Superintendent der Angelegenheiten der (fremden) Königreiche, macht diese amtliche Mittheilung als Antwort.

Den 16. des zweiten Monats (26. März) habe ich die Depesche des edlen, großen Beamten empfangen und gelesen, in welcher er sagt, daß er mit dem Wunsche nach China gekommen sei, mit unserem Kaiserreiche einen Friedens- und Handelsvertrag zu schließen.

Ich habe sogleich über diesen Punkt eine Denkschrift an den erhabenen Kaiser gerichtet, welcher geruht hat, den interimistischen Vizedirektor der Kaiserlichen Vorräthe, genannt Tsung, und den großen Beamten, Superintendenten der Angelegenheiten in den drei nördlichen Häfen, die dem Handel offen sind, genannt Tsung, zu ernennen, um den edlen Minister ausdrücklich in Tientsin zu erwarten und gemeinschaftlich die Angelegenheiten zu verhandeln.

Das ist es, was ich dem edlen Minister zu seiner Kenntnißnahme zu antworten habe. Besondere Antwort. Die obige Antwort ist gerichtet an Ngai (Graf Eulenburg), außerordentlichen Gesandten und bevollmächtigten Minister des großen Königreichs Preußen und erblichen Grafen.

Am ersten Tage des dritten Monats des elften Jahres von Hien-Fung. (10. April 1861.)"

So bin ich also wenigstens doch nicht gleich von vornherein abgewiesen worden wie in Japan. Aber an Tracasserien wird es gleichwohl nicht fehlen. So sind z. B. die genannten beiden Herren Tsung

nur Mandarinen zweiter Klasse, mit denen es unter meiner Würde ist,
zu verhandeln. Der Posten, den der eine derselben bekleidet, muß ein
hübscher Posten sein: Interimistischer Vizedirektor der Kaiserlichen Vor=
räthe, die à l'heure qu'il est gleich null sind. Was sagt Ihr aber
dazu, daß ich Agai heiße? Das hängt so zusammen, daß die Chinesen
die Europäer nur mit der ersten Silbe ihres Namens nennen; das
wäre nun bei mir Eu. Da aber dieser Laut im Chinesischen nicht
existirt, so hat nach dem nächst ähnlichen gesucht werden müssen, und
das ist Agai.

Dienstag, den 30. April 1861.

Schon um 6 Uhr morgens erschien ein französisches Kanonenboot,
kommandirt von einem charmanten jungen Mann, einem Lieute=
nant Devaranne. Ich ersuchte ihn, heute einen Theil unseres Gepäcks
an Land zu bringen und morgen mich selbst und mein Gefolge abholen
zu kommen. Nun ging das Einpacken von Porzellan, Gläsern, Bett=
zeug, Lebensmitteln, Wein 2c. los. Als ich einen Augenblick in die
Batterie hinausging, um nach etwas zu sehen, roch dieselbe stark nach
Branntwein, und ich erfuhr, daß Heinrich eine Kiste mit zwölf großen
Flaschen vortrefflichen Genièvre, die ich mir mit vieler Mühe besorgt
hatte, auf die Erde geworfen hatte, so daß von zwölf Flaschen sieben
zerbrochen waren und ihr Inhalt die Batterie überschwemmte. Die
Ungeschicklichkeit Heinrichs bringt mich oft in wahre Wuth, und doch
werde ich immer wieder milde gestimmt, wenn ich sehe, mit welcher
Willigkeit er arbeitet. Aber wenn die geringste Abweichung vom Ge=
wöhnlichen eintritt, so knackst er sich die Finger, dreht sich rechts und
links und weiß nicht, was er anfangen soll.

Mit dem Kanonenboot schickte ich auch Brandt zurück, der mit
den Sachen voraus nach Tientsin gehen sollte.

Tientsin, den 1. Mai 1861.

Bald nach 6 Uhr morgens kam die „Canonnière" wieder, und einige
Minuten nach 7 Uhr ging ich an Bord derselben, begleitet von
August, Bunsen, Berg, Brandt, Dr. Lucius, dem Dolmetscher Marques,
dem Missionär Kloeters, sechs Seesoldaten, die bei mir bleiben sollen,
und einer großen Anzahl von Offizieren, welche die Gelegenheit benutzen
wollen, um an Land zu kommen. Wir hatten eine Schaluppe, mit
unseren Sachen und mit den Seesoldaten bepackt, im Schlepptau,
außerdem ein Boot von der „Arcona", welches die Offiziere wieder
zurückbringen soll. Vom Lande her wehte es ziemlich stark, die „Ca=

nonnière" mit flachem Boden schwankte ängstlich, so daß man sich fest=
halten mußte, und in die Boote kam viel Wasser. Nach etwa 1½ stündiger
Fahrt kamen wir bei den Takuforts an und gingen nahe an der Stelle
hin, wo Admiral Sir James Hope im Jahre 1859 die Niederlage
gegen die Chinesen erlitten und über 500 Leute verloren hatte. Ohne
Militär zu sein, kann man leicht ermessen, daß ein Angriff auf die
Forts von dieser Seite eine ungeheure Dummheit war. Jetzt ist das
Fort auf der rechten Seite der Peiho=Mündung von den Engländern,
das auf der linken Seite von den Franzosen besetzt. Unsere Offiziere
verließen hier die „Canonnière" und riefen mir, als sie in ihrem Boote
waren, und ich weiter fuhr, ein donnerndes Hurrah zu, sowie die
„Arcona" mich heute Morgen, als ich abfuhr, mit neunzehn Schuß
salutirt hatte.

Nun ging's den Peiho hinauf, etwas langsam, da wir Strom und
Ebbe gegen uns hatten. Der Fluß schlängelt sich, wie ich etwas Aehn=
liches nie gesehen habe. Seine Ufer sind einförmig. Die Häuser in
den zum Theil großen Dörfern, welche an den Fluß stoßen, sind aus
Lehm gebaut und ohne Fenster, die Bevölkerung sieht entsetzlich arm
aus. Doch erfreute uns das frische Grün der Weidenbäume und Felder
und das herrliche Blaßroth der blühenden Pfirsichbäume. Als wir
heute Morgen von der „Arcona" abfuhren, war es recht frisch, so daß
man doppelte Röcke tragen mußte; je mehr wir aber in das Innere
des Landes kamen, desto wärmer wurde es. Devaranne gab uns in
seiner ganz kleinen Kabine, in welcher wir wie die Pökelheringe saßen,
vortrefflich zu frühstücken und zu diniren und würzte das Mahl durch
seine äußerst launige, echt französische Unterhaltung. So verging die Zeit
ziemlich schnell. Die Sonne war bereits untergegangen, als wir uns
den Vorstädten von Tientsin näherten, und in der Dunkelheit mußten
wir zwischen den Tausenden von Dschunken, die zu beiden Seiten des
Flusses lagen, sehr vorsichtig durchfahren. Die Dampfpfeife, die oft
ertönte, machte mich wieder ganz vaterländisch gestimmt. So etwas
darf ich gar nicht hören, ohne von unerträglicher Sehnsucht nach Hause
befallen zu werden.

Endlich, nach 8 Uhr abends gingen wir an dem französischen
Landungsplatze vor Anker, und vom entgegengesetzten rechten Ufer that
uns Brandt durch lautes Rufen seine Gegenwart kund. Unser Ueber=
setzen nach diesem Ufer wurde auf einem halsbrechend kleinen Boote
bewerkstelligt, und das Ausladen unserer Sachen kostete viel Mühe und
Zeit. Inzwischen installirte ich mich in dem Hause, welches Brandt

für mich gemiethet und eingerichtet hatte. Es liegt in einer sogenannten Vorstadt, einige hundert Schritte vom Flusse, in einer ganz engen Straße, die nur aus Mauern ohne Fenster besteht. Das Haus hat zwei Höfe, ganz im Kleinen etwa so wie das Schloß in Berlin. Im Vorderhause liegen meine Soldaten, im Mittelhause wohne ich mit einer Schlaf- und Arbeitsstube, einem Empfangszimmer und einem Eßzimmer, im Hinterhause wohnen meine Begleiter. Rechts und links sind Küche, Vorrathskammern, Bedientenzimmer ꝛc. und in einem der Höfe stehen zwei Bäumchen. Alle Wände sind von braunem, sehr hübsch geschnitzten Holz oder weiß tapeziert. Tische und Stühle sind mit gemiethet, Bettstellen sind zusammengeschlagen. Alles Uebrige habe ich mitgebracht oder muß es noch kaufen.

Das nothwendigste Arrangiren nahm die Zeit bis 11 Uhr hin, wo ich mich, körperlich müde, aber geistig aufgeregt, zu Bette legte, ohne während mehrerer Stunden einschlafen zu können.

Donnerstag, den 2. Mai 1861.

Um 7 Uhr erhob ich mich. Es war wunderschön warm. Ich durch= lief das ganze Haus und setzte mich dann an die Arbeit. Nun wird wieder das häusliche Leben beginnen, was wir in Jeddo geführt haben, nur mit dem Unterschiede, daß ich nicht ganz so viele Personen im Hause haben werde als damals, und daß uns hoffentlich die ge= machten Erfahrungen ein wenig zu statten kommen werden.

Um 2 Uhr war die Wärme bis auf 22 Grad Réaumur gestiegen, während erst Ende März, also etwa vor fünf Wochen, das Eis auf dem Peiho sich in Bewegung gesetzt hatte. Ich empfing einen Besuch von einem der durch den Prinzen Kung resp. durch den Kaiser er= nannten Kommissare. Wie ich aus seiner Visitenkarte ersehe, ist sein vollständiger Titel und Name folgender: Tsung=hu, durch Auftrag des Kaisers der großen Tsing=Dynastie tragend den Titel eines Vizepräsidenten eines Kollegiums, assistirender Minister des höchsten Gerichtshofes, Groß= offizier, leitend die Angelegenheiten der drei Häfen, und Deputirter zur Beaufsichtigung der Zollämter von Tientsin und anderen Häfen. Er ist ein großer, schlanker Mann, mit gutem Gesichte und wunderschönen Händen, die leider nur durch etwas gar zu lange Nägel an den beiden letzten Fingern jeder Hand entstellt sind. Sein Anzug war sehr ge= schmackvoll und reich, und auch die beiden ihn begleitenden Mandarinen waren sehr hübsch gekleidet, himmelweit verschieden von denen, die ich in Shanghai gesehen hatte. Da der andere Kommissar noch nicht aus

Peking angekommen ist, und ebe dies geschehen, keine Verhandlungen stattfinden können, so drehte sich unser Gespräch um gleichgültige Dinge, wobei wir eine Cigarre rauchten, mit der Tsung-hu sehr gut umzugeben verstand.

Der Staub, der in die Stuben dringt, ist entsetzlich, heute wurde er aber fast unerträglich, als sich um 5 Uhr nachmittags wieder ein Sandsturm erhob, der die ganze Luft verfinsterte. Ich hatte Besuch vom französischen Konsul de Trèves, bei welchem Brandt lange gewohnt hat, und machte dann, weil ich gar zu sehr das Bedürfniß der Bewegung fühlte, einen Gang durch die Stadt oder vielmehr durch die Vorstadt; denn die Stadt selbst liegt wie alle chinesischen Städte ein tüchtiges Stück vom Flusse entfernt und ist mit einer starken, viereckigen Mauer umgeben. Zwischen dieser Mauer und dem Flusse ist aber auch Alles dicht bebaut, und in diesem Theile wohne ich und ging ich heute spazieren. Erst kamen wir in eine ziemlich manierliche Straße, in der sich Laden bei Laden befand. Als uns unser Weg dann aber längs der Stadtmauer hinführte, rollte sich ein Bild auf, scheußlicher als ich es je gesehen; ein pestilenzialisch stinkender Graben, daran die armseligsten, verfallenen Hütten, eine halbnackte, aussätzige und von Ungeziefer wimmelnde Bevölkerung, räudige Hunde, räudige Schweine, dabei eine Temperatur so schwül, daß man hätte in die Knie sinken mögen, und ein starker Wind, der einem Augen, Mund und Ohren voll Sand trieb. Es war wirklich abscheulich und fast abscheulicher der Gedanke, daß von einem Hinauskommen ins Freie gar nicht die Rede sein wird. Welches Glück, daß ich wenigstens ein reinliches Haus habe, in dem ich mich wohl fühle.

Gegen 7 Uhr aßen wir, schwatzten nach Tisch und gingen um 11 Uhr zu Bett; aber von schlafen war fast gar nicht die Rede, denn der Wind war so heftig, daß die papiernen Fensterscheiben einen Höllenlärm machten, die Thüren aufsprangen und einem die Staubwolken bis ins Bett geweht wurden.

Freitag, den 3. Mai 1861.

Weil ich so schlecht geschlafen hatte, stand ich erst spät auf. Es wehte noch immer heiß und staubig. Im Hofe erschien plötzlich ein Affe mit einem Halsband: es gelang aber der vereinten Anstrengungen der Chinesen nicht, ihn zu fangen; er entfernte sich wieder über die Dächer der Nachbarhäuser. Den Abend verbrachte ich in dem Theater, welches die englischen Offiziere hier erbaut haben, und in welchem sie selbst die Schauspieler sind. Wir hatten sie aus Höflichkeit ein paar Billets

gratis geschickt, sonst aber muß man bezahlen, auch die gemeinen Sol=
daten, die in großen Massen anwesend waren und sich ganz ungenirt,
aber sehr anständig benahmen. Unter den Zuschauern befand sich eine
einzige Dame, die Frau eines englischen Offiziers. Das Theater ist
ganz allerliebst, die Dekorationen sind wunderhübsch, und es wurde nicht
nur recht gut, sondern zum Theil vortrefflich gespielt. Erst wurde eine
Parodie auf „Medea" aufgeführt, in welcher der junge Offizier, welcher
die Medea gab, die Ristori persifflirte und zwar ganz ausgezeichnet
gut. Dann folgte ein sehr komisches Stück mit dem Titel: Lend me
five shillings. Um 11 Uhr kehrte ich, von meinen Chinesen mit Laternen
geleitet, durch die stockdunklen, öden Straßen, in welchen nur hie und
da ein nackter Bettler lag, nach Hause.

Wir haben heute 22 Grad Réaumur gehabt.

Sonnabend, den 4. Mai 1861.

Heute Morgen war es wunderschön, warm (zwanzig Grad) und doch
frisch ohne Wind. Gegen 3 Uhr kam Kapitän Fane, mich zu dem
auf einer Plaine bei Tientsin stattfindenden Rennen abzuholen. Dieser
Fane ist ein merkwürdiger Mensch: er ist ein schöner, mit allen denk=
baren Talenten ausgestatteter, kräftiger Mann, der im Auftrage der
englischen Regierung unter den Sikhs in Indien ein Kavallerie=Regiment
geworben hat, welches den Namen Fanes Horses führt. Bisher habe
ich nur einzelne Leute davon gesehen in dunkelblauer Tunika, mit
rothen Turbans, auf wunderschönen persischen, australischen oder
Kap=Pferden. Sie sahen überaus schön und malerisch aus, sollen vor=
zügliche Reiter sein und sich sehr brav schlagen. Nach ihrem eigenen
Urtheil aber ist ihr Führer Fane der bravste und gewandteste von
allen, was ihn nicht abhält, sehr musikalisch zu sein und so schöne
Aquarelle zu malen, daß Berg ganz außer sich darüber war. Dieser
Fane also kam mich abholen und hatte mir ein Pferd aus seinem
Regiment, einen braunen Araber, mitgebracht, der sehr gut aussah und
ging, nur hatte er den Fehler, daß er entsetzlich empfindlich im Maul
war, eine Folge der sehr scharfen Gebisse, mit denen die Sikhs ihre
Pferde zäumen, um sie auf dem Fleck pariren und herumwerfen zu
können, und daß der Körper des Pferdes in so fortwährender Be=
wegung war, daß man nicht einen Augenblick Ruhe im Sattel hatte.
Wenn man nun Monate lang nicht auf dem Pferde gesessen hat und
kommt dann zum ersten Male auf einen solchen Gaul und muß gleich,
sowie man aus der Stadt gekommen ist, scharfen Trab und langen

Galopp querfeldein reiten, so fühlt man sich bedeutend unsicher, und der königliche Gesandte that manchen verstohlenen Geheimerathsgriff in die Mähne, um nicht zu Fall zu kommen. Um mich schwärmten Brandt, August, Lucius, Berg, Alle auf tartarischen Ponies, die sie sich gekauft haben; und nach einem halbstündigen Ritt über eine unabseh= bare harte Fläche kamen wir an die Stelle, die zum Rennplatz abgesteckt war, und auf welcher sich eine aus Strohmatten gebaute Bude mit Erfrischungen befand. Daselbst trafen wir eine Menge englischer Offiziere in den verschiedensten Kostümen, und sehr nette Rennen der= selben auf ihren Pferden oder Ponies begannen. Leider aber erhob sich wieder ein Sandsturm, der auf dieser Fläche mit doppelter Gewalt einherfuhr, und obgleich die Engländer sich dadurch nicht stören ließen, vielmehr in den Zwischenräumen der Rennen noch ein Taubenschießen stattfand, so machte ich mich doch vor Beendigung des Vergnügens im wahren Sinne des Wortes aus dem Staube und mußte zu Hause eine sehr gründliche Reinigung mit mir vornehmen, um wieder menschlich auszusehen. O Kreuzberg! Du hast deinen Rivalen gefunden! — Abends dinirten bei mir Jane, ein Lieutenant Carnac von seinem Regimente, der gestern mit großem Beifall Damenrollen gegeben hatte, und ein Kapitän, der einer der Rennvorsteher ist, dessen Namen ich aber noch nicht habe herausbekommen können. Der eisgekühlte Sekt schmeckte vortrefflich. Daß man hier Eis in großen Massen und sehr wohlfeil bekommen kann, ist eine große Wohlthat. Wir blieben bis gegen 12 Uhr zusammen, und schon heute fühlte ich, was ich morgen in meinem Rücken fühlen werde.

Tientsin, Sonntag, den 5. Mai 1861.

Heute, um 10 Uhr morgens, machte ich Tsung-hu meine Gegenvisite, zu der ich mich, dem Gebrauche gemäß, schon gestern hatte an= sagen lassen. Mein Zug bestand aus drei Sänften: in der ersten, roth und grünen, die ich von Shanghai mitgenommen hatte, saß ich, wieder getragen von acht Leuten, die grüne, mit Roth eingefaßte Röcke und Beinkleider und einen spitzen Strohhut trugen, von dessen Spitze nach allen Seiten herunter eine schwarz und weiße Troddel hing. Das ganze Angespann sah sehr gut aus. In der zweiten, von vier Leuten getragenen Sänfte saß der Dolmetscher Marques, in der dritten Bunsen. Der Herr Tsung-hu wohnt mitten in der Stadt, und es dauerte lange, ehe ich bei ihm ankam. Als ich in den Thorweg ge= tragen wurde, welcher in seinen ersten Hof führt, fand ich an beiden

Seiten desselben chinesische Musik aufgestellt, die gräßliche Töne von
sich gab. Dann empfing mich Tsung-hu sehr höflich schon an der
Sänfte und führte mich in sein Empfangszimmer, wo ein allerliebstes
Frühstück von eingemachten und frischen Früchten servirt war. Er
machte den Wirth mit vieler Grazie, und die Unterhaltung stockte nicht
einen Augenblick. Der andere Tsung soll, wie er mir sagte, heute von
Peking abgereist sein und in den nächsten Tagen hier erwartet werden,
wobei ich gleich bemerke, daß nach eingezogenen Erkundigungen beide
Tsung doch sehr hohe Beamte sind, mit denen ich, wenn sie nur kaiserliche Vollmachten vorzeigen, sehr gut verhandeln kann. Gott gebe, daß
der Pekinger diese Vollmachten mitbringt, dann könnte man sich gleich
an die Arbeit begeben und einen Doppel-Tsüngigen Vertrag ab-
schließen.

Montag, den 6. Mai 1861.

Morgens spielt immer in unserer Nähe die englische Militärmusik
Märsche oder aus bekannten Opern, so daß ich stets einiger
Sekunden bedarf, um mich zu besinnen ob ich in Berlin oder in
Tientsin bin. Was wird das für ein köstliches Erwachen sein, wenn
ich einmal wirklich zur Ueberzeugung komme, daß ich im Vaterland
erwache.

Dienstag, den 7. Mai 1861.

Einem Abkommen gemäß haben sich die Franzosen auf der linken
Seite, die Engländer auf der rechten Seite des Flusses einquartiert. Um auf die andere Seite hinüberzugehen, bedürfen die Soldaten eines speziellen Urlaubs, der von den Franzosen fast nie ertheilt
wird. Das ist entente cordiale. Diese Nacht hat auf der französischen Seite ein großes Feuer stattgefunden. Die Artillerieställe und
39 Pferde sind verbrannt. Die übrigen Pferde, die man zeitig genug
hat losbinden und hinausjagen können, sind wie verrückt in den engen
Straßen umhergelaufen und haben eine Menge Chinesen beschädigt.
Zum großen Glück sind die bedeutenden Pulvervorräthe, welche früher
in den abgebrannten Räumen aufbewahrt worden waren, gerade gestern
alle auf ein Schiff geschafft worden. Wäre das nicht der Fall gewesen,
so hätte eine furchtbare Explosion stattfinden müssen, von der wir
mindestens aus unseren Betten geworfen sein würden, denn in gerader
Linie wohnen wir gar nicht weit ab von der Stelle, wo es gebrannt hat.

Ich hatte einen Besuch vom Oberst Knox vom 67. englischen
Infanterie Regiment. Tsung-hu schickte mir, zum Zeichen seiner Freund-

schaft, ein Geschenk, bestehend in einem gebratenen Spanferkel, vier gebratenen Enten mit den Köpfen daran, Aepfeln, Birnen, überzuckerten Wallnüssen und Gelees. Dafür schickte ich ihm sechs Flaschen Champagner zurück.

Der Himmel war bewölkt, wir hatten nur sechzehn Grad. Bewegung machte ich mir durch Auf- und Niedergehen in meinem Hofe. Abends spielten wir eine Partie Whist.

Mittwoch, den 8. Mai 1861.

Ich hatte Besuch vom ersten Sekretär der französischen Gesandtschaft Grafen (?) Kleczkowski, einem Polen, der von Peking herübergekommen ist, wahrscheinlich weil er hier Geschäfte zu besorgen hat. Er log mir vor, daß der Gesandte, Herr v. Bourboulon, ihn nur meinetwegen herübergeschickt habe, um sich mir zur Disposition zu stellen, und deutete an, wie unendlich viel er bereits für mich gethan habe. Es ist ein aufgeblasener Geck, den ich mir, soweit die Höflichkeitsrücksichten es gestatten, vom Leibe halten werde. Abends ging ich, von Bunsen begleitet, einige Visiten machen. Wenn ich Euch doch eine Idee von den Wohnungen hier geben könnte. Es sind meistentheils Grundstücke mit einer großen Anzahl von Höfen, welche rund umher mit kleinen Häuschen bebaut sind. Das Ganze ist mit einer steinernen Mauer umgeben. Die Eigenthümer haben dieselben fast in keinem einzigen Falle freiwillig hergeben wollen, selbst wenn die Häuser leer standen. Man hat dann aber keine Umstände gemacht, sondern ist eingezogen oder hat auch wohl die Eigenthümer an die Luft gesetzt, indem man ihnen eine billig scheinende Miethe bezahlt. Auch das Haus, in dem ich wohne, ist nur durch einen Gewaltstreich zu erlangen gewesen.

Nach beendigten Visiten stieg ich auf die Stadtmauer und ging ziemlich weit auf derselben umher. Man hat von da aus eine Uebersicht über den ganzen viereckigen Ort und eine Einsicht in manches niedlich aussehende Gehöft und unzählige Schmutzhaufen. Der kaiserliche Kommissär Tsung-lun ist aus Peking angekommen und hat sich zu morgen bei mir ansagen lassen.

Donnerstag, den 9. Mai 1861.

Tsung-lun hat mir heute einen Besuch gemacht. Er ist ein jovialer alter Herr von siebzig Jahren, raucht und schnupft und spricht sehr lebhaft. Leider zeigte es sich, daß er keine Vollmachten hat, und so geht denn also gleich wieder eine lange Schreiberei deswegen los. Er meinte aber, wenn ich durchaus darauf bestände, daß er Spezial-

15

vollmachten hätte, so würde man ihm dieselben wohl von Peking nach
schicken, denn er sehe nicht ein, warum man Preußen verweigern sollte,
was man den anderen Großmächten gewährt habe. Nachmittags über
schrieb ich zahlreiche Depeschen nach Peking, und abends dinirten bei
mir der Oberst Knox vom 67. englischen Infanterie-Regiment, die
Majors de Fonblanque und Wingfield vom englischen Kommissariat,
der englische Konsul Morgan und der französische Konsul de Trèves.
Wir hatten am Tage nur sechzehn Grad gehabt, und abends war es
so frisch, daß wir die Thüren zumachen mußten.

Es ist heute eine Post aus Europa angekommen, hat mir aus
Berlin aber gar nichts gebracht. Wie mag das zugehen?

Tientsin, den 10. Mai 1861.

Endlich regnet es einmal; das wird den Staub niederdrücken, aber
der Regen hat Kälte gebracht. Um 2 Uhr setzte ich mich in
meine Sänfte, um, gefolgt von Marques und Anguft, Tsung-lun
meinen Gegenbesuch zu machen. Die Straßen waren so aufgeweicht,
daß, wenn die acht Kulis, welche meine Sänfte trugen, die Füße aus
dem Schmutze zogen, es ordentlich knallte, so wie meine Pferde in auf-
geweichtem, schwerem Lehmboden gehen.

Tsung-lun wohnt bei Tsung-hu. Ich wurde ebenso empfangen
wie neulich, nur daß, nachdem ich die Musik passirt hatte, ich eine
ganze Reihe von Mandarinen in den beiden Höfen aufgestellt fand,
die ich durchschreiten mußte, um zum Hause zu gelangen. Das Frühstück,
das heute servirt war, sah noch niedlicher aus als neulich. Tsung-lun
legte mir von jedem Schüsselchen selbst vor und war sehr liebenswürdig. Einer der Mandarinen, die im Zimmer umherstanden, gab,
als ich wiederholt danach fragte, wie man es mache, um Trauben so
gut aufzubewahren, folgende Auskunft: Entweder man legt die Trauben,
unmittelbar nachdem sie gepflückt sind, in einen Eiskeller, oder man
bewahrt sie in ausgehöhlten Gurken auf. Auf beide Arten sollen die
Trauben sich außerordentlich lange und frisch erhalten.

Sonnabend, den 11. Mai 1861.

Heute hängt der ganze Hof voll von meinen rothen und grünen
Kuliuniformen, die gestern beim Regen sehr gelitten haben. Es
ist wunderschönes Wetter mit 17 Grad. Um 3 Uhr ritt ich auf einem
gelben, tartarischen Pony, den der Major Wingfield mir geborgt hatte,
nach der Plaine, wo ich heute vor acht Tagen gewesen war, und wo

auch heute wieder Rennen stattfanden. Interessanter als diese war
ein Ausflug, welchen ich in das benachbarte Lager des Kavallerie-
Regimentes (James Horse) machte. Nicht weit vom Rennplatz
biwakiren nämlich etwa 120 Mann dieses Regimentes. Die Pferde
standen in drei Doppelreihen, vorn mit Halftern und langen Stricken
und auch an den Hinterfüßen mit langen Stricken an kleine in die Erde
eingeschlagene Pfähle angebunden, so daß sie frei vorwärts und rückwärts
treten, sich aber gegenseitig nicht erreichen können. Es sind meistens
Hengste, aber auch einige Stuten, zum großen Theil so hübsch, daß man,
wenn man sie Unter den Linden ritte, Aufmerksamkeit erregen würde.
Lieutenant Carnac von James Horse hatte uns begleitet. Er konnte uns
aber das Biwak, welches wir gern zu Fuß durchgehen wollten, nicht
zeigen, da er nicht vom Pferde steigen konnte. Der arabische Schimmel-
Vollbluthengst, den er ritt, ist nämlich so böse, daß er sich von Niemand
halten läßt als von dem Diener, der ihn füttert und putzt, und dieser
war nicht zur Hand. So wies uns Carnac an einige Sikhs-Offiziere,
wunderschön gewachsene Leute mit köstlichen Gesichtern und Kostümen,
die zwar kein Wort englisch sprachen, mit denen wir uns aber sehr
leicht durch Zeichen verständigten. Sie führten uns durch das ganze
Lager, ließen auf meinen Wunsch ein Pferd satteln und zäumen und
machten uns dann, sich selbst zu Pferde setzend, Kunststücke vor, indem
sie namentlich einen kleinen Pfahl in die Erde stecken ließen, in voller
Karriere dicht bei demselben vorüber ritten und ihn dabei mit der Lanze
entweder aus dem Boden hoben oder splitterten. Man konnte nichts
Hübscheres sehen; auch war die Menschenmenge, die aus dem Lager
herbeigekommen war, um zuzusehen, außerordentlich malerisch: Gesichter,
Turbane und Kostüme von allen Farben, roth, gelb, blau. Jeder
Soldat dieses Regiments hat einen von der Regierung bezahlten
Diener, welcher sein Pferd putzt und Gras für dasselbe schneidet.

Abends dinirten der Kommandeur des Regiments, James, und ein
englischer Kapitän Stebelin bei mir, der einzige Offizier, der seine
Frau mit sich hat. Tsung-lun hatte mir ein Geschenk von Süßigkeiten
und Gebäck geschickt, und ich hatte dasselbe durch Uebersendung von
Champagner erwidert.

Sonntag, den 12. Mai 1861.

Bis 5 Uhr arbeitete ich. Dann ging ich, von Bunsen begleitet, den
Grafen Kleczkowski aufsuchen, der sehr weit von uns wohnt.
Unser Weg führte uns durch die Hauptstraße, wo wir in einige Pelz-

läden traten. Die Chinesen tragen im Winter alle Pelze, die sie aus
Rußland bekommen, und man hatte mir gesagt, daß man Pelzwerk hier
weit schöner und billiger bekommen könne als in Deutschland. Was
ich davon sah, war nicht übel, auch nach meinem Dafürhalten nicht
übermäßig theuer, aber doch immer noch so theuer, daß ich mich zu
keinem Einkaufe entschließen konnte, obwohl mir namentlich ein großer
weißer Fuchspelz, für welchen 50 Reichsthaler gefordert wurden, sehr
gut gefiel. Vielleicht acquirire ich noch Etwas, wenn ich Tientsin ver=
lasse. Nachdem wir von einem kurzen elektrischen Sturm befallen
worden waren, der uns nöthigte, in einem Hause Zuflucht zu suchen,
fanden wir zwar die unendlich lange Straße, in der Kleczkowski wohnen
sollte, wußten aber sein Haus nicht. Wir machten also den Chinesen
begreiflich, daß wir einen Europäer suchten, der in der Straße wohnen
müsse, und sofort kamen einige Leute mit uns und zeigten uns das
Haus, dessen Einwohner glücklicherweise ausgegangen war. Wenn die
Chinesen nur nicht so unendlich schmutzig wären, so könnten sie einem
ganz gut gefallen. Sie sind nicht bloß voll Respekt vor den Europäern,
sondern man sieht ihnen auch die Lust an, sich auf guten Fuß mit ihnen
zu stellen. Dabei spreche ich nur von den Leuten, die man so auf den
Straßen sieht. Bei den hohen Mandarinen sieht es anders aus;
namentlich soll der Kaiser, der sich noch auf seinem Schlosse Johol in
der Mandschurei aufhält, von Leuten umgeben sein, die von tiefem
Hasse gegen die Fremden erfüllt sind. An seine Zurückkunft nach
Peking ist vor der Hand gar nicht zu denken. Das weibliche Geschlecht
ist auf den Straßen nur durch Kinder und alte Weiber repräsentirt.
Jüngere Frauen und Mädchen sieht man nie; ausgehen können sie
nicht, theils weil es sich nicht schickt, theils ihrer verkrüppelten Füße
wegen. Wenn sie ihr Haus verlassen, so geschieht das in dicht ver=
schlossenen Sänften.

Abends aß Joublanque bei mir. Sein Vater ist einmal französischer
Konsul in Königsberg gewesen, und ein Schlippenbach hat seine Schwester
in erster Ehe zur Frau gehabt. Nach 10 Uhr abends erschien noch
Kleczkowski, um mir einen Brief vom französischen Gesandten Herrn
de Bourboulon zu bringen. Ersterer ist wirklich ein unausstehlicher
Kerl; Letzterer schreibt mir, zu seiner großen Verwunderung habe er
bei dem Prinzen von Kung bessere Dispositionen zu einem Vertrags=
anschlusse mit Preußen gefunden, als er es vermuthet hätte, und er
hoffe, ich werde keine große Schwierigkeiten haben. So sind die Leute:
erst hatte er mir geschrieben, ich möge um Gottes willen nicht kommen,

es sei nichts zu machen, und nun, da ich auf diesen Rath nicht gehört habe und dennoch gekommen bin, wird die Sprache geändert.

Montag, den 13. Mai 1861.

Als ich morgens um 7 Uhr aufstand, war das schönste Wetter; gegen Mittag aber fing es an zu wehen, und nach und nach erhob sich ein solcher Sandsturm, wie wir ihn noch nicht erlebt hatten. Der Himmel war dunkelgelb und verfinsterte sich zuweilen auf eine ängstliche Weise. Fenster und Thüren wurden so zusammengerüttelt, als sollten sie jeden Augenblick in die Stuben stürzen, und durch die zahlreichen Ritzen und zerrissenen Fensterscheiben drang der Staub dermaßen ein, daß Möbel und Fußböden dick damit bedeckt waren und wir uns mehrmals waschen mußten, weil wir ganz grau waren. Während dieser Zeit waren Tsung-lun und Tsung-hu mit noch drei Mandarinen bei mir und frühstückten bei mir. Sie aßen Ochsenfleisch gar nicht, von anderem Fleisch sehr wenig und hielten sich namentlich an Kuchen, Früchte und Süßigkeiten. Es war ziemlich langweilig. Nach dem Frühstück hatte ich mit ihnen ein amtliches Gespräch, indem ich ihnen namentlich die Verhältnisse des Zollvereins auseinandersetzte. Sie faßten leicht, aber immer von der Idee ausgehend, daß Preußen an der Spitze der übrigen deutschen Staaten stehe, eine Idee, bei der man sie natürlich lassen muß. Einer der Mandarine meinte, er verstehe es sehr gut: die übrigen deutschen Staaten seien Vasallen von Preußen, sowie der König von Siam und der Kaiser von Japan Vasallen von China seien. In welcher Illusion sich doch die Leute noch immer befinden!

Als die Herren Chinesen weg waren, wollte ich noch arbeiten, es war mir aber unmöglich. Mein Schreibtisch, meine Akten und Bücher, Tintenfaß ꝛc. sind alle fingerhoch mit Staub bedeckt, und wenn man denselben auch abwischen läßt, so ist in einer halben Stunde doch wieder Alles beim Alten. Dabei befindet man sich während dieses Wetters körperlich höchst unheimlich. Die Luft ist voller Elektrizität: man hat Müdigkeit in den Gliedern, keinen Appetit, und selbst die Cigarre schmeckt nicht.

Was steht in den Zeitungen doch für falsches Zeug über Japan. In der „Kreuzzeitung" vom 16. Februar, der letzten Nummer, die mir bis jetzt zugekommen ist, lese ich, daß der französische General Montauban einen Zustand völliger Anarchie in Japan angetroffen und die Admirale Protet und Page mit vier Kriegsschiffen als Ver-

stärkung herbeigerufen habe. An dem Alten ist auch nicht ein wahres
Wort.

Heute vor einem Jahre reiste ich von Berlin ab. Habe doch
Manches gesehen und gelernt in der Zeit, möchte aber sehr gern wieder
zu Hause sein.

Dienstag, den 14. Mai 1861.

Morgens um 7 Uhr waren nur 12 Grad; es wurde aber im
Laufe des Tages ziemlich warm. Nach dem Frühstück ging ich
mit August und Bunsen in die Stadt und machte dem englischen
Brigade-General Staveley und dem Oberstlieutenant Spence vom
30. Regiment, die bei mir gewesen waren, meinen Gegenbesuch. Die
Engländer hier im Osten sind alle sehr höflich; sie kommen immer
zuerst. Unterwegs begegneten wir einem pompösen Leichenzug mit
Musik und viel Gefolge. Vom Prinzen Kung erhielt ich auf meine
Bitte, die Kommissarien mit gehörigen Vollmachten zu versehen, eine
abschlägige Antwort. Er meint, solcher Vollmachten bedürfe es nicht,
die beiden Kommissarien, die man mir geschickt habe, besäßen in hohem
Grade das Vertrauen des Kaisers; ich möge nur ruhig mit ihnen verhandeln, und wenn ich nichts Unbilliges verlange, so würde ein Vertrag
bald zu Stande kommen. Das sind nun alles Redensarten, und ich
habe mich daran gegeben, in einer langen Note zu antworten und auf
meiner Forderung, daß die Kommissarien mit gehörigen Vollmachten
versehen sein müßten, zu bestehen. — Abends waren wir nur Wenige
bei Tisch, da die Meisten ausgebeten waren.

Tientsin, Mittwoch, den 15. Mai 1861.

Auch heute war es des Morgens kühl, während im Laufe des Tages
das Thermometer bis über zwanzig Grad stieg. Ich stand schon
um 6 Uhr auf und ging um 10 Uhr ein wenig in die Stadt, um in
den Läden nach hübschen Kleinigkeiten zu suchen: „shopping“, wie die
Engländer sagen, „bibelotter“, wie die Franzosen sich ausdrücken. Was
hier am meisten gesucht wird und am besten zu bekommen sein soll, sind
die Arbeiten, die man Cloisonnet nennt, eine Art Email auf Metall, und
außerdem geschnitzte Arbeiten aus einem, Dschade genannten, sehr harten
Stein. Beide sind recht hübsch, aber die Engländer haben die Preise
so entsetzlich in die Höhe getrieben, und die Chinesen sind so frech in
ihren Forderungen geworden, daß an größere Ankäufe gar nicht zu
denken ist. Für eine kleine Cloisonnetvase habe ich 30 Rthlr. bezahlen
müssen. Den Tag über arbeitete ich und schlief auch ein wenig.

Heine und der Prediger Kreyher sind in Peking gewesen und gar nicht incommodirt worden. Ersterer hat namentlich Erkundigungen über die Ausführbarkeit einer Reise zu Lande von Peking über Kiachta nach Jrkutsk eingezogen. — Von Sundewall erhielt ich ein Schreiben, wonach er mit der „Arcona" nach Tschifu gehen und dort so lange bleiben will, bis ich ihn zurückrufe. Taucher haben das Schiff untersucht und glück= licherweise am Kupferbeschlage nichts beschädigt gefunden; nur der so= genannte bewegliche Kiel ist zerschmettert, wohl eine Folge des Auf= sitzens im Jangtsekiang. Das hindert aber nicht, daß man mit dem Schiffe noch eine weite Fahrt machen kann. Die „Elbe" ist aus Japan noch nicht angekommen. Abends hatte ich zum Diner bei mir General Stavely, Oberstlieutenant Spence, Major Brooke und Kapitän Jebb, lauter Engländer. Wir blieben ziemlich lustig bis 11 Uhr zusammen. Heute vor'm Jahre habe ich Dich zum letzten Male gesehen, Philippchen!

Donnerstag, den 16. Mai 1861.

Das Wetter war heiß, staubig und bedrückend und machte einen matt, appetitlos und verstimmt. Vom englischen Gesandten in Peking, Mr. Bruce, empfing ich einen entmuthigenden Brief, und außerdem kamen mich langweilige Leute besuchen. Wenn ich hier so lange bleiben müßte als in Jeddo, so würde ich todtsterbenskrank werden, das fühle ich. Morgens ist es kalt, mittags ist es heiß. Man athmet nichts als feinen Sand, hat keine Bewegung, darf kein Wasser trinken; denn seit ich höre, daß fast alle englischen Soldaten infolge des Wasser= genusses am Bandwurm leiden, kommt kein Tropfen Wasser mehr über meine Lippen. Als ich gegen 6 Uhr einem Oberstlieutenant Butler einen Gegenbesuch machen ging, mußte ich mir durch aussätzige Bettler mit dem Stock einen Weg bahnen. Die Gerüche auf den Straßen sind, um rücklings überzufallen; entweder stinkt es nach Schmutz aller Art oder nach Knoblauch. Jn meinem Hause ist mir noch immer am wohlsten; wenn auch alle zwei Stunden der Staub abgewischt werden muß, weil man sich sonst nirgends hinsetzen, nichts anfassen, nicht schreiben kann, so stinkt es doch wenigstens nicht; meine ganze Bewegung besteht darin, daß ich Abends nach dem Diner eine Stunde im Hofe auf und ab gehe.

Freitag, den 17. Mai 1861.

Das englische Kriegsschiff „Sphinx" ist von Shanghai bei der Peiho= Mündung angekommen und hat möglicherweise Briefe mit. Das Meer ist aber infolge der Stürme der letzten Tage so in Aufruhr,

daß kein Boot an Land geschickt werden kann und selbst die Kanonen=
boote nicht gewagt haben, an das Schiff heranzugehen.

Schon von frühe an wehte es mit Sand. Von den chinesischen
Kommissaren bekam ich ein langes Schreiben, worin sie andeuteten,
daß die chinesische Regierung höchstens Handelsrechte, aber keine politischen
Rechte an uns gewähren könne und namentlich das Recht einer Ge=
sandtschaft in Peking niemals zugestehen würde. Das ist aber gerade
der Hauptpunkt im ganzen Vertrage, und wir werden nun sehen, wer
den Andern länger ennuiren kann, ich die Chinesen, oder die Chinesen
mich: wer darunter aber immer am meisten leidet, das ist meine Person;
denn, wie gesagt, ich fühle, ich werde hier krank, und während das
lange Verhandeln in Japan wenigstens den Reiz der Neuheit für mich
hatte, langweilt mich die hiesige ·Wiederholung der ganzen Prozedur
aufs Gräßlichste.

Um 5 Uhr kam der General Stavelh mich abholen. Wir ritten
zusammen nach dem Artillerielager, wo ich mir Armstrong=Kanonen zeigen
und expliziren ließ. Ich glaube, sie unterscheiden sich von unseren ge=
zogenen Kanonen nur dadurch, daß sie 36 Züge haben, während die
unserigen sich mit weniger begnügen. Die Kugeln sind konisch geformt
und haben eine Zündmasse in sich, welche sie im Augenblicke des Auf=
schlagens in einige zwanzig Stück zerspringen läßt. Auch bei der Ar=
tillerie stehen die zum Theil sehr hübschen und alle sehr wohlgehaltenen
Pferde sämmtlich im Freien. Wir sahen noch ein englisches Regiment
Parademarsch üben und machten dann einen ziemlich weiten Ritt um
die Stadt. Die englischen Soldaten gefallen mir ausnehmend gut, sie
sind prächtig gekleidet und genährt und voller Disziplin. Abends legte
sich der Wind, und ich ging nach Tisch noch eine Stunde auf dem Hof
spazieren.

                                        Sonnabend, den 18. Mai 1861.

Die Post, welche die „Sphinx" mitgebracht hat, ist heute angekommen,
sie enthält aber weder für mich noch für irgend einen von meiner
Begleitung Briefe. Es ist mir ganz unerklärlich, wie das zu=
sammenhängt.

Bald nach 6 Uhr stand ich auf: mir ist gar nicht gut zu Muth:
die Glieder sind mir wie Blei so schwer und ich habe Rückenschmerzen,
daß ich bei jeder Bewegung aufschreien könnte. Schon den ganzen
Morgen über war der Himmel dunkelgelb, gegen 2 Uhr endlich kam
es zu einem heftigen Gewitter, wobei sich die Luft so verfinsterte, daß
man zum Schreiben Licht anstecken mußte. Aber es regnete doch

wenigstens einmal tüchtig, und ein paar Stunden lang nach dem Gewitter
war die Luft frei von Staub. Es kostete mich große Ueberwindung
mich zu einem Ausgange zu entschließen, denn ich fühlte mich unendlich
müde, aber ich sehe die Nothwendigkeit ein, mir mehr Bewegung zu
machen, und so wandelte ich denn heute auf der Stadtmauer um die
ganze Stadt, wozu wir, die Zeit mit eingerechnet, die das Klettern
über die eingefallenen Stellen erfordert, eine Stunde und zehn Minuten brauchten. Ich litt bei diesem Klettern so, daß ich mehrmals
still halten und mich auf einen meiner Begleiter stützen mußte. —

Abends waren zum Diner bei mir Graf Kleczkowski, Major
Wingfield, Kapitän Ewing, Konsul Tröves und Herr Montand. Die
Temperatur war bis auf vierzehn Grad heruntergegangen. Wir kamen
nach Tisch so ins Schwatzen, daß es 1½ Uhr war, als wir zu Bett
gingen. —

Pfingstsonntag, den 19. Mai 1861.

Der Prediger Kreyher, welcher seinem Drange, Peking zu sehen,
nicht hat widerstehen können und deshalb mit Heine einen Ausflug dorthin gemacht hatte, hat darüber die Abfahrt der „Arcona"
nach Tschifu verpaßt und irrt nun hier umher, bis sich einmal eine
Gelegenheit finden wird, die ihn dorthin mitnimmt. Auf meinen Wunsch
hielt er heute Morgen Gottesdienst in meinem Hause ab vor einer
Gemeinde von etwa zwanzig Personen, der sich auch ein in einem englischen Regimente dienender Preuße angeschlossen hatte. Wir sangen
ohne begleitende Musik nach unsern besten Kräften und hörten heute
einmal eine Predigt, die nicht so alles Maß der Geistlosigkeit und
Langeweile überschritt, wie das sonst bei Herrn Kreyhers Predigten der
Fall zu sein pflegt. Nach dem Frühstück hatte ich zahlreichen Besuch
von Engländern und arbeitete dann fleißig. — Da alle meine Begleiter ausgeritten waren, so machte ich einen einsamen Spaziergang
auf der Stadtmauer um die Stadt. So weit man sieht, nichts als
Staub, die Sonne immer glanz- und strahlenlos wie ein Holländer
Käse. Es ist unrecht von mir, aber ich bin muthlos. Weil ich mich
wie zerschlagen fühlte, legte ich mich schon um 10 Uhr zu Bett.

Pfingstmontag, den 20. Mai 1861.

Mir ist heute besser, obwohl ich in meinen Bewegungen immer noch
genirt bin. Dagegen ist mein Dolmetscher, Herr Marques,
krank geworden; er vomirt. Wie dieser Mann es macht, daß er nicht
vom Schlage gerührt wird, ist mir unbegreiflich. Er ist ein kleiner,

dicker Mann mit dickem Hals, 52 oder 53 Jahre alt, ißt mit gutem
Appetit, schläft am Tage mehrmals, arbeitet die übrige Zeit fleißig
und setzt niemals einen Fuß aus dem Hause. Der bloße Gedanke,
daß man spazieren gehen könne, entlockt ihm ein mitleidiges Lächeln.
Die einzige Bewegung, die er hat, ist, glaube ich, die, daß er morgens
ganz früh aufstehen und mit einer Stange die Tauben wegjagen muß,
die sich auf sein Dach zu setzen pflegen und dort so kullern und girren,
daß er nicht schlafen kann. — Um 5 Uhr nachmittags machte ich mit
August einen Spaziergang auf der Stadtmauer, wobei uns eine ganze
Schar zerlumpter Jungen nachliefen, die uns theils Maimatsch, theils
Ditong zuriefen. Maimatsch soll bedeuten: how much und ist die Be-
zeichnung der Engländer. Ditong ist dites done und bezeichnet die
Franzosen. Für uns haben sie noch kein bestimmtes Wort, doch sagen
die Kaufleute wohl hin und wieder, wenn wir in einen Laden treten:
Tschin-Tschin (d. h. guten Tag) Pelussia.

Abends dinirten bei mir Obristlieutenant Butler vom 60. Jäger-
Regiment, Dr. Roß, Lieutenant Irvine und zwei englische Marineoffiziere Lee und Pitman. Gegen 9 Uhr gingen wir ins Theater der
englischen Offiziere. Das erste Stück, welches sie gaben, hieß The
Spanish student (Geschichte der Preciosa). Es wurde sehr gut gespielt,
Jane als Zigeuner und verschmähter Liebhaber der Preciosa war
wirklich ausgezeichnet; Decorationen und alles Zubehör allerliebst. Im
ersten Zwischenakt spielte das Orchester die preußische Nationalhymne.

Tientsin, Dienstag, den 21. Mai 1861.

Es weht wieder sehr heftig; da es aber des Morgens geregnet hat,
so staubt es heute wenigstens nicht. In sehr fleißigem Arbeiten
wurde ich nur durch den Besuch des Grafen Kleczkowski unterbrochen,
der mir zum Ueberflusse die Gründe auseinandersetzte, warum die
französische Gesandtschaft sich nicht energisch für meine Forderungen
verwenden könne. Der Refrain dieser Auseinandersetzungen ist dann
immer, ich möchte doch jetzt abreisen und in einem halben Jahre
wiederkommen. Natürlich erklärte ich aufs Bestimmteste, daß ich bleiben
und meinen eigenen Weg gehen werde: wenn die französische Gesandtschaft mir nicht helfen könne oder wolle, so hoffe ich wenigstens, daß
sie mir nicht entgegenarbeiten werde.

Um 5 Uhr machte ich einen einsamen Spaziergang auf der französischen Seite, d. h. auf dem linken Flußufer und zwar flußabwärts
bis zur Stadt hinaus. Es ist unmöglich, daß Ihr Euch einen Begriff

davon macht, wie Fluß, Ufer und Umgebung aussehen. Die Spree ist ein krystallhelles Bächlein gegen diesen Schmutzgraben; von den Ufern her sickert in Rinnen, die in den Lehmboden eingeschnitten sind, der gräßlichste Unrath unaufhörlich hinein. Die Umgebungen bestehen erst aus kleinen, einstöckigen Häusern aus Lehm mit Lehmdächern, ebenso schmutzig aussehend als der Fluß; dann aus gewaltigen Haufen von rohem Seesalz in schmutzigen Strohsäcken. Der Himmel ist gelblichgrau, es bläst ein kalter, nasser Wind; alles Volk, das einem begegnet, ist zerlumpt und stinkt nach Knoblauch, alle Hunde sind räudig, kneifen, sobald sie einen Europäer sehen, den Schwanz ein und stellen sich dann in einiger Entfernung auf, um zu bellen und zu heulen. Kurz, es ist über- und übermäßig scheußlich. Abends aß ich, von Fontblanque eingeladen, im englischen Kommissariat, so schlecht und unappetitlich, wie ich mich lange nicht erinnern kann es gethan zu haben. Der Wein war ungenießbar, und im Whist, das wir nach Tisch spielten, verlor ich alle Robber. „So muß't kommen", sagt Neumann! Als ich nach 11 Uhr nach Hause ging, stürmte es so heftig, daß einem fast die Laternen ausgeblasen wurden.

Mittwoch, den 22. Mai 1861.

Es ist ein Dampfschiff aus Shanghai an der Peiho-Mündung angekommen. Dasselbe hat Tschifu berührt und mir Briefe von der „Arcona" gebracht, auch soll es ein Postpacket aus Europa für mich an Bord haben. Letzteres ist aber noch nicht ausgeschifft. Sundewall schreibt mir, daß die „Elbe" aus Nagasaki in Tschifu angekommen ist, und daß sie am 13. d. Mts. der Gefahr des Unterganges sehr nahe gewesen sei. Sie hat den schrecklichen Sturm dieses Tages bekommen, als sie sich gerade zwischen Inseln in der Bai von Petschili befunden hat, mehrere Segel sind ihr weggeflogen, sie hat vor Anker gehen müssen, aber einen Anker und fünfzehn Faden Kette verloren. Diese Meere hier um Japan und China sind verrätherische Gewässer.

Es regnete heute den ganzen Tag und war dabei so kalt wie bei uns im Herbst. Ich schmiedete lange Depeschen an den Prinzen Kung und an die Gesandten in Peking. Meine Höfe stehen so voll Wasser, daß man sie nur mit hohen Wasserstiefeln passiren kann, und diejenigen Herren, welche einige Besorgungen für mich in der Stadt gemacht haben, erzählen, daß sie in den Straßen bis über die Waden im Wasser und Schmutz haben gehen müssen.

Der Regen hat nachgelassen, der Schmutz auf den Straßen soll aber undurchdringlich sein. Die beiden kaiserlichen Kommissare haben mich zu einer Konferenz einladen lassen mit dem Bemerken, daß einer von ihnen regelrechte Vollmachten erhalten habe und sie mir zeigen wolle. Da ich aber den Schmutz fürchte, der mir meine Sänfte und namentlich die Kostüme meiner Träger ganz ruiniren würde, so habe ich ihnen sagen lassen, ich sei unwohl und würde morgen kommen. — Ich arbeitete fleißig, obgleich mir nicht wohl war. — Mit großer Ueberwindung begab ich mich um 7 Uhr auf ein Diner zum Offizier corps des 60. (Rifles) Regiments, zu welchem mich Obristlieutenant Butler eingeladen hatte. Des unsäglichen Schmutzes wegen mußte ich hinreiten und zwar auf einem ganz wunderhübschen, braunen Hengst, welchen, auf des Generals Stavelev Anordnung, Jane in seinem Regimente für mich ausgesucht und mir zur Disposition gestellt hat. Mit wenig Appetit blieb ich 3 Stunden lang am Eßtisch und 1½ Stunde am Whisttisch sitzen, worauf wir bei schönem Mondschein nach Hause ritten. Ich konnte lange nicht einschlafen. Eine Wanze, eine Spinne und ein Ohrwurm, die auf der Wand neben meinem Bette promenirten, beschäftigten meine Gedanken.

Um 12 Uhr ließ ich mich, von Marques und Brand begleitet, zu der Konferenz mit den kaiserlichen Kommissaren tragen. Dieselbe fand heute in einem der Stadt gehörigen hübschen, großen Gebäude statt, wo wir erst im Hauptsaale vor einem niedlichen Frühstück eine Weile saßen und plauderten und uns dann, unter Zurücklassung der zahlreichen chinesischen Beamten und Diener, die uns bis dahin umstanden hatten, in ein kleineres Gemach zurückzogen, um zu verhandeln. Aus einem gelbseidenen Tuche nahmen die Kommissare einen gelbseidenen Kasten, in welchem zwei gelbseidene Converts lagen, die zwei kleine Schriftstücke enthielten. Die Kommissäre behaupteten, dies seien ihre Vollmachten. Marques behauptet, dieselben seien in Ordnung, und man könne nicht mehr verlangen; ich traue dem Frieden aber nicht, und um sicher zu gehen, will ich Abschriften derselben an Bruce nach Peking schicken. Er hat bei Lord Elgin früher als Legationssekretär fungirt und wird sich vielleicht der Form der Vollmachten aus früheren Vertragsverhandlungen erinnern. Nach etwa 1½stündiger Verhandlung kehrte ich nach Hause zurück und arbeitete bis 5 Uhr, wo ich mich mit meiner ganzen Begleitung (August und Brandt in Uniform) zu Pferde setzte. Es war nämlich heute der Geburtstag der Königin von England und auf der Plaine der Stadt fand eine große Parade der englischen Truppen statt. Es waren etwa 3000 Mann Infanterie, Jäger, Janes Horse-Artillerie und Train. Erst feuerten die Truppen, in langer Linie aufgestellt, einen Salut von Kanonen- und Gewehr-feuer, dann brachten sie der Königin ein Hipp, Hipp, Hurrah. An der Seite des Generals Stavely ritt ich die Front hinunter und stellte mich dann mit ihm neben einer gewaltigen, in die Erde gepflanzten königlichen Standarte auf, um den Vorbeimarsch der Truppen mit an-zusehen. Artillerie und Kavallerie gingen das erste Mal im Schritt, das zweite Mal im Galopp vorbei, sehr gut. Etwas Malerischeres als Janes Horse kann man gar nicht sehen. Als Jane vor dem Regiment im Galopp ankam, dachte ich, ich wohnte einer Vorstellung bei Renz bei; die köstlichen Pferde, die schönen, braunen Leute mit rothen Turbanen, das flotte Reiten, es war wunderhübsch. Auch interessirte mich der mit Maulefeln bespannte vortreffliche Train. Beim Vorbeimarsch der Infanterie spielte die Musik einen aus: God save the Queen und „Ich bin ein Preuße" zusammengesetzten Marsch. Anfangs hatte ich große Angst gehabt, mein brauner Hengst würde mich beim Feuern des Saluts herunterschmeißen, es ging aber gut ab.

Abends dinirte ich mit August beim General Stavely en petit comité. Ich ließ mich in meiner Sänfte hintragen; August, auf einem Schimmelpony, in Uniform, ritt voraus und erregte große Aufmerksam-keit. Zurück mußten wir förmlich schwimmen. Ein Gewitter mit Platzregen hatte die Straßen so überschwemmt, daß meine Träger bis an die Knie im Wasser gingen; es war, als ob ich durch einen Fluß getragen würde.

Tientsin, Sonntag, den 26. Mai 1861.

Schon um 8 Uhr morgens besuchte mich der durch seine Gefangen-schaft in Peking bekannt gewordene Herr Parkes, der von Peking kam und nach Kanton ging. Ich zeigte ihm die Vollmachten der kaiser-lichen Kommissare mit der Frage, ob er sie für genügend halte. Zu meiner Beruhigung erklärte er mir, daß die chinesische Regierung an ihre Unterhändler noch niemals so vollständige Vollmachten ertheilt habe. In meinem Hofe sah es den Vormittag über sehr bunt aus: es wurde bei herrlichstem Wetter photographirt. Offiziere, Leute und Pferde von Janes Horse waren erschienen, um Bilder von sich nehmen zu lassen; leider gelangen die Pferde nicht, da sie nicht stillstanden.

Nachher arbeitete ich sehr angestrengt mit meinem Dolmetscher Marques an der chinesischen Redaktion des Vertrages, den ich den Kommissarien vorlegen will. Marques spricht französisch und englisch nur sehr unvollkommen: er kennt unsere deutschen Verhältnisse gar nicht. Ihm nun die fremden Begriffe in fremden Sprachen klar zu machen, ist für mich eine sehr angreifende Arbeit, während der arme Kerl seinerseits wieder Blut und Wasser schwitzt, um für die kaum von ihm selbst verstandenen Begriffe die chinesischen Ausdrücke und Zeichen zu finden. Um 5 Uhr machte ich einen scharfen Ritt: hier auf diesen großen, nur hin und wieder von einem mäßigen Graben durchschnittenen Plainen und auf arabischen und tartarischen Pferden wird in einem fort getentert und nur hin und wieder einmal fünf Minuten Schritt geritten, um selbst zu Athem zu kommen. Abends dinirten bei mir Obristlieutenant Thomas vom 67. Regiment, Fane, Kapitän Jargubarson und die Lieutenants Carnac und Kemble. Nach Tisch tranken wir den Thee im Hofe, den ich mit bunten Laternen hatte erleuchten lassen. Blühende Granatbäume kann man hier sehr billig bekommen, und ich habe dieselben in ziemlich großen Massen angeschafft, um die Höfe damit zu garniren.

Dienstag, den 28. Mai 1861.

Morgens wehte es wieder heftig, wurde aber im Laufe des Tages besser. Mir wurde mehrmals so schlecht, daß ich mich aufs Bett legen mußte. Dr. Lucius meint, es könnte wohl eine Leberaffektion sein, und will mir Kalomel geben. Ich habe aber gegen alle Medizin und vorzüglich gegen Kalomel große Abneigung und denke immer noch, ich werde es mit Bewegung zwingen. Deshalb ritt ich denn auch um 5 Uhr wieder in gehöriger pace spazieren und zwar heute längs dem Kaisertanal, der sich hier vom Peiho abzweigt und bis nach dem Jangtsekiang geht. Wir kamen bei grünen Feldern und sogar bei einigen Baumpartien vorüber; dagegen mußten wir auch wieder große Strecken zwischen Gräbern durchreiten. Heine will morgen nach Peking und von da zu Laude nach Kiachta, Irtutst, Moskau, St. Petersburg gehen und nimmt Abschied von uns. In den letzten Monaten war er in ein dumpfes Schweigen verfallen; ich weiß nicht weshalb, aber es schien mir, daß die völlig getäuschte Erwartung, er werde eine große Rolle spielen, ihn so verstimmt hatte. Ich hatte an den Prinzen von Kung geschrieben, er möchte so gut sein und Heine einen mongolischen Dolmetscher bis an die russische Grenze mitgeben. Derselbe hat mir aber erwidert, das ginge nicht, auch sei

es überhaupt gar nicht gestattet, daß Jemand durchs Innere des
Landes reise. Nun muß man aber bei diesen asiatischen Regierungen
immer darauf rechnen, daß, wenn man sie um Erlaubniß zu Etwas
ersucht, sie dieselbe abschlagen. Da bleibt dann nichts Anderes übrig,
als ohne Erlaubniß zu handeln, und ich habe Heine deshalb sehr zu-
geredet, auch gegen den Widerspruch des Prinzen zu reisen. Ich
wünschte nur sehnlichst, daß er sich in Peking nicht etwa von den
Franzosen und Engländern abreden läßt und eines schönen Tages hier
wieder erscheint.

Mittwoch, den 29. Mai 1861.

Heute vor einem Jahr fuhr ich von Korfu ab; ich kann also sagen,
daß ich heute vor einem Jahr Europa verließ. Sehr, sehr Vieles
habe ich in der Zeit erlebt und gesehen, und sollte ich einst gesund
zurückkehren, so würde ich mich wahrscheinlich später der Täuschung
hingeben, als hätte ich eine schöne, interessante Zeit verlebt. Dies
würde aber doch nur eine Täuschung sein, darauf beruhend, daß ich die
Angst und Noth vergessen und nur den Eindruck des Interessanten und
glücklich Ueberstandenen bewahren würde. Darum ist es Zeit, jetzt,
wo ich noch mitten drin bin, zu konstatiren, daß ich mich auch nicht
eines einzigen Tages erinnere, an dem ich mich irgend einem Genusse
ganz hätte hingeben können, an dem mein Herz ganz frei geschlagen
hätte, meine Stimmung ganz unbefangen gewesen wäre. Immer und
immer lag entweder eine augenblicklich zu überwindende Schwierigkeit
oder die Besorgniß vor bevorstehenden Kämpfen oder der Aerger über
persönliche oder lokale Mißverhältnisse wie ein Stein auf meiner Brust:
dessen Gewicht ich für kurze Zeit vergessen konnte, der mich aber von
jedem freudigen Aufschwung längerer Dauer zurückhielt. Das liegt
nun einmal in meiner Natur und meiner Bestimmung: ich habe kein
Glück, sondern muß kämpfen und ringen. Um 4½ Uhr ritt ich ins
Freie und sah einige kleine Rennen mit an. Bei einem Pony-Rennen
betheiligte sich auch August nicht ohne Ruhm: er kam als Zweiter ein.
Zum Diner hatte ich Obristlieutenant Rigaud von den Rifles, Kapitän
Gordon von den Ingenieurs, Kapitän Fletcher, der einmal ein Jahr
lang in der österreichischen Armee gedient hat, und einen Lieutenant
Arthur Morris bei mir, lauter sehr angenehme Leute. Wir sprachen
viel von der eigenthümlichen Erscheinung, die sich wahrscheinlich in
keinem anderen Lande wiederholen würde, daß während des Krieges
chinesische Unterthanen den Alliirten die größten Dienste geleistet haben.
Die englische und französische Armee haben Tausende von chinesischen

Kulis in ihrem Gefolge gehabt, welche sich beim Transport der Ge=
schütze, der Bagage ꝛc. sehr nützlich bewiesen haben, unbekümmert
darum, daß der Krieg gegen ihr eigenes Land geführt wurde. Einmal
bei einem Gefechte, in welchem die Engländer sich ihrer Armstrong=
kanonen bedient und große Verheerung unter der chinesischen Armee
angerichtet haben, haben die bei den Engländern beschäftigten Kulis
ganz erfreut immer gerufen: „Ah! number one fighting!" Mit
number one bezeichnen die Chinesen den Fremden gegenüber Alles,
was sie für ausgezeichnet halten. Wenn man in einen Laden tritt,
und der Kaufmann will eine Waare anpreisen, so sagt er immer:
number one.

Mir war heute wohler, und der Abend war schön. Heinrich hatte
den ganzen Hof mit Laternen erleuchtet, und wir promenirten in dem=
selben bis 12 Uhr.

Donnerstag, den 30. Mai 1861.

Graf Kleczkowski überbrachte mir einen Brief von Herrn v. Bour=
boulon aus Peking, der mir einen neuen Beweis dafür liefert,
daß die Engländer und Franzosen mir nicht helfen wollen. Unter
solchen Umständen ist meine Sache verloren. Die chinesische Regierung
sträubt sich natürlich gegen jeden neuen Vertrag, indem sie behauptet,
daß sie im gegenwärtigen Momente mit ihren inneren Angelegenheiten
so beschäftigt sei, daß sie an Auswärtiges nicht denken könne. Vor
Allem sträubt sie sich gegen die Ausdehnung des Gesandtschaftsrechtes.
Nun weiß ich, daß nach jeder Depesche, die ich an den Prinzen Kung
abgeben lasse, dieser einen seiner Vertrauten zum englischen und
französischen Gesandten schickt und ihnen auseinandersetzen läßt, warum
es ihm vor der Hand nicht möglich sei, meine Forderungen zu ge=
währen. Statt nun, daß die Gesandten positiv erklären, er müsse
Preußen zugestehen, was den anderen Großmächten gewährt sei, be=
schränken sich dieselben darauf, den leisen Wunsch auszusprechen, er
möge sich mit Preußen abfinden, indem sie zugleich zu verstehen geben,
daß sie seine Gründe, warum er gerade jetzt das Gesandtschaftsrecht
noch nicht gewähren wolle, nicht unbillig fänden. Mehr will der Prinz
nicht: er sieht, daß die Engländer und Franzosen sich nicht viel darum
kümmern, ob ich reüssire oder nicht, und da er weiß, daß ich nicht ge=
kommen bin, um zu verhandeln wie diese, d. h. um so viel Forts zu
nehmen, als der Vertrag wichtige Artikel enthält, so wird er dabei
bleiben, mir alle politischen Rechte für Preußen zu verweigern und nur
kommerzielle anzubieten. Die brauchen wir aber nicht, weil wir sie

schon haben. Wir sind eine Großmacht und wollen ebensoviel haben als die übrigen Großmächte. Verweigert man uns das, so ziehe ich ab ohne Vertrag, aber mit langer Nase. Es kann gar nicht fehlen, daß es so kommt.

Unseren Spazierritt richteten wir heute nach der rechten Seite des Kaiserkanals. Um aber dahin zu gelangen, mußten wir erst über Schiffsbrücken, die lebensgefährlich zu passiren waren, und dann durch einen Stadttheil mit so engen Straßen, daß wir alle Augenblicke stecken blieben, indem wir in Sackgassen geriethen, die so schmal waren, daß wir die Pferde nicht umdrehen konnten, sondern sie große Strecken lang mußten rückwärts treten lassen: endlich, am Kanal angelangt, ritten wir durch hübsche Gersten- und Knoblauchsfelder, sahen auch Weinlauben und erfreuten uns an jedem grünen Fleckchen wie an einer Oase in der Wüste.

Tientsin, Freitag, den 31. Mai 1861.

Ein Schreiben der kaiserlichen Kommissare benachrichtigt mich, wie sie sagen, definitiv, daß die chinesische Regierung zwar einen Handelsvertrag, aber durchaus keinen politischen Vertrag mit Preußen zu machen gewillt sei. Nun muß ich nach Peking, um dem Prinzen von Kung persönlich auf den Leib zu rücken. Ich weiß, das wird nichts helfen, aber ich muß doch wenigstens Alles thun, was in meinen Kräften steht. Die Vorbereitungen zur Reise dahin muß ich ganz heimlich machen, damit nicht die chinesische Regierung oder wohl gar der englische und französische Gesandte mir Schwierigkeiten in den Weg legen: auch muß ich es wo möglich so einrichten, daß ich in Peking bin, wenn der nächstens erwartete russische Gesandte dort eintrifft. Das Alles erfordert viel Vorsicht und Ueberlegung, und bis ich zur Ausführung meines Planes schreiten kann, muß ich die kaiserlichen Kommissare durch Korrespondenzen hinhalten.

Sonntag, den 2. Juni 1861.

Gestern fanden wieder Pferderennen statt, zu welchen ich bei großer Wärme und staubigem Winde hinausritt. Zwei der Rennen waren recht hübsch, nämlich ein Match, bei welchem viel Geld gewettet war (man sprach von tausend Dollars), und dann ein Ponyrennen, in welchem der zuletzt ankommende Pony gewann. Jeder Reiter ritt dabei einen fremden Pony. Große Aufmerksamkeit erregten ein paar Damen, die in Sänften den Rennen beiwohnten: eine davon war

wirklich bildhübsch, es soll die Frau eines amerikanischen Schiffs-
kapitäns sein.

Nach Tisch nahm ich die Gelegenheit wahr, um Kleczkowski über
das Benehmen der Gesandten gegen mich sehr eindringlich die Wahrheit
zu sagen. Er schien etwas verdutzt über meine offene Sprache; als
Entschuldigung führte er unter Anderem an, daß ich mich noch nicht
ausdrücklich darüber ausgesprochen hätte, auf wen ich mich eigentlich
stützen wollte, auf die Engländer oder die Franzosen. Die Herren sind
also eifersüchtig auf einander und thun lieber gar nichts, als daß sie
sich der Gefahr aussetzen sollten, mir einen guten Dienst zu leisten,
ohne daß ich feierlich erklärte, daß ich alle Erfolge ihnen verdanke.
Nette Leute das! J, so soll ja doch das Donnerwetter drein schlagen.

Montag, den 3. Juni 1861.

Während ich arbeitete, wurde im Hofe photographirt. Zu diesem
Zwecke waren wieder Sikhs und Afghanen von Fanes Horse
gekommen, prächtige Leute in schneeweißen, musselinenen Kleidern, mit
rothen Turbans und roth oder gelb seidenen Beinkleidern. Alexandrine
würde in Ekstase gerathen, wenn sie sie sähe. Die Afghanen schneiden
sich niemals seit ihrer frühesten Jugend Haar oder Bart ab. Ersteres
haben sie auf dem Kopfe unter dem Turban zusammengewickelt. Sie
rauchen nie, essen niemals Rindfleisch und anderes Fleisch nur dann,
wenn sie das Thier selbst getödtet haben.

Von 5 bis gegen 7 Uhr ritt ich spazieren. Es wehte ein glühend
heißer Wind mit Staub, gegen den man gar nicht aufkommen konnte.
Bei dieser Gelegenheit sahen wir zum ersten Mal einen großen, von
einem Chinesen geschobenen einrädrigen Karren mit einem Segel. Der
Chinese hatte Stricke, die zu diesem Segel führten, in der Hand und
manövrirte damit. Es ist eine ganz zweckmäßige Einrichtung.

Ich wünschte Euch, Ihr könntet einmal die Bettler sehen, deren
Haufen wir namentlich in einer Straße täglich passiren müssen. Sie sehen
scheußlich aus, scheinen sich aber so übel nicht zu befinden als man auf
den ersten Blick glauben möchte. Lahme, Blinde, Aussätzige, Männer,
Frauen, Kinder, Alles sitzt zu beiden Seiten der schmalen Straße auf
der Erde, so daß man vorsichtig reiten muß, um sie nicht zu treten.
Wenn wir ankommen, so schreien sie Alle im Chorus Tschau-tschau
(d. h. Essen) und lachen laut auf über den Skandal, der dadurch ent-
steht. Abends ziehen sie sich an einer anderen Stelle zusammen:
daselbst essen sie große Schüsseln Reis, rauchen dann ihre Pfeifchen

und unterhalten sich. Die Engländer haben einmal im Winter für die Bettler gesammelt und ein paar hundert Dollars unter dieselben vertheilt. Bei der Gelegenheit ist ein solches Gedränge gewesen, daß mehrere erdrückt worden sind, und ein paar Tage nachher sind auf Meilen weit alle Bettler nach Tientsin zusammengeströmt und haben sich daselbst zu Tausenden in den Straßen umhergetrieben.

Dienstag, den 4. Juni 1861.

Vormittag wurde wieder photographirt, bei welcher Gelegenheit ich auch eine Photographie von mir und meinem Pferde nehmen ließ, die ich Euch schicken werde. Das Pferd wird vom Seesoldaten Maaß gehalten, und könnt Ihr an seiner Tracht gleich sehen, wie ich die Kerle hier angezogen habe.

Es fängt nun doch an, sehr warm zu werden, wir hatten heute 25 Grad im Schatten, und die Luft war so glühend, daß ich meinen gewöhnlichen Spazierritt aufgeben mußte. Abends dinirte ich mit meinen Attachés beim Oberst Spence vom 31. Regiment an der Offizierstafel. Diese steht in einem Tempel: in zwei gewaltigen Wand-nischen sitzen zwei überlebensgroße, vergoldete Götzenbilder und schauen ernst auf die Barbaren herab, welche schlechten Moselwein=Champagner trinken. Die Regimentsmusik spielte im Hofe auf meinen Wunsch namentlich schottische Volkslieder. Dabei hörte ich, daß der Staat den englischen Regimentern für die Musik gar nichts vergütet, sondern die-selbe ganz und gar aus der Tasche der Offiziere gezahlt wird. Der monatliche Beitrag jedes Offiziers ist 30 bis 50 Shillings, d. h. 10 bis 16 Thaler!! Nicht übel.

Mittwoch, den 5. Juni 1861.

Die Wärme dauert fort, seit drei Tagen trage ich Sommerkleider und bin doch in fortwährender Transpiration; ich glaube aber, das Transpiriren thut mir gut, und da auch die Nächte kühler sind, so daß man schlafen kann, so will ich mich über das Wetter, wenn es so bleibt, nicht beklagen. Wäre nur die Luft nicht gar so trocken; man hat einen unlöschbaren Durst; welche Wonne, daß Eis und Trauben in Fülle da sind.

Nach meinem Spazierritt dinirten General Stavely, Brigade-major Brooke, Dr. Gordon, Kapitän Coney und Mr. Marshall bei mir. Der Abend war köstlich, und im erleuchteten Hofe promenirten und schwatzten wir bis 12 Uhr.

16*

Tientsin, Donnerstag, den 6. Juni 1861.

Endlich habe ich Briefe von Euch. — Ich danke Euch innig für die herzliche Theilnahme an mir und meinen Geschicken, die sich aufs Neue darin ausspricht; sie giebt mir immer wieder neuen Muth und ist mir diesmal um so erfreuender und beruhigender, als das Ministerium mir auf meine Anzeige vom Abschlusse des Vertrages nur sehr kühl und hauptsächlich mit Bemerkungen darüber antwortet, wie sehr es zu bedauern sei, daß die Zollvereinsstaaten nicht auch an dem Vertrage theilnähmen, und mit Andeutungen, daß ich mir doch wohl nicht so rechte Mühe gegeben hätte, sie auch mit hinein zu schmuggeln. Da sieht man, wie schwer es ist, durch noch so fleißige und ausführliche Berichterstattungen ein klares Bild der Zustände dieser Völkerschaften, unter welchen ich mich jetzt ein Jahr bewege, zu geben. Wo ich hier unter Engländer, Franzosen, Deutsche oder Russen, Kaufleute, Beamte oder Soldaten komme, trägt man mir aufrichtige Achtung und Anerkennung entgegen und behauptet, daß ich Unmögliches möglich gemacht hätte. Bei mir zu Hause hat man aber nur ein Bedauern darüber, daß nicht mehr geleistet worden ist; wie wird das erst werden, wenn ich in vierzehn Tagen gezwungen sein werde, zu berichten, daß ich in China gar nichts erreicht habe! Ich habe mich eine halbe Stunde lang geärgert, dann nahm ich Eure Briefe wieder vor, las sie noch einmal durch, beruhigte mich, und bin wieder in großen Gleichmuth verfallen. Ich bin nicht mit Ruhmessucht hinausgegangen, ich habe in einen sehr sauern Apfel gebissen und den Leuten zum voraus gesagt, was sie von mir zu erwarten hätten. Wenn das nun eintrifft und sie ärgern sich, so ist das ihre Schuld, nicht meine; ich werde bis zum letzten Augenblicke meine Pflicht thun, und damit basta. —

Wir dinirten abends bei den Rifles, sehr angenehme Leute. Ihre Musikbande spielte sehr gut: in der Mitte derselben stand ein Junge von fünfzehn Jahren und blies mit großer Virtuosität Trompete. Sein Vater ist auch Musikus bei dem Regiment gewesen; der Junge ist in Indien geboren, hat aber beide Eltern verloren und wird nun als Sohn des Regiments betrachtet.

Sonnabend, den 8. Juni 1861.

Es fängt jetzt an sehr warm zu werden: 25 bis 26 Grad. Gestern ritt ich gar nicht aus, da es zu schwül war. Ich hatte einen Besuch von einem Russen, Herrn v. Bützow, Sekretär des Generalgouverneurs in Sibirien. Derselbe ist vor etwa vierzehn Tagen in

Peking angekommen und hat jetzt einen Abstecher hierher gemacht. Er ist ein ruhiger, verständiger Mensch und behauptet, die Engländer und Franzosen in Peking arbeiteten gegen mich.

Heute gab es wieder Pferderennen und unter andern ein hübsches Rennen mit Hindernissen. Ich habe ein paar sehr närrische, chinesische kleine Hunde getauft; einer davon gehört zu der Rasse, die hier unter dem Namen Schantung=Terrier bekannt ist, der andere ist eine Art Mops. Sie sind sehr schön und fühlen sich in der europäischen Gesell= schaft noch äußerst unheimlich: nur an einen der Seesoldaten, der ein bekannter Hundebändiger ist, haben sie sich attachirt. Der Kerl geht den ganzen Tag mit den beiden Hunden auf dem Arm umher wie eine Kinderfrau.

Sonntag, den 9. Juni 1861.

Heute war es unausstehlich warm, 26 Grad, und kein Lüftchen rührte sich; gleichwohl hatte ich so viel zu thun, daß ich den ganzen Tag nicht vom Schreibtisch kam. Abends dinirten Major Fonblanque, Mr. Montaud, Herr v. Bülow und Lieutenant Devaranne, der uns nach Tientsin heraufgefahren hatte, bei mir. Wir vertilgten viel kalten Champagner, konnten uns dadurch aber doch keine Kühle ver schaffen. Glücklicherweise gab es um 10 Uhr ein Gewitter und etwas Regen. —

Tientsin, den 11. Juni 1861.

Wir hatten heute in den möglichst kühl gehaltenen Stuben 24 Grad. Die gute Seite scheint das hiesige Klima zu haben, daß es sich abends immer abkühlt und man in der Nacht ruhig schlafen kann. Die Scharen von Fliegen, die es giebt, hält man sich durch ein Moskitonetz ab. Dasjenige, welches ich aus Jeddo mitgebracht habe, thut mir gute Dienste. Unter den Thieren, die meinen Hof bevölkern, findet sich auch ein ganz kleines, allerliebstes Häschen, das zum Todtlachen ist, wenn es mit den Hunden spielt. Will man es greifen, so springt es ganz wüthend auf einen los und will beißen. Gestern haben die Soldaten abends in einer Straße zwei Igel gefangen, von denen der eine ihnen wieder entschlüpft ist, der andere aber gehört nun auch zu unserer Menagerie; leider ist der hübscheste Vogel, den wir hatten, mit ganz langen, goldbraunen Schwanzfedern, gestorben; er sehnte sich, wie es scheint, zu sehr nach seiner Freiheit zurück und wollte nicht fressen.

Mittwoch, den 12. Juni 1861.

Vormittags erschallte auf einmal Feuerlärm, und was für einer! Die Chinesen schlagen dabei auf Metallbecken, schreien und wirthschaften, als ob das dem Brand Einhalt thun soll. Das Feuer war nicht gar weit von uns, beim 67. englischen Regiment, d. h. da, wo die Offiziere dieses Regimentes zusammen essen. Ein aus Strohmatten verfertigtes, über den Hof gespanntes Zelt hatte durch einige Funken, die aus dem Schornstein der Küche geflogen waren, Feuer gefangen, und dieses hatte sich mit so rasender Schnelligkeit den den Hof umgebenden hölzernen Gebäuden mitgetheilt, daß die Leute sich mit Noth gerettet haben, die Häuser und alles darin Befindliche aber total verbrannt sind. Die armen Offiziere haben ihr ganzes Tischservice, Tischtücher, Provisionen aller Art, unter anderen achtzig Dutzend Flaschen Bordeaux eingebüßt, und dieser Verlust ist um so härter, als er hier gar nicht ersetzt werden kann. Die übrigen Regimenter machen nun Anstalten, um die armen Abgebrannten an ihren Tischen unterzubringen.

Es waren den ganzen Tag über 26 Grad, und ich ritt nicht aus, weil es zu heiß war. Abends dinirten bei mir Oberst Spence, Obristlieutenant Rigaud, ein Dr. Bindon, Lieutenant Field und Lieutenant Hime. — Oberst Spence ist ein sehr närrischer Kerl, sehr süß in seinem Wesen, Sohn eines gemeinen englischen Soldaten, dessen drei Söhne alle Obersten in der Armee geworden sind. Die Offiziere halten ihn für etwas verrückt. Als ich neulich bei ihm dinirte und die Musik des Regiments dabei spielte, hatte ich bei irgend einem Stücke gesagt, das ist ein Potpourri. Nach Tisch hat, wie ich hinterher hörte, Oberst Spence denjenigen Offizier, unter dem speziell die Musik steht, sich kommen lassen und hat ihm lebhafte Vorwürfe über die Wahl der gespielten Stücke gemacht. Es hätte müssen die preußische Melodie „der Freischütz" gespielt werden und nicht so dummes Zeug, daß ich, wie er deutlich gehört hätte, gesagt hätte: „Das ist Poopern". Laßt Euch durch Broome sagen, was das bedeutet.

Donnerstag, den 13. Juni 1861.

Schon vor 6 Uhr stand ich auf und machte mit August und Bunsen gleich einen Spazierritt. Mein Gaul geht sehr gut; trotz der Hitze wird er nicht warm, auch wenn ich ihn eine Stunde lang hintereinander scharf trabe und galoppire, nur beim Springen über Gräben, zu welchem hier zahlreiche Veranlassung ist, hat er unangenehme

Manieren. Trotz aller Hülfen parirt er vor jedem Graben und macht
dann aus dem Stehen einen himmelhohen Satz hinüber, wobei der
Herr Gesandte zuweilen bedeutend aus der Balance kommt, sich aber
mit der Erinnerung an seinen Bruder tröstet, der einst auf dem Hippo-
drom bei Berlin aus ähnlicher Veranlassung seinem Pferde über den
Kopf schoß. Des Morgens zu reiten ist recht hübsch, man ist nur
nachher den ganzen Tag über schläfrig, namentlich, wenn es so warm
ist wie jetzt, 26 Grad. Abends geht die Temperatur gewöhnlich auf
20 Grad herunter und ist dann köstlich. Ganz bezaubernd ist der
Sternenhimmel, so klar und funkelnd wie bei uns an kalten Winter-
abenden. Das liegt an der ausnehmenden Trockenheit der Luft. Die
Instrumente, welche die Engländer mitgenommen haben, um die Feuchtigkeit der Luft zu messen, reichen nicht aus; sie sind auf solche Trockenheit
nicht berechnet.

Heute bin ich dreizehn Monate von Berlin weg. —

Freitag, den 14. Juni 1861.

Ich stand heute ziemlich früh auf, weil ich zu arbeiten hatte, aber
das Arbeiten wurde mir sehr sauer, denn schon morgens hatten
wir 26 Grad. Von 6 bis 7 Uhr abends machte ich mit August einen
scharfen Ritt; demnächst dinirte der Russe v. Bützow bei mir, der
diese Nacht nach Peking und in einigen Tagen nach Irkutsk zurückkehren will. Ich habe ihm eine Menge Aufträge und geheimer Instruktionen mitgegeben. Man muß immer von allen Seiten zugleich
arbeiten und keine Gelegenheit versäumen, die Leute für seine eigene
Angelegenheit zu interessiren. — Der Abend war wieder köstlich. Da
das Häschen verschwunden und aller Grund zu der Vermuthung vorhanden ist, daß einer der Kater, die sich nachts auf unseren Dächern
umhertreiben, der Mörder desselben geworden ist, so war dem Katzen-
geschlechte Rache geschworen. Um 12 Uhr erschienen zwei Kater. Berg
kletterte auf einen Baum, man reichte ihm ein geladenes Gewehr, und
baff! da lag einer. Wir werden das Werk an den nächsten Abenden
fortsetzen. —

Sonnabend, den 15. Juni 1861.

Heute ist das Thermometer bis auf 27 Grad hinaufgegangen, und
die Hitze ist gewaltig. Um 6 Uhr abends ritt ich aus und sah
ein hübsches Pony-Steeplechase und ein anderes Rennen mit an. Den
Rückweg nahm ich durch eine Bresche in der Stadtmauer, welche die
Engländer haben brechen lassen, um einen kürzeren Weg nach ihren

Exerzirplätzen zu gewinnen. General Stavely erzählte mir dabei, daß
dieser Bresche wegen die städtischen Behörden vor einigen Tagen bei
ihm gewesen seien und ihn sehr gebeten hätten, den Durchgang entweder wieder zuzumachen oder ihn wenigstens von außen mit einer Art
Befestigungswert umgeben zu lassen. Derselbe befinde sich nämlich auf
der südlichen Seite der Stadt, d. h. auf der Seite, von welcher der
Teufel des Feuers komme. Deshalb sei auch das große Thor, welches
sich auf der Südseite der Stadt befindet, mit einem Befestigungswerte
versehen und der Eingang in dasselbe besonders erschwert. Seit die
Bresche gebrochen worden, sei schon siebenmal Feuer in der Stadt
gewesen, bloß weil der Teufel des Feuers ungehindert durch die Bresche
habe kommen können. Der General hat ihnen erwidert, daß, da er
den Durchgang brauche, er ihn nicht wieder verschließen lassen könne,
und daß sie, wenn sie Befestigungswerte um denselben für nöthig
halten, sie errichten möchten, ihn ginge der Teufel des Feuers nichts an.

Als wir abends auf dem Hofe saßen, ließ sich wieder ein Kater
blicken. Eine Minute darauf war er geschossen und rollte als Leiche
vom Dache.

Sonntag, den 16. Juni 1861.

Heute war es so heiß, wie noch niemals, seit ich von Europa weg
bin, in meiner Stube 28 Grad, draußen im Schatten 32 Grad.
Ich war den ganzen Tag über wie aus dem Wasser gezogen und der
schluckte enorme Massen eiskalten Wassers mit Genièvre. Der Doktor
meint, das wäre durchaus nicht gut; er thut aber desgleichen. Leider
ist das Sodawasser ausgegangen, von welchem ein Kaufmann vor
vierzehn Tagen eine ganze Schiffsladung erhalten hatte. Trotzdem,
daß man das Dutzend Fläschchen mit 4 Thalern 15 Silbergroschen bezahlen mußte, ist alles bereits vertilgt.

Um 9 Uhr früh waren die kaiserlichen Kommissare bei mir. Ich
hatte ihnen neulich einen förmlichen Absagebrief geschrieben, worin ich
ihnen sagte, daß wenn sie bei den Bedingungen stehen bleiben wollten,
die sie mir bisher als die einzig zulässigen dargestellt hätten, ich die
Verhandlungen als abgebrochen ansehen würde. Nun kamen sie selbst,
um hoch und theuer zu versichern, daß sie nicht weiter gehen könnten.
Tsung-lun, der kleine Alte, schwatzte entsetzlich viel und immer dasselbe
Zeug, so daß mir bei der Hitze ganz schwach wurde. Endlich gingen
sie, mit der Bitte, Alles, was ich ihnen heute gesagt hätte, ihnen doch
auch noch schreiben zu wollen, sie wollten dann wiederholt nach Peking
berichten. Als sie weg waren, wollte ich mich an die Arbeit setzen,

aber es ging nicht: ich konnte meine Gedanken nicht zusammennehmen, und wo ich die Hand hinlegte, sah es gleich aus, als hätte man einen Schwamm ausgedrückt. So schleppten wir uns bis zur Essensstunde durch, die ich jetzt von 7 auf 7½ Uhr verlegt habe. Jane und die Offiziere Carnac, Drake, Doles von seinem Regimente, außerdem Kapitän Boules von den Rifles aßen bei mir. Ich müßte ganz bankerott bei dieser Lebensweise werden, wenn nicht die Lebensmittel so wohlfeil wären. Das Rindfleisch kostet, wie Heinrich mir sagt, 3½ Silbergroschen das Pfund, und vortreffliches Hammelfleisch von den berühmten fetten Tientsin-Hammeln 2½ Silbergroschen. Wir blieben bis 12 Uhr auf dem Hofe sitzen, als mich plötzlich eine Ohnmacht überkam, die mich ins Bett trieb.

Tientsin, Montag, den 17. Juni 1861.

August, Brandt und einige Andere waren schon um 5 Uhr morgens ausgeritten, um scharf mit Armstrong-Kanonen schießen zu sehen. Daß diese Uebungen jetzt vor sich gehen, ist unbequem für unsere Ritte, da sich die Engländer eine Art Schießplatz nur durch Abbrechen aller möglichen Brücken und Abschneiden von Kommunikationen haben schaffen können. Gleichwohl muß diese Unterbrechung der Kommunikation noch nicht sehr durchgreifend sein, denn August erzählt, daß man mehrmals mit dem Schießen gewartet habe, um erst chinesische Landleute, die ihre Erzeugnisse nach der Stadt brachten, zwischen dem Geschütze und der Scheibe durchpassiren zu lassen.

Um 10 Uhr morgens war es schon wieder so heiß, daß ich mir große Eisblöcke in die Stube setzen ließ. Das half aber nichts; zum Arbeiten war ich völlig unfähig. Um 6 Uhr aber faßte ich einen kühnen Entschluß, setzte mich zu Pferde und machte mit Berg, der mich begleitete, und mit einem Sikh, der sich uns auf einem köstlichen Schimmel anschloß, einen so scharfen Ritt, daß ich triefend nach Hause kam, und daß auch mein Branner zum ersten Mal mit Schaum bedeckt war.

Dienstag, den 18. Juni 1861.

Schon um 6 Uhr stand ich auf und arbeitete fleißig, da ich sehe, daß man am Tage der Hitze wegen zu gar nichts kommt. Es war aber heute nicht so warm wie die Tage vorher, vielmehr kam es einem bei 21 Grad ganz kühl vor. Oberstlieutenant Rigaud besuchte mich und zeigte mir köstliche Photographien von indischen Städten und Baudenkmälern. Sundewall schreibt mir von Tschifu aus, daß es ihnen

dort vortrefflich gebt. Sie haben auf einer Insel, die Tschifu gegen=
über liegt, einen Theil der Leute ausgeschifft, Vieh vom Festlande
herübergebracht und sich förmlich etablirt. Sie exerziren, schießen nach
der Scheibe, spielen Ball und haben köstliches Wetter, namentlich leiden
sie von der Hitze nicht. Anfangs haben die Chinesen diesem Etablissement
mit großer Besorgniß zugesehen, nach und nach aber haben sie sich be=
ruhigt, sind zutraulich geworden und haben sich beruhigt, daß die Preußen
bloß nach einem natürlichen oder von ihnen angefertigten Ziele schössen;
die Engländer und Franzosen hätten als Zielscheiben immer ihre Götter
genommen, und zum Beweise dafür haben sie einige von Flintenkugeln
durchbohrte Götterbilder angebracht. Beiläufig bemerke ich, daß die
Chinesen meistentheils Buddhisten sind, doch giebt es unter ihnen auch
Muselmänner und Juden. Der Kaiser hat das Recht, Götter zu ernennen.
Ein General z. B., der eine Schlacht gewonnen hat, oder ein großer
Staatsmann wird zum Gott erhoben, und wenn es gerade keinen leeren
Tempel giebt, in welchem sein Bild aufgestellt werden kann, so wird
aus irgend einem Staatstempel, in dem bisher ein anderer offizieller
Gott gestanden hat, dieser hinausgeworfen und durch die Statue des
neuen ersetzt.

Nachmittag trieb ein heftiger Wind Wolken zusammen. Dann
ließ der Wind nach; es tröpfelte, regnete und goß endlich wie mit
Eimern. Welcher Genuß! Wir schwelgten in der Kühle, aber wir
waren vorsichtig genug, wollene Kleider anzuziehen, denn gestern hatten
wir 32 Grad und heute nur 18 Grad.

Mittwoch, den 19. Juni 1861.

Es war auch heute noch nicht zu warm, und der Spazierritt, den
ich mit meiner ganzen Gesellschaft vornahm, war erfrischend, ob=
wohl wir des schlüpfrigen Bodens wegen vorsichtig reiten mußten. Als
ich zurück kam, fand ich einen Brief von Graf Kleczkowski aus Peking,
worin derselbe mir schreibt, daß trotz der angestrengtesten Bemühungen
der französischen Gesandtschaft die chinesische Regierung auf meine
Forderung, Preußen das Gesandtschaftsrecht zu bewilligen, nicht ein=
gehen wolle, und daß ein ausdrücklicher Befehl von Dschehol, dem
jetzigen Sitze des Kaisers, eingetroffen sei, der die Gewährung des
Gesandtschaftsrechts an Preußen verbiete. Dieses Recht ist es nämlich,
um welches sich die ganze Schwierigkeit dreht. Ich glaube, ich würde
alles Andere bald erreichen, wenn ich nur von diesem einen Punkte
Abstand nähme. Allein meine Instruktionen, die sonst sehr weit sind,

bestimmen doch ausdrücklich, daß ich überall für Preußen mindestens
dasjenige beanspruchen soll, was die übrigen Großmächte erlangt haben.
Ich finde das auch ganz recht und bin fest entschlossen, lieber gar
keinen Vertrag zu machen, als mich in den Augen der Chinesen dadurch
herunterzusetzen, daß ich mich mit Weniger begnüge als Frankreich und
England. Nur die Gerechtigkeit erbitte ich mir von Berlin, daß man
dort anerkennt, wie ungeheuer schwer es ist, hier ohne Drohungen und
Gewaltthätigkeiten Etwas durchzusetzen, und wie diese Schwierigkeit
noch wächst, wenn einem die anderen Nationen nicht helfen, sondern
womöglich entgegenarbeiten. Es ist Hundert gegen Eins zu wetten,
daß, wenn ich auf dem Gesandtschaftsrecht bestehe, ich nichts erlange,
aber ich denke, es ist patriotischer, keinen Vertrag nach Hause zu bringen
als einen, der Preußen irgendwie den anderen Großmächten gegenüber
in den Hintergrund stellt.

Als ich Kleczkowskis Brief gelesen hatte, war ich einen Augenblick
im höchsten Grade verstimmt und niedergeschlagen, dann ging es mir
aber wie Eulenspiegel. Eben weil die Sachen so verzweifelt stehen,
muß es doch auch einmal wieder besser kommen, zumal ich immer
noch das Mittel habe, nach Peking zu gehen, welches ich nun ohne
Verzug anwenden will. Ich war des Abends zum Diner zu Fane
geladen. Nur mit großer Ueberwindung ritt ich hin. Wenn einem
Etwas schwer auf dem Herzen liegt, bleibt einem der Bissen im
Munde stecken, und der Wein ist bei den Engländern zu schlecht, um
als Sorgenbrecher zu wirken.

Donnerstag, den 20. Juni 1861.

Ich stand schon vor 6 Uhr auf, weil ich innerlich keine Ruhe hatte.
Ich schrieb an die Gesandten Frankreichs und Englands in Peking
und kündigte ihnen loyaler Weise meinen Besuch daselbst an, indem ich
ihnen schrieb, daß ich bei aller Rücksicht für ihre Stellung doch ver=
pflichtet sei, kein Mittel, zum Zwecke zu gelangen, unversucht zu lassen.
Ueberbringer dieser Schreiben sollen Brandt und Berg sein, die ich
morgen nach Peking voraus schicken werde, um Quartier für mich zu
besorgen. Es wird das sehr schwer sein. Die chinesische Regierung,
der meine Hinüberkunft gewiß höchst unangenehm ist, braucht den Ein=
wohnern Pekings nur zu verbieten, mich aufzunehmen, so liege ich
auf der Straße. Wer weiß außerdem, ob nicht schon Brandt und
Berg und später mir selbst der Eintritt in Peking ganz verweigert
wird. Denkt Euch außerdem die Reise von hier dorthin bei der Hitze
auf sehr schlechten Wegen zu Pferde und mit einem Train von

wenigstens einem Dutzend Wagen zur Fortschaffung von Koffern,
Betten, Küchengeräthschaften, Service, Dienerschaft ꝛc., so werdet Ihr
verstehen können, mit welchem Grauen ich an diese Reise gehe, die wohl
drei Tage in Anspruch nehmen wird.

Alle Sorge und Noth, die mich quält, hat mich nicht verhindert,
liebste Alexandrine, meine Gedanken in aller Fülle und Herzlichkeit zu
Dir, an Deinem Geburtstag, zu wenden und Dir zu Deinem und
unser aller Glück langes Leben, endlich einmal kräftigere Gesundheit
und ein zufriedenes Herz vom Himmel zu erbitten. Ich vermuthe Dich
in Ellguth*) und ich weiß, Eure Gedanken begegnen sich, namentlich auch
heute, mit den meinigen. Deine Gesundheit tranken wir bei Tisch, zu
welchem ich den französischen Konsul Trèves, den russischen Konsul
Petchakoff, den sehr liebenswürdigen Kapitän Fletcher von den Rifles
und zwei Offiziere von James Horse, Bullen und Upperton, eingeladen
hatte. Wir schwatzten auf dem Hofe bis 12 Uhr.

Freitag, den 21. Juni 1861.

Morgens 5 Uhr sind Brandt und Berg zu Pferde, von drei Herren
begleitet, nach Peking abgegangen, und im Laufe des Tages habe
ich die europäische Post erhalten. Seit ich mit einiger Bestimmtheit
darauf rechnen kann, mit jeder Post Nachricht von Euch zu erhalten,
sehe ich der Ankunft derselben immer mit besonderer Ungeduld entgegen. Unsere Regierung muß keine Befürchtung vor Krieg haben,
sonst würde sie mir nicht eine Menge neuer Aufträge schicken, deren
Ausführung noch unendlich lange Zeit erfordern wird. Glücklicherweise ist den Erlassen immer die Klausel beigefügt, daß ich mich an
die Lösung der neu gestellten Aufgaben nur dann machen sollte, wenn
ich es für zweckmäßig und ausführbar hielte. Daß dies nicht der Fall
ist, kann ich schon jetzt versichern; auch müssen die Leute eine eigenthümliche Idee von meinen Geistes- und Körperkräften haben, wenn
sie sich einbilden, ich könnte Jahre lang hintereinander mich damit
beschäftigen, in diesen Klimaten die schwierigsten Aufgaben zu lösen,
die einem gestellt werden können. Schon jetzt bin ich halb aufgerieben,
und dürfte ich mich nicht der bestimmten Hoffnung hingeben, im Frühjahr
künftigen Jahres mich wieder auf vaterländischem Boden zu befinden,
so würde das Bißchen Courage, welches ich noch habe, der größten
Niedergeschlagenheit Platz machen.

*) Schön-Ellguth in Schlesien, Landsitz des Freiherrn v. Rothkirch-Panthen,
Vaters der Gräfin Alexandrine. (Siehe Einleitung.)

Tientsin, Freitag, den 28. Juni 1861.

Fast acht Tage lang bin ich nicht dazu gekommen, Euch zu schreiben. Es war eine schwere Zeit, denn es war hart daran, daß die Vertragsverhandlungen abgebrochen wurden und zwar aus einem Grunde und auf eine Weise, die kompromittirend für mich hätten sein können.

Ich schrieb Euch, daß ich Brandt und Berg voraus nach Peking geschickt hatte, um mir Quartier zu besorgen. Sie waren am 21. abgereist. Am 24. hatte ich eine Konferenz mit den kaiserlichen Kommissaren, in welcher dieselben merkwürdig gefügig waren. Es ging aus ihrem Benehmen hervor, daß die Nachricht, welche die französische Gesandtschaft mir vor einigen Tagen geschickt hatte und welche besagt hatte, daß der Kaiser streng befohlen habe, auf meine Hauptforderungen nicht einzugehen, unwahr gewesen war. So sehr mich daher die bessere Stimmung der Kommissare erfreute, so sehr ärgerte ich mich, daß ich Leute nach Peking geschickt hatte, um in ostensibler Weise meine Ankunft daselbst vorzubereiten. Denn ich wußte, daß dem Prinzen von Kung nichts Unangenehmeres widerfahren konnte, als wenn ich hinüberkäme, und es war dies auch nur eine Maßregel, die ich im äußersten Nothfalle ergreifen durfte. Ich hatte sicher geglaubt, daß der Zeitpunkt für dieselbe gekommen sei; nun zeigte es sich, daß die Franzosen mich falsch berichtet hatten, und der Prinz von Kung konnte möglicherweise durch die von mir getroffenen Anstalten so verstimmt werden, daß er aus meinem Freunde mein Feind wurde.

Mit diesen Reflexionen ließ ich mich durch fußhohen Schmutz nach der Konferenz nach Hause tragen. Ich hatte einen entsetzlichen Schnupfen mit Fieber, und mir war sehr unheimlich. Da kam zuerst ein Brief von Brandt mit der Nachricht von seiner glücklichen Ankunft in Peking, aber auch mit der Bitte, gleich nachzukommen, da er nicht sicher sei, ob man ihn 24 Stunden daselbst dulden werde. Abends um 11 Uhr schickten mir die Kommissare eine an sie gerichtete Depesche des Prinzen von Kung mit etwa folgendem Inhalte: In Peking sind zwei Beamte der preußischen Gesandtschaft angekommen. Man hat sie am Thore zurückweisen wollen, sie haben aber den Eingang forcirt. Die erste Nacht haben sie in einem Wirthshause zugebracht, wo der Wirth durch Stockprügel, die sie ihm gegeben haben, gezwungen worden ist, sie aufzunehmen. Dann haben sie am andern Tage ein großes Haus wider den Willen des Eigenthümers in Beschlag genommen und sich in demselben installirt. Die Kommissare erhalten den Befehl, bei

Strafe des Hochverraths sofort allen Verkehr mit mir abzubrechen und mir zu sagen, daß wenn ich die beiden Herren nicht sofort zurück= riefe, dieselben mit Gewalt aus Peking entfernt werden würden.

Ihr könnt Euch denken, daß ich nach Durchlesung dieser Depesche eine recht hübsche Nacht verbrachte. Gleich am andern Morgen begab ich mich zu den Kommissaren, die sich sehr anständig benahmen, mir ihr tiefes Bedauern über die Depesche des Prinzen ausdrückten und über den Befehl, die Verhandlungen mit mir abzubrechen, ebenso miß= vergnügt waren als ich selbst. Was sollte ich nun thun? Sollte ich die Sache aufs Aeußerste treiben und mich trotzdem nach Peking be= geben, selbst auf die Gefahr hin, nicht in die Thore hineingelassen zu werden und blamirt wieder abziehen zu müssen, oder sollte ich, bei der sonst guten Stimmung der Kommissare, einlenken und nur erst die Verhandlungen wieder in Gang zu bringen suchen? Ich entschloß mich zu Letzterem und rief Berg und Brandt zurück, aber Ihr könnt denken, welches Kopfzerbrechen es kostete, dafür eine anständige Form zu finden, und welche Mühe ich anwenden mußte, in meinen Depeschen an die Kommissare und den Prinzen von Kung, die Rückberufung würdig zu motiviren und dieselbe unter Gewahrung aller meiner Rechte als eine Liebenswürdigkeit meinerseits darzustellen, welche mir Ansprüche auf größere Konzessionen der Chinesen gäbe. Bei gräßlichem Schnupfen und 28 Grad Wärme habe ich arbeiten müssen wie ein Pferd. Wozu es führen wird, weiß Gott. Ich habe nur den einen sehnlichen Wunsch, daß die Verhandlungen wieder aufgenommen werden. Führen dieselben zu keinem Ziele, nun gut, so geht es nicht anders. Bleiben dieselben aber abgebrochen aus dem Grunde, weil ich Brandt und Berg nach Peking geschickt habe, so werden die Engländer und Franzosen, deren Unthätigkeit und vielleicht falsches Spiel mir so sehr im Wege steht, nicht verfehlen, in alle Welt auszuposaunen, daß ich durch die Unvor· sichtigkeit, nach Peking vordringen zu wollen, selbst schuld an dem Mißlingen meiner Mission geworden sei.

Gestern sind Brandt und Berg zurückgekommen; an Allem, was der Prinz von Kung ihnen vorgeworfen hat, ist natürlich nicht ein wahres Wort. Niemand hat sie verhindern wollen, in Peking einzu= ziehen, jetzt aber sind Anstalten getroffen, um meine Hinüberkunft zu verhindern. An der Seite der Stadt, von welcher ich erwartet werde, sind Truppen zusammengezogen, die exerziren, schießen und großen Lärm machen, um uns, wie es scheint, bis nach Tientsin herüber Furcht einzuflößen.

Donnerstag, den 4. Juli 1861.

Die Verhandlungen sind, Gott sei Dank, wieder aufgenommen und mit solchem Eifer betrieben worden, daß die Entscheidung, ob Vertrag oder nicht? in diesen Tagen getroffen werden muß. Es handelt sich eigentlich nur um einen einzigen Punkt. Ich verlangte für Preußen das Recht, einen Gesandten in Peking akkreditiren zu dürfen, wie dies die anderen Mächte durch den Krieg erlangt haben. Die Chinesen verweigerten mir dies Recht rundweg, und der englische und französische Gesandte erklärten mir, sie könnten mich in meinen Bestrebungen, dasselbe zu erlangen, nicht unterstützen. So sah ich mich zu einer Konzession gezwungen: ich sagte, ich wollte, wenn das Gesandtschafts=recht im Hauptvertrage stipulirt werde, in einem Separatartikel die Verpflichtung übernehmen, daß vor Ablauf von fünf Jahren kein preußischer Gesandter nach Peking kommen sollte. Nach unendlichen Mühen gelang es, die Chinesen an den Gedanken dieses Auskunfts=mittels zu gewöhnen, aber sie verlangen statt fünf Jahre, zehn Jahre. So steht es: ich gebe zehn Jahre auf keinen Fall zu. Der Kaiser wird nun entscheiden: begnügt er sich mit fünf Jahren, so wird der Vertrag wohl zu Stande kommen, besteht er auf zehn, so reise ich ab. Aber wohin? In Hongkong ist es jetzt in den nächsten drei Monaten so heiß und ungesund, daß Fremde daselbst wie die Fliegen sterben. In Siam ist die Regenzeit. Die ungeheuer weite Fahrt bis nach Batavia zu machen, fürchte ich mich, da wir schon wieder in der vollen Saison der Taifune sind; es geht das Gerücht, daß die russische Fre=gatte „Swetlana", mit der wir in Nagasaki zusammentrafen und deren Kapitän Butakoff wir so gut kannten, im vorigen Monat bei einem Taifun an der japanischen Küste mit Mann und Maus untergegangen ist. Das ist nicht ermuthigend. Die größte Lust habe ich eigentlich, auf ein paar Monate nach Nagasaki zurückzukehren und mich dort in der schönen Natur so recht auszuruhen. Ich bedarf es wirklich. Denkt Euch, daß ich in der letzten Zeit, um nur fertig zu werden, täglich von 6 Uhr des Morgens bis 6 Uhr des Abends habe arbeiten müssen, und das bei einer Hitze von 30 bis 32 Grad Réaumur. Dabei diese innere Aufregung, dieses ewige Abängstigen und oft auch noch Aerger, daß einem die Galle überlaufen möchte. — Ich bin zuweilen so müde, so niedergeschlagen, so verzweifelt, daß ich die größten Anstrengungen machen muß, um meiner Umgebung meinen Zustand nicht zu verrathen. Von dem Allen hat man in Berlin keine Idee; die Leute bilden sich, wie es scheint, ein, daß ich herrlich und in Freude lebe, daß mir alle

Verträge auf dem Präsentirteller gebracht werden und daß ich so dumm bin, aus Bescheidenheit nur ein Stückchen und nicht den ganzen Vertrag zu nehmen.

Mein Geburtstag war höchst traurig. Es wußte Niemand etwas davon als August und der liebe Gott, der an dem Tage ein furchtbares Gewitter schickte. An Euch habe ich viel, viel gedacht.

Seit dem 1. d. Mts. haben wir alle Abende das Schauspiel eines prachtvollen Kometen. Ihr seht ihn doch auch? Es wird behauptet, es sei der Komet Karls V.

Mein armer Paul flößt mir Besorgnisse ein; er kann eine Dysenterie, die ihn überfallen hat, nicht los werden und sieht aus wie eine Leiche oder wenigstens wie ein ganz alter Mann. Seit etwa acht Tagen ist Sundewall mit seinem Schwager und seinem Adjutanten bei mir, dazu kommen noch sechs oder sieben andere Herren von den Schiffen, die zwar nicht in meinem Hause wohnen, aber bei mir frühstücken und diniren. Ich muß ein Geld ausgeben, daß mir das Haar zu Berge steht.

　　　　　　　　　　　　Tientsin, Sonntag, den 7. Juli 1861.

Wie glücklich seid Ihr doch daran, daß Ihr Euch so selten zu trennen braucht, aber wie verwöhnt seid Ihr auch. Nicht einmal vierzehn Tage kann der Ehemann von Nauen nach Potsdam gehen, ohne die ganze Familienpastete mitzunehmen. Neulich träumte ich lebhaft, Philipp hätte mir geschrieben, er wollte mir nach Singapore entgegenkommen; ich glaube, er thäte es für eine Million nicht. Aber er hat ganz Recht. Sollte ich noch einmal zurückkehren, so könnte mir Einer alle Schätze der Welt bieten, ich würde die Sache nicht noch einmal machen.

Wir haben heute wieder 32 Grad, ich habe nichts an als eine wollene Jacke, ein Hemd und ein Paar ganz leichte Beinkleider. Durch die Hemdärmel transpirire ich so, daß auf den beiden Stellen des Tisches, auf welche ich beim Schreiben die Arme gestützt habe, große nasse Flecken sind. Auf diesem Papier, auf welches ich schreibe, liegt starkes Papier als Unterlage für meine Finger, weil der Brief sonst ganz durchweicht werden würde. Nach jeden paar Sätzen, die ich geschrieben, muß ich aufstehen, weil der Rohrstuhl so heiß geworden ist, daß ich wie auf Kohlen sitze. Eiswasser mit Branntwein wird in ungeheuren Quantitäten verschluckt, hin und wieder legt man sich hin, aber man muß gleich wieder aufspringen, denn die liegende Stellung ist die unerträglichste. Wenn Wasser eine halbe Stunde steht, ist es lauwarm, Fliegen setzen sich einem zu Hunderten auf die Nase und bleiben auf derselben kleben. Es ist ein Zustand, von dem man nicht weiß, ob man über ihn weinen oder lachen soll. Gott sei Dank, daß man köstliches Eis im Ueberfluß hat, und daß die Abende sich immer um mehrere Grade abkühlen. Gestern sah ich einen Haufen Bettler an einer Straßenecke sitzen, die alle Thee aus Schalen tranken, in denen große Stücke Eis lagen.

Die Weintrauben haben aufgehört genießbar zu sein, statt dessen genießen wir herrliche Melonen und Aprikosen, man muß nur vorsichtig mit denselben sein. Heinrich ist wirklich bewunderungswürdig; er arbeitet trotz der Hitze wie ein Pferd, während ich Paul, der sich gar nicht erholen kann, wahrscheinlich der Luftveränderung wegen an Bord der „Arcona" werde schicken müssen.

Die Entscheidung aus Peking ist noch nicht eingetroffen. Ich halte das zwar für ein gutes Zeichen, aber ich bin doch in entsetzlicher Spannung.

Gestern waren wieder Pferderennen. In einem derselben siegte Bunsens Pony brillant, und er gewann dabei etwa 150 Thaler. Es ist ein ganz prachtvoller tartarischer Pony von der regelmäßigsten Bauart; könnte ich ihn Onkel Hertefeld*) mitbringen, er würde in Ekstase über ihn gerathen. Daß die Sämereien aus Japan gut angekommen sind, freut mich sehr. Wenn ihr zufällig hört, was daraus geworden ist, so schreibt es mir doch.

Mittwoch, den 10. Juli 1861.

Seit zwei Tagen haben wir bezogenen Himmel, es regnet hin und wieder ein wenig, und die Wärme erhebt sich nicht über 24 Grad. Das kommt uns kühl und erfrischend vor. Sundewall und mehrere Herren von den Schiffen haben uns wieder verlassen und sich an Bord der Schiffe zurückbegeben, dadurch ist es, Gott sei Dank, etwas ruhiger im Hause geworden.

Von den kaiserlichen Kommissaren habe ich gestern eine Note erhalten, worin sie mir schreiben, der Vertrag könnte nun gleich abgeschlossen werden, wenn ich nur in einige kleine Abänderungen meines

---

*) Freiherr Karl v. Hertefeld auf Liebenberg ꝛc., geboren 1794, Großonkel der Gräfin Alexandrine, welche nach seinem Tode 1867 in den Besitz der Güter und des Namens desselben (er war der Letzte seines Geschlechtes) gelangte. Freiherr v. Hertefeld ist hochverdient um Landwirthschaft und Pferdezucht. Er zog nach englischem Vorbilde Rennpferde auf seinen Gütern und führte die Pferderennen in Preußen ein. Siehe auch Einleitung.)

Entwurfes willigte; wie ich aber die Sache näher ansehe, haben sie
mir auch nicht einen Artikel stehen lassen, sondern von jedem so viel
weggenommen, daß er nach Etwas klingt, ohne Etwas zu bedeuten. Es
ist wirklich zum Verzweifeln, nun geht die ganze Geschichte wieder von
vorn los. Bei diesen Kerlen helfen, wie mein Dolmetscher, der gute
Herr Marques, richtig sagt, nur Kanonen. —

Die Kinder grüße ich tausendmal: wie groß mögen sie in den
vierzehn Monaten geworden sein, wo ich sie nicht gesehen habe. Die
Ellguther umarme ich in alter Freundschaft und Verehrung, und Euch
bitte ich, mir die alte Liebe zu bewahren. — Fritz.

Nebenstehende Briefseite ist eine Wiedergabe der ersten Seite der Handschrift des
nachfolgenden Briefes in gleicher Größe des Originals. Sämmtliche Briefe sind
gleich der hier wiedergegebenen Probe in gleichmäßig kleiner und peinlich sauberer
Schrift ohne Aenderungen geschrieben.

Tientsin, Montag, den 15. Juli 1861.

Seit vier Tagen habe ich täglich Konferenzen mit den Kaiserlichen
Kommissarien. Wir berathen den Vertragsentwurf, den ich ihnen
vorgelegt habe, Artikel für Artikel. Das Resultat unserer Berathungen
soll dann dem Kaiser vorgelegt werden, welcher entscheiden wird, ob der
Entwurf zum Vertrage erhoben werden kann oder nicht. Ihr könnt
Euch keine Idee davon machen, wie angreifend diese Konferenzen sind.
Die Kommissäre haben keine Spur von Verständniß oder wollen keins
haben. Ueber einen Satz kann man stundenlang mit ihnen streiten,
am Ende kommen sie immer wieder auf das zurück, wovon sie ausgegangen sind. Ich muß mich abquälen, meinem Dolmetscher französisch
zu sagen, was er sagen soll. Dieser quält sich dann ab, den Chinesen
chinesisch zu sagen, was ich will. Die Antwort der Chinesen muß er
mir wieder französisch sagen, was ihm sehr sauer wird, da er schlecht
französisch spricht. So kommt es, daß er nach einer Stunde matt wird,
sich immer über die Stirn streicht wie einer, dem ganz dumm im Kopfe
geworden ist, und daß ich dann nicht mehr sicher bin, ob er auch wirklich
das sagt, was ich ihm auftrage. Dabei eine konstante Wärme von
30 Grad. Die Konferenzen dauern in der Regel vier bis fünf Stunden,
nach Ablauf derselben bin ich wie aufgelöst, und wenn ich nach Hause
komme, so ist das Erste, daß ich eine Flasche eiskalten Bieres
in fünf Minuten austrinke. Die letzten drei Zusammenkünfte haben
im Hause von Tsung-hu stattgefunden, es ist daselbst kühler wie
bei mir, aber die Kerle haben gar nichts Vernünftiges zu trinken, immer

Seit 4 Tagen habe ich täglich Conferenzen mit den kaiserlichen
Commissarien. Wir besprechen den Vertrags-Entwurf, den ich ihnen
vorgelegt habe, Artikel für Artikel. Das Resultat unseren Be-
rathschlagen soll dann dem Kaiser vorgelegt werden, welcher
entscheiden wird, ob die fortwähr zum Vertragen angehen werden dann oder nicht. Ihr könnt nach diesem Jahr davon machen,
wie angreifend diese Conferenzen sind. Die Commissäre haben
davon Sinn von Werkständniß, oder wollen keinen haben. Über
einen Satz haben wir stundenlang mit ihnen streiten: er freit-
kommen sie immer wieder auf das zurück, wovon sie ausgegangen sind. Ich muß mir abquälen meinem Dollmetscher französisch
zu sagen, was er sagen soll. Dieser quält sich dann ab den Chinesen chinesisch zu sagen was ich will. Die Antwort der Chinesen
muß er mir wieder französisch sagen, was ihm sehr schwer
wird, da er schlecht französisch spricht. So kommt es, daß er
nach einer Stunde noch nicht, sich immer über die Stirn
streicht, wie einer, ehm ganz dumm im Kopfe geworden ist,
und daß ich dann nicht mehr sicher bin, ob er auch wirklich
das sagt, was ich ihm auftrage. Dabei eine constante Wärme
von 30°. Die Conferenzen dauern in der Regel 4–5 Stunden,
nach Ablauf derselben bin ich wie aufgelöst, und wenn ich
nach Hause komme, so ist das erste, daß ich Kleider mit Soldat
keinem in 5 Minuten abkleiden. Am letzten Mai zusammen
dürfte haben im Hause von Tsung-lun stattgefunden: als ich
daselbst dinierten, wie bei mir; aber die Kerle haben gar nicht
vernünftiges zu trinken, immer Thee und wieder Thee, wenn
sie einem alle halbe Stunde eine Tasse bringen. Wenn man
sich hineinrichtet so geht das allenfalls: nachdem ich aber neulich
bemerkt haben, daß die Männer immer die nicht ganz ausgetrunken

Thee und wieder Thee, wovon sie einem alle halbe Stunde eine Tasse bringen. Wenn man Eis hineinwirft, so geht das allenfalls, nachdem ich aber neulich bemerkt habe, daß die Diener immer die nicht ganz ausgetrunkenen Tassen wieder in den allgemeinen Theetopf zurückgießen, um dann von Neuem daraus einzuschenken, habe ich mir die Sache verekelt. Ich bin kein Liebhaber von Geträuk, in welchem sich schon die schmutzigen Lippen der Chinesen gebadet haben, und deshalb hatte ich heute zwei Flaschen Sekt mitgenommen, die wir mit Wasser und Eis tranken. Niemals komme ich darum herum, auch substantiellere Sachen bei ihnen genießen zu müssen: Entenbraten, Hammelbraten, Schweinebraten, Hühnerbraten, Schinken, Pasteten, Reis, Knobloch, Früchte aller Art auf Hunderten von kleinen Schüsselchen, die zuletzt, weil kein Platz mehr auf dem Tische ist, eins über das andere gesetzt werden, und Alles, Fleisch, Obst und Gemüse, in die kleinsten Stückchen geschnitten, so daß man so recht sieht, wie beim Arrangement die schmutzigen Finger mitgearbeitet haben. Es ist außerordentlich degoutant. Die Hitze fängt nachgerade an namentlich deshalb unerträglich zu werden, weil auch die Abende keine Kühlung mehr bringen. Um elf Uhr nachts haben wir in den letzten Tagen immer noch 26 bis 27 Grad gehabt. Wir essen jetzt um acht Uhr abends und im Hofe, aber von Essen ist trotzdem nicht viel die Rede, man hat keinen Appetit. Immer nur trinken! Die Offiziere von der „Elbe" haben mir neulich eine Quantität Selterwasser überlassen: das ist ein himmlischer Genuß, aber er wird nicht lange dauern, denn so wie ich morgens erwache, schreie ich schon „Selterwasser" und wenn ich mich abends zu Bette lege, schreie ich auch noch „Selterwasser!" Da wird's mit der Provision bald zu Ende sein. — Heinrich ist wirklich bewundernswürdig, er arbeitet wie ein Lastträger und muß es auch thun, obwohl er vier chinesische Diener unter seinen Befehlen hat. Ich selbst behelfe mich so gut ich kann, sehr angenehm ist es aber nicht, Niemand zur Hand zu haben, wenn man mehrmals am Tage Anzug und Wäsche wechseln muß. Unter den englischen Soldaten ist trotz ihrer vortrefflichen Verpflegung sehr viel Krankheit. Sie haben jetzt neun Prozent Kranke, und die Lazarethe sollen vollgestopft sein. Auch die Offiziere leiden sehr; sie behaupten, daß es in Indien zwar ebenso warm und noch wärmer sei als hier, dort habe man aber alle möglichen Einrichtungen getroffen, um die Wärme erträglicher zu machen, während hier die Mauern, die jedes Haus umgeben, die Zirkulation der Luft auf Null reduziren und eine Stickhitze hervorbringen, die wirklich auf die Länge unerträglich ist.

Dienstag, den 16. Juli 1861.

Heute war des Kaisers von China, Hien-Fung, Geburtstag. Er ist 31 Jahr alt geworden. Tsung-lun hatte mir gestern gesagt, daß wir dieses Geburtstages wegen heute keine Konferenz haben könnten. Um mich höflich zu erweisen, ließ ich ihm meinen Besuch zu vier Uhr nachmittags ankündigen und begab mich um diese Stunde, vom Dol= metscher, den drei Attachés, Berg und Lucius begleitet, zu ihm. Wir saßen alle in Sänften, ich in meiner Staatssänfte von acht Kerlen getragen, die anderen mit vier Trägern. Tsung-lun empfing uns in Gala, eine große Menge von Mandarinen hatte in den Höfen, die wir durchschritten, Spalier gebildet, sie hatten Alle schöne seidene gestickte Kleider an. Nachdem ich meine Gratulation vorgebracht, gab es wieder den unvermeidlichen Imbiß. Bei der Rückkehr hatten wir einige Schwierigkeiten zu überwinden, da uns in den engen Straßen englische Trainwagen begegneten: großen Genuß aber gewährte uns ein Ge= witter, das bald nachdem wir zu Hause angelangt waren losbrach und die Luft um mehrere Grade abkühlte.

Mittwoch, den 17. Juli 1861.

Die Wirkungen des Gewitters haben nicht lange angehalten, heute ist es wieder ebenso heiß wie in den Tagen zuvor. In einer sechsstündigen Konferenz habe ich die Berathung der einzelnen Artikel des von mir vorgelegten Vertrages beendet: damit ist aber nicht viel gewonnen, denn über die Hauptartikel ist kein Einverständniß zu Stande gekommen. Nun muß ich mich wieder hinsetzen und schriftlich aus= führen, warum ich auf diesem oder jenem Artikel bestehen muß, dann wird das Alles nach Peking geschickt und dort entschieden werden; ich habe immer noch sehr geringe Hoffnung, daß es zu Etwas kommt.

Lucius und Brandt haben Fieberanfälle gehabt, und bei den Eng= ländern fangen die Leute an, nicht bloß krank zu werden, sondern auch zu sterben. Ich wundere mich sehr, daß ich mich immer noch so leidlich halte, zumal das Arbeiten bei der Hitze entsetzlich angreift. Ich glaube, daß, so schädlich es ist, sich der vollen Sonne auszusetzen, doch Bewe= gung im Freien, morgens oder abends, nothwendige Bedingung der hiesigen Existenz ist, und so versäume ich denn auch keinen Tag oder vielmehr keinen Abend, um 6½ Uhr mich auf meinen braunen Hengst zu schwingen — nein, schwingen ist nicht das Wort, ich müßte vielmehr sagen, hinaufzukriechen, — und eine bis anderthalb Stunden tüchtig zu reiten. Das bewahrt das Blut vor völliger Stockung.

Donnerstag, den 18. Juli 1861.

Heute erschienen die kaiserlichen Kommissare schon um neun Uhr morgens bei mir, um mir für meine vorgestrige Visite einen Gegenbesuch zu machen. Ich hatte meinem Koch gesagt, er möchte ihnen ein möglichst chinesisches Frühstück bereiten, und das hatte derselbe auch gethan. Bei diesen Mahlzeiten fängt man mit Früchten an, geht dann zu Fleischspeisen über, die alle ganz klein geschnitten und gewaltig mit Knoblauch gewürzt sind, und endet mit Reis, wozu Bouillon präsentirt wird. Die Kommissare ließen es sich sehr gut schmecken, jeder hatte seinen Haushofmeister mit, der ihnen nach beendigter Mahlzeit erst einen sehr unappetitlichen Becher zum Mundausspülen, den sie sich selbst mitgebracht hatten, und dann einen nassen Lappen zum Abwischen des Gesichts überreichte. Früchte, wie Aprikosen und Pfirsiche, schälen die Herren mit ihren zolllangen Nägeln und präsentiren sie einem dann aus Höflichkeit. Ihr könnt denken, mit welchem Empressement ich die Annahme des Dargebotenen ablehnte.

Abends waren nur Marques, Brandt und ich bei Tisch. Die Uebrigen waren ausgebeten.

Freitag, den 19. Juli 1861.

Heute ist die Post aus Europa angekommen, hat für uns aber nichts gebracht, da ich Ordre gegeben hatte, die Depeschen und Briefe in Hongkong zurückzubehalten. Ich glaubte nicht, daß ich so lange würde hier bleiben müssen. Nun habe ich geschrieben, die Sachen sollen mir wieder nachgeschickt werden, und Anfang künftigen Monats werde ich wohl zwei Posten zu gleicher Zeit erhalten.

Die konstante Wärme von 30 Grad fängt an fast unerträglich zu werden. Dabei zu arbeiten ist eine Qual. Nach jeder halben Seite, die ich geschrieben habe, muß ich mindestens eine halbe Stunde ruhen, weil ich in Schweiß gebadet bin; aber alle Stühle, auf die man sich setzt, sind heiß; auf dem Bette kann man es nicht fünf Minuten aus=halten. So schleppt man sich hin in einer Art Verzweiflung, nament=lich in den Stunden von 1 bis 6 Uhr, wo die Sonne mit ihrer vollen Gluth auf das hölzerne Haus brennt. Die englische Garnison verliert außerordentlich viel Leute; wir reiten abends nie mehr aus, ohne zwei, drei Soldaten begraben zu sehen. Sie sterben einfach an der Hitze, nicht etwa vom Sonnenstich, sondern an einer Art Gehirn=lähmung, die einen außerordentlich raschen Verlauf hat und sich durch nichts vorher annoncirt. Die Aerzte sind in Verzweiflung, weil sie der Sache nicht beikommen können.

Heute spielten die englischen Offiziere zur Ehre des just hier an=
wesenden Oberkommandirenden, Sir John Mitchell, wieder einmal
Komödie: ich ging aber nicht hin und ich habe auch sehr recht gethan,
denn es soll gräßlich heiß gewesen sein. Einer der mitspielenden
Offiziere, der eine Dame darstellte und siebenmal Toilette ändern
mußte, ist beim siebenten Mal ohnmächtig geworden, und alle Schau=
spieler haben so transpirirt, daß ihre Knie und andere hervorragende
Theile ihres Körpers durch große nasse Flecken angedeutet worden sind.

Sonnabend, den 20. Juli 1861.

Bei der absoluten Unmöglichkeit, während der Hitze des Tages etwas
zu thun, stand ich heute schon um 5 Uhr auf und werde das
auch künftig thun müssen. In den Stuben habe ich wieder große
Eisklumpen aufgestellt, es hilft aber wenig; mein ganzer Körper ist
mit einem rothen Ausschlage bedeckt, der zuweilen wie Nadeln sticht.

Ich hatte heute einen Besuch vom General Mitchell, der vor=
trefflich soldatisch aussieht und ein liebenswürdiger Mann zu sein
scheint. Mit ihm zusammen ritt ich zu den Rennen heraus, die nichts
Bemerkenswerthes boten. Abends aßen eine Menge englischer Offiziere
und der englische Geistliche Mc Ghee bei mir, ein sehr angenehmer
Mann mit Schnurr= und Backenbart. Wir aßen im Hofe; der Eßtisch
war mit 36 Papierlaternen erleuchtet, aber man konnte nichts genießen:
es war zu heiß. Nach Wein wird mir jetzt immer ganz übel, ich kann
nur noch Bier vertragen.

Der Doktor sagt, Paul sei auffallend in der Besserung; er ist
aber so schwach wie eine Fliege, und sein Blick gefällt mir nicht.

Sonntag, den 21. Juli 1861.

Heute war der heißeste Tag von allen, die wir noch gehabt haben;
er hat mir meinen Paul gekostet. Das Thermometer zeigte
31 Grad, und es war erstickend. Paul hatte über große Unruhe ge=
flagt, war aber gegen 7 Uhr abends eingeschlafen. Bald nach 9 Uhr
hörten wir aus seiner Stube ein lautes Röcheln. Als wir hinzu=
kamen, war er besinnungslos. Eisumschläge und Sturzbäder halfen
nichts mehr, in einer halben Stunde war er todt. Es ist ein sehr
großer Verlust für mich, denn abgesehen davon, daß er ein treuer, an
mich attachirter und brauchbarer Diener war, habe ich nun wirklich zu
wenig Arbeitskräfte. Ich muß der Annehmlichkeit, persönlich gut be=
dient zu sein, entsagen, und das ist bei dem Leben, das ich führe, keine

Kleinigkeit. Ich kann Euch nicht sagen, wie traurig und unheimlich mir zu Muthe ist. Heute Morgen ist ein hier sehr bekannter englischer Offizier, Atkinson, an den Pocken gestorben. Dies verdammte China!

Montag, den 22. Juli 1861.

Morgens 5 Uhr wurde Pauls Leiche nach dem englischen Militär Hospital gebracht, wo in der Nacht drei Leute gestorben waren. Mit diesen ist er heute Abend auf dem englischen Kirchhofe begraben worden. Wir folgten ihm Alle, auch Heinrich; der englische Geistliche sprach die Gebete, und unter Gewehrsalven schloß sich das Grab. Von August begleitet, galoppirte ich in die weite Ebene hinein; wir kamen erst zurück, als es ganz dunkel war; wir haben nichts gesprochen, aber viel gedacht. Dabei war es eine Hitze, daß die Luft, die man athmete, einem auf der Zunge brannte.

Dienstag, den 23. Juli 1861.

Von früh an wehte ein heftiger Wind, aber statt Kühlung zu bringen, brachte er Gluth. Verzeiht, daß ich so viel vom Wetter spreche, aber wo Geist und Körper ihm zu unterliegen drohen, da hat man überhaupt gar keine Kraft mehr, etwas Anderes hervorzubringen, als Klagen über diesen Zustand. Bekäme ich hier irgend eine Krankheit, die mich zwänge, mich zu legen, so wäre ich in Zeit von wenigen Tagen verloren, daran ist gar kein Zweifel, denn dies Gefühl haben wir Alle. Das Thermometer stand noch abends spät auf 29 Grad und war den ganzen Tag über auf 31 Grad gewesen. Wo man hin-hört, ist Alles krank, und nun dazu das Sorgen und Grämen um meinen Vertrag. Und mein armer Paul! Wie nahe mir sein Tod geht, kann ich Euch nicht sagen, aber auch Heinrich ist rührend: er merkt es und will mir durch Aufmerksamkeiten aller Art den Verlust ersetzen. Ich habe ihm streng befohlen, eine ganze Reihe von Arbeiten, die er selbst verrichtete, an die chinesischen Diener zu übertragen; nichts ist hier gefährlicher als Anstrengung und Aufenthalt im Freien; wenn Heinrich mir draufginge, ich wüßte gar nicht, was ich anfangen sollte.

Mittwoch, den 24. Juli 1861.

Gott sei Dank, das Wetter scheint sich ändern zu wollen, der Himmel ist bedeckt, und wir haben nur 25 Grad. Das kommt uns so kühl vor, daß wir Alle unsere Kleidung etwas wärmer ein gerichtet haben. Spät abends war ich ausgeritten und sah einen prächtigen, aber glücklicherweise auf Regen deutenden Sonnenuntergang. Man kann wieder athmen, und neue Hoffnung zieht in die Brust.

In meinen Vertragsverhandlungen habe ich heute die letzten Karten ausgespielt, nun muß Gott weiter helfen.

Ich bin zu matt und zu schläfrig, um den Brief, der morgen abgehen soll, noch einmal überzulesen. Ich glaube, er enthält viel Kleinmuth; vielleicht gelingt es mir bald, denselben zu überwinden und Euch nächstes Mal bessere Nachrichten von mir geben zu können. Seid tausendmal gegrüßt, küßt die Kinder aufs Herzlichste von mir und denkt mit derselben Liebe an mich, wie mein Herz bis zum letzten Athemzuge für Euch erfüllt sein wird. — Fritz.

Tientsin, Sonnabend, den 27. Juli 1861.

Mit Wetterbeschreibungen endigte ich meinen letzten Brief, und mit Wetterbeschreibungen fange ich den neuen wieder an. Seit drei Tagen ist das Thermometer um 13 Grad gefallen: am 23. d. M. hatten wir 31 Grad Réaumur, und heute haben wir bei strömendem Regen 18 Grad. Mich fror, als ich mein Bad nahm, und ich zog mir wollene Kleider an. — Nein, welche Wonne ist es, regnen zu sehen und kalte Schauer zu empfinden, nachdem man diese Höllenhitze ausgestanden hat. Wer weiß nur, ob dieselbe nicht noch einmal mit erneuter Kraft wiederkehrt.

Aus Peking ist noch keine Entscheidung. Ich weiß nicht, ist es ein Vorgefühl, daß sie günstig sein wird, oder bin ich durch Hitze und Arbeit so abgemattet, kurz ich empfinde keine Unruhe und kein Herzklopfen, sondern ziemliche Gleichgültigkeit. Ich weiß, daß ich Alles gethan habe, was menschenmöglich war. Geht's trotzdem nicht, so ist's nicht meine Schuld.

Ich habe Euch, glaube ich, einmal geschrieben, daß es hier keine Brunnen giebt, sondern daß alles Wasser aus dem übermäßig schmutzigen Flusse geholt wird. Dieses Wasserholen geschieht durch Kulis, die das Wasser entweder tragen oder auf Karren fahren. Sie bekommen für diese Arbeit wahrscheinlich sehr wenig, denn die Kulis, welche ich als dienende Geister im Hause habe, und von denen ich Jedem wöchentlich 1 Dollar (1 Thaler 15 Silbergroschen) gebe, halten sich andere Kulis, die das Wasser tragen. Trotzdem kann hier das Wasserherbeischaffen zu einer hübschen Ausgabe werden. Ein Offizier von der englischen Intendantur hat mir erzählt, daß für die aus etwa 3500 Mann bestehende englische Garnison das Wassertragen auch durch Kulis besorgt wird und dafür monatlich 600 Pfund Sterling, also etwa 4000 Thaler, verausgabt werden.

Vor einigen Tagen ist der sogenannte zweite Sekretär der französischen Gesandtschaft in Peking, ein Herr de Méritens, eigentlich
Dolmetscher der Gesandtschaft, bei mir gewesen und hat vorgestern bei
mir dinirt. Er ist ebenso lächerlich und aufgeblasen, wie die ganze
französische Gesandtschaft zu sein scheint. Nach seinem Reden macht
er eigentlich alle Geschäfte, ist intimer Freund des Prinzen von Kung
und läßt durchmerken, daß, wenn ich zu irgend einem Resultate komme,
dies eigentlich sein Werk ist. Diese Sorte Franzosen, und leider giebt
es deren sehr viele, sind doch wirklich unausstehlich und kommen einem,
namentlich wenn man sie mit den ruhigen, positiven Engländern vergleicht, unendlich albern vor. Freilich kann auch die Ruhe bei den
Engländern zu weit gehen und zu so ungeheurer Faulheit ausarten,
wie dies bei dem englischen Gesandten Mr. Frederick Bruce in Peking
der Fall ist. Derselbe thut nichts, antwortet auf keinen Brief, sondern
betet nur Frau v. Bourboulon, die Frau des französischen Gesandten, an.

Mein armer Paul! Wenn er nur noch ein paar Tage ausgehalten
hätte, dann wäre er gerettet gewesen. Die Engländer haben in den
sechs heißesten Tagen fünfzig Leute an Schlagfluß verloren; sofort mit
dem Eintritt der kühleren Witterung aber haben sich ihre Lazarethe
geleert, und der Gesundheitszustand ist fast normal geworden.

Sonntag, den 28. Juli 1861.

Ich muß doch ein großer Sünder sein, sonst würde der liebe Gott
mir nicht so viel auferlegen. Heute morgen ist mein Dolmetscher
Marques vom Schlage getroffen worden: seine ganze linke Seite ist
gelähmt, und wenn sich gleich vorderhand die Sache so anläßt, daß
Gefahr für sein Leben nicht vorhanden, möglicherweise auch eine völlige
Wiederherstellung zu erwarten ist, so ist doch nicht daran zu denken,
daß er noch für mich arbeiten kann. Mir ist nichts Anderes übrig
geblieben, als sofort an Herrn de Bourboulon nach Peking zu schreiben
und ihn zu bitten, mir für die Zeit, die ich noch hier zubringen muß,
den Herrn de Méritens, von dem ich Euch gestern schrieb, als Dolmetscher zu überlassen. Ich hoffe, er wird es thun, sonst wüßte ich
in der That nicht, was ich anfangen sollte.

Dienstag, den 30. Juli 1861.

Mit Marques geht es den Umständen nach gut, er kann sein linkes
Bein ein wenig bewegen, aber er ist in großer Aufregung, will
nach Hause, glaubt, er wird sterben, will deshalb seine Frau und

Kinder noch sehen und weint immer, wenn ich zu ihm komme. Zu mitten dieser Geschichten habe ich gestern vom Prinzen von Kung und den kaiserlichen Kommissaren Depeschen bekommen, die Alles wieder in Frage stellen, weil sie neue Konzessionen von mir verlangen, die ich nicht machen kann. Nein, es ist wirklich ein Zustand zum Verzweifeln, und ich fühle ganz deutlich in mir, daß ich das nicht lange aushalte; auch bin ich fest entschlossen, mich auf weitere lange Verhandlungen nicht einzulassen, sondern es zum Biegen oder Brechen zu bringen. Glücklicherweise ist Herr de Méritens viel mehr der Mann dazu, um mir hierin behülflich zu sein, als der alte Marques, der nie weiter als von Macao nach Tientsin gewesen ist, sich von einem gewissen Respekt vor den hochgestellten Chinesen nicht lossagen kann und schriftlich und mündlich Alles mildert, was ich ihm zum Verdolmetschen aufgebe. Méritens ist darin viel bequemer, er kennt und verachtet die Chinesen; europäische Verhältnisse und Begriffe sind ihm geläufig, so werde ich mit ihm leichtere und fruchtbarere Arbeit haben, vorausgesetzt, daß Herr de Bourboulon ihn mir läßt, worüber ich noch keine Gewißheit habe.

Die Wärme ist gestern und heute nicht über 24 Grad gegangen, an beiden Tagen habe ich weite Ritte in die Maisfelder und umliegenden Dörfer gemacht. Wenn dann die untergehende Sonne ihre rothen Strahlen über die weite grüne Fläche wirft und die Schwalben ihr hübsches Liedchen dazu singen, wird mir zuweilen so unendlich vaterländisch zu Muth, daß ich am liebsten vom Pferde springen und den lieben Gott auf den Knieen bitten möchte, mich mein Vaterland noch einmal wieder sehen zu lassen.

Sonnabend, den 3. August 1861.

Heute habe ich Eure Briefe d. d. Liebenberg, den 25. Mai, erhalten. Habt tausend Dank für die Liebe, die Ihr mir aufs Neue darin ausdrückt. —

Gott sei Dank, daß es Euch Allen gut geht, und daß namentlich auch die Kinder sich körperlich und geistig zu Eurer Freude entwickeln. Wenn Ihr einmal zu müde zum Schreiben seid, so beauftragt doch Fili damit, er wird seine Sache gewiß ganz vernünftig machen. Fräulein Tony*) danke ich herzlich für ihre Grüße; einen Hund für sie habe ich schon, derselbe hat mir die Freude gemacht, vor zwei Tagen zweier kleinen

---

* Freiin Tony v. Rothkirch-Panthen, Schwester der Gräfin Alexandrine. (Siehe auch Einleitung am Schluß.)

Hündchen zu genesen, die sehr hübsch zu werden versprechen, wenn sie nur die Seefahrt aushalten werden. Einen köstlichen Mops habe ich müssen ersäufen lassen, er hatte Rheumatismus bekommen und zum Theil das Augenlicht verloren, so ließ ich seinen Leiden lieber ein schnelles Ende machen. Eine große Neigung habe ich meinen Hühnern zugewandt. Es sind dies ein junger Hahn und fünf weibliche Ge= spielinnen, die ich einst aus einem Korbe in der Küche rettete, wo dieselben ihrem gewaltsamen Tode entgegensahen. Sie sind sehr zahm geworden und werden vielleicht einst meinen Hühnerhof bevölkern, wenn ich nach vollbrachter Reise mir aus meinen Ersparnissen ein kleines Gütchen gekauft haben werde.   .

Die Wärme ist wieder im Wachsen. Heute hatten wir 25 Grad bei sehr schwüler Luft. Als wir abends hinausgeritten waren, um den alle Sonnabend stattfindenden Rennen beizuwohnen, wurde die Luft so dick, daß man selbst ohne alle Bewegung in die größte Transpiration gerieth.

Rudolph Kanitz*) hat mir geschrieben; ich nehme ihm das sehr hoch auf und will ihm nächstens schriftlich für diesen Freundschaftsdienst danken. Meinem Dolmetscher Marques geht es so ziemlich, ich werde ihn aber in acht Tagen nach Macao zurückschicken. — Ich kann immer nur wiederholen, daß, wenn man mir alle Schätze der Welt böte, ich nicht zum zweiten Male einen solchen Auftrag übernehmen würde. Heute vor einem Jahre stieg ich in Singapore ans Land, und was habe ich seitdem Alles erleben müssen!

Tientsin, Sonntag, den 4. August 1861.

Die Zeitungen bringen die Nachricht vom Tode des Grafen Cavour. Nun fange ich an zu glauben, daß es Krieg geben wird. Er allein war im Stande, die italienischen Patrioten einstweilen zu bändigen. Aus Japan erhielt ich heute traurige Neuigkeiten. Vollständig bewaffnete Banditen haben in der Nacht die englische Gesandtschaft überfallen, um Mr. Alcock zu ermorden, was ihnen auch sicherlich gelungen wäre, hätten sie sein Schlafzimmer gefunden. Die beiden Wächter am

---

*) Graf Rudolf Kanitz, geboren 1822, ein Verwandter des Grafen Fritz Eulenburg und eng befreundet mit der Familie seines Bruders Philipp; Flügel= adjutant König Friedrich Wilhelms IV. und König Wilhelms I.; im Kriege 1870/71 Brigadekommandeur (Garde), bei St. Privat schwer verwundet; jetzt General= lieutenant à la suite der Armee, Herr auf Schmuggerow; vermählt mit Gräfin Louise Schwerin.

Hauptthore haben sie ermordet, sind dann in das Haus gedrungen,
haben aber so viel Lärm gemacht, daß der Gesandtschaftssekretär
Oliphant und der englische Konsul Morrison aufgewacht sind und Zeit
genug gehabt haben, sich in aller Eile zu bewaffnen. Sie haben, wie
man sagt, fünf von den Kerlen niedergeschossen, sind aber selbst durch
Schwerthiebe sehr bedeutend verwundet. Erst viel später sind auch
kaiserliche Jakunins hinzugekommen, und nun hat auf den Gesandtschafts=
gründen ein förmliches Gefecht stattgefunden, in welchem von beiden
Seiten Viele verwundet und Einige getödtet worden sind. Wir sind
doch, glaube ich, in Jeddo in viel größerer Gefahr gewesen als wir
dachten, und ich beneide diejenigen nicht, die ihren Aufenthalt daselbst
nehmen müssen; aber die Gefahr, denke ich, besteht nur in Jeddo, und
ich habe große Lust, wenn ich hier fertig bin, wieder nach Nagasaki zu
gehen und dort zu bleiben, bis die Herbststürme vorüber sind. Ich
habe zu großes Grauen vor der Hitze von Hongkong, die bis in den
October hinein währen soll. —

Montag, den 5. August 1861.

Gestern dinirten folgende Herren bei mir: Der Oberbefehlshaber
der englischen Truppen in China, General Mitchell, ferner General
Staveln, Oberst Spence, Jane, Major Fonblanque, Major Wingfield,
Kapitän Montgomery, Baron de Méritens, französischer Schiffskomman=
dant Porge. Der Abend war ganz köstlich, und wir saßen im Freien
bis 1½ Uhr. Die englischen Militärs führen doch ein tolles Leben.
Alle englischen Regimenter müssen die Wanderung nach Canada, nach
Westindien, nach dem Kap, nach Gibraltar und den Mittelmeerstationen,
nach Ostindien und nun auch nach China machen. Wenn sie eine lange
Reihe von Jahren draußen gewesen sind, so kommen sie auf kurze Zeit
wieder einmal nach England; aber ein Offizier, wenn er nicht den
Abschied nimmt, kann nie sagen: „Nun habe ich meine Zeit im Aus=
lande hinter mir, nun habe ich Anspruch darauf, in England gelassen
zu werden." Das Wandern geht immer wieder von Neuem los.
Zwar haben die Engländer ein großes Talent, sich im Auslande
heimisch zu machen, aber man muß sie nur sprechen, um zu sehen,
welche Sehnsucht sie alle ohne Ausnahme nach Hause haben. General
Mitchell hat seine Frau und seine Kinder seit sechs Jahren nicht gesehen,
und so geht es den meisten Verheiratheten. Sie können ihre Frau
zwar in die Fremde mitnehmen, aber die Kinder kommen in den
Kolonien körperlich und geistig nicht auf. Wenn sie sechs, acht Jahre

alt sind, müssen sie nach England zurückgeschickt werden, und dann geben die Mütter in der Regel mit. Das wäre so etwas für Alexandrine.

Heute Abend fand ein charmantes Manöver der englischen Garnison statt: ich holte Mitchell ab und ließ mir Alles von ihm erklären. Geschossen wurde ungeheuer, und nach jeder Attacke von Janes Horse lagen drei oder vier Kerle höchst malerisch auf der Erde, während ihre köstlichen Pferde mit hocherhobenen Schweifen lose umher galoppirten: es sah aus wie eine Vorstellung bei Renz. Auf einem Haufen lagen drei, die sich gegenseitig übergeritten hatten. Ich glaube nicht, daß sie wesentlichen Schaden genommen haben.

Leider fängt es wieder an, warm zu werden, heute Abend um 11 Uhr hatten wir noch 24 Grad und blieben daher wieder bis gegen 2 Uhr im Freien sitzen. Gegen meine Vertragsverhandlungen bin ich ganz gleichgültig geworden: wenn ich Méritens nicht hätte, so glaube ich, würde die Sache völlig ins Stocken gerathen, solchen Ekel empfinde ich davor. Er nimmt mir die scheußlichste Seite der Arbeit, die mündliche Verhandlung mit den Kommissaren, ab und hilft mir dadurch außerordentlich. Dafür soll er auch einen Orden haben. Abends dinirte ich bei General Stavely.

Dienstag, den 6. August 1861.

Brandt ist mir ganz ernstlich krank geworden; es scheint ein unangenehmes Fieber zu sein: sobald ich höre, daß die „Arcona" wieder von Tschifu nach den Taku-Forts zurückgekehrt ist, will ich ihn an Bord der „Arcona" schicken, wo er sich in der Seeluft erholen soll. Es ist dies ein ziemlich probates Mittel für Diejenigen, die hier auf dem Punkte sind, dem Klima und der Hitze zu unterliegen. Das Klima ist doch aber ein merkwürdiges und gräßliches. Vom Oktober ab kalt, in den Monaten Dezember, Januar, Februar viel kälter wie bei uns, dann kommen zwei Monate Frühjahr mit Sandstürmen, und endlich indische Hitze: ich glaube der einzige Monat September ist gut, gerade derjenige, in welchem ich mich werde einschiffen müssen, und in welchem die Taifune am wüthendsten blasen. Nach einem aus dem Zeitraum von 64 Jahren gezogenen Durchschnitt ergiebt sich, daß in den chinesischen Gewässern vom 1. Dezember bis 31. Mai gar keine Taifune wehen, dann aber im Juni 2, Juli 5, August 5, September 18, Oktober 10, November 6. Am 2. September v. J. verloren wir „Frauenlob". Aus den preußischen Zeitungen ersehe ich, daß immer noch hin und wieder Gerüchte auftauchen, als sei ein Theil der Mannschaft desselben gerettet. Dadurch werden die armen Hinterbliebenen immer wieder in Aufregung gesetzt, während es doch nicht dem mindesten Zweifel unterliegt, daß das Schiff mit Mann und Maus untergegangen ist. Trotzdem soll, wie Briefe aus Danzig besagen, die junge Wittwe des Kommandanten des Schiffes, Lieutenant Retzke, bis diesen Augenblick nicht davon zu überzeugen sein, daß alle Hoffnung verloren sei. Sie bleibt dabei stehen, daß ihr Mann ihr heilig versprochen habe, wiederzukehren, und daß er sein Versprechen halten werde.

Mittwoch, den 7. August 1861.

Wir fangen jetzt Alle an, namentlich an Hitze im Kopfe zu leiden; Brandt hat sich den ganzen Abend Eisumschläge auf den Kopf machen lassen und wird die Nacht über damit fortfahren. Ich bin nicht ohne Besorgniß für den armen Jungen, der so matt ist, daß er kein Glied rühren kann. Mich rettet noch immer der Umstand, daß ich viel zu thun und nicht rechte Zeit habe, an die Hitze zu denken. Ich erinnere mich derselben nur, wenn ich nach einer Stunde Schreibens so naß wie aus dem Wasser gezogen bin und mich dann in meinen Lehnstuhl werfen muß, um eine halbe Stunde unbeweglich still zu sitzen. Von den japanischen Ministern habe ich eine Mittheilung bekommen, wonach dieselben beabsichtigen, Anfang künftigen Jahres eine Gesandtschaft nach Berlin zu senden. Das freut mich sehr. Da werdet Ihr doch auch diese närrischen Kerle zu sehen bekommen.

Tientsin, Donnerstag, den 8. August 1861.

Zum Zeichen der Versöhnung hatten sich die kaiserlichen Kommissare heute zum Frühstück bei mir ansagen lassen, und zwar für 2 Uhr. Erst kam Tsung-hu. Kaum hatte er sich gesetzt, so erschien der General Mitchell, der morgen nach Japan abreisen will und mir Adieu sagen kam. Tsung-hu begrüßte ihn sehr feierlich; Mitchell sagte aber bloß: „Wer ist dieser Kerl", und während Tsung-hu durch den Dolmetscher nun immer die verbindlichsten Redensarten sagen ließ, antwortete der General bloß immer: „Ach, laß der Kerl mich in Ruhe, ich will mit Ihnen sprechen, aber nicht mit dem steifen Mandarin" ꝛc. Es war eine Scene zum Todtlachen. Später kam auch Tsung-li an; es wurde gefrühstückt, und die Kommissare versprachen heilig, in vierzehn Tagen sollten die Sachen so weit sein, daß wir den Vertrag zeichnen könnten. Der Champagner, den wir tranken, brachte uns so in Schweiß, daß ich ganz aufgelöst war, und als sie endlich um 5 Uhr weggingen, mußte ich, statt mich hinzustrecken und mich auszuruhen, Depeschen schreiben. Eine Stunde ritt ich noch spazieren, dann aß ich abends in der Messe der Rifles.

Die Kommissare sagen, die Hitze werde noch neun Tage dauern, dann werde es kühler werden. Leider gehen dann aber, wie ich höre, die Stürme wieder los, und ich muß aufs Meer. Schauerlicher Gedanke!

Nun Adieu! Gott mit Euch und mit mir. Vielleicht kann ich Euch das nächste Mal schreiben, daß das unendlich mühselige Werk des Vertragsabschlusses gelungen ist. Könnte ich dann doch über Hals und Kopf zu Euch. Aber nein, dann geht dieselbe Leier wieder in Siam los. —

Nehmt die Kinder alle einzeln beim Kopfe und küßt sie so recht innig für mich ab.   A propos, wenn sich zwei vornehme Chinesen begegnen, die sich noch nicht kennen, so sagen sie nicht etwa „Mit wem habe ich die Ehre zu sprechen?" sondern die vorgeschriebene Formel ist: „Wer ist der große Unbekannte, den ich vor mir sehe und den ich so unglücklich bin noch nicht zu kennen?"

Ach, ich scherze, und doch ist mir so gar nicht scherzhaft zu Muth. Behaltet mich nur lieb und denkt an mich; das ist der Angelpunkt, um welchen sich Alles bei mir dreht.

Wie immer der Eurige. — Fritz.

Tientsin, Sonnabend, den 10. August 1861.

Heute morgen sind auf einem kleinen Dampfschiffe der Dolmetscher Marques und Brandt nach Taku abgereist, Ersterer, um von da gleich weiter nach Macao zu reisen, Letzterer, um einige Zeit an Bord der „Arcona" zu bleiben. Der alte Marques, der eine Suse erster Klasse, jetzt aber doch wirklich zu bedauern ist, weinte gewaltig als er Abschied nahm, theils, wie er sagte, aus Dankbarkeit für die gute Behandlung, die ich ihm hätte angedeihen lassen, theils in der Voraussicht des Moments, wo er als Krüppel seine Frau wiedersehen würde, die er noch gar nicht im Stande gewesen ist, von dem Unfall, der ihn betroffen, zu benachrichtigen. In sein linkes Bein ist etwas Bewegung gekommen, sein linker Arm aber ist noch todt. Brandt sieht aus wie eine Leiche; es war die höchste Zeit, daß er fortging.

So schön es des Morgens war, so schwül wurde es gegen Mittag: glücklicherweise zog sich aber ein starkes Gewitter zusammen, und ein

ganz gehöriger Regen setzte meine Höfe innerhalb einer Viertelstunde
so unter Wasser, daß die Kommunikation zwischen unseren Häuschen
nur durch Kulis aufrecht erhalten werden konnte. Die Chinesen gehen
im Sommer, selbst bei der größten Hitze, immer mit bloßem Kopfe, den
sie höchstens durch Darüberhalten eines Fächers schützen. Sobald es
aber anfängt zu regnen, so setzen sie einen breiträndrigen Strohhut
auf. Wenn es recht heiß ist, sind die Straßen der Stadt, in
welchen die Kaufleute wohnen, mit Vorhängen bedeckt, so daß man
darin wie in einer bedeckten Galerie wandelt. Die Chinesen, meistens
wohlbeleibt und fett, sitzen in ihren Läden oder großen offenen Restaurationen bis zu den Hüften ganz nackt und haben nur Beinkleider,
Schuhe und Strümpfe von weißem Baumwollenzeug an. Sehr oft,
wenn ich bei so einem fetten Kerl vorüberreite, der in größter Gemüthlichkeit seine Pfeife raucht, kann ich der Lust nicht widerstehen, ihm
einen gelinden Hieb mit meiner Reitgerte über den Speckrücken zu geben.
Es wird niemals übel aufgenommen, sondern mit vergnügtem Kopf-
nicken und Tschin-tschin beantwortet.

Abends aßen wir sämmtlich im englischen Kommissariat, gut und
vergnügt. Beim Nachhausegehen stolperte ich über etwas; es war ein
großer, schwarzer Hund, der eben durch einen Stich in die Seite getödtet war. Morgen früh wird er wohl in den Peiho wandern und
zur Vermehrung der Würze unseres Trinkwassers beitragen.

Sonntag, den 11. August 1861.

Ist es die Hitze, die einem das Blut so nach dem Hirn treibt, oder
ist es die Erregtheit meines Zustandes überhaupt, die mich so
lebhaft träumen macht, ich weiß es nicht, aber ich bin von Träumen
entsetzlich heimgesucht und habe diese Nacht einen gehabt, der an Un-
gereimtheit Alles übertrifft. Ich träumte, daß das Schwinden meines
Gedächtnisses mich beunruhigte und ich daher gern sehen wollte, welches
Organ meines Körpers daran schuld sei. Deshalb stieg ich aus
meinem Körper heraus und untersuchte denselben dann, namentlich den
Kopf. Ich muß mich damit aber wohl etwas zu lange aufgehalten
haben, denn als ich wieder einsteigen wollte, sah ich, daß mein Körper
inzwischen gestorben war. Die Hände, die ich übereinandergelegt hatte,
waren steif, die Nägel blau. Nun befand ich mich in großer Ver-
legenheit, ich dachte, da dein Körper todt ist, muß deine Seele sich doch
im Jenseits befinden; gleichwohl war Alles beim Alten geblieben, und
ich grübelte über den Begriff des Todes, bis mein hübsches, junges

Hähnchen mich durch sein Krähen erweckte und mich davon überzeugte, daß ich diesmal noch mit einem Traum davongekommen war.

Gestern hatte der Regen mich verhindert zu reiten. Ich holte es daher heute nach, obwohl es Sonntag war. Wenn man auch nur einen Tag versäumt, sich tüchtige Bewegung zu machen, so verfällt man in förmliche Schlafsucht und wird so matt, daß man nicht einen Fuß vor den andern setzen kann. Abends aß ich, da die übrigen ausgebeten waren, mit August und Bunsen allein und zwar, wie immer bei der Hitze, im Freien. Ein Hauptgenuß bei unseren Diners ist Pfirsichkompot. Es giebt hier nämlich Pfirsiche in Unmasse; sie sind aber hart und schmecken roh nicht besonders, dagegen sind sie gekocht ganz köstlich. Vortreffliche Pflaumen giebt es auch und frische Aepfel, die zwar süß aber nicht saftig sind.

Montag, den 12. August 1861.

Der Vertragsentwurf ist heute morgen nach Peking geschickt worden, um von da nach Dschehol, dem Sitze des Kaisers, befördert zu werden, der seine Genehmigung ertheilen soll. Aller Wahrscheinlichkeit nach wird dieselbe erfolgen, wenn der Kaiser noch am Leben ist. Allein gestern ist die Nachricht eingegangen, daß er auf den Tod liegt. Schon seit langer Zeit leidet er an starkem Blutverlust par en haut et par en bas. Dieser Zustand hat sich so verschlimmert, daß man dieser Tage seinen Sarg von Peking nach Dschehol geschickt hat. Er hat einen einzigen Sohn, ein siebenjähriges Kind. Es muß also nach dem Tode des Kaisers eine Regentschaft geführt werden. Wem dieselbe aber anvertraut werden wird, d. h. wen der Kaiser testamentarisch zum Regenten bestimmen wird, weiß Niemand. Wird es der Prinz von Kung, dann ist Alles gut, wird es aber ein Prinz von der fremdenfeindlichen Partei, dann werden die Tänze wieder losgehen. Es wäre doch der comble alles Unglücks, wenn der Kaiser gerade jetzt stürbe und ein fremdenfeindlicher Regent dem Vertrage, nachdem er mit so unsäglicher Mühe zwischen mir und den kaiserlichen Kommissaren zu Stande gekommen ist, seine Genehmigung versagte!

Dienstag, den 13. August 1861.

Nachdem ich tagsüber fleißig gearbeitet, ließ ich mir abends mein Pferd ganz heimlich kommen, um einmal ganz allein zu reiten, was mir sonst nie gewährt wird. Ich vertiefte mich in die Maisfelder, die da, wo sie nicht bewässert werden, ziemlich niedrig stehen, wo sie aber bewässert werden, sind die Stauden zwei bis drei Fuß höher; als ich zu Pferde es bin. Hier stieg ich ab und führte mein Pferd eine halbe Stunde, um endlich auch wieder einmal ein Endchen zu gehen. Es ist zwar nicht mehr so zum Ersticken warm, aber abends um 6 Uhr noch 26 Grad ist doch immer stark. Auch begegnen einem um diese Stunde noch immer Leichenzüge englischer Soldaten, so daß es einem vorkommt, als befinde man sich in einer Stadt, in der eine Epidemie herrscht. Daß eine solche nicht herrscht, ist eigentlich das Allerwunder= barste. Dieser Schmutz, dieser Gestank in der Stadt sind unbeschreib= lich: gegen Abend erheben sich schwarze Dünste von derselben, die wahrhaft grauenerregend aussehen, und darin lebt und webt man nun schon 3½ Monat und wird von Manchem zu Hause beneidet, daß man eine so hübsche Reise macht! ⸗

Mittwoch, den 14. August 1861.

Von heute ist weiter nichts zu berichten, als daß ich ein Diner bei mir hatte. Obristlieutenant Rigaud, Lieutenant Upperton, Lieute= nant Morris, Dr. Nicholson und einige Offiziere von der „Arcona" waren die Gäste. Jane, der Kommandeur von Janes Horse, hat einen Ausflug nach Japan gemacht. Während seiner Abwesenheit kommandirt das Regiment der eben erwähnte Upperton, ein allerliebster Mensch von 23 Jahren. Es ist noch immer so warm, daß man an Genuß von Wein keinen Geschmack hat. Wir tranken heute bei Tisch nur Bier und Champagner, ich selbst trinke immer nur Bier und Soda= wasser, etwa zwei bis drei Flaschen Bier und wenigstens drei Fläschchen Sodawasser täglich. Das würde in Berlin eine tägliche Ausgabe von etwa 10 Silbergroschen sein. Hier stellt sich die Sache anders. Ein Dutzend Flaschen Sodawasser kostet 4 Thaler, ein Dutzend Flaschen Bier 4½ Thaler. Der tägliche persönliche Konsum an Flüssigkeiten kostet mich also mindestens 2 Thaler.

Tientsin, Donnerstag, den 15. August 1861.

Es ist heute „Napoleonstag", und die Franzosen begrüßten ihn mit 21 Kanonenschüssen, worauf die Engländer mit ebensoviel Schüssen antworteten. August und Bunsen hatte ich abgeordnet, um dem „Te= deum" beizuwohnen, welches um 6 Uhr morgens in der französischen Kapelle gesungen wurde. Der französische Konsul, der sie hinführen wollte, war des Morgens aber krank geworden und hatte sich für un= fähig erklärt, aus dem Bette aufzustehen; so kamen sie unverrichteter Sache zurück. — In der französischen Zeitung „Patrie" steht ein vom 15. März aus Shanghai datirter Artikel, wonach ich den Tag vorher

18*

mit den Vertretern Englands und Rußlands beim General Montauban gegessen und beim Dessert unter großem Beifall einen Toast auf den Kaiser Napoleon ausgebracht haben soll, unter Hervorhebung dessen Verdienste um die Welt und die Civilisation. Dieser Artikel, der auszugsweise auch in die „Kreuzzeitung" übergegangen ist, leidet an einigen kleinen Ungenauigkeiten. Erstens habe ich am 14. März gar nicht beim General Montauban dinirt, sondern ich habe bei demselben nur am 8. März und 13. April gegessen. Bei keinem dieser Diners waren Vertreter Rußlands oder Englands zugegen, und bei keinem dieser Diners wurde irgend ein Toast ausgebracht. Nur einmal, an Königs Geburtstag, den 22. März, habe ich den Toast auf den König, welchen der General Montauban ausbrachte, durch einen Toast auf den Kaiser Napoleon erwidert, mich dabei aber wohl gehütet, meiner Ueberzeugung soviel Gewalt anzuthun, um von den Verdiensten des Kaisers um die Welt und die Civilisation zu sprechen. So dumm bin ich denn doch nicht!

Sonntag, den 18. August 1861.

Donnerstag fing der Himmel an sich zu beziehen, Freitag und Sonnabend regnete es in Strömen. Das Thermometer ging auf 19 Grad hinunter, und wir mußten Alle wollene Kleider anziehen: einer meiner Höfe war zu einem Teiche umgewandelt, auf welchem Enten schwammen. Es war eine Lust. Merkwürdig ist es, wie genau die Chinesen die Regentage vorhersagen. Es muß in dieser Beziehung aber auch eine große Regelmäßigkeit in der Temperatur stattfinden, denn die Engländer, welche im August v. Js. hier in der Gegend ankamen, haben gerade in denselben Tagen, am 16. und 17., starken Regen gehabt.

Die Post aus Europa ist heute angekommen, hat mir aber gar nichts gebracht, weder Briefe, noch Depeschen, noch Zeitungen. Mit der Post ist ein englischer Herr, Namens Brabançou, angekommen, dessen Sohn sich voriges Jahr unter den von den Chinesen gefangenen Engländern befand und verschwunden ist. Angestellte Recherchen sollen zwar ergeben haben, daß er auf Befehl eines chinesischen Generals in Stücke gehauen worden ist und daß diese Stücke in einen Graben geworfen worden sind, aus dem bald nachher die Hunde sie herausgeholt haben, um die Knochen zu benagen: es soll an der Stelle, wo dies geschehen ist, ein Büschel Haare des Ermordeten und ein Stück rothes Tuch von seiner Uniform gefunden worden sein. Der Vater will aber immer noch nicht glauben, daß sein Sohn todt ist, sondern bildet sich ein, derselbe werde irgendwo gefangen gehalten. Er hat die Reise nach China gemacht, um ihn aufzusuchen, und wird nun nach Peking gehen, um 20 000 Pfd. Sterl. demjenigen zu bieten, der ihm den Aufenthaltsort seines Sohnes angeben kann. Der arme Mann!

Also der Sultan ist todt. Mein Gott, wie viel alte Freunde werde ich nicht mehr wiederfinden, wenn ich einst nach Europa zurück= kehre. Der Sultan, Cavour ꝛc.!

Montag, den 19. August 1861.

Die Wärme hat sich heute nicht über 24 Grad erhoben. Abends, als wir spazieren ritten und lang weg galoppirten, machte es August möglich, dicht neben mir und vor die Füße meines Pferdes zu stürzen, so daß auch ich sofort mit meinem Pferde eine gewaltige Lerche schoß und mir das linke Handgelenk ein wenig verstauchte. Das Pferd, welches August ritt, war ein Tiger=Pony mit einem sehr eigen= thümlichen, schlangenähnlichen Kopf und vier Beinen wie Säulen. Er hat es vor ein paar Tagen gekauft und ist nun im Besitz von zwei vorzüglich guten Ponies, die es wohl die Mühe lohnte, nach Preußen zu bringen; leider ist das aber unausführbar. Als die Sonne eben unterging, stand der Vollmond schon in großer Klarheit am Himmel. Diese Konstellation gab eine Beleuchtung, die wirklich zauberhaft war, und die bei der milden Luft wehmüthig stimmte und tausend Erinne= rungen wach rief. Merkwürdiger Weise hatten wir Alle denselben Ein= druck davon.

Als wir abends im Freien bei Tisch saßen, erhielt ich Briefe aus Peking, wonach sich hinsichtlich meines Vertrages wieder neue Schwierig= keiten erheben. Welch eine himmlische Geduld gehört dazu, um nicht vor Wuth aus der Haut zu fahren. Ich zweifle nicht, daß sich die neuen Schwierigkeiten auch noch werden überwinden lassen, aber ich werde unnöthig wieder Wochen lang aufgehalten und muß mich dann in der allerschlimmsten Jahreszeit aufs Meer begeben.

In meinem Hause giebt es eine Menge Iltisse, die in der Nacht einen gewaltigen Lärm vollführen. Bunsen sieht, während ich schreibe, mit einem Revolver auf dem Anstand.

Dienstag, den 20. August 1861.

Auch heute zeigte das Thermometer nur 24 Grad, aber es war ent= setzlich schwül. Als wir abends ausritten, schwitzten die Pferde im Schritt, und an den Stellen, wo sie mit dem Schweife hinschlugen, um sich die Fliegen abzuwehren, stand weißer Schaum. Wir befanden uns auch selbst im Zustande völliger Auflösung und tranken Jeder für

3 Thaler Sodawasser. Ganz spät erhob sich in unserer Nachbarschaft ein gewaltiges Geschrei von vielen Menschen; ich schickte hin, um fragen zu lassen, was es bedeute, und erfuhr, daß eben ein Chinese gestorben sei und man nun, der Sitte des Landes gemäß, an der Leiche theils lache, theils weine, theils esse und trinke. Das wird gewiß sehr zur Seelenruhe des Verstorbenen beitragen. Uebrigens bekommt jeder Todte eine Menge Schnitzel von Silberpapier mit in den Sarg, welches ihm auf seinem ferneren Wege zur Bezahlung der nöthigsten Lebensbedürfnisse dienen soll.

Mittwoch, den 21. August 1861.

Morgens wurde eine ellenlange Schlange todtgeschlagen, die sich in einer auf dem Hofe stehenden hölzernen Kiste verfand, und abends hatte ich zum Diner den englischen Zollinspektor und mehrere englische Offiziere bei mir zu Tisch. Die Nacht war köstlich, und wir saßen bis 1 Uhr draußen. Etwa um 12 Uhr ging das Geschrei in der Nachbarschaft wieder los und dauerte etwa eine halbe Stunde.

Erinnert sich Alexandrine vielleicht noch der sogenannten chinesischen Seife, die ich einmal aus Antwerpen mitbrachte? Ich dachte von derselben so viel und so gute hier zu finden, daß ich nur einen kleinen Vorrath mitgenommen hatte, der längst erschöpft ist. Nun stellt sich aber zu meiner großen Verwunderung heraus, daß in ganz China gar keine Seife gemacht wird, und daß auch die fremde, eingeführte Seife von den Chinesen fast gar nicht gebraucht wird. Gesicht und Hände waschen sie sich mit einem in Wasser getauchten Lappen, ihre Kleidungsstücke in bloßem Wasser; was aber das Merkwürdigste ist, der Barbier, der ihnen die Köpfe bis auf das Bündel Haare rasirt, welches den Zopf bildet, braucht dazu auch niemals Seife, sondern macht die Sache äußerst geschickt mit einem sehr breiten Messer, nachdem er die Haut etwas angefeuchtet hat. Ganz abscheulich ist die Wäsche, die hier an Tischzeug, Hemden, Sommerkleidern ꝛc. vollführt wird. Sehr oft kommen die Sachen schmutziger zurück, als man sie dem Wäscher gegeben hat, und doch erhält derselbe für 100 Stück, gleichviel ob es Schnupf- oder Tischtücher oder Röcke sind, 7 Thaler 15 Groschen. Ein großer Theil meiner Wäsche ist schon jetzt gänzlich verdorben.

Tientsin, Donnerstag, den 22. August 1861.

Der Himmel war bewölkt, es regnete hin und wieder, und die Luft war sehr schön. Die Neuigkeiten des Tages sind, daß im englischen Hospital einige Leute an der Cholera gestorben und vier Chinesen in der Stadt von einem tollen Hunde gebissen worden sind, die sind schon nach 24 Stunden in schrecklichem Zustande gestorben. Die Stadt wimmelt von Hunden, und die Sache kann sehr übel werden. Einstweilen werde ich mich ·hüten auszugehen, was ich aber auch überhaupt sehr selten thue, man verlernt das Gehen hier vollständig.

Um den englischen Offizieren uns erkenntlich zu erweisen, die uns mit Freundlichkeiten überhäuft und uns namentlich auch als Ehrenmit- glieder des Rennklubs umsonst an allen Rennen haben theilnehmen lassen, haben wir beschlossen, einen Ehrenpreis für ein Rennen auszu- setzen. Derselbe besteht in einem kolossalen massiven silbernen Kruge mit Deckel. Vorn ist der preußische Adler mit ausgebreiteten Flügeln, eine ganz genaue Nachbildung des Adlers auf Augusts Helm. Das Ding hätte in Berlin wenigstens 200 Rthlr. gekostet, hier kostet es mir 150 Rthlr. Davon habe ich 75 Rthlr., jeder der fünf Herren bei mir 15 Rthlr. gegeben. Das Rennen ist bereits ausgeschrieben und erweckt, wie ich höre, große Theilnahme: es soll Donnerstag, den 29. d. M. stattfinden.

Méritens ist noch nicht aus Peking zurück, und von meinem Ver- trage höre ich gar nichts. Dem Kaiser soll es etwas besser gehen. Die Hauptveranlassung zu seinen Leiden ist der Trunk: er soll täglich große Massen vom stärksten chinesischen Wein vertilgen.

Freitag, den 23. August 1861.

Es regnete mit geringen Unterbrechungen den ganzen Tag über in Strömen. Méritens kam aus Peking zurück und erzählte, daß man allen Grund habe zu glauben, daß der Kaiser gestorben und der Prinz Kung zum Regenten ernannt worden sei. Ist Letzteres der Fall, so werden meine Vertragsangelegenheiten wohl befriedigend gelöst werden, wenn aber nicht, dann mag Gott wissen, wie es wird. Mir ist das Nest Tientsin nun schon so entsetzlich zum Ekel, daß mir der Boden unter den Füßen brennt.

Ich hatte eine Einladung zum Oberst Spence vom 31. Infanterie- Regiment angenommen und ließ mich um 7½ Uhr mit Bunsen und August hintragen. Kaum kamen wir in die eigentliche Stadt, so fanden wir die ·Straßen so voll Wasser, daß die Sänftenträger bis über die Kniee in demselben wateten. Der Schmutz und Unrath war aufge- weicht und aufgerührt und es stank so, daß mir ganz übel wurde. Endlich angelangt und ausgestiegen, mußte ich noch über einen Hof gehen, der eine förmliche Lehmgrube war. Bis über die Knöchel voll

Schmutz, setzte ich mich zu Tisch, aß und trank sehr schlecht und lang=
weilte mich so, daß mir immer die Augen zufielen. Bei der Rückkehr
machten meine Träger, um die überschwemmten Straßen zu vermeiden,
einen großen Umweg, welcher veranlaßte, daß ich durch den langen
Aufenthalt in der Sänfte seekrank wurde. Endlich zu Hause angelangt,
fand ich daselbst noch Méritens, mit dem ich bis zwölf Uhr Geschäft=
liches besprach.

Sonnabend, den 21. August 1861.

Meine Herren Attachés haben heute gewaltig arbeiten müssen, um
Alles fertig zu machen, damit, wenn die Nachricht von Peking
eintrifft, daß der Vertrag genehmigt ist, sofort zur Unterzeichnung des=
selben geschritten werden kann. Kommt es wirklich so weit, so will ich
doch noch Alles daran setzen, um auf etwa acht Tage nach Peking zu
gehen, wenn nicht offiziell, so doch privatim. Es wäre zu unangenehm,
wenn ich die Hauptstadt des himmlischen Reiches nicht zu sehen bekommen
sollte, wäre es auch nur, um sagen zu können, daß ich dagewesen bin.
Denn eigentlich soll sich dieselbe von anderen chinesischen Städten wenig
unterscheiden.

Tientsin, Sonntag, den 25. August 1861.

So muß es kommen", sagt Neumann! Der Kaiser ist todt und eine
Regentschaft ist eingesetzt. Sie besteht aber aus den vier fremden
feindlichsten Personen, die China besitzt, und mein Vertrag ist noch nicht
genehmigt. Vor einem Jahre wäre ich unter ähnlichen Umständen sehr
außer mir gewesen; jetzt ist es mir vollständig gleichgültig. Wenn ich
sagen wollte, daß ich gelernt hätte, ewig lange Geduld zu haben, so
wäre das zu wenig. Die Stelle, wo anderen Menschen die Geduld
oder Ungeduld sitzen mag, ist bei mir ganz leer geworden; ich empfinde
weder die eine noch die andere. Kommt der Vertrag nun nicht zu
Stande, so ist das sehr traurig, mir aber gänzlich gleichgültig; kommt
er dennoch zu Stande, so ist das recht schön, macht mir aber auch nicht
die allermindeste Freude. Es erinnert mich diese Abgestumpftheit an
das, was einem früher zuweilen im Spiel passirt ist. Spielt man
glücklich und gewinnt in verhältnißmäßig kurzer Zeit 100 Thaler, so
macht einem das viel Vergnügen; hat man aber unglücklich gespielt,
200 Thaler verloren, auf Borg gespielt, endlich sich herausgerissen und
an bout du compte noch 100 Thaler gewonnen, so macht das gar
keine Freude: die Erinnerung an die Angst in dem Moment, wo man
mehr verloren hatte als man bezahlen konnte, ist noch zu lebhaft, um

irgend ein Gefühl der Freude aufkommen zu lassen. Das Einzige, was ich sehnlich wünsche, ist, daß es nicht noch infolge des Todes des Kaisers zu großem Schriftwechsel zwischen mir und der Regierung kommt. Zu einem solchen bin ich bei der Hitze und nach den unendlichen Schreibereien, die ich gehabt habe, völlig unfähig. Ich will Alles über mich ergehen lassen, wenn man mich nur in Ruhe läßt, denn es ist eine feuchte Hitze eingetreten, bei der man zerfließt, und bei der ernste Arbeit nicht nur zur Qual, sondern zur Unmöglichkeit wird.

Brandt ist von der „Arcona" zurückgekehrt und behauptet, er sei nun gesund: ich erschrak aber, als ich ihn sah; seine Augen liegen tief im Kopfe und seine Farbe ist leichenhaft. Gott gebe, daß ihm nichts passirt.

Montag, den 26. August 1861.

Heute ist der Tod des Kaisers durch große Anschlagszettel der Bevölkerung amtlich bekannt gemacht worden. Zur Trauer um denselben gehört, daß man sich weiß anzieht und Kopf- und Barthaar wochenlang wachsen läßt. Ob das nun bloß die Beamten oder die ganze Bevölkerung oder nur die Bevölkerung Pekings thun werden, muß abgewartet werden. Die kaiserlichen Kommissare behaupten, mein Vertrag sei genehmigt, die Unterzeichnung desselben werde aber erst nach Beendigung der Trauer, also etwa Mitte künftigen Monats, stattfinden können. Die französische Gesandtschaft in Peking hat mir einen Courier gesendet, um mir ebenfalls mitzutheilen, daß mein Vertrag genehmigt sei, sie fügt hinzu, daß die Unterzeichnung binnen drei bis vier Tagen werde erfolgen können. Wir wollen abwarten, wer Recht hat.

Inzwischen dauert eine feuchte Hitze von 25 Grad fort und kostet einen unendlichen Schweiß. Die armen Pferde, die abends auf dem Rennplatz „ihren Galopp bekommen", wie die Engländer sagen, sind mit Schaum bedeckt. Heute waren drei europäische Damen zu Pferde draußen und eine in einem Tragsessel.

Zu allen Mahlzeiten fangen wir jetzt wieder an Weintrauben zu essen und zwar frische, die von Tag zu Tag besser werden.

Dienstag, den 27. August 1861.

Die Kommissare haben mir sagen lassen, der Kaiser sei am 21. August morgens 4 Uhr, gestorben, habe aber am 19. noch den Vertrag genehmigt. Da sie erfuhren, daß es mir gleich sei, ob die Vertragsexemplare mit dem rothen oder mit dem blauen Siegel, welches letztere

während der Trauerzeit angewendet wird, gesiegelt würden, so hätten
sie einen Courier nach Peking gesendet, um fragen zu lassen, ob die
Unterzeichnung nicht vor Ablauf der Trauerzeit erfolgen könne. Man
vermuthet übrigens, daß der Kaiser schon in den ersten Tagen des
Monats gestorben ist. Um aber die Wittwe und den siebenjährigen
kaiserlichen Erben in ihre Gewalt zu bekommen, haben die zu Regenten
eingesetzten Personen, als der Kaiser schon todt war, nach Peking, wo
Wittwe und Kind sich aufhielten, geschrieben und haben Beide unter
dem Vorwande, daß der Kaiser sie noch sehen wolle, nach Dschehol
kommen lassen. Erst nachdem sie sich dieser versichert, haben sie den
Tod des Kaisers bekannt gemacht. Ist diese Version richtig, so hat der
Kaiser auch meinen Vertrag nicht mehr genehmigt, es kommt aber nicht
darauf an, ob seine eigene Person dabei thätig gewesen ist, wenn das
Genehmigungsdekret nur das kaiserliche Siegel trägt: das ist das
Entscheidende.

Mittwoch, den 28. August 1861.

In der Nacht hat ein Iltis das hübscheste meiner Hühner, ein silber
graues Hähnchen mit bewachsenen Füßen, vom Hofe weggeholt.
Das arme Thier schrie so, daß wir Alle davon erwachten und hinaus=
eilten. Aber der verdammte Räuber war mit seiner Beute schon davon.

Der französische Konsul gab heute zur nachträglichen Feier des
Napoleonstages ein Diner an meine Attachés. Ich und Dr. Lucius
sagten uns bei den Herren vom englischen Kommissariat an, so daß zu
Hause Niemand aß. Um 10 Uhr abends brach ganz in der Nähe
Feuer aus, drang aber glücklicherweise nicht zu uns. —

Freitag, den 30. August 1861.

In der Nacht hat es furchtbar gestürmt und geregnet, das Thermo
meter ist auf neunzehn Grad heruntergegangen, und ich habe mich,
da ich bei offenen Fenstern geschlafen habe, erkältet: namentlich bin ich
taub und habe das Gefühl, als ob ich sehr lange Ohren hätte: viel=
leicht haben Andere dies Gefühl schon lange.

Der kleine Kaiser soll durchaus nach Peking zurück wollen und
darin von seiner Mutter unterstützt werden, die eine vernünftige Frau
zu sein scheint. Sie, die Jungin, d. h. die Wittwe des Kaisers Hien=
Fung, ist sehr gut befreundet mit der Kungin, d. h. mit der Frau des
Prinzen von Kung, und diese Beiden sollen viel Politik machen, vor
der Hand glücklicherweise ziemlich vernünftige.

Gestern hatte ich das Renntomitee bei mir zu Tisch. Das Rennen um den Prussian Cup konnte wegen Regens nicht stattfinden, soll aber morgen vor sich gehen. Das excitement, wie die Engländer sagen, ist groß. In den Rennlotterien, die hier bei solchen Gelegenheiten immer gemacht werden, deren System aber zu schwierig ist auseinanderzusetzen, sind schon für über 1200 Dollars Loose abgesetzt, außerdem sind die Wetten auf die verschiedenen Pferde sehr bedeutend. Ich glaube, es handelt sich um viele Tausende von Dollars.

Tientsin, Sonnabend, den 31. August 1861.

Um 4 Uhr ritt ich zum Rennen hinaus. Das Wetter war ganz wundervoll, die Ebene mit so frischem, grünen Gras bedeckt wie bei uns im ersten Frühjahr, und Pferde, rothe Uniformen, Jockeyjacken, Damen zu Pferde, Esel, Ponies und Hunde belebten das Feld in sehr hübscher Weise. Unser Krug, der wirklich sehr schön ist und, wie wir ausgemessen haben, über drei Flaschen faßt, stand inmitten eines Zeltes und fand viel Bewunderung. Die Aufregung steigerte sich von Minute zu Minute. Erst kam ein kurzes Ponyrennen, dann das Pferderennen um den Cup: acht Reiter im Jockeyanzuge, ganz vortreffliche Pferde, eine englische Meile. Der Sieger erhält den Cup, das zweite Pferd bekommt die Einsätze (fünf Dollars jeder), das dritte rettet seinen Einsatz. Die meiste Chance hat Colonel, ein in vortrefflicher Kondition befindlicher, sehr hübscher Fuchshengst, der früher Kanonen gezogen hat, dann von einem Offizier getauft worden ist, fast alle Rennen gewonnen hat und jetzt einem Lieutenant Hornby (nicht Hornvieh) vom Train gehört. Die Wetten auf ihn sind die höchsten. Der Ablauf ist vortrefflich: die Pferde bleiben dicht zusammen, obgleich man sieht, daß Colonels Sprung der kräftigste ist. Auf der vorletzten Ecke aber geht ihm ein Fuchs, dem Lieutenant Upperton von Fanes Horse gehörig, vorbei und gewinnt mit gut zwei Längen. Ich war mit diesem Resultate sehr zufrieden, denn wir Geber hatten den großen Wunsch, daß der Krug entweder in das Rifle Regiment oder in das Regiment Fanes Horse kommen möchte. Allein siehe da, es erhebt sich Widerspruch, indem behauptet wird, daß das Pferd bloß behufs des Rennens aus dem Regiment genommen und nicht bona fide das Eigenthum von Upperton sei. Man kommt zu mir, ich soll entscheiden. Schönen Dank, sage ich: das werde ich nicht thun, sage ich. Sie haben nach meinen Wünschen ein Programm aufgestellt, sage ich: es ist Ihre Sache, Ihr Herren Komitee-Mitglieder, zu entscheiden, ob die

Theilnehmer am Rennen diesem Programm nachgekommen sind. Gut, sagen die Komitee-Mitglieder, dann wollen wir den Fall prüfen. Die Verhandlung ergiebt, daß Upperton das Pferd vor acht Tagen aus dem Regiment für 60 Pfund Sterling gekauft hat und dies mit Quittung belegen kann. Sehr schön, sagen die Gegner, damit ist er aber noch nicht bona fide Eigenthümer geworden, denn er kann das Pferd jeden Augenblick an das Regiment zurückgeben und darf es außerdem an Niemand anders als an Offiziere desselben Regiments vertaufen. So unbedingt ist dies Verbot nicht, erwidert Upperton. Mit Genehmigung des Regimentskommandeurs kann ich es allerdings auch außerhalb des Regiments vertaufen, und da Fane gerade abwesend ist, ich aber das Regiment einstweilen führe, so ertheile ich mir diese Erlaubniß und biete das Pferd zu dem Preise, den ich dafür gegeben habe, Jedem an, der es haben will. Daraufhin spricht das Komitee Upperton den Sieg und den Krug zu. Ich überreiche ihm denselben; er wird mit Sect gefüllt und viele, viele Male geleert. Allein es schleichen finstere Gesichter umher: auf Colonel ist sehr viel Geld verloren. Hornby will sich nicht beruhigen. Man macht Ausstellungen gegen die Zusammensetzung des Komitees und spricht von Ernennung eines Schiedsgerichts. Die Sache ist also noch keineswegs sicher.

Dem Rennen um den Cup folgte noch ein Pferderennen und ein Ponyrennen von zwei englischen Meilen. Inzwischen wurde Bunsen, der auf einem Pony umherritt, von einem geführten Pferde so heftig an den Knöchel seines rechten Fußes geschlagen, daß er auf der anderen Seite herunterfiel und nach Hause fahren mußte. Glücklicherweise ist nichts gebrochen, aber der Fuß ist gewaltig geschwollen, und der arme Junge wird lange ausgestreckt liegen müssen.

Abends aßen Méritens und Tréves bei mir. Wir gossen schlechten Champagner, den ich hier gekauft habe, auf Pfirsiche, spielten nach Tisch Whist und promenirten bei köstlichem Wetter auf dem Hofe bis 12 Uhr.

Sonntag, den 1. September 1861.

Am 2 Uhr machte ich, nur von Méritens begleitet, eine Kondolenzvisite bei den kaiserlichen Kommissaren, die übrigens nicht Tsung-lun und Tsung-hu, wie ich immer geschrieben habe, sondern Tschong-luen und Tschong-hu heißen. Dieselben erzählten, daß der Prinz Kong (nicht Kung) nach Dschehol gehen werde, um die Leiche des verstorbenen Kaisers nach Peking abzuholen. Bei dieser Gelegenheit wird auch der

junge Kaiser, der den Namen Ki-Siang annehmen wird, nach Peking
zurückkehren und dann wohl da bleiben. Derselbe hat durch ein Dekret
seinem Onkel Kong, einem anderen Onkel und ein paar Tanten aus
großer Ehrfurcht für dieselben die Prosternation vor ihm ein für alle-
mal erlassen. Er scheint ein sehr vernünftiges Knäblein zu sein. Das
kaiserliche Approbationsdekret und die besiegelten Vertragsexemplare sind
aus Peking eingetroffen, und die Unterzeichnung des Vertrages kann
nun stattfinden. Die Kommissare baten mich sehr um Entschuldigung,
daß sie nicht ein öffentliches Gebäude zu diesem Zwecke in Stand setzen
und die bei so feierlichen Gelegenheiten sonst üblichen Kanonenschüsse
abfeuern lassen könnten: die Trauer um den Kaiser verhindere sie
daran. Sie erboten sich aber, morgen zu mir zu kommen, um die
Unterzeichnung des Vertrages bei mir vorzunehmen, und dies acceptirte
ich. Den Rest des Tages verbrachte ich mit Arbeiten und ritt abends
spazieren.

Montag, den 2. September 1861.

So ist denn also auch Nr. 11 meiner Aufgabe gelöst. Der Vertrag
ist gezeichnet und diesmal nicht bloß im Namen Preußens, sondern
auch im Namen aller übrigen Zollvereinsstaaten, der mecklenburgischen
Großherzogthümer und der Hansastädte. Es ist ein hartes Stück
Arbeit gewesen. Heute vor einem Jahre hatten wir den Taifun und
büßten Frauenlob ein. Ich betrachtete den Tag als einen dies nefastus;
jetzt ist er einigermaßen wieder zu Ehren gekommen. Die Kommissare
kamen um 12 Uhr mit ziemlich großem Gefolge, Alles in Trauer, d. h.
in langen weißbaumwollenen Hemden ohne jeden Schmuck, auf dem
Kopfe kleine, aus Reisstroh geflochtene Hüte, auf denen statt des
Mandarinenknopfes nur ein einfacher, schwarzer Knopf saß. Die Unterzeichnung fand in einem Zimmer statt, welches hübsch mit Blumen
dekorirt war, und wir hatten uns sämmtlich Uniform angezogen. Da
jeder von uns Bevollmächtigten 48mal seinen Namen schreiben mußte,
so nahm die Sache einige Zeit in Anspruch. Nachher bewirthete ich
die Kommissare und ihr ganzes Gefolge an kleinen Tischen, und um
3 Uhr entfernten sie sich wieder. Ich habe kein Gefühl der Freude;
es hat zu lange gedauert und zu viel Anstrengung erfordert. Ich bin
matt, aber doch nicht so matt, um nicht das Herz voll Dankbarkeit
gegen Gott zu haben, der Alles so gefügt hat, daß es doch noch zum
guten Ende gekommen ist.

Dienstag, den 3. September 1861.

Tschong-luen hatte gestern mich und mein ganzes Gefolge zum Frühstück eingeladen. Wir begaben uns daher in einer langen Reihe Sänften um 9 Uhr morgens zu ihm, angstvollen Herzens, denn wir wissen schon, was ein solches Frühstück zu bedeuten hat. Heute überstieg die Menge der Schüsselchen alles Maß: es wurde chinesischer branntweinähnlicher Wein dazu getrunken, und es dauerte drei Stunden. In der ersten halben Stunde, wo Obst und Gebäck genossen wird, ißt man sich satt. Von den Fleischspeisen kann man der Unappetitlichkeit wegen nur sehr wenig zu sich nehmen; man sitzt daher meistens nur, die Güte des Wirthes abwehrend, der nicht aufhört, einem mit denselben Stäbchen, mit denen er inzwischen ißt, alles mögliche Zeug durcheinander auf derselben Untertasse vorzulegen, und der einem jede fünf Minuten mit erhobenem Glase einen Schluck vortrinkt. Verekelt und ermattet kam ich nach 12 Uhr nach Hause. Abends aßen Möritens und zwei Attachés der englischen Gesandtschaft in Peking, Wyndham und Douglas, bei mir, während es draußen in Strömen regnete.

Mittwoch, den 4. September 1861.

Der französische Gesandte, Herr v. Bourboulon und seine Frau, haben mich eingeladen, nach Peking zu kommen und mit allen meinen Herren bei ihnen zu wohnen. Ebenso hat der russische Ministerresident, Herr v. Balluzek, geschrieben: er wolle sehr gern zwei von meinen Herren beherbergen. Beide Einladungen habe ich angenommen. An Balluzek habe ich heute eine telegraphische Depesche wegen der Unterzeichnung des Vertrages geschickt, d. h. ich habe ihm eine Depesche an das Ministerium in Berlin geschickt mit der Bitte, er möge dieselbe bis Kiachta mit Courier befördern und von da über St. Petersburg telegraphisch weiter gehen lassen. Ich bin neugierig, wie viel Zeit sie brauchen wird.

Es war so naß draußen, daß man nur Schritt reiten konnte. Ein Schiedsgericht hat die neuliche Entscheidung des Rennkomitees umgestoßen und unseren schönen Krug dem Lieutenant Hornby vom Train, dem das Pferd Colonel gehört, zugesprochen. Infolgedessen sind alle Offiziere von James Horse aus dem Rennverein ausgeschieden. So muß es kommen!

Tientsin, Donnerstag, den 5. und Freitag, den 6. September 1861.

Die Kommissare, denen ich meine Absicht, nach Peking zu gehen, mit getheilt habe, sind in großer Aufregung und versuchen alles Mögliche, um die Ausführung derselben zu verhindern. Jetzt lache ich aber darüber, denn da ich von den Franzosen und Russen eingeladen bin, so würden sich diese durch jedes ernstliche Hinderniß, das man mir in den Weg legte, mehr beleidigt fühlen müssen als ich selbst, und vor einer russisch-französisch-preußischen Allianz scheinen die Chinesen sich doch zu fürchten.

Wir diniren immer noch um acht Uhr, dann gehen wir etwas im Hofe auf und ab und spielen später Whist. Der letzte Akt ist aber das zu Bette Bringen der Hühner, die jetzt die Zahl elf erreicht haben. Diese hatten nämlich die Gewohnheit, auf einem vor dem Hinterhause befindlichen Geländer zu übernachten. Seitdem der Marder aber eins derselben von da weggeholt, werden die Hühner alle Nacht in einen verschlossenen Raum getragen, in welchen sie von selbst nicht hineingehen. Der Königliche Gesandte geht, bevor er sich zu Bett begiebt, von fünf Attachés gefolgt, an das Geländer, auf dem die Hühner sitzen und schlafen. Er bemächtigt sich des größten Hahnes, jeder der Attachés ergreift zwei Hühner, Heinrich leuchtet vor, und so geht die Prozession nach der Hühnerkammer. Ich wünschte, Ihr könntet uns so sehen.

Sonnabend, den 7 September 1861.

Morgens 4½ Uhr, als es noch ganz dunkel war, wachte ich davon auf, daß ich Jemand im Hofe sagen hörte: „Das ist nicht hundert Schritt weit von hier". Ich sprang aus dem Bette, lief hinaus und sah, daß ganz in unserer Nähe ein großes Feuer war. Nachdem ich meine Sachen so zusammengepackt hatte, daß sie im Nothfalle weggetragen werden konnten, ging ich durch wenigstens sechs bis sieben Häuser und Höfe, die sich alle an mein Haus anschließen und, wie ich glaube, alle demselben Eigenthümer gehören, bis zu der dem Feuer nächsten Stelle, kletterte dort auf ein Dach und hatte nun das Feuer auf zehn Schritt neben mir. Der sehr geringe Wind, welcher wehte, stand von uns ab, so daß wir keine Gefahr zu besorgen hatten, und es war augenscheinlich, daß das Haus ausbrennen und damit die Sache zu Ende sein würde. In Jeddo wäre die Sache so nicht abgegangen. Hier aber ist fast jedes Haus mit starken Brandmauern umgeben und mit hübschen, gewölbten, grau gebrannten Ziegeln gedeckt; diese halten das Feuer, wenn es nicht gar zu stark ist, ab. Nachdem ich vom Dache

heruntergeklettert, ging ich noch in die Straße, wo die chinesische Feuer=
wehr operirte. Man kann keine Scene sehen, die mehr einer Theater=
vorstellung gliche, als das Leben und Treiben der Chinesen bei einem
Feuer. Ihre Spritzen sind ganz nach der Art der unsrigen konstruirt,
nur sehr klein. Sie werden getragen, und auf denselben steht eine
Stange mit sieben wunderhübschen bunten Laternen. Das Wasser wird
durch Kulis herbeigeschafft, die alle gehörig organisirt sind, bunte mit
bestimmten Abzeichen versehene Kleider tragen, und deren je zehn bis
zwölf durch irgend einen Vorgesetzten, der ein blaues Schwert oder
sonst ein Abzeichen seiner Würde trägt, geführt werden. Jeder,
der zum Feuer kommt, dienstlich oder undienstlich, trägt eine bunte
Laterne. Es wimmelt also von solchen, und da dieselben fortwährend
in Bewegung sind, bald hoch, bald niedrig, bald sich durch=
einanderwindend und schlängelnd, während Jeder es für seine Pflicht
hält, zu schreien und auf Gongs und Pauken nebenbei noch ein gewal=
tiger Lärm gemacht wird, so hat die Scene etwas ungemein Charakte=
ristisches und Ungewöhnliches und erinnert lebhaft an Theatervor=
stellungen. Nachdem ich der Sache eine Stunde zugesehen hatte, darüber
die Morgendämmerung hereingebrochen war und ich die Hühner aus
ihrem nächtlichen Verschlusse entlassen hatte, ging ich wieder zu Bett
und schlief bis neun Uhr. Es war sehr frisch, wir hatten nur 16 Grad.
Um drei Uhr machte ich mit Méritens und einigen meiner Attachés
einen Besuch bei Tschong-hu. Ich hatte ausdrücklich diese Stunde ge=
wählt, um womöglich einer Mahlzeit zu entgehen, allein es half nichts,
es wurde wieder entsetzlich aufgetischt und diesmal sogar Champagner
getrunken, dem namentlich der Wirth selbst sehr fleißig zusprach. Bei
Mahlzeiten fällt mir ein, daß jetzt hier das Essen von gebackenen Heu=
schrecken an der Tagesordnung ist. An jeder Straßenecke werden große
Quantitäten davon ausgeboten und gekauft. Méritens kehrt morgen
früh nach Peking zurück, wir denken ihm nächsten Mittwoch dahin zu
folgen.

Sonntag, den 8. September 1861.

Es ist kein Zweifel mehr, der Herbst ist da. Morgens zeigte das
Thermometer nur 16 Grad, und das Bad war kalt, aber in der
Erinnerung an die überstandene Hitze ist Frieren eine Wonne. Abends
machte ich zu Fuß einen Besuch bei General Staveley und dann einen
Spaziergang auf der Stadtmauer. Die Sonnenuntergänge sind hier
prachtvoll, ich habe nirgends den Himmel so schön gefärbt gesehen. Um

acht Uhr dinirten französische und englische Offiziere und Beamte bei
mir. Als sie um 11½ Uhr weggegangen waren, machten wir unter
uns noch eine Partie Whist.

Montag, den 9. September 1861.

Nun sage ich Euch wieder Adieu, weil die Post geschlossen wird. —
Grüßt Rothkirchs tausendmal von mir und umarmt die Kinder
in meinem Namen aufs Herzlichste.

Lebt tausendmal wohl — Fritz.

Peking, Montag, den 16. September 1861.

So bin ich denn also in der Hauptstadt des himmlischen Reiches, so
frisch, so munter, so aufgeräumt wie noch niemals, seitdem ich
Europa verlassen habe. Ich bin gesund, mich drückt vor der Hand
keine Sorge, und was mich umgiebt, ist nur geeignet, meine gute
Stimmung zu befestigen. So sehr ich auch oft die Erfahrung gemacht
habe, daß solche Momente des Wohlbefindens in gleich darauf folgenden
Schlägen ihre Ausgleichung finden, so würde ich es doch als einen
Mangel an Dankbarkeit gegen die Vorsehung ansehen, wollte ich nicht
offen bekennen, daß ich mich einstweilen in einem Zustande großer
Befriedigung befinde, und je offener und lieber ich dies bekenne, desto
versicherter könnt Ihr Euch halten, daß, wenn ich oft monatelang
geseufzt und geklagt habe, dies wahrlich nur geschehen ist, weil mein
Zustand ein wirklich bejammernswerther war.

Doch nun will ich Euch erst etwas von meiner Reise hierher
erzählen. Dienstag, den 10. d. Mts., wurden sechs Boote gemiethet,
eins für mich, eins zum Eßsaal, eins zur Küche, eins für Bunsen, der
noch immer an seinem Fuße leidet, eins für August und Brandt und
eins für die Dienerschaft, bestehend aus Heinrich, zwei Seesoldaten
und zwei Chinesen. Das Eßboot wurde mit Bier, Wein, Brot,
Früchten, Eis, Fleisch und Gemüsen bepackt, die anderen Boote wurden
mit Betten, Tischen und Stühlen, so viel der enge Raum es gestattete,
möblirt, und des Abends um 10 Uhr begaben wir uns an Bord derselben, da ganz früh weggefahren werden sollte und wir das frühe
Aufstehen vermeiden wollten. Die Boote waren bedeckt, leider nicht
hoch genug um ganz aufrecht in denselben stehen zu können, gingen
sehr flach, hatten einen Chinesen als Kapitän und Steuermann und
wurden jedes durch zwei Kulis gezogen. Mein Kapitän, ein sehr guter
alter Kerl, muß dicht neben oder unter mir geschlafen haben, ich hörte

jeden Athemzug von ihm: er schnarchte furchtbar, sprach im Schlafe und roch durch die Bretterwand hindurch nach Knoblauch.

Der Fluß Peiho führt bis in die Nähe von Peking und ist mit dieser Stadt durch einen Kanal in Verbindung gesetzt, der aber vor der Hand unbrauchbar ist, weil die Chinesen ihn bei Gelegenheit der letzten kriegerischen Ereignisse vermauert haben und nun zu faul sind, um ihn wieder zu öffnen. An dem Punkte, wo der Kanal und der Peiho zusammentreffen, liegt die Stadt Tungtschou. Dahin hatten wir unsere Pferde vorausgeschickt, und dahin waren auch Berg und Lucius, die den Weg zu Lande vorzogen, vorausgeritten. Wir brauchten vier Tage, um hin zu gelangen. Morgens um 5 Uhr ging die Reise los, um 7 Uhr erhob ich mich, zog mich an und setzte mich in meinen Lehnstuhl, um von da aus mir Fluß und Ufer anzusehen und Betrachtungen über die Vorzüge eines faulen Lebens anzustellen. Um 10 Uhr gab ich meinem Kapitän den Befehl, irgendwo am Ufer anzulegen. Diesem Befehle folgten dann alle übrigen Boote; ich fand mich mit meinen Herren Attachés im Eßsalon zusammen. — Sobald das Essen beendigt war, gab ich den Befehl, die Boote wieder so nahe aneinander zu bringen, daß man von einem in das andere steigen konnte, worauf Jeder sich in seine Wohnung begab. — Zwischen 4 und 5 Uhr, sobald die Sonne nicht mehr zu sehr brannte, gab ich wieder das Signal zum Anlegen und stieg mit meinen Attachés aus, um neben den Booten her zu Fuß zu gehen und uns so die nöthige Bewegung zu machen. Wir marschirten bis Sonnenuntergang, wo die Boote wieder anhielten und Passagiere wie Schiffsmannschaft dinirten. — Um 10 Uhr endlich wurde angelegt, und Passagiere und Schiffsmannschaft gingen zu Bett.

Dieses einförmige Leben führten wir vier Tage, ohne auch nur einen Augenblick Langeweile zu empfinden. Der Fluß ist auf der ganzen Strecke, die wir befuhren, fast gleich breit und gleich schmutzig, wie aufgerührte Erde. Die Ufer sind meist sieben bis acht Fuß höher als der Wasserspiegel, so daß man vom Boote aus fast nirgends eine weite Aussicht ins Land hat, aber sie sind sehr bebaut und gewähren, ohne irgend malerisch zu sein, einen angenehmen Anblick. Bei Tientsin lagen stromaufwärts Tausende von Dschunken, durch die wir stundenlang fuhren. Später, als wir den Bereich derselben verlassen hatten, begegneten uns etwa alle zwei Stunden große Boote voll Menschen, wahrscheinlich Wasseromnibusse. Zahlreiche Dörfer, von Bäumen umgeben, stoßen hart an den Fluß, und in den Nächten lagen wir bei Städten vor

Unter, die erste Nacht bei Jangtsun, die zweite bei Hohsiwu, die dritte
bei Matou; in allen diesen Orten fanden wir immer vortreffliche Pro=
visionen, namentlich sehr gutes Hammelfleisch und köstliche Weintrauben.
Die Felder sind zum großen Theil mit Durra bepflanzt, einer vier=
zehn bis fünfzehn Fuß hoch wachsenden maisähnlichen Pflanze, deren
Frucht grützeähnlich ist. Wenn ich in früheren Briefen von Mais=
feldern bei Tientsin gesprochen habe, so ist das ein Irrthum; es sind
alles Durrafelder. Untermengt mit denselben sieht man Bohnen,
Baumwolle, eine über die Felder hintriechende epheuähnliche Pflanze,
die ich nicht kenne, Hirse, Rizinus 2c. Kein Fleckchen ist unbebaut.
Wir dachten Wasservögel, namentlich Enten und Schnepfen, anzutreffen
und hatten deshalb Gewehre mitgenommen, aber es ließen sich keine
anderen Vögel sehen als hin und wieder Reiher und viel Raben, zum
Theil mit weißem Halse. Zuweilen mußten die Kulis bei den un=
geheuern Windungen, die der Fluß macht, das höhere Ufer verlassen
und in den Schlamm oder selbst ins Wasser hinunter. Sie zogen
dann ihr blaues Gewand über den Kopf, hielten dasselbe mit einer
Hand hoch in die Höhe und versenkten sich unter Lachen und Scherzen
in Schlamm und Wasser, niemals Kräfte und gute Laune verlierend,
obwohl sie von morgens 5 Uhr bis abends 10 Uhr, mit einer Unter=
brechung von höchstens zwei Stunden täglich, die nicht leichte Arbeit
des Schiffsziehens verrichteten. Niemals haben sich die Leute, wenn
wir anderen Booten begegneten und Arrangements mit den Schiffs=
leinen gemacht wurden, gezankt. Zwar wurde entsetzlich viel dabei
geschrieen, aber das gehörte zur Sache; man half sich gegenseitig nach
besten Kräften. Die Leute, die uns begegneten, grüßten uns meistens
sehr freundlich, nur die Frauen verkrochen sich oder wenden wenigstens
das Gesicht ab, und ein Mädchen auf einem Boote, das aus Neugier
nicht gleich verschwinden wollte, obwohl ein Mann, wahrscheinlich ihr
Vater, ihr zurief, daß Fremde kämen, erhielt von demselben für ihren
Ungehorsam eine gewaltige Ohrfeige.

Sonnabend, den 14. d. Mts., näherten wir uns Tungtschou, dem
Ziel unserer Wasserreise. Ich war gerade ausgestiegen und ging auf
dem Leinpfade, als Lucius, Berg und Méritens, welch Letzterer uns
aus Peking entgegengekommen war, auf mich zugetrabt kamen. Méritens
hatte einen dicht am Wasser gelegenen Tempel, in welchem früher schon
alle möglichen Gesandten gewohnt hatten, in Bereitschaft setzen lassen,
und wir dinirten im Heiligthume sehr vergnügt. — Während der
ganzen Reise war es das wundervollste Wetter gewesen, morgens und

abends 16 Grad, mittags 22 bis 23 Grad, bei herrlicher Frische der
Luft und tiefblauem Himmel; jetzt fing es ein wenig an zu regnen.
Glücklicherweise aber klärte es sich Sonntag, den 15. morgens wieder
auf. Betten, Küchengeräth, Weinvorräthe wurden unter der Obhut
der Priester gelassen, der Rest wurde auf Karren gepackt, und wir
setzten uns zu Pferde. Der erste Ort, nach welchem wir kamen,
war Palikiau, mit einer ungeheuer breiten, aus Quadersteinen ge=
bauten Brücke, um welche voriges Jahr um diese Zeit ein paar
Stunden hart gekämpft worden ist. An dieser Brücke begegneten
wir Tschong=luén, der gestern von Tientsin in Tungtschou zu Wasser
angekommen war und heute in einer Sänfte seine Reise nach Peking
fortsetzte. Nachdem wir uns mit ihm begrüßt hatten, machten wir
einen kleinen Abstecher von der Landstraße, um ein sehr interessantes,
in weißem, marmorähnlichem Steine ausgeführtes Familienbegräbniß
eines hohen Mandarinen zu besehen. Dann kehrten wir zu der eben
erwähnten Brücke zurück und ritten nun immer·längs dem Kanal
durch wirklich wunderhübsche Felder und Dörfer, bei Landhäusern und
Tempeln vorbei, bis wir gegen 12 Uhr eines der kolossalen Thore
Pekings erblickten. Mir war doch sonderbar zu Muth, als ich mir
nun sagen konnte, in einer halben Stunde wirst du in diese viel ge=
nannte und wenig gekannte Stadt einreiten und zwar, nachdem du
deinen Vertrag schon in der Tasche hast. Der Eindruck der Mauern,
welche die chinesische und die tartarische Stadt umgeben, namentlich
aber der Eindruck der Thore und Thürme war großartig. Von der
chinesischen Stadt, in welche wir zuerst einritten, sahen wir wenig, da
wir gleich längs der Mauer hinritten, zwischen welcher und den Häusern
sich ein sehr breiter, unbebauter Platz hinzieht. Zu dem Thore aber,
welches aus der chinesischen nach der tartarischen Stadt führt und durch
welches wir einritten, trat uns gleich das ganze Leben der Hauptstadt
entgegen, lange Reihen von zweirädrigen bedeckten Karren, die hier
das allgemeine und einzige Fuhrwerk sind, alle mit vortrefflichen Maul=
thieren bespannt, lange Reihen von beladenen Kameelen und Eseln.·
Reiter zu Pferde und zu Maulesel, zum Theil mit Bogen und Pfeil
auf dem Rücken, kurz ein wunderhübsches, charakteristisches Gewimmel.
Etwa um 1 Uhr kamen wir bei der französischen Gesandtschaft an
und wurden von Herrn v. Bourboulon sehr freundlich empfangen.
Hungrig wie die Wölfe fielen wir über ein gutes Frühstück her und
ließen uns dann die Gebäude und das Terrain zeigen. Das ganze
Terrain ist ein sogenannter Fu, d. h. der Wohnort eines chinesischen

Großen, den man voriges Jahr nach der Uebergabe Petings in Beschlag
genommen hat und für dessen Benutzung auf ewige Zeiten man der
Regierung jährlich 1000 Taels, d. h. ungefähr 2000 Reichsthaler, zahlt,
ihr überlassend, sich mit dem Eigenthümer abzufinden. Das Haupt-
gebäude besteht aus vier im Quadrat gebauten Häusern, deren eins
Herr v. Bourboulon, das zweite Frau v. Bourboulon, das dritte wir
bewohnen, während das vierte noch im Ausbau begriffen ist. In einem
sehr großen, von einer hohen Mauer umschlossenen Garten liegen nun
noch eine Menge Etablissements, in denen der Legationssekretär, die Dolmetscher, französische Offiziere, Fremde ꝛc. wohnen, bezw. untergebracht
werden können, und auch für Stallung, Küche und Leute sind sehr
große Räumlichkeiten vorhanden. Das Aeußere der Häuser ist ziemlich
chinesisch geblieben, das Innere aber ganz nach europäischer Weise um-
gestaltet, ziemlich bequem aber nicht gerade hübsch. Ich habe ein nettes
Schlafzimmer, einen Salon und ein Badezimmer, August und Brandt
jeder ein Zimmer, Berg ein Häuschen im Garten, Bunsen und Lucius
wohnen beim russischen Ministerresidenten Herrn v. Balluzek. Erst
kurz vor dem Essen machte ich die Bekanntschaft von Frau v. Bourboulon, einer Dame von etwa 40 Jahren, die blond und etwa nur
einen Zoll kleiner als ich, früher einmal sehr schön gewesen sein muß.
Sie hat eine wundervolle Nase, schöne Augen mit herrlich geschweiften
Augenbrauen, großen, aber liebenswürdigen und mit Ausnahme eines
angestockten Vorderzahnes, gutbesetzten Mund, ist entsetzlich mager,
spricht englisch, französisch und spanisch gleich gut und ist recht musikalisch. Trotz der Aufzählung aller dieser Eigenschaften wißt Ihr nun
natürlich doch nicht, wie die Frau aussieht: das schadet aber auch nichts:
Ihr werdet Euch wenigstens nicht einbilden, daß sie schwarz, klein und
bucklig ist. Es aß mit uns Mr. Bruce, der englische Gesandte, Bruder
Lord Elgins und diesem sehr ähnlich, ein Mann, etwas größer als ich,
mit schönen, großen, braunen Augen, den kahlen Schädel mit einem
Kranz von vollem, ziemlich langem, braunem Haar umgeben, und mit
langem Bart. Nach Tisch kam auch noch der russische Ministerresident,
Herr v. Balluzek, mit seiner Frau. Er sieht vollständig wie ein
Deutscher aus und spricht, wenn er Deutsch spricht, unverfälschtes
Schlesisch. Sie ist eine hübsche Blondine mit vollem, jugendlichem
etwas russischem Gesichte, die sich erst zu Anfang dieses Jahres verheirathet und die Reise von Petersburg hierher in Mannskleidern
theils zu Pferde, theils in zweirädrigem Karren gemacht hat. Balluzek
ist außerordentlich musikalisch: er spielte vortrefflich Piano, die beiden

Damen sangen. So verging der Abend in ungewohnten Genüssen, und wäre das Bett, in welches ich mich endlich legte, nicht so entsetzlich hart gewesen, so hätte am vollständigen Wohlbefinden nichts gefehlt.

Heute morgen stand ich vor 6 Uhr auf, schlürfte rasch eine Tasse Thee und setzte mich dann zu Pferde, um den Spazierritt mitzumachen, den Frau v. Bourboulon alle Morgen zu machen pflegt. Auch Frau v. Balluzek erschien zu Pferde, und wir ritten nun, zwei Damen und sieben Herren, von einigen französischen Gendarmen gefolgt, auf einer schnurgeraden Straße von uns nach demjenigen im Norden gelegenen Thore der tartarischen Stadt, durch welches voriges Jahr die Alliirten eingezogen sind. Eine Beschreibung der tartarischen Stadt zu machen, ist sehr schwer. Sie sieht viel mehr aus wie ein großes Dorf. Die Straßen sind sehr breit, meistens ungepflastert, mit einem breiten, erhöhten Damm in der Mitte, der entweder zum Versinken schmutzig oder zum Ersticken staubig ist. Fast alle Häuser zu beiden Seiten der unendlichen Straßen sind mit wunderhübschem, zum Theil vergoldeten Schnitzwerk versehen. Sie sind alle einstöckig, vorn ganz offen und haben hinten ein Schlafgemach. Darüber her ragen die Bäume in den Gärten der Vornehmen, die alle mit Mauern umgeben sind, die aber durch die Häuschen verdeckt werden, so daß es so aussieht, als läge die ganze Stadt in einem Garten.

Die Neugierde über uns Reiter und namentlich über die beiden Damen war nicht übermäßig groß, theils weil die Leute in der frühen Stunde mit dem Oeffnen ihrer Läden 2c. zu thun hatten, theils weil der Weg, den wir heute machten, schon sehr oft von Frau v. Bourboulon zurückgelegt worden ist, und die Einwohner dieser Straßen daher schon einigermaßen an das sonst Unerhörte einer Frau zu Pferde gewöhnt sind. Das größte Kopfzerbrechen hat es ihnen am Anfange gemacht, zu sehen, wo das rechte Bein geblieben ist, und da sie es durchaus nicht haben finden können, so haben sie sich ausgedacht, daß Madame de Bourboulon ein weiblicher General ist, wie solche in der chinesischen Geschichte zuweilen vorkommen, daß sie im letzten Kriege kommandirt hat, und daß ihr das rechte Bein abgeschossen worden ist.

Nachdem wir endlich aus der Stadt waren, gelangten wir auf eine große Ebene, die zum Exerzirplatz für die chinesischen Truppen dient, und hinter welcher sich eine Reihe schöner Berge erhebt. Wir galoppirten über die Ebene hin nach der sogenannten Lamaserie, d. h. nach einem berühmten Lamatempel, in dessen Vorhof sich ein Marmor

denkmal mit außerordentlich schönen Skulpturen befindet. Dann ver=
tieften wir uns in einige Landwege, die gerade so aussehen wie bei
uns und außerordentlich heimlich sind. Zum Frühstück um 10¹⁄₂ Uhr
waren wir wieder zurück. Gegen Abend machte ich Visiten erst bei
Balluzek und seiner Frau, die in einem seit etwa 125 Jahren den
Russen gehörenden Etablissement wohnen, welches einstweilen auch noch
von der griechischen Mission benutzt wird und auf dessen Gründen sich
eine hübsche griechische Kapelle befindet. Dann ging ich zu Bruce.
Von der Pracht seiner Wohnung kann man sich kaum einen Begriff
machen. Der Fu, den er inne hat, ist besser erhalten und von Anfang
an in einem viel großartigeren Stile erbaut als der von der
französischen Legation bewohnte. Er hat nun die gute Idee gehabt,
fast nichts zu ändern, sondern nur bis in die kleinsten Details hinein
herzustellen und einige europäische Komforts hinzuzufügen. Durch
große tempelartige, offene Gebäude mit Säulenhallen geht man von
einem Hofe in den andern, bis man zuletzt in dem von Bruce selbst
bewohnten Palast anlangt. Alle Säulen sind roth angestrichen, lackirt
mit reicher Vergoldung, die Simse der Dächer in den reichsten Dessins
und Farben, die Holzschnitzereien von ausnehmender Schönheit und in
größter Fülle. Es ist prachtvoll. Seine Wohnstube, ein hohes Zimmer
von den schönsten Dimensionen, besteht von oben bis unten aus durch
sichtigen Holzschnitzereien, hinter welche rothes Papier geklebt ist, während
der Plafond in den prachtvollsten Farben gemalt und der Fußboden
mit einem persischen Teppich belegt ist. Rechnet dazu hübsche, zum
Stil passende, aber sehr bequeme Möbel und eine geschmackvoll vertheilte Sammlung werthvoller chinesischer Vasen, Bronzen ꝛc. so werdet
Ihr Euch zwar noch keine Idee vom Ganzen machen, aber mir doch
glauben können, daß man kaum etwas Hübscheres sehen kann.

Abends dinirten wir en famille, spielten nach Tisch im Freien
Whist und gingen gegen 12 Uhr zu Bett. Ueber Petersburg ist die
Nachricht von einem in Baden auf den König verübten Attentat an-
gelangt. Das ist ja ganz scheußlich. Es fehlen alle Details, ob der
König verwundet ist.

Peking, Dienstag, den 17. September 1861.

Die Hauptbeschäftigung des heutigen Tages war ein Besuch, den wir
den Kaufläden in der chinesischen Stadt abstatteten. Letztere hat
vielmehr das Ansehen der chinesischen Städte, welche wir gesehen haben,
nur daß die Häuser fast alle mit dem reichsten Schnitzwerk bedeckt sind
und das Leben in den Straßen viel geräuschvoller ist. Professionisten

aller Art durchziehen die Stadt, ihr Gewerbe entweder ausschreiend oder durch Glocken, Klappern und sonstige Instrumente anzeigend. Die Köche tragen immer den glühenden Ofen, auf welchem Speisen brodeln, die Barbiere den Stuhl, auf welchen der zu Rasirende sich zu setzen hat, mit sich. Dazwischen Karren, Reiter, Schweine, Hunde, Alles in ganz engen, ungepflasterten Straßen mit ungeheuer tiefen Geleisen. Nur die Thordurchgänge, die Brücken und einige Hauptstraßen sind mit großen Quadersteinen gepflastert, die aber so beschädigt sind, daß sich zwischen den einzelnen Steinen entsetzliche Löcher befinden, die das Fahren auf diesen Straßen zu einer wahren Qual machen müssen. Wir besuchten etwa sechs Läden, in denen sich alles Mögliche befand, Porzellan, Bronze, Schnitzereien, Edelsteine ꝛc., und ich versichere Euch, man braucht nicht großer Kenner zu sein, um über das alte chinesische Porzellan in eine Art Extase zu gerathen. Ich meine nicht das mit barocken Figuren, Drachen ꝛc., sondern die Schalen und Vasen mit den herrlichsten Blumenzeichnungen in den frischesten Farben, die tausendmal Alles übertreffen, was in den Porzellanfabriken Europas gemacht wird. Wären die Preise nur nicht so unerschwinglich hoch. Ich habe heute eine rothe, geblümte Vase von etwa 1½ Fuß Höhe, eine Schüssel mit durchbrochenem Rande, eine kleine Vase und eine kleine Schnitzerei aus Kornalin gekauft und dafür 90 Reichsthaler bezahlen müssen. Warum haben mir nicht reiche Leute in Preußen Geld zur Disposition gestellt, um Einkäufe für sie zu machen? Ich hätte wahre Schätze zurückbringen können, die in Europa doch immer noch das Doppelte werth gewesen wären.

Den heutigen Abend haben wir bei Balluzets zugebracht, sind aber nicht lange dageblieben, da Frau v. Balluzet Ruck auf Ruck in Ohnmacht fiel. Ich höre, daß Magnetismus dabei im Spiele ist. Magnetische und nervöse Zustände, wo man hinkommt, selbst in Peking.

Peking, Mittwoch, den 18. September 1861.

Heute standen wir Alle schon um 5 Uhr auf, weil eine große Excursion aufs Land gemacht werden sollte. Um 6 Uhr saßen wir zu Pferde: Mme. de Bourboulon nahm die Spitze, umgeben und gefolgt von elf Herren. Hinter uns ritten eine große Menge von Dienern, französischen Gendarmen, Köchen ꝛc., auch Heinrich, und in einer langen Reihe von Karren wurden Eßwaaren, Geschirr, Wein und zwei sehr dicke Frauenzimmer, Mad. de Bourboulons femme de Chambre und Mr. Bruces femme de charge transportirt. Erst ging's durch die

Stadt bis zum südlichsten Westthor. Peking sieht des Morgens besonders hübsch aus. Die Straßen sind gesprengt, so daß es nicht
staubt: lange Karawanen von zweihöckerigen Kameelen und von Eseln,
alle mit Steinkohlen und Gemüsen beladen, ziehen ein, die Krämer
packen ihre Waaren aus, und Alles hat ein geschäftiges und frisches
Aussehen. Sobald wir aus dem Thore waren, hatten wir das von
der Morgensonne beleuchtete Gebirge vor uns und ritten auf einer
Straße, so malerisch, so heimlich, wie ich nie geglaubt hätte, daß dergleichen in China existiren könne: schöne Felder, große, schattige Bäume,
hübsche Tempel, niedliche Dörfer, reich bewachsene Hohlwege, und dabei
immer das schöne Gebirge im Hintergrunde — und keine Angst mehr
um den Vertrag — es war köstlich. Die Gegend, nach der wir ritten,
heißt Patatschu, und der spezielle Tempel, in welchem wir uns niederlassen wollen, Yong (Drachen) Wang (König) tang (Tempel) also
Tempel des Königs der Drachen. Nach fast vierstündigem Ritte langten
wir um 10 Uhr daselbst an. Ein großer, chinesischer Tempel besteht
aus einer Menge von Tempelgebäuden, die durch hintereinanderliegende
Höfe von einander getrennt sind. Dieser liegt gegen das Gebirge
aufsteigend so, daß jeder Hof, der dem ersten untersten folgt, auf einer
breiten, steinernen Treppe erstiegen werden muß. Alle Gebäude waren
gut erhalten, die Höfe hübsch bepflanzt, die Priester sehr erfreut, uns
ankommen zu sehen, und im dritten oder vierten Hofe ließen wir uns
häuslich nieder. Das Frühstück war vortrefflich; mit wahrem Heiß-
hunger fielen wir über dasselbe her und vertilgten soviel davon, daß
wir wenigstens einiger Stunden der Ruhe bedurft hätten, um zu ver-
dauen. Aber Frau v. Bourboulon ist eine von den unermüdlichen
Frauen, wie solche — ob zum Segen oder zum Unheil des Menschen-
geschlechts mag ich nicht entscheiden — zuweilen vorkommen. Es war
2 Uhr, wir hatten zwanzig Grad Wärme und waren so voll gegessen,
daß wir uns kaum rühren konnten, als Frau v. Bourboulon den
Befehl ergehen ließ, die hinter dem Tempel sich erhebenden Höhen zu
besteigen, d. h. etwa 1200 Fuß zu klettern. Ich gerieth bei dieser
Gelegenheit in eine solche Transpiration und bekam so heftiges Herzklopfen, daß ich mehrmals glaubte, ich würde um- und in Ohnmacht
fallen. Es dauerte geraume Zeit, ehe ich mich so weit wieder erholt
hatte, um an dem Bilde, das sich vor uns aufrollte, Freude zu finden.
Und doch war dasselbe so wunderschön und so höchst eigenthümlich.
Hinter uns eine lange Reihe schön geformter Berge, links zu unseren
Füßen ein großer Theil des kaiserlichen Schlosses Juen=ming=juen, dessen

Hauptpalast von den Alliirten geplündert und verbrannt ist, dessen zerstreute Wohnungen, Thürme, Pagoden, Marmorbrücken 2c. aber stehen geblieben sind: vor uns eine unabsehbare, bebaute und mit Bäumen übersäete Ebene, in deren Mitte die ungeheure Stadt Peking lag, deren Mauern, Thürme und gelbsunkelnde Dächer wir deutlich unterscheiden konnten. Es war ganz großartig.

Um 4 Uhr traten wir den Rückweg an, der desto angenehmer wurde, je mehr sich gegen Abend die Luft abkühlte. Als wir durch ein Dorf ritten, kam plötzlich der englische Arzt Dr. Rennen, der etwas vorausgeritten war, zurück, um zu sagen, wir möchten doch einen Umweg machen, da mitten auf der Dorfstraße ein mit dem Tode ringender Bettler liege. Ein solcher Umweg war aber nicht ausfindig zu machen, und so mußten wir im Vorbereiten einem charakteristisch chinesischen Schauspiel beiwohnen. Mitten auf der Straße, offenbar von den benachbarten Hausbewohnern dahin getragen oder geworfen, lag ein fast nackter, sterbender Bettler. So viel ich unterscheiden konnte, wimmelten in seinen Augen und Ohren Würmer. Zu beiden Seiten der Straße standen viele Leute vor ihren Häusern, die den Todeskampf des Sterbenden ruhig mit ansahen und die auf unsere Aufforderung, sich desselben anzunehmen, laut lachend erwiderten, das ginge sie nichts an. Man könnte in solchen Momenten anfangen, ein ganzes Volk zu hassen, in dessen Mitte dergleichen Gräuel vorkommen können. Aber man darf nicht die Apathie der asiatischen Buddhisten und die Verhältnisse und Anschauungen vergessen, unter denen eine solche Bevölkerung groß wird. Das chinesische Gesetz verpflichtet den Hauseigenthümer, in dessen Haus ein Fremder stirbt, nicht nur dazu, für das Begräbniß desselben zu sorgen, sondern macht ihn auch ganz allgemein für seinen Tod verantwortlich. Daher kommt es oft vor, daß die Verwandten des Verstorbenen gegen den Hauseigenthümer Beschuldigungen und Forderungen erheben, die ihn ruiniren. Es ist daher allgemeine Regel geworden, nie einen Fremden in seinem Hause sterben zu lassen, und Leute, die lange in China gelebt haben, haben mir erzählt, daß sie sich selbst mit der Zeit an den Anblick sterbender Bettler als an etwas ganz Natürliches gewöhnt hätten. Es ist scheußlich, das ist wahr. Aber ist es nicht noch viel scheußlicher, daß die franzö= sischen Soldaten bei und nach jedem Gefecht mit den Chinesen in der ganzen Umgegend geplündert und Alles, was sie in den Häusern an Menschen gefunden, ermordet haben?

Die neun Thore der Tartarenstadt Peking werden mit Sonnen=

untergang geschlossen und die Schlüssel derselben zum General=
Gouverneur der Stadt, welcher den Titel General=Gouverneur der
neun Thore führt, gebracht, so daß Niemand ohne Ausnahme mehr
eingelassen wird. Wen=siang, der erste Minister nach dem Prinzen
von Kong, hatte die Aufmerksamkeit gehabt, uns einen Mandarinen
entgegenzuschicken, der uns benachrichtigte, daß ein Thor für uns offen
bleiben würde. Gegen Sonnenuntergang ritten wir in dasselbe ein.
Die Einwohnerschaft Pekings hatte Feierabend gemacht; Männer,
Frauen, Kinder standen vor ihren Häusern. Die tartarischen Frauen
sind nicht so schüchtern als die chinesischen: sie lassen sich sehen: die
älteren Frauen ungeschminkt und fast alle aus kurzen Pfeifen rauchend,
immer Blumen im Haar, die jungen Mädchen ganz weiß geschminkt,
mit sehr buntem Kopfputz und mit hohen Absätzen unter der Mitte
des Fußes, der natürlich gewachsen, und nicht wie bei den Chinesinnen
verbogen ist. Als wir ankamen, ertönte von allen Seiten der Ruf:
„Sie kommen, sie kommen!" und wir ritten nun durch eine dichtgedrängte
Menschenmenge von Tausenden und Abertausenden, die uns neugierig
ansahen und sehr erfreut schienen, wenn man sie grüßte. Bei auf=
gehendem Monde nahmen wir unsern Weg durch die Kaiserstadt, die
ich bei dieser Gelegenheit zum ersten Mal durchritt und die einen
großartigen Eindruck auf mich machte, obwohl man meistens nur
zwischen Mauern hinreitet, über welche schöne, große Bäume und die
fantastischen mit gelben Ziegeln gedeckten Dächer der kaiserlichen Ge=
bäude hervorragen. In der Mitte dieser Stadt liegt ein aus Stein=
kohlen aufgebauter jetzt reich bewachsener Hügel mit Tempeln und
Häuschen, die unendlich malerisch sind, und einzelne Partien mit
Teichen, marmornen Brücken und Parkanlagen stellten sich in meiner
Auffassung den großartigsten Situationen an die Seite, die ich je ge=
sehen. Etwas ermüdet kamen wir um 7 Uhr nach Hause, dinirten
um 8 Uhr und gingen früh zu Bett. Es war ein in jeder Beziehung
wundervoller Tag gewesen und jedenfalls der angenehmste, den ich seit
meiner Abreise von Europa erlebt hatte.

Donnerstag, den 19. September 1861.

Abends nach dem Diner kamen die Russen und Engländer, weil
Donnerstag der Empfangstag von Frau v. Bourboulon ist.
Frau v. Balluzet fiel mehrere Male in Ohnmacht, es wurde musizirt,
Whist gespielt und geschwatzt. Das Wetter ist über die Beschreibung
köstlich, die Luft gerade in der Temperatur, wie man sie liebt, und
dabei so klar, so frisch und so durchsichtig.

Freitag, den 20. September 1861.

Um 6 Uhr morgens machte ich mit dem Ehepaar Bourboulon und mit Berg einen Spazierritt nach dem portugiesischen Kirchhof, wo eine Menge Jesuiten begraben liegen, und wo man auf den hohen, säulengangähnlich aufgestellten Grabsteinen die Namen vieler Männer liest, die aus der Geschichte der christlichen Missionen in China auch in weiteren Kreisen bekannt sind. Wir ritten wieder durch die kaiserliche Stadt, die wir heute im Sonnenlichte sahen; die Wege in derselben werden sorgfältig gebessert, da der junge Kaiser mit dem ganzen Hofe in etwa vier Wochen von Dschehol nach Peking zurückkehren will. Die Aussicht auf diese Rückkehr scheint der Bevölkerung der Hauptstadt neues Vertrauen einzuflößen, denn man sieht an vielen Stellen die Häuser ausbessern und vergolden, und einige dieser neu vergoldeten Gebäude, namentlich Läden, sehen ganz wundervoll aus. — Um 5 Uhr kam der englische Doktor Rennen und führte uns auf die Stadtmauer, auf der zu gehen eigentlich nicht erlaubt ist. Wir bestiegen denjenigen Theil, der die tartarische Stadt von der chinesischen trennt, und hatten einen Ueberblick über beide; wie sehr überrascht waren wir aber, als wir von Stadt und Häusern eigentlich gar nichts, sondern nur rechts und links zwei große Wälder oder vielmehr Parks sahen. Da die Häuser alle einstöckig und die Bäume höher als die Häuser sind, so sieht man von Letzteren nichts. Nur die Hügel der Kaiserstadt und die Dächer der Tempel ragen über das grüne Baumdach hervor. Gewiß bietet keine Stadt der Welt von oben gesehen diesen Anblick.

Nach einem kurzen Besuch bei Balluzets dinirte ich zu Hause. Der Abend war so köstlich, daß wir eine Partie Whist im Freien sitzend machen konnten. Mme. de Bourboulon gefällt mir immer besser, je länger ich sie kenne. Sie ist eine geborene Mac Laud aus Schottland. Die ganze Familie, die ihrer Zeit zu den angesehensten Schottlands gehört hat, ist durch irgend eine unglückliche Landspekulation ruinirt worden. Darauf ist die Mutter von Mme. de Bourboulon mit ihren übrigen Töchtern nach Amerika ausgewandert, hat sich in Washington niedergelassen und daselbst eine Erziehungsanstalt gegründet. Bourboulon war französischer Gesandtschaftssekretär in Washington und heirathete daselbst seine jetzige Frau, deren übrige Schwestern ebenfalls gute Partien gemacht haben. Sie hat ein Töchterchen gehabt, das aber gestorben ist. Voll Verstand, mit, wie ich glaube, vortrefflichem Herzen und mit sehr guter Bildung, hat sie den einen Fehler, seit zehn Jahren, wo sie in China gewesen ist, immer die erste Rolle gespielt zu haben. Das merkt man bisweilen: gegen uns aber ist sie von immer gleich herzlicher und natürlicher Liebenswürdigkeit, und wir Alle haben sie sehr lieb gewonnen.

Peking, Sonnabend, den 21. September 1861.

Ada, meiner lieben herzigen Nichte, waren meine ersten Gedanken bei ihrem Geburtstage zugewandt. Wie groß wird sie geworden sein! Und wird sie den Onkel Fritz noch ein Bißchen lieb haben?

Sonntag, den 22. September 1861.

Um 6½ Uhr stand ich auf und machte mit August einen Spazierritt. Wir ritten erst durch das Thor der Mitte in die chinesische Stadt, dann gleich westlich längs der Mauer bis zum letzten kleinen Thore. Aus diesem Thore ritten wir hinaus, und außerhalb der Mauer, längs der Westseite der chinesischen Stadt, bei einer großen und einer kleinen Pagode vorbei, um die Stadt herum, längs der Süd= seite der chinesischen Stadt bis zum großen Mittelthore dieser Seite. Als wir in dieses einbogen, bot sich uns der imposante Anblick der Avenue dar, welche von diesem Thore in gerader Linie bis zu dem in der tartarischen Mauer gelegenen Mittelthore führt. Die halbe chine= sische Stadt wird von den Gebäuden und Gärten der Tempel des Himmels und des Erfinders des Ackerbaues eingenommen. Leider sind dieselben von Mauern umgeben. — Um 9½ Uhr war ich wieder zu Hause. um 10½ Uhr frühstückte ich mit großem Appetit, schlief ein wenig und ritt dann abermals mit Mme. de Bourboulon und Mr. Bruce aus, erst ein Ende um die Stadt, dann durch die kaiser= liche Stadt (Hoang=Tsching), die man wirklich nicht genug sich ansehen kann. Abends fand bei Bourboulon, mir zu Ehren, großes Diner statt, an welchem die englische und russische Gesandtschaft an **grand complet** theilnahmen. Nach Tisch wurde musizirt und Whist gespielt.

Montag, den 23. September 1861.

Es war seitens der chinesischen Minister den Gesandtschaften an= gesagt worden, es möge heute doch Niemand in den nördlichen Theil der tartarischen Stadt reiten, da dieselbe abgesperrt werden würde. weil die Wittwe des vorletzten Kaisers von Dschehol ankomme und in Peking einzöge. Bei dieser Gelegenheit werden alle Häuser in den Straßen, durch welche die Kaiserin=Wittwe in einer dicht ver= hängten Sänfte getragen wird, geschlossen: Soldaten bilden Spalier und wenn die Sänfte kommt, machen sie „kehrt" und zeigen der hohen Frau ihre Rücken. Balluzet besuchte mich. Seine Mutter wohnt in Karlsruh in Oberschlesien. Er ist Oberst, Flügeladjutant des Kaisers und russischer Ministerresident in Peking. Mit ihm, Bourboulon und Kleczkowski ging ich in die chinesische Stadt „shopping". Wir sahen wieder wunderhübsche Sachen, aber die Händler forderten heute noch höhere Preise als das letzte Mal, wo ich da war, und die Einkäufe, die ich machte, waren daher von sehr geringem Umfange. Abends regnete es ein wenig, und wir hatten nur 13 Grad.

Dienstag, den 24. September 1861.

In ganz Peking existirt nur ein vierrädriger Wagen. Dieser gehört Mr. Bruce und ist ein sehr niedlicher offener Wagen, ohne Bock, aus dem man sich selbst kutschirt. Immer einen Tag um den anderen kommt Mr. Bruce vorgefahren und holt Mme. de Bourboulon ab. Heute begleiteten wir die Beiden zu Pferde. Der Wagen wird von Maulesetn gezogen. Derselbe ist schon an und für sich ein Gegenstand großer Verwunderung für die Chinesen, am merkwürdigsten scheint es ihnen aber vorzukommen, daß der Herr kutschirt. Sie liefen heute in großen Massen herbei, um sich die possirlichen Barbaren anzusehen. Der kalte Wind, der morgens geweht hatte, und der uns beim Hinaus= reiten aus der Stadt entsetzliche Staubwolken entgegentrieb, legte sich nach und nach, der Himmel wurde ganz klar und die Beleuchtung der Berge wunderschön. Wir ritten bezw. fuhren auf den wunderschönen Feldwegen hinter der Lamaserie und kamen erst nach Hause, als es schon ganz dunkel war. Abends waren wir bei Balluzets.

Mittwoch, den 25. September 1861.

Der heutige Tag war wieder ein äußerst genußreicher. Mr. Bruce hatte uns zu einem Frühstück nach dem Tempel Pi=jun=sse ein= geladen, welcher in derselben Gegend liegt, wie der neulich von uns besuchte Tempel Loung Wangtang, nur näher nach Juen ming=juen zu. Als wir um 6 Uhr morgens aufstanden, waren nur 7 Grad Wärme. Um 7 Uhr setzten wir uns zu Pferde, Mme. de Bourboulon, Bour= boulon, Bruce, ich und noch neun Herren, wieder mit dem nötigen Gefolge von Dienern und Karren. Der Weg war sehr hübsch, das Wetter wurde wundervoll. Nach dreistündigem Ritte kamen wir an. Der Tempel Pi=jun=sse (Tempel der weißen Wolken) besteht aus wenigstens acht Höfen mit Tempelgebäuden, steigt den Berg hinan und

hat als obersten äußersten Punkt ein prachtvolles Monument von
weißem Marmor, von welchem aus man die Ebene von Peking über=
sieht. Das Bild, das sich einem bietet, ist aber insofern schöner als
das von Yong Wangtang aus, da es etwas mehr eingerahmt ist, und
der nächste Vordergrund dadurch, daß er durch einen Theil des
Parks von Juen=ming=juen gebildet wird, großes Interesse gewährt.
Ueber die nächsten Berge hin ziehen sich unabsehbar lange Mauern,
welche die kaiserlichen Wildparks umgeben. Es ist aber kein Wild zu
sehen: dasselbe ist bei der Flucht des Kaisers verschwunden. Obgleich
ich kein Liebhaber von Bergsteigen, zumal nach einer Mahlzeit bin, so
machte ich mich doch noch einmal auf den Weg, um einen benachbarten
Hügel zu erklimmen, von dem man zugleich eine Ansicht auf das
Kloster hat: dann besah ich noch einige der Tempelgebäude im Innern,
namentlich eines, in welchem über 100 vergoldete Götter in Ueber
lebensgröße saßen. Das ist sehr bequem: wenn einem der eine nicht
zu Willen ist, wendet man sich an den anderen.

Um 3½ Uhr setzten wir uns wieder zu Pferde und machten, auf
meine Bitte, einen Umweg, der uns so nahe als möglich an Juen=
ming=juen heranführte. Bourboulon und Bruce, deren Landsleute diese
köstliche Besitzung geplündert und zum Theil niedergebrannt haben,
spielen jetzt die Zarten und hatten offenbare Scheu, sich den kaiser
lichen Gründen zu nähern. Ich ritt aber überall so nahe heran als
möglich und fand, was ich sah, ganz köstlich. Die Stelle, wo das
niedergebrannte Palais gestanden hat, sah ich nicht, sie lag noch sehr
weit ab, auch sagte man mir, daß ich etwa nur den sechsten Theil des
Parkes gesehen hätte. Der Weg, der von Juen=ming=juen nach Peking
führt, ist in der Mitte auf eine Breite von etwa 20 Fuß mit gut
erhaltenen Quadersteinen gepflastert. Rechts und links von dieser
Steinstraße sind Sandwege. Erst um 7¼ Uhr, bei völliger Dunkel=
heit, kamen wir in einzelnen Gruppen nach Hause, dinirten um 8 Uhr
und gingen um 10 Uhr zu Bett.

Donnerstag, den 26. September 1861.

Es hat entsetzlich lange Verhandlungen darüber gegeben, ob der
Prinz von Kong und die übrigen Minister mich empfangen
würden. Sie haben zwar Alle den Wunsch ausgesprochen, mich kennen
zu lernen, allein behauptet, sie dürften mich nicht empfangen, da im
Vertrage stipulirt sei, daß ein preußischer Gesandter erst nach fünf
Jahren nach Peking kommen würde. Ich habe mich um die Angelegen

beit nicht viel bekümmert, da sie mich anekelt: Méritens hat sich der
selben aber sehr eifrig angenommen, und heute Morgen brachte er mir
die Nachricht, daß nunmehr endlich eine Verabredung zu Stande ge
kommen sei, wonach ich heute dem Minister Tsung-lun (oder richtiger
Tschong-luen), mit dem ich in Tientsin unterhandelt habe, und der in
zwischen nach Peking zurückgekehrt ist, einen Besuch machen solle, worauf
der Prinz von Kong, umgeben von den übrigen Ministern, mich morgen
empfangen würde.   Ich setzte mich also um 1½ Uhr mit Méritens,
Brandt und August zu Pferde und ritt nach der Wohnung des alten
Herrn, der an Dysenterie leidet und nicht ausgehen kann. Sein Haus
liegt in der kaiserlichen Stadt, ist klein und überaus einfach. Die tiefe
Trauer hat am 21. d. Mts. aufgehört; es ist nun eine Halbtrauer ein=
getreten, die bis zur Rückkehr des jungen Kaisers nach Peking dauern
wird. Dieselbe macht sich in der Kleidung dadurch bemerkbar, daß das
lange weißbaumwollene Trauergewand einen ganz eng anliegenden hell=
blauen Kragen und die Aermel desselben hellblaue Aufschläge bekommen
haben. Haar und Bart wachsen noch fort. Tschong-luen stellte mir
seinen Sohn vor, einen kleinen, dicken Kerl von 22 Jahren, bereits
verheirathet und Vater eines Kindes. Als ich ihn fragte, ob er diesen
dicken, übrigens sehr höflichen Jüngling für den Staatsdienst bestimmt
habe, sagte er ja, allein derselbe habe erst ein Examen gemacht, sei im
zweiten durchgefallen, bereite sich jetzt vor, dasselbe zu wiederholen, und
erhalte nebenbei von ihm Unterricht in der Politik. Der Sohn bat,
um uns Beweise von seinen Kenntnissen zu geben, um die Erlaubniß,
einige seiner Scripturen herbeiholen lassen zu dürfen, und man brachte
nun, wie die Schreibebücher eines Quintaners, eine Menge Rollen
bunten Papiers, auf welche der junge Herr ellenlange schwarze Charaktere
gemalt hatte, die Sprüche aus den Klassikern darstellten. Er verehrte
Jedem von uns eine solche Rolle. Dann ging's zum unvermeidlichen
Frühstück, das 1½ Stunde dauerte, und mich, da ich keinen Bissen ge=
nießen konnte, zur Verzweiflung trieb. Als wir endlich fertig waren,
ritten wir nach der französischen Kathedrale, welche, in ihren Formen
recht hübsch, einer vollständigen inneren Ausbesserung bedarf. Ich gebe
Euch keine Jahreszahlen und historische Notizen über ihre Erbauung rc.,
das könnt Ihr, wenn Ihr wollt, in Büchern finden. Ich bemerke nur,
daß die Kirche und alle der katholischen Mission gehörigen Grundstücke
Eigenthum der Lazaristen sind.

      Erst gegen 6 Uhr kamen wir nach Hause. Nach dem Diner kamen
Balluzets und die Herren von der englischen Legation. Es wurde

musizirt, Whist gespielt, auch eine Quadrille getanzt. Balluzek ist außerordentlich musikalisch. Er spielt vortrefflich Piano und hat hübsche Sachen komponirt. Frau v. Balluzek spielt ebenfalls recht hübsch und singt auch ganz niedlich. Frau v. Bourboulon hat die Rage des Singens und wird nicht müde, acht Tage hintereinander immer dieselben Sachen vorzutragen. Das ist nicht ihre schönste Seite, obwohl sie viel musikalischen Sinn hat.

Freitag, den 27. September 1861.

Um 7 Uhr morgens, bei 10 Grad Wärme, setzte ich mich mit Bourboulons, Bruce und August zu Pferde. Wir machten einen hübschen Spazierritt ins Feld auf der Ostseite der Stadt. Nach dem Frühstück bestieg ich ein anderes Pferd und ritt mit allen meinen Herren, geführt von Graf Kleczkowski und Méritens, zum Prinzen Kong. Ich habe Euch, glaube ich, schon einmal geschrieben, daß sich in Peking Niemand in einer Sänfte tragen lassen darf, als die Mitglieder der kaiserlichen Familie und die sogenannten kaiserlichen Kommissare, d. h. die vom Kaiser mit einem wichtigen speziellen Auftrage betrauten Personen. Außerdem nehmen natürlich die Gesandten und ihre Frauen dieses Recht in Anspruch. Tschong-luen darf sich in einer Sänfte tragen lassen, bis ich aus Tientsin abgereist bin, weil sein Amt als kaiserlicher, zur Verhandlung mit mir bestimmter Kommissar so lange dauert. Sobald ich weg bin, muß er wieder in den Eselkarren. Mich hatte der Prinz dringend bitten lassen, ich möge, um nicht zu viel Aufsehen zu erregen und da mein Besuch bei ihm doch wesentlich ein freundschaftlicher und kein amtlicher sei, nicht in einer Sänfte, sondern zu Pferde kommen. Diesem Wunsche willfahrte ich; das Gebäude, welches für das Ministerium der auswärtigen Angelegenheiten bestimmt ist, wird gegenwärtig reparirt, und für die Zeit bis zur Vollendung der Reparaturen ist für dasselbe ein kleiner Tempel gemiethet, in welchem der Prinz mich empfing. Der Eingang war eng und schmutzig, die ganze Lokalität jämmerlich, und das Audienzzimmer war nichts als eine elende Kammer. Ich war im schwarzen Frack, der Prinz, ein junger Mann von 30 Jahren mit harten Zügen, im langen, weißen, baumwollenen Gewande. Er hatte die Minister Wen-siang und Heu-ki bei sich, kam mir bis an die Thüre des Hauses entgegen und ließ mich dann zu seiner Linken, d. h. auf dem Ehrenplatze, sitzen. Ich ließ ihm durch den Dolmetscher sagen, wie sehr ich erfreut sei, die Bekanntschaft eines Mannes zu machen, unter dessen Aegide der Vertrag mit Preußen zu Stande gekommen sei und der durch seine weisen Maßregeln sich bereits einen Ruf in Europa erworben habe. Der Prinz erwiderte darauf sehr lebhaft in kurzen Sätzen mit befehlshaberischem Ton, so daß ich glaubte, er sagte mir irgend etwas Unangenehmes. Bei der Uebersetzung kam aber heraus, daß er mir viel Verbindliches über die verständige Manier, in welcher ich die Verhandlungen geführt hätte, zukommen ließ, aber seine Zweifel darüber ausdrückte, daß er sich bereits einen Ruf in Europa erworben habe, da er nichts gethan, was ihm nicht einfach durch seine Pflichten gegen den Staat vorgeschrieben sei. Er ließ sich Brandt und Berg als diejenigen Herren zeigen, die bereits vor einigen Monaten in Peking gewesen seien, und sagte nach einiger Zeit plötzlich: „Je länger ich den preußischen Minister ansehe und mit ihm spreche, je mehr freut es mich, daß ich ihn kennen gelernt habe." Ist das nicht sehr verbindlich? Die meiste Anziehungskraft hatte für mich der Minister Wen-siang, wie man sagt, der gescheiteste und wohlwollendste von Allen. Er hat eine vortreffliche Physiognomie und die besten Manieren, während Hen-ki, der fortwährend mit den Augen blinkt und Grimassen macht, während des letzten Krieges eine verrätherische Rolle gespielt haben soll. Recht befriedigt von meiner Visite setzte ich mich nach derselben wieder zu Pferde und ritt nach dem inmitten der kaiserlichen Stadt gelegenen Etablissement der Lazaristen, wo dieselben jetzt eine Erziehungsanstalt für christliche chinesische junge Leute haben, die sie zu Lehrern und Geistlichen heranzubilden suchen.

Sonnabend, den 28. September 1861.

Um zwölf Uhr erschienen in schwarzem, mit einem Maulesel bespannten Karren, von mehreren Beamten begleitet, Wen-siang und Hen-ki, um mir einen Gegenbesuch zu machen. Bourboulon und ich empfingen sie im Salon und frühstückten dann mit ihnen, worauf sie durch die ganzen Gründe der Gesandtschaft wanderten und sich Alles sehr genau ansahen. Ihre Begleitung war ziemlich schmutzig, zum Theil auch zerrissen. Das kommt daher, daß die Beamten in den Ministerien sehr schlecht bezahlt sind und keine Gelegenheit haben zu stehlen. In den Provinzen läßt sich das eher machen. Um vier Uhr machte ich mit dem Ehepaar Bourboulon und mit Bruce einen Entdeckungsritt in die Felder östlich von der Stadt. Wir passirten dabei eine sehr lange, außerordentlich bevölkerte Vorstadt; Hunderte von Kindern folgten uns und namentlich Mme. de Bourboulon, wurden

aber immer, wenn sie schrien und lärmten, von alten Chinesen zur
Ruhe gerufen und gehorchten dann augenblicklich. Am meisten hatte Berg
vom Andrange zu leiden. Der brennenden und blendenden Sonne
wegen sitzt er in der Regel in einem Karren, wenn er zeichnet. Dieser
Karren wird dann so umdrängt, daß er Stöße erhält und Berg nicht
mehr arbeiten kann. In höchster Wuth springt er dann hinaus und
theilt eine gehörige Anzahl Hiebe aus, die unter großem Gelächter
empfangen werden und worauf es eine Zeit lang ruhiger ist. Dann
geht die Hiebevertheilung von Neuem los, doch kommen auch ihm oft
alte Chinesen zu Hülfe, welche die Umstehenden zur Bescheidenheit er-
mahnen. Soviel steht fest, daß sich die Bevölkerung im Ganzen höchst
anständig gegen die Fremden benimmt. Ich möchte wohl den Skandal
sehen, wenn zwölf Chinesen durch Berlin ritten. Es würde nicht lange
dauern, so würden an jedem Zopfe ein paar Straßenjungen hängen.
Als wir heute im Trabe in einen ganz engen Hohlweg einbogen, kam
uns ein mit vier Maulejeln bespannter Karren entgegen. Die Thiere
scheuten, machten kurz Kehrt und gingen mit dem Karren fast senkrecht
eine Wand des Hohlweges in die Höhe. Die beiden Chinesen, die auf
dem Karren waren, erschreckten sich zwar anfangs über diese Himmel-
fahrt, die so schnell vor sich ging, daß auch unsere Pferde ganz entsetzt
waren. Als die Leute aber oben angelangt waren, erschien ihnen die
Geschichte sehr spaßhaft und sie lachten aus voller Kehle. Was für ein
Geschimpfe und Geschrei würde das bei uns gegeben haben!

Sonntag, den 29. September 1861.

Meine Aufgabe in Peking ist nun auch erfüllt. Ich habe die leiten-
den chinesischen Staatsmänner sowie die fremden Gesandten
kennen gelernt und mich tüchtig in Stadt und Umgegend umgesehen.
Es ist daher Zeit, daß ich meiner Wege gehe, allein Bourboulons wollen
von meiner ursprünglich auf morgen festgesetzten Abreise nichts wissen
und engagiren mich lebhaft, wenigstens noch ein paar Tage zu bleiben.
So will ich denn bis Donnerstag bleiben, es ist noch so gar schön hier,
und draußen auf dem Meere stürmt es noch so gar fürchterlich. Es ist
wieder die Nachricht von einem Taifun eingegangen, der von Hongkong bis nach Shanghai hinauf geweht und große Verwüstungen angerichtet hat. Wenn ich nur erst glücklich in Hongkong wäre. Die
projektirte Reise nach Nagasaki werde ich wohl aufgeben und mir lieber
die Inseln Tschusan und Formosa ein wenig ansehen. Heute besuchte
mich der dicke Sohn von Tschong-luen namens seines Vaters, der noch

immer nicht ausgeben kann. Er war sehr gesprächig und meinte unter
Anderem, es sei sehr zu beklagen, daß in China niedere Beamte niemals
offen ihre Meinung aussprächen, sondern immer den Vorgesetzten bei=
pflichteten, und daß die höheren Beamten bramarbasirten, ohne etwas
Gehöriges vor sich zu bringen. So seien jetzt die Berichte des Generals
Tschen=Pao in der Pekinger Zeitung veröffentlicht, der mit der Ver=
treibung der Rebellen aus der Provinz Tschantung beauftragt gewesen
und dieselbe, seinen Berichten nach, auch ausgeführt habe. Diese Be=
richte seien aber gewiß zum größten Theile gelogen. In denselben
steht übrigens, daß der General ein paar tausend Rebellen gefangen
genommen, davon diejenigen, die Stellen bekleidet oder irgend leitend
eingewirkt haben, in Stücke schneiden, die übrigen bloß köpfen lassen
und alle Weiber und Kinder nach den Amur=Gegenden hat transpor=
tiren lassen.

Abends aßen Bruce und einige Herren von der englischen Gesandt=
schaft bei uns: nach Tisch kamen Balluzeks, und es wurde musizirt.

Montag, den 30. September 1861.

Um sechs Uhr stand ich auf und machte von 7 bis 10½ Uhr mit
Frau v. Bourboulon und der gewöhnlichen Begleitung einen
Spazierritt. Das Wetter war über die Beschreibung schön, herbstlich,
das merkte man an der Frische des Morgens, aber der Herbst erscheint
hier gar nicht so als Vorbote des Winters, er ist eine lang und gleich=
mäßig andauernde wunderschöne Jahreszeit. Ich kann mich nicht er=
innern, je in meinem Leben so herrliches Wetter gehabt zu haben als
das, was wir seit unserer Abreise von Tientsin ununterbrochen genießen.
Merkwürdiger Weise begegneten wir heute dem General Tschen-Pao,
von welchem ich Euch gestern schrieb, als kaiserlicher mit der Vertrei=
bung der Rebellen beauftragter Kommissar in einer Sänfte sitzend und
von etwa zwanzig tartarischen Kavalleristen umgeben. Er ist übrigens
derselbe, der den Befehl zur Ermordung des gefangenen Majors Brabançon
gegeben hat, dessen Vater vor Kurzem hier gewesen ist, um seinen Sohn
zu suchen. Die Prämie von 20 000 Pfund Sterling, die er auf die
Wiederauffindung seines Sohnes gesetzt hat, ist von Niemand verdient
worden, derselbe ist zweifelsohne todt.

Kurz vor dem Diner fand ein ziemlich starkes Gewitter statt, nach
demselben gingen wir zu Balluzeks, die uns in einem paar neu und
recht hübsch ausgestatteten Salons empfingen.

Dienstag, den 1. Oktober 1861.

So ist denn wieder ein Monat herum, und wenn Gott hilft, bin ich in sieben Monaten zu Hause oder wenigstens in Europa. Ich habe heute viel geschrieben und dem alten Tschong-luen einen Abschiedsbesuch gemacht, dann besah ich mir die sogenannte blaue Pagode, die ihren Namen davon hat, daß ihr Dach, rund, wie die Pagode selbst, mit dunkelblauen Porzellanziegeln gedeckt ist, die, von der Abendsonne beleuchtet, wunderschön aussehen. Mit innigem Behagen ritt ich im Schritt durch die kaiserliche Stadt, um auch ihre wundervolle Beleuchtung so recht zu genießen. Wie lebhaft gedenke ich in solchen Momenten Eurer, wie sehnlich wünsche ich Euch herbei, aber nicht um den Preis, alle Angst und Sorge und Mühe mit mir getheilt zu haben, die diesen Genüssen vorausgegangen sind.

Abends gab Mr. Bruce, der englische Gesandte, mir zu Ehren ein großes Diner mit schlechtem Sekt. Man kann sich an seinen Räumen nicht satt sehen, und dabei hat er eine Sammlung von herrlichem Porzellan, Bronze und Cloisonnet. Die Einrichtung ist einzig in ihrer Art.

Mittwoch, den 2. Oktober 1861.

Heute machte ich Abschiedsbesuche, denn morgen geht's fort. Bei Bruce fand ich Bourboulon und Frau, mit denen ich zu Fuß nach Hause ging. Eine europäische Frau zu Fuß, und noch dazu eine so große, war Gegenstand großer Verwunderung für die Chinesen, die in Massen herbeiströmten. Wären bloß Frau v. Bourboulon und Frau v. Balluzet hier, so müßten die Pekinger einen sehr guten Begriff von europäischen Frauen bekommen. Leider sind aber Mlle. Victorine und die femme de charge von Bruce ein paar ganz kleine kugelrunde entsetzliche Gestalten. Letztere wagt es nicht mehr zu Fuße auszugehen, sie ist jedesmal so umringt worden, daß sie sich hat in einen Karren flüchten und nach Hause fahren müssen. Es stehen hier nämlich an den Thoren und in den Straßen Karren wie bei uns die Droschken. Abends dinirten Balluzets bei uns, und nach Tisch versammelte sich noch ein mal die ganze europäische Gesellschaft, von der dann Abschied genommen wurde.

Auf dem Peiho.   Donnerstag, den 3. Oktober 1861.

Bald nach 8 Uhr morgens machte sich Heinrich mit zwölf Karren, welche unser Gepäck enthielten, auf den Weg nach Tungtschou. Wir frühstückten und nahmen rührenden Abschied von den Hausgenossen, die sich wirklich in sehr freundschaftlicher Weise zu uns benommen

haben; Spezialitäten erzähle ich lieber mündlich. Dann setzten wir uns
zu Pferde und ritten zu Balluzets, um ihnen noch ein definitives Lebe=
wohl und herzlichen Dank für die Freundlichkeit zu sagen, mit welcher
sie Bunsen und Lucius aufgenommen hatten. Letzterer hat übrigens
einen sehr interessanten Ausflug nach der „großen Mauer" unternommen,
den ich nur deshalb unterlassen habe, weil Herr v. Bourboulon Be=
denklichkeiten — natürlich höchst unbegründete — dagegen hatte. Als
ich Fran v. Balluzet zum Abschied die Hand küßte, gab sie mir einen
Kuß: schnell küßte ich ihr wieder die Hand, wupp! hatte ich wieder
einen Kuß. Ich finde diese russische Mode sehr hübsch. Um 12½ Uhr
ritten wir aus der Tartarenstadt hinaus. Es geht nun nach Hause.
Köstlicher, himmlischer Gedanke, aber wie viel Meer liegt noch zwischen
uns! Méritens begleitete uns ein Ende, dann trabten wir allein
weiter. Nach dreistündigem hübschen Ritt kamen wir in Tungtschou
an, wo wir nicht nur unsere vorher bestellten Boote bereit, sondern
auch alle unsere Sachen eingepackt fanden, so daß wir sogleich unsere
Reise weiter fortsetzen konnten. Jetzt, um 10 Uhr abends, liegen wir
irgendwo vor Anker. Das Wetter ist zauberhaft schön. Unsere
Boote werden nicht gezogen, sondern, da es stromabwärts geht, nur
gerudert.

Tientsin, den 6. Oktober 1861.

Heute morgen um 7 Uhr sind wir wieder hier einpassirt. Wir
haben gestern morgen ein paar Stunden Regen und dann so
frischen Wind gehabt, daß wir flott segeln konnten. Ueberall auf dem
Lande waren die Leute mit der Ernte beschäftigt. Sie fuhren die
Feldfrüchte auf Karren nach Hause, die mit einem Maulesel in der
Gabel und einem Ochsen, einem Maulesel und einem Pferde vorn be=
spannt waren. Alles sah zufrieden und gemüthlich aus. Die Nach=
richten, die ich hier vorgefunden habe, sind in Kurzem folgende: Das
Rifle=Regiment, die Artillerie und ein Theil des Trains haben Tientsin
bereits verlassen und sind nach Hongkong eingeschifft. Sundewall ist
mit der „Arcona" vor Tafu angelangt und erwartet mich. Einer
meiner chinesischen Portiers und eine schöne schwarze Henne sind ge=
storben, der hübscheste der jungen Hunde ist gestohlen. Ich hatte viel
Besuch von englischen Offizieren, die uns sehr attachirt sind und sich
über unsere Rückkehr aufrichtig freuten. Unter ihnen befand sich auch
Fane, der aus Japan zurückgekommen ist und dort köstliche Aquarelle
gemacht hat. Die englische Gesandtschaft in Jeddo ist von englischen
Truppen bewacht, und Spazierritte werden nur unter zahlreicher mili=
tärischer Bedeckung unternommen. Angenehmer Zustand!

Der englische Admiral, Sir James Hope, ist hier angekommen und will übermorgen nach Peking gehen. Ich besuchte ihn, um ihn zu bitten, mir ein Kanonenboot zur Verfügung zu stellen, das mich mit allem Gepäck nach der „Arcona" bringen soll, fand ihn aber nicht zu Hause und machte einen einsamen Spaziergang auf der Stadtmauer. —

Montag, den 7. Oktober 1861.

Briefe aus Hongkong und Shanghai, die ich erhalten habe, sind ganz voll von rührenden Dankbezeugungen über den Abschluß des Vertrages. Sie sprachen außerdem alle von einem Taifun, der in der ersten Hälfte des September von Hongkong bis nach Shanghai hinauf gewebt und namenloses Unglück verursacht hat. Das englische Transportschiff „Vulcan", welches hier angekommen ist und einen Theil des Sturmes mit zu überstehen gehabt hat, hat das Meer mit Schiffstrümmern bedeckt gefunden, und in dem Hafen von Kilung auf Formosa sind Schiffe, die vor Anker gelegen haben, mit Mann und Maus untergegangen. Bis gegen 5 Uhr arbeitete ich fleißig, dann machte ich mit Brandt einen Spaziergang auf der sogenannten französischen Seite der Stadt, auf einem nackten, unabsehbar weit mit Gräbern bedeckten Felde, die hier und in Peking überall die Form von den Sandhaufen haben, die man als Kind aus einer Obertasse umstülpt. Mein Pferd habe ich nicht mehr, ich habe es von Tungtschou nach Peking zurückgeschickt, weil Balluzek es zu haben wünschte. Hier habe ich es nun so arrangirt, daß er 30 Dollar oder 45 Thaler dafür zu bezahlen hat. Infolge des Verkaufes der Pferde von Janes Horse sind dieselben so billig geworden, daß sie hin und wieder zum Geschenk ausgeboten werden, namentlich von den Franzosen. Diese haben nämlich ziemlich viel Pferde in der Auktion gekauft, wissen nun aber mit denselben nicht umzugehen und wollen sie à tout prix wieder los werden. Von einem wird erzählt, daß das von ihm gekaufte Pferd sich nicht habe putzen lassen wollen: er ist deshalb auf die Idee gekommen, sich ein Sikhs-Kostüm machen zu lassen, an welches das Pferd gewöhnt ist, und geht nun alle Tage mit rothem Turban und sonstigem Zubehör in den Stall, um sein Pferd zu besorgen.

Abends dinirten bei mir der Admiral Sir James Hope, über den ich Euch schon von Shanghai aus geschrieben hatte und der jetzt von Japan hier angekommen ist, ferner der General Stavely und die Adjutanten dieser Herren, Jane ꝛc. —

Die Post, die ich gestern erhalten habe, ist, wie ich nachträglich ent
deckt habe, eine vor vierzehn Tagen, während meines Aufenthaltes
in Peking, angekommene. — Eure Briefe sind gerade in den Tagen
geschrieben, wo hier meine allerschwerste Zeit war: Ihr hattet keine
Ahnung davon. — Ich werde in den nächsten Tagen noch eingehender
auf Eure Briefe antworten, heute ist es mir nicht möglich, da die
Post mir entsetzlich viel Amtliches gebracht hat, das ich Alles noch vor
meiner Abreise von hier erledigen muß. So habe ich denn den ganzen
Tag über gesessen und geschrieben, nur abends einen kleinen Spazier=
gang gemacht und zum Diner alle Herren vom -englischen Kommissariat
und einige englische Marineoffiziere bei mir gehabt, mit denen ich
meine Abreise von hier an Bord eines englischen Kanonenbootes, das
mich den Fluß hinunter und an Bord der „Arcona" bringen soll, auf
Sonnabend verabredete. —

Ich habe so viel mit Schreiben, Packen, Visitenempfangen und
Visitenmachen zu thun gehabt, daß ich nicht wußte, wo mir der
Kopf stand, und außerdem gab es noch eine solche gewaltige Masse von
Rechnungen zu bezahlen, daß sich alle meine Kalkuls als falsch erwiesen.
Das Wetter ist fortdauernd wunderschön, 16 bis 17 Grad am Tage,
aber morgens und abends mehr als frisch. Die Engländer heizen
schon. Gestern aßen wir im englischen Kommissariat und werden das=
selbe auch heute thun, da alle Küchengeräthschaften bereits eingepackt
sind. Der „Clown", das Kanonenboot, welches uns den Peiho hinunter
und nach der „Arcona" bringen soll, ist angekommen, und morgen früh
um 6 Uhr werden wir abreisen. — Nun betet für mich, daß mir der
liebe Gott glücklich nach Hongkong hilft, dann ist das schlimmste Stück
überstanden. Aengstigt Euch aber auch nicht, wenn mein nächster Brief
vielleicht etwas länger als gewöhnlich ausbleibt. Denn wenn Sunde=
wall es für nöthig hält, noch einmal nach Nagasaki zu gehen, um
Kohlen zu nehmen, so ist keine Möglichkeit vorhanden, Euch mit der
nächsten Post zu schreiben.

Gott befohlen! Tausend Grüße und Küsse an die Kinder, und
den herzlichsten Dank an alle Rothkirchs, die mir so freundlich ge=
schrieben haben. —

Adieu, adieu! Könnte ich Euch nur einmal umarmen und Euch
mündlich sagen, wie lieb ich Euch habe. — Fritz.

V. Von China nach Siam.

Nagasaki, Mittwoch, den 23. Oktober 1861.

Da bin ich wieder in dem paradiesischen Nagasaki, doppelt paradiesisch nach einem fünfmonatlichen Aufenthalt in Tientsin.
Das Wetter ist köstlich, die wundervollen Berge und Felder
prangen im üppigsten Grün. In der Stadt ist Alles reinlich und nett.
Die Japaner mit ihren freundlichen Gesichtern behandeln uns als alte
Bekannte. Ich wohne bequem beim holländischen Generalkonsul de Wit:
kurz, der augenblickliche Zustand läßt nichts zu wünschen übrig, als daß
Ihr hier wäret und mit genießen könntet. Aber eben, weil es mir
augenblicklich so gut geht, erfüllt mich das mit einem ängstlichen Gefühl:
ich bin wieder einmal der Eulenspiegel, der bergab geht. Was wird
die nächste Zukunft bringen?

Mein letzter Brief ging, wenn ich nicht irre, bis zum 11. Oktober.
Am 12., morgens um 6 Uhr, erschien Tschong-luen, um mir Adieu zu
sagen, und eine Stunde später befanden wir uns an Bord des englischen
Kanonenbootes „Clown", wo wir noch viele unserer Freunde fanden, die
gekommen waren, von uns Abschied zu nehmen. Das Wetter war sehr
schön, und die Fahrt den Fluß hinunter ging schnell und glücklich von
statten, während ich, theils frühstückte, theils in einem bequemen Lehn=
stuhl sitzend, „Müller und Schulze in der sächsischen Schweiz" las, theils
schlief. Ich habe mir vorgenommen, „Müller und Schulze in Tientsin
und Peking" zu schreiben und das Werk Kanitz*) zu dediciren. Zwischen
3 und 4 Uhr kamen wir bei den Taku=Forts an und sahen die „Arcona"
in großer Entfernung vor Anker liegen. Leider stellte sich aber heraus,

*) Siehe Anmerkung auf S. 268.

daß das Wasser zu niedrig war, um über die Barre zu kommen, und wir mußten daher unsere Fahrt nach der „Arcona" bis zum Morgen des anderen Tages verschieben. Da auf dem Kanonenboot nicht Platz genug war, um daselbst die Nacht verbringen zu können, so nahmen wir die Gastfreundschaft der englischen Offiziere in dem auf dem rechten Ufer gelegenen Fort in Anspruch, und wurden von ihnen, namentlich vom Kommandanten, Major Eager, aufs Freundlichste empfangen. Während in den Baracken Schlafstellen für uns zurecht gemacht wurden, fuhr ich nach dem französischen Fort auf der linken Seite, um Kapitän Bourgois, der mir viel Freundlichkeiten erwiesen hatte, Adieu zu sagen. Inzwischen war die ganze englische Garnison in Paradeuniform gesteckt worden. Bei meiner Rückkehr traten alle Wachen ins Gewehr, und die Geschütze des Forts gaben mir einen Salut, den nach kurzer Zeit die „Arcona", die da ahnte, daß er mir galt, aus weitester Ferne, aber doch sehr hörbar, erwiderte. Bei herrlichem Sonnenuntergang war das ein hübsches kleines Intermezzo, und wir dinirten in fröhlichster Stimmung in der Offiziersmesse.

Sonntag, den 13. morgens, waren wir schon früh auf den Beinen und fuhren gegen 9 Uhr auf dem „Clown", abermals von einem Kanonensalut geleitet, nach der „Arcona", die wir nach etwa zwei= stündiger Fahrt erreichten. Das Schiff und sämmtliche Böte, die uns= unsere Millionen Kasten und Kisten, Hunde und Hühner vom „Clown" abholen kamen, waren neu gemalt und sahen wirklich ganz vortrefflich aus. Auch im Innern sieht die „Arcona" und ihre Mannschaft jetzt wie ein Musterschiff aus, und wenn man so an Bord kommt, vom Kommodore, sämmtlichen Offizieren, Beamten und Kadetten feierlich empfangen, kann man ganz stolz auf sein Vaterland sein. In der Nähe der „Arcona" lagen das englische Admiralschiff „Impérieuse" (der Admiral ist gegenwärtig in Peking) und das gewaltige Trans= portschiff „Vulcan", an dessen Bord sich das ganze Sikhs=Regiment Jane's Horse befand. Die Offiziere desselben kamen zu uns herüber und frühstückten bei mir. Dann lichteten wir gegen 3 Uhr den Anker und fuhren, indem unsere Musik die englische Nationalhymne spielte, dicht bei den beiden Schiffen vorbei, von denen uns die Sikhs, die zu Hunderten mit ihren rothen Turbanen auf Deck standen, das schrillende Geschrei herübersendeten, das sie bei ihren Attacken auszustoßen pflegen. Zuerst ging's nun nach Tschifu, wo die „Elbe" lag, die wir abholen wollten. Wir kamen daselbst nach sehr angenehmer Fahrt Montag, den 14., um 2 Uhr nachmittags an und vernahmen die überraschende

Nachricht, daß vor einigen Tagen berittene Scharen von Rebellen, die aber mit den Rebellen des Südens nichts zu thun zu haben scheinen, die Umgegend aufs Gräulichste verwüstet und selbst bis in die Nähe des Ufers zu kommen gewagt hatten, so daß die Besatzung der bei Tschifu ankernden französischen und englischen Schiffe gegen sie zu Felde gezogen war. Zwei englische Missionare, die freilich ganz ohne Beruf ihnen entgegen gegangen waren, sollen die Rebellen ermordet haben. Ich fühlte keine Veranlassung, mich in die Sache zu mischen, und ersuchte den Kommodore, weiter zu fahren, was auch geschah, aber ohne die „Elbe", da der Kommandant derselben sehr unerwartet er= klärte, daß dieselbe plötzlich einen Leck bekommen habe und suchen müsse, nach vorläufiger Reparatur so schnell als möglich nach Hongkong zu kommen, um dort eine gründliche Ausbesserung vorzunehmen. Den 15. und 16. machten wir sehr schnelle und angenehme Fahrt. Als wir aber am 17. in die Nähe der Insel Quelpart kamen, hörte der bis dahin uns günstige Wind auf, und es stand so hohe See gegen uns, daß wir die Schraube nicht brauchen konnten, weil sie gegen die starken Dünungen nicht aufgekommen wäre. Hätten wir die Richtung nach Nagasaki aufgegeben und uns nach Hongkong zu gewandt, so hätten wir gute Fahrt machen können, allein Sundewall behauptete, er müsse nach Nagasaki, um daselbst Kohlen, Holz und Lebensmittel einzunehmen, und ich widersetzte mich diesem Vorhaben um so weniger, als wir Alle große Lust verspürten, den schönen Ort wiederzusehen. Die Nacht vom 17. zum 18. war sehr schlimm. Das Schiff arbeitete so gewaltig, daß fast Niemand von uns schlafen konnte, und auch den Tag über, am 18., war das Meer noch so unruhig, daß an die Veranstaltung eines Festes zur Feier der Krönung und des Geburtstages des Kronprinzen nicht zu denken war. Erst am 19., als wir an die Inseln kamen, welche „Eselsohren" heißen, verbesserte sich unsere Lage. Wir konnten Dampf machen und den direkten Kurs auf Nagasaki steuern. Die ganze Küste, auf welcher dasselbe liegt, hat denselben vulkanischen Charakter und sieht sich auf große Strecken hin so ähnlich, daß es nicht leicht ist, einen bestimmten Punkt, den man sucht, zu finden. So kam es, daß wir am Sonntag, den 20., obwohl wir schon morgens 5 Uhr vor Nagasaki waren, aus Versehen vorbeifuhren und unseres Irrthums erst gegen 2 Uhr nachmittags ganz gewiß wurden. Nun drehten wir schnell um und setzten alle Kräfte dran, um noch bei Tage in den Hafen zu kommen. Das gelang auch so ziemlich. Als wir aber in der Bai Anker warfen, brannten in den europäischen Etablisse=

ments von Nagasaki bereits alle Lichter, während der Vollmond über
den Bergen aufging und Stadt, Gebirge und Hafen zauberisch beleuchtete.
Bis spät in die Nacht ging ich auf Deck auf und ab und konnte mich
nicht satt sehen an den Schönheiten dieses Punktes, der unstreitig zu
den schönsten auf der Erde gehört.

Montag, den 21., regnete es den ganzen Tag derartig, daß ich
gar nicht von Bord ging. Ich gewann dadurch aber Zeit, die Post,
welche ich für mich vorfand, und welche älter war als die letzte, die
ich in Tientsin bekam, durchzustudiren. Es waren darunter Philipps
und Alexandrinens herzliche Briefe und die Briefe der Kinder. Habt
innigen Dank dafür. Was Alexandrine mir über ihre ungeschickten
und unzuverlässigen Dienstboten mittheilt, verstehe ich vollkommen zu
würdigen. Heinrichs Unverdrossenheit und Treue rühren mich, wenn
er aber anfängt zu denken, wird er schrecklich. Ich bin zuweilen schon
bohnenstroh-grob gegen ihn gewesen. Ich werde es nun einmal wieder
mit Liebe versuchen und zuerst sehen, ob ich ihm nicht die Fettflecken
aus seinen Beinkleidern ausreden kann.

Gestern hat sich das Wetter wieder aufgeklärt und es ist ganz
wunderschön geworden. Die Berge mit ihren Feldern und Bäumen
prangen im üppigsten, frischesten Grün. In den Straßen der Stadt
sieht alles zierlich und reinlich aus: ich wandele umher im größten
Wohlbehagen, immer gefolgt von einer Schar Kinder, denen ich
Knöpfe schenke. Abends feierte ich Augusts Geburtstag durch ein
kleines Diner. Er ist wirklich ein sehr guter, durch und durch anständiger Junge, der mir unermüdlich große Dienste geleistet hat; er
läßt Euch aufs Herzlichste grüßen.

Heute habe ich meinen Umzug nach dem Lande gehalten, wo ich
nun bei de Wit wohne. Das englische Schiff „Vulcan", mit Fanes
Horse an Bord, ist angekommen, und es wimmelt in den Straßen von
englischen Offizieren. Das thut der angenehmen Ruhe der Stadt
Abbruch und macht in den Läden die Waaren uns Doppelte steigen.
Ich wünschte, die Engländer wären wieder fort und ließen uns mit
den Japanern allein. Es ist ein gar zu gemüthliches, liebenswürdiges
Volk mit den hübschesten konventionellen Formen.

Nagasaki, Sonnabend, den 26. Oktober 1861.

Wir haben in den verflossenen Tagen das herrlichste Wetter gehabt.
Wenn ich morgens bald nach 6 Uhr aufstehe und ans Fenster
gehe (ich wohne ganz hart an der Bai), so liegt über Meer und

Bergen dicker Nebel. Zwischen 7 und 8 Uhr steigt derselbe, so daß um
8 Uhr, wenn die „Arcona" unter Musik die Flagge hißt und alle europäischen
Schiffe ihr folgen, die glänzendste Sonne das köstliche Bild bescheint
und ich, auf den Balkon hinaustretend, eine brust= und herzerweiternde
Luft einathme. Warum könnt Ihr diesen Göttergenuß nicht mit mir
theilen? Das englische Schiff „Vulcan" ist Gottlob wieder abgereist,
und wir sind nun mit den Japanern allein. Alle Visiten und Gegen=
visiten sind abgemacht, unter andern ein Besuch beim Gouverneur von
Nagasaki. Er erkundigte sich sehr angelegentlich, wie es in China aus=
sähe, ob die Rebellen noch in der Nähe von Shanghai und Tschifu
wären ꝛc. In dieser Beziehung sind die Japaner den Chinesen doch
unendlich voraus. Letztere wissen kaum, was in ihrer nächsten Um=
gebung vorgeht, während die japanischen hohen Beamten Zeitungen
lesen und wenigstens die Glocken läuten hören, wenn sie auch nicht
wissen, wo sie hängen. Mehrmals fragte mich der Gouverneur, ob es
in Preußen auch Reis gäbe: er schien besorgt, daß, wenn die japanischen
Gesandten nach Berlin kämen, sie daselbst nichts zu essen finden würden.

Vorgestern kam das englische Dampfboot „Centaur" mit achtzehn
Mann Kavallerie, die Alcock in Jeddo zur Leibwache dienen sollen, hier
an und ging gestern nach Jeddo weiter. Die japanischen Minister
haben Alcock erklärt, sie wollten ihm zu seinem Schutze so viel Jakunins
geben, als er wünsche, aber sie könnten ihm keinerlei Garantie bieten,
daß die Gesandtschaft über kurz oder lang nicht abermals überfallen
werden würde.

Gestern hatte ich an Bord der „Arcona" ein Diner von sechzehn
Personen bei mir, meistens Holländer und Deutsche, und heute von
4 bis 6 Uhr Nachmittag habe ich einen Spaziergang gemacht, der mich
in förmliche Ekstase versetzt hat. Es ist vergebene Mühe, Gegenden be=
schreiben zu wollen; man bringt dem Leser doch nie eine Idee von dem
bei, was man gesehen hat. Eine ungefähre Idee von dem Charakter
der Gegend werdet Ihr Euch aber machen können, wenn ich Euch sage,
daß man in den Bergen von jeder Stelle aus das Meer oft an zwei,
drei verschiedenen Punkten sieht, daß nackte Felsen mit fleißigster Kultur
und schönstem Baumwuchs gemengt sind, daß keine Baum= oder
Sträuchergruppe zusammensteht, die nicht aus fünf, sechs verschiedenen
Arten besteht, daß man nicht 50 Schritte weit gehen kann, ohne eine
völlig veränderte Scene zu finden, und daß es fast keinen Baum giebt,
der nicht mit den herrlichsten Schlingpflanzen bedeckt wäre. Dabei
eine Ruhe, eine Zufriedenheit über die ganze Gegend ausgegossen, wie

ich etwas Aehnliches nie gesehen habe. Heute muß ein Fest gewesen
sein, wenigstens in der Umgegend der Tempel, zwischen denen wir uns
umhertrieben. Frauen und Mädchen waren besonders gut gekleidet mit
rothen Schärpen und rothen Blumen und Schleifen im Haar. Die
ganze Bevölkerung saß in den offenen Räumen der Häuser auf der
Erde und nahm die Abendmahlzeit, die in hübschen Schüsselchen und
Täßchen auch auf der Erde servirt war. Sobald wir uns einer solchen
soupirenden Familie näherten, ergriffen die jungen Damen die Zither
und klimperten die paar Töne dieses Instrumentes mit großer Ge-
läufigkeit, um uns einzuladen, näher zu kommen und am Mahle theil-
zunehmen. Wo wir es thaten, legte man uns sofort fünf, sechs verschiedene Arten Speisen auf einen Teller, und die jungen Damen
watschelten, immer über die große Zehe gebend, auf uns zu, um uns
dieselben zu präsentiren. Wir setzten uns dann zur Familie auf die
Matten, unterhielten uns in geläufigem Japanisch, rauchten unsere
Cigarren, während die japanischen Damen ihre Pfeifchen schmauchten,
und empfahlen uns unter vielen Freundschaftsbezeigungen, um dieselbe
Sache ein paar hundert Schritte weiter zu wiederholen.

Sonntag, den 27. Oktober 1861.

Heute haben uns die Holländer ein großes Fest gegeben in einem
Tempel, nahe dem Berge Kompira. Bei herrlichstem Wetter setzten
wir uns um 9 Uhr morgens in Bewegung, Wirthe und Gäste, etwa
30 Personen und das Musikkorps der „Arcona". Nach 1½ stündigem
Marsche gelangten wir bei dem Tempel an und bestiegen von da aus,
während die Anstalten zum Frühstück gemacht wurden, den 1200 Fuß
hohen Berg Kompira, von dessen Spitze man das ganze umliegende
Gebirge, das Meer in drei verschiedenen Direktionen und außerdem
die Stadt und die Bai von Nagasaki übersehen konnte. Wunderschön,
aber ein Bißchen zu viel Sonne. Beim Frühstück ging's sehr munter
her: unzählige Toaste wurden ausgebracht, und die Kadetten berauschten
sich. Gegen 4 Uhr traten wir den Rückweg an und wählten dazu
einen längeren, aber noch weit hübscheren Pfad als denjenigen, den wir
gekommen waren. Auf einem prächtigen grünen Platze in einer Berg-
schlucht lagerten wir eine Zeit lang, während die Musik uns hübsche
Lieder vorspielte, und später tanzten die Kadetten in einem Dorfe auf
der Straße zur großen Verwunderung der Einwohner, die uns anfänglich wohl für toll gehalten haben mögen, dann aber von den an-
regenden und belebenden Tönen der Polka so bewältigt wurden, daß

Viele von ihnen anfingen zu wippen, als wollten sie sich auch in Be=
wegung setzen. Nach dreistündigem Marsche kamen wir, als es schon
ganz dunkel war, nach der Stadt zurück und durchzogen dieselbe bis
zur Insel Desima, wo wir wohnen, mit blasender Musik. Abends gab
der holländische Konsul Metman ein großes Fest in seiner Wohnung,
bei welchem abermals unsere Musik mitwirkte, und welches auch ich eine
Zeit lang mit meiner Gegenwart beehrte. Noch vor 10 Uhr zog ich
mich sehr müde zurück und legte mich ins Bett; allein an Schlafen
war noch lange nicht zu denken, die Musik und die Hurrahs schallten
bis nach 11 Uhr zu mir herüber, und zu meiner wahren Verzweiflung
zog die Gesellschaft dann noch umher und brachte Ständchen.

Nagasaki, Montag, den 28. Oktober 1861.

Gegen Abend machte ich mit August einen Spaziergang auf die Kirch=
höfe, diese einzig und unübertrefflich schönen Ruheplätze, an denen
man sich gar nicht satt sehen kann. Eine Idee davon, wie sie terrassen=
förmig angelegt und mit den herrlichsten Bäumen und Schlingpflanzen
durchzogen sind, habt Ihr aus dem Bergschen Aquarell, das ich Euch
schickte. Aber Niemand kann diese Ruhe, diese Harmonie in der größten
Abwechselung, dieses unendliche Wohlbefinden schildern, das man in=
mitten dieser zärtlich gepflegten, paradiesisch gelegenen Gräber empfindet.
Als wir so langsam zwischen denselben auf= und abstiegen und uns bald
an den Einzelheiten, bald an dem Meere, den Bergen und der Beleuch=
tung der untergehenden Sonne weideten, sahen wir in einiger Entfer=
nung vor uns ein paar Laternen und eine weiße Gestalt, die eifrig um
dieselben beschäftigt war. Bei unserer Annäherung entfloh Letztere,
eine ganz junge, in weiße Trauer gekleidete Frau. Die Laternen
brannten über zwei ganz frischen Grabsteinen, über welchen zierliche,
aus weißem Holz gezimmerte Häuschen standen. In diesen Häuschen
befanden sich ein paar kleine Altärchen mit kleinen Figuren, brennenden
Lichtchen, Kinderspielsachen, Blumen ꝛc. Ein Knabe, der dabei stand,
machte uns begreiflich, daß die junge Mutter hier am Tage vorher
zwei kleine Kinderchen begraben habe, wir sahen die Mutter in einiger
Entfernung hinter einer Mauer ängstlich nach uns herüberschauen, ob
wir auch nichts an ihrem rührenden Opfer störten. Das Ganze war
so einzig nett, daß mir die Thränen in den Augen standen, als ich bei
einbrechender Dunkelheit nach der Stadt hinabstieg.

Dienstag, den 29. Oktober 1861.

Es ist doch wieder so warm geworden, daß ich die wollenen Kleider mit Sommerkleidern habe vertauschen müssen. Nach einem langen Spaziergange auf den Kirchhöfen gab ich abends ein Diner für 18 Personen (mehr kann nach einer neueren Einrichtung die Vorkajüte nicht fassen) zu Ehren des Geburtstages des Prinzen Adalbert. Nach dem Diner war das Schiff hübsch mit bunten Laternen erleuchtet, die sich jetzt zu Hunderten an Bord befinden. Man kann nichts Hübscheres sehen als japanische Laternen, leider sind sie nicht sehr solide, und ich habe kaum die Hoffnung, einige davon wohlerhalten mitzubringen.

Mittwoch, den 30. Oktober 1861.

Kapitän van Gogh von der holländischen Kriegsbrigg „Cachelot", ein kleiner sehr gebildeter und sehr possirlicher Mann, der auch bei de Wit wohnt und mit dem ich täglich esse, hatte für heute eine Partie nach der im Eingange zur Bai gelegenen „Ratteninsel" arrangirt, und um 9 Uhr segelte ich mit ihm und de Wit hinaus, während drei andere Boote von der „Arcona" die übrigen Gäste an Bord hatten. Kaum aber war auf dem unbewohnten und köstlich gelegenen Inselchen ein Zelt aufgeschlagen und das Nöthige zur Einnahme eines Frühstücks vorbereitet, als es anfing zu regnen, und zwar so gründlich, daß wir nach einem gegenüberliegenden Dorfe übersetzen und dort ein Obdach suchen mußten. Wir fanden es beim Bürgermeister des Orts, dessen Haus wir in Beschlag nahmen. Auf dem mit Matten bedeckten Fußboden gelagert, frühstückten wir, hörten der Musik von der „Arcona" zu und amüsirten uns über die Einwohnerschaft des Dorfes, die trotz des strömenden Regens in dichten Massen das Haus umstand und uns bei unseren Beschäftigungen zusah.

Donnerstag, den 31. Oktober 1861.

Schon um 9½ Uhr morgens fuhr ich an Bord der „Arcona", weil sich der Gouverneur Takahari Mima Saka no cami zu einem Gegenbesuch bei mir hatte ansagen lassen. Er erschien mit großem Gefolge, wurde erst von Sundewall im Schiffe umhergeführt und bekam dann von mir das vorgeschriebene Frühstück, bei welchem er im Sekttrinken mehr leistete, als ich es bisher von irgend einem Japaner gesehen hatte. Als er aufbrach, ließ er mir durch den Dolmetscher sagen, der Wein sei ihm so zu Kopfe gestiegen, daß er wünsche, erst noch ein paar Mal auf Deck in frischer Luft umherzugehen, ehe er in sein Boot herabsteige, denn er fürchte, er werde sonst die Treppe hinunterfallen. Dieser Wunsch wurde ihm gewährt, dagegen trat ich dem Vorhaben Sundewalls, der ihn mit Kanonenschüssen salutiren wollte, entgegen, da die Japaner auf einen solchen Salut nicht antworten, und so unter blieb es denn.

Später ging ich mit August nach dem Hause Siebolds, obwohl derselbe zur Zeit in Jeddo ist. Der Weg dahin und die Lage des Hauses ist gar zu hübsch; ich kann es Siebold eigentlich nicht verdenken, daß er hier bleibt. Sein Hühnerhund, den er zurückgelassen hat, begrüßte uns Europäer mit ausgelassenen Freudenbezeugungen.

Sonnabend, den 2. November 1861.

Gestern habe ich eine Bootfahrt und einen hübschen Spaziergang gemacht, heute besah ich das von dem holländischen Doktor Pompe und dem japanischen Arzte Matzmoto gegründete Krankenhaus, welches in europäischem Stile gebaut ist und auf einem zauberhaft schönen Punkte an einem Ende der Stadt liegt. Pompe erzählte sehr amüsant, welche unendlichen Schwierigkeiten zu überwinden gewesen seien, ehe die japanische Regierung sich entschlossen habe, das Krankenhaus nach europäischer Weise einrichten zu lassen. Die Glasfenster und die grünen Vorhänge daran haben unendliche Korrespondenzen veranlaßt, auch ist die Genehmigung zu deren Anbringung nur dadurch zu er= reichen gewesen, daß Pompe sie auf seine eigenen Kosten hat machen lassen und der Regierung angeboten hat, sie ihr zum Geschenk zu machen. Das hat sie dann abgelehnt und das Veranschlagte bezahlt. In dieser und in jeder anderen Beziehung steht das fait accompli in Japan in großer Achtung. Nach dem Besuche des Krankenhauses ging ich noch nach einem berühmten kleinem Fuchstempelchen (Mia), das, unter köst= lichen hohen Bäumen gelegen und von roth lackirtem Holz gebaut, ein namentlich von jungen Mädchen sehr frequentirter Andachtsort ist. Der Fuchs raubt nämlich zuweilen junge Damen, die dann ganz ver schwinden oder in sehr veränderten Umständen zurückkommen. Die alleraufgeklärtesten Japaner, wie z. B. der Arzt Matzmoto, lassen sich diesen Glauben nicht nehmen, und der alte japanische Diener, der bei de Wit bei Tisch aufwartet, erklärte, als er von uns darüber befragt wurde, daß er selbst zwei Fälle von Mädchenraub durch einen Fuchs erlebt habe. — Abends dinirten mehrere Herren bei mir an Bord, dann gab ich einen großen Punsch an die Offiziere und an die ganze Mannschaft des Schiffes. Die Heiterkeit war ungeheuer. Fast alle in Nagasaki wohnenden Europäer hatten sich, durch die Klänge der Musik angezogen, eingefunden und wurden mit bewirthet. Die Mannschaft, von einer Deputation geführt, die mir in sehr wohl stilisirter Rede dankte, brachte mir donnernde Hochs, und bis gegen 12 Uhr wurde getanzt, gesungen und zur wahren Wuth von Sundewall allerhand Unfug ge trieben. Als ich wieder ans Land fuhr, war des Neumonds wegen so niedriges Wasser, daß meine Bootsleute ins Wasser springen mußten, um das Boot zu schieben. Bei uns würde es kein Vergnügen sein, im November ins Wasser zu springen, hier hat dasselbe noch eine Temperatur von 17 Grad.

Sonntag, den 3. November 1861.

Auch heute besuchte ich wieder einen Fuchstempel, der sich durch seine Größe, Nettigkeit und reiche Architektur auszeichnet und von den niedlichsten kleinen Gärtchen umgeben ist, die man sich denken kann. Die Frauen der Priester machte ich mir durch Geschenke von blanken Knöpfen zu Freundinnen. Abends gab de Wit ein großes Diner.

Montag, den 4. November 1861.

Morgen soll es nun wieder in See gehen, und deshalb werden heute die Vorbereitungen zur Abreise getroffen, d. h. es werden die letzten Jtzebus ausgegeben, die man noch in der Tasche hat. Ich möchte für den Prinzen Carl, der mich darum ersucht hat, gern zwei recht große Porzellanvasen mitbringen und habe auch ein paar gefunden, die ihm gewiß gefallen würden. Aber der unverschämte Kaufmann fordert 350 Jtzebus oder fast 200 Thaler dafür. Im Uebrigen ist heute Alles wohlfeiler als bisher, denn die ganze Stadt weiß, daß wir morgen weggehen. Ich siedelte um 7 Uhr nach der „Arcona" über, wo die Schiffsmannschaft heute eine ziemlich langweilige Theatervorstellung gab. Das ganze Schiff wimmelte wieder von Fremden.

Hongkong, Montag, den 11. November 1861.

Dienstag, den 5. sind wir von Nagasaki abgefahren und heute morgen um 7 Uhr hier eingetroffen. Wir gingen unter Dampf aus der Bai von Nagasaki und trafen im offenen Meere so frische Brise, daß die Feuer ausgelöscht und die Schraube ausgehoben wurde, Sehr bald aber schlief der Wind vollständig ein und wir kamen 24 Stunden lang sehr wenig von der Stelle. Da aber kamen wir in den Nordost-Monsun, der eben erst eingesetzt hat und der mit

einer Heftigkeit bläst, daß man nicht recht weiß, ob es Wind oder
. Sturm ist. Das Schiff machte sehr fatale Bewegungen, die ich jedoch
besser vertrug als je vorher, und die Hauptsache war, wir kamen vorwärts, denn wir machten durchschnittlich zehn bis zwölf Knoten, d. h.
2½ bis 3 deutsche Meilen, in der Stunde. Leider war die Luft
so dick und mit feinem Sand gefüllt, daß man stets nur einen sehr
kleinen Horizont hatte, und selbst in der Formosastraße, in der wir
am 9. gelangten, weder von der Insel Formosa noch vom Festlande
etwas sahen. Am 10. schlug, als ich das Galeriefenster an meiner
Kajüte öffnete, um hinauszusehen, eine furchtbare Welle mir gerade ins
Gesicht, durchnäßte mich von Kopf zu Fuß, stürzte in meine Kajüte
und von da in die Kajüte von Sundewall und in die Vorkajüte, so
daß Alles unter Wasser stand. Alles mußte ausgeräumt werden, um
meinen Teppich herauszunehmen. Ich werde denselben nicht wieder
hineinlegen, sondern mich künftig mit Matten begnügen; dieselben
trocknen bei ähnlichen Gelegenheiten besser.

Heute Morgen stand ich auf, als es noch dunkel war, um mir
die Einfahrt in den Hafen von Hongkong anzusehen. Die Stadt, die
eigentlich Victoria heißt, liegt terrassenförmig an den Bergen und
bietet mit den davor liegenden zahlreichen und sehr großen Schiffen
einen pompösen Anblick dar. Kaum hatten wir Anker geworfen, so
salutirte uns ein englisches Kriegsschiff. Wir salutirten die englische
Flagge im Allgemeinen; von der Stadt wurde geantwortet; dann
gaben wir den Salut des englischen Schiffes zurück. So will es die
Regel. Und nun stand die Thür bei mir nicht mehr still. Erst
wurden uns drei Posten gebracht, die hier auf uns warteten, dann
kamen Konsuln, Schiffskapitäne, Kaufleute, englische Offiziere zu
Dutzenden, unter Anderen Fane, der jetzt mit seinem ganzen Regimente
hier liegt, weil das Schiff „Vulcan", welches dasselbe nach Indien
führen sollte, hier hat in Dock gehen müssen. Der Gouverneur der
Kolonie Hongkong, Sir Hercules Robinson, schickte mir seinen Adjutanten, um mich zu bekomplimentiren und mir Quartier bei sich
anbieten zu lassen, was ich aber ausschlug. Ich werde an Bord des
Schiffes bleiben.

Am 19. Oktober hat in der Formosastraße ein furchtbarer Taifun
gewüthet, bei welchem allein drei deutsche Schiffe mit Mann und Maus
untergegangen sind. Hier im Hafen liegen mehrere entmastete Schiffe,
die mit Mühe und Noth sich gerettet haben. Der Kapitän eines derselben hat erzählt, der Taifun habe ihm die Masten wie Zähne aus-

gezogen. Es ist, obgleich es Tag war, so dunkel gewesen, daß man nicht zehn Schritt weit hat sehen können. Solche Stürme giebt es in der Welt nicht mehr. Hätte ich nicht den Abstecher nach Nagasati gemacht, so wären wir gerade am 19. Oktober in der Formosastraße gewesen. Diesmal hat der liebe Gott mir also einen guten Gedanken eingegeben. Vor dem 1. Dezember kriegt mich keine Gewalt von hier fort, denn erst von diesem Termine ab bis zum 1. Juni kann man einigermaßen sicher vor Taifunen sein.

Um 5 Uhr fuhr ich an Land und ließ mir von unserem Konsul Overbeck die wunderschöne Stadt zeigen, die viel Aehnlichkeit mit einem großen süddeutschen Badeorte hat. Die Häuser haben alle große, offene Hallen und liegen meistens in hübschen Gärten. Bis spät abends hatten wir noch zwanzig Grad Wärme, und als in den Häusern Licht angesteckt wurde, war der Anblick der Stadt vom Schiffe aus wirklich imposant, da man dieselbe bei ihrer terrassenförmigen Lage ganz übersehen kann. Sie sieht aus wie Gucktastenbilder, in denen man statt der erleuchteten Fenster mit Stecknadeln Löcher in das Papier gestochen hat.

Dienstag, den 12. November 1861.

Endlich habe ich einmal gut geschlafen. Um 11 Uhr fuhr ich, von meinen Attachés und von Sundewall begleitet, nach dem Lande, um dem Gouverneur meinen Besuch zu machen. Am Landungsplatze war ein Bataillon englischer Infanterie mit dem Kommandeur des Regiments an der Spitze aufgestellt, welches präsentirte, während ein Kanonensalut erschallte, der von der „Arcona" erwidert wurde. Mit angeborener Grazie nahm Euer Bruder diese Huldigungen entgegen und begab sich dann zu Sir Hercules, in welchem er einen verhältniß= mäßig jungen, recht angenehmen Mann fand. Die Herculesin bekam ich nicht zu sehen. Nachher machte ich noch dem General Mitchell meinen Besuch, den ich in Tientsin kennen gelernt hatte und nun hier wiederfand. Abends war Diner bei mir, zu dem ich den Adjutanten des Gouverneurs, Mr. Atkinson, einen auffallend dummen Menschen, und mehrere Deutsche eingeladen hatte.

Mittwoch, den 13. November 1861.

In der Nacht ist ein Mann vom Schiffe an einer Brustentzündung gestorben. Um 12 Uhr machte mir der Gouverneur seinen Gegenbesuch und wurde, als er von Bord ging, salutirt. Gegen Abend machte ich dem von dem Berliner Schuhmacher Ladendorf dirigirten Findelhause für chinesische Mädchen einen Besuch. Dies ist die Anstalt, für welche Gräfin Dohna-Dönhoffstädt, Gräfin Schwerin 2c. Strümpfe stricken. Das Haus, in welchem dieselbe sich befindet, ist ein wahres Palais und ist das Geld zum Bau desselben hier zusammengebettelt. Wie mir Ladendorf sagt, kostet die Unterhaltung der Anstalt bis jetzt monatlich etwa 300 Thaler. Das ist viel Geld, und ich dächte, in Preußen könnte man damit mehr und Nützlicheres wirken als hier; das hindert aber nicht, daß die kleinen chinesischen Mädchen, die mit großer Liebe an Ladendorf, seiner Frau und seiner Tochter hängen, einen wohlthuenden Eindruck machen. Eine der Lehrerinnen ist eine Chinesin in europäischer Kleidung, die auch schon einmal in Berlin gewesen ist. Ich werde die ganze Gesellschaft photographiren lassen und Euch ein Exemplar schicken. Bei der Abendandacht, die in unserer Gegenwart gehalten wurde, sangen die kleinen Dinger ein deutsches Lied, von dem man zwar die Worte nicht verstehen konnte, das aber aus diesen kleinen Kehlen ganz rührend klang.

Donnerstag, den 14. November 1861.

Heute hatte ich unter Anderen den Besuch des Generals Mitchell, der auch wieder salutirt wurde. Das kostet viel Pulver. Ich schrieb sehr viel, weil die Post geschlossen wird, die morgen nach Europa abgeht. Um mich zu erholen, fuhr ich mit Sundewall gegen Abend nach dem Hongkong gegenüber gelegenen Festlande, genannt Kap Kow Loon, wo Infanterie und die Sikhs im Lager sind. Es ist dies derjenige Landstrich, welchen die Chinesen im letzten Vertrage den Engländern abgetreten haben. Abends zum Diner waren bei mir etwa vierzehn Herren, namentlich Kapitäne von fremden Kriegsschiffen.

Freitag, den 15. November 1861.

Abends dinirte ich bei Sir Hercules. Seine Frau ist von kolossaler Gestalt. — Ich saß zwischen ihr und einer sehr hübschen, aber nicht mehr in der ersten Blüthe befindlichen Mrs. Walkinshaw. Außerdem waren noch zwei Damen bei Tisch, Mrs. Alexander und Mackenzie, welche Letztere nach Tisch so hübsch sang, wie ich es noch selten von einer Engländerin gehört habe. „Sind Sie auch Liebhaber von Musik?" fragte mich Lady Robinson. „O ja", sagte ich, „wie alle Deutschen." „Sind Sie denn ein Deutscher", entgegnete sie, „ich dachte, Sie wären Preuße!" Daß Preußen und Deutschland zwei verschiedene Nationen sind, bilden sich sehr viele Engländer ein. Vielleicht haben sie nicht so Unrecht.

Sonnabend, den 16. November 1861.

Heute Nachmittag besah ich mir den wunderschön gelegenen Rennplatz. Jeder große Kaufmann hier hat zehn bis zwölf Pferde
im Stall; für jedes Pferd wird ein Chinese für 9 Thaler monatlich
gehalten; er muß das Pferd putzen, füttern und spazieren führen.
Gegen Abend begegnet man immer Hunderten von geführten Pferden.
Abends gaben uns die in Hongkong wohnenden Deutschen ein splendides
Diner im Klub. Wir waren 38 Personen bei Tisch; wie viel Flaschen
getrunken worden sind, weiß ich nicht; ich weiß bloß, daß dreizehn
Toaste ausgebracht wurden. Die Musik der „Arcona", die während
des Diners spielte, klang in den großen, luftigen Räumen vortrefflich.
Das ganze Haus war voll Herren und die Straße voll Damen in
chairs, welche der Musik zuhörten.

Hongkong, Montag, den 18. November 1861.

Einige englische Meilen von hier entfernt, auf einer Bergspitze, nahe
dem Meere, liegt eine Villa, welche einem Portugiesen, Namens
Remedins, gehört. Er selbst wohnt selten in derselben, macht sich aber
ein Vergnügen daraus, sie anderen Leuten, namentlich jungen Eheleuten
anzubieten, die daselbst ihre Flitterwochen zu verbringen pflegen. Nach
dieser Villa hatte uns, d. h. mich, den Kommodore, unsere Adjutanten
und die Offiziere des Schiffes, der Konsul Overbeck zum Frühstück
eingeladen. Um 9 Uhr machten wir uns zu Fuß auf den Weg, gefolgt von einer langen Reihe von chairs für diejenigen, die etwa ermüden sollten. Zu diesen gehörte ich nicht; eine lange Promenade that
mir gut, obwohl wir 20 Grad hatten, und nach langer Zeit auch einmal
wieder die Sonne schien. Der vortreffliche Weg führt längs der Berge
und des Meeres, das spiegelglatt war, auf welchem aber ein leichter
Dunst lag. Angelangt, fanden wir schon eine kleine Gesellschaft von
deutschen Kaufleuten und die zwei einzigen deutschen Damen, eine
Madame Hübener und eine Madame Brodersen, vor. Das Frühstück
war vortrefflich. Um 6 Uhr war ich wieder an Bord der „Arcona".

Dienstag, den 19. November 1861.

Die gestrige Partie hatte mich so müde gemacht, daß ich Vormittag
einen guten Schlaf hatte. Dann fuhr ich an Land und besuchte
Lady Robinson, bei der morgen eine Soiree stattfinden soll. Ich bat
sie, mich zu entschuldigen, wenn ich derselben nicht beiwohnen sollte, da
ich morgen nach Kanton zu fahren gedenke. Außerdem ersuchte ich sie,

mir behülflich zu sein, Damen für einen Ball zu bekommen, den ich
an Bord der „Arcona" geben will. Sie hat mir in liebenswürdiger
Weise versprochen, für eine Kollektion hübscher Frauen zu sorgen,
„vorausgesetzt, daß Sie die Ehemänner mit einladen", setzte sie hinzu.
Dazu werde ich mich allerdings bequemen müssen; einstweilen ist
Donnerstag, der 28. d. M., für den Ball in Aussicht genommen.
Meine größte Sorge ist, wo ich Tassen, Teller, Messer und Gabeln,
Gläser ꝛc. herkriegen werde. Nun, sie müssen vorlieb nehmen. Die
überflüssigen Ehemänner können ja immer von demselben Teller mit
ihren Frauen essen. Nachher machte ich noch einen Besuch bei Mrs.
Alexander, einer wirklich charmanten kleinen Frau, die in einem
wundervoll, mitten unter herrlichen tropischen Gewächsen gelegenen
Hause wohnt.

Kanton, Mittwoch, den 20. November 1861.

Um 8 Uhr morgens begab ich mich, begleitet von meinen drei
Attachés, an Bord des amerikanischen Dampfers „Hankau", der
den Dienst zwischen Hongkong und Kanton versieht. Der Konsul
v. Carlowitz, der in Kanton wohnt, seit einiger Zeit aber in Hongkong
sich aufgehalten hatte, um zu meiner Disposition zu sein, begleitete
uns. Der Dampfer ist wie ein Haus mit zwei Etagen gebaut und
sehr bequem eingerichtet. Die untere Etage ist für Chinesen bestimmt,
die einen Dollar, d. h. ungefähr 1½ Thaler für die Passage bezahlen.
Wir Europäer haben die Ehre, uns in den Salons des oberen Stock-
werks zu bewegen, bezahlen dafür aber einschließlich eines recht appetit-
lichen Frühstücks sieben Dollars. Carlowitz hatte, als er, um nach seinem
Gepäck zu sehen, in das Gedränge der Chinesen gerathen war, eine
offene Luke nicht bemerkt und stürzte durch dieselbe zwölf Fuß tief in
den unteren Raum des Schiffes. Ich sah die Sache nicht mit an,
sondern erfuhr sie erst, als vier Leute ihn bewußtlos hinauf brachten
und mit Eisumschlägen auf den Kopf zu bearbeiten anfingen. Er sah
wie eine Leiche aus, kam aber nach und nach zu sich und klagte dann
über Schmerzen in der rechten Seite. Als wir in Kanton ankamen,
hatte er sich soweit erholt, daß er, wenn auch mit Mühe, gehen und
die Nachricht von dem Unfall, der ihn betroffen hatte, seiner Frau
selbst bringen konnte.

Die Fahrt von Hongkong nach Kanton ist recht hübsch, namentlich
wenn sie mit sechzehn Knoten Fahrt, d. h. vier deutsche Meilen in der
Stunde, zurückgelegt wird. Erst fährt man zwischen lauter hohen

Inseln durch, dann kommt man in den Kanton=Fluß, der von der so=
genannten bocca tigris und namentlich von Wampoa an sehr malerische
und doch sehr fruchtbare Ufer hat. Diese ganze Gegend liefert regel=
mäßig zwei, zuweilen auch drei Reisernten. Bananen und Leitschi=
bäume unterbrechen die Einförmigkeit der Ebene. In einiger Ent=
fernung erheben sich hübsch geformte Berge, auf denen zahlreiche hohe
Pagoden stehen, und in den Dörfern sieht man zuweilen Gebäude, die
ganz wie unsere Kirchthürme aussehen, so daß der Intendantur=
Assessor Schmidtke, ein echter Ostpreuße, der auch mit uns fuhr, auf
einmal ausrief: „Herrjeh! Der Thurm von Überwangen!" Die eigent=
liche Stadt Kanton liegt auf dem linken Ufer; auf dem rechten Ufer
liegt die Vorstadt Honau, wo jetzt vorderhand noch die Europäer
wohnen. Der Verkehr zwischen beiden ist ungemein lebhaft, und der
breite Fluß ist mit kleinen Nachen bedeckt wie eine Viertaltschale mit
Korinthen. Es vergeht einem Hören und Sehen, wenn der große
Dampfer unter gewaltigem Pfeifen durch dieses Gewimmel von kleinen
Fahrzeugen durchsaust, die frech genug sind, ihr Ausweichen bis zum
letzten Momente aufzuschieben.

Als wir zu Anker gegangen waren, erschien ein hübsches, großes,
bedecktes Boot mit der preußischen Flagge, worin sich zwei deutsche
Kaufleute, ein Herr Dreyer aus Hamburg und ein Herr Hitzeroth aus
Magdeburg befanden. Bei Ersterem stiegen ich, Brandt und August,
bei Letzterem Bunsen ab. Kaum hatten wir unsere Koffer bei ihnen
abgesetzt, so stürzten wir uns in einige Lack= und Elfenbeinläden.
Allein, ich muß sagen, wir waren enttäuscht, die chinesischen Lackwaaren
können den Vergleich mit den japanischen nicht aushalten, und die
Elfenbeinschnitzereien sind sehr künstlich, aber nicht geschmackvoll. Dabei
wurden enorme Preise gefordert, und die Folge war, daß wir nur sehr
wenig kauften. Um 5 Uhr gingen wir zu Frau v. Carlowitz, die uns
zum Essen eingeladen und ausdrücklich hatte bitten lassen, wir möchten
die Einladung ja nicht ausschlagen, um nicht ihren Mann, der sich
inzwischen zu Bett gelegt hatte, zu beunruhigen. Sie ist eine auf=
fallend hübsche Frau, eine geborene v. Gablenz aus dem Altenburgischen,
und hat drei der reizendsten Kinder, die man sehen kann. Die armen
Dingerchen sind aber, wie alle europäischen Kinder in den Tropen,
blaß und äußerst zart, und bald wird der Zeitpunkt eintreten, wo sie
nach Europa gebracht werden müssen, um nicht zu verkommen. Nach
dem Diner erschienen sämmtliche, Honan bewohnende deutsche Kauf=
leute, dreizehn an der Zahl, zum Theil recht angenehme Leute. Es

wurde hübsch musizirt; namentlich spielte ein Schweizer, Bauvais, vor=
trefflich Violoncell. Ich machte die Bekanntschaft des französischen
Konsuls Baron Trenqualue, eines liebenswürdigen, aber etwas ver=
drehten Subjektes. Alle französischen Beamten, die ich hier draußen
gefunden habe, sind mehr oder weniger verdreht. Um 11 Uhr legte
ich mich zu Bett, nachdem Heinrich noch das Oel einer Lampe, mit der
er nicht umzugehen verstand, und die er trotz meiner dringenden Er=
mahnungen zurecht zu machen versuchte, auf den Teppich meiner Schlaf=
stube gegossen hatte.

Donnerstag, den 21. November 1861.

Um 11 Uhr morgens fuhren wir nach Kanton hinüber. Es ist
eine imposante Stadt. Sie hat lauter Häuser mit zwei Stock=
werken, während in allen übrigen chinesischen Städten, die wir bisher
gesehen haben, die Häuser nur einstöckig sind. Der untere Theil jedes
Hauses ohne Ausnahme ist Laden oder Werkstatt: er ist hoch, vorn
ganz offen und sehr tief. Der obere, viel niedrigere Theil dient zum
Wohnen und Schlafen. Die Hauptstraßen sind so breit, daß sich mit
einiger Mühe zwei Sänften ausweichen können. In den Nebenstraßen
kann man, wenn man die Arme ausbreitet, die Häuser zu beiden
Seiten berühren. Alle Straßen sind mit Quadersteinen gepflastert
und oben mit Brettern oder Bambusstäben oder mit Zeug bedeckt, um
die brennende Sonne abzuhalten. Vor jedem Hause hängen lange,
weiße Bretter, die mit schwarzen, rothen oder goldenen Inschriften
bedeckt sind, welche den Namen und das Gewerbe des Besitzers an=
kündigen. So hat man gar nicht das Gefühl, auf der Straße zu sein,
sondern bewegt sich wie in einem großen Ausstellungsgebäude. Meistens
findet man alle Gewerbe oder Waaren derselben Art auch in derselben
Straße. In der einen sind lauter Schuhe, in der anderen lauter
Fächer, in der dritten lauter Blumen, aus Papier gemacht, in der
vierten Fleischwaaren ꝛc. Mein Begleiter Brandt, der immer sehr viel
sieht, behauptet, unter Letzteren auch Ratten gesehen zu haben. Ich
habe sie nicht bemerkt, höre aber, daß allerdings Ratten gegessen
werden, jedoch nur solche, die man in den Reisböden oder Reis=
feldern fängt.

Die Einwohnerschaft Kantons war früher wegen ihres Stolzes
und wegen ihrer fremdenfeindlichen Haltung berüchtigt: jetzt habe ich
nichts mehr davon gemerkt, obwohl die englischen und französischen
Besatzungstruppen vor etwa vier Wochen abgezogen sind. Wir waren

nur dadurch Gegenstand der Aufmerksamkeit, daß wir viele zusammen waren und daß die Träger unseres chairs einen fortwährenden ge waltigen Lärm machten, um uns Platz zu verschaffen. Im Ganzen ist die gut gekleidete, mit auffallend langen Hälsen versehene Bevölkerung höflich und verwehrt einem nirgends den Eingang in Tempel oder andere Orte, an denen man sich noch vor zehn Jahren der Gefahr ausgesetzt hätte, gesteinigt zu werden.

Zuerst durchstöberten wir einige Porzellanmagazine, die recht hübsche Sachen, aber doch nur solche enthielten, die den Vergleich mit dem alten Porzellan, das wir in Peking sahen, nicht aushalten können. Dann besahen wir den Tempel der 500 Götter, in welchem 500 höchst gemütliche, vergoldete Holzfiguren sitzen, von denen jede einen be= rühmten Chinesen darstellt, der zum Gotte erhoben worden ist. Es schien gerade die Futterstunde zu sein, denn vor jedem wurde ein langes Räucherkerzchen aufgestellt. Als wir auf einer anderen Seite des Tempels als auf der wir hineingegangen waren, hinaustraten, befanden wir uns vor einem mäßig großen, eingezäunten Platze, auf welchen verhungernde Bettler getragen werden, um daselbst zu sterben. Es war gerade kein Exemplar da, um an ihm die Folgen der chinesischen Gemütlichkeit beobachten zu können. Den englischen Konsul Robertson und den französischen Konsul Baron Trenqualye, denen wir unsere Besuche machten, fanden wir nicht zu Hause. Um einen Ueberblick über die Stadt zu gewinnen, ließen wir uns nach einem an einem Ende der Stadt gelegenen Hügel führen, auf welchem während der Okkupation die Franzosen und Engländer ihr Hauptquartier gehabt haben. Von dort übersieht man die ganze gewaltige Stadt, den Fluß mit seinen Windungen und Armen, schöne, üppige Felder und eine die Stadt im Halbkreis umgebende Bergkette. Die Sonne begann zu sinken, und wir wurden müde, namentlich aber fingen Heinrichs Kräfte an zu versagen, da er die enormen Distanzen, die wir in Sänften zurückgelegt hatten, zu Fuß getrabt war. Wir fuhren daher nach Honam zurück, dinirten um 7 Uhr mit unserem Wirth und setzten uns abends noch einmal ins Boot, um den berühmten Flower=boats einen Besuch abzustatten. Es sind dies schwimmende Restaurationen von zweifelhaftem Rufe, die auf großen Booten konstruirt, eine neben der andern liegen, und, prachtvoll erleuchtet, weithin sichtbar sind. Die Chinesen miethen solche Restauration für einen Abend, um darin mit Damen zu soupiren und sich Musik vormachen zu lassen. Wir gingen ungenirt von einer zur andern, obwohl die soupirenden Männer über

unsere Visite nicht sehr erfreut schienen und die geschminkten Damen
ihre recht hübschen Gesichter hinter Fächern zu verbergen suchten. Ueberall
war herzzerreißende, aber, wie es schien, mit großer Virtuosität aus=
geführte Musik, und die brillante, tageshelle Beleuchtung ließ nichts zu
wünschen übrig. —

Kanton, Freitag, den 22. November 1861.

Carlowitz und die hier wohnenden Deutschen wünschten sehr, ich
möchte dem in Kanton wohnenden Vizekönig Yu einen Besuch
machen. Ich ließ deshalb bei ihm anfragen, ob ich ihn sehen könne
und ob er mir sofort einen Gegenbesuch machen werde. Auf Beides
wurde sehr höflich verneinend geantwortet und zwar aus dem Grunde,
weil gerade die Examina stattfinden, denen der Vizekönig präsidirt. Da
dieselben während der Okkupation ausgefallen sind, so beträgt die Zahl
der Examinanden diesmal 8500. Schon seit vierzehn Tagen ist Yu
mit ihnen eingeschlossen und wird auch noch für lange Zeit hier un=
sichtbar sein. Die Examina sind immer nur schriftlich, und es muß
für den Vizekönig eine wahre Wonne sein, die 8500 schriftlichen
Arbeiten durchzusehen.

Um 11 Uhr frühstückten wir bei Trenqualye, der eine kleine
Partie eines sehr großen Jamuhns mitten in der Stadt bewohnt und
so glücklich ist, einen großen Garten mit herrlichen Bäumen zu besitzen.
Unter den Gästen befand sich der amerikanische Konsul Mr. Perry,
der Sohn des Kommodore Perry, welcher die bekannte Expedition nach
Japan gemacht hat. Er hat damals seinen Vater als Sekretär be=
gleitet, soll sich aber jetzt leider dem Trunke ergeben haben. Nach dem
Frühstück trieben wir uns wieder in verschiedenen Magazinen umher,
fuhren dann nach Honan zurück und nahmen von Carlowitz und seiner
Frau Abschied. Es ging ihm, Gott sei Dank, besser. Wir dinirten
bei unserem freundlichen Wirthe Dreyer.

Hongkong, Sonntag, den 24. November 1861.

Die Temperatur hat sich seit gestern Abend, wo wir sehr starke
Windstöße hatten, etwas abgekühlt. Die Morgen und Abende
sind recht frisch; am Tage haben wir 17 Grad. Ich machte gegen
Abend mit Sundewall einen schönen Spaziergang nach dem herrlichen
Rennplatz und den dabei gelegenen katholischen und protestantischen
Kirchhöfen. Auf Letzterem fanden wir unter Anderem eine Säule zum
Andenken an die in den Jahren 1849 bis 1858 hier gestorbenen An=
gehörigen des 59. englischen Regimentes. Es waren mit Frauen und
Kindern etwa 650 Personen. —

Montag, den 25. November 1861.

Lady Robinson hat zu dem Balle, den ich zu geben beabsichtige,
vorläufig einige zwanzig Damen eingeladen. Seitdem aber be=
kannt geworden ist, daß der Ball stattfinden wird, werde ich von Be=
suchen verheiratheter und unverheiratheter Männer überschwemmt, denen
meine Thür natürlich verschlossen bleibt, denen ich dann aber als Gegen=
visite Einladungen schicke, so daß die Zahl meiner Gäste wohl 200
betragen wird. --

Dienstag, den 26. November 1861.

An Bord befinden sich sechs japanische Hündchen, von denen eines
mir gehört. Es sind die hübschesten und liebenswürdigsten Thierchen,
die man sehen kann, aber seit zwei Tagen .sind sie alle todtkrank, und
der meinige wird, wenn er mit dem Leben davonkommen sollte, doch
wahrscheinlich blind werden. Es ist jammerschade. Der chinesische
Köter, den ich habe, befindet sich wohl.

Mittwoch, den 27. November 1861.

Die Post aus Europa wird schon seit drei Tagen erwartet, ist aber
noch nicht angekommen. Dagegen ist die Post aus dem Norden
Chinas eingetroffen und hat sehr interessante Nachrichten aus Peking
mitgebracht. Der Prinz Kong hat sich des Vormundschaftsrathes ent=
ledigt, indem er denselben aufgelöst und drei Mitglieder desselben vor
Gericht gestellt hat. Alle drei sind verurtheilt worden, in Stücke ge=
schnitten zu werden. Allein der Hauptschuldige, der die Veranlassung
zu dem vorjährigen verrätherischen Ueberfall auf die englischen und
französischen Kommissare gewesen ist, ist zur simpeln Köpfung, und die
beiden anderen sind zur Strangulirung im Gefängnisse begnadigt und
in größter Geschwindigkeit exekutirt worden. Nun ist die erste Frau
des verstorbenen Kaisers Regentin, und der Prinz Kong ist Chef du
gouvernement.

Hongkong, Donnerstag, den 28. November 1861.

Heute hat der Ball an Bord der „Arcona" beim preußischen Ge=
sandten stattgefunden. Niemals hat Hongkong etwas Aehnliches
gesehen. Noch Kinder und Kindeskinder werden davon sprechen. Doch
zur Sache.

Das Quarterdeck war durch ein enormes Zelt zu einem großen
Saale umgeschaffen und inwendig mit den Flaggen aller Nationen
tapezirt. Masten und alle sonst erhabenen Gegenstände, die nicht ent=

fernt werden konnten, waren mit Laub ummwunden und mit wunderschönen Trophäen geschmückt. Grünes, Blumenstöcke, Blumenbouquets,
die ich mir von Canton hatte kommen lassen, und selbst Bananen-
bäume waren in solcher Profusion im Saale vertheilt, daß man sich
in einem Garten glaubte. In der Mitte des Tanzplatzes hing ein
Kronleuchter mit 158 Lichten, während das Hintertheil des Schiffes
dunkler gehalten und mit japanischen Laternen erleuchtet war. Was
diesen Theil des Schiffes besonders anziehend machte, war eine acht
Fuß hoch springende Fontaine, die in ein mit Felssteinen umgebenes,
mit Blumen und Muscheln ausgefülltes Bassin zurückfiel. Der Anblick
des Ganzen, sehr groß, ziemlich bunt und doch unendlich gemüthlich,
war so hübsch, wie ich mich kaum erinnere, etwas gesehen zu haben.
Um 9 Uhr erschien als eine der ersten Damen Lady Robinson und
wurde von der englischen Nationalhomme empfangen. Sie war so
überrascht, daß sie beim Eintritt in den Saal förmlich stutzte, und
mehrere Damen, die nach ihr kamen, baten um Zeit, sich zu erholen,
weil sie auf dem Punkte waren, vor Wonne in Ohnmacht zu fallen.
Meine und Sundewalls Kabine waren zu Toilettenzimmern eingerichtet, in welchen eine Engländerin (der ich beiläufig für diesen einen
Abend fünfzehn Thaler habe bezahlen müssen) Kammerjungferdienste
leistete. In eine dieser Kabinen wurden die Damen zuerst geführt,
dann erschienen sie in frischester Toilette wieder auf Deck. Habe ich
recht gezählt, so betrug die Zahl der Damen 25, die der Herren
etwa 150 oder 160. Letztere, soweit sie zum Militär gehörten, waren
alle in Gala-Uniform und trugen sehr dazu bei, den Eindruck des
Ganzen brillant zu machen. Ich eröffnete den Ball durch eine
Polonaise mit Lady Robinson, die mir zu Ehren ein magnifiques
Brüsseler Spitzenkleid mit schwarzen Schleifen angelegt hatte. Auch
die erste Quadrille tanzte ich mit ihr; dann überließ ich diese Arbeit
den jungen Leuten und gab mich den Pflichten eines angenehmen
Wirthes hin. Gegen 12 Uhr ging es zum kalten Souper, welches in
der Batterie und zwar auf der einen Seite derselben servirt war,
während die andere sich in kriegsmäßigem Zustande befand und mit
den zwischen den Geschützen hängenden japanischen Laternen unendlich
lang und ganz wundervoll aussah. Alle Gäste konnten sich nicht zu
gleicher Zeit setzen, daher wurden erst die Damen und ein Theil der
Herren, darauf der Rest abgefüttert. Auch Frau v. Carlowitz war
aus Canton herübergekommen und erzählte, daß es glücklicherweise
ihrem Manne ziemlich gut gehe. Nach dem Souper begann der Tanz

aufs Neue und endete gegen 2 Uhr mit einem von den Engländerinnen noch nie gesehenen Kotillon mit Schleifen, Sträußchen, Orden ꝛc. Von Dank überfließend, schifften sich die letzten Damen gegen 2 Uhr ein. — Beim Ausziehen flüsterte mir Heinrich so etwas wie von 125 Flaschen Champagner, 80 Flaschen Bordeaux, 224 Flaschen Sodawasser, 10 Flaschen Rum, 30 zerbrochenen Gläsern ꝛc. zu.

Sonnabend, den 30. November 1861.

Heute muß ich diese ewig lange Epistel schließen, weil die Post nach Europa morgen ganz früh abgeht. —

Lebt mir wohl und sagt Allen, die zuweilen an mich denken, die herzlichsten Grüße. Die Kinder umarme ich in Gedanken tausendmal. Noch fünf Monate, dann denke ich, so Gott will, wieder bei Euch zu sein. Bis dahin nicht nur, sondern für immer, bin und bleibe ich in alter Gesinnung und unwandelbarer Liebe Euer treuer Bruder — Fritz.

An Bord der „Arcona". Hongkong, Sonntag, den 1. Dezember 1861.

Noch immer ist die Post aus Europa nicht angekommen, es ist daher gar nichts Anderes anzunehmen, als daß irgend ein Unglück passirt ist. Aber wo? Zwischen Suez und Point de Galle oder auf einer der folgenden Stationen? Man ergeht sich in hunderterlei Ver= muthungen. Ach das Meer, das Meer ist doch eine scheußliche Einrichtung!

Nach dem Gottesdienste hatte ich heute eine Unzahl von Besuchen, dann setzte ich mich gegen 4 Uhr in mein Boot und fuhr mit August und dem Konsul Overbeck an Land. Wir bestiegen den hinter der Stadt gelegenen Berg, der 1800 Fuß hoch ist, bis zur Höhe von 1300 Fuß. Höher ging ich nicht, weil ein scharfer, kalter Wind blies, und ich mir Rheumatismus zu holen fürchtete. Von dem Punkte, bis zu welchem wir gelangten, hat man einen hübschen Blick auf das Meer, das man auf beiden Seiten der Insel sieht, und auf Stadt und Hafen, in welchem letzteren die zahlreichen großen Schiffe sich, von oben gesehen, allerliebst ausnehmen. Die Stadt heißt eigentlich Victoria, und wird von 1100 Europäern und 80 000 Chinesen bewohnt.

Meine lieben Freunde, ich bin heute 26 Jahre im Königl. Staatsdienste: mein Haar wird grau und bedeutend dünn. Wenn ich mich in den Spiegel sehe, so habe ich zwar immer noch das Gefühl, einen schönen Mann vor mir zu sehen, aber es werden in meiner

Gegenwart so oft Anspielungen auf „ältere Herren" gemacht, daß ich
- anfange zu glauben, der Spiegel ist falsch geschliffen. Overbeck, ein
charmanter, gescheuter Mensch, dinirte mit mir, Sundewall und August.
Wir tranken ein Glas Champagner, denn auf eins mehr oder weniger
kann's uns wirklich nicht mehr ankommen. Große Trauer hat es verursacht, daß heute drei von den allerliebsten Japanischen Hündchen,
die wir an Bord hatten, gestorben sind. Meiner lebt noch, aber in
einem kläglichen Zustande; er wird wohl auch draufgehen.

Montag, den 2. Dezember 1861.

Um 8 Uhr morgens fiel endlich der Kanonenschuß, der die Ankunft
der Mail anzeigte, aber das Schiff, welches sie brachte, hatte
die französische Flagge und nicht die englische Postflagge. Es stellte
sich nun heraus, daß dem englischen Steamer auf seiner Fahrt von
Point de Galle nach Singapore der Schaft, d. h. die Welle, an welcher
die Schraube sitzt, gebrochen ist, daß der Steamer infolgedessen bei
der Insel Penang hat bleiben müssen, und daß ein französisches Schiff
die Briefe und Depeschen übernommen hat, um sie nach Singapore
und Hongkong zu bringen. Für mich ist nichts angekommen. Der
Konsul in Singapore hat, meiner ausdrücklichen Instruktion zuwider,
gedacht, ich würde schon nach Bangkok abgereist sein. Wenn die Leute
doch nur um Himmels willen nicht denken wollten.

Ich machte heute meine Abschiedsbesuche; zu allen Damen zu
gehen, die meinen Ball mit ihrer Gegenwart beehrt hatten, war unmöglich: ich suchte mir die hübschesten aus und fand sie sämmtlich bei
Kaminfeuern, denn wir haben heute nur 15 Grad, und es bläst ein
scharfer Wind. Zu den größten Genüssen, die ich in Hongkong gehabt
habe, zähle ich den, daß Konsul Overbeck mir täglich frische Butter geschickt hat. Ich hatte ein Jahr lang keine gegessen, denn präservirte
amerikanische Butter, welche die Leute alle sehr gut finden, kann ich
nicht genießen. Wann werde ich aber endlich einmal wieder ordentlich ge-
waschene Wäsche tragen können? Ihr habt keine Idee davon, wie die
Wäsche in China und Japan behandelt wird. In Tientsin kam sie
immer viel schmutziger vom Wäscher heraus, als sie hinging, und hier
wird sie mit Steinen mürbe geklopft und dann so gestärkt, daß sie
wie ein Panzer ist. Zum Trocknen wird sie auf Steine gelegt, und
mehrmals, wenn ich nach den Bergen hinübersah, glaubte ich, es hätte
geschneit; so große Plätze waren mit Wäsche bedeckt.

Morgen geht's nun weiter; ich habe heute unendliche Rechnungen bezahlt, und behalte mir vor, Euch eine Uebersicht von den Ballkosten zu senden, bloß um Euch einen Begriff von den hiesigen Preisen zu geben. Die Summen, welche eine europäische Haushaltung hierselbst kostet, grenzen ans Fabelhafte, und da trotzdem die Leute reich werden, so ist es klar, daß sie ungeheuer verdienen müssen. Das Theuerste ist hier, wie es auch in Shanghai der Fall war, die Miethe. Ein kleiner Schneider Müller, ein Deutscher, der eine Etage in einem zwar sehr gut gelegenen, aber winzigen Häuschen bewohnt, zahlt dafür 300 Thaler monatlich.

Macao, Dienstag, den 3. December 1861.

Heute bin ich mit der „Arcona" von Hongkong nach Macao ge= gangen. Morgens kamen noch eine Menge Leute, unter anderen alle Offiziere von „Janes Horse" an Bord, um Abschied zu nehmen. Major Fonblanque und Konsul Overbeck fuhren mit uns. Kaum waren wir eine Viertelstunde in Fahrt, so fiel ein Mann über Bord, kriegte aber die Lothleine zu packen und kam mit einem Bade davon. Bald nach 4 Uhr nachmittags ankerten wir etwa eine deutsche Meile von Macao; näher heranzugehen war wegen des seichten Wassers nicht möglich. Erst wurde zur Begrüßung des portugiesischen Forts ein Salut gefeuert, dann stiegen wir in die Boote, um uns an Land zu begeben. Ich liebe diese Bootsfahrten gar nicht, namentlich wenn das Meer bewegt ist und wenn gesegelt wird. Brand fiel beim Hinein= steigen ins Boot, weil er den Moment nicht recht wahrnahm, ins Wasser.

Während der Ueberfahrt, die ungefähr eine Stunde dauerte, wurde es so dunkel, daß wir den hübschen Blick der Stadt, namentlich des Theils, der sich längs dem Meere hinzieht und Praya heißt, nicht mehr genießen konnten. Carlowitz, der glücklicherweise wieder her gestellt ist, erwartete uns am Ufer, und führte mich und einige meiner Herren in sein Haus (denn fast alle Kaufleute in Hongkong und Canton haben auch ein Haus in Macao gemiethet, in welchem sie die Sommermonate zubringen), während Overbeck den Kapitän Sundewall und dessen Begleitung zu sich nahm und der Rest ein sehr gutes Unterkommen in einem Gasthofe fand. Carlowitz' Haus ist gleich den meisten übrigen in altportugiesischem Stile gebaut, die Räume sind gewaltig groß, aber es müssen dünne Balken zum Bau verwendet sein, denn wenn man etwas hart anstritt oder sich in einen Stuhl wirft, so zittern alle Möbel und klirren alle Lampen. Nachdem wir dinirt und bei Kaminfeuer eine Cigarre geraucht hatten, ging ich zu

Bett, in dies enorme steinharte Bett, wie man es hier überall findet und das ich hasse, weil man müder aufsteht, als man sich hinein= gelegt hat.

Mittwoch, den 1. Dezember 1861.

Als ich um 7 Uhr aufstand und die Fensterladen öffnete, schien die köstlichste Sonne auf das vor dem Hause gelegene tropische Gärtchen mit blühenden Bäumen aller Art, in denen Dutzende von Vögeln herumsprangen und zwitscherten. Um 9 Uhr machte ich mich, geführt von Berg, der schon seit 10 Tagen hier ist, auf den Weg, um Stadt und Umgegend zu besehen. Die Halbinsel Macao hängt durch einen ganz schmalen Streifen Land mit dem Festlande zusammen, hat schöne üppige Vegetation und ist von einer Bevölkerung bewohnt, in welcher sich portugiesisches und chinesisches Blut gekreuzt haben. Die portu= giesischen Einwohner sind faul und arm, aber jeder hat einen schwarzen Frack und einen schwarzen, runden Hut. In dem chinesischen Stadt= theil herrscht reges Leben, in dem portugiesischen aber ist es still und vornehm, wenigstens was das Aeußere der Häuser betrifft. Wir bestiegen erst einige Hügel, von denen aus man Stadt und Halbinsel übersehen konnte. Dann besahen wir einige wohlerhaltene, mit sehr reichen und zierlichen Schnitzereien versehene Tempel und verfehlten auch nicht den Garten zu besuchen, der durch eine Büste Camoens' (zum Andenken an seinen längeren Aufenthalt an dieser Stelle) be= rühmt ist. En passant besuchte ich meinen früheren Dolmetscher Marques, den ich umgeben von seiner Frau und neun meerkatzen= ähnlichen Kindern vorfand. Mit seinem gelähmten Beine geht es ziemlich gut, und auch in den Arm ist etwas Bewegung gekommen; da er aber seit seiner Rückkehr nach Macao, d. h. seit Ende August, nach echt portugiesischer Sitte nicht ins Freie gekommen ist, so sah er sehr elend aus.

An Bord der „Arcona".Donnerstag, den 5. Dezember 1861.

Nun schwimme ich wieder und muß mich beeilen zu schreiben, denn in den nächsten Tagen wird wohl nichts daraus werden. Wir haben sehr wenig Wind, das Meer hat aber ziemlich starke Dünungen, welche machen, daß das Schiff häßlich rollt. Heute habe ich mich noch gut gehalten, wer weiß wie es morgen sein wird.

Punkt 8 Uhr morgens bestieg ich mein Boot, um nach der „Arcona" zu fahren. Als ich absetzte, gab das Fort mir sehr höflicher

Weise einen Salut von neunzehn Schuß. Um 11 Uhr wurde der Anker gelichtet, und bei schönem, malerischen Sonnenuntergang sahen wir die golden beleuchteten letzten Inseln des himmlischen Reiches, dem ich nun hoffentlich für immer den Rücken gewendet habe.

An Bord der „Arcona".   Sonntag, den 8.. Dezember 1861.

In der Nacht sind wir zwischen den Paracel-Inseln und Maccelesfield-Bank durchgegangen, befinden uns also ungefähr in der Gegend, wo wir am 20. August vorigen Jahres waren. O, mein Philippchen, wie viel leichter ist mir doch nuns Herz, als damals, wo die von mir zu lösenden Aufgaben noch wie Gespenster vor mir standen und Tag und Nacht wie ein Alp auf mir lasteten. Nun sind die beiden schwersten dieser Aufgaben mit Gottes Hülfe gelöst; die Fahrt nach Siam kommt mir nur noch wie eine Spazierfahrt vor, und dann geht's nach Hause, in Eure Arme. Wie werde ich Euch finden? Oft hole ich mir mehrmals an demselben Tage Eure Photographien hervor und vertiefe mich so recht in Eure Gesichter; wie werden die Kinder sein? Ist das An denken an mich ihnen nicht zu sehr geschwunden?

Man kann nicht gerade sagen, daß unsere Fahrt überaus an genehm ist, denn wir kommen nicht schnell genug von der Stelle, und das Schiff liegt keinen Augenblick ruhig. Aber ich bin doch schon viel seefester geworden und habe bisher keine Mahlzeit versäumt, während August in den ersten Tagen sich mehrmals mit hellgrünen Wangen vom Tische erheben mußten. Heute war Diner bei mir, wie in der Regel, wenn das Wetter es erlaubt, Sonntags und Mittwochs. Wenn ich so in der hübsch erleuchteten Vorkajüte, bei hübscher Musik, ziemlich gut esse und sehr gut trinke, so kann ich wohl eine Stunde lang ganz vergessen, daß ich auf dem Meere schwimme. Dann aber schießt plötzlich der Gedanke in mir auf, daß es in diesem korallenreichen Meere nur des gar nicht so unwahrscheinlichen Zufalls bedarf, daß man auf eine vom Wasser bedeckte Klippe läuft. In zehn Minuten würden dann mit den Lichtern auch manche Lebensgeister verlöschen, und mitten im heitersten Gespräch ringt sich oft das Stoßgebet von mir los: „Liebster Gott, halte deine schützende Hand über uns, und laß uns unser Vaterland und unsere Lieben wiedersehen."

Der Himmel ist zwar fast fortwährend bedeckt, aber die Luft ist wundervoll mild. In Macao hatten wir, als ich morgens von dort abfuhr, 14 Grad, jetzt ist die Temperatur bis auf 21 Grad in die

Höhe gegangen, und wir haben Alle wieder Sommerkleider angezogen. Bei dieser Wärme hat das frische Fleisch, das wir mit hatten, schnell ein Ende genommen; wir leben schon wieder von präservirten Sachen, aber eine ungeheure Quantität von Mandarinorangen, die vortrefflich sind, bewahren uns vor Skorbut.

Heute Abend saßen wir bis 11 Uhr auf Deck. Das Schiff führte alle Segel, die es tragen konnte, und zwar, wie der Seeausdruck lautet, „vierkant gebraßt", d. h. alle ganz gerade, weil der Wind gerade von hinten her (der Seemann sagt: von achtern) kam. Bei hellem Mondschein nahm es sich ganz wunderwoll aus.

Freitag, den 13. Dezember 1861.

Wir sind auf 8 Grad nördlicher Breite, haben seit gestern Nachmittag Dampf aufgemacht und sind heute Morgen am Kap Cambodja, der südlichsten Spitze von Anam, vorübergegangen ohne dasselbe jedoch in Sicht zu bekommen. Abends werden wir wohl unsern Kurs, der in den letzten 24 Stunden von Osten nach Westen war, ändern und mitten im siamesischen Meerbusen auf Bangkok zusteuern, wo wir etwa Sonntag abends anzukommen gedenken. Der Himmel ist blau und das Meer ganz ruhig geworden, dabei nicht mehr als konstante 21 Grad Wärme, so daß die Fahrt nun nichts zu wünschen übrig läßt. Mein armes, liebes, kleines Hündchen ist gestorben und in einen alten schwarzen Frack von Heinrich gewickelt ins Meer versenkt worden. Auch alle übrigen jungen japanischen Hündchen sind gestorben, so daß die vierfüßige Bevölkerung der „Arcona" nur noch aus meinem chinesischen Terrier, aus der Mutter der verstorbenen jungen Hündchen, die übrigens auch mit dem Tode ringt, aus dem Danziger grauen Kater Peter und aus einer scheckigen japanischen Katze ohne Schwanz besteht. Dagegen befindet sich das Federvieh und namentlich die Schiffsgans Auguste sehr wohl. Letztere ist in Tschifu ans Schiff geschwommen und hat sich fangen lassen; sie promenirt ganz stolz in der Batterie umher und hat Bewegungen im Halse wie die künstlichen Schwäne auf den Theatern. Wenn sie sich ihrer Lust zum Schreien zu sehr hingiebt, so bekommt sie einen Hieb mit einem Tauende, im Uebrigen aber ist sie große. Freundin der Schiffsmannschaft, welcher sie gehört. Bisher sind wir auch noch nicht einem einzigen Schiffe begegnet, wohl aber haben wir Hunderte von fliegenden Fischen gesehen und stundenlangen Besuch von Vögeln gehabt. Gestern Abend saßen eine große Ente und eine Taube auf den Raaen.

Sonnabend, den 14. Dezember 1861.

Gestern Abend wurde auf einmal Feuerlärm geblasen, glücklicher=
weise nur zur Uebung der Mannschaften, die ihre Exerzitien
dabei auch recht gut machten: aber der Ton war unheimlich, und der
Gedanke, daß es einmal Ernst damit sein könnte, kann einem wirklich
Angstschweiß auspressen. Die armen Leute im Maschinenraum haben
jetzt Tag und Nacht 28 Grad Réaumur auszustehen. In meiner
Kabine sind konstant 21 Grad, der Himmel ist bewöllt, und vormittags
hat es eine halbe Stunde lang tüchtig geregnet.

Meine Ballrechnung habe ich jetzt zusammengestellt und will nicht
verfehlen, sie Euch nachstehend mitzutheilen:

für moussirenden Moselwein .	150 Thaler	· Sgr.
Bordeaux und Cognac	67	
Bier und Porter	24	
Sodawasser	15	
Miethe von Gläsern und zerbrochene Gläser	58	15
Miethe von Tellern und Schüsseln	24	—
Blumen	57	10
Druck von Tanzbüchelchen	21	
vier Spiel Karten .	6	—
Eßwaaren aller Art	343	20
Gelees . . .	18	
124 Pfund Lichte	51	
Trinkgelder an den Segelmacher und Büchsenmacher	15	—
⸰ an die Köche und den Schiffskonditor	22	15
an das aufwartende Personal .	33	—
die Kammerfrau für die Damen	15 ⸰	— ⸰
Summa .	921 Thaler	— Sgr.

VI. Siam.

Morgens war Gottesdienst. Das Meer war spiegelglatt. Die große Feuchtigkeit in der Luft, die alles Leder schimmeln macht, ist auch auf meine Haut nicht ohne Einfluß. Meine Hände sind mit kleinen Bläschen und einem entsetzlich juckenden Aus= schlage bedeckt. Von 3 bis 6 Uhr nachmittags fand Auktion von Pauls Nachlaß statt. Was wirklich gut darunter war, wie seine Kleider und Wäsche, wurde nur mäßig bezahlt, dagegen ging alles dumme Zeug, das er sich in Japan gekauft hatte, zu enormen Preisen weg. Die Matrosen bieten wie toll, weil sie nicht baar zu bezahlen brauchen, sondern die gebotenen Preise ihnen von ihrem Solde ab= gezogen werden, von dem sie unterwegs immer nur einen kleinen Theil erhalten.

Die Dunkelheit brach herein, ohne daß wir den Ankerplatz vor der Mündung des Flusses, an welchem Bangkok liegt, erreicht hatten. Als wir in weiter Entfernung Schiffe unterscheiden konnten, feuerten wir Kanonenschüsse ab, ließen blaue Feuer auf den Raaen brennen und Raketen steigen, um „Thetis" zu veranlassen, uns durch gleiche Zeichen zu zeigen, wo sie läge. Aber Alles umsonst. Die Leute an Bord derselben müssen gut geschlafen haben. Endlich kamen ein paar Europäer angerudert, die, glaube ich, auf uns gelauert hatten, und zeigten uns den Platz, wo „Thetis" und „Elbe" ankerten. Erstere war am 24. v. Mts., Letztere am 12. d. Mts. angekommen. Es war fast Mitternacht, als wir den Anker fallen ließen. Nun, Gott sei gedankt, auch diese Fahrt ist glücklich überstanden.

Als ich erwachte, fand ich zwei Posten, die von Singapore für uns hierher geschickt waren. — Auch das Ministerium scheint wieder zur Erkenntniß zu kommen, daß meine Arbeit doch kein Kinderspiel ist. Dasselbe schließt einen langen Erlaß vom 7. Ottober, wo es also noch nicht wissen konnte, daß der Vertrag gezeichnet war, mit folgenden Sätzen:

„Ist es Euer re., wie wir hoffen, gelungen, einen Ihrer eigenen Ueberzeugung nach befriedigenden Vertrag abzuschließen, so gebührt Ihnen das Verdienst, im friedlichen Wege einsichtsvoller Unter-handlungen im Wesentlichen dieselben Resultate davon getragen zu haben, welche zwei andere und zwar verbündete Großmächte nur durch wiederholte kostspielige Feldzüge zu erringen vermochten. Es ist mein lebhafter Wunsch, daß Euer Hochgeboren in der vorstehenden Dar-legung eine Gewähr für die Aufrichtigkeit erblicken mögen, mit welcher die königliche Regierung den von Ihnen unter den schwierigsten Umständen geleisteten Diensten ihre volle Anerkennung zu Theil werden läßt."

Nun denke ich mir so: Da ich allein so viel gethan habe, als Lord Elgin und Baron Gros zusammengenommen, so wird man mich auch doppelt so belohnen. Lord Elgin hatte, als er das letzte Mal hier draußen war, kein Gehalt, sondern nur die Erlaubniß, zu liquidiren. Er hat, wie ich höre, keinem Menschen ein Stück Brot gegeben, aber für den Zeitraum von noch nicht einem Jahre über 9000 Pfund Sterling = 60 000 Thaler liquidirt. Jetzt ist er Generalgouverneur von Indien mit einem Einkommen von 25 000 Pfund Sterling gleich 166 000 Thalern geworden. Baron Gros hatte ein Gehalt von 200 000 Franks = 53 000 Thaler, und ist dann Senator mit 100 000 Franks = 26 000 Thaler Gehalt geworden. Danach wird sich ja meine Pension recht anständig stellen!

Die Rhede, auf welcher wir liegen, ist spiegelglatt, und schon von morgens an war es recht warm. Aber was wollen 23 Grad gegen die Tientsin-Temperatur sagen? Ein Dutzend Schiffe, darunter ein großes französisches Transportschiff, welches die in Paris gewesene französische Gesandtschaft zurückgebracht hat, liegen in einiger Ent-fernung von uns, und weit ab kann man niedriges, aber bewachsenes Land sehen. Das Meer ist am Ausflusse des Stromes so flach, daß man nicht näher heran kann. Pieschel und alle Passagiere der „Thetis"

sind an Land. Kapitän Jachmann besuchte mich und machte die verführerischsten Beschreibungen von Java. Ich glaube doch, daß ich bei
meiner Rückkehr werde einen kleinen Abstecher dahin machen müssen.
Abends hatte ich mehrere Offiziere von der „Thetis" zum Diner
bei mir.

Dienstag, den 17. Dezember 1861.

A da danke ich aufs Allerherzlichste für ihr liebes Briefchen vom
6. Oktober. Sie fängt ja schon an, eine ganz ausgeschriebene
Hand zu schreiben. Auch der Dichtversuch, wie sie sich ausdrückt, ist
nicht übel. Will sie sich darin mehr üben, so braucht sie nur eine
Seereise zu machen. Auf Schiffen, und namentlich auf der „Arcona",
werden sehr oft Dichtversuche gemacht, wenn es anfängt, gar zu sehr
zu lecken. Sagt doch nur immer den Kindern die innigsten Grüße
von mir: Ihr wißt, wie mir dieselben ans Herz gewachsen sind.

Schon früh brachte heute ein kleiner siamesischer Dampfer
Pieschel, welcher mir erzählte, daß das für mich in Bangkok bestimmte
Haus einstweilen noch von den Franzosen benutzt werde, welche die
siamesische Gesandtschaft zurückgebracht haben. In einigen Tagen
werden dieselben aber wohl abziehen, und es ist meine Uebersiedelung
nach Bangkong vorläufig auf nächsten Sonnabend verabredet. Die
Stadt liegt noch so weit den Fluß hinauf, daß ich selbst auf einem
Dampfschiffe fünf Stunden brauchen werde, um von der „Arcona" bis
nach der Stadt zu gelangen. Mit Pieschel zugleich kam der achtzehn=
jährige Prinz Tschau=Sei, ein sehr hübscher Junge, Sohn von Krom
Luang Wongsa, Halbbruder des Königs, und überbrachte mir ein sehr
artiges Schreiben von seinem Vater. Außerdem brachte ein Geheimer
Rath, Kuog Pitschap Suktha, ein Bewillkommnungsschreiben vom
Minister der auswärtigen Angelegenheiten. Während der junge Prinz
Glanzstiefel trug, erschien der Geheime Rath in bloßen Füßen. Beide
hatten aber hübsche, golddurchwirkte Kleider.

Pieschel ist wieder nach Bangkok zurückgefahren; ich arbeitete sehr
fleißig, weil ich die Post für die „Elbe" fertig machen will, die in
einigen Tagen direkt von hier nach Hause gehen und die Briefe nach
Singapore mitnehmen soll. Heute ist auch der letzte japanische Hund
eines elenden Todes gestorben und somit unser Wunsch, diese Rasse in
Preußen einzubürgern, gescheitert. Es ist jammerschade. --

Rhede von Bangkok, Mittwoch, den 18. Dezember 1861.

Grüßt mir nur Papa Rothkirch und Onkel Kurt*) aufs Herzlichste und Esbecks**) und Fritz Wrangel, der seit einiger Zeit mich in liebenswürdigster Weise mit Nachrichten aller Art versieht. Wenn ich höre, daß Fili so gut schießt, so wird mir immer angst und bange dabei; ist er auch vorsichtig?

Es will mir gar nicht in den Kopf, daß in einigen Tagen Weihnachten sein soll, bei 23 Grad Réaumur? —

Alexandrine fragt mich in ihrem letzten Briefe mit Bezug auf die Photographie von Jane, welche ich Euch früher einmal schickte, ob er blond oder schwarz sei. Er ist blond und wirklich einer der schönsten Männer, die mir im Leben vorgekommen sind. Was ihm einen besonderen Reiz giebt, ist seine Befangenheit in Gegenwart von Damen. Er, der von Kopf zu Fuß Mann ist, und in dessen Körper und Gesicht sich die volle Kraft physischer und geistiger Frische ausspricht, erröthet, wenn eine Dame ihn anredet. —

Donnerstag, den 19. Dezember 1861.

Man hat mir heute vom Lande einen lebendigen, jungen Hirsch zum Schlachten gesendet. Natürlich habe ich gesagt, daß vom Schlachten nicht die Rede sei, sondern daß man versuchen solle, ihn bis Europa durchzufüttern. Auf der „Elbe" kam abends ein junger Elephant an, den der englische Konsul, Sir Robert Schomburg, unserer Kronprinzessin schenken will. Die frische Abendluft und der köstliche Mondschein bei spiegelglattem Meere lassen nichts zu wünschen übrig. —

Bangkok, Sonnabend, den 21. Dezember 1861.

Da die Ueberfahrt von der „Arcona" nach Bangkok auf heute verabredet war, so waren wir Alle schon früh auf den Beinen, und die Batterie des Schiffes stand voll unzähliger Kisten und Kasten mit Sachen, Vorräthen und Wein. Um 7 Uhr erschien ein, dem ersten Könige gehöriger kleiner Dampfer mit Namen „Little Eastern", welcher einen Bruder des Ministers der auswärtigen Angelegenheiten, Namens Phaja Raja Nupra Phan, an Bord hatte und mir Briefe des Auswärtigen Ministers und des Prinzen Krom Luang Wonsa brachte, die

---

*) Baron Kurt v. Rothkirch-Panthen, Bruder des Vaters der Gräfin Alexandrine. Er war als Ordonnanzoffizier des Prinzen Louis Ferdinand von Preußen in der Schlacht bei Jena 1806 schwer verwundet worden. † 1862.

**) Freiin Clara v. Esbeck, Schwester der Gräfin Alexandrine. (Siehe Einleitung am Schluß.)

in englischer Sprache geschrieben und theils mit siamesischen, theils mit
lateinischen Lettern unterzeichnet waren. Die siamesische Flagge, ein
weißer Elephant in rothem Felde, wurde von uns mit 21 Schuß
salutirt, und Phaja Raja Rupra Phan kam auf die „Arcona" herüber.
Er erzählte, daß noch ein anderer, dem Premierminister gehöriger
Dampfer kommen würde, und daß wir dann die Wahl haben würden,
welchen von den beiden wir benutzen oder ob wir uns beider bedienen
wollten. Ein paar Stunden später erschien auch wirklich der hübsche
Dampfer „Volant" und brachte Pieschel mit. Es wurde nun die Einrichtung getroffen, daß alles Gepäck, die Seesoldaten und die Dienerschaft auf den „Little Castern" gebracht wurden, während ich mit meiner
Umgebung und einigen Offizieren mich auf den „Volant" begab, auf
welchem uns ein sehr intelligent aussehender und äußerst hübsch gekleideter
siamesischer Schiffskapitän in Schuh und Strümpfen empfing. Derselbe ist mit der siamesischen Gesandtschaft in Paris gewesen, ist ein
Sklave oder vielmehr Angehöriger des Premierministers und hat vom
König den Namen „Intelligenter Kenner des Ozeans" erhalten. Er
sprach fertig englisch und machte die Honneurs seines Schiffes vortrefflich. Es war 11½ Uhr, als wir den Anker lichteten. „Thetis"
sandte mir einen Gruß von siebzehn Schuß nach. Nach einer Fahrt
von etwa einer Stunde kamen wir an die Mündung des Flusses, an
welchem erst Packnan, dann Bangkok liegt. Der Fluß wird meistens
Menam genannt. Nam ist Wasser und Me Mutter: er heißt also
Mutter des Wassers, hat aber noch einen anderen Namen, den ich
bisher nicht habe behalten können. Nach einer weiteren halben
Stunde kamen wir nach Packnan, einem durch vierzehn Forts befestigten Orte, an welchem mich der Minister der auswärtigen Angelegenheiten oder, wie es im Siamesischen heißt, der Pracklan erwartete.
Wir legten an einer Landungsbrücke an. Phaja Raja Rupra Phan
ging an Land, um uns anzumelden, und auf einer am Lande befindlichen Stange wurde die preußische Flagge gehißt, worauf eins der
Forts einen Salut von 21 Schuß feuerte. Der Pracklan ließ uns
einladen, auszusteigen und ein Frühstück bei ihm einzunehmen. Zwei
alte nacktbeinige, aber sehr gutmüthig aussehende und ziemlich reich angezogene Kerle, der Gouverneur und der Bürgermeister des Ortes,
empfingen uns auf der Landungsbrücke und geleiteten uns nach einer
tempelartig von Holz erbauten großen Halle, in welcher ein langer,
ganz europäisch servirter Tisch stand, und an deren Stufen uns der
Pracklan empfing. Letzterer ist ein kleiner, dicker Mann mit einem

unverhältnißmäßig großen, pockennarbigen Kopfe. Er sagte mir durch meinen Dolmetscher, einen amerikanischen Missionar, Namens Smith, daß er den Auftrag habe und willens sei, uns hier in Bangkok nach besten Kräften aufzunehmen, daß wir aber sehr vorlieb nehmen müßten, da die Siamesen noch zu weit hinter den Europäern zurückständen. Mit sehr gutem Appetit setzten wir uns darauf zu dem recht guten Frühstück, an welchem der Pracklau selbst nicht theilnahm, welches er aber überwachte. Auf der Erde umher lagen eine Menge Beamte, auch unser Schiffskapitän. Viele Diener hielten, auch auf der Erde liegend, die Insignien des Pracklau oder Geschenke, die er vom König erhalten, vor sich: als Schwerter mit schönen goldenen Scheiden, goldene Theekannen, goldene Gefäße für alle die Ingredienzien, die zum Betelkauen gehören ꝛc. Nach etwa einer Stunde begab ich mich wieder an Bord meines Dampfers und bekam nun vom Fort einen Salut von siebzehn Schuß für mich. Der Fluß ist so breit als der Rhein, hat schönes klares Wasser und sehr starken Strom. An beiden Seiten ist er ganz dicht von Laubholz eingefaßt, das alles im Wasser steht, so daß man einen eigentlichen Uferrand gar nicht sehen kann. Hinter dem Laubholz ragen schöne schlanke Areca-Palmen hervor, und wenn man einmal momentan einen Blick in das Land gewinnt, so sieht man auf Zuckerplantagen und Reisfelder. Anfangs erblickt man nur selten ein schwimmendes Häuschen, d. h. ein kleines hölzernes Gebäude, welches auf einem Floß von Bambusstäben ruht und an eingerammten Pfählen oder Bäumen befestigt ist. Je mehr man sich aber Bangkok nähert, desto häufiger werden diese Häuschen, und desto mehr bedecken sich die Flußränder mit winzig kleinen Kähnchen, in denen nur ein Mensch sitzen kann, und in denen wir oft ganz kleine Kinder sehen, die mit großer Geschicklichkeit rudern. Es war fast dunkel, als wir die ersten Häuser von Bangkok erreichten. Es sind dies europäisch ge-baute, sehr luftige Gebäude. Die eigentliche Stadt ist aber höchst eigenthümlich. Erst auf beiden Seiten des Flusses eine Reihe von schwimmenden Häusern, Haus bei Haus, dann Häuser auf dem Fest-lande, alle Augenblicke ein in den Fluß mündender kleiner Kanal, Alles mit der üppigsten Vegetation überwachsen. Während wir hinauffuhren, wurden in allen den schwimmenden Häuschen die Lampen angesteckt, so daß es nun aussah, als seien die Uferränder illuminirt, oder als führe man auf der Themse oder Seine. Es dauerte eine gute Stunde, ehe wir an das für uns bestimmte Haus kamen, dessen Vorhof hart an den Fluß stößt und dessen zwei Etagen durchweg erleuchtet waren.

Der Stand des Wassers gestattete nicht, daß wir dicht bei der
. Landungsbrücke anlegten, sondern die ganze Gesellschaft mußte aus
dem Dampfboot erst in kleine Boote steigen. Mich holte in seinem
Boote ein Halbbruder des Königs, Krom Luang Wongsa, ab, ein
ungeheuer dicker, alter Herr, der vor einigen Monate vom Schlage
gerührt worden ist und nicht gut gehen kann. Er reichte mir wieder=
holt seine dicken Pfoten und ließ mir durch den Dolmetscher die herz=
lichsten Dinge sagen. Auf der Landungsbrücke standen ein paar
Dutzend Siamesen mit Fackeln. Der Eingang zum Vorhof war mit
Palmen und Bambus geschmückt, und das ganze Haus funkelte von
hängenden Glaslampen. Es war sehr hübsch. Zum Verständniß muß
ich aber doch bemerken, daß dasselbe aus einem sehr hohen Souterrain
besteht, auf welchem sich vorn ein zweistöckiges Haus erhebt. An dieses
Vorderhaus schließt sich ein sehr großer, viereckiger, rings umbauter
Hof an. Zunächst dem Hofe sind breite, auf zwei Reihen Säulen
ruhende bedeckte Gänge, dann kommen die Zimmer wie in einem Gast=
hofe, jedes abgeschlossen, mit einer Thür nach dem Gange zu und mit
einem Fenster nach außen. Im ersten Stock des Vorderhauses ist in
der Mitte ein großer Speisesaal; rechts und links sind kleine Zimmerchen,
von denen ich eins an Heinrich geben, das andere zu einem Empfangs=
zimmer bestimmen werde. Im zweiten Stock ist ein Schlafzimmer für
mich, ein Arbeitszimmer und ein Gastzimmer, welches ich für den
Kommodore reserviren werde. Die Betten sind sehr gut, sehr breit,
weiß bezogen und mit Moustiquaires umgeben. Im Speisesaal war
eine Tafel für sechzehn Personen gedeckt, mit europäischen Tellern,
Gläsern, Messern und Gabeln. Dies Alles hat mir die Regierung
zur Disposition gestellt. Auch ein Diner war bereits fertig, und eine
große Menge sehr guten französischen Bieres, welches die Regierung
ebenfalls geschickt hatte, fand schnell seinen Weg in die durstigen
Kehlen. Um 9 Uhr kam auch der zweite Dampfer mit unseren
Effekten an, so daß wir Wäsche wechseln konnten, und uns nichts mehr
zu wünschen übrig blieb.

Sonntag, den 22. Dezember 1861.

Die erste Nacht in Bangkok gab zu folgenden Bemerkungen Ver=
anlassung. Die Stadt soll zwischen 400 000 und 500 000 Ein=
wohner haben. 200 000 davon sind Chinesen. Diese haben gerade ein
Fest, und bei chinesischen Festen spielt das Abbrennen von knatterndem
Feuerwerk eine Hauptrolle. So knatterte es denn also die ganze Nacht

hindurch. Gegen 4 Uhr, als es noch ganz dunkel war, wurden zwei Kanonenschüsse vom königlichen Schlosse her abgefeuert. Sie bedeuten, daß die Frauen aufstehen und für die Männer etwas zum Frühstück besorgen sollen. Ihr praktischer Effekt ist aber namentlich der, daß sie die unzähligen Raben aufwecken, welche sich in Bangkok befinden und sich namentlich um die Küchen von Europäern versammeln. Es beginnt nun ein rasendes Gekrächze, welches nur durch das Krähen von Hähnen und durch das Gebelle und Gehenle sich beißender oder geprügelter Hunde unterbrochen wird. Dazwischen quaken Frösche und schreien die Eidechsen, welche man Jetkos nennt. An Alles dies wird das Ohr sich mit der Zeit gewöhnen müssen, sonst ist nicht daran zu denken, daß man einmal ordentlich schlafen kann. Obgleich wir gestern 22 Grad Réaumur hatten, so zeigte der Thermometer heute bei Sonnenaufgang nur 17 Grad. Das kommt einem sehr kühl vor.

Es ist die Einrichtung getroffen, daß wir um 11 Uhr Tiffin nehmen und um 6½ Uhr diniren. Auch heute hat die Regierung noch alle nöthigen Lebensmittel geliefert, und außerdem hat der König gewaltige Massen von Kokusnüssen und Bananen gesendet. Nach dem Tiffin besuchte mich Sir Robert Schomburgk, der hiesige englische Konsul, ein aus Weißenfels gebürtiger Preuße, der auch in weiteren Kreisen als Naturforscher und durch seine Reisen in Amerika bekannt ist. Er ist ein liebenswürdiger und gescheiter, kleiner Mann. Nach ihm kam der Pracklan und sagte mir, daß es den beiden Königen angenehm sein werde, wenn ich direkt an sie schriebe und ihnen meine Ankunft anzeigte. Dies that ich. Dann kam der dicke Prinz Krom Luang Wongsa, den ich hinfüro immer nur „den dicken Prinzen" nennen werde, und ließ mir sagen, ich würde ihn sehr verbinden, wenn ich nach seinem Boote hinunter käme, da er nicht gehen könne. Er sieht aus wie ein Nilpferd; sein dickes, bretkauendes Maul ist entsetzlich unappetitlich, aber seine Züge und sein Wesen haben trotzdem etwas außerordentlich Gemüthliches. Ich kann mich noch nicht recht besinnen, wem er gleicht, aber unter dicken Bäcker= oder Fleischermeistern sieht man bei uns häufig solche Figuren. Zum Ausgehen oder vielmehr zum Ausfahren bin ich heute gar nicht gekommen; ich habe zu viel zu schreiben gehabt. Am Tage waren wieder 22 Grad. Ich kann mich gar nicht darin finden, daß Weihnachten vor der Thür steht; mir ist gar nicht weihnachtlich zu Muthe.

Um 9 Uhr morgens machte ich mit Pieschel und meinen Attachés einen Besuch beim dicken Prinzen. Die Boote, welche die Regierung zu meiner und der Meinigen Verfügung gestellt hat, sind sehr lange Gefäße, von 14 Mann gerudert, mit einem Häuschen in der Mitte, in welchem die vornehmen Siamesen zu liegen pflegen. Ich habe mir in dem Boote, welches ich für mich reservirt habe, ganz niedrige Bänke machen lassen; sie müssen ganz niedrig sein, sonst kann man nicht zu den Fenstern des Häuschens hinaussehen. Die Kerle haben alle rothe Jacken an und rudern mit einer Art Schaufel sehr schnell und sehr geschickt.

Wir fanden den Prinzen in seinem schwimmenden Hause, er nöthigte uns aber erst in ein auf dem Festlande liegendes Empfangszimmer, über dessen Thür ein Doktordiplom prangt, welches irgend eine nordamerikanische Stadt ihm verliehen hat, und dann in sein eigentliches Wohnhaus, ein zweistöckiges winkliges Gebäude, dessen Zimmer mit schlechten chinesischen und japanischen Lackwaaren und Porzellangegenständen überladen ist. Nachdem wir Alles gehörig bewundert hatten, schickte er nach einer seiner Frauen, die auch bald auf allen Vieren hineingekrochen kam und uns auf sein Geheiß den Goldschrank öffnete, in welchem eine Menge hübsch gearbeiteter Gefäße standen. Die Frau war scheußlich, namentlich ist der schwarze, beteltauende Mund unappetitlich. Ueberall in den Zimmern stehen metallene Vasen, in welche die rothe Sauce des Betels gespuckt wird. Ganz reizend waren aber einige seiner Enkel, die er uns zeigte, Knaben und Mädchen von sechs bis sieben Jahren, bis zur Hüfte nackt, wundervoll gewachsen, aber alle mit der Cigarre im Munde. Zum Schluß unserer Visite ließ uns der Prinz von seinen Tänzerinnen etwas vortanzen. Es waren deren etwa sieben oder acht junge Mädchen von 16 und 17 Jahren. Gesicht und Arme mit Saffran gelb angestrichen, mit hohen, zuckerhutförmigen, goldenen Kopfbedeckungen und sehr reicher phantastischer Kleidung. Ihr Tanz besteht in pantomimischen Arm und Handbewegungen, wobei es namentlich darauf anzukommen scheint, die Finger so weit als möglich rückwärts überzubengen. Ihre Füße, die übrigens sehr hübsch und zierlich sind, brauchen sie wenig. Der Tanz wird von Instrumentalmusik und Gesang begleitet. Die Instrumente sind namentlich, was wir Holz- und Glockenharmonika nennen würden, dazu eine Art Klarinette und ungeheures Geräusch von Pauken und aufeinander geschlagenen hölzernen Stäben. Den Text zu

den Liedern und die Bewegungen, welche die Tänzerinnen zu machen
haben, liest ein Mann aus einem Buche laut vor.

Vom dicken Prinzen begaben wir uns zum Premierminister, oder
wie der Posten hier heißt: Kalahuhm. Derselbe soll der intelligenteste
und mächtigste der Großwürdenträger sein. Er ist reich, spart aber
nichts, sondern giebt Alles aus. Seine Wohnung ist wirklich ganz
wunderhübsch. Aus einer offenen, von Säulen getragenen Vorhalle
kommt man in einen großen, sehr elegant europäisch möblirten Saal,
dem sich hintereinander und so, daß man durch alle hindurchsehen kann,
Säle von kleineren Dimensionen anschließen. Am Ende derselben sind
Spiegel angebracht, so daß man in das Unendliche zu sehen glaubt.
Ein wunderschöner gewirkter Teppich bekleidet den Fußboden, und an den
Decken hängen zahlreiche Lampen und Lüstres. So würde das Ganze
einen durchaus europäischen Eindruck machen, wären nicht überall an
den Wänden Altäre angebracht, auf denen kleine Götzenbildchen,
Chinoiseries, Blumen, Kerzen und Räuchergefäße ständen. Es ist
nämlich heute der Geburtstag des Kalahuhm, der mehrere Tage hin
durch gefeiert wird. Auch er hatte Kinder und Enkel um sich ver=
sammelt, Letztere so allerliebst, wie man nur etwas sehen kann. Durch
besonders kluges Gesicht und wundervollen Bau zeichnete sich aber ein
Junge von fünf bis sechs Jahren aus, der ein Sohn des Königs und
von Kalahuhm adoptirt ist. Der König hat nämlich die Gewohnheit,
diejenigen seiner Kinder, deren Mütter kein Vermögen haben, als
Adoptivkinder an reiche Prinzen oder Beamte zu geben, ein Auskunfts
mittel, das ich für sehr praktisch halte.

Nach unserm Tiffin fuhr ich zum Pracklau, der auch nicht übel
wohnt. Der erste König hatte heute Morgen in englischer Sprache
einen Privatbrief und darin eine Menge Fragen an mich gerichtet.
Diese beantwortete ich, auf Wunsch des Königs, dem Pracklau. Sie
betrafen meistens das bei Uebergabe meines Beglaubigungsschreibens zu
beobachtende Ceremoniell.

Dienstag, den 24. Dezember 1861.

Gegen 3 Uhr morgens wird es immer sehr frisch, so daß man
sich zudecken muß. Ich stand früh auf und fuhr um 7½ Uhr
mit sämmtlichen Herren auf die andere Seite des Flusses nach der
Stelle, wo der Palast des ersten Königs und eine Reihe großer Tempel
stehen. Wir begaben uns zuerst nach dem Tempel Wat=Po (Wat heißt
Tempel). Im Allgemeinen sind die Tempel hier länglich viereckig, mit

Fenstern und Thüren, wie unsere Dorfkirchen, nur daß die Fensterladen und Thürflügel sehr reich vergoldet sind. Die Decke ist flach und wird von Säulen getragen, die ebenso wie die Wände ganz und gar mit Malereien bedeckt sind. In dem Tempel Wat-Po befindet sich eine Statue des Buddha, die ihren Dimensionen nach zu dem Großartigsten gehört, was ich je gesehen habe. Buddha liegt und hat seinen mit einer spitzen Mütze bekleideten Kopf auf dem rechten Arm gestützt. Vom Ellenbogen dieses Armes bis zur Spitze der Mütze hat die Figur 60 Fuß, und ihre Länge beträgt 165 Fuß. Es ist etwas Enormes. Die Masse, aus der sie besteht, ist Gips, über und über mit einer goldenen Masse überzogen. Allerliebst sind die den Tempel umgebenden Pagoden, welche spitz wie eine Nadel auslaufen, aus Ziegeln gebaut und mit einer weißen Masse bekleidet sind, die mit Stückchen gebrannten Thons und Glas in den niedlichsten Mustern ausgelegt ist. Alle die interessanten kleinen Details der Tempelumgebungen zu beschreiben, würde zu langweilig sein. Wir wendeten uns von Wat-Po nach dem Palaste des ersten Königs, von welchem wir aber nur die äußeren Höfe sehen konnten, welche die Elephanten enthalten; zuerst in einem zierlichen Hause ein sogenannter weißer Elephant, der weder weiß noch sonst irgend ausgezeichnet ist, und ein weißer Affe, beides Gegenstände großer Verehrung; dann die Ställe der gewöhnlichen Elephanten, deren wir etwa ein Dutzend sahen. Einige waren sehr groß und stark und hatten gewaltige Zähne. An einer Elephantenmutter sog ein kleiner siamesischer Knabe, sie hat das Euter vorn zwischen den Vorderbeinen.

Es war darüber sehr warm geworden, wir setzten uns wieder in die Boote und fuhren nach Hause, wo ich ein köstliches, erfrischendes Bad nahm. Nach dem Frühstück hatte ich einen Besuch von zwei siamesischen Herren. Der eine ist der Bruder des Kalahuhm und heißt Phya Mantri Suriwause; der andere ist ein Adoptivsohn des ersten Königs und heißt Pra Rai Sji Sarra Pett. Beide sind vor vier Jahren als siamesische Gesandte in London gewesen und haben dort unsern Kronprinzen und die Prinzessin Victoria gesehen.

Der erste König hatte mir sagen lassen, er wünsche mich kennen zu lernen und erwarte mich mit kleinem Gefolge um 3 Uhr. Ich will hier den Namen Seiner Majestät hinschreiben. Er heißt mit seinem vollen Titel: Phra Bard Somdetsch Phra Paramendr Maha Mongkut, Phra Chom Klau, Chau Yu Hua.

Als ich mit Pieschel und meinen Attachés beim königlichen Schlosse angelangt war, fanden wir im ersten Hofe desselben den Pracklau, der

uns erwartete. Wir schwatzten mit ihm rauchend etwa eine Stunde,
bis der König uns sagen ließ, er sei bereit, uns zu empfangen. Nun
führte uns der Pracklan in den zweiten und in den dritten Hof und
blieb an der Treppe, die zu den Königlichen Gemächern führt, unten
ehrerbietig stehen. Der König kam mir entgegen und gab erst mir,
dann meinen Begleitern die Hand. Er hat eine so frappante Aehnlichkeit
mit dem verstorbenen Grafen Scherr-Thoß (von Dobrau), daß ich ganz
perplex war, zumal er des Betelkauens und des Mangels an Zähnen
wegen gerade so undeutlich spricht, als der alte Scherr es that. Seine
Kleidung bestand in einem kleinen Mützchen, einer langen blauen Jacke
mit Knöpfen von Edelsteinen und zwei Orden (dem Großkreuz der
Ehrenlegion und einem Phantasie-Orden), ein paar reichgewirkten bis
an die Knie gehenden Beinkleidern, nackten Waden und gelben Schuhen,
ohne Strümpfe. Er sprach abwechselnd sehr schwer verständliches
Englisch und Siamesisch. Seine Formen waren die allerbesten, und
wir fühlten uns sehr zu ihm hingezogen. Nachdem wir uns eine
Weile stehend unterhalten hatten, setzten wir uns um einen Tisch, auf
welchem ein sehr hübsch gearbeitetes goldenes Gestell mit Karaffen und
kleinen Gläschen stand. Er schenkte uns Jedem ein solches Gläschen
voll Sherry und trank uns zu. Seine Unterhaltung war verständig;
er entwickelte unter Anderm die Gründe für das Faktum, daß das
Suchen nach Kolonien zu Kriegen führe, recht nett und eigenthümlich
und erfreute sich immer wieder an der Versicherung, daß es Preußen
niemals in den Sinn kommen könne, in diesen Gegenden Kolonien
gründen zu wollen. Fünf bis sechs der allerreizendsten Jungen waren
währenddessen um uns herum, theils auf der Erde liegend, theils
umherlaufend, aber immer, wenn sie in die Nähe des Königs kamen,
auf Händen und Knieen kriechend. Um die Hüften trugen sie, wie
dies alle Siamesen thun, den als Beinkleid geschürzten Shawl, der in
Büchern gewöhnlich Sarong genannt wird, speziell siamesisch aber
Panung heißt. Ihre prächtigen Oberkörperchen waren nackt, nur
hatten sie wunderhübsche goldene Ketten wie Schärpen über Brust und
Rücken gehängt. Es waren alles Kinder des Königs; er hat von etwa
400 Frauen deren 46, die am Leben sind, und doch lebt er nur erst
seit dem Jahre 1852, wo er König geworden ist, im Ehestande, denn
früher war er Priester und zu ehelosem Leben verpflichtet. Seine
vornehmste Frau ist vor zwei Monaten gestorben, ihre Leiche ist noch
nicht verbrannt, sondern wird noch im königlichen Schlosse aufbewahrt.
Der König soll sie sehr geehrt haben und über ihren Tod aufrichtig

betrübt sein; jetzt sind ihm nur noch sieben Lieblingsweiber und etwa 393 andere Frauen übriggeblieben. Der König ist 58 Jahre alt, und sein Geburtstag fällt auf den 18. Oktober.

Nach etwa einer Stunde wurden wir entlassen. Als wir aus dem letzten Thore hinaustraten, fanden wir den Theil der siamesischen Truppen, welcher, mit Ausnahme der nackten Füße, europäisch gekleidet und bewaffnet ist, in Reihe und Glied aufgestellt, und sofort begann ein Exerzitium nach Art der englischen Truppen, das mit großer Präzision ausgeführt wurde. Es waren etwa drei schwache Kompagnien, von denen die eine blaue, die zweite grüne und die dritte rothe Jacken und weiße Beinkleider trug.

Ich hatte Berg ersucht, zum heutigen Weihnachtsabend irgend etwas zu arrangiren, obwohl uns Allen gar nicht weihnachtlich zu Muthe war. Als wir vom Diner aufstanden, wurde ich zuerst in eine mit chinesischen Laternen erleuchtete Stube geführt, in welcher sich ein schöner Weihnachtstisch für mich befand, welchen mir meine Begleiter aufgebaut hatten. Inmitten von schönen Blumen, Kuchen, Confituren und Süßig teiten aller Art stand ein hübsches, silbernes, vergoldetes Gefäß, der Art, wie sie hier fabrizirt werden. Dann begab sich die ganze Gesell schaft in den Hof, wo, in Ermangelung von Nadelholz, eine schöne schlanke Palme, umgeben von Bananen und Bambus, im Lichte von Hunderten chinesischer Laternen prangte. Endlich begaben wir uns auf den Balkon nach der Flußseite, wo ein sehr schwefelhaltiges und deshalb heftigen Husten erregendes Feuerwerk abgebrannt wurde, und den Schluß des Festes bildete eine Bowle Punsch, bei welcher ich einen Toast auf alle Diejenigen ausbrachte, „die heute an uns denken". Ihr gehörtet ja wohl auch dazu?

Mittwoch, den 25. Dezember 1861.

Da übermorgen meine feierliche Audienz beim ersten Könige statt finden soll, so schrieb ich an Sundewall, er möchte mir das Musik korps und Seesoldaten schicken, und traf zugleich Anstalten, daß ein siamesisches Dampfboot auf die Rhede geschickt würde, um dieselben abzuholen. Nach dem Tiffin fuhr ich mit meinem engeren Personal zum englischen Konsul Sir Robert Schomburgk und ließ mich dabei von der kleinen Dampfbarkasse „Vesta" ziehen, die ich damals, auf Heines Zureden, in Hamburg für die Expedition gekauft hatte. Das Ding ist zu gar nichts nütze, und ich muß suchen, es hier à tout prix loszuwerden. Beim Nachhausefahren, stromaufwärts, ging der

„Vesta" der Athem und die Kraft aus; ich ließ mein Boot abwerfen und mich nach Hause rudern. Gegen Abend hatte ich einen Besuch von Herrn Louis de Castelnau, dem Sohne des hiesigen französischen Konsuls, der aber augenblicklich in Cochinchina ist. Derselbe schwatzte wie eine Elster und blieb zum Diner bei mir.

Die Haartracht der Siamesen besteht darin, daß sie den Kopf geschoren und nur oben ein starkes Haarbüschel haben. Ebenso tragen sich auch die Frauen, nur daß sie an den Schläfen einen bis auf die halben Wangen hinunter gehenden Haarstreifen haben, an denen man sie überhaupt nur von den Männern unterscheiden kann, denn die Bekleidung beider ist fast ganz dieselbe. Alles raucht und zwar Papiercigarren, die hinter dem Ohre getragen werden, wie wir beim Schreiben zuweilen eine Feder hinters Ohr stecken.

Donnerstag, den 26. Dezember 1861.

Des seligen Vaters Geburtstag. Ich empfing Visiten vom Kalahohm und vom Pracklau, welch Letzterer wegen des morgen zu beobachtenden Ceremoniells in so großer Unruhe war, als sein phlegmatisches Temperament es zuließ. Beim Frühstück aßen wir Eier mit einer ganz weichen Schale, welche einige für Schildkröten-, andere für Krokodileier hielten. Für die hiesigen Früchte kann ich mich nicht sehr enthusiasmiren: Die Orangen sind sauer, die Pompelmusen saftlos, die Bananen zu parfümirt, und eine gewisse Frucht, die nach Käse schmeckt, ist scheußlich. Doch wird mein Geschmack von den Uebrigen nicht getheilt. Viele finden die Pompelmusen köstlich und schwärmen für die Banane. An Letztere werde ich, glaube ich, mich auch bald gewöhnen. Kokosmilch, welche die Anderen in Masse trinken, kann ich nicht vertragen. Gegen 5 Uhr kam das königliche Dampfboot „Little Eastern" und brachte den Kommodore, eine Menge Offiziere und Seesoldaten, so daß die Zahl der jetzt in meinem Hause befindlichen Personen 98 beträgt. Bei Tisch sind wir 24. Meine Laune ist nicht die beste. —

Freitag, den 27. Dezember 1861.

Heute fand nun die Audienz beim ersten Könige statt. Um 2½ Uhr wurden in langen, von der Regierung gesendeten und mit rothjäckigen Ruderern besetzten Booten erst die Musik und vierzig Seesoldaten eingeschifft. Dann kamen wir; voran ein Boot mit einer

reichen Pyramide in der Mitte, unter welcher, in einem goldenen Gefäße, mein Beglaubigungsschreiben lag; dann meine Suite, die Offiziere,
Sundewall und Jachmann, theils in großen siamesischen, theils in
europäischen Booten; endlich ich, Pieschel und mein Dolmetscher in
einem besonders reich geschmückten Fahrzeuge. Das Ganze sah sehr
hübsch und malerisch aus. Nach etwa zwanzig Minuten Fahrt kamen
wir beim Landungsplatze an, wo unter Kanonendonner der dem königlichen Beglaubigungsschreiben galt, ein Zug sich folgendermaßen formirte:
erst siamesische Musik mit Fahnenträgern, dann ein Thronhimmel, unter
welchem das Schreiben getragen wurde, umgeben und gefolgt von einer
siamesischen Prozession. Dann unsere Musik, vierzig Seesoldaten, ich,
auf einem von vier Männern getragenen sehr hohen und unsicheren
Stuhl, auf welchem mir angst und bange war, endlich mein Gefolge,
theils auf Tragbahren, auf welchen die Herren reitend saßen, theils zu
Pferde. Wir waren Alle in großer Uniform, und der Zug mag recht
bunt ausgesehen haben, aber Ihr hättet Euch vor Lachen die Seiten
gehalten, hättet Ihr mich auf meinem Stuhle gesehen, auf dem ich saß,
wie die Krähe auf dem Blitzableiter. Auf dem ganzen Wege vom
Landungsplatze bis zum Schlosse war von Lanzenträgern Spalier ge-
bildet, hinter welchen sich eine dichte und bunte Volksmasse drängte.
Vor dem Eingange zum Schlosse, wo wir abstiegen, standen fünf auf-
geschirrte Elephanten, und im ersten Hofe fanden wir das nach europäischer Manier gekleidete Militär des Königs, sehr reich geschirrte
Pferde und noch etwa ein halbes Dutzend Elephanten aufgestellt. Unsere
Musik und Seesoldaten rangirten sich mit diesem Militär in eine Linie.
Der Praclan erwartete uns in derselben Halle, wie neulich, wo ich eine
Privataudienz hatte, und es dauerte etwa eine Viertelstunde, bis wir
die Klänge siamesischer Musik hörten, welche andeuteten, daß der König
sich nach der Audienzhalle begebe. Gleich darauf ließ er sagen, daß er
bereit sei, uns zu empfangen. Bei meinem Eintritt in den Saal konnte
ich den König nicht sogleich herausfinden. Er saß in seinem goldenen
Gewande, auf goldenem Throne zwischen goldenen Säulen sitzend, wie
eine goldene Figur aus, die sich nicht genug von ihr Umgebung abhob,
um sogleich erkenntlich zu sein. Pieschel, der das Gefäß mit dem
Beglaubigungschreiben trug, setzte dasselbe auf einem vor dem Throne
stehenden Tische nieder. Die siamesischen Großwürdenträger und Prinzen
lagen, in köstliche, durchsichtige, golddurchwirkte Gewänder gekleidet, in
großer, aber nicht zu großer Anzahl gruppenweise auf seidenen Kissen,
jeder mit den königlichen Gnadenzeichen an goldenen Theekannen und

Betelapparaten neben sich, alle Betel kauend und die rothe Sauce in metallene Vasen spuckend. Neben dem Kalahuhm lag der von ihm adoptirte reizende Sohn des Königs, ein Knabe von etwa sechs Jahren, der unaufhörlich Papiercigarren rauchte. Ich trat ein paar Schritte vor und las eine englische Anrede an den König ab, dann kam derselbe die Stufen des Thrones hinunter und nahm aus meinen Händen mein Beglaubigungsschreiben, wogegen er mir ein anderes, siamesisches Schreiben übergab. Demnächst setzten wir uns (ich hatte etwa dreißig Personen in meiner Begleitung) auf die dem Throne gegenüber für uns bereit gelegten seidenen Kissen, machten aber von den uns offerirten Cigarren keinen Gebrauch. Nun begann durch Vermittelung der Dol= metscher eine Unterhaltung zwischen dem Könige und mir, nach deren Beendigung Ersterer aus einem Buche siamesisch etwas ablas, das, wie ich erfuhr, der Inhalt des Schreibens, welches er mir übergeben hatte, und eine Antwort auf meine Anrede war. Als er damit geendigt hatte, erhob er sich, grüßte dreimal unter Abnehmen seiner mit Brillanten und einer Reiherfeder geschmückten Mütze, und wir waren entlassen. Damit war die Sache aber noch nicht zu Ende. Wir wurden nunmehr in einen Seitenflügel des Schlosses geführt, wo ein Diner für uns bereit stand, welchem der Praclan, daneben sitzend, beiwohnte. Auf seinen Wunsch brachte ich die Gesundheit des Königs von Siam aus, worauf derselbe mir sagen ließ, er wünsche uns noch in seinem Privat= gemache zu empfangen. Es war dasselbe, in welchem ich ihn neulich bei der Privataudienz gesehen hatte. Ich stellte ihm sämmtliche Herren vor; er reichte jedem die Hand, gab jedem eigenhändig ein Glas Sherry und brachte die Gesundheit unseres Königs aus, indem er andeutete, daß er wünsche, wir möchten dieselbe mit einem Hurra beantworten, was denn auch in einer Weise geschah, daß die Wände erzitterten. Inzwischen liefen die kleinen Prinzchen und eine niedliche Prinzessin von etwa acht Jahren umher und brachten Jedem eine Cigarre. Nach eingeholter Erlaubniß des Königs kam die Musik der „Arcona" bis an die Treppe des Gemachs; der König ging hinunter, und die Musik spielte einige Stücke, die ihn sehr zu befriedigen schienen. Endlich er= folgte unsere definitive Entlassung. Der Rückmarsch wurde unter Fackelbeleuchtung angetreten und ich hütete mich wohl, meinen gefähr= lichen Stuhl wieder zu besteigen. Beim Diner unterhielten wir uns über die Ereignisse des Tages, die einen sehr befriedigenden Eindruck auf uns gemacht hatten.

Bangkok, Sonnabend, den 28. Dezember 1861.

Morgens fuhr ich nach dem Tempel Wat-Tschen. Die dazu gehörige hohe spitze Pagode, aus Ziegeln mit buntem gebrannten Thon in den hübschesten Dessins belegt, ist wirklich schön und gewährt von ihrer zweiten und dritten Galerie aus sehr hübsche Blicke auf die Stadt, die wie ein großer mit Tempeln besetzter Garten oder Park aussieht. Auch die um die Pagode gruppirten Tempelgebäude sind interessant, namentlich eines wegen seines Vorhofes, der mit bronzenen Elephanten und steinernen Figuren reich und regelmäßig besetzt ist. In einem kleinen Tempel befindet sich die Nachbildung der Fußtapfe von Buddha, die irgendwo im Innern des Landes auf einem Felsen zu finden sein soll. Der Heilige muß von respektabler Größe gewesen sein, denn seine Fußtapfe mißt etwa fünf Fuß. Beim Vorüberfahren beim dicken Prinzen rief uns dieser hinein und erzählte mir, daß er und vier andere Herren zu Bevollmächtigten für die Vertragsverhandlungen ernannt werden würden.

Gegen Abend machte ich dem jungen Castelnau einen Besuch. Bei Tisch wird mir immer ein schönes Bouquet aus Baumblüthen überreicht, welches der Praclan sendet. Außerdem kommen regelmäßig zwei Kränzchen aus weißen, sehr stark riechenden, jasminähnlichen Blumen, die hier den Namen Dock-mali führen. Junge Leute bis zu einem gewissen Alter tragen diese Kränzchen um ihren Haarbüschel. Der zweite König, welcher unwohl ist, hat große Massen von Früchten geschickt.

Sonntag, den 29. Dezember 1861.

Es war heute Sundewalls Geburtstag, und aus dieser Veranlassung wurden wir mit einem Choral und mit Rossinis stabat mater geweckt. Da ich den Prediger Kreuber bei mir hatte, so fand um 9 Uhr Gottesdienst statt. Um 4 Uhr fuhr ich nach dem Tempel Wat-Ssitett, wo die Todten verbrannt werden, und traf es gerade so, daß ich einer Verbrennung beiwohnen konnte. In der Mitte eines nach allen Seiten hin offenen Gebäudes lag auf einer Art Altar ein kleiner Scheiterhaufen, über welchem ein Sarg stand. Derselbe mußte die Leiche eines ziemlich vornehmen Mannes enthalten, denn die denselben umgebende Familie war zahlreich und gut gekleidet. Sie zog sich nach einigen Ceremonien zurück und ging nach Hause, worauf der Scheiterhaufen von den Priestern angesteckt wurde. Habe ich recht gesehen, so lag die Leiche auf einer Art Rost, oben war der Sarg ganz offen, stand aber so hoch, daß man nicht hineinsehen konnte. Durch Bespritzen mit Wasser wurde er so lange vor dem Verbrennen geschützt, bis die Leiche verkohlt war. Dann fiel Alles übereinander. Ich bin ein großer Anhänger des Systems des Verbrennens der Leichen, nur, glaube ich, könnte und müßte man es etwas appetitlicher machen. Dagegen werde ich wohl nie ein Anhänger der Art werden, wie die Leichen der Armen, deren Verwandte das Holz zum Verbrennen nicht bezahlen können, aus der Welt geschafft werden. Für diese ist ein von Bäumen umgebener Platz, auch bei Wat-Sfikett, bestimmt, wo sie einfach hingeworfen werden, um von Hunden und Geiern aufgefressen zu werden. Man kann wirklich nichts Scheußlicheres sehen, als die nackten Gerippe und umher die wohlgenährten Hunde und auf den Bäumen Dutzende von großen Aasgeiern, die sich so voll gefressen haben, daß sie stundenlang nicht fliegen können.

Abends hatte ich Schomburgk und das ganze Personal des englischen Konsulates bei mir zum Diner. Die Sache wird dadurch sehr kostspielig, daß, wenn ich auch nur vier oder fünf Fremde bei mir sehen will, ich immer gleich ein Diner von 25 bis 30 Personen geben muß, weil ich doch nicht die paar Fremden besser behandeln kann als alle Uebrigen, welche regelmäßig bei mir essen. Der Abend war, wie gewöhnlich, ganz köstlich. Wir saßen im Freien und ließen uns von der Musik etwas vorspielen.

Montag, den 30. Dezember 1861.

Der erste König hat zu uns geschickt und um einen Lehrer für sein Musikkorps bitten lassen. Er hat sehr gute Blasinstrumente, aber die Leute verstehen sie nicht zu spielen. Herr Musikdirektor Fritze wird sich nun damit befassen, sie zu Künstlern zu machen. Mit Bunsen fuhr ich zu dem amerikanischen Konsul Chandler, um ihn zu besuchen. Derselbe wohnt ganz weit unten in der Stadt, und da wir bei der Rückfahrt sehr heftigen Gegenstrom hatten, so kamen wir erst gegen 7 Uhr wieder nach Hause, so daß die ganze Tischgesellschaft eine halbe Stunde auf uns hatte warten müssen. Abends gegen 9 Uhr fuhren Sundewall, Angust und ich auf spezielle Einladung zum Kalabuhm. Er empfing uns in seinem schwimmenden Hause und ließ uns durch acht junge Mädchen Musik vormachen, die zwar nicht ganz so scheußlich war wie die beim Pracklau, die uns aber doch bestimmte, nach einer Stunde zu fliehen.

Dienstag, den 31. Dezember 1861.

Der dicke Prinz hat heute nach der „Vesta" geschickt und kam, von ihr geschleppt, bei meinem Hause vorgefahren. Er scheint Absichten auf dieselbe zu haben, und wenn er beim Vertragsabschluß recht vernünftig ist, werde ich sie ihm wohl schenken, denn nach einer mit ihr vorgenommenen gründlichen Untersuchung soll es lebensgefährlich sein, mit ihr zu fahren, so verrostet ist sie unterwegs.

Den Sylvesterabend verbrachten wir bei Sir Robert Schomburgk. Missionare und Missionarsfrauen, Konsularbeamte, Kaufleute und eine große Anzahl der Unserigen bildeten die Gesellschaft, die am Anfange unbeschreiblich langweilig war. Erst nachdem ein hübsches kleines Feuerwerk abgebrannt und ein Souper eingenommen war, schienen sich die Geister etwas zu beleben, namentlich hatte Sir Robert des Guten etwas zu viel gethan. Endlich schlug es 12 Uhr, Alles schüttelte sich die Hände, und ich setzte mich in mein Boot, um nach Hause zu eilen. Das war ein bedeutungsvolles Jahr für mich. Gott hat wunderbar geholfen. Ich erbitte nur sehnlich von Ihm, daß Er mich im nächsten Jahre Euch wiedersehen läßt.

Bangkok, Mittwoch, den 1. Januar 1862.

Prosit Neujahr! Mit 23 Grad Wärme, außerordentlich schwüler Luft und Leibschmerzen. Bis 11 Uhr arbeitete ich fleißig, dann kamen viel Neujahrsbesuche. Abends fuhr ich mit Kapitän Jachmann und Brandt in des Ersteren Boot durch einige Kanäle, d. h. durch einige Straßen und Querstraßen Bangkoks: das reine Venedig, nur statt der Kirchen Buddha-Tempel und statt der Paläste hölzerne, auf hohen Pfählen stehende Häuser. An einigen der minder belebten Kanäle stehen die Häuser nur vereinzelt, dagegen drängt sich die köstlichste Vegetation von Palmen aller Art, Bambus, Brotbaum, Bananen, Rotang und einer Menge von weiß und rothblühenden Bäumen und Sträuchern, Alles mit Schlingpflanzen durch- und überwachsen bis über die Uferränder hinaus, so daß man sich manchmal mit den Rudern durcharbeiten muß. Unser europäisches Boot ist für diese Passagen zu lang und zu schwerfällig. Die Siamesen lachen laut über die Mühe, die wir uns geben, das Boot vorwärts zu bringen und zu wenden; wahrscheinlich kommen ihnen unsere Bewegungen sehr ungeschickt vor. Auf ihren Nußschalen schießen sie wie Fische bei uns vorbei. Zu diesen Exkursionen hat man oder habe ich leider nur wenig Zeit. Morgens muß ich arbeiten: von 10 bis 3½ Uhr kann man der Hitze wegen nicht gut heraus. Bald nach 5 Uhr geht die

Sonne unter, und um 6 Uhr ist es ganz dunkel; so hat man für
Ausflüge nur die Zeit von 3½ bis 5½ Uhr. — Ich hätte heute
gern ein Diner an Fremde gegeben, aber ich habe keinen Platz, denn
wir sind unserer 24, und mehr faßt mein Tisch nicht. —

Donnerstag, den 2. Januar 1862.

Die Soldaten in meinem Hause haben sich auch Affen angeschafft.
Einer davon hatte sich diese Nacht losgerissen und war bis vor
mein Bett gekommen. Als ich, vom Geräusch aufgeweckt, mich schnell
aufrichtete, muß er sich sehr erschreckt haben, denn er riß mit un-
geheuerer Schnelligkeit aus, und ich hörte ihn die dunkle Treppe hin-
unterpurzeln. Im Uebrigen bin ich von Thieren noch nicht belästigt
worden, es sei denn von Mosquitos und von kleinen Fliegen, die abends
beim Essen schaarenweise unsere Tische bedecken.

Der dicke Prinz hat mich heute amtlich benachrichtigt, daß vier
Bevollmächtigte für die Vertragsverhandlungen ernannt seien, und daß
er der Erste dieser Bevollmächtigten sei. —

Um 4 Uhr machte ich mit Sundewall einen Besuch bei Phya
Mantri Suriwanse, der seiner Zeit als Chef der siamesischen Gesandtschaft in London gewesen ist. Als wir vor dem Thore seines Hofes
anfragten, ob er zu Hause sei, kam er selbst hinaus, bis an die Hüften
ganz nackt, einen prächtigen, fetten, braunen Rücken präsentirend. Viel
fetter aber noch war seine erste Gemahlin, welche an der Thorschwelle
mit einem kleinen Kinde auf der Erde lag. Sie bekleidet eine hohe
Charge bei Hofe und ist so etwas wie Palastdame. Die Einrichtung
des Hauses war recht hübsch, man sah, daß der Mann in England
Etwas gelernt hatte. In großer Dankbarkeit für meinen Besuch bot
er mir sein Dampfschiff für jede beliebige Fahrt an, die ich etwa zu
unternehmen gedächte. Wir fuhren demnächst noch durch einige wunderschöne Kanäle, leider wurde es aber wieder so schnell dunkel, daß wir
bei der Rückkehr eine Stunde lang in völliger Finsterniß fuhren.

Die Siamesen sind eben solche Spielratten wie die Chinesen.
Letztere halten hier gegen hohe Abgaben Spielbuden. Wenn man bei
denselben vorbei fährt, kann man sehen, mit welcher Passion die Sache
betrieben wird. Das Hauptspiel ist, glaube ich, Paar oder Unpaar.

Freitag, den 3. Januar 1862.

Es bläst heftig aus Nordost, und die Temperatur hat sich bedeutend
abgekühlt. — Um 6 Uhr fand ein großes Diner beim Kalahuhm
statt, zu dem er mich, Sundewall und fünf meiner Begleiter, außerdem

die fremden Konsuln und auch einige seiner Verwandten, im Ganzen
· vielleicht dreißig Personen eingeladen hatte. Der Tisch war vollständig europäisch mit reichem Silberaussatz und schönen Blumen servirt, und die Speisen waren alle auf englische Manier bereitet. Einen
Dolmetscher hatte er nicht eingeladen, die Konversation mit ihm beschränkte sich daher auf die wenigen englischen Worte, die er sprechen
kann. Er war aber auch außerdem mit der Ueberwachung seiner
Dienstboten so beschäftigt, daß er nur wenig Zeit für die Unterhaltung
übrig hatte. Sein Kostüm bestand in einem reich mit Gold gestickten
Waffenrock nach französischem Schnitt mit einem goldenen, vorn von
einer magnifiquen Brillantschnalle gehaltenen Gürtel. Aehnliche
Kostüme, nur weniger reich, trugen sein Bruder, den ich gestern besucht
hatte, und sein Sohn und elfjähriger Großsohn, die Beide an der
letzten Gesandtschaft nach Paris theilgenommen hatten. Der Großsohn ist von der Kaiserin Eugenie geküßt worden. Man kann nichts
Lächerlicheres sehen als den Kalahuhm, wenn er, um seiner Würde
nichts zu vergeben, den vornehmen Mann spielt, sich gerade hält wie
eine Kerze und im Zimmer umherstolzirt wie ein Storch im Salat.
Dieses unreife Gemisch von Asiatischem und Europäischem ist höchst
komisch. — Als wir aufgestanden und ins Nebenzimmer gegangen
waren, fanden wir daselbst eine Menge Frauen auf der Erde liegen,
die sich sehr über uns und die Musik der „Arcona", welche wir mit
gebracht hatten, zu amüsiren schienen. —

Sonnabend, den 4. Januar 1862.

Wenn ich mit Sonnenaufgang, d. h. um 6½ Uhr, aufstehe und die
Fenster nach der Flußseite zu öffne, so bieten sich meinen ent-
zückten Blicken zunächst die edlen Gestalten der Seesoldaten dar, welche
im Flusse ihr Bad nehmen; außerdem ist die Wasserstraße namentlich
durch Boote, in welchen gelbgekleidete Priester sitzen, belebt. Dieselben
fahren von Haus zu Haus und halten schweigend vor denselben an,
um zu sehen, ob man ihnen etwas zubereitetes Essen herausbringen
wird, da sie selbst nicht kochen dürfen und in Betreff ihrer Nahrung
auf Almosen angewiesen sind. Diese fallen aber meistens so reichlich
aus, daß sie nicht nur niemals Mangel leiden, sondern auch noch
genug übrig behalten, um Arme damit zu speisen. Uebrigens besteht
hier eine allgemeine Priesterpflicht, wie in Preußen eine allgemeine
Wehrpflicht. Jeder Knabe oder Jüngling muß mindestens ein Jahr
lang das Priestergewand anlegen: dies ist auch zugleich die Zeit, wo

er Unterricht empfängt. Ob er demnächst und wie lange Priester bleiben will, hängt von ihm ab.

Auch heute blies ein ziemlich heftiger, kühler Wind, doch haben wir 21 Grad. Ich fuhr, von Brandt begleitet, gegen 4 Uhr in einem eisernen Boot zu einem hier wohnenden Hamburger Kaufmann Pickenpack, um ihm einen Gegenbesuch zu machen. Bei der Rückfahrt begegnete ich Schomburgk, der in einer siamesischen Apotheke Einkäufe von Medikamenten für die bevorstehende Londoner Ausstellung gemacht hatte. Dieselben bestanden in Häuten von Schlangen, Krokodilen, Gürtelthieren, Elephantenknochen, Elephantenohren, großen Stücken Holz ꝛc., denen die Leute hier allgemein Heilkraft beimessen. Die Beleuchtung nach Untergang war köstlich, der Himmel orangefarben, die Luft so durchsichtig, daß die Gegenstände einem alle ganz nahe und in äußerster Klarheit erscheinen. Die Pagoden und Tempel zeichnen sich an solchen Abenden mit der äußersten Schärfe gegen den Horizont ab und gewähren einen ganz wundervollen Anblick.

Sonntag, den 5. Januar 1862.

Das Wetter war ganz wunderschön. Morgens 19, mittags 22 Grad. Ich hatte aber so viel zu schreiben, daß ich erst um 5 Uhr aus dem Hause kam, wo ich nach einem Tempel fuhr, der wie eine siamesische Dschunke gebaut ist, ein vollständiges Schiff. Wo auf Letzterem die Masten stehen, stehen hier sehr spitze Pagoden. Das Gebäude soll die Folge des Gelöbnisses einer Schiffsmannschaft sein, die in großer Seegefahr gelobte, einen ihrem Schiffe gleichen Tempel zu bauen, wenn sie gerettet würde.

Abends war großes Diner bei Herrn Markwald, dem auch eine Dame, Mme. Leßler, beiwohnte. Sie ist Engländerin und Frau eines mit Markwald in Kompagniegeschäften stehenden Juden Leßler. Vom Diner ist nichts zu sagen; es war wie alle diese englisch servirten Diners; hier gehört nun immer noch dazu, daß ein ganzes Schwein auf den Tisch kommt. Dem heutigen hatten sie unter das Schwänzchen eine rosenartige Blume gesteckt.

Gestern sind sieben Offiziere und Kadetten, die bei mir wohnten, nach den Schiffen zurückgekehrt. Heute Abend, als ich gegen 12 Uhr nach Hause kam, fand ich sieben andere. So habe ich immer noch gegen hundert Personen im Hause und täglich 22 bis 24 Personen bei mir zu Tisch.

Montag, den 6. Januar 1862.

Gegen 2 Uhr in der Nacht war ich von vier Kanonenschüssen erweckt worden. Ich stand auf und öffnete die Fensterladen, um zu sehen, was los sei, konnte aber nichts entdecken. Heute Morgen erfuhr ich nun, daß Feuer gewesen ist und daß etwa dreißig Häuser abgebrannt sind. Das Feuer ist in einem Hause ausgekommen, in welchem eine Wöchnerin gelegen hat; es ist hier Sitte, während zehn Tagen oder noch länger unter dem Bette einer Wöchnerin kleine Feuer zu unterhalten, ich weiß nicht, ob aus sanitären oder religiösen Rücksichten. In diesem Falle hat das Bett, während die arme Person geschlafen hat, Feuer gefangen, und sie und ihr Kind sind verbrannt. Sehr merkwürdig soll es aussehen, wie die schwimmenden Häuser, wenn in ihrer Nähe Feuer ist, ausreißen. Die Bewohner hauen dann die Bambusstricke durch, an denen die Häuser befestigt sind, und diese schwimmen, je nachdem Ebbe oder Fluth ist, stromab- oder stromaufwärts, um mit der nächsten Gegenbewegung wieder zurückzukehren. Wir frühstückten heut schon um 10 Uhr, weil ich um 11 Uhr meine erste amtliche Konferenz mit den von den Königen ernannten Bevollmächtigten hatte. Es sind dies:

1. der dicke Prinz Krom Luang,
2. der Kalahuhm (Premierminister),
3. der Pracklau (auswärtige Minister),
4. der früher in England als Gesandter gewesene Bruder des Kalahuhm,
5. der Bürgermeister von Bangkok.

Die Konferenz fand beim dicken Prinzen statt und beschränkte sich auf Formalitäten. Nach der Konferenz ging oder vielmehr fuhr ich nicht mehr aus, sondern arbeitete fleißig an dem Vertragsentwurf. Abends hatte ich Schomburgk, den Geranten des französischen Konsulates, d'Istria, den jungen Castelnau und die Herren Markwald und Leßler bei mir zum Diner. Ein Theil der Kadetten mußte an einem Katzentische essen, weil wir am großen nicht Alle Platz hatten.

Bangkok, Dienstag, den 7. Januar 1862.

Sehr großen Spaß machen uns zwei Affen, von denen mir Schomburgk das Männchen, Markwald das Weibchen geschenkt hat. Sie gehören der seltenen Rasse Pithecus Lar an und sind nach Gemüths- und Bauart das Liebenswürdigste was ich noch gesehen habe. Besonders lieben sie es, sich wie ein Kind auf den Arm nehmen zu lassen, sie legen einem dann die langen Arme um den Nacken, den Kopf auf die Schulter und erheben einen höchst weinerlichen Ton, wenn man sie wieder loswerden will. Leider sind sie sehr zart, und es ist nicht viel Hoffnung vorhanden, daß ich sie lebend nach Europa bringen werde. Die Soldaten haben auch eine Menge Affen von gemeiner Rasse, denen sie bereits alle möglichen Kunststücke beigebracht haben. Einer derselben marschirt sehr gut und grüßt vortrefflich militärisch. Heute ist auch noch eine 14 Fuß lange Boa eingastirt, die sich irgend einer der Doktoren angeschafft hat. Noch ein paar Wochen, und wir werden eine ganze Menagerie im Hause haben.

Gegend Abend machte ich Mme. Leßler einen Besuch und fuhr dann eine Stunde auf einem herrlichen Kanal umher. Nichts geht über die Färbung des Himmels nach Sonnenuntergang. Der Horizont ist purpurroth, die Luft unendlich fein und durchsichtig. Palmen und andere Gewächse zeichnen sich so scharf dagegen ab, daß es aussieht, als seien sie aus schwarzem Papier ausgeschnitten und auf rothen Grund geklebt. Die Bewegung ist des Abends auf den Kanälen sehr stark; wer steuert, muß sehr aufpassen, daß man Niemand überfährt oder angefahren wird. Dabei badet die ganze Gesellschaft, theils schwimmend, theils auf den Booten stehend und sich mit Wasser begießend. Namentlich ist die Kinderwäsche allgemein; daß alle Augenblicke ein todter Hund oder ein todtes Schwein angeschwommen kommt, schadet dabei nichts und erhöht nur die Aehnlichkeit von Bangkok mit Venedig.

Mittwoch, den 8. Januar.

Der Mangel an Bewegung wird doch auf die Länge sehr fühlbar. Blut und Bauch werden gleichmäßig dick. Man sitzt den ganzen Tag entweder auf einem Stuhl oder in einem Boot oder liegt auf dem Bette. Kein Wunder, daß mir alle Kleider zu enge werden, zumal Sommerkleider die Gewohnheit haben, bei der Wäsche einer der Erweiterung der Taille konträren Bewegung zu folgen. Wenn Heinrich mich anzieht, so muß es manchmal aussehen, als ob sich eine Frau schnüren läßt.

Alle Welt bildete sich ein, hier würde ich bei dem Vertragsabschluß nicht die mindeste Schwierigkeit finden, man würde mir Alles entgegen tragen. Ich wußte zum voraus ganz genau, daß dem nicht so sein werde, denn bei näherer Durchsicht der bisher hier geschlossenen Verträge fand ich in denselben so viele Lücken und Unklarheiten, daß ich den Entschluß fassen mußte, mich mit einer bloßen Kopie derselben

nicht zu begnügen, sondern die von mir nöthig erachteten Verbesserungen
einzuführen. Und das wird, wie schon alle Anzeichen vorliegen, nicht
geringe Schwierigkeiten machen. Seit Montag hat Pieschel, den ich
damit beauftragt habe, alle Tage mehrstündige Konferenzen mit den
Bevollmächtigten, um ihnen den Begriff des Zollvereins klar zu machen.
Sie können denselben, wie ich ihnen das auch nicht verdenke, nicht be=
greifen. Beim Artikel 1 meines Vertragsentwurfes, welcher dahin
lautet,

> „daß in Deutschland sowohl als in Siam die gegenseitigen Unter=
> thanen vollen Schutz für Person und Eigenthum genießen sollen,“

bemerkten dieselben, daß sie diese Fassung unmöglich annehmen könnten,
einmal weil die siamesische Regierung gar nicht im Stande sei, Je=
mand vollen Schutz angedeihen zu lassen, und dann, weil die Fassung
viel zu kurz und präcis sei. Daraus entständen immer Schwierig=
keiten. Was man sagen wolle, müsse man so breit als möglich sagen.
Hübsche Grundsätze und hübsche Aussichten für die Verhandlungen!

Nachdem ich heute bis 5 Uhr gearbeitet hatte, machte ich noch eine
Spazierfahrt den Fluß hinauf. An zwei Stellen der Stadt, wo die
zu den Palais der beiden Könige gehörenden Gebäude bis an den
Fluß stoßen, müssen alle vorüberfahrenden Siamesen ein Zeichen der
Reverenz machen, namentlich müssen die Ruderer, welche stehend rudern,
sich hinsetzen, bis sie an diesen Stellen vorüber sind. Am Ufer soll
immer aufgepaßt werden, ob dieser Vorschrift auch nachgekommen wird,
geschieht es nicht, so werden die Kontravenienten mit Geldstrafen be=
legt. Wir begegneten heute einem in Form eines Schiffchens ge=
flochtenen Korbe, der in kleinen Schächtelchen verschiedene Eßwaaren
enthielt, mit Fähnchen geschmückt war und den Fluß hinunterschwamm.
Derselbe sollte, wie ich vernahm, einen bösen Geist enthalten. Wenn
nämlich in einem Hause Krankheit oder sonstiges Ungemach existirt, so
wird der Geist, der dasselbe gebracht hat, in ein solches Fahrzeug ge=
laden und, mit Speisen versehen, auf den Fluß gesetzt, um entweder
ins Meer zu schwimmen oder an einem anderen Hause hängen zu
bleiben und dort sein Wesen zu treiben.

Gestern ist ein Schiff aus Singapore angekommen und hat die
Posten für das englische und französische Konsulat mitgebracht. Aus
einer Zeitung ersehe ich, daß die telegraphische Depesche wegen Abschluß
des chinesischen Vertrages, welche am 12. September von Peking ab=
gegangen ist, am 27. oder 28. Oktober in Berlin eingetroffen ist, über
Kjachta und St. Petersburg.

Donnerstag, den 9. Januar.

Der König ließ uns sagen, daß heute eine berühmte Prozession stattfinden werde, wir möchten doch herüberkommen, um dieselbe mit anzusehen. Wir begaben uns daher um 2 Uhr, trotz aller Schläfrigkeit und Hitze auf das linke Ufer des Flusses und in die Nähe des königlichen Palastes. Die ganze Bevölkerung Bangkoks, in den buntesten Farben gekleidet, war auf den Beinen. Erst wogte die Menge auf und ab, meistens familienweise zusammengehend, dann setzte sich Alles an beiden Seiten der Straße auf den Boden. Für uns waren in einem eigenthümlichen, sehr niedrigen Gebäude Stühle hingesetzt, das Dach des Hauses ging aber so tief hinunter, daß man nur die Beine der Vorübergehenden sehen konnte. Wir ließen die Stühle daher vor das Haus setzen, und sofort bildete sich um uns ein großer Kreis hockender Neugieriger, der aber verschwand, als vier riesengroße Elephanten mit ungeheuren Zähnen sich näherten, von ihren Kornaks vor unserem Hause angehalten wurden und eine halbe Stunde lang weideten. Erst nach etwa anderthalb Stunden begann die Prozession, voran ein paar Hofdamen, in kurzen, europäischen Kleidern, ganz weiß geschminkt, in einem Quersattel auf Ponies reitend, dann zwölf Elephanten, von denen die meisten eine Anzahl der allerliebsten Kinder des Königs in einem thurmartigen Gebäude auf dem Rücken trugen. Die Kinderchen nahmen, als sie bei uns vorüberkamen, ihre Mützchen ab und grüßten aufs Graziöseste. Hinter jedem Elephanten, der mit Kindern beladen war, ging ein Trupp von sechzig bis achtzig jungen und alten Frauen, wahrscheinlich die Wärterinnen der Kinder. Nun kamen wandelnde Spaliere von kostümirten Leuten, die ersten fünfzig ganz grün, die zweiten ganz gelb, die dritten ganz roth 2c. angezogen, dann Leute halb gelb und halb grün, halb roth und halb grün 2c. in alle erdenkbaren grellen Farben gekleidet und theils ein Schwert, theils zwei Schwerter, theils Schwert und Schild, theils Spieße tragend. Es mochten wohl etwa 1200 Mann sein. Demnächst erschien eine roth angekleidete Garde von Mädchen, die Amazonengarde genannt, ihr folgte eine Garde von Männern mit einem Musikkorps, dann auf hohem, goldenem Throne ein Bruder des Kalahuhm, von Gold und Edelsteinen strahlend. Er repräsentirte bei dem Feste den König und war von einer Schaar von Fahnenträgern und Leibgardisten gefolgt. Alle Kostüme waren neu und reinlich, und das Ganze machte einen ganz wunderhübschen Eindruck. Als die Prozession, die aus etwa 2000 Personen bestanden haben mochte, vorüber war, gingen wir hinter derselben her durch dicht gedrängte Volksmassen, durch welche siamesische Beamte uns den Weg bahnten. Auf einem freien Platze vor einem Tempel angelangt, fanden wir das ganze Personal der Prozession gruppirt, den Bruder des Kalahuhm in einem reichen Zelte, die Uebrigen vor ihm auf der Erde sitzend, und das Ganze von einer so dichten, bunten Masse umgeben, daß kein Apfel zur Erde fallen konnte. In den Verandas der benachbarten königlichen Gebäude saßen die königlichen Kinder mit ihrem gewaltigen Gefolge, und auch die Plätze, welche für uns bestimmt gewesen waren, waren von Eindringlingen in Beschlag genommen worden. Deshalb bat ich, mich dicht an das Zelt des Bruders des Kalahuhm zu führen, von welchem Platze aus ich dann Alles ganz genau übersehen konnte. Es fanden nur zwei Arten von Vorstellungen statt. Auf dem Brette einer enorm hohen Schaukel standen vier Männer. In einiger Entfernung von der Schaukel war eine hohe dünne Stange aufgepflanzt und nicht weit von der Spitze derselben ein Beutelchen mit Gold angehängt. Es kam nun darauf an, das Brett mit den vier Männern so in Schwung zu bringen, daß die Köpfe derselben in die Nähe des Beutelchens kamen, welches mit dem Munde abgerissen werden mußte und dann den Leuten gehörte. Die Sache wurde mehrmals wiederholt und sah sehr halsbrechend aus: man sagte uns, es gäben sich nur Gefangene zu dem gefährlichen Spiele her. Nach Beendigung desselben wurde um ein großes Gefäß mit Wasser von zwölf Leuten eine Art Tanz ausgeführt, der damit endete, daß jeder derselben in ein pulverhornähnliches Gefäß Wasser schöpfte und dasselbe rückwärts über seinen Kopf weg unter die Menge goß. Es waren strenge Ordres gegeben worden, die Bewässerung nicht auch auf uns auszudehnen. Während dieser ganzen Zeit saß des Kalahuhms Bruder, dessen Finger mit ungeheuer großen Ringen bedeckt waren, und dessen Beamte ganz prachtvolle, mit Edelsteinen besetzte Säbel vor sich hielten, in einer Stellung, in welcher er das rechte Bein über das linke Knie gelegt hatte. Zwölf Priester standen theils neben, theils vor ihm und überwachten mit größter Sorgsamkeit seine Bewegungen. Hätte er nämlich das rechte Bein einen Augenblick auf die Erde gesetzt oder herunterhängen lassen, so wäre das ein Akt von der schlechtesten Vorbedeutung gewesen und die Priester hätten das Recht gehabt, über ihn herzufallen und ihm alles Gold und Silber und allen Schmuck vom Leibe zu reißen. Die eigentliche Bedeutung des Festes habe ich nicht erfahren können. Es ist aus der Brahma-Zeit übernommen und hängt mit Saat oder Ernte zusammen. Wie dem auch sein mag, der Anblick des Ganzen war wahrhaft indisch bunt und eigenthümlich, und die Sache amüsirte mich sehr. Abends mußte ich leider, so müde ich auch war, bei Herrn und Frau Leßler diniren. Lieutenant Butterlin, Sundewalls derzeitiger Adjutant, schlief nach Tisch ein und fiel mit seinem Wippstuhl unter furchtbarem Gepolter hinten über.

Freitag, den 10. Januar 1862.

Die Verhandlungen unter Pieschels Leitung haben heute gute Fort- schritte gemacht; es blieben nur noch ein paar Punkte streitig, freilich die wichtigsten. Nach 4 Uhr fuhr ich ein paar Besuche machen und verweilte dann eine halbe Stunde auf dem Platze neben dem eng- lischen Konsulat, wo von heute an unsere Musik jeden Dienstag und Freitag zwischen 4 und 6 Uhr spielen soll. Das schöne Geschlecht war durch drei häßliche Exemplare vertreten. Fortwährend ist das Wetter wundervoll, nicht über 23 Grad am Tage und 19 Grad in der Nacht. Aber das Heruntergehen des Thermometers erfolgt so plötzlich nach Sonnenuntergang und es fällt abends und nachts in der Regel so starker Thau, daß man sich doch mit der Kleidung in Acht nehmen muß. Sechzehn Seesoldaten in meinem Hause haben Dysenterie und Fieber bekommen; ich werde sie nach den Schiffen zurückschicken müssen. Hier hat jedes Haus in der Regel eine oder zwei Hauseidechsen, welche an den Wänden umherlaufen und Fliegen und Mücken fangen. Bei mir versehen diese Arbeit Sperlinge, welche in ungenirtester Weise hinein- und hinausfliegen, im Eßzimmer haben sie sogar Nester. Da das ganze Haus keine Fensterscheiben, sondern nur Fensterladen und Thüren hat, die fast immer offen stehen, auch die Siamesen den Vögeln kein Leid zufügen, so sind diese mit den Menschen sehr befreundet geworden.

Sonnabend, den 11. Januar 1862.

Ich hatte mich heute darauf gefaßt gehalten, mit dem dicken Prinzen über die streitig gebliebenen Punkte zu unterhandeln, allein der alte Herr war krank geworden und konnte Niemand empfangen als Dr. Lucius, den ich ihm schickte. Vom ersten Könige erhielt ich ein Billetchen, worin er mich einlud, ihn Montag in seinem Aviarium (Vogel- haus) zu besuchen. Um 4 Uhr ließ ich mich nach der anderen Seite übersetzen, wo es mir zu meiner großen Freude gelang, einen fast zweistündigen Spaziergang zu machen. Während desselben traten wir auf ein paar Minuten in ein Theater und besuchten auch den Oberpriester von

Siam, ein ganz kleines Männchen, der in demselben zwischen Tempeln und Tempelgärten gelegenen Hause wohnt, welches früher der jetzige König, als er noch Oberpriester war, bewohnt hatte. Zum Diner hatte ich Schomburgk, einen Konsul Moor, Hafenkapitän Busch und die deutschen Kaufleute Pickenpack und Schill bei mir. Auch war Kapitän Jachmann angekommen und hatte sich bei mir einlogirt. So war das zu verpflegende Personal wieder so groß, daß am Tische nur zwei= undzwanzig Personen sitzen konnten und die Kadetten wieder an einem Katzentisch essen mußten.

Sonntag, den 12. Januar 1862.

Das Haus war verhältnißmäßig still. Sundewall und mehrere andere Herren haben eine Partie in der Umgegend gemacht, die katholischen Seesoldaten sind zu den französischen Missionaren in die Messe gegangen, und da die Raben ausnahmsweise nicht so gewaltig krächzen als gewöhnlich, so ist ein paar Stunden lang eine wirklich sonntägliche Stille. Der erste König schickt ein großes Boot voll Reis, getrockneten Fischen, Zucker, Kokosnußöl u. s. w. als Geschenk für „Arcona" und „Thetis". Um 4½ Uhr holt mich Schomburgk zu einer Andacht bei einem amerikanischen Missionar Bradlay ab, der eine Stunde lang eine Predigt über den Untergang der Welt abliest, gegen welche des guten Kreyhers Predigten wahre Demosthenische Reden sind. Die Zuhörerschaft bestand außer uns aus einigen Missionaren und deren Frauen und Kindern; die meisten der Frauen entfernten sich aber, zum Tode ermüdet, ehe Herr Bradlay geendigt hatte.

Nachdem Heinrich heute Morgen ein sehr nothwendiges Geschirr und bei Tisch eine Portion Teller zerschlagen hatte, gelang es mir abends, als ich zu Bett gehen wollte, nicht, seiner habhaft zu werden, er hörte meine Glocke und mein Rufen nicht, ich zog mich also allein aus. In der Nacht überkam mich auf einmal die Furcht, ob die Lichte auch ausgelöscht seien, namentlich im Speisesaal, wo deren immer sehr viel brennen. Ich stand deshalb auf, ging hinunter und fand alle Lichte zu Stümpfchen heruntergebrannt, im Begriff Tischtuch und Fuß= bodenmatten in Brand zu stecken. Heinrich fand ich angezogen in seinem Bette liegend, nicht den Schlaf des Gerechten, sondern jenen Schlaf des Ochsen schlafend, aus dem nur heftiges Rütteln erweckt. Ich sagte ihm einige freundliche Worte.

Es ist ein wahres Leiden mit meinen Händen. Dieselben sind so geschwollen, daß ich die Finger mit Noth biegen kann. Sie jucken ganz entsetzlich; das rührt zum Theil von giftigen Mosquitostichen, zum Theil aber auch von einer Art Hautkrankheit her.

Auf einem Regierungsdampfboot gingen heute einige Kadetten und Offiziere und sechzehn Mann kranke Seesoldaten nach den Schiffen zurück. Der dicke Prinz ist noch immer krank, und Pieschel hat auch heute nicht verhandeln können. Dagegen hatte ich wieder eine Privataudienz beim Könige, zu welcher ich meine vier Getreuen mitgenommen hatte. Morgens hatte ich ihm das große Bild unseres Königs in Husarenuniform, die elektromagnetischen Apparate und eine Druckmaschine geschickt. Als wir, von einem ungeheuren, unbeweglichen und lumpig reichen Boote abgeholt, endlich beim Palaste angelangt waren und zwar das letzte Ende zu Fuß, da ich die Annahme des berühmten Stuhles hartnäckig verweigerte, führte man uns in eine Halle, in welcher die Kiste mit dem Bilde unseres Königs bereits geöffnet und unsere Mechaniker mit Aufstellung der Instrumente begriffen waren. Die Halle war voll von unendlich neugierigen Siamesen; darunter befand sich der Bruder des Kalahuhm, der neulich bei der Prozession fungirt hatte, und ein halbverrückter Bruder des Königs, der sich damit amüsirte, die siamesischen Arbeiter mit Hieben, die er ihnen mit einem Stöckchen ertheilte, zum Fleiße zu ermuntern, worauf er jedesmal in höchst fröhliches Gelächter ausbrach, in das auch die Gezüchtigten einstimmten. Der Halle gegenüber lag das Aviarium des Königs. Da derselbe uns sehr lange warten ließ, so machte ich eine Promenade in die umliegenden Höfe und Gebäude und hatte die Genugthuung, daß, als der König endlich in der Halle erschien, wir nicht da waren und er nun auf uns warten mußte. Er war liebenswürdig wie gewöhnlich und hatte etwa ein Dutzend von seinen köstlichen Kinderchen bei sich. Für diese hatte ich einen Korb voll Kleinigkeiten aller Art mitgebracht, über die sie herfielen, gerade wie bei uns Kinder über einen Weihnachtstisch. Zugleich wurden nun aber auch die übrigen Geschwister herbeigerufen, die, theils auf ihren reizenden nackten Füßchen laufend, theils auf den Armen getragen, bis zur Zahl von etwa dreißig erschienen. Elf davon sind dem Könige, wie er nicht ohne Stolz erzählte, in einem Jahre geboren worden. Nachdem die Bescherung vorüber war, führte uns der König nach einem kleinen Tempel, in welchem sich, ihrer Verbrennung harrend, die Leiche seiner vor zwei Monaten verstorbenen ersten Frau,

seiner royal queen-consort, wie er sie nennt, befand. Dieselbe steckte
in einem pyramidenförmigen, reich vergoldeten, mit Statuetten, Lichtern,
Blumen und allen möglichen Ausschmückungsgegenständen umgebenen
Gestell. Aus der kupfernen Urne, in welcher sich der Leichnam befindet,
hing ein langer Shawl, an welchem die Priester die Sünden der Verstorbenen aus ihr heraus beteten. Des Tempels Fußboden war mit
einem europäischen Teppich belegt, an einer Wand desselben hing eine
durch einen seidenen Vorhang verdeckte Photographie der Verstorbenen,
die der König uns zeigte und nach der sie nicht übel ausgesehen haben
muß. Alle Kinder begleiteten uns und bewegten sich, obwohl mit größtem
Respekt vor dem Könige, höchst unbefangen. Neben demselben geht stets
ein Beamter, welcher ihn mit einem ungeheuren sechs= oder sieben-
etagigen Schirm (dem Abzeichen der königlichen Würde) gegen die Sonne
schützt. Alle Leute, welche sich auf dem Wege des Königs befinden,
werfen sich bei seiner Annäherung auf Knie und Ellbogen. Es war
6 Uhr als wir nach Hause kamen. Endlich einmal soll eine einigermaßen sichere Schiffsgelegenheit von hier nach Singapore abgehen. Ich
vertraue ihr den anliegenden dicken Brief an. Welche Unruhe und
Sehnsucht nach Hause ich habe, kann ich Euch nicht beschreiben. Wenn
nur erst wieder Nachrichten von Euch einträfen!

Tausend Küsse an die Kinder und die allerherzlichsten Grüße an
Euch und an Alle, die sich meiner erinnern.

Wie immer Euer treuester Bruder Fritz.

Bangkok, Dienstag, den 14. Januar 1862.

Morgens 5 Uhr kam das gestern abgegangene Dampfschiff von der
Rhede zurück und brachte neue Seesoldaten und Kadetten mit.
Ich arbeitete bis 3 Uhr und machte dann mit Sundewall einen Ausflug in einige Kanäle, die mir als besonders hübsch gerühmt worden
waren. Die Vegetation an den Ufern derselben ist auch wirklich sehr
schön und würde Alexandrine in Entzücken versetzen. Das Einzige, was
ich vermisse, sind bunte Vögel und Affen. Wir sahen nur Raben und
armlange Eidechsen.

Mittwoch, den 15. Januar 1862.

In der Nacht habe ich entsetzlich von meinen Händen gelitten, die
ganz dick aufgeschwollen sind und so jucken, daß man sich blutig
kratzen möchte. Es scheint fast, als ob die kühlste Jahreszeit vorüber
ist, denn das Thermometer hatte heute große Lust, über 23 Grad
hinauszugehen, und fiel abends nicht unter 21 Grad. Pieschel kam

vom dicken Prinzen mit der Nachricht zurück, daß die Bevollmächtigten alle meine Vorschläge, mit Ausnahme eines einzigen, genehmigt haben. Dieser einzige ist zwar wichtig, und alle übrigen Nationen lauern nur darauf, daß ich ihn durchsetze, um sofort auch davon zu profitiren. Aber soll ich nun lange Verhandlungen und Korrespondenzen wegen eines neu zu erringenden Vortheils anfangen? Mein Pflichtgefühl sagt ja, mein Ueberdruß an den Geschäften und meine Sehnsucht nach Hause sagen nein. Ich bin so ein alter preußischer Beamter, daß ich am Ende dem Pflichtgefühl Gehör schenken werde, aber länger als bis Ende dieses Monats verhandele ich nicht: setze ich auch den einen Punkt, von dem ich spreche, nicht durch, so erhalte ich doch noch immer einen bessern Vertrag als alle die Unterhändler, die vor mir hier gewesen sind.

Nach einem Spaziergange auf sehr hübschen Tempelgründen aß ich abends bei einem Hamburger Kaufmann, Herrn Pickenpack, und fuhr in der Nacht beim köstlichsten Mondschein nach Hause. Es fiel aber so starker Thau, daß ich mich tüchtig einwickeln mußte. —

Heute vor einem Jahre wurde der arme Heusken ermordet. In meinem Gedächtniß liegt das Ereigniß viel weiter hinter mir.

Donnerstag, den 16. Januar 1862.

Die große Schlange, von der ich Euch neulich, glaube ich, schrieb, hat sich diese Nacht ihrem Behältnisse entwunden und ist unter den schlafenden Soldaten erschienen, die darüber ein großes Halloh erhoben und das schöne Thier schließlich todtgeschlagen haben. — Es war heute recht warm — 23½ Grad — und bei einem Spaziergange, den wir von 4 bis 6 Uhr machten, transpirirten wir gehörig. Auf dem freien Platze vor dem Palais des ersten Königs waren viel Leute versammelt, weil heute eine von den Audienzen stattfinden sollte, die der König in der Regel dreimal monatlich seinem Volke giebt. Er sitzt dann in einer seiner Audienzhallen, und Jeder, der eine Bitte oder Beschwerde hat, kann dieselbe direkt in die Hände des Königs gelangen lassen, indem er mit einer Glocke ein Zeichen giebt und zugleich seine Bittschrift in einen dazu bestimmten Behälter wirft. Das Schreiben wird von einem Beamten aus diesem Behälter genommen, dem Könige überreicht und es wird dem Bittsteller angekündigt, daß dies geschehen sei. Als wir das erste Mal beim Palais vorübergingen, hatte die Audienz noch nicht begonnen; bei unserer Zurückkunft schien dieselbe schon vorüber zu sein. Wir sahen nur noch Vorbereitungen zu einem Feuerwerke,

und in den benachbarten Straßen war eine Art Markt, namentlich, wie
es schien, für Kinder bestimmt, viel Blumentöpfe und Bäckereien, durch
kleine Kerzen erleuchtet, wie auf einem Weihnachtsmarkte.

Jetzt bin ich fast vier Wochen hier und habe in der ganzen Zeit
nur ein einziges Mal Rindfleisch zu essen bekommen. Man sieht in
den Straßen hin und wieder sehr wohlgenährte Ochsen und Kühe
zwischen Menschen und Hunden umherwandeln, aber Niemand will sie
schlachten. Das Fleisch, welches wir genießen, ist, außer Hühnern und
Enten, Hirschfleisch. Wir essen es alle Tage, und es ersetzt das Rindfleisch vortrefflich, während Letzteres weichlich und geschmacklos ist.
Sundewall quält mich alle Tage mit seinen Klagen über seine Verhältnisse, und Jachmann hört nicht auf zu fragen, ob meine Geschäfte
nicht endlich beendigt sind und ob wir dies „scheußliche Nest" nicht
bald verlassen werden. Es gehört wirklich eine Engelsgeduld dazu, das
anzuhören ohne grob zu werden.

Freitag, den 17. Januar 1862.

Schomburgk und einige Herren vom englischen Konsulate frühstückten
bei mir, um sich die hübschen Bücher anzusehen, die ich als Geschenk für die Könige mitgenommen habe. Der zweite König läßt noch
immer nichts von sich hören, doch soll er wieder hergestellt sein und
wenn er dennoch mit meinem Empfange zögert, so kann das nur darin
seinen Grund haben, daß er seinen Audienzsaal so herstellen lassen
will, daß er hinter dem des ersten Königs nicht zurücksteht. Gegen
5 Uhr machte ich eine Spazierfahrt in einem hübschen Kanal und
dinirte dann bloß mit Berg, dem Dolmetscher Smith, dem Gärtner
Müller und fünf Kadetten. Alle übrigen Herren waren zu einem
Diner zu Herrn Markwald eingeladen, dem ich hatte absagen lassen.
— An der Decke von Bergs Stube hat sich heute, über einem
Balken hängend, eine anscheinend giftige Schlange sehen lassen, man
hat ihrer aber nicht habhaft werden können.

Sonnabend, den 18. Januar 1862.

Um 10 Uhr fuhr Sundewall in seiner Gig nach der „Arcona"
zurück, wo er wohl vor morgen früh nicht ankommen wird.
Der zweite König ließ mir sagen, daß er nunmehr bereit sei, mich
künftige Woche zu empfangen, und der erste König ließ den Rest der
für ihn bestimmten Geschenke, Porzellanvasen und Bücher abholen. Ich
wollte eigentlich das Haus gar nicht verlassen, um 4 Uhr aber kam
Schomburgk und ließ nicht eher nach, als bis ich mit ihm nach dem

sogenannten Sommerpalais des Königs fuhr. Man passirt dabei einen
Kanal, an dem namentlich die malaiische Bevölkerung wohnt und an
dessen Seiten dutzendweise unförmliche und unbrauchbare Kriegsboote
liegen, die man verfaulen läßt. Der Sommerpalast des Königs ist
ein unscheinbares, hölzernes Gebäude, nur dadurch berühmt, daß rund
umher künstlich gegrabene, dicht mit Lotuspflanzen bedeckte Teiche sich
befinden. Wenn die Lotus blühen, soll der Anblick sehr schön sein.
Ueber die belebtesten aber nicht zu breiten Kanäle führen an manchen
Stellen Brücken, nur aus einer oder zwei nebeneinander liegenden
Planken bestehend, die aber so hoch angebracht sind, daß auch bedeckte
Boote darunter wegfahren können. Wenn nun Leute von Distinktion,
wozu wir uns auch rechnen, unter einer solchen Brücke durchfahren, so
darf in dem Momente Niemand über die Brücke gehen; das würde
gegen den uns schuldigen Respekt sein. Unsere Bootsleute halten sehr
darauf und rufen den Leuten, die etwa doch hinüberschlüpfen möchten,
gleich ein sehr kräftiges Halt zu.

Sonntag, den 19. Januar 1862.

Der Himmel ist bezogen und es weht ein erfrischender Wind. Nach
dem Tiffin fährt Jachmann in seiner Gig nach der „Thetis"
zurück. Ich mache um 4 Uhr, von Pieschel und August begleitet, dem
alten, französischen Bischof Pallegoix einen Besuch. Der alte Herr ist
schon sehr herunter, namentlich wird ihm das Sprechen so sauer, daß
zwischen jedem Worte eine lange Pause stattfindet, auch riecht er un-
verantwortlich stark nach Knoblauch. Es war mir aber doch interessant,
einen Mann zu sehen, der seit 33 Jahren an der Spitze der katholischen Mission in Siam steht, das Land besser kennt als irgend Jemand
und das Beste über Siam geschrieben hat, was darüber existirt. Nachher
fuhr ich durch denselben Kanal, den ich am 14. d. Mts. mit Sundewall
befahren hatte, und hatte bei Tisch nur vierzehn Personen.

Neben unserem Hause wohnt ein reicher Chinese, der viele Schiffe
befrachtet; jetzt liegt gerade ein siamesisches, aber ganz nach europäischer
Art gebautes Schiff neben uns, dessen Kapitän und Mannschaft Deutsche
sind. Letztere hat mit unseren Seesoldaten, von denen einige alle
Abend an Bord gehen, um mit den deutschen Matrosen zu musiziren,
Freundschaft geschlossen. Sie haben eine Klarinette, eine Violine und
eine Harmonika. Auf diesen Instrumenten spielen sie deutsche Lieder
und Tänze ganz gut und richtig, aber Letztere sind gerade die, welche
man in unseren Bauernschenken hört, und dazwischen juchzen sie dann

gerade so, wie unsere Bauernjungen. Mir fällt dabei Perkuiken*) und alles Mögliche ein, und mir wird so wehmüthig ums Herz. Tags=über wehte auf diesem Schiffe die siamesische und die schwarz=roth=goldene deutsche Flagge. Ihr seht also, daß der Drang nach deutscher Einheit auch in Siam lebhaft gefühlt wird.

Bangkok, Montag den 20. Januar 1862.

Behufs Besprechung eines Hauptpunktes des Vertrages hatte ich den dicken Prinzen bitten lassen, einmal eine Konferenz anzuberaumen, in der ich persönlich mit allen fünf Königlichen Bevollmächtigten zu=sammenkommen könnte. Diese Konferenz fand heute zwischen 12 und 1 Uhr statt und zwar beim Prinzen. Als ich mit Pieschel und Bunsen bei ihm eintraf, fand ich ihn und die übrigen Bevollmächtigten vor dem Hause unter zwei großen Bäumen auf einer großen Strohmatte liegen. Der dicke Prinz hatte weiße Strümpfe bis an die Knie, und auf seinen sehr hübschen Füßen gute europäische Stiefelchen; im Uebrigen einen braunseidenen Sarong und eine grünseidene Jacke. Die andern Bevollmächtigten, darunter der hochgebietende, sehr vornehme Kalahühm, waren bis an die Knie nacktbeinig und barfüßig. Sie hatten ihre Füße fast immer in der Hand, kauten Betel, spuckten den blutrothen Saft in die kupfernen Vasen, rauchten und tranken Thee aus kleinen chinesischen Täßchen und allerliebsten kleinen goldenen Theetöpfchen. Nicht nur die Diener, die ihnen etwas reichen, nähern sich ihnen auf Knieen und Ellbogen, sondern auch die zahlreichen Arbeiter und Alles, was vorüber muß, kriecht entweder wirklich oder macht doch so. In dem Hause, vor welchem wir saßen, wurde furchtbar gehämmert, weil ein neuer Saal darin hergerichtet wird. In einem Nebenhause spielten die Damen des Prinzen alle möglichen lauten Instrumente. Zwei der Bevollmächtigten wissen vom hellen lichten Tage nichts, die andern be=schäftigen sich abwechselnd mit Privatgesprächen, und es wird meinem Dolmetscher sehr schwer, die wirkliche Aufmerksamkeit eines einzelnen zu fesseln. Ich sitze auf einem Stuhle, rauche meine Cigarre und denke immer: Nein, wenn Alexandrine und Philipp das ansehen könnten, wie würden sie sich amüsiren! Endlich reißt mir die Geduld über diese liebenswürdige Ungebundenheit, die zu nichts führt. Ich habe über die strittige Frage ein Promemoria möglichst einfach und klar ausgearbeitet und ins Siamesische übersetzen lassen. Dasselbe

*) Perkuiken in Ostpreußen. Besitz des Vaters des Grafen Fritz Eulenburg, wo dieser seine Kindheit verlebte.

übergebe ich dem Premierminister und bitte ihn, es seinen Kollegen
vorzulesen. Er thut es, Alles hört aufmerksam zu, und der Minister
erklärt am Schlusse unter allgemeiner Zustimmung, daß meine Gründe
ihm schlagend erschienen, und daß sie dem Könige über die Sache Vor=
trag halten und ihn um die Genehmigung meiner Anträge bitten
wollten. Damit ist die Sache zu Ende. Als ich nach Hause kam,
fand ich daselbst zwei große Boote von „Arcona" und „Thetis" mit
Offizieren und Kadetten. Die Zahl der Leute im Hause ist dadurch
bis auf etwa 110 gestiegen; aber die Verpflegung macht sich ganz gut.
August hat viel gelernt, die Leute haben gelernt, und 20 Personen
mehr oder weniger machen in dem regelmäßigen Betriebe des Haus=
haltes keinen Unterschied mehr. Ich bezahle, damit basta. August ist
mein verantwortlicher Hausminister und entledigt sich seiner Geschäfte
zu meiner großen Zufriedenheit. Und doch hängt bei solcher Wirth=
schaft oft Alles an einem Faden. Mein Koch, ein Chinese, den ich nun
schon seit Shanghai habe, und der niemals müde wird, auch nie ver=
stimmt ist, kam heute zu mir hinauf und zeigte mir seinen linken Arm,
auf welchem ein paar lange blutige Wunden waren. Ein Seesoldat
hatte ihn geschlagen. Ich traf natürlich sofort Veranstaltung, daß
Letzterer eingesperrt wurde, ließ den Koch sorgfältig verbinden und
sagte ihm die schönsten Sachen, so daß er unser Diner regelmäßig und
ordentlich, wie bisher, besorgt hat. Allein die Chinesen sind sehr
empfindlich, ich bin nicht sicher, daß der Koch nicht in diesen Tagen
mit Sack und Pack weggeht, und dann würde die Sache wirklich sehr
übel aussehen.

Von 4 bis 6 Uhr machte ich eine wunderhübsche Kanalfahrt. Die
Abendbeleuchtungen sind köstlich. Bei Tisch spielt die Musik die Sachen,
die ich dem Kapellmeister vorher bezeichne. Dann spielen Einige
Whist, Andere promeniren, noch Andere sitzen im Freien, rauchen und
schwatzen u. s. w. Dies Leben ist so schlimm nicht, wenn nur nicht
die Sehnsucht nach Hause immer stärker würde, und wenn ich nur
nicht noch wenigstens sechs Wochen Tag und Nacht auf dem Meere
herumzuschwimmen hätte.

Dienstag, den 21. Januar 1862.

Es ist doch hübsch, wenn man des Morgens nicht immer nöthig
hat zu fragen: „Was für Wetter ist heute?" Es ist immer köst=
licher Sonnenschein, und seit gestern sind morgens nur 18 Grad,
mittags etwa 21 Grad. Das ist so gerade was man braucht.

Vom zweiten König empfing ich folgenden Brief:

Dear Sir,

Your kind favours have been received and I regret very much that the state of my health has compelled me to refrain from writing to Your Excellency in reply.

I am still an invalid and subject to the restraints of my medical advisers. They insist on a postponement of the reception expected to take place to morrow; and if it will not put you to too great inconvenience, allow me to solicit a postponement of the proposed visit.

At the earliest possible date Your Excellency shall be received, and shall be adviced of the time that the reception can take place. I regret very much the necessity that has caused so much delay and feel assured that Your Excellency will be indulgent.

Believe me,

Yours truly

S. P. Pawarendrramesr,

Second King of Siam.

Palace of the Second King,
Bangkok. Jan. 21st 1862.

Nach dem Tiffin hatte ich einen Besuch vom alten Bischof Pallegoly; Pleschel war in meinem Auftrage beim Pracklau und hat mit demselben alle Punkte des Vertrages, des Regulativs und des Tarifs bis auf den einzigen in Ordnung gebracht, der noch dem Könige zur Entscheidung vorliegt.

Mit Lieutenant Schelle, der gestern von der „Arcona" gekommen ist, und Brandt habe ich abends eine wundervolle Fahrt auf einem der herrlichen Kanäle gemacht. Es geht nichts über diese Abende, an denen die Vögel wie bei uns im Mai singen. Wie mögt Ihr gerade jetzt frieren!

Mittwoch, den 22. Januar 1862.

Bei dem frischen Winde, welcher wehte, war es so kühl, daß ich, statt möglichst viel Zug in den Zimmern herzustellen, wie ich sonst es gewöhnlich thue, denselben heute vermeiden mußte. Nach dem Tiffin fuhr ich mit mehreren meiner Begleiter zum dicken Prinzen und nahm das Musikcorps mit, weil der Prinz mich darum hatte bitten lassen.

Er war heute in rothseidener Jacke und blaßrothen Strümpfen. Bald nach uns kam auch der Pracklan an. Zuerst fand ein geschäftliches Gespräch über den streitigen Artikel statt, über welchen dem Könige gestern Vortrag gehalten worden ist. Man will mir nicht Alles, aber doch soviel zugeben, daß ich damit zufrieden sein kann. Gleichwohl machte ich, als ob ich mir die Sache noch sehr überlegen müßte, und behielt mir eine bestimmte Erklärung vor. Nun spielte unsere Musik einige Stücke. Aus Höflichkeit für den Prinzen bat ich denselben, ob er nicht auch seine Musik dazwischen etwas spielen lassen wolle. Er meinte, da dieselbe von Damen ausgeführt werde, so würden sich die-selben geniren, hinauszukommen und vor so vielen Männern sich hören zu lassen. Er gab aber Ordre, daß sie in dem danebenstehenden offenen Hause musiziren sollten, und das geschah denn auch zum großen Amüsement unserer Hautboisten. Später gingen wir ein paar hundert Schritte weit, um einem Hahnenkampfe beizuwohnen. Es ist dies ein bei den Siamesen sehr beliebtes Vergnügen, bei welchem sie hoch wetten und viel Geld verspielen. Der Kampf findet in einer kleinen, mit einem von Rohr geflochtenen Zaun umgebenen Arena statt. Uns zu Ehren war neben derselben eine Art Tribüne gebaut, auf welche wir mittelst einer Leiter kriechen mußten. Die Hähne kämpfen in folgender Art. Sobald sie in die Arena gesetzt werden, beginnt ein mit Wasser gefülltes Gefäß, eine Art Wasseruhr, auszulaufen. Ist es ausgelaufen, so werden die Hähne getrennt, gewaschen, getränkt, auf alle Art gestärkt und wieder in die Arena gesetzt, wo sie wieder so lange kämpfen, bis die Wasseruhr abgelaufen ist. Das wiederholt sich so lange, bis einer der Hähne den Kampf aufgiebt. Als wir ankamen, hatten die Hähne bereits viermal gekämpft und wurden zum fünften Mal zusammen-gelassen. Es standen als Wetten 200 Ticals, d. h. etwa 180 Thaler. In der Arena selbst saßen die Eigenthümer der Kämpfer und die Hauptwetter und rutschten immer herum, je nachdem die Kämpfer ihre Bewegungen machten. Hunderte von Leuten standen dicht gedrängt umher und verfolgten diese Bewegungen mit gespanntester Aufmerksam-keit und bei jedem Schlage, den ein Hahn machte, mit lautem Geschrei. Sie schienen vollkommene Kenner zu sein und genau zu verstehen, was jeder Schlag bedeutet, denn zuweilen begleiteten sie einen, der uns geringfügig schien, mit größtem Jubel. Auch der fünfte Kampf war nicht entscheidend, erst beim sechsten, in welchem die Kraft der Kom-battanten schon auf ein Minimum gesunken war, gab einer derselben, unter endlosem Jubel der Umstehenden den Kampf auf. Sein Herr nahm ihn auf den Arm und pflegte ihn so sorgfältig, daß man sah, er gedenke mit ihm später einmal bessere Geschäfte zu machen.

Nach Tisch kamen die Musikanten des Königs, welchen der Kapellmeister Fritze Unterricht gegeben hat, und baten um die Erlaubniß, mir etwas vorspielen zu dürfen. Es ist wirklich wunderbar, was Fritze in der Zeit von drei Wochen aus diesen Leuten gemacht hat. Als wir hinkamen, hatten dieselben zwar einen sehr schönen Satz von Blasinstrumenten und zwar von Bock aus Berlin, allein sie konnten denselben auch nicht einen Ton entlocken. Jetzt spielten sie den „Präsentirmarsch" ziemlich schlecht, „Heil dir im Siegerkranz" ganz gut und den „Zapfenstreich" passabel. Ich ließ unsere Musik auch ihre Instrumente holen, und unter Trommelbegleitung wurde Letzterer von Preußen und Siamesen mehrmals so kräftig geblasen, daß man glauben konnte, man wäre vor der Hauptwache in Berlin. Weißt Du wohl noch, Philipp, was das sagen wollte, wenn es in unserer Kindheit in Königsberg hieß: Heute abend ist Zapfenstreich?

Bangkok, Donnerstag, den 23. Januar 1862.

Endlich, endlich habe ich einmal wieder Briefe von Euch. Das Ministerium antwortet mir auch schon auf meine telegraphische Depesche wegen Abschluß des chinesischen Vertrages. Dieselbe war am 12. September mit Courier von Peking abgegangen, am 27. Oktober in Kasan angekommen und hatte von da acht Stunden gebraucht, um nach Berlin zu gelangen. Heute bin ich auch hier mit meinen Vertragsverhandlungen fertig geworden. Es wird der Vertrag jetzt abgeschrieben, was, namentlich mit dem siamesischen Texte, wohl mindestens eine Woche dauern wird, dann werde ich ihn unterzeichnen, und damit wird meine ostasiatische Aufgabe beendigt sein. Gott sei gelobt und gepriesen! Ich kann mir wiederholen, daß alle Schätze der Welt mich nicht dazu bestimmen würden, dieselbe Campagne noch einmal durchzumachen.

Bei einem Spaziergange, den ich abends in der Nähe des königliches Schlosses machte, sah ich plötzlich den König, auf einem Pony reitend, ankommen. Hinter ihm lief ein halbes Dutzend seiner Kinderchen. Als er uns Europäer ansichtig wurde, schien er sich zu schämen und verschwand in einem der Schloßthore.

Freitag, den 24. Januar 1862.

Der Empfang von Briefen aus Europa regt mich immer gewaltig auf. Ich konnte und konnte gestern nicht einschlafen. Außerdem ärgerte ich mich, daß der Prinz mir sagen ließ, es müßten durchaus

einige Punkte in dem Vertrage geändert werden, die er aus Versehen
zugegeben habe. Trotz aller Achtung vor Sr. Königlichen Hoheit
habe ich ihm sehr grob geantwortet und hoffe, daß die Sache damit zu
Ende sein wird.

Sonnabend, den 25. Januar 1862.

In Bernstorffs Erlaß an mich, den ich vorgestern empfing, kommen
folgende Stellen vor:

„Ich habe mich beeilt, Sr. Majestät dem Könige, Allerhöchstwelcher
dem Gange Ihrer Verhandlungen fortwährend besondere Theilnahme
zuzuwenden geruht, über den glücklichen Ausgang der Sache Vortrag
zu halten, und es gereicht mir zu wahrer Befriedigung, auf Befehl
Sr. Majestät des Königs Ew. ꝛc. Allerhöchstdessen Anerkennung ausdrücklich versichern zu dürfen   .

es ist mir nunmehr besonders angenehm, Ihnen aussprechen zu
können, daß die Königliche Regierung den erfolgten Abschluß des Vertrages als einen höchst erfreulichen Gewinn betrachtet und sich verpflichtet fühlt, Ihnen ihre vollständigste Befriedigung auszudrücken ꝛc."

Nun habe ich auch noch einen Verrückten im Hause, den Intendanturassessor Sachse von der „Thetis". Der Mann hat zwei Tage, ehe er
im Jahre 1859 von Danzig abging, mit einer sehr alten Liebe Hochzeit
gemacht und vor einiger Zeit die Nachricht erhalten, daß sie geistes-
gestört geworden ist. Jetzt ist er in denselben Zustand verfallen: eine
Differenz, die er wegen Abschneiden seines Schnurrbartes mit dem
Schiffskommandanten gehabt hat, ist bei ihm zur fixen Idee geworden.
Er bildet sich ein, daß er vom Militärgericht deshalb zum Tode verurtheilt worden sei, und hört jeden Augenblick das Kommando kommen,
welches ihn zur Exekution abholt.

Vom dicken Prinzen habe ich nichts wieder gehört; er wird sich
mit meiner groben Antwort wohl zufrieden gegeben haben.

Sonntag, den 26. Januar 1862.

Der Sonntag ist, Gott sei Dank, so ziemlich still vergangen. Sehr
eigenthümlich ist es, daß bei mir seit einiger Zeit Jugend-
erinnerungen, namentlich Königsberger Zeiten, mit größter Lebhaftigkeit
auftauchen. Ich habe schon mehrmals den festen Entschluß gefaßt,
diesen Sommer, wenn Gott mich wohlbehalten zurückführen sollte,
einen letzten Abschiedsbesuch in Preußen, namentlich in Königsberg,
Lablack, Perkuiken ꝛc. zu machen, wo doch Alles herstammt, was mich

mein Leben lang bewegt und geleitet hat. Aber dann schwindet mir
plötzlich die Courage, und ich möchte vor Wehmuth vergehen, wenn ich
an alle, alle die unendlich Theueren denke, die das Grab deckt. Es ist
ein Unglück für mich; ich bin in meinen Gefühlen nicht alt geworden,
so grau auch mein Kopf ist. Meine Erinnerungen sind so frisch und
lebhaft, daß ich mich bis in die kleinsten Gefühlsnüancen zurückversetzen
kann, und ich möchte oft laut weinen, wenn ich mir die Zeiten ver-
gegenwärtige, wo ich von soviel Liebe umgeben war, ohne es zu
würdigen, ohne es als etwas Anderes, als etwas ganz Natürliches
anzusehen. Nun, es muß doch eine Zeit kommen, wo einem nicht nur
selbst vergolten wird, sondern wo man auch Anderen wenigstens Gutes
vergelten kann.

Nachdem ich vor Tisch fleißig gearbeitet, fuhr ich gegen Abend zu
Schomburgk, der unwohl ist. Der Abend war wunderschön und der
Fluß mit erleuchteten Booten bedeckt. Namentlich fuhr ein großes,
prachtvoll illuminirtes Boot vorüber, welches den Leichnam einer alten
Frau nach einem benachbarten Verbrennungsplatze führte und von einem
Dutzend anderer Boote begleitet war.

Montag, den 27. Januar 1862.

Der Höllenlärm heulender Hunde und Katzen, der rasende nächtliche
Spektakel des beginnenden chinesischen Neujahrs, welches die
Siamesen mitmachen, und das theils von Mosquitostichen, theils von
dem immer wiederkehrenden Hitzausschlage herrührende wüthende Jucken
der Hände und Füße haben mich fast die ganze Nacht kein Auge zumachen lassen. Tagsüber war es sehr warm. Nur mit Mühe gelang
es mir, eine Anzahl Kadetten zu bewegen, sich auf den Heimweg nach
den Schiffen zu machen; das Haus ist so voll, daß man sich nicht umdrehen kann. Ich ging gar nicht aus, sondern arbeitete fleißig und
hatte abends großes Diner von 24 Personen, zu welchem ich unter
anderen auch drei französische Missionare, die Patres Gibarta, Ducat
und Larnaudie, eingeladen hatte. Letzterer hat die siamesische Gesandtschaft nach Paris als Dolmetscher begleitet.

Dienstag, den 28. Januar 1862.

Grüßt doch Fritz Wrangel aufs Allerherzlichste von mir und sagt
ihm, daß ich an dem Unfall, der Gustav*) betroffen hat, den aller-
innigsten Antheil nehme. Aus Fritz' letztem Briefe habe ich die Hoff-

---

*) Graf Gustav Wrangel (geb. 1847), einziger Enkelsohn des Feldmarschalls.
Beim Abschneiden eines Zweiges traf das abgleitende Taschenmesser sein Auge,
welches er dadurch verlor.

nung geschöpft, daß die Verletzung doch am Ende dem Augenlichte des armen Jungen nicht schaden wird.

Ebenso schicke den Ellguthern die innigsten Grüße und empfehle mich der Freifrau v. Esebeck, Tony*) und Allen, von denen Ihr wißt, daß sie meinem Herzen nahe stehen. Von allen guten Wünschen, die ich nach Hause sende, behaltet immer die besten für Euch und Eure Kinder.

Wenn's gut geht, so bin ich zwei Monate, nachdem dieser Brief bei Euch eingetroffen sein wird, selbst bei Euch, und Ihr werdet finden, daß ich in jeder Beziehung bin   der alte Fritz.

Bangkok, Mittwoch, den 29. Januar 1862.

An die vor meinem Hause befindliche Landungsbrücke haben sich heute zwei kleine Dampfboote gelegt, auf denen wir morgen eine Reise stromaufwärts machen wollen; eines, genannt „Royal Seat", gehört dem Könige, das andere, genannt „Arrow", gehört Sr. Excellenz Montri. Ich hatte dem Könige angeboten, ob nicht unsere Musik einmal auf dem freien Platze vor seinem Schlosse spielen sollte, und er hatte dies Anerbieten für heute Nachmittag acceptirt. Mehrere unserer Offiziere, die da gewesen waren und mit zugehört hatten, erzählten, daß mit dem musikalischen Vergnügen ein Pferderennen verbunden gewesen wäre, bei welchem der König die Preise in kleinen Beutelchen vertheilt habe. — Heute findet das chinesische Neujahr statt; zur Feier desselben hatte ich meinem chinesischen Koch und Brandts chinesischem Diener Atschung, der ein sehr brauchbarer Mensch ist, Geld geschenkt, welches von denselben sofort zum Ankauf von Feuerwerk verwendet worden war. Atschung bat, heute vom Aufwarten bei Tisch dispensirt zu werden: während wir dinirten, brannte er unzählige Schwärmer ab und strahlte von Glück. Der Koch zündete abends mehrere Lichtchen an, steckte dieselben vor dem Hause in die Erde und legte Silberpapier dazu. Auf meine Frage, was das nun eigentlich bedeute, antwortete er: „Tschinn tschinn, Dschoss", das heißt: „Guten Morgen, lieber Gott".

Donnerstag, den 30. Januar 1862.

Vormittags schrieb ich einige Briefe an Könige und Minister und machte um 5 Uhr einen Besuch beim dicken Prinzen. Als ich ihn bat, er möchte sich doch von unserem Künstler photographiren lassen

---

*) Siehe Einleitung am Schluß.

und gestatten, daß sein aus Damen bestehendes Orchester photographirt
werde, ließ er die „Leipziger Illustrirte Zeitung" holen und zeigte mir
in derselben sein Bild mit dem stolzen Bemerken, daß er in Europa
schon bekannt sei. Zugleich behauptete er, daß er Anstand nehmen
müsse, seine Damen photographiren zu lassen, da man sich sicherlich in
Europa darüber moquiren werde, daß er so viel Frauen habe. Auf
Grund eines Wurmmittels, welches er einmal, auf Lucius' Ansuchen,
für einen Seesoldaten geschickt hat, sprach er mir den Wunsch aus, von
Berlin ein Doktordiplom zu erhalten.

Um 8 Uhr abends sendete ich Richthofen, Pieschel, Lucius und
Brandt auf dem „Royal Seat", der langsamer sein soll als der
„Arrow", voraus. Um 10 Uhr schiffte ich mich selbst mit August,
Bunsen und Berg auf dem „Arrow" ein. Als ich in den Hof hinunter
kam, fand ich denselben mit Fackeln erleuchtet, Seesoldaten und Musik
aufmarschirt. Im Augenblick der Abfahrt erscholl ein donnerndes
Hurra mit Tusch, und die Musik spielte patriotische Weisen. Ich
streckte mich bald auf ein niedliches Bett in der hübschen, ganz kühlen
Kabine und überließ mich der Fürsorge des siamesischen Kapitäns und
seiner siamesischen Mannschaft.

Freitag, den 31. Januar 1862.

In der Nacht haben wir den „Royal Seat" nicht nur eingeholt,
sondern sind an ihm auch vorbeigefahren. Ich stand um 6½ Uhr
auf; es war sehr kühl. Der Fluß fing an, sich in mehrere Arme zu
zertheilen, die etwas schmäler waren als der Hauptstrom. Die Vegetation ist überall dieselbe. Ganz ungeheuer ist der Fischreichthum dieser
Wässer; ein armlanger Fisch sprang aus dem Wasser auf das Deck
unseres Schiffes, wurde unter großem Jubel von der Mannschaft
gefangen und sofort zu unserem Frühstück zubereitet. Um 10 Uhr
kamen wir in Ajuthia, der alten Königstadt, an, und eine Stunde später
holten uns auch die Anderen ein. Der König hatte uns sagen lassen,
daß er einen seiner Beamten beauftragt habe, uns als Reisemarschall
zu begleiten und daß derselbe bereits nach Ajuthia vorausgegangen sei,
wo wir ihn finden würden. Unser kleiner Hausdolmetscher, Hendrix,
machte sich nun auf, um ihn zu suchen und erschien mit einem sehr
kokett gekleideten, süßlich lächelnden, fetten Herrchen, der versprach, daß
wir gleich so viel Lebensmittel an Bord bekommen würden, als wir
für die nächsten zwei Tage brauchten. In dieser Hoffnung verzehrten

wir zum Frühstück Alles, was wir aus Bangkok mitgebracht hatten, und schickten den „Royal Seat" mit seinen Passagieren wieder voraus. Allein statt der Lebensmittel erschien der Vizegouverneur des Ortes, entschuldigte sich, daß er erst so spät von unserer Ankunft benachrichtigt worden sei, und ließ uns auf Fisch und Fleisch, welches Letztere in einem halben Schwein bestand, so lange warten, daß wir erst um 4 Uhr weiter fahren konnten, nachdem unsere Bootsmannschaft noch eine Razzia auf Hühner in der Nachbarschaft gemacht hatte. Wir hatten das Boot nicht verlassen, weil wir uns die Besichtigung von Ajutia bis zur Rückreise vorbehielten. Auf unserer Weiterfahrt kamen wir nun endlich in eine Region, die von vielen und hübschen Vögeln belebt war, namentlich sahen wir Eisvögel in allen möglichen bunten Farben. Auch das Springen der Fische wiederholte sich, und einer derselben sprang August mit solcher Heftigkeit gegen die Brust, daß derselbe vor Schreck beinahe mit seinem Stuhl umfiel. Wir hatten den Anderen gesagt, sie sollten bis 6 Uhr fahren und dann Anker werfen, weil wir uns ausgerechnet hatten, daß wir um diese Zeit etwa zusammentreffen müßten. Aber es wurde immer dunkler und dunkler und wir erreichten sie nicht. Da auf einmal hören wir Geschrei vor uns und ein paar Sekunden später ein furchtbares Gekrach. Wir haben ein großes, bedecktes, mit Reis beladenes Boot dergestalt an= gefahren, daß dasselbe binnen weniger Minuten sinkt und die Chinesen, die sich auf demselben befinden, mit genauer Noth ihr nacktes Leben retten. Der Beamte des Königs, der in seinem eigenen Boote fuhr und sich mit demselben an unser Dampfboot angehängt hatte, ließ die jammernden Leute vor sich kommen und sprach sehr lebhaft zu ihnen. Als ich mich beim Dolmetscher erkundigte, was er ihnen gesagt habe, erfuhr ich, daß er sie furchtbar angeranzt und ihnen eröffnet habe, nur mit Rücksicht darauf, daß sie bei der Gelegenheit ihr ganzes Vermögen verloren hätten, wolle er davon abstehen, sie sehr ernstlich dafür zu bestrafen, daß sie gewagt hätten, sich von einem königlichen Steamer überfahren zu lassen. Das war mir doch zu toll. Ich ließ nun meinerseits den Herrn Beamten dafür anranzen, daß er es gewagt habe, in meiner Gegenwart eine solche Sprache gegen die Leute zu führen, dann griff ich in die Tasche und gab ihnen, so sauer es meinem Beutel auch wurde, eine tüchtige Portion Geld, die jedenfalls ausreichend für sie sein wird, um einen neuen Reishandel anzufangen. Die Sache hatte mich aber doch alterirt; ich gab Ordre zum Ankerwerfen; wir dinirten an Bord unseres Schiffes. — Die Nacht war köstlich.

Sonnabend, den 1. Februar 1862.

Ganz früh ging die Fahrt weiter, und als ich um 7½ Uhr aufstand, waren wir bereits an dem Punkte des Flusses angelangt, bis zu welchem zu gehen der Wasserstand überhaupt nur gestattet. Dort fanden wir auch den anderen Dampfer mit Pieschel und Genossen. Wir müssen den weiteren Weg nach Prabat, dem Zielpunkte unserer Reise, nun zu Lande machen, und der königliche Beamte — Luang Sena Pagdi ist sein Name — verspricht, daß die Vorbereitungen dazu nichts zu wünschen übrig lassen sollen. Wirklich wird auch alles Gepäck auf Karren, die ungeheure Räder haben und deren jeder von zwei Büffeln gezogen wird, und auf Elephanten vorausgeschickt. Für uns acht Herren und einige Diener bleiben aber nur drei Elephanten übrig, und als wir bis 3 Uhr gewartet haben, weil wir nicht denken können, daß der Schurke Luang uns zumuthen wird, sämmtlich auf diese drei Elephanten zu kriechen, hören wir plötzlich, daß derselbe sich bereits entfernt hat und voraus nach Prabat geritten ist. Nun wurde der kleine Dolmetscher auf Requisition ausgeschickt und war glücklich genug, fünf Ponies aufzutreiben. Ich nahm auf einem Elephanten Platz, Pieschel und August auf dem zweiten, Bunsen und Lucius auf dem dritten. Die Uebrigen bestiegen Ponies und eilten uns voraus, da die Elephanten Furcht vor Pferden haben und nicht mit ihnen zusammengehen. Gesattelt sind die Elephanten in der Art, daß eine Art Tischplatte, die mit einem erhabenen Rande umgeben ist, quer über dem Rücken des Elephanten liegt und mit Stricken an demselben festgebunden ist. Ueber dieser Tischplatte wölbt sich ein geflochtenes Dach, das einen gegen die Sonne schützt. Hinter den Ohren des Elephanten sitzt der Führer, der das Thier mit einer eisernen Picke leitet, mit der er ihm, wenn es nicht pariren will, in die Stirn hackt, daß das Blut kommt. Die erste zu überwindende Schwierigkeit war das Hinaufkommen auf den Elephanten, das ein sehr anstrengendes Klettern erforderte. Die Tischplatte hatte ich mir mit Kissen aller Art belegen lassen und nahm anfangs eine halb liegende, halb sitzende Stellung quer über den Rücken des Thieres an. Da die Bewegung desselben aber machte, daß ich sehr schaukelte, so setzte ich mich mit dem Gesichte nach dem Elephantenkopf und ließ die Beine vorn über den Tischplattenrand hinunterhängen, nachdem ich denselben ordentlich mit Kissen bestopft hatte, um mir die Kniekehlen nicht durchzuscheuern. Unser Weg führte uns erst über ausgetrocknete Reisfelder, immer im langsamen, bedächtigen Schritt. Dann, von einem Flüßchen an, über welches eine große, steinerne Brücke führte, kamen wir in einen Wald, der meistens aus Bambus bestand, welcher sich große Strecken weit über dem Wege zusammenbog und denselben zu einem förmlichen Laubgange machte. Anfangs machte das einen sehr hübschen Eindruck, nach und nach wurde es aber ein Bißchen langweilig, zumal der ganze Wald oder vielmehr das ganze Bambusgebüsch wie ausgestorben war; keine Vögel, keine Affen, kein Nichts nicht. Hin und wieder begegneten wir Zügen von Büffelkarren und auch von Elephanten. Darüber wurde es dunkler und dunkler, zuletzt so schwarz, daß ich den dicht vor mir sitzenden Führer nicht mehr unterscheiden konnte. Und gerade an einer Stelle, wo es pechrabenschwarz und der Weg sehr schlecht war, begegneten wir einem Zuge von zehn bis zwölf Elephanten, die, obgleich sie dicht an uns vorbeigingen, nur am Schnarchen und am Brechen der Äste zu erkennen waren. Ich hatte die größte Angst mein Dach würde mit einem mir begegnenden Dache oder mit einem Baume zusammenstoßen und sowohl ich als die ganze Pastete herunter-geschleudert werden. Allein der Elephant, der immer mit dem Rüssel auf dem Boden fühlte, wo er ging, und der Führer waren beide geschickt, und nach fünfstündigem Ritte erreichten wir gegen 9 Uhr Prabat. Wir glaubten, daß die hellen Feuer, die wir an mehreren Stellen leuchten sahen, uns gälten, und freuten uns sehr auf ein gutes Diner und ein gutes Nachtquartier. Aber wir wurden bitter enttäuscht. Pieschel und Genossen, die vor uns angekommen waren, die wir aber erst nach vieler Mühe fanden, kamen uns mit langen Gesichtern entgegen und erzählten uns, daß man ihnen förmliche Ställe zum Wohnen an-gewiesen hätte, daß keine Küche vorhanden, keine Lebensmittel herbei-geschafft seien und der königliche Reisemarschall sich noch gar nicht habe sehen lassen. Nun wurde nach dem Bürgermeister oder Gouverneur geschickt, und als derselbe erschien, ihm mit Worten und Gebärden be-greiflich gemacht, daß wir höchst vornehme Leute seien, die auf die beste Wohnung im Orte und auf die beste Verpflegung Anspruch hätten. Mitten in dieser Expektoration erschien Luang, dessen Nachlässigkeit an allem Uebel schuld war, süß lächelnd, als ob Alles in bester Ordnung sei. Dies brachte mich zur Wuth. Mit geballter Faust sagte ich diesem Herrn auf deutsch, daß er ein infamer Schurke sei, und durch den Dolmetscher ließ ich ihm sagen, daß, wenn nicht binnen fünf Mi-nuten alle Anstalten getroffen würden, um uns passend zu logiren und zu beköstigen, ich mich beim Könige beklagen und mich direkt über ihn beschweren würde, zumal ich wüßte, daß der König ihm 214 Tikals gegeben habe, um zu sorgen, daß es uns an nichts fehle. Nun kam die Angst über Herrn Luang, die sich zuerst in großer Wuth gegen den wahrscheinlich ziemlich unschuldigen Bürgermeister Luft machte. Es wurde mir gesagt, daß der Prinz Krom Luang ein Haus im Orte besitze, dasselbe aber gegenwärtig voll von hierher gepilgerten Priestern sei, die bereits alle schliefen: ob ich befähle, daß dieselben hinaus geworfen würden. Ich winkte bejahend. Nach einer Viertelstunde kam die Meldung daß alle Priester hinausgesetzt seien und ich eingeladen würde, mir das Haus anzusehen, was ich denn auch that. Das Haus selbst war nicht übel, aber es war keine Küche dabei, und die Herren Priester hatten einen solchen üblen Geruch verbreitet, und, wie es schien, soviel Ungeziefer zurückgelassen, daß ich erklären mußte, von der Wohnung keinen Gebrauch machen zu können, sondern die Einräumung desjenigen großen hölzernen Palais zu verlangen, welches der König zu bewohnen pflegt, wenn er herkommt. Diesem Verlangen wurde sofort nachgekommen; der Bürgermeister, welcher sich inzwischen in seidene Kleider geworfen hatte, lief mit einer Menge Leute, die wahrscheinlich Magistratsmitglieder und Stadtverordnete waren, in großer Emsigkeit umher: in das Palais, das aus nichts als einem sehr großen Raume unten und zwei stubenartigen Verschlägen oben bestand und einer Kunstreiter= oder Seiltänzerbude sehr ähnlich war, wurden Matten gelegt und Lämpchen aufgehängt, während Brandt die Stadtverordneten anstellte, um große Feuer rings um das Haus anzuzünden und zu unterhalten. Dem Koche, der unermüdlich und in schwierigen Fällen wirklich erfinderisch ist, war es gelungen, ein ganz genießbares Diner zu bereiten, und als wir uns um Mitternacht in der offenen Halle auf improvisirten Stühlen und Bänken zu Tische setzten, war die gute Laune nicht nur wiedergekehrt, sondern sehr erhöht. Wir tranken guten Champagner und gaben dem königlichen Kommissar und dem Bürgermeister, die auf der Erde saßen und uns zusahen, zur Strafe nichts davon. Erst gegen 2 Uhr morgens, als wir uns auf die Matratzen ausstreckten, die wir mitgebracht hatten und die auf der Erde ausgebreitet waren, entließen wir die Stadtverordneten, worauf denn auch die Feuer ausgingen.

Sonntag, den 2. Februar 1862.

In der Nacht hatte es sehr heftig geweht, und ich hatte förmlich gefroren, da der Wind ungenirt durch die Mattenwände des Hauses durchdrang. Unser erster Gang war der nach dem Tempel, in welchem sich die wirkliche Buddha-Fußtapfe befindet, von der in Bangkot, wie ich Euch früher einmal schrieb, in irgend einem Tempel eine Nachbildung zu sehen ist. Irre ich nicht, so hat Buddha die Fußtapfe in Prabat zurückgelassen, als er mit einem Schritte von hier nach der Insel Ceylon marschirte, wo die Spur des anderen Fußes auf dem Berge Adams-Pic zu sehen ist. Klein ist das Füßchen nicht gewesen, denn die Spur desselben sieht genau wie eine große Badewanne aus, ist ganz mit dickem Goldblech ausgeschlagen und wird von zahlreichen Priestern gehütet. Der königliche Kommissar war schon seit früher Stunde bei uns, um unserer Befehle zu harren, und machte sich sehr breit, indem er die armen Priester ganz unnöthigerweise anschrie und wegjagte. Von ihm geführt, gingen oder kletterten wir vielmehr längs des Hügels, auf welchem der oben besprochene Tempel liegt, nach einer sehr interessanten Marmorhöhle, in welcher ein großer Buddha sitzt. Die Aussicht auf die nächst gelegenen, schön geformten Berge und in das unter uns gelegene Thal war sehr hübsch und erweckte in mir lebhafte, vaterländische Erinnerungen, namentlich, weil das während des jetzt hier herrschenden Winters dünn gewordene Laub der Bäume, mit dem Bambus vermischt, unserem Birkenlaub sehr ähnlich sah. Wir stiegen in das jetzt trockene, während der Regenzeit aber mehrere Monate lang überschwemmte Thal hinunter und wanderten nach einer anderen Höhle, in welcher eine Pagode erbaut ist und Tausende und Abertausende von langbeinigen Spinnen ihre Wohnungen aufgeschlagen haben.

Nach Hause zurückgekehrt, hatte ich Besuch von einem königlichen Baumeister, der behufs Reparatur und Ausschmückung der hiesigen Tempel und Tempelchen hergeschickt worden ist, und welcher mit großem Gefolge erschien. — Gegen Abend kletterten wir in den Marmorhügeln umher, auch waren Einige von uns auf die Jagd gegangen, erlegten aber nichts als wilde Tauben. Ich sah zwei Herden Affen, jede aus etwa zwanzig Stück bestehend, von denen die eine sehr bedächtig über den Weg ging, die andere sich von einem Baum zum andern schwang, und zwar immer einer hinter dem andern, genau von und nach demselben Aste, welchen sein Vorgänger ergriffen hatte. Auch ein paar allerliebste weiße Eichhörnchen amüsirten mich sehr durch ihre graziösen Sprünge. Nach und nach bezog sich der Horizont mit einem Höhenrauch, der die Sonne wie eine große, rothe Kugel er= scheinen ließ; es wurde kühl, und ich zog mich zwischen herrlichen, großen Tamarindenbäumen nach dem Dorfe zurück, in welchem durch

Aufschlagen von hölzernen Buden Vorbereitungen zur Aufnahme der Pilger gemacht wurden, die in den nächsten Tagen und dann den ganzen Monat hindurch den Ort überschwemmen sollen. Damit haben wir alles Merkwürdige des Ortes gesehen und wollen uns morgen wieder auf den Rückweg begeben. —

Montag, den 3. Februar 1862.

Schon um 4 Uhr morgens brach unsere Dienerschaft mit dem Gepäck auf und transportirte dasselbe auf Karren nach dem Landungsplatze unserer Schiffe zurück. Wir selbst folgten bald nach 7 Uhr, diesmal infolge unserer energischen Forderung auf dreizehn Elephanten, so daß Jeder von uns, auch Heinrich und die Seesoldaten, die ich mit hatte, seinen eigenen Elephanten hatte. Die Thiere marschirten gravitätisch eines hinter dem anderen, grasten im Marsche, wo es ging, und bebliesen sich zuweilen, sei es zur Abkühlung, sei es gegen die Insekten, mit Staub. Um Letzteren nicht zu sehr zu genießen, hatte ich mich auf den Leitelephanten gesetzt und eröffnete den Zug, der höchst eigenthümlich aussah, und mit welchem ich gar zu gern in Berlin einziehen möchte. Um 12 Uhr waren wir am Landungsplatze, schifften uns wieder ein und kamen mit der Abenddämmerung nach Ajuthia, wo wir zu Anker gingen und, ehe es ganz dunkel wurde, noch Zeit hatten, eine sehr schöne Tempelruine zu besehen. Einer der eigenthümlichsten Bäume dieser Gegenden ist die Ficus religiosa, die namentlich auch die Passion hat, auf Gebäuden zu wachsen und dieselben mit ihren unendlichen, krallenartigen Wurzeln zu umschließen. Wir dinirten und schliefen an Bord unserer Schiffe.

Dienstag, den 4. Februar 1862.

Der erste Gouverneur von Ajuthia ist nicht anwesend. Er ist als Befehlshaber einer Heeresabtheilung nach Cambodja marschirt oder gefahren. Der zweite Gouverneur ist ein ältlicher, sehr gezierter Mann, der sehr auswärts geht, sehr lange Nägel an den Fingern hat und sich in seiner hellblauseidenen Jacke sehr schön findet. Er und der königliche Kommissar führten uns, indem sie unserem Boote voranfuhren, bei Besichtigung der Merkwürdigkeiten der Stadt und Umgegend. Erst ging es nach dem Tempel Wat-Tscheng, in welchem ein kolossaler, vergoldeter Buddha sitzt, und in welchem Chinesen mit großer Lebhaftigkeit und unter Begleitung herzzerreißender, lärmender Musik opferten. Dann besahen wir noch einen anderen Tempel und machten einen sehr weiten Weg nach der Pagode Wat Putau Tong, die zwar wegen ihrer Bauart und der weiten Aussicht, welche man von ihr in die Felder hat, interessant ist, aber doch sehr hinter der Beschreibung zurückblieb, welche der Bischof Palegoix in seinem Buche über Siam von ihr gemacht hat. Zu unseren Dampfbooten zurückgekehrt, nahmen wir unser Tiffin, und ich beschenkte den Gouverneur mit Sect und einigen Kleinigkeiten, dann machten wir uns auf den Rückweg nach Bangkok.

Mittwoch, den 5. Februar 1862.

Wir hatten die Nacht über im Flusse vor Anker gelegen. Um 6 Uhr morgens brachen wir wieder auf und um 10 Uhr langten wir vor unserem Hause in Bangkok an, welches inzwischen dadurch sehr leer geworden war, daß fast sämmtliche Seesoldaten an Bord des Schiffes zurückgekehrt waren. Lieutenant v. Imhoff überreichte mir eine Post, die aus Europa angekommen war, aber keine Briefe von Euch brachte. Dagegen erhielten wir durch dieselbe die Nachricht von dem Tode des Prinz-Consort Albert und von der Affaire des englischen Postdampfschiffes „Trent".

Freitag, den 7. Februar 1862.

Heute hat die Unterzeichnung des Vertrages stattgefunden. Zum Orte für diesen Akt war die Wohnung des Prinzen Krom Luang ausersehen, und seit 9 Uhr morgens waren daselbst abwechselnd Pieschel und einer oder der andere der Attachés, um die, in den Augen der Siamesen sehr wichtige Frage zu diskutiren, wo die Siegel und Unterschriften hinzusetzen seien, und um demnächst der Beidruckung von 180 siamesischen Stempeln beizuwohnen. Erst um 12 Uhr, als ich gefrühstückt hatte, begab ich mich selbst zum Prinzen, wo ich alle Bevollmächtigten traf die ich einzeln und in einer Gruppe photographiren ließ. Auch hatte ich die Musik mitgenommen, um während des sehr langweiligen Unterschreibens und Siegelns uns etwas die Zeit zu vertreiben. Um 2¾ Uhr wurde endlich das letzte Vertragsexemplar unter dem Donner von 21 Kanonenschüssen und unter den Klängen des Hohenfriedberger Marsches gezeichnet. Damit ist meine ostasiatische Aufgabe beendigt, und ich preise und danke Gott, der das Werk gelingen ließ.

Abends dinirten Schomburgk und der Kaufmann Martwald mit den in seinem Hause beschäftigten jungen Leuten bei mir.

Sonnabend, den 8. Februar 1862.

Die Temperatur ist fortdauernd sehr kühl. Nach Richthofens Beob=
achtungen sind gestern früh nur 12 Grad gewesen, und auch heute
bläst bei bewölktem Himmel ein sehr frischer Wind. Um 4 Uhr nach=
mittags begab ich mich, auf Einladung des ersten Königs, mit meinen
sämmtlichen Herren nach dem Tempel Wat=Tscheng, wo große Festlich=
keiten zu Ehren der Verbrennung eines vor acht Monaten verstorbenen
älteren Bruders des Königs stattfinden sollten. Einer der Beamten
des Pracklans, der uns immer bei solchen Exkursionen als Hofmarschall
diente, empfing uns, als wir beim Tempel landeten, und führte uns
nach der von vergoldetem Schnitzwerk erbauten hölzernen Pyramide,
in welcher das Gefäß mit den Gebeinen des Verstorbenen stand. Ueber
dieser Pyramide war ein großes, recht hübsch ausgeschmücktes Zelt er=
richtet, um welches herum allerlei Volksbelustigungen, namentlich Theater
und Balletaufführungen, stattfanden. Wenn man dergleichen Zeug hier
einmal gesehen hat, so amüsirt es einen das zweite Mal nicht mehr; ich
bestieg daher lieber noch einmal die Hauptpagode und weidete mich an
dem wundervollen Anblick, welchen von derselben aus die Tempel der
Stadt bei untergehender Sonne gewähren. Die Giebel derselben, wie
ich Euch schon früher schrieb, aus lauter bunten Glasstückchen und Ver=
goldungen bestehend, funkeln und glitzern, wenn die letzte Abendsonne
auf sie fällt, ganz wunderbar schön und machen dem pfirsichrothen
Abendhimmel gegenüber einen höchst eigenthümlichen und äußerst hübschen
Eindruck. Als ich von der Pagode hinunterstieg, wurde mir gemeldet,
daß der König eben vom Schlosse abfahre, und daß der dicke Prinz
Krom Luang uns unten erwarte. Wir fanden Letzteren in einer
Halle, nahe dem vorher erwähnten Zelte. Er trug eine weißseidene
Jacke, mit einem schwarzen Trauerband um den linken Arm, und hatte
vorn am Gürtel ein ganz wundervolles, handgroßes Diamantschloß.
Bei der Nachricht aber, daß der König angekommen sei, nahm er das
Schloß ab, entweder weil die Trauer das Tragen desselben verbieten
mochte, oder auch wohl, weil die Herren nicht lieben sollen, in Gegen=
wart des Königs sehr schönen Schmuck zu tragen. Denn es soll mehr=
mals vorgekommen sein, daß Seine Majestät sich den Schmuck haben
zeigen lassen, um ihn näher anzusehen, ihn dann aber nie wieder
zurückgegeben haben.

Eine merkwürdigere Scene als die, welche bald nach der Ankunft
des Königs spielte, habe ich kaum in meinem Leben gesehen. Der
König, umgeben von etwa einem Dutzend seiner Kinder, nahm in

einer Halle Platz. Sofort kamen aus allen Ecken und Enden die
Großen des Reiches heran und warfen sich in einer Entfernung von
etwa dreißig Schritt von dem Platze, wo der König saß, derart auf
die Erde, daß sie auf Knieen und Ellbogen lagen. Auf ein gegebenes
Zeichen rückten die Herren, einige hundert an der Zahl, in dieser
Stellung vorwärts näher zu dem Könige heran; als aber der König
ihnen etwas zurief, beschleunigten sie ihre Gangart, und diese ganze
schnell kriechende Masse sah nun wie ein großes, sich unheimlich komisch
bewegendes Gewürm aus, um so unheimlicher, als der Platz, wo dieses
vor sich ging, nur sehr schwach erleuchtet war. Wie lange die Herren
so vor dem Könige gelegen haben, weiß ich nicht, denn alsbald erschien
ein Bote, welcher uns ankündigte, daß nun sehr langweilige religiöse
Ceremonien beginnen würden, und daß wir vom Könige ersucht würden,
einstweilen ein für uns bereit stehendes Diner einzunehmen. Ein
Bruder des Königs, welcher erklärte, daß er es amüsanter fände, wäh=
rend wir äßen, mit uns zu schwatzen, als den langweiligen Priester=
gebeten zuzuhören, setzte sich zu uns, und wir verzehrten ein Diner,
das recht gut zubereitet, aber ganz kalt war. Darüber war es fast
8 Uhr geworden, und der König ließ uns rufen. Als wir aus der
Halle traten, in welcher wir dinirt hatten, wurde ein Feuerwerk an=
gezündet, welches die Pyramide, das darüber gespannte Zelt, unter
welchem sich der König mit seinen reizenden Kindern befand, und die
ganze versammelte Volksmenge, unter welche Geld ausgeworfen wurde,
hell erleuchtete. Die Kinder, sobald sie unserer ansichtig wurden, kamen
die Treppen, die zum Zelte führten, hinunter, faßten uns bei der
Hand, und führten uns zum Könige. Dieser war über die Maßen
gnädig. Er erzählte mir die Abstammung seines verstorbenen, und
mehrerer noch lebender Brüder, welche letzteren er mir zugleich vor=
stellte, und welche, obgleich sie zum Theil alt und sehr dick waren,
immer auf allen Vieren kriechen mußten. Zugleich gab er mir den
Entwurf eines englischen Briefes, den er eigenhändig an unsern König
schreiben wollte, zur Prüfung. Ihr müßt Euch den Theil des Zeltes,
auf welchem dies Alles vor sich ging, wie eine offene, durch fort=
während Feuerwerk erleuchtete Bühne denken. Der König, seine
Kinder und wir waren die Akteurs, die Großen des Reiches, und das
zahlreich versammelte Volk die Zuschauer. Um 9 Uhr empfahlen wir
uns. Die Verbrennung der Leiche soll erst übermorgen stattfinden.

Sonntag, den 9. Februar 1862.

Gegen 5 Uhr abends fuhr ich mit allen meinen Begleitern nach dem Schloß des ersten Königs hinüber, wo wir uns die in der Enceinte desselben belegenen Tempelgebäude, namentlich das Grabmal des letzten Königs, und einen außerordentlich schönen, reichen und ganz vollendeten Tempel, in dessen Mitte auf einem Altare ein massiv goldener Buddha saß, ansahen. Abends aßen Schomburgk, die Herren vom französischen Konsulate und einige deutsche Kaufleute bei mir.

Montag, den 10. Februar 1862.

Der seligen, vielgeliebten Großmutter Geburtstag.

Nach dem Tiffin erschien ein als siamesischer Schriftsteller bekannter Mann aus der Umgebung des Königs, Namens Mom Rajodau bei mir und zeigte mir im Auftrage des Letzteren sehr reich gearbeitete Schwerter und Dolche, die auf die Londoner Ausstellung geschickt werden sollen. Später hatte ich einen Besuch vom Prinzen Georg, einem erwachsenen Sohne des zweiten Königs. Er ist ein Mann von sehr angenehmem Aeußern und guten, freien Manieren. Da er heute Abend auf seinem eigenen Dampfboot nach der „Arcona" hinausfahren will, um sich dieselbe anzusehen, so ersuchte ich ihn, Brandt mitzunehmen, den ich mit Depeschen nach Hause schicken will. Gegen 5 Uhr fuhr ich mit meiner ganzen Gesellschaft wieder nach Wat-Tscheng, wo wir den König bereits vorfanden, der uns sofort zu sich beschied. Er beschenkte uns mit Pappschächtelchen, die einen Deckel von Glas hatten, und in welchen künstliche Blumen lagen, deren Blüthen aus kleinen siamesischen Silbermünzen bestanden. Auch empfing ich, in kleinen Säckchen, ein halbes Dutzend Sammlungen siamesischer Münzen für den König, die Königin, den Kronprinzen xc. Jeder von uns erhielt außerdem einen Sack voll kleiner, sehr saurer Orangen, in deren Mitte wir später kleine Ringe, Münzen und dergleichen vorfanden. Sodann begann die Ceremonie des Verbrennens des prinzlichen Leichnams, die damit endete, daß das lange, breite Band, welches aus dem Gefäße hing, in welchem die Leiche sich befand, und an welchem die Sünden aus derselben herausgebetet worden waren, herausgezogen wurde, und daß der König nun die Pyramide, in welcher die Leiche stand, eigenhändig anzündete. Während dieselbe niederbrannte, unterhielt er sich noch sehr angelegentlich mit mir, immer sehr zufrieden, wenn ich sein kauderwelsches Englisch verstand, und als wir in der

Dunkelheit nach Hause fuhren, kamen wir beim Hinuntersteigen in die Boote mit einigen fünfzig Frauen des Königs in Kollision, was zu einem großen Wirrwarr Veranlassung gab.

Bangkok, Dienstag, den 11. Februar 1862.

Was ich von den Mosquitostichen leide, kann ich Euch gar nicht sagen. Diese Bestien zerbeißen mir Hände und Füße in der Nacht auf eine Art, daß ich nicht nur Stunden lang nicht schlafen kann, sondern auch tagsüber alle Augenblicke die Hände in kaltes Wasser stecken und kühlen muß. Natürlich ist Heinrich auch im Ausklopfen und Lüften des Mosquitonetzes besonders geschickt. Obgleich er gestern Abend versichert hatte, daß Alles vollständig gesäubert sei, fand ich heute Morgen ein Dutzend dieser lieben Thierchen, von meinem edlen Blute strotzend, in den Maschen des Netzes sitzend. Mit wahrer Berserkerwuth beförderte ich sie vom Leben zum Tode.

Die gestern angekommenen Boote gingen heute um 4 Uhr nachmittags, mit Seesoldaten beladen, nach der „Thetis" zurück, die wahrscheinlich morgen unter Segel gehen wird. Es kam der Kalahuhm, den ich bei dieser Gelegenheit wahrscheinlich zum letzten Mal gesehen haben werde, denn er will auf acht Tage verreisen, und so lange werde ich hoffentlich nicht mehr hier bleiben, obgleich der König mir hat sagen lassen, daß er wenigstens noch acht Tage brauche, bevor sein Brief an unsern König fertig sein könne. Gegen 10 Uhr abends kam das Dampfschiff des Prinzen Georg von der „Arcona" zurück und brachte den Kommodore und die Lieutenants Butterlin und v. Schleinitz mit.

Mittwoch, den 12. Februar 1862.

Der Tag war angreifend. Zuerst fand eine Audienz beim zweiten Könige statt, der sich endlich wohl genug glaubte, uns zu empfangen, aber nur in einer Privataudienz. Gleichwohl waren die beinahe 100 Fuß langen Boote die uns und mein an den zweiten König gerichtetes Beglaubigungsschreiben abholten, ebenso reich und zahlreich als die, welche der erste König seiner Zeit gesendet hatte, nur daß hier Alles verrottet und zerbrechlich war und man sich sehr in Acht nehmen mußte, um nicht irgendwo durch den Fußboden zu treten und sich ein Bein zu brechen oder mit dem Stuhl um oder über Bord zu fallen. Ich hatte kein militärisches Gefolge bei mir, nur die Musik, weil der König gewünscht hatte, ich möchte dieselbe mitbringen. Sundewall, zwei Offiziere und meine Civilumgebung begleiteten mich. Als wir beim Palast des ersten Königs vorüberfuhren, sahen wir ihn zu Pferde im Thore halten, umgeben von einer großen Suite und von seinen Truppen. Er grüßte uns sehr gnädig und war, wie ich später erfuhr, im Begriff, mit einer Bootflottille den Fluß hinunterzufahren, um an einer gewissen Stelle unterhalb der Stadt die Asche seines vorgestern verbrannten Bruders ins Wasser zu werfen.

Am Landungsplatze des Palastes des zweiten Königs angelangt, mußte ich mich wiederum auf einen unaussprechlich unbequemen und schwankenden Tragesessel setzen, und während meine Creditive mit dem nöthigen Pomp unter Pauken= und Pfeifenklang vor mir hergetragen wurden, begaben wir uns durch eine Chaine von Soldaten in holländischer Uniform nach dem Palaste, wo wir in eine große offene Halle geführt wurden, neben welcher fünf Geschütze nebst der nöthigen Bedienungsmannschaft aufgestellt waren, die dann zu Ehren meiner Creditive einen so kräftigen Salut von 21 Schuß feuerten, daß sich der Kalk und der Schmutz von der Decke der Halle massenweise ablöste und uns mit einem Regen von Staub bedeckte. Rings um die Halle lag viel Volk, im Hofe war Militär aufgestellt, und unter demselben befand sich auch ein Dutzend Bannerträger, Abkömmlinge einer japanischen Garde, welche sich die Könige von Siam einst gehalten haben, bis sie sie, unter dem Verdachte einer beabsichtigten Empörung, ermorden ließen. Nach fast einstündigem Warten ließ uns der König in sein Privathaus bescheiden und empfing uns daselbst in einem hübschen, großen, aber nur halbfertigen Zimmer. Er hatte einen blauen Ueberrock, nach Art einer Marineuniform, mit zwei Reihen goldener Knöpfe an, sehr weite, weißseidene Beinkleider und Pantoffeln. Er trug kein Halstuch, sondern nur einen zugeknöpften Hemdkragen, was ihm, nebst den Pantoffeln, den Anschein des Unangezogenen gab und machte, daß er mich lebhaft an den alten Cerberus (Portier) bei Wrangels erinnerte. Sein Gesicht ist gemein, was er wohl wissen muß, da er lebhaft verweigerte, sich photographiren zu lassen; dagegen scheint er viel solidere Kenntnisse zu besitzen als der erste König und spricht unter Anderem recht gut Englisch. Nach den ersten Begrüßungen, und nachdem ich mein Beglaubigungsschreiben übergeben hatte, setzte er sich auf ein rothseidenes Sopha und ich mich neben ihn. Die Anderen nahmen auf Stühlen Platz. Das Gespräch kam auf seine Gesundheit, die er für völlig zerrüttet hält; ich machte ihn darauf aufmerksam, daß ich einen Arzt mit mir hätte, und daß es vielleicht zweckmäßig sein dürfte.

denselben zu konsultiren. Dies acceptirte er nicht nur, sondern die
Konsultation begann auch sogleich, indem er sich auf die das Zimmer
umgebende offene Galerie begab und dort, in Gegenwart seines Leib-
arztes, Lucius einen langen Vortrag über seinen Körperzustand hielt
und sich von ihm untersuchen ließ. Mehrmals hörten wir den Leibarzt einen lauten Ruf ausstoßen. Es waren Freudenrufe über Lucius'
Urtheil. Der König bildet sich nämlich ein, er sei brüstkrank, ein be-
rühmter chinesischer Arzt bestärkt ihn in diesem Glauben, der Leibarzt
ist aber anderer Ansicht, und Lucius ist entschieden Letzterem beigetreten.
Daher der Jubel und die offenbar erleichterte Stimmung des Königs,
als er zurückkam. Es wurde uns nun ein Frühstück von sehr guten
Süßigkeiten und Früchten vorgesetzt, unter Letzteren Mangos, diese
etwas nach Terpentin schmeckende, äußerst saftige Frucht, die von
Vielen als eine besondere Delikatesse angesehen wird und just hier
anfängt reif zu werden. Der König setzte sich nicht mit an den Tisch,
sondern blieb auf dem Sopha sitzen und unterhielt sich mit uns.
Nach dem Frühstück zeigte er uns eine Menge vortrefflicher Gewehre,
darunter sehr kostbare, die er von verschiedenen Potentaten zum Geschenk erhalten hatte. Er kannte die verschiedenen Konstruktionen sehr
genau und soll ein sehr guter Schütze sein. Die Sache fing an sehr
ermüdend zu werden, und doch machte der König keine Anstalten, uns
zu entlassen. Ich zeigte ihm daher durch Bewegungen aller Art, daß
wir uns zu verabschieden wünschten, und wir schieden dann unter
zärtlichen Händedrücken. Nach der Halle zurückgekehrt, fanden wir,
o Schrecken! ein Diner servirt. Ich weigerte anfangs aufs Bestimmteste, dasselbe anzunehmen. Der Koch des Königs aber, ein
Franzose, der zugleich die Leibgarde kommandirt und französische
Uniform trug, bestand darauf, daß wir uns wenigstens kurze Zeit zu
Tische setzen möchten, um den König nicht zu kränken. Das geschah
denn auch, aber die Enthaltsamkeit war groß; sie war nicht bloß durch
den Mangel an Appetit geboten, sondern auch durch den alle Beschreibung übersteigenden Schmutz, der auf Tellern, Gläsern und Gabeln
saß, und durch die wahrhaft schweinische Manier, mit der beim Tran-
chiren und Präsentiren das aufwartende Personal seine Finger brauchte.
Nach zehn Minuten erhob ich mich wieder, wir machten noch einen
Gang durch die Elephantenställe und das sogenannte Zeughaus und
kamen um 6 Uhr wieder nach Hause.
   Kaum hatten wir uns zu Tisch gesetzt, als ein Bote des ersten
Königs erschien, um uns daran zu erinnern, daß wir heute zu einer

Theatervorstellung bei ihm erwartet seien, und um uns aufzufordern, nicht zu spät zu kommen. Ich müßte lügen, wenn ich sagen sollte, daß wir dieser Aufforderung sehr freudigen Ganges folgten, aber wir konnten sie nicht ablehnen und erschienen gegen 8 Uhr in einer großen, auf mehreren Reihen hölzerner Säulen ruhenden Halle. Eine Seite derselben war durch eine Dekoration von Felsen und Pappe geschlossen, hinter derselben war die Garderobe, und aus ein paar Felsengrotten fanden die Figuranten ihren Weg auf die Bühne. An der zweiten Seite war die Loge oder vielmehr die Tribüne des Königs, auf welcher er saß oder umherging, die Kinder spielten und einige seiner Brüder lagen. Die dritte Seite war für Zuschauer; in der Mitte derselben und vorn war eine mit Stühlen besetzte, erhöhte und bedeckte Tribüne für uns. Auf der vierten Seite saßen zwei siamesische Musikkorps und ein Sängerchor, dahinter Zuschauer in großer Menge. Erleuchtet war der ganze Raum durch große Oellampen, die an der Decke der Halle hingen, und durch auf der Erde stehende Armleuchter mit Wachskerzen. Sobald wir eingetreten waren, gab der König das Zeichen zum Anfange der Vorstellung, und es begannen nun pantomimische Tänze, ausgeführt von lauter Frauen des Königs oder sonstigen vornehmen Damen, in wahrhaft prachtvollen, von Gold und Juwelen strahlenden Kostümen, alle weiß bezw. gelb geschminkt und ihre Rollen mit großer Sicherheit ausführend. Die Tänze, bei welchen die Füße weniger als der Oberkörper und die Hände thätig waren, wurden entweder von einem Musikkorps oder von den Sängern begleitet, die, wie ich mir sagen ließ, die Geschichte sangen, welche dargestellt wurde. Ein paar weibliche Souffleure lagen in der Mitte der Bühne oder rutschten dahin, wo die Tänzerinnen gerade agirten, um ihnen zu souffliren, welche Bewegungen sie zu machen hätten. Was die ganze Geschichte aber eigentlich darstellen sollte, war unmöglich zu errathen. Stunden lang bewegten sich „himmlische Wesen" in ewig wiederkehrender, jeder Abwechselung entbehrender Weise umher, erst männliche, dann weibliche, dann beide vereint. Dann kam ein böser Dämon (eine wunderschön geformte Frau) und wollte einige weibliche himmlische Wesen rauben, aber die Göttin des Blitzes blendete ihn durch eine glänzende Kugel, die sie in der Hand hielt, u. s. w. Bald nach unserer Ankunft ließ der König mich und Sundewall zu sich rufen: wir setzten uns auf ein paar Stühle vor seiner Tribüne und er erzählte uns viel, unter Anderm, daß auf dem königlichen Theater, wo lauter vornehme Damen spielen, nur getanzt wird und keine Konversationsstücke aufgeführt werden, da in Letzteren aufzutreten nicht für anständig gilt. Um 11 Uhr waren wir so müde und gelangweilt, daß wir kaum mehr die Augen aufhalten konnten. Ich bat daher den König um die Erlaubniß, mich zurückziehen zu dürfen, die mir gewährt wurde, da gerade der erste Akt vorbei sei. Na, guten Morgen! Noch so ein Akt, und sie hätten mich als todtgelangweilte Leiche fortgetragen. Aber morgen soll die Geschichte ihren weiteren Fortgang haben, und der König hat Affen= tänze versprochen. Ich habe heute viel an den guten Jungen, den Fili, gedacht. Er wird ja heute wohl schon 15 Jahre alt.

Donnerstag, den 13. Februar 1862.

Um 11 Uhr, nachdem wir früher als gewöhnlich getiffint hatten, fuhren wir ins Theater, wo wir bereits den König, mehrere seiner Brüder und viele Edle versammelt fanden, die je nach ihrer Würde auf verschiedenen Abstufungen der königlichen Logen lagen. In dieser war der König noch mit betenden Priestern beschäftigt, als wir eintraten, gab aber doch, als er uns sah, das Zeichen zum Beginn der Balletmusik. Die Vorstellung fing wieder mit tanzenden „himmlischen Wesen" an, die später Dämonen und Affen (auch durch Menschen dar= gestellt) Platz machten, zwischen denen eine große Feindseligkeit herrschte, die zuletzt in einen Krieg ausbrach. Etwa um 2 Uhr bekamen wir Alle etwas zu essen: für uns war förmlich gedeckt, die Siamesen aßen, wie immer liegend, mit den Fingern aus ihren kleinen Schüsselchen, und auch für das darstellende Personal wurde eine Mahlzeit mit ein= geflochten, indem drei Dämonenfeldherren, recht hübsche Weiber, Kriegs= rath hielten, dabei aßen und tranken und so machten, als ob sie sich berauschten. Ohne faßbaren Zusammenhang mit der Aktion erschienen plötzlich auch zwei europäisch gekleidete, ganz weiß geschminkte Frauen= zimmer auf der Bühne, mit welchen die trunkenen Dämonenfeldherren, zum großen Vergnügen der Zuschauer sich unpassende Scherze er= laubten, indem sie sie aus Kinn faßten, in die Backen kniffen u. s. w. Der König rief mich zu sich heran, ließ auch die beiden Frauenzimmer kommen, die wie über die Maßen scheußlich angezogene Puppen aus= sahen, und stellte mir dieselben als zwei sehr vornehme Damen vor. Da ihre Krinolinen sie verhinderten, vor dem Könige auf die Knie zu fallen, wie auch seine eigenen Frauen es sehr vernünftiger Weise thun müssen, wenn sie sich ihm nähern, so winkten sie statt dessen, als sie herankamen und als sie wieder weggingen, dreimal mit rothseidenen

Taschentüchern. Ich sprach dem Könige den Wunsch aus, auch eine der prachtvoll gekleideten Haupttänzerinnen, von der ich wußte, daß es eine seiner Lieblingsfrauen war, in der Nähe zu sehen, und sofort ließ er, zur großen Verwunderung der Zuhörerschaft, die Vorstellung sistiren und die ihm von mir bezeichnete Dame herankommen. Bei dieser Gelegenheit konnte ich nun in der Nähe sehen, daß die Stoffe der Gewänder wirklich prachtvoll waren, und daß der Gold- und Perlenschmuck, den sie trug, echt war. Der König sagte mir, daß jedes Kostüm der Haupttänzerinnen 60 Catti d. h. ungefähr 4500 Thaler koste. Hülsen*) kam mir in diesem Augenblicke sehr erbärmlich vor. Mit Ausnahme dieses kleinen Intermezzos war die Vorstellung wieder tödlich langweilig, obgleich zuletzt kriegerische Züge aufgeführt wurden, bei welchen die Feldherren in Kinderwagen standen, die mit Ponies bespannt waren. Der König spendete mir eine vergoldete Theekanne nebst Zubehör, so wie er sie seinen höheren Beamten als Zeichen ihrer Würde verleiht; ich überreichte ihm während der Vorstellung die Münzsammlung, die ich für ihn mitgebracht hatte und die ihm sehr viel Vergnügen zu machen schien. Um 5 Uhr verabschiedete ich mich und fuhr nach Hause, wo ich so matt ankam, als hätte ich eine große Strapaze überstanden.

Sonnabend, den 15. Februar 1862.

Gestern hatte ich das ganze Personal des englischen Konsulates bei mir zu Tisch, und nach dem Essen schwatzten wir, im Freien sitzend, bis gegen 1 Uhr nachts. Dabei muß ich mich wohl erkältet haben, denn mir war heute so schlecht zu Muth, daß ich weder den Pracklan empfangen konnte, der mich besuchen kam, noch der Aufforderung des Königs, mich heute bei ihm zu verabschieden, nachkommen konnte. Abends kam ein Bruder des Königs und zeigte mir die Geschenke, welche mir für unsern König mitgegeben werden sollen. Sie bestehen in reich mit Edelsteinen besetzten Schwertern und Spießen.

Sonntag, den 16. Februar 1862.

Nach dem Tiffin verließ uns Richthofen und trat in einem Boote seine Reise durch die Kanäle nach Mulmein an, von wo er sich demnächst nach Kalkutta und durch das Innere Indiens auf sehr gefährlichen Wegen nach West- resp. Ostsibirien begeben will. Die Reise

---

* Botho v. Hülsen, General-Intendant der königlichen Schauspiele in Berlin.

welche er projektirt hat, wird, wenn Alles glücklich geht, mindestens zwei Jahre dauern. Mir war ganz schwer ums Herz als ich ihm Lebewohl sagte; denn abgesehen davon, daß er einer gefahrvollen Zukunft entgegengeht, trenne ich mich ungern von ihm, weil er ein kenntnißreicher und liebenswürdiger Mensch ist. Gott geleite ihn!

Während des Diners lassen sich neben unserer Musik auch die siamesischen Musiker hören, und nach Tisch wird einiges Feuerwerk abgebrannt. Um 11 Uhr aber fallen Kanonenschüsse, zum Zeichen daß es ernstlich brennt, und ganz in unserer Nähe sehen wir ein gewaltiges Feuer.

Montag, den 17. Februar 1862.

Heute hatte ich Abschiedsaudienzen bei beiden Königen. Ihr könnt wohl denken, wie unbändig langweilig mir nachgerade dieser Umgang mit Ihren Majestäten ist, aber es hilft nichts; ich mußte artig und aufmerksam sein, um alle Preußen und Deutschen die hier wohnen oder später noch kommen sollten, die Früchte meines Verhaltens ernten zu lassen. Erst wurden wir, d. h. ich, der Kommissar und unsere Begleiter, schon um 9½ Uhr morgens mit 79 Fuß langen Booten zum zweiten Könige abgeholt. Derselbe war heute weniger befangen als das erste Mal und wirklich liebenswürdig. Er schenkte mir zum Andenken ein hübsch gearbeitetes vergoldetes Kästchen. Um 4 Uhr fuhr ich zur Audienz beim ersten Könige, wiederum mit Sundewall und allen den Meinigen. Diesmal wurden wir, wahrscheinlich weil ich mich mehrmals über das lange Warten beklagt hatte, sehr pünktlich empfangen, und zwar an der Thür zur großen Audienzhalle, die wir uns dann noch einmal näher besahen. Wir fanden das Bild des Königs (unseres Königs) darin aufgehängt. Dasselbe hat ein schlechtes Licht, aber in dem ganzen Saale ist kein ordentlicher Platz für ein Bild, und auch die Portraits des Kaisers Napoléon und der Kaiserin Eugénie hängen in einem gemüthlichen Halbdunkel. Nach einer Weile nahm mich der König bei der Hand und führte mich in die inneren Räume des Schlosses, wobei wir bei mehreren Frauengemächern vorbeikamen. Ein mit Spiegeln und vergoldeten Möbeln ausgestattetes Zimmer, welches in den Augen der Siamesen wahrscheinlich als das non plus ultra der Eleganz gilt, ist so gelegen, daß man von da aus die Aussicht in mehrere kleine Höfe hat; es ist wahrscheinlich der Mittelpunkt des Serails, aber von den Bewohnern war nichts zu sehen. Hier erzählte mir der König

noch einmal, welchen außerordentlich guten Eindruck die preußische Gesandtschaft auf ihn gemacht habe, und schenkte mir eine kleine goldene
Feder und ein dito Tintenfäßchen, das wie er behauptete, nach seiner
eigenen Erfindung konstruirt sei. Demnächst wurden Sundewall und
die übrigen Herren herbeigerufen, es wurde uns wieder ein Glas
Sherry kredenzt, und endlich ging es nach dem Audienzsaale zurück.
In der Hauptstube desselben steht ein sehr zierlich gearbeitetes
messingenes Geschütz, gezogen, und wie ein Zündnadelgewehr abzufeuern. Als ich es bewunderte, geruhten Seine Majestät, dem
Minister der auswärtigen Angelegenheiten und einigen Prinzen die
auf der Treppe vor der Thür lagen, zu befehlen, Platz zu machen und
dann höchst eigenhändig drei Schüsse abzufeuern, infolge deren viel
Kalk von den Wänden fiel und mehrere Fensterscheiben zerbrachen.

Der Brief des Königs an unsern König ist endlich fertig geworden und soll in Prozession nach meinem Hause gebracht werden.
Zu diesem Zwecke bestiegen Seine Majestät einen weiß marmornen
Altar, von welchem Allerhöchst dieselben auch auf Elephanten zu steigen
pflegen, und legten den Brief auf eine Tragbare, auf welcher er mit
zahlreichem Geleite nach dem Flußufer gebracht wurde. Dann ver-
abschiedeten wir uns und fuhren nach Hause. Kaum war ich daselbst
angelangt, so kamen die königlichen Boote mit dem Briefe an, während
vom Schloß aus ein Kanonensalut erschallte. Ich empfing die Ueberbringer des Schreibens auf meinem Balkon, umgeben von meinem
Stabe, und ließ unsere Musik einige patriotische Weisen dazu blasen,
die aber nicht sehr gut gelangen, da die Herren Musiker und namentlich der Kapellmeister sich, ich weiß nicht aus welcher Veranlassung,
beschwipst hatten. Gleich darauf kam, auch in großer Prozession, der
Brief des zweiten Königs an unsern König, und wurde in derselben
Weise von mir empfangen. Damit wird ja nun all dieser Firlefanz
ein Ende haben. Abends war meine ganze Gesellschaft zu einem Diner
zu Herrn Martwald eingeladen. Ich dinirte allein zu Hause mit
August, mit welchem ich rechnete und packte. Er hat die Wirthschafts-
führung vortrefflich gelernt und ist mir von großem Nutzen.

Dienstag, den 18. Februar 1862.

Morgens machte ich bei Schomburgk einen Abschiedsbesuch. Nachmittags fuhr ich zum Pracklan und zum dicken Prinzen, dem
ich die kleine Dampfbarkasse geschenkt hatte, die ich damals in Hamburg
taufte. Das Ding hat sich auf der Reise ganz unbrauchbar bewiesen

und ist, glaube ich, nachgerade lebensgefährlich. Der dicke Prinz war gerührt, zerdrückte eine Thräne und versicherte mich seiner ewigen Freundschaft, „da wir ja doch Beide von königlichem Blute seien." Um 9 Uhr brach in der Nähe des Palastes ein großes Feuer aus, welches das gegenüberliegende Ufer und Wat-Tscheng prachtvoll erleuchtete. Ich hatte einen Steamer gemiethet, um die Musik, die noch übrigen Seesoldaten und das schwere Gepäck nach der „Arcona" zu bringen. Derselbe setzt sich erst um 11 Uhr nachts, als ich schon im Bett liege, in Bewegung, und die Musik bläst: „Nun danket Alle Gott!"

Hiermit schließen die fortlaufenden Briefe des Grafen Fritz zu Eulenburg. Er tritt die lange ersehnte Heimreise an. Doch ist es uns möglich gewesen, seine Schicksale bis zu der glücklichen Rückkehr nach Berlin aus den Tagebüchern zu ergänzen, die er stets mit peinlichster Gewissenhaftigkeit führte. Wir lassen diese Aufzeichnungen im nachfolgenden Abschnitte im Wortlaut folgen.

VII. Die Heimfahrt.

Februar 1862.

19.: Schon vor 8 Uhr kommt der Praclan, bringt mir einen Brief vom Könige und tausend Dollars für die Musik, ein wahrhaft königliches Geschenk. Wir nehmen unser Tiffin um 10 Uhr. Um 11 Uhr placiren wir uns in fünf großen, hübsch ausgeschmückten Booten. Im ersten nehme ich mit Heinrich Platz. 18 Leute in rothen Jacken und neuen bunten kurzen Hosen rudern uns stehend. Am Hintertheil des Schiffes ist ein großes Bündel Pfauenfedern angebracht, und zwischen mehreren rothen Flaggen weht die preußische. Wir biegen gleich in den ersten Kanal links von unserer Wohnung ein, und es dauert eine Stunde, ehe wir aus Bangkok herauskommen. Der Kanal, den wir dann befahren, bleibt weit hinter unserer durch Erzählungen gespannten Erwartung zurück. Er ist breit, meistens schnurgerade, zeigt keine irgend überraschende Vegetation und durchaus kein animalisches Leben. Um 5 Uhr kommen wir in Mahä-Tschei (großer Sieg) am Flusse Tabtschin an. Der Siegelbewahrer, der Praclan, der uns als Reisemarschall mitgegeben ist und immer vorauseilt, befindet sich bereits mit den ersten Beamten des Ortes am Ufer und führt uns in die große Halle, die sich in allen größeren Orten als Rasthaus befindet. Unser unermüdlicher Koch ist mit dem Diner bereits unterwegs fertig geworden, und wir verzehren dasselbe in der Halle sehr gemüthlich. Mit der Dunkelheit fahren wir weiter, ohne Mondschein, aber in einem Brillantfeuer von köstlichen Leuchtwürmchen, die ich noch eine Stunde lang bewundere, worauf ich mich dann früh zu Bett lege.

20.: Um 7 Uhr morgens treffen wir in Metlong am Metlong=
Flusse ein, wo wieder Alles für uns und namentlich für die Mann=
schaften bereit gehalten ist. Wir frühstücken, und ich übergebe
dem Gouverneur Chao muang Samutha Songtam einen Brief,
den mir der König für seinen, des Königs Sohn, mitgegeben
hatte. Um 9 Uhr machen wir uns wieder auf den Weg, fahren eine
Stunde lang den Fluß hinunter und kommen ins offene Meer, über
welches wir, oft sehr schaukelnd 2½ Stunde fahren müssen, ehe wir
an die Mündung des Petschaburi=Flusses kommen, den wir dann hinauf=
gehen. Um 1 Uhr kommen wir nach dem Orte Manlam, wo wir
frühstücken und Franzosen treffen, die von Petschaburi zurückkommen.
Wir machten einen verunglückten Versuch zu schlafen und fuhren um
8 Uhr weiter den Fluß hinauf. Es zeigen sich etwas mehr Thiere,
namentlich Affen, leider ist aber das Wasser so niedrig, daß wir manch=
mal aufsitzen. Beim Banmai bleiben wir vollständig sitzen und be=
schließen daselbst, auf einem der Boote zu diniren, das während der auf=
kommenden Fluth sich in fortwährender Schwankung befindet. Um
9 Uhr ist endlich das Wasser hoch genug geworden, um wieder weiter
gehen zu können.

21.: Ein entsetzlich hartes Bett, unbequeme Kopfkissen und Gnitzen
haben der Nacht jede Gemüthlichkeit benommen. Als ich zum ersten
Mal erwachte, merke ich, daß wir festsitzen. Das wiederholt sich mehr=
mals. Doch gelangen wir endlich nach Petschaburi, wo es, o Wunder!
regnet. Um 7 Uhr krieche ich aus meiner Kabine und werde vom
Vizegouverneur empfangen, der uns ein allerliebstes, dem Kalahuhm
gehöriges Häuschen als Absteigequartier anweist. Aus den Fenstern
des zweiten Stocks, den ich mit Pieschel bewohne, hat man eine wunder=
hübsche Aussicht auf das neue Schloß des Königs, welches auf einem
in der Nähe liegenden Hügel erbaut wird. Die Luft ist himmlisch.
Das Gepäck wird hineingebracht, und ich schreibe. Der Vizegouverneur
heißt Phra Petschapissai Sirisawatt und der Gouverneur Phraja
Surinteratschai Apaipirijapahá. Letzterer macht mir seine Visite und
scheint ein angenehmer Mann zu sein. Um 4 Uhr standen für uns
alle Pferde gesattelt, für mich ein allerliebster Pony aus Pinang.
Die anderen waren aus Laos, Birma, Judien und weiß Gott woher
und gehörten alle dem Kalahuhm. Erst auf einer breiten, guten Chaussee,
dann auf einem prächtigen Waldwege reiten wir nach einem Laos=Dorf,
besehen die dortigen Schönheiten und reiten dann auf den Schloßberg,
wo wir unter Leitung des Vizegouverneurs die Bauten in Augenschein
nehmen. Derselbe dinirt bei mir um 7 Uhr im bedeckten Hofe.

22.: Um 7½ Uhr setzten wir uns zu Pferde, um unter Leitung des Vizegouverneurs, dessen Sohn Friedrich Wilhelm heißt, einen Ritt nach einem in der Nähe liegenden Felsen zu machen, der zu unserer großen Ueberraschung eine ganz wundervolle, mit großartigen Buddhabildern besetzte Stalaktitenhöhle enthielt. Nachdem wir dieselbe sattsam besehen, ritten wir durch Bambusgebüsch und Zuckerpalmen rund um den Felsen und waren um 9½ Uhr wieder zu Hause. Ich schrieb und nahm ein köstliches Bad. Eine Stunde später kamen Schleinitz, Mouts, der Prediger und Fähnrich Knorr. Während die Neuangekommenen einen Ritt machen, gehe ich mit Sundewall und den Meinigen, beim ersten und beim zweiten Gouverneur Besuche machen, worauf wir unter Leitung des Letzteren noch einen Spaziergang nach einer sehr alten Tempelruine machen. Der Kommodore ist sehr übler Laune und prätendirt, daß ich schon Montag Morgen an Bord sein müßte. Das kann nicht geschehen.

23.: Da der Kommodore nicht reiten will, so fahre ich mit ihm in einem niedlichen Wägelchen nach der Höhle, wo wir gestern waren und die man gern zweimal sieht. Nachher arbeite ich, mache mit August einen hübschen kleinen Ritt und habe abends zum Diner die beiden Gouverneurs bei mir, die sich gut zu amüsiren scheinen und theologische Gespräche führen.

24.: Schon vor 6 Uhr stand ich auf, unsere Boote wurden mit allen den hundert Kisten bepackt, die unsere steten Begleiter sind, und um 7 Uhr setzten sich dieselben mit einem Theile der Meinigen in Bewegung. Wir Uebrigen warteten noch eine Stunde, um ihnen einen Vorsprung zu lassen. Der erste Gouverneur kam, mir Adieu sagen, und der zweite begleitete uns, als wir uns um 8 Uhr zu Pferde setzten, und nach einer Stelle am Ufer ritten, wo wir die Boote trafen. Ehe ich einschlief, sah ich noch eine ungeheure Eidechse. Gegen 12 Uhr kamen wir an die Mündung des Flusses; das Meer war ziemlich ruhig. Wir ruderten in unseren Booten bis zum siamesischen Dampfer „Little Eastern“, der auf uns wartete und uns an Bord der „Arcona“ führte, wo wir nach 1 Uhr ankamen. Dann lichteten wir gegen 3 Uhr die Anker. Wir hatten den Wind gerade entgegen und machten nur 5 Knoten. Wenn sich das nicht ändert, so brauchen wir 8 Tage, ehe wir nach Singapore kommen. Der Kohlenstaub ist unerträglich.

25.: (22°) Um 6 Uhr stehe ich auf; es ist feucht und warm, auch haben wir einen starken Regenschauer. Wir dampfen nur langsam vorwärts. Ich bringe mein Rechnungswesen mit der Schiffskasse in

Ordnung. Der Tag vergeht, wie er auf einem Schiffe zu vergehen pflegt. Abends sitzen wir bei Dunkelheit bis 10 Uhr auf Deck.

26.: (22°) Es geht ungefähr so wie gestern. Der Wind ist uns entgegen, auch bekommen wir einige starke Regenschauer. Durchschnittlich machen wir 5 Knoten. Die Luft im Schiffe ist feucht und erschlaffend. Nachmittag nehme ich ein Bad. Besonderen Reiz der Neuheit gewährt das rein geputzte Silber bei Tisch und das ziemlich weiße Tischzeug.

27.: (22°) In der Nacht waren die Bewegungen des Schiffes manches Mal so stark, daß ich davon aufwachte. Ich packte viel und schwitzte viel, die See ist bewegter als gestern. Stabsarzt Stephani meldet, daß ein Matrose gestorben ist. Ich bin noch eine halbe Stunde auf Deck, wo es ziemlich frisch ist, und gehe um 10 Uhr zu Bett.

28.: Morgens hat sich der Wind fast ganz gelegt, es kommen uns aber starke Dünungen entgegen, so daß die Bewegung nicht eben angenehm ist. Der gestern gestorbene Matrose wird heute ins Meer gesenkt, wodurch ein am Fieber kranker Soldat so alterirt wird, daß er abends auch stirbt. Das ist der 15. Mann, den die „Arcona" bisher durch Tod verloren hat. Wir sind nun bis zum 5. Grade und haben fast den ganzen Tag über im Westen die hohe Insel Brala im Gesicht. Nach Sonnenuntergang erhebt sich etwas mehr Wind, und wir machen bis zu 8 Knoten. Die Luft ist köstlich.

März 1862.

1.: In der Nacht haben wir, vom Strom begünstigt, gute Fahrt gemacht. Wir befinden uns morgens zwischen dem 3. und 2. Grade und haben die Insel Tioman in Sicht. Der gestern gestorbene Mann wird über Bord geworfen und plumpst unheimlich. Ich schreibe und verbringe den Tag wie gewöhnlich. Bald nach Sonnenuntergang wird das Leuchtfeuer vor Singapore sichtbar. Wir fahren an demselben etwa um 10 Uhr vorbei und kommen um 3 Uhr morgens zu Anker.

Sonntag, **2.:** (22°) Mit Sonnenaufgang gehen wir noch ein paar Kabellängen weiter und ankern nahe der „Thetis." Ich stehe um 6 Uhr auf und mache mich über die Post her, die für mich und für die Schiffe den Befehl zur unverzüglichen Rückkehr, zugleich aber die Schreckensnachricht von dem Untergange der „Amazone" mit 114 Mann bringt. Es ist furchtbar! Den Plan, nach Java zu gehen, werde

ich nun aufgeben müssen. Gegen 5 Uhr gehe ich mit Sundewall an
Land. Die Vegetation ist wundervoll frisch und üppig. Menschen
und Vieh kommen mir auch besonders malerisch vor und ich promenire
in wahrem Entzücken mit Sundewall durch die Straßen. Glücklicher=
weise ist kein Gouverneur und kein höherer Befehlshaber der Truppen
anwesend, so daß ich nichts mit zeremoniellen Visiten zu thun haben
werde.

3. (22°): Die Nächte sind tropisch, d. h. nicht so kühl als in
Bangkok und der oft plötzlich eintretende Zugwind hat mir schon wieder
Ohrenschmerzen gemacht. Zum Frühstück giebt's Kartoffeln und frische
Butter, auch hat das Bier auf Eis gelegen. Abends diniren Jachmann,
Reibnitz und der Stabsarzt Stephani bei mir.

4.: Um 9 Uhr haben wir eine starke Boe mit Regen. Es kühlt
sich um 1½ Grad ab und wird so dunkel, daß wir um 10 Uhr bei
Licht frühstücken müssen. Der Regen dauert bis 3 Uhr, dann klärt es
sich auf. Ich habe einen Besuch vom Revident Counselor Mac Ferson.
Um 8 Uhr läßt uns die Mannschaft sagen, sie erwarte uns mit Sehn=
sucht auf Deck, um mit ihren Fastnachtsvergnügungen beginnen zu
können. Kaum habe ich das Quarterdeck betreten, so erscheint ein
Postillon und überreicht Briefe an mich und viele andere Personen,
worin die Mannschaft uns irgend etwas Freundliches sagt. Dann hält
mir einer eine lange Rede, die mit einem von der ganzen Mannschaft
gerufenen Hoch schließt, worauf ich mich mit einem Hoch auf die Mann=
schaft revanchire. Demnächst beginnt der Maskenzug, in welchem sich
namentlich die als Frauenzimmer verkleideten Matrosen auszeichnen,
von denen Einige wirklich sehr gut aussehen. Auch fehlt es nicht an
Japanern, Chinesen und Siamesen, die einzeln an mich herantreten
und mir hübsche Verschen sagen. Die Sache löst sich dann in einen
Tanz auf, der in einem auf der Back aufgeschlagenen Zelt stattfindet
und zu dem ein von mir gelieferter Punsch getrunken wird. Nachdem
die Sache so auf der „Arcona" in Gang gebracht ist, fahre ich mit
Jachmann, Schreiber und Moover nach der „Thetis" hinüber, wo der=
selbe Scherz stattfindet. Die Matrosen sollen mehrere hundert Dollars
für Damengarderobe ausgegeben haben. Auch hier habe ich den Leuten
einen Punsch geben lassen, muß auf inständiges Bitten einmal tanzen
und bekomme, als ich wieder an Bord gehe, begeisterte Hochs.
Nun kommen alle Offiziere, Kadetten ꝛc. von der „Thetis" nach der
„Arcona" herüber, wo ich sie mit Ananaspunsch, Pfannkuchen und
Heringssalat bewirthe, und wo die Leute nicht eher ruhen, als bis ich

sie, wie sie sagen, ebenso wie die „Thetis"=Leute behandele und ein Tänz=
chen mache. Alles geht in größter Gemüthlichkeit und Heiterkeit vor
sich und um 12 Uhr wandere ich ins Bett.

5.: Ich arbeitete fleißig und hatte noch vor 10 Uhr einen Besuch
vom niederländischen General=Secretär Loudon, der nach Siam geht,
um die Ratifikationen des holländisch = siamesischen Vertrages auszu=
wechseln. Nach dem Tiffin mache ich ihm meinen Gegenbesuch an Bord
des holländischen Steamers „Amsterdam". Bei dieser Visite und Gegen=
visite wird viel Pulver verknallt. Ich arbeite bis 5 Uhr, wo ich mich
in meine Pinasse setze und an Land fahre. Schreiber erwartet mich
mit seinem Wagen und fährt mich nach dem botanischen Garten. Die
Luft ist köstlich frisch, das Laub und der Rasen im schönsten Grün,
die Wege sind köstlich, Alles ist nett. Erst kurz vor 7 Uhr, als es
schon ganz dunkel ist, kam ich an Bord des Schiffes zurück, wo mir
zu Ehren ein großes Diner stattfand, welches das Offizierkorps der
„Arcona" mir gab. Es war in der Batterie gedeckt und es herrschte
ein ganz gemüthlicher Ton. Köstlich war es Abends auf Deck, wo wir bis
12½ Uhr saßen oder promenirten. Ich habe nun Billets zur Reise
von Singapore nach Kalkutta genommen, die mir die Freiheit geben,
einen Umweg über Bombay zu machen.

6.: Es regnete fast den ganzen Tag, und ich benutzte das, um
sehr fleißig zu sein. Abends fand ein Diner bei Schreiber und
Mooyers statt. Was mich am meisten bei Tisch gefreut hat, ist die
frische Butter und eine Rose.

7.: In der Nacht ist der P. & O. Steamer „Orissa" von Hong=
kong angekommen, der uns morgen nach Point de Galle führen soll.
Ich packe morgens noch die letzten Sachen zusammen. Es regnet fast
unausgesetzt. Trotzdem fahre ich gegen 12 Uhr an Land. An Bord
zurückgekehrt, schlafe ich ein wenig und esse en petit comité (im
kleinen Kreise), zu welchem ich nur Jachmann eingeladen habe. Sehr
müde, gehe ich um 10 Uhr zu Bett, um zum letzten Mal auf der
„Arcona" zu schlafen.

8.: Morgens wird früh aufgestanden und gepackt. Leider regnet
es gewaltig, und im Schiffe ist eine stickend feuchte Luft. Nachdem wir
um 10 Uhr gefrühstückt, setze ich mich um 11½ Uhr in meine Pinasse,
um nach der „Orissa" zu fahren. Ich nehme von allen Offizieren und
Kadetten Abschied, und als wir absetzen, geht die Mannschaft in die
Wanten und ruft mir ein tüchtiges Hurra nach, worauf ein Salut

gefeuert wird. Zunächst fahre ich noch nach der „Thetis", gehe an Bord derselben und nehme auch hier Abschied. Auch hier ruft mir die Mannschaft aus den Wanten ihr Hurra nach. Als ich das englische Schiff „Scout" (Kapitän Corbett) passire, giebt mir dieselbe einen Salut, und nun geht's direkt nach dem sogenannten New Harbour, wo die „Orissa" liegt. Während der Ueberfahrt hat es nicht geregnet, sobald ich aber an Bord des Steamers bin, geht es los, und zwar mit Eimern. Sundewall, Jachmann, Schreiber, Mooyer und eine Menge Anderer haben sich noch eingefunden, um mir Adieu zu sagen. Der Steamer ist groß und bequem gebaut. Ich habe eine Kabine mit August zusammen, und es sind ungefähr 50 Passagiere 1. Klasse an Bord, darunter viele Holländer. Um 2½ Uhr setzen wir uns in Bewegung. Um 4 Uhr wird dinirt, scheußlich, wie immer an Bord dieser Schiffe. Dann wird auf irgend eine Küche hinaufgekrochen, um zu rauchen. Dabei regnet es immer in Strömen.

9. (Sonntag): Auch heute ist es noch unfreundlich und regnerisch. Das Essen ist besser als gestern, auch fange ich an, mich wieder an dies P. & O. Steamer-Leben zu gewöhnen. Das Schlimmste sind die Abende, die dadurch, daß wir schon um 4 Uhr diniren, entsetzlich lang werden.

10.: Um 7 Uhr werfen wir Anker vor Pinang, frühstücken um 8 Uhr und fahren dann ans Land, ich in den Gig des Kapitäns, das derselbe mir freundlichst zur Disposition gestellt hat. Demnächst machen wir dem alten Lewes, der uns vor zwei Jahren so freundlich aufgenommen hatte und jetzt pensionirt ist, einen Besuch, der ihn sehr zu erfreuen scheint. Wir fahren zu Man, den wir, wie auch seine Frau finden. Nach einer langen Visite bei ihnen fahren wir zu Knus, wo wir mit ihm und seiner recht netten Frau frühstücken. Um 1 Uhr sind wir wieder am Landungsplatze, wo mich Man empfängt und mir ein paar junge Tiger schenkt. Unter einem Kanonensalut begebe ich mich wieder an Bord, und bei sehr schönem Wetter setzen wir um 2 Uhr die Reise fort. Abends Gesang sein sollendes Gebrüll von Holländern und Engländern.

11.: Das Schiff ist sehr reinlich, die Bäder sind gut. Das Meer ist ganz ruhig, und wir gehen mit 10 bis 10½ Knoten Fahrt. An Bord sind Parsen. Auch Mohammedaner, die erst nach Sonnenuntergang ihre Mahlzeit zu sich nehmen. Obgleich es bei hellem Mondschein und erfrischender Brise ganz köstlich auf Deck ist, so langweile ich mich doch, da man auf dem Quarterdeck nicht rauchen darf.

12.: Nachdem alle Segel gesetzt sind, machen wir über elf Knoten, und das Schiff beginnt ein klein wenig zu rollen. Abends spielt eine sehr häßliche Dame herzzerreißende Stücke auf einem Aeolodicon.

13.: Das Rollen des Schiffes hat etwas zugenommen, so daß einige Damen nicht beim Frühstück erscheinen. Die Mannschaft besteht aus Bombay-Leuten mit ausdrucksvollen Gesichtern, schneeweißen Zähnen und mangelhaften Waden. Abends spiele ich Whist, und bis 11 Uhr brüllen die Holländer.

14.: Es ist nichts Besonderes zu bemerken. Das Wetter ist wunderschön, und wir machen gute Fahrt.

15.: Als ich bald nach 6 Uhr aufstehe, haben wir Ceylon dicht vor uns, und etwa um 7 Uhr werfen wir im Hafen von Point de Galle Anker. Lucius fährt gleich voraus aus Land, um uns in Lorettes Hotel, wo wir uns damals so gut befanden, Quartier zu bestellen. Bald nach 8 Uhr fahre auch ich ans Land, werde am Ufer vom staff-officer empfangen und erhalte einen Salut. Im Hotel ist es gar zu hübsch und heimlich. Der alte Sonnenkalb besucht mich. Er hat seine Ernennung zum preußischen Konsul immer noch nicht erhalten. Als ich nach der Oriental-Bank gehe, um etwas Geld zu haben, merke ich, daß es sehr warm ist. Es gefällt mir Alles viel besser als das erste Mal, wo ich hier war. Eintretender heftiger Regen zwingt uns in einen Wagen zu steigen und nach Hause zu fahren.

Point de Galle, Sonnabend, den 15. März 1862.

Mein liebster Philipp! Vor einigen Stunden bin ich wohlbehalten hier angelangt. Als ich am 2. d. M. in Singapore ankam, fand ich die Ordre vor, mich unverzüglich nach Hause zu begeben. Ich mußte daher den Ausflug nach Java, auf den ich mich sehr gefreut hatte, aufgeben. Der Steamer „Orissa", welcher uns hergebracht hat, ist sehr gut, und die Fahrt war vortrefflich, kühl und sehr schnell bei fast ganz ruhigem Meere. Nothgedrungen muß ich nun aber einen Umweg über Bombay machen, da der Steamer von Kalkutta, welcher morgen hier erwartet wird und direkt von hier nach Suez geht, so voll ist, daß er keine Passagiere mehr aufnehmen kann.

Je näher der Termin rückt, wo ich hoffen darf, Euch wiederzusehen, desto beklommener wird mir das Herz. Woran in aller Welt liegt das?

Ich laufe auf dem Schiffe immer wie ein Besessener auf und nieder, als könnte ich das Vorwärtskommen dadurch beschleunigen. Werde ich Euch wirklich noch einmal Alle wiedersehen und so, wie ich es wünsche? Was sind sechs Wochen unter Umständen für eine Ewigkeit!

Ich umarme Euch in Gedanken tausendmal und grüße aufs Innigste Rothkirchs, Esebecks und Alle, die sich meiner erinnern.

Tausend Küsse an die Kinder von Eurem treuen Bruder — Fritz.

16. (Sonntag): Das Dampfschiff „Simla" ist von Kalkutta angekommen und sehr voll von Passagieren, namentlich hat es siebzig Kinder an Bord. Dies bestärkt mich in dem Beschlusse, nach Bombay zu gehen und von hier aus nur eine Post nach Hause zu schicken. Um 3 Uhr begebe ich mich, nachdem ich unterwegs im Fluge noch die hübsche Mrs. Forbes begrüßt, an den Landungsplatz, wohin mich Forbes und Macdonald begleiten. Als ich das „Regierungsboot" besteige, wird wieder ein Salut gefeuert. An Bord ist es ziemlich leer geworden, namentlich haben uns sämmtliche Holländer verlassen. Um 4 Uhr wird der Anker gelichtet und wir fahren längs der Küste Ceylons gen Bombay. Die frische Brise, die wir gegen uns haben, wird abends recht stark und macht, daß das Schiff rollt.

17.: Das gewöhnliche Schiffsleben geht nun wieder an. Baden, anziehen, Thee trinken, Zeitungen lesen, frühstücken, Zeitungen lesen, schreiben, schlafen, auf Deck Auf- und Niedergehen, um 4 Uhr diniren, Rauchen, auf einem Lehnstuhle sitzend sich die frische Luft anfächeln lassen, in eine Art Schlaf verfallen, aufspringen, um ein Glas Zuckerwasser mit Limonen zu trinken, ins Bett gehen.

18.: Da der Wind ganz von vorn kommt, so ist es im Schiff sehr warm. In meiner Kabine sind 24½ Grad. Eine musikalische Vorstellung von vier Nassauerinnen, die sich an Bord befinden, kann nicht stattfinden, da dieselben seekrank sind.

19.: Das Schiff stampft ziemlich stark. Es passirt durchaus nichts Erwähnenswerthes. Der Abend ist köstlich, das Meer leuchtet schön.

20.: Je mehr wir uns Bombay nähern, desto luftiger wird die Brise, die gegen uns weht, und desto höhere See steht gegen uns an. Etwa um 2 Uhr kommen wir zu Anker. Es liegt eine große Menge dreimastiger Schiffe im Hafen; von Bombay selbst aber kann man sich keinen Begriff machen. Es dehnt sich gewaltig lang am Ufer aus, und die Luft ist so dunstig, daß man nichts genau unterscheiden kann. Da wir den größten Theil unseres Gepäcks auf dem Schiffe lassen, damit es von da aus gleich auf das andere Schiff gebracht werden kann, welches uns nach Suez führen soll, so muß Alles ausgesucht und nochmals signirt werden, womit mehrere Stunden vergehen. Dann werden die unzähligen Einzelheiten, die wir mit an Land nehmen wollen, in ein paar Boote verstaut, die nichts weniger als sicher aussehen, und uns selbst giebt der Kapitän Parish seine Gig, in welcher wir, mit großer Mühe gegen den Wind ankämpfend, endlich den sehr entfernt liegenden Landungsplatz erreichen. Nun geht wieder, nachdem wir lange auf das Boot, in welchem Heinrich und meine Sachen sich befanden, gewartet, das Aufpacken derselben auf Karren los, bis wir uns dann endlich in einen guten zweispännigen Wagen setzen, und nach Adolphi-Hotel, angeblich dem besten Gasthof von Bombay, fahren. Dort angekommen, finden wir uns aber sehr getäuscht, denn die Stuben, die allein noch disponibel sind, genügen auch den bescheidensten Ansprüchen nicht und haben nichts Gutes, als daß sie der scharfen Brise ausgesetzt sind. Wir diniren passabel, aber mit ettigen Kerlen, um 7½ Uhr, und gehen dann todmüde um 10 Uhr zu Bett.

21.: Die Nacht ist eine verzweiflungsvolle gewesen. Quer durch die Bettstelle ging ein Balken, der jedes längere Liegen auf derselben Stelle unmöglich machte, und in dem dicken Moskitovorhang waren wenigstens ein Dutzend dieser Thiere eingeschlossen gewesen, die wie wilde Bestien über mich herfielen und mich jämmerlich zurichteten. Erst gegen Morgen·kam ich etwas in Schlaf und beschloß sofort, in ein anderes Hotel zu ziehen. Sobald ich gefrühstückt, setzte ich mich daher mit August und Bunsen in den Wagen und fuhr nach der family-house Hope Hall, wo uns der Wirth, ein Parse, einen netten im Garten gelegenen und gerade Raum für 6 Personen bietenden Bungah unter billigen Bedingungen zur Disposition stellte. Nachdem wir denselben gemiethet, fuhren wir durch die belebte native town nach dem Fort, und zwar zuerst nach dem Bureau der P. & O. Company, dann nach dem Bureau des Handlungshauses Volkart, wo wir einen Herrn Gildemeister kennen lernten und leider die Nachricht von Volkarts im vorigen Jahre erfolgten Tode bestätigt hörten. Da der Gouverneur und der kommandirende General in den Bergen (Puna) sind, so fahre ich nach dem Bureau des Ersteren und gebe Karten ab. Um 5 Uhr setzen wir uns wieder in den Wagen, um die frische Luft zu genießen. Die native town ist ungeheuer belebt — Gigs mit Ochsen bespannt —

vortrefflicher, bewässerter Macadam — Frauen mit schweren, silbernen Spangen an Händen und Füßen und silbernen Trauben in der Nase — elegante Equipagen. Wir fahren durch das Fort nach dem Apollo Pi, wo es Mode ist, am Meere still zu halten und sich von der frischen Luft anfächeln zu lassen, dann nach einer anderen Stelle am Meere, wo englische Militärmusik spielt. Fahren in einem zweispännigen, bequemen Wagen, europäische Toiletten hübscher Frauen — welcher ungewohnte und wohlthuende Genuß!

22.: Gegen 5 Uhr setzte ich mich in den Wagen und machte Sir Jamsetjee Jesecbhoy, einem bekannten reichen Parsen, der gestern bei mir gewesen war, ohne mich zu treffen, einen Gegenbesuch. Dann fuhren wir auf außerordentlich schönem Wege nach Malabar-Point, gingen daselbst ein Ende zu Fuß und kamen um 7 ½ Uhr nach Hause, wo mir das Diner vortrefflich schmeckte. Namentlich esse ich viel Kartoffeln und Butter. Zum Dessert giebt es gut gekochten türkischen Weizen, als Früchte recht gute Trauben und mittelmäßige Bananen. Ein Glas Sekt auf des Königs Gesundheit.

23.: Um 8 Uhr fahre ich mit den Meinigen nach dem botanischen Garten und auf dem Rückwege nach Parell, einer der Wohnungen des Gouverneurs, umgeben von einem ganz wunderhübschen, reizend gehaltenen Garten. An beiden Orten schneidet man uns schöne Bouquets und überreicht sie uns. Gegen 5 Uhr fahren wir abermals spazieren, erst durch das bunteste Gewimmel der natif town (3 bis 4 stöckige bunte Häuser mit Veranden, rothe, gelbe, blaue Turbane, unendliche Mengen von Gigs) dann durch das Fort und hinter demselben durch Paeshöfe und Kasernen, bis zur äußersten Spitze dieser Landzunge, welche in einen Leuchtthurm und einen Kirchhof ausläuft. Die Seeluft ist hier köstlich.

24.: Noch vor 7 Uhr stand ich auf, frühstückte um 8 Uhr und fuhr mit August, Bunsen und Bismark gegen 9 Uhr nach der Eisenbahnstation, wo nach kurzer Zeit ein Ingenieur, Major Malcolm, eintraf, der uns begleiten sollte, um uns die Eisenbahnbauten bei Khandalla zu zeigen. In einem guten luftigen Coupé fuhren wir nach der Station Kampuli, wo wir nach 1 Uhr ankamen. Das Land, durch welches wir fahren, ist das Land der Mahrattas, sehr hügelig, mit Reisfeldern durchzogen und fast von der Sonne verbrannt. Je weiter wir ins Innere des Landes hineingehen, desto heißer wird es; um die nicht gar weit abliegenden höheren Berge liegt soviel Dunst, daß man kaum die Konturen derselben unterscheiden kann. Auf den Eisenbahnhöfen faben wir viele bunte Gestalten, Hindus, Perser, Araber, namentlich auch einige vornehm aussehende Brahminen. Die Hitze in Kampuli ist zum Ersticken. In einer armseligen Kneipe frühstücken wir ein wenig und laben uns an Eis, Bier und Sodawasser, das wir mitgenommen haben. Dann setzen wir uns auf magere, schwache Pferde und reiten auf einer schönen, breiten, sich durch das Gebirge windenden Straße bis nach einer im Bau begriffenen großen Eisenbahnbrücke, gehen auch ein langes Ende auf dem neugeschütteten Eisenbahndamm und durch mehrere Tunnels. Etwa um 5½ Uhr kommen wir nach dem auf einem 2000 Fuß hohen Plateau gelegenen Orte Khandalla. Dort ist für uns im Rasthause Diner bestellt, und bis dasselbe fertig ist, sitzen wir im Freien und schlürfen mit Wolluft die kühlere Abendluft. Major Malcolm ist ein sehr angenehmer Mann: wir diniren passabel gut in heiterer Stimmung bis 9 Uhr, wo wir uns in Palankins setzen, um uns wieder nach Kampuli hinuntertragen zu lassen. Dieselben, wie die japanischen Norimens gebaut, sind zwar hart, doch gelingt es mir nach einiger Zeit, einzuschlafen. Der Schlaf wird fortgesetzt, als wir um 11 Uhr in der Passagierstube von Kampuli wieder eintreffen, und noch= mals mit bestem Erfolge fortgesetzt, als wir gegen 3 Uhr morgens wieder auf der Eisenbahn nach Bombay zurückfahren.

25.: Um 7 Uhr treffen wir wieder in Bombay ein und finden an der Eisenbahn unseren Wagen, der uns nach unserem Hotel fährt. Abends dinire ich mit Bunsen bei Mr. und Mrs. Robertson. Sie ist, obgleich sie eine Brille trägt, eine sehr angenehme Frau, und ein niedliches charmantes Wesen ist Mrs. Inverarity. Nach Tisch, bei welchem auf französische Art servirt worden ist, versammelt sich eine größere Gesellschaft, und es wird recht gute Musik gemacht. Namentlich singt Mrs. Inverarity vortrefflich. Gegen 12 Uhr ziehe ich mich zurück und fahre nach Hause. Die Nacht ist köstlich, und die Rückfahrt auf dem vollendet guten Macadam unter dunklen Palmen sehr genußreich. Erst um 1 Uhr komme ich ins Bett.

26.: Gegen 3 Uhr fuhren wir nach dem Meere, wo, nach einer Stunde Wartens, die Dampfyacht des Gouverneurs von Kommodore Wellesley geführt, mit dem Gubernialrath Frere und Mr. Robert= son an Bord, uns abholen kam, um uns nach der Insel Elephanta zu führen, wo wir gegen 5 Uhr anlangten. Unter Dr. Corters Leitung besahen wir die berühmten Felsenhöhlen, welche etwa aus dem 10. oder 12. Jahrhundert n. Chr. stammen sollen, und berühmte Skulpturen, die Grundlehren der Siwah=Religion darstellend, enthalten. Von Hindus in das Boot zurückgetragen, treten wir die Rückfahrt an, als es schon anfängt zu dunkeln, ziehen uns in unserem Hotel um und fahren zum Diner zu Mr. Freve, wo wir gegen 9 Uhr ankommen und neben einer Herrengesellschaft auch Mrs. Robertson und Mrs. Wellesley finden. Mr. Freves Haus ist ein köstlich gelegenes Palais. Erst um 12 Uhr trennen wir uns und fahren bei köstlicher Nacht nach Hause.

27.: August und die übrigen Herren fahren mit sämmtlicher Bagage nach dem Dampfer „Jeddo“ von 2000 Tons und 450 Pferdekräften, mit welchem wir heute Abend die Reise nach Suez antreten wollen. Um 5 Uhr fahre ich dann selbst nach dem Apollo Pi genannten Einschiffungsplatze, finde daselbst Freve und Kommodore Wellesley und fahre mit ihnen auf einem Regierungsboote und vom Fort salutirt, nach der „Jeddo“. Hier wimmelt es von Passagieren und Geleitgebenden, die zum Abschiede Alle noch zusammen diniren. Es sollen 40 Kinder und einige 70 Erwachsene als Passagiere an Bord sein. Unter Letzteren befindet sich der General Honour, der nach Aden versetzt ist. Er führt vier Pferde, lauter arabische Hengste, mit sich. Außerdem fährt auch Mrs. Inverarity mit Gemahl mit. Erst als es dunkel wird, ziehen sich Freve und Wellesley zurück, und gegen 8 Uhr kann man endlich übersehen, wie viel überhaupt an Bord bleiben werden. Ich habe eine Kabine mit August, Bunsen und Berg zusammen, allein dieselbe ist ziemlich geräumig, und außerdem ist das Schiff gut ventilirt. Nun geht es endlich in gerader Linie nach Hause.

28.: Ein ziemlich frischer Wind hat das Meer etwas in Bewegung gebracht und mir in der Nacht eine Welle ins Bett geworfen, so daß ich mich umziehen und umbetten mußte. Auch tags über war etwas Bewegung in See und Schiff, so daß von den Damen nur wenige auf Deck kamen und auch mehrere Herren litten. Ich kam mir, als seegewohnter Held, ganz stolz vor. Abends fand an den Ausgußröhren der Maschine das herrlichste Meerleuchten statt, das ich je gesehen habe.

29.: Ich machte Bekanntschaft mit Lord William Hav, der Schlagintweits*) Tagebuch entdeckt hat. In der Kajüte sind 20 Grad bei frischem Winde. Das Essen ist schlecht und der Wein fast ungenießbar, aber die Fahrt geht vortrefflich.

---

*) Bekannter Reisender, welcher im Innern Asiens wichtige Entdeckungen machte.

30. (Sonntag): Morgens war das Meer ganz spiegelglatt. An der Maschine war etwas derangirt, und wir mußten von 8 bis 9½ Uhr still liegen. Von 11 bis 12 Uhr hielt ein an Bord befindlicher Missionar Gottesdienst ab, und schläferte mich so ein, daß ich in meine Kammer ging und eine Stunde schlief.

April 1862.

1.: Die Hindus, welche die Kinder warten, theils Männer, theils Weiber, sind rührend.

2.: Die Ungeduld, nach Hause zu kommen, wird mit jedem Tage größer. Heute bläst der Wind von hinten, und es ist daher warm im Schiffe, aber doch nicht über 22 Grad.

3.: Vormittags regnet es tüchtig. Um 12 Uhr werfen wir vor Aden Anker. Wie anders sieht das heute aus als vor zwei Jahren. Damals Alles roth und erstickend heiß, heute bläulich, frischer Wind, und die Bergspitzen mit Wolken umhangen. Ich nehme mir mit August, Bunsen und Bismark einen Wagen und fahre nach der Stadt Aden, die ich damals nicht gesehen hatte. Merkwürdiger Bergkessel. Um 2 Uhr sind wir wieder zurück, sitzen in dem Gasthof am Strande und lesen die neuesten Zeitungen aus Europa, welche die Nachricht von der Auflösung der zweiten Kammer in Preußen bringen. Um 4 Uhr sind wir wieder an Bord. Um 9 Uhr setzen wir unsere Reise fort.

4.: Eine Welle, die durchs Fenster hineinschlägt, bringt mich um 6½ Uhr zum sehr eiligen Aufstehen. Wir sind in der Straße Bab el Mandeb. Es weht frischer Wind von hinten, und wir machen sehr gute Fahrt. Vormittags begegnen wir einem französischen Transportdampfer. Die preußischen Zustände gehen mir sehr im Kopfe herum.

5.: Heute ist das Meer spiegelglatt, aber es ist auch tüchtig warm: 24 Grad. Erst gegen Abend erhebt sich ein frischer Wind. Es ist entsetzlich langweilig.

6. (Sonntag): Auch heute ist es wieder sehr warm. Abends kommt auf Backbord hohes Land in Sicht, hinter welchem die Sonne wundervoll untergeht.

7.: Die Temperatur ist auf 22 Grad heruntergegangen, und es weht so frischer Nordwind, daß einen in Sommerkleidern förmlich fröstelt. Heute verlassen wir die heiße Zone, in der ich mich nun ein halbes Jahr lang herumgetrieben habe. Wir kommen bei einem,

mitten im Meere, auf ganz flachem Land gelegenen, von den Engländern
erbauten Leuchtthurm vorüber. Abends geben die Stewards des
Schiffes eine theatralische und musikalische, ziemlich lederne Vorstellung
auf dem Quarterdeck.

8.: Es weht ein scharfer Nordwind, das Meer ist bewegt, und
viele Damen sind unwohl. Ich ziehe mir wollene Kleider an. Um
2 Uhr passiren wir die Telegraphenstation und eine Stunde später
wiederum einen Leuchtthurm, mit welchem wir durch ein Boot kom=
muniziren, welches herankommt. Hoffentlich ist das heute eingenommene
Schiffsdiner das letzte.

Suez, Mittwoch, den 9. April 1862.

Heute Morgen um 7 Uhr bin ich hier angekommen und könnte
übermorgen mit dem Lloyd=Dampfer weiter gehen, bin aber
von der langen Seereise so müde, daß ich wahrscheinlich acht Tage in
Aegypten bleiben werde, um mich auszuruhen, trotz aller unendlichen
Sehnsucht, die ich empfinde, Euch wiederzusehen.

In ein paar Stunden soll der Eisenbahnzug nach Kairo abgehen.
Einstweilen sitzt die ganze Schiffsgesellschaft, die aus etwa 70 Personen
und 20 bis 30 Kindern bestand, im großen, mit einem Zelte über=
spannten Hofe des hiesigen Gasthauses und tiffint, während ich schreibe.

August will auf jeden Fall über Marseille und Paris gehen; ich
werde wohl auf dem geraden Wege nach Hause mich verfügen.

Mein Herz klopft in lauten Schlägen bei dem Gedanken, daß mich
nur noch etwa acht Tage Reise von Euch trennen. Wie unendlich freue
ich mich auf die Kinder. Gott gebe nur, daß nicht noch so nahe am
Ziele irgend etwas eintritt, was die überschwengliche Lust des Wieder=
sehens trübt.

Gott befohlen! Von Herzen der Eure — Fritz.

9.: Die Nacht ist ganz empfindlich kalt gewesen. Um 7 Uhr
morgens werfen wir vor Suez Anker, frühstücken noch an Bord und
fahren dann in einem kleinen Dampfschiff an Land. Das Hotel, in
welchem wir vor zwei Jahren ein paar Tage wohnten, ist ausgebaut
und hat sich sehr verschönt. Wie viel leichter ist mir doch ums Herz
als vor zwei Jahren! Während die Gesellschaft im hübschen über=
deckten Hofe frühstückt, berichte ich nach Berlin und schreibe an Philipps.
Aus den Zeitungen erfahre ich den Ministerwechsel in Preußen. Um
2 Uhr besteigen wir den Eisenbahnzug, und kurz ehe sich derselbe in
Bewegung setzt, erscheint der Dolmetscher des Generalkonsulats, Anhuri,

den König mir entgegengeschickt hat, und der mir Briefe aus Berlin mit der traurigen Nachricht bringt, daß Kurt Rothkirch*) am 10. März gestorben ist. Nach 7 Uhr kommen wir in Kairo an. Auf dem Bahnhofe erwarten uns Lantz, der Vizekonsul, und Rheintaler. Wir fahren nach dem restaurirten Hotel d'Orient und bekommen dieselben Zimmer, in denen wir voriges Jahr gewohnt haben. Meine Stimmung ist eine gehobene. Ich lade die Eheleute Inverarity und Howard sowie Vater, Auhuri und Rheintaler zum Diner. Nach Tisch musiziren die Engländerinnen allerliebst.

10.: Es ist des Morgens ganz frisch, nur 17 Grad. Nachdem wir mit den Engländern gefrühstückt, fahren wir mit ihnen nach der Moschee Mehmed Alis. Es ist doch ein wundervolles Gebäude mit köstlicher Aussicht. Das Leben und Treiben in den Straßen kommt mir viel amüsanter vor als vor zwei Jahren. Nach dem Gasthofe zurückgekehrt, finde ich im Hofe desselben Fürst Pleß und seinen Schwager Kleist. Abends gehen wir noch auf der Esbekieh spazieren, wo sich jetzt ein Spielhaus etablirt hat. Mir ist sehr behaglich zu Muthe.

11.: Nach Jahr und Tag habe ich zum ersten Mal wieder gut geschlafen. Um 12 Uhr fahre ich mit Bunsen und Bismark, die jetzt meine einzigen Begleiter sind, nach einem Kloster von Derwischen, um dieselben tanzen zu sehen.

12.: Mit Lantz fahre ich nach dem Frühstück nach den Bazars, wobei wir in die Prozession gerathen, die den neuen Teppich für Mekka herumführt. Das Gedränge ist höchst amüsant. Nachdem ich einige Einkäufe gemacht, gehe ich nach dem Hotel des Ambassadeurs und besuche Kleist und Pleß. Dann fahre ich um 6½ Uhr mit Bunsen und Kleist hinaus zu Lantz, wo wir gut und vergnügt diniren. Der Abend, mit prachtvollem Mondschein, ist köstlich.

13. (Sonntag): Um 8 Uhr fahre ich mit Bunsen, Rheintaler und Bismark nach den Khalifengräbern, von denen wir drei, namentlich auch die Moschee mit den Fußtapfen Mohammeds, näher besehen. Es ist warm, und doch ist die Wüstenluft köstlich. Von Michel geführt, fahre ich mit Bunsen um 3 Uhr nach einem arabischen Bade, das heute speziell für uns reservirt worden ist. Das Reiben und Kneten ist recht angenehm, aber die Kakerlatschen und Flöhe bewegen sich doch mit zuviel Dreistigkeit, sowohl in den Bade- als auch in den Ausruhe-

*) Siehe Anm. S. 344.

räumen. Abends findet ein kleines Diner bei Dr. Reil statt. Derselbe
wohnt in der Wüste, nahe der Abassie. Mit Bunsen komme ich noch
vor Sonnenuntergang und zur Zeit an, um die vom Dache der Häuser
sich eröffnende prachtvolle Aussicht theils bei Sonnenuntergang, theils
beim herrlichsten Vollmond bewundern zu können. Welche Klarheit,
welche himmlische frische Luft. Bis 10 Uhr sitzen wir im Garten und
rauchen.

14.: Abends dinirten bei mir Pleß, Lantz, Reil und Rheintaler.
Nach dem Diner besahen wir Photographien und einige japanische
Kuriositäten. Dann machte ich spät mit Pleß noch einen Spaziergang.

15.: Geleitet von Lantz, Rheintaler und Reil, begeben wir uns
gegen 4 Uhr nach der Eisenbahn und fahren nach Alexandria, wo wir
um 10½ Uhr ankommen. König erwartet mich auf dem Bahnhofe,
und fährt mich nach dem Hotel de l'Europe, wo Quartier für uns ge=
macht ist.

16.: Es weht ein Chamsin drückend heiß mit feinem Staub.
König kommt gegen 11 Uhr zu mir und holt mich zu sich ab. Er ist
sehr dick und seine Frau ist sehr mager geworden. Ich frühstücke mit
ihnen. In den Zeitungen steht die Nachricht vom Tode von Bunsens
Schwester, Frau v. Ungern-Sternberg. Er weiß nichts davon, und ich
habe keine Courage, es ihm zu sagen.

17. (Gründonnerstag): Es hat sich sehr abgekühlt. Ich fahre
gegen 12 Uhr mit Bunsen zu König, wo wir frühstücken. Dann
fahren wir nach dem in der Wüste gelegenen, im Bau begriffenen Schloß
Mex, um uns namentlich die Mosaiks anzusehen, frieren dabei aber
gewaltig. Das Dampfschiff „America" ist aus Triest angekommen.
Dasselbe wird übermorgen wieder nach Triest zurückgehen und uns mit=
nehmen.

18. (Charfreitag): Um 3 Uhr gehe ich ins protestantische Kirchlein
und höre eine recht gute Predigt. Es ist bitter kalt, und das Meer
ist in solcher Aufregung, daß der Steamer von Marseille nicht hat in
den Hafen kommen können, sondern nach Abukir gehen mußte. Nach
Tisch kommen Pleß und Kleist. Es sind nur 15 Grad Wärme, und ich
graule mich vor der Seefahrt.

19.: Es stürmt so heftig, daß das Schiff, auf welchem wir abfahren
sollen, nicht aus dem Hafen kann. Die Abfahrt wird auf morgen früh
verschoben. Es ist bitter kalt und staubig. Ostern zu Ehren wird
auf der Straße in unangenehmer Weise viel geschossen. Ich erhalte
einen Brief von Sundewall aus Singapore mit der Nachricht, daß

einer meiner Affen gestorben, aber die Tiger von Penang glücklich angekommen sind. Er hat den 23. März unter Segel gehen wollen.

20. (Ostern): Um 6 Uhr stehe ich auf. Der Wind hat sich gelegt, es ist das Meer aber doch noch sehr bewegt. Nachdem ich im Gasthofe eine enorm hohe Rechnung bezahlt habe, fahre ich um 8 Uhr nach dem Hafen, und schiffe mich mit Bunsen und Bismark auf dem Lloyddampfer „America" ein, wo ich eine winzige, aber doch eine Kabine für mich allein habe. Reuß und seine Frau befinden sich auch an Bord des Schiffes. König und Pleß kommen, uns Adieu sagen. Unter der Reisegesellschaft befindet sich General Outram und ein Kaufmann, den ich in Shanghai kennen gelernt habe. Um 9 Uhr geht die Fahrt los. Sobald wir aus dem Hafen sind, macht ein starker Nordwind das Schiff entsetzlich stampfen. Alles wird krank.

21. (Ostermontag): Der Wind bläst eben so heftig als gestern, aber der Himmel ist blau. Die Seekrankheit scheine ich überwunden zu haben. Abends kommt Candia in Sicht.

22.: Es wird etwas ruhiger, und es erscheinen immer mehr Gesichter bei Tisch. Nachmittags bekommen wir Kap Matapan in Sicht, und fahren abends ganz dicht unter Land. Heinrich ist krank geworden.

23.: Bald nach 6 Uhr stehe ich auf. Wir befinden uns morgens zwischen Ithaka und Kephalonia. Das Meer ist ganz ruhig geworden. Um 4 Uhr kamen wir nach Korfu. Konsul Fels kommt an Bord, und mit ihm, Reuß und seiner Frau, fahren wir an Land. Rosen und Orangenblüthen stehen in voller Pracht. Es ist göttlich. Schon nach 1½stündigem Aufenthalt geht das Schiff weiter. Wir diniren in gehobener Stimmung, und ich bin spät auf Deck.

24.: Philipps Geburtstag. Das Wetter ist sehr schön. Wir fahren immer längs der albanischen und dalmatinischen Küste hin. Abends spielen wir bis gegen 11 Uhr Whist.

25.: Bei herrlichem Wetter fahren wir längs der Küste von Istrien hin, sehen erst Pola mit dem berühmten Circus, dann das reizende Pirano und werfen gegen 3 Uhr vor Triest Anker. Die Zollbeamten sind höflich, der Kapitän giebt mir, den Meinigen und Reuß eins seiner Boote, und wir steigen im Hotel de Ville ab. In mein Zimmer gekommen, werfe ich mich auf die Kniee und danke Gott inbrünstig für alle Gnade, die er mir erwiesen hat. Ich habe zu wenig Vertrauen zu Ihm gehabt, denn ich habe nimmer geglaubt, daß mir meine Aufgabe gelingen, und daß ich gesund wieder vaterländischen Boden betreten würde!

26.: Um 5 Uhr esse ich im Hotel und, nachdem Bunsen und Lutteroth mir das Geleite gegeben haben, fahre ich um 7 Uhr 15 Minuten auf der Eisenbahn nach Wien ab. Es ist gerade noch Zeit genug, um bei köstlicher Abendbeleuchtung Triest, das Meer und das Schloß Miramare zu sehen. Ich habe ein Coupée für mich und schlafe passabel gut.

27. (Sonntag): Einer der genußreichsten Tage meines Lebens. Von 6 Uhr an bin ich wach. Die Fahrt durch das Mur=Thal ist be= zaubernd, Gratz, Bruck, der Semmering präsentiren sich in ihrer vollen Pracht. Das köstliche Frühjahrsgrün bedeckt Thäler und Berge bis zu den Höhen, wo noch massenhafter Schnee liegt. Die Obstbäume stehen in voller Blüthe; wenn der Zug hält, kann man die Vögel singen hören und die Glocken läuten, welche die Steier'schen Landleute in ihrer Sonntagstracht zur Kirche rufen. Und durch diese Herrlichkeit fahre ich, nach zweijähriger Abwesenheit nach Hause und bin seit zwei Jahren wirklich einmal allein und kann ungestört meinen Ge= fühlen nachhängen. Es ist himmlisch! In Wien angekommen, fahre ich in das Hotel „Erzherzog Karl".

28.: Um 7 Uhr stand ich auf, frühstückte und schrieb in aller Gemächlichkeit. Ich hatte einen Besuch von Solms*) und ging dann zu Dillers. Dort finde ich Elise und Tony**) und die Kinder, die sehr gewachsen sind, und eine herzliche Aufnahme. Dann gehe ich nach meinem Gasthofe und dinire, wobei sich Schweinitz,***) der jetzt preußi= scher Militärbevollmächtigter in Wien ist, und der Attaché Graf Gallen einfinden. Der Gesandte Baron Werthern ist beurlaubt. Abends beim Feldmarschall Baron Heß,†) wo die Diller'sche Familie versammelt ist und ich viel erzählen muß.

Wien, Montag, den 28. April 1862.
Gasthof zum Erzherzog Karl.

Mein liebster, bester Herzensphilipp! Eben habe ich eine telegraphische Depesche an Clärchen††) abgeschickt, weil ich weder Deine Adresse in Potsdam noch Alexandrinens Adresse in Berlin kenne. Ich habe

---

　　*) Graf Eberhard zu Solms (geb. 1825). Später Kaiserl. Wirklicher Geheimer Rath und Botschafter in Rom. Jetzt z. D.

　　**) Schwestern der Gräfin Alexandrine. Siehe Einleitung am Schluß.

　　***) General v. Schweinitz; später Kaiserl. Botschafter in St. Petersburg. Jetzt z. D.

　　†) Siehe Einleitung am Schluß.

　　††) Baronin Clara von Esebeck, Schwester der Gräfin Alexandrine.

darin angefragt, ob Alexandrine herkommen will und mich abholen; wir könnten dann zusammen nach Berlin reisen. Die unaussprechliche Freude, die sie mir dadurch bereiten würde, wird mir dadurch verkümmert, daß Du durch Deinen Dienst zurückgehalten bist, und ich Dich nicht auch schon hier umarmen kann. Ach, mein alter Junge, welche Seligkeit wird es sein, Dich wieder an mein Herz zu drücken, meinen besten, treuesten Freund, meinen geliebten Bruder! Sage den Kindern, daß sie mich nicht auslachen sollen, wenn ich beim Wiedersehen wie ein Kind weinen sollte.

Wenn doch Papa Rothkirch die vernünftige Idee hätte, Alexandrine zu begleiten.

Nun, mein liebster, bester Philipp, alles Uebrige mündlich. Aus den hiesigen Zeitungen ersehe ich, daß ich in Preußen Handelsminister geworden bin! Sollte sich das bestätigen, so schenke ich Dir eine kleine Eisenbahn.

Auf Wiedersehen! — Fritz.

Namenverzeichniß.